本书获国务院侨务办公室2011—2012年重点课题“侨务政策研究”（课题编号：GQBZ2011003）、暨南大学“华侨华人研究”优势学科创新平台资助。

国家出版基金项目
NATIONAL PUBLICATION FOUNDATION

教育部人文社会科学重点研究基地
Key Research Institute of Humanities and Social Sciences at Universities
暨南大学华侨华人研究院
Academy of Overseas Chinese Studies in Jinan University

·世界华侨华人研究文库·

侨情变化与侨务政策

刘国福　著

暨南大学出版社
JINAN UNIVERSITY PRESS

中国·广州

图书在版编目（CIP）数据

侨情变化与侨务政策/刘国福著. —广州：暨南大学出版社，2013. 11
（世界华侨华人研究文库）
ISBN 978 -7 -5668 -0821 -9

Ⅰ. ①侨…　Ⅱ. ①刘…　Ⅲ. ①华侨事务—研究—中国②华侨政策—研究—中国　Ⅳ. ①D634

中国版本图书馆 CIP 数据核字（2013）第 247880 号

出版发行：暨南大学出版社

出 版 人：徐义雄
责任编辑：黄圣英　陈启立　陈　征
责任校对：黄多多　李　庆　周明恩

地　址：中国广州暨南大学
电　话：总编室（8620）85221601
营销部（8620）85225284　85228291　85228292（邮购）
传　真：（8620）85221583（办公室）　85223774（营销部）
邮　编：510630
网　址：http：//www. jnupress. com　http：//press. jnu. edu. cn

排　版：广州市天河星辰文化发展部照排中心
印　刷：佛山市浩文彩色印刷有限公司

开　本：787mm × 1092mm　1/16
印　张：29
字　数：561 千
版　次：2013 年 11 月第 1 版
印　次：2013 年 11 月第 1 次

定　价：60. 00 元

（暨大版图书如有印装质量问题，请与出版社总编室联系调换）

总 序

在20世纪，华侨华人问题曾经四次引起学术界关注。第一次是20世纪初关于南非华工的问题；第二次是“一战”后欧洲华工问题；第三次是五六十年代东南亚国家出现的“排华”问题；第四次则是80年代中国经济崛起与海外华侨华人关系的问题。每次华侨华人研究成为研究热点时，都有大量高水平研究著作问世，不胜枚举。

进入21世纪以来，随着全球化进程的加速和中国国际化水平的提升，海外华侨华人与中国的发展日益密切，华侨华人研究掀起了新一轮高潮。华侨华人研究机构由过去只有暨南大学、厦门大学、北京大学、华侨大学等少数几家壮大至目前遍布全国的近百所科研院校，研究领域从往昔以华侨史研究为主，拓展至华人政治、华人经济、华商管理、华文教育、华人文学、华文传媒、华人安全、华人宗教、侨乡研究等涉侨各个方面，研究方法也逐渐呈现出多学科交叉的趋势，融入政治学、历史学、社会学、民族学、教育学、新闻与传播学、经济学、管理学、法学等学科方法与视角。与此同时，政府、社会也愈益关注华侨华人研究。国务院侨办近年来不断加大研究经费投入，并先后在上海、武汉、杭州、广州等地设立侨务理论研究基地，凝聚了一大批海内外专家学者，形成了华侨华人研究与政府决策咨询相结合的科学发展机制。而以社会力量与学者智慧相结合的华商研究机构也先后在复旦大学、清华大学等地成立，闯出了一条理论研究与社会实践相结合的华侨华人研究新路径。

作为一所百年侨校，暨南大学在中国华侨华人研究中具有特殊的地位。暨南大学创立于1906年，是中国第一所华侨高等学府。华侨华人研究是学校重要的学术传统和特色。早在1927年，暨南大学便成立了南洋文化事业部，网罗人才，开展东南亚及华侨华人的研究，出版《南洋研究》等刊物。1981年，经教育部批准，暨南大学在全国率先成立华侨华人研究的专门学术机构——华侨研究所，由著名学者朱杰勤教授担任所长。1984年在国内招收首批华侨史方向博士研究生。1996年后华侨华人研究被纳入国家“211工程”1—3期重点学科建设行列，2000年获批教育部人文社会科学重点研究基地（华侨华人研究）。暨南大学于2006年成立了华侨华人研究院，并聘请全国政协常委、国务院侨务办公室原副主任刘泽彭出任院长和基地主任。2011年，学校再次整合提升华侨华人研究力量，将华侨华人研究院与国际关系学系（东南亚研究所）合并成立国际关系学院/华侨华人研究院，继续聘请刘泽彭同志出任华侨华人研究院院长和基地主任，由华侨华人与国际问题研究知名专家曹云华教授出任国际关系学院院长兼华侨华人研究院执行院长。同时，学校还加大科研经费投入，努力打造“华侨华人研究优势学科创新平台”。研究院在加强自身科研能力的基础上，采取以研究项目、开放性课题为中心，学者带项目、课题进院的工作体制，致力于多学科和国际视野下的前沿研究，立足于为国家的改革开放和现代化建设服务，为社会服务，为政府决策咨询服务，努力将之建设成为世界一流的学术研究机构和人才培养基地。

值华侨华人研究在中华大地百花齐放、百家争鸣之际，为进一步彰显暨南大学科研特色，整合校内外相关研究力量，发掘华侨华人研究新资源，推动华侨华人研究学科的发展，学校推出“世界华侨华人研究文库”。本套丛书的著作多为本校优势学科的前沿研究成果，作者中既有资深教授、学科带头人，也有学界新秀。他们的研究成果从多学科视野探索了国内外华侨华人研究的一些新问题、新趋势，具有较高的学术价值和现实意义。

本套丛书的出版得到学校领导的大力关心与支持。学校从“211工程”经费中拨专款予以资助。国际关系学院/华侨华人研究院领导与部分教师也付出了艰辛的劳动，他们在策划、选题、组稿、编辑、校对等环节投入大量精力。同时，暨南大学出版社对丛书出版也给予高度重视，组织了最优秀的编辑团队全程跟进，并推荐丛书申报国家级优秀图书。在此，我们对所有为本丛书出版付出宝贵心血与汗水的同仁致以最衷心的感谢！

最后，我们期盼本丛书的出版能在华侨华人研究领域激起一点小浪花，引来国内外同行更加深入、广泛的研究，为学界贡献更多高水平的成果！

《世界华侨华人研究文库》编委会

2013年8月

目　录

第二编　国外侨务政策

绪 论

第一节 研究背景

我国侨务工作正面临前所未有的机遇与挑战。近些年来，国际形势总体稳定，国际移民人数持续增长，中国改革开放不断深化。华侨华人人口各地区分布与增长、新老华侨华人构成、各地区华侨华人与中国的关系都处于变化之中。归侨侨眷的权利和民主意识不断增强，人员构成日趋复杂，人员规模不断扩大，这些侨情变化要求我们仔细研究侨务政策，分析其不足，展望其未来。

侨务政策是侨务工作的灵魂，正确的侨务政策能够有力地推动侨务工作。虽然受当时国内与国际因素影响，邓小平、江泽民与胡锦涛主政时期的侨务思想有所不同，因而侨务政策也不尽相同，但是他们都十分重视侨务工作，重视发挥华侨华人和归侨侨眷在社会主义现代化建设中的重大作用。21 世纪以来，党和政府将侨务问题同构建社会主义和谐社会的重大战略任务、全面建成小康社会的奋斗目标乃至实现中华民族伟大复兴紧密联系起来，把侨务工作提升到一个新的高度，使侨务政策有了更清晰和更高层次的目标。

研究侨务政策，必须探究侨情，即华侨华人和归侨侨眷的状况。华侨华人和归侨侨眷是我们研究侨务政策的基础。自我国改革开放以来，世界各地的华侨华人和新华侨华人数量有了不同程度的增长，近些年来所占相应比例与改革开放之初所占比例有很大不同，各地区华侨华人和新华侨华人在世界华侨华人中的地位和作用呈现互动态势。另外，归侨侨眷的数量不断增加，相关群体规模不断扩大，老龄化日趋严重，留守儿童和无依父母现象凸显。研究侨务政策，可以从历史学、政策学、行政管理学之外另辟蹊径，着重从华侨华人和归侨侨眷数量变化的角度入手探讨，这有利于抓住侨务政策的基础，准确把握侨务工作的特点，使理论研究不至于脱离生活实际。这也是以往侨务政策研究的薄弱之处。

研究侨务政策，需要探究国情，即探究我国改革开放以来的新情况。我国改革开放的新情况是侨务政策生存和发展的内部环境。我国改革开放新情况、华侨华人住在国情况和有关国际因素变化大环境这三个方面因素共同推动华侨华人和归侨侨眷变化。只有置身于我国改革开放新情况、华侨华人住在国情况和有关国际因素变化的大环境下，我们才能更准确地定位当前形势下的侨务工作，更清晰地理解中国侨务政策的过去和现在，更好地把握我国侨务政策的未来发展趋势。随着我国改革开放的深入，需要认真思考如何定位、发展和完善侨务政策。侨务政策与改革开放有着不可磨灭的关系，其重生源于改革开放的实施，其发展和完善基于改革开放的深化。未来五年甚至更长一段时间，我国将加快改革攻坚步伐，以更大的决心和勇气全面推进各领域改革，大力推进经济体制改革，积极稳妥推进政治体制改革，加快推进文化和社会体制改革，不断完善社会主义市场经济体制和社会主义民主政治，使上层建筑更加适应经济基础的发展变化，充分调动人民群众的积极性和创造性，为科学发展提供有力保障。在此背景下，侨务政策是否需要调整、热点侨务问题如何解决、华侨华人和归侨侨眷权益怎样有针对性地给予保障，是摆在侨务界面前的一系列待解难题。

研究侨务政策，应该探究世情，即华侨华人住在国情况和有关国际因素的变化。华侨华人住在国情况和有关国际因素是侨务政策生存和发展的外部环境。当今世界，和平和发展仍然是时代潮流，世界多极化、经济全球化深入发展，人口国际流动持续不断扩大，世界政治经济格局出现新变化，科技创新孕育新突破，国际金融危机影响深远。未来五年甚至更长一段时间，我国将积极创造有利的外部环境，推进两岸关系和平发展和祖国统一大业；深入开展多边外交，积极参加国际合作；维护我国海外公民和企业正当权益；加强公共外交，广泛开展民间友好交往，推动人文交流，增进中国人民同各国人民的相互了解和友谊；反对“台独”分裂活动。在此背景下，侨务界需要认真思考侨务政策如何因应华侨华人住在国情况和有关国际因素的变化，以作出适当的调整，努力探索既适应我国改革开放不断深入的新情况，又充分考虑华侨华人住在国情况和有关国际因素变化的新侨务政策。

第二节　研究目的和研究意义

本书基于国情和世情的大背景，分别选取地区华侨华人、华侨群体、华人群体、难民（难侨）为研究对象，主要以国际移民法律政策为视角，重点分析侨情，论证不同领域侨务政策的现状和不足，并提出完善的意见、建议和未来的政策方案。

本书对于有效地保护华侨华人和归侨侨眷的合法权益，妥善地解决一些热点侨务问题，有着一定的现实意义；对于打破侨务政策理论研究的传统学科局限，开辟侨务政策理论研究的新思路和新角度，准确定位当前形势下的侨务工作，统筹协调国外与国内侨务工作，有着一定的理论意义；对于当下和未来充分利用侨务资源，使华侨华人和归侨侨眷更加关心、支持和积极参与中国的现代化建设，实现党和国家在21世纪确定的奋斗目标，有着一定的历史意义。

分析侨情，透视华侨华人和归侨侨眷的数量变化，主要以国际移民法律政策为视角，论证侨务政策的现状和不足，这是侨务政策研究的全新视角。本书关注的是华侨华人和归侨侨眷作为侨务政策的最重要利益相关者如何作为政策的主体而存在，而最常见的华侨华人史学研究关注的是历史资料和史实，社会学研究着重的是社会现象。华侨华人和归侨侨眷在侨务政策上的意义在于其主体性，主体存在对秩序的形成及形成何种秩序具有重要意义。

第三节　国内外研究现状

自20世纪90年代以来，学术界尤其是侨史学界对侨务政策的研究逐步兴起，并取得了可喜的研究成果，发表和出版了一批相关研究成果与论著，但是也存在以下六个方面的缺憾。

第一，较少在改革开放大背景下，以侨务政策为重点进行针对性和前瞻性研究。

现有的侨务政策研究主要集中在华侨华人史学方面，这些华侨华人史学研究要么只是涉及或者关联侨务政策，而不是将其作为论述的重点；要么多为回顾与总结，较少作批判性和探索性论证。

涉及侨务政策的华侨华人史学研究硕果累累。近些年出版的华侨华人史学论著从国别、业别、地区别等不同角度论证了侨务政策。国别研究方面，有李安山的《非洲华侨华人史》（中国华侨出版社，2000年）、李明欢的《欧洲华侨华人史》（中国华侨出版社，2003年）、朱杰勤的《东南亚华侨史》（中华书局，2008年）、陆国俊的《美洲华侨史话》（商务印书馆，1997年）等；业别研究方面，有郭梁的《东南亚华侨华人经济简史》（经济科学出版社，1998年）、陈碧笙的《世界华侨华人简史》（厦门大学出版社，1991年）等；地区别研究方面，有梅伟强、张国雄的《五邑华侨华人史》（广东高等教育出版社，2001年）、寒冬的《海南华侨华人史》（海南出版社，2008年）、龚伯洪的《广府华侨华人史》（广东高等教育出版社，2003年）、广西华侨历史学会的《八桂侨史》、刘权的《广东华侨华人史》（广东人民出版社，2002年）、周望森的《浙江华侨史》（中国华侨出版社，2010年），等等。

回顾与总结侨务政策的论著日渐增多。庄国土的《华侨华人与中国的关系》(广东高等教育出版社，2001 年）论及了新中国成立以来的侨务政策和改革开放以来华人资本家与中国大陆的经济合作，任贵祥的《海外华侨华人与中国改革开放》(中共党史出版社，2009 年）阐述了我国改革开放前后党和国家的侨务思想及侨务政策的演变和发展，林金枝的《华侨华人与我国革命和建设》(福建人民出版社，1993 年）论及了对改革开放前期华侨华人与我国经济建设和教育事业的关系，任贵祥和赵红英的《华侨华人与国共关系》(武汉出版社，1999 年）从华侨华人与国共关系及两岸关系的角度论述了新中国的侨务政策。

第二，较少在国际移民大背景下进行中国侨务政策研究。

曾少聪和丘立本共同主持的国务院侨务办公室 2002—2003 年度重点课题“国际移民的发展趋势和我国移民政策策略研究”是这方面为数不多的研究之一。目前关于国际移民的研究多将中国海外移民置入国际移民的大环境下进行探讨，不论及我国侨务政策，或者仅论述国际移民。

将中国海外移民置入国际移民的大环境进行探讨的著作颇丰。中国学者的研究成果与著作有：庄国土的《对近 20 年来华人国际移民活动的几点思考》(《华侨华人历史研究》1997 年第 2 期)、李其荣的《国际移民与海外华人研究》(湖北人民出版社，2005 年)、高伟浓等的《国际移民环境下的中国新移民》(中国华侨出版社，2003 年)、张秀明的《国际移民体系中的大陆移民——也谈新移民问题》(《华侨华人历史研究》2001 年第 1 期)、黄润龙等的《近十年我国大陆海外新移民》(《人口与经济》1998 年第 1 期)、朱国宏的《中国的海外移民——一项国际迁移的历史研究》(复旦大学出版社，1994 年)、郑一省的《多重网络的渗透与扩张——海外华侨华人与闽粤侨乡互动研究》(世界知识出版社，2006 年）等。外国学者也作了不少相关的研究：Gregor Benton 等主编的《欧洲华侨华人》(St. Martin’s Press，1998 年)、Frank Pieke 的《跨国华人：福建移民在欧洲》(Stanford University Press，2004 年)、莫邦富的《拼着：在俄罗斯和东欧的新华侨》(世界知识出版社，2002 年)、王赓武的《移民地位的提升：既不是华侨，也不是华人》(《华侨华人历史研究》1995 年第 3 期）等。

国际移民研究方面，国际组织和外国学者的论著在数量和质量上均远超过国内机构和学者的论著。仅国际移民组织（IOM）与联合国下设的经济和社会事务部人口司关于国际移民的报告就非常丰富，如国际移民组织的 2002 年、2006 年和 2010 年《国际移民报告》，Barry R. Chiswick 的《国际视野下的高技术移民》(向联合国移民和发展专家组会议提交的论文，2005 年）等。外国学者的国际移民研究成果有：Douglas Massey 的《流动的世界：在千禧年末理解国际移民》(Clarendon Press，1997 年)、Stephen Castles 等的《移民时代：当代世界的国际人口流动》（Guilford Press，1998 年）、Mary Kritz 等的《国际移民体系：全球视角》（Clarendon Press，1992 年）等。近些年来，国内学者也逐渐重视国际移民的研究，如宋全成的《欧洲移民研究》（山东大学出版社，2007 年）、王辉耀和刘国福的《中国国际移民报告 2012》（社会科学文献出版社，2012 年）、周聿峨的《当代国际移民理论研究的现状和趋势》（《暨南学报》2003 年第 2 期）、周皓的《国际移民模式》（《人口研究》1999 年第 3 期）等。

第三，较少有在国际移民政策大背景下论述中国侨务政策的论著。

现有国际移民政策的论著较少在国际移民政策大背景下论述中国侨务政策，有的只分析国际移民政策，有的探讨其他国家和地区移民政策与中国华侨华人的关系，但不太涉及与中国侨务政策的关系。

其他国家和地区移民政策与中国华侨华人的关系已经引起学界的浓厚兴趣。如廖小健的《战后各国华侨华人政策》（暨南大学出版社，1995 年）将各国的政策分为移民入境政策、国籍归化政策、经济政策和文化社会政策四个部分进行阐述；暨南大学东南亚研究所和广州华侨研究会联合编著的《战后东南亚国家的华侨华人政策》（暨南大学出版社，1989 年）论述了“二战”以后东南亚各国推行的激进的外侨政策及其对华侨社会产生的影响；梁茂信的《美国移民政策研究》（东北师范大学出版社，1996 年）的第四章着重论述了中国移民的历史和排华法的产生及美国对亚洲移民政策的变化；戴超武的《美国移民政策与亚洲移民（1849—1996）》（中国社会科学出版社，1999 年）分析了美国 19 世纪中叶至 20 世纪末对亚洲移民政策的演变、变化的动因及影响；傅义强的《欧盟移民政策与中国大陆新移民》（暨南大学出版社，2008 年）与李明欢的《欧盟国家移民政策与中国新移民》（《厦门大学学报》2001 年第 4 期）论述了欧盟移民政策与中国大陆新移民的关系。

虽然关于国际移民政策的研究取得了一定成绩，但是这些研究大多没有涉及其对中国侨务政策的借鉴和参考，如李其荣的国家社会科学基金项目“国际移民政策比较研究”（2004 年）、李明欢的《国际移民政策研究》（厦门大学出版社，2011 年）、姜海珊的《人口老龄化对国际移民政策的影响》（《南京人口管理干部学院学报》2009 年第 2 期）、高鉴国的《欧盟的国际移民和社会整合政策》（《欧洲》2000 年第 5 期）、宋世杰的《台湾与新加坡移民政策制定因素之比较研究》[（台湾）私立暨南国际大学硕士论文，2010 年]、Jobst Koehler 等的《移民和欧盟的经济危机：政策影响》（国际移民组织，2010 年）、Sarah Collinson 的《超越国界：走向 21 世纪的西欧移民政策》（The Brookings Institutions，1993 年）、Giacomo Luciani 的《欧洲和美国的移民政策》（Kluwer Academic Publishers，1993 年），等等。

第四，较少有专门阐述侨务政策的研究，已有研究的涉及面和理论深度还可以更加深入。

我国关于侨务政策的专门研究较少，已有研究的涉及面和理论深度还可以更加深入。如毛起雄、林晓东的《中国侨务政策概述》（中国华侨出版社，1993年），张赛群的《中国侨务政策研究》（知识产权出版社，2010年），罗清旭的《侨情侨务：侨务工作与政策法规》（珠海出版社，2008年）较系统地介绍了不同历史时期的侨务政策；汤唯等的《华侨权益的法律保障机制》（山东人民出版社，2006年）着重探讨了华侨权益保护问题；刘华的《华侨国籍问题与中国国籍立法》（广东人民出版社，2004年）集中分析了华侨国籍问题。

第五，有关侨务政策的工具书没有对侨务政策进行理论性论证。

一些工具书中有研究侨务政策的内容，但是它们侧重对已有华侨法律条例的整理和介绍，没有进行理论性和探索性论证。如毛起雄的《华侨华人百科全书：法律条例政策卷》（中国华侨出版社，2000年）、周南京的《华侨华人百科全书·历史卷》（中国华侨出版社，2002年）和《世界华侨华人词典》（北京大学出版社，1993年）等。

第六，很少有关注难民（难侨）政策的研究。

我国关于难民（难侨）政策的研究很少，这主要是因为：①实践需求小。由于难民（难侨）政策的敏感和内部性，政府部门几乎没有支持过学界关于难民（难侨）政策的研究，出版社和杂志社也不太愿意出版和发表这方面的有深度的研究成果。我国在侨务政策领域有许多问题需要研究，有限的科研力量无暇关注难民（难侨）政策。②涉及领域广。该项政策研究涉及难民、移民、人权和国际关系等多项政策，还要参考国际法及一些国家和地区的实践，研究难度比较大。③资料积累少。国内关于难民（难侨）政策方面公开出版和发表的研究成果很少，几乎没有对该问题的深入剖析和论证资料。国际上关于该问题的研究是从国际组织或者有关国家而不是从中国角度出发。④外文能力要求高。研究难民（难侨）政策，必然要参考国际法和一些国家地区的实践经验。我国目前还没有系统翻译和公开这些文献，需要研究者直接阅读大量原始外文文献。

第四节　研究结构

本书包括绪论、正文、参考文献等部分。绪论介绍研究背景、研究目的和意义、国内外研究现状、研究结构和内容、研究思路和方法、研究结论等；正文包括侨务政策辨析，国外侨务政策，华侨的身份、回国定居和国籍政策的完善，华人的身份、出入境和在中国定居政策的完善，国内侨情变化与归侨侨眷政策完善，难民（难侨）政策展望，共六编十九章；参考文献列出了本书参考的中文和英文的著作、论文、报告和新闻等资料。

第一编是关于侨务政策的辨析，包括第一章公共政策辨析，第二章侨、侨居、侨民、侨务和侨情辨析及第三章侨务政策辨析。国内关于侨务政策研究成果丰硕，但是基本上都没有仔细界定侨务政策及其相关概念。

第二编是对国外侨情变化与地区华侨华人政策的展望，包括第四章至第七章，从地域角度论证各地区华侨华人的变迁和政策完善。第四章论述亚洲侨情变化与亚洲华侨华人政策展望；第五章论述传统移民国家华侨华人数量变化与传统移民国家华侨华人政策展望；第六章论述欧洲侨情变化与欧洲华侨华人政策展望；第七章论述非洲侨情变化与非洲华侨华人政策展望。国外侨务政策是我国目前侨务政策工作的重点，与侨务工作成效密切相关，现有侨务政策研究主要是研究国外侨务问题。本编运用数据揭示国外侨情的变化，分析对国外侨务政策的挑战，展望国外侨务政策的未来发展。考虑到现有研究成果的侧重点和篇幅限制，第四章和第五章从国外侨情中的华侨华人数量变化的角度切入，第六章和第七章则从国外侨情变化的角度切入。

第三编是关于华侨的身份、回国定居和国籍政策的完善，包括第八章至第十章。第八章对华侨身份证件政策进行展望，第九章论述华侨回国定居政策的完善，第十章论述华侨华人与中国国籍政策。华侨是中国公民，我国政府有责任和义务确认其身份，保护其权益，解决其在回国定居和国籍方面遇到的问题。

第四编是关于华人的身份、出入境和在中国定居政策的完善，包括第十一章至第十四章。第十一章对华人身份证件政策进行展望，第十二章论述华人出入境政策的完善，第十三章论述华人在中国定居政策的完善，第十四章论述华人在中国定居相关待遇政策的完善。华人是我国重要的人力资源和政治资源。确认华人身份，便利华人出入境、居留和定居，能够创设华人在我国经济社会发展及维护和促进祖国统一方面发挥作用的良好环境。

第五编是关于国内侨情变化与归侨侨眷政策完善，包括第十五章至第十八章。第十五章论述归侨侨眷群体的变化，第十六章论述归侨侨眷权益保护政策法律环境的变化，第十七章是对归侨侨眷权益保护政策理论基础的再思考，第十八章论述归侨侨眷身份证件政策的完善。国内侨务政策是我国目前侨务政策的基础，但与侨务工作成效的联系较为间接和松散，且深入探讨国内侨务政策的现有侨务研究不多。

第六编是对难民（难侨）政策的展望，包括第十九章大规模涌入华侨华人政策展望。难民（难侨）政策是我国侨务政策的组成部分之一，与国外侨务政策与国内侨务政策息息相关。从历史角度看，难民（难侨）是形成我国目前侨务政策的最重要因素。从未来角度分析，难民（难侨）会对我国的侨务政策，乃至对外政策产生重要影响。现有侨务政策研究较少探究难民（难侨）问题，特别是新难民（难侨）问题。为了填补这方面研究的空白，笔者论证了大规模涌入中寻求庇护者的临时庇护，其他难民（难侨）问题还有待进一步研究。

第五节　研究内容

一、侨务政策辨析

研究侨务政策，要理清政策、侨、侨居、侨民、侨情、侨务和侨务政策等关键词的含义。虽然这些词在侨务工作中被经常使用，但是其含义依然存在多元解释。通过研究，笔者认为：

“政策”是以政府为代表的公共权力机构针对社会公共问题的解决，通过民主政治程序制定和执行的行动方针和行为准则。

“侨”是指侨居和侨民。

“侨居”是指在外乡或外国居住。

“侨民”是指在外国居住而保留中国国籍的中国公民，包括华侨但不限于华侨。

“侨情”是指有关侨的情况，主要指侨居情况和侨民情况。

“侨务”是指有关侨民的事务，不宜不界定侨务和仅视侨务为有关华侨华人事务。

“侨务政策”是指以政府为代表的公共权力机构针对在外国居住而保留中国国籍的中国公民事务问题的解决，通过民主政治程序制定和执行的行动方针和行为准则。

二、国外侨情变化与地区华侨华人政策展望

国外侨务是侨务工作的重点。本书选取亚洲、传统移民国家、欧洲和非洲四个地区，主要通过分析华侨华人在数量方面的变化，探讨这四个地区华侨华人政策分别受到的影响及需要作出的相应调整，以及实施差别化地区华侨华人政策的可能性。

（一）亚洲侨情变化与亚洲华侨华人政策展望

就东南亚而言，东南亚华侨华人人口占亚洲和世界华侨华人总人口的比例持续下降，但是东南亚作为华侨华人的第一大地区、规模，以及占亚洲和世界华侨华人人口绝大多数的状况没有发生改变。东南亚华商对华投资总额占全球华商对华投资总额约8%，但是东南亚华商资产总额占全球华商资产（不含香港、台湾地区）总额的30%。东南亚的中国新移民增长速度只是其他各地区中国新移民增长速度的近1/2，但占本地区华侨华人人口的8%，日本和韩国的中国新移民人口分别占本国华侨华人人口的93%和92%。

可以预见，东南亚华侨华人政策在未来很长一段时期仍将左右我国全球华侨华人政策，但是，东南亚华侨华人政策的重要性将有可能逐步让位于其他地区的华侨华人政策。东南亚华侨华人政策的重点群体是老华侨华人。我国要采取适当措施推动东南亚华侨华人族群与其他族群由不平衡走向平衡，增进与东南亚国家间的互信。

（二）传统移民国家华侨华人数量变化与传统移民国家华侨华人政策展望

美国、加拿大、澳大利亚和新西兰的华侨华人具有诸多共性，可以将这四个国家的华侨华人作为一个整体，思考和制定统一的华侨华人政策。1950—2006年，传统移民四国的华侨华人增速是东南亚华侨华人增速的5.51倍。传统移民四国华侨华人人口占四国总人口比例由1950年的0.12%上升到2006年的1.48%，东南亚华侨华人人口占东南亚总人口比例却由7%下降到6%。传统移民四国华侨华人人口占世界华侨华人总人口比例从2.28%猛增至11.69%，东南亚华侨华人人口占世界华侨华人总人口比例却从85%下降至73.5%。照此增速，仅以数量衡量，传统移民四国以及东南亚华侨华人对中国、所在国和世界华侨华人的影响力或许在2030年左右发生反转，前者将取代后者。

中国可能需要认可和接受传统移民四国华侨华人影响力日益上升，而东南亚华侨华人影响力日益下降的现状，更加重视传统移民四国华侨华人的需求和呼声，积极引导其对所在国的影响并融入中国国家利益，认真协调其与其他地区华侨华人的利益。

（三）欧洲侨情变化与欧洲华侨华人政策展望

从规模上看，无论是整个欧洲还是单个欧洲国家的华侨华人，都远逊于东南亚、北美、大洋洲或者该地区单个国家的华侨华人。欧洲华侨华人数量较少，占本国人口及占外裔人口比例都比较低，不太利于华侨华人引起所在国政党和政治家的关注以及对其经济社会发展的支持。

欧洲新华侨华人人口占本洲华侨华人总人口比例达79%，在欧洲本土出生的华人人口占比为30%左右。欧洲华侨华人人口在过去60多年里发生了巨大变化，但是近些年来，欧洲华侨华人人口变化趋于平缓。此分析要求我们在完善欧洲侨务政策时，要重视新华侨华人和第一代华侨华人，理解华侨华人人口变化产生的影响，引导欧洲华侨华人人口巨大变化产生的影响向积极方向发展。

随着中国在欧洲的留学生人数日益增多，由留学转移民的人数会有较明显增长。欧洲的中国非法移民人数众多，占非法移民总数比例高。欧洲华人参政总体上处于较低水平。华侨华人中的技术和投资移民比例偏低。我国在完善欧洲侨务政策时，要确立留学生的地位和位置，对非法移民予以足够重视，扶持华侨华人精英的成长。

（四）非洲侨情变化与非洲华侨华人政策展望

非洲华侨华人呈现以下七个特征：非洲华侨华人总量的界定模糊；非洲在五大洲中华侨华人人口最少，占世界华侨华人人口比例最低，新华侨华人人口最少；五大洲中，非洲华侨华人人口年均增速最快、非洲新华侨华人人口占本洲华侨华人总人口比例最高；非洲主要国家华侨华人人口占本国总人口比例极低；华侨华人人口在非洲各国分布不均衡；非洲华侨华人经济资源非常有限；非洲华人参政没有形成规模。在非洲中国侨民面临着巨大安全风险。乐观估计，华侨华人在东南亚由于不平衡和融入不够而引发的问题不会在非洲重演。

完善非洲侨务政策，要有利于我国贯彻实施“走出去”战略，维护在非洲中国侨民的权益，我们需要注重增加非洲华侨华人数量，确定非洲侨务工作重点国家，提高非洲华侨华人实力，更多关注新华侨华人。

三、华侨的身份、回国定居和国籍政策的完善

国内侨务是侨务工作的基础。华侨的身份、回国定居和国籍问题是国内侨务工作的最重要内容之一。

（一）华侨身份政策的展望

确认华侨身份是华侨政策的一个重要问题，也是保护其权益的起点。确认华侨身份和向其颁发相应身份证明是侨务管理部门的义务。我国存在着确认华侨身份和审发华侨证方面的具体规定缺失等不足，现行居民身份证和华侨证明身份方面的法律无法解决华侨在国内不能有效证明身份的问题。因此，有必要完善华侨

回国定居恢复户籍制度，建立华侨居民身份证制度，将居民身份证发放范围扩展至华侨。

（二）华侨回国定居政策的完善

由于复杂的原因，我国没有赋予华侨完全的回国定居权利。为了解决华侨回国定居政策所处的困境，长期来看，需要建立无户籍公民制度；近期来看，可从实施《华侨回国定居办理工作规定》入手，完善现行华侨回国定居制度。

（三）华侨华人与中国国籍政策

华侨华人是中国国籍政策最重要的调整对象之一。我国国籍政策存在着规范不清和执行不严等问题，形成了双重国籍等问题。随着时代的变迁和新问题的出现，这些措施中不完善的部分逐渐显现出来。公安、外交等有关部门应采取措施努力解决这些问题。完善国籍政策，可以从优先办理华人申请加入或者恢复中国国籍的政策、增强国籍法可操作性等方面入手。

四、华人的身份、出入境和在中国定居政策的完善

华人是我国出入境人员的主要组成部分。要体现对华人的关心和鼓励，不宜将华人与其他外国人无区别地适用出入境和定居方面的法律。“关心、增进、鼓励和促进”的华人政策具体到出入境领域，就是给予华人出入境、居留和定居更多的便利。

（一）华人身份证件政策的展望

我国华人身份证件政策的主要内容是模糊确认华人身份，不办理华人身份证明，不审发华人身份证件。从理论上讲，给予华人何种身份证件是一国主权，其他国家不能干涉。但是，考虑到现实情况和可行性，还是要多角度和多层面思考推行华人身份证件面临的问题，努力将制定和实施华人身份证件政策的风险降至最低。

（二）华人出入境政策的完善

我国确立了给予华人出入境和居留便利政策。签证方面，我国设立了Q字签证、S字签证，完善了口岸签证和临时入境制度，设立了团聚类居留证件和私人事务类居留证件。在工作方面，积极吸引外籍华人人才来华工作。但是，华人出入境政策存在着便利华人出入境和居留领域有待拓展、境外外国人签证中介服务

制度不规范等不足。为了缩小我国在人员国际流动方面与发达国家和地区之间存在的巨大差距，要认识到给予华人出入境和居留便利的必要性，采取减免探亲签证申请费和探亲签证服务费，简化申请工作类居留证件、团聚类居留证件、私人事务类居留证件所需材料等措施，完善我国的华人出入境政策。

（三）华人在中国定居政策的完善

华人在中国定居政策的主要内容是欢迎申请和严格审批。华人在中国定居政策，总的来说，存在政策思路保守、政策目的错位、重要移民制度缺失等不足。具体来说，技能类、投资类、亲属团聚类外国人在中国永久居留制度都存在着过分严格和未充分考虑华人特点等问题。我国要认识到完善华人在中国定居政策的必要性，树立华人在中国定居政策的竞争性思路，准确定位华人在中国定居政策的目的，增设永久居留各项重要制度。

（四）华人在中国定居相关待遇政策的完善

外国人在中国永久居留相关待遇政策主要面向华人。外国人在中国永久居留享有相关待遇政策的核心，是凡持有中国外国人永久居留证的外籍人员“除政治权利和法律法规规定不可享有的特定权利和义务外，原则上和中国公民享有相同权利，承担相同义务”。该政策存在着有些内容在实践中无法操作、有些待遇对高端华人意义不大等不足。要实现“为大力吸引海外人才来华创新创业营造良好环境”的政策目的，需要采取使外国人在中国永久居留享有相关待遇政策落在实处等措施，妥善解决华人在中国定居相关待遇政策的不足。

五、国内侨情变化与归侨侨眷政策完善

我国法律明确规定要保障归侨侨眷权益。随着国内侨情和归侨侨眷权益保护政策法律环境的变化，需要再思考归侨侨眷权益保护政策的理论基础，调整和完善归侨侨眷权益保障政策。

（一）归侨侨眷群体的变化

随着中国的社会经济发展和国际化程度加深，归侨侨眷群体发生了巨大变化：归侨人口占归侨侨眷人口的比例非常低，只占归侨侨眷总数的1%～3%；归侨侨眷特殊性减弱，归侨侨眷范围扩大；老归侨锐减，新归侨猛增；归侨老龄化现象和问题比整体人口老龄化现象更突出和严重；经审批和领取归侨证的回国定居华侨有所增长；大量回国定居华侨未经审批，没有领取归侨证件。

（二）归侨侨眷权益保护政策法律环境的变化

随着有中国特色社会主义法律体系的形成，从一般法的角度，在全体公民的层面上尊重和保障归侨侨眷权利的法制环境日渐成熟。归侨侨眷适当照顾的适用对象越来越窄，照顾内容越来越少，与1990年《归侨侨眷权益保护法》（2000年修订）及其《实施办法》规定的适用于全体归侨侨眷和全方位适当照顾措施渐行渐远。实践中，“根据特点，适当照顾”的实施效果越来越不明显，对归侨侨眷的实际帮助日渐减少。

（三）归侨侨眷权益保护政策理论基础的再思考

随着中国国际化程度日渐加深，“有海外关系”、“作出重大贡献”、为“弱势群体”、“履行更多义务”、符合民族国家理论和权利理论等“根据特点，适当照顾”的原则越来越不能解释归侨侨眷群体的变化和归侨侨眷权益保护政策法律环境的变化。有必要再思考这些理论，寻求更适合新情况的理论。

（四）归侨侨眷身份政策探究

目前的归侨侨眷身份政策存在着归侨侨眷证全国不一致、审理归侨侨眷身份证申请时限不明等不足。可以从统一归侨侨眷证的名称、形式和内容，明确审理归侨侨眷证申请时限，取消由所在工作单位或街道办事处、乡镇政府、派出所先行审核等方面予以完善。

六、难民（难侨）政策

中华人民共和国成立至今，涌入的华侨华人近百万。虽然政府进行了大量卓有成效的安置工作，但是在华印支难民问题上始终未得到有效解决，缅甸边民数次涌入我国。这与大规模涌入和华侨华人保护政策不完善不无关系。国际上解决大规模涌入人员问题主要靠临时救助。临时救助是指大规模涌入人员进入他国后获得的接受国的临时保护，临时救助的法律基础是不推回绝境原则和国际合作原则。解决大规模涌入华侨华人问题，要参考国际社会的临时救助方案，重点考虑华侨华人的特点，坚持区别大规模涌入华侨华人中华侨与外籍华人的国籍，分别实施不同的政策。

第六节 研究思路和研究方法

本书总体研究思路是：①政府和侨务政策对象双向交融性研究。努力将两者结合起来，有助于克服或从政府角度，或从侨务政策对象角度的传统研究方法的缺陷。②密切联系实际的实践哲学研究。从华侨华人、归侨侨眷的主体、权利和关系结构变化切入，将侨务政策置于国际形势总体稳定和进一步深化改革开放的背景下，理解和思辨中国侨务政策的过去和现在，把握中国侨务政策的未来发展趋势。③国内外大环境相结合的宏观性研究。不仅把中国侨务政策纳入改革开放政策，而且将其置于国际移民政策的大视野中进行宏观分析，从整体上把握中国侨务政策在改革开放政策和国际移民政策大环境下的现状、特点和趋势。④客观分析基础上的批判性研究。学术的价值在于批判，离开了批判的学术研究无异于隔靴搔痒。对于中国侨务政策，既要看到取得的成绩，更要清醒地认识到存在的不足，知道如何进一步发展和完善。

在研究方法上，基于以上研究思路，很难找到一个单独的研究方法适用于本书的全部研究。本专著尝试以问题为中心，从国际移民法律政策角度切入，跨华侨华人、归侨侨眷、国际移民、国际移民政策、难民法、移民法、人权法、行政法以及历史的研究，努力消除从学科角度研究的局限性和可能带来的误解。由于笔者研究能力有限，在驾驭此种以问题为中心和从国际移民法律政策角度切入的跨学科研究时，难免会有许多纰漏和不足。

除运用政策研究最常用的法律和政策文本分析、逻辑推理、判例分析等研究方法外，本书还运用其他社会科学研究常用的批判分析和历史分析等方法。同时，尽最大努力收集数据，进行政策研究重要的但又较少运用的量化分析。鉴于中国侨务政策体系并不完善，深入论述之，势必要引入相应的国外先进理论和实践，如果不引入，就会使分析流于阐述，所以比较分析的研究方法必不可少。

笔者设计了侨务政策研究政府侨务部门访谈问题单和侨务人员访谈问题单，访谈或座谈了有关政府部门、社会组织、华侨华人和归侨侨眷，切实了解情况，认真听取利益相关者的声音和业内人士的宝贵意见和建议。走访了山东省青岛市侨务办公室、山东省淄博市侨联、山东省济宁市侨务办公室、河南省侨务办公室、河南省郑州市侨务办公室、黑龙江省大庆市外侨办、北京理工大学侨联主席蒋女士、北京理工大学自动化学院美籍外教等侨务部门和人员。限于篇幅，本书略去了“侨务政策研究”政府侨务部门和侨务人员访谈问题单，以及上述有关侨务部门和侨务人员的访谈记录和研讨记录。

研究期间，笔者参加了2012年3月11—12日在广州举办的“和谐与共赢、国家软实力及华侨华人的作用国际学术研讨会”，2012年8月20—21日在上海举办的“口岸通关移民管理与服务国际研讨会”，2012年12月10日在深圳举办的人才圆桌会议等20多次涉侨政府座谈会、国内外学术研讨会和专家论证会。另外，还参加了2011年9月7—8日在印度新德里举办的海外移民与发展国际研讨会：民族国家的意义与未来（International Conference：Diaspora and Development Prospects and Implications for Nations States，New Delhi，India，7－8 September，2011），2011年11月3—4日在加拿大温尼伯举办的第4届海外移民家园社会重建学术研讨会：2011年“新祖国·陌生人”（The 4th Annual Conference on the Social Reconstructing of“Home”Among Immigrants in the Diaspora：Strangers in New Homelands，Winnipeg MB，Canada，3－4 November，2011），2012年5月22—23日在南非比勒陀利亚举办的迁徙、移民、发展和环境国际学术研讨会（Mobility，Migration，Development and Environment International Symposium，Pretoria South Africa，22－23 May，2012），2012年10月4—6日在法国昂热举办的移民中国前期研讨会（ESF SCSS Exploratory Workshop：Immigrant China，Angers，France，4－6 October，2012），2012年10月28日在爱尔兰高威举办的第22次中欧司法研讨会（Autumn EU-China Human Rights Seminar，Galway，Ireland，28 October，2012）等国际学术研讨会和政府间对话。参加以上学术界或者政府组织的有关侨务或者国际移民的活动时，笔者都宣读了论文或者发表了演讲，与国内外学界和政府部门就侨务政策进行了交流和探讨，学习各方关于侨务政策的观点和思想。

第七节　研究不足

由于学术能力有限，本书至少存在如下不足，需要在以后的研究中避免和克服：①研究内容尚待扩展。原计划从侨情、国情和世情三者变化综合论证侨务政策，最后只从侨情变化论证；原计划全面论证侨务政策，最后只论证了侨务政策的部分内容。②研究资料需要更新。许多数据是2011年甚至是2006年以前的。③研究方法有待优化。过多运用法律和政策的研究方法，较少运用人口、国际移民和公共管理等领域的研究方法。

第八节　研究结论

通过研究，得出以下三方面的研究结论：

(1) 侨务政策必须服从改革开放的大局，也就是说政治在侨务政策中起到了根本性作用。改革开放总体部署决定着侨务政策的方向和定位，但是侨务政策还必须考虑到华侨华人和归侨侨眷的现状和需求。没有充分考虑政治和需求等方面因素的侨务政策，会因为内容的苍白和不鲜活而缺乏生机。

(2) 制定和完善侨务政策既要考虑改革开放的国内大环境，还要考虑住在国情况及有关国际因素的国际大环境，这源于华侨华人和归侨侨眷国际流动的特殊性。任何忽略国际大环境的侨务政策，都有可能因为没有与国际对接而走入封闭的困境。

(3) 侨务政策的内容和程序同样重要，以往研究主要关注侨务政策的内容，而极少探讨侨务政策的程序——制定、执行和监督。与发展和完善侨务政策内容相比，发展和完善侨务政策程序更易于操作和取得效果。无论是地区华侨华人政策，华侨的身份、回国定居和国籍政策，华人的身份、出入境和在中国定居政策，还是归侨侨眷政策和难民（难侨）政策，在受制于各种因素很难大幅度调整的情况下，变革侨务政策的重点可以从实体转向程序，通过缜密的政策技术设计，间接实现预定的侨务政策目标。

本书是根据有关部门和专家学者的宝贵意见和建议，从体例和内容等方面较大地修改和调整国务院侨务办公室2011—2012年重点课题“侨务政策研究”（编号：GQBZ2011003）结题报告后而写成的。书中观点为一己之言，不代表课题委托单位及本人工作单位的观点。非常欢迎读者批评指正，笔者将针对提出的批评和指正进一步深化和完善自己今后有关侨务政策的研究。

第一编
侨务政策辨析

研究侨务政策，要理清政策、侨、侨居、侨民、侨情、侨务和侨务政策等关键词的含义。虽然这些词在侨务工作中经常使用，但是其含义依然存在多元解释。

第一章　公共政策辨析

引　言

从构词法角度看，“侨务政策”由“侨务”和“政策”两个词组合而成。研究侨务政策，必先理清政策。本章辨析政策的概念，梳理中国和西方对公共政策概念的探索和认识，探究公共政策的概念、特性和分类，分析公共政策与法律的关系，论证公共政策的动态过程，为研究侨务政策奠定概念基础。

第一节　政策的概念

政策作为政治家的行动策略和国家的大政方针自古有之，但是中国古代汉语中并没有政策一词。日本在明治维新期间，从西方国家引入“policy”一词，并且采用了与其语义相近的汉字“政”和“策”加以连用，将其翻译为“政策”。19 世纪末期，随着我国变法维新运动的兴起，“政策”一词由日本传入中国。[①] 从语义上分析，政策是指治理国家、处理政事的计谋和方略。“政”的主要含义是指国家某一部门主管的业务。[②] 政事即管理国家的大事。根据《说文解字》：“政者，正也。”“政”即规范、控制之意。例如，北宋王安石《答司马谏议书》：“先王之政。”明朝高启《书博鸡者事》：“袁有守多惠政。”“政”都是指国家管理、统治。“策”的主要含义是计谋、办法和谋划。[③] 例如，汉朝桓宽《盐铁论·本议》：“立盐铁，始张利官以给之，非长策也。”汉朝贾谊《过秦论》：“惠文、武、昭襄蒙故业，因遗策。”南宋文天祥《指南录·后序》：“予更欲一觇

① 兰秉洁．政策学．北京：中国统计出版社，1994. 2.

② 中国社会科学院语言研究所词典编辑部．现代汉语词典（汉英双语）．北京：外语教学与研究出版社，2002. 2451.

③ 中国社会科学院语言研究所词典编辑部．现代汉语词典（汉英双语）．北京：外语教学与研究出版社，2002. 197.

北，归而求救国之策。”

“政策”对应的英文单词是“policy”。① policy 的一个主要含义是方针、政策、计谋、方法。② 西方学者对政策层面的 policy 的理解大同小异。T. R. Dye 认为，政策是政府选择作为或不作为的行为；D. Easton 认为，政策是整个社会所从事的权威性价值分配；H. D. Lasswell 和 A. Kaplan 认为，政策是一个含有目标、价值与策略的大型计划。③ 一般认为，“政策是指由团体、商业组织、政府或者政党正式确定的在特定情况下从事某件事情的一系列思想和计划”（Policy is a set of ideas or a plan of what to do in particular situations that has been agreed officially by a group of people，a business organization，a government or a political party）④。

英语中的 policy 对应汉语中的广义政策，指国家、政党、社团和企业为了解决特定问题而制定的行动方针、行动计划和行动准则。通常理解的政策是汉语中的狭义政策，指国家或政党为实现一定历史时期的路线而制定的行动准则。⑤ 广义政策和狭义政策在制定主体、目的和表现形式上均不同。狭义政策的制定主体是国家或政党，而广义政策的制定主体除了国家、政党外，还有社团和企业；狭义政策的制定目的是为了实现一定历史时期的路线，而广义政策的制定目的不仅是为了实现一定历史时期的路线，而且为了解决某些特定问题；狭义政策的表现形式是行动准则，而广义政策的表现形式除行动准则外，还有行动方针和行动计划。

第二节　公共的概念

我国学界在 1979 年从国外引进公共政策概念。此后经历了 20 年左右的时间，逐渐接受了公共政策概念，并取代了政策概念。自古以来，公共的汉语语义就强调多数人共同或公用。公是会意字，上面是“八”，表示相背，下面是“厶”（“私”的本字），合起来表示“与私相背”，即“公正无私”的意思。根据《春秋·元命苞》：“公之为言公正无私也。”《贾子·道术》：“兼覆无私谓之公。”引申义为共同、公共、公家、公众等。根据《现代汉语词典》，公是指属于国家或集体的（跟私相对），引申义有共同的，大家承认的；使公开；公平；

① 吴光华. 汉英大辞典（第二版）. 上海：上海交通大学出版社，1999. 2141.

② 陆谷孙. 英汉大词典. 上海：上海译文出版社，1993. 1403.

③ 彭盛龙. 侨务行政理论与实务. 台北：考用出版社，1996. 69.

④ Paul Procter，*Cambridge International Dictionary of English*，Cambridge and Melbourne：Cambridge University Press，1995，p. 1091.

⑤ 中国社会科学院语言研究所词典编辑部. 现代汉语词典（汉英双语）. 北京：外语教学与研究出版社，2002. 2451.

等等。①

共是会意字，从廿，本义是共同、总共。② 例如，《书·盘庚》："惟喜康共。"《庄子·庚桑楚》："共其德也。"《韩非子·外储说右上》："仁义者，与天下共其所有而同其利者也。"《论语·公冶长》："愿车马，衣轻裘，与朋友共，蔽之而无憾。"《水浒传》："前后共喝了十五碗。"根据《辞海》，共有共同、共有、总共、一同、与5种含义。③ 根据《现代汉语词典》，共是指相同的或共同具有的。引申义有共同具有或承受；在一起，一齐；一共，总计；等等。④

公共，根据《现代汉语词典》，是指属于社会的，公有公用的。⑤ 例如公共财产、公共卫生、公共场所和公共汽车等。在古希腊社会里，公共是一种所有成年男子都可以参加的政治共同体，其主要职责是建立一些永久的标准和规则，目的是为了获取最大的善。⑥ 根据《剑桥国际英语字典》，public 在民众层面是指"relating to or involving people in general, rather than being limited to a particular group of people, all the people, especially all those in one country"；在政府层面是指"provided by the government from taxes to be available to everyone"。⑦ 可见，汉语的公共与英语的 public，从古至今含义基本相同。

第三节 中国和西方对公共政策概念的探索和认识

一、中国对公共政策概念的探索

我国对公共政策的研究和探讨主要是2006年以后的事情，在2005年以前，尤其是2000年以前发展非常缓慢，基本上处于停滞状态。笔者以"公共政策"

① 中国社会科学院语言研究所词典编辑部．现代汉语词典（汉英双语）．北京：外语教学与研究出版社，2002.667.

② 广东、广西、湖南、河南辞源修订组，商务印书馆编辑部．辞源（修订本重排版）．北京：商务印书馆，2010.343.

③ 夏征农，陈至立．辞海（缩印版）．上海：上海辞书出版社，2010.603.

④ 中国社会科学院语言研究所词典编辑部．现代汉语词典（汉英双语）．北京：外语教学与研究出版社，2002.677.

⑤ 中国社会科学院语言研究所词典编辑部．现代汉语词典（汉英双语）．北京：外语教学与研究出版社，2002.668.

⑥ 刘东杰．政策公共性：社会和谐的必备元素．中共杭州市委党校学报，2007（2）：50.

⑦ Paul Procter, *Cambridge International Dictionary of English*, Cambridge and Melbourne: Cambridge University Press, 1995, pp. 1141－1142.

为题名和关键词检索 CNKI 中国知网期刊全文数据库、中国博士学位论文全文数据库和中国优秀硕士学位论文全文数据库，得到的与“公共政策”有关的学术论文结果与此观点互相佐证。

以“公共政策”为关键词进行检索，1979 年至 2012 年 1 月，我国共有 11 567篇学术论文。最早一篇是 1979 年第 5 期《当代语言学》刊登的吴义的《乔治城大学语言与语言学圆桌会议第三十届年会》。[①] 引进公共政策概念的前两年（1979—1980 年）只有 4 篇，占总篇数的 0.034%；1981—1990 年有 75 篇，占总篇数的 0.648%；1979—2000 年有 671 篇，占总篇数的 5.8%。也就是说，自 1979 年引进公共政策概念后的 12 年间，我国学界对公共政策的研究和探讨的数量和质量可以忽略不计；引进后 22 年间，我国学界极少对公共政策进行研究和探讨。2001—2005 年 5 年间，中国学界对公共政策的研究和探讨开始走出低谷，逐渐升温，有 2 288 篇学术论文的关键词中含有“公共政策”一词，占总篇数的 19.780%。

表 1－1　学术论文的关键词中含有“公共政策”一词统计情况（1979—2012 年）

年份	篇数	占总论文数百分比（%）
1979—1980	4	0.034%
1981—1990	75	0.648%
1991—2000	592	5.118%
2001—2005	2 288	19.780%
2006	1 087	9.397%
2007	1 288	11.135%
2008	1 559	13.478%
2009	1 578	13.642%
2010	1 636	14.144%
2011	1 459	12.613%
2006—2011	8 607	74.410%
2012 年 1 月	1	0.008%
总数	11 567	100.000%

数据来源：CNKI 中国知网期刊全文数据库、中国博士学位论文全文数据库和中国优秀硕士学位论文全文数据库。

① 吴义．乔治城大学语言与语言学圆桌会议第三十届年会．当代语言学，1979（5）．

以“公共政策”为题名进行检索，1979年至2012年1月，我国共有4 374篇学术论文，这些论文的年度分布与以关键词为“公共政策”进行检索得到的学术论文年度分布非常类似。并列最早的两篇是1981年第2期《国外地震工程》刊登的G. J. Lensen和周雍年的《地震预报与公共政策》与1981年第2期《国际地震动态》刊登的顾平的《新西兰一杂志载文论述地震预测与公共政策》。[①] 1981—1990年有14篇，占总篇数的0.32%；1981—2000年有166篇，占总篇数的3.8%。也就是说，中国学界引进“公共政策”一词后的10年间，对公共政策的研究与探讨的数量和质量可以忽略不计；引进后的20年间，极少对公共政策进行研究和探讨。2001—2005年5年间，中国学界对公共政策的研究和探讨开始走出低谷，逐渐升温，有882篇学术论文的题名中含有“公共政策”一词，占总篇数的20.16%。

表1-2　学术论文的题名中含有“公共政策”一词统计情况（1979—2012年）

年份	篇数	占总论文数百分比（%）
1979—1980	0	0.00%
1981—1990	14	0.32%
1991—2000	152	3.48%
2001—2005	882	20.16%
2006	415	9.49%
2007	523	11.58%
2008	629	14.38%
2009	637	14.56%
2010	577	13.19%
2011	544	12.44%
2006—2011	3 325	76.02%
2012年1月	1	0.02%
总数	4 374	100.00%

数据来源：CNKI中国知网期刊全文数据库、中国博士学位论文全文数据库和中国优秀硕士学位论文全文数据库。

全面研究和探讨公共政策是在2006年以后。目前，公共政策科学已经被专

① G. J. Lensen，周雍年．地震预报与公共政策．国外地震工程，1981（2）；顾平．新西兰一杂志载文论述地震预测与公共政策．国际地震动态，1981（2）．

业化而成为社会科学中的显学。[①] 检索 CNKI 中国知网期刊全文数据库、中国博士学位论文全文数据库和中国优秀硕士学位论文全文数据库，2006—2010 年 5 年间有 8 607 篇学术论文的关键词中含有“公共政策”一词，是 1981—2005 年 25 年间的 2.92 倍，占 1979—2012 年期间总篇数的 74.41%；2006—2010 年 5 年间有 3 325 篇学术论文的题名中含有“公共政策”一词，是 1981—2005 年 25 年间的 2.78 倍，占 1979—2012 年期间总篇数的 76.02%。这一期间有关公共政策的学术论文，不仅在数量上有了飞跃，而且在质量上也有了很大提高，不再是介绍和翻译国外文章，而是更多地研究中国问题。

与学界很早（1979 年）就引进公共政策概念、2000 年后对公共政策的研究和探讨逐渐升温、2006 年后逐渐进入显学状态相比，社会和公众对公共政策的接受和认可还未出现。作者查阅到的目前国内主流词典和文库，例如《汉英大辞典》、《现代汉语词典》、《汉英词典》、百度文库、金山词霸等均未收录“公共政策”一词。[②] 换句话说，社会和公众截至目前依然是知政策而不知公共政策。此种研究热和应用冷强烈反差的现象既说明我国公共政策研究主要停留于理论层面，没有在实践中得到广泛推广和切实应用，也表明社会和公众对政策的理解和认知还停留在几十年前的水平，参与政策制定、执行、分析和评估的意识远远不能适应现代社会对政策公共性的需求。

二、中国学者对公共政策概念的认识

自改革开放特别是 21 世纪以来，“公共政策”一词逐渐取代“政策”一词，此举适应了我国民主法治建设的需要，顺应了世界各国政策科学的研究趋势。在现代民主社会中，政府是民众选举的产物，政府的权利是民众赋予的公共权力，政府行为的目的是根据民众意愿履行公务，解决与国家治理相关的社会公共问题。政府通过法定的民主程序根据民众意愿制定和推行的行动方针和行为准则，都是处理公共事务的方略。现代民主政治程序使政策的制定和推行既能体现民众

---

① 李允杰，丘昌泰．政策执行与评估．北京：北京大学出版社，2008.1.

② 我国规模最大的汉英辞典——《汉英大辞典》（1999 年第 2 版）的“公共”词条，发行量最大的汉语辞典——《现代汉语词典》（2002 年）的“公共”词条，1997—2001 年间已经 10 次印刷的《汉英词典》“公共”词条，均没有收录“公共政策”。见吴光华．汉英大辞典（第二版）．上海：上海交通大学出版社，1999.612；中国社会科学院语言研究所词典编辑部．现代汉语词典（汉英双语）．北京：外语教学与研究出版社，2002.668；北京外国语大学英语系《汉英词典》组．汉英词典．北京：外语教学与研究出版社，1997.412. 在百度词典（http：//dict.baidu.com）中键入“公共政策”一词，显示的是“未找到和您的关键词‘公共政策’相匹配的词典解释”。在金山词霸中键入“公共政策”一词，也找不到该词。

意愿又能受到民众监督。[①] 因此，现代社会中国家或政党的政策普遍被称为公共政策。具有公共权力的组织机构，例如联合国组织、洲组织、区域组织等，其面对和解决的是世界性、洲际性、区域性的公共问题，所以其制定和推行的行动方针和行为准则也可以被称为公共政策。

与公共政策相对应的是非公共政策。在非政府组织系统中，不具有公共权力和公共职能的组织机构一般说来只是面对和解决与本组织自身发展相关的问题，例如组织发展、外部公关、内部管理、清除组织系统的运行障碍等。所以，其内部所制定、推行的行动方针和行为准则只能被称为非公共政策。

我国大部分学者认为公共政策是政府制定的社会行为准则。刘进才认为，公共政策是统治阶级运用执掌的国家政权，通过国家行政机构——政府制定和实施的社会行为准则。[②] 李学认为，公共政策是国家政府在特定时期内为实现或服务于一定社会政治、经济、文化目标所采取的政治行为准则。[③] 梁仲明主张，公共政策是政府为了解决带有普遍性的社会公共问题，实现管理目标而制定的准则和对策。[④] 张锐昕主张，公共政策是政府为解决社会公共问题而制定的行为准则。[⑤] 孔昭林提出，公共政策是党和政府用以规范、指导有关机构团体和个人行动的准则或指南。[⑥]

另一部分学者将其内涵扩充为规范、准则、策略和方针等。周树志认为，公共政策是政府为管理社会公共事务、实现公共利益而制定和实施的公共行为规范、行动准则和活动策略。[⑦] 杨亚非认为，公共政策是指公共权威机关在特定时期为实现一定的目标所采取的谋略、法令、条例、规划、计划、项目、方案和措施等的总称，是治理社会公共事务的重要手段。[⑧] 王骚认为，公共政策是以政府为代表的公共权力机构针对社会公共问题的解决，通过民主政治程序制定和执行的行动方针和行为准则。[⑨]

少部分学者在认可公共政策是行为准则的同时，还分析了公共政策的行为过程性。王雅莉分析，公共政策是社会公共权威为了解决某种社会问题或社会矛盾和建立一定的社会生活的行为依据而对方针、准则、规范等进行选择的一种社会

---

① 王骚. 公共政策学. 天津：天津大学出版社，2010.

② 刘进才. 公共政策评估的模糊数学方法. 中共中央党校学报，2001（1）.

③ 李学. 公共政策中的政府利益分析. 行政论坛，2002（1）.

④ 梁仲明. 论加入 WTO 对我国政府治理方式的影响. 西北大学学报（哲学社会科学版），2002（1）.

⑤ 张锐昕. 关于公共政策执行者的责任问题. 广东行政学院学报，2001（4）.

⑥ 孔昭林. 论公共政策在公共行政中的科学定位. 北京联合大学学报，2001（2）.

⑦ 周树志. 公共行政、公共政策、公共管理. 中国行政管理，2001（2）.

⑧ 杨亚非. 1949—1978 年中国公共政策的科学价值演变综述. 科学大众，2005（7）：71.

⑨ 王骚. 公共政策学. 天津：天津大学出版社，2010.8.

行为。[①] 陈潭论证，公共政策是实现公共意志、满足社会需要的公共理性和公意选择，是规范、引导公众和社群的行动指南或行为准则，是由特定的公共权力机构制定并由社会实施的有计划的活动过程。[②] 唐钧提出，公共政策在公共管理层处于规范政府行为、解决社会问题、培养公民人格的核心地位。在此意义上，公共政策甚至就是公共行政。[③]

三、西方学者对公共政策概念的认识

大部分西方学者基于政府是一个行为者，将公共政策视为政府的一个行为过程。罗伯特・艾斯顿认为，公共政策是政府机构与它周围环境之间的关系，这种观点指出了与政府机构相关联的周围环境对政府决策的重要性。理查德・罗斯认为，公共政策是一个或多或少活动相连的较长系列及这一活动的后果，而不是某种孤立、静止的决定，这种观点指出了公共政策的动态过程性与这一过程所产生的影响。卡尔・弗里德里希认为，公共政策是一个政府在有目的地利用机遇、克服障碍、努力达到目标、实现目的和意图的过程，这种观点强化了公共政策的目的性和政府的行为过程性。詹姆斯・安德森认为，公共政策是一个或一批行动者为解决某一问题及其有关事物的有目的的行为过程，这一过程由政府机构和政府官员展开，也将受到非官方活动者和非官方因素的影响，这种观点全面地阐述了公共政策的环节构成。[④]

还有一部分西方学者认为公共政策是计划、法律和法规。哈罗德・拉斯韦尔与亚伯拉罕・卡普兰认为公共政策是一种含有目标、价值与策略的大型计划。[⑤] 伍德罗・威尔逊从行政学研究的视角，认为公共政策是由政治家（具有立法权益）制定的、由行政人员执行的法律和法规。[⑥]

另外，有些西方学者认为，研究公共政策抓住其本质即可，无须纠缠于概念表述。药师寺泰藏提出，公共政策的本质是解决问题，而问题和解决方法都是变化和不定的，公共政策分析研究就是要确定、掌握和解决问题，公共政策的意思

---

① 王雅莉．行政管理与公共政策．东北财经大学学报，2000（1）．

② 陈潭．公共政策学．海口：海南出版社，2002.7.

③ 唐钧．公共政策：哲学解读与制度分析——论公共政策的自负、惯性、私利及其改进．理论与改革，2001（5）：37.

④ 美国学者曾经列举和评价西方学者具有代表性的公共政策概念。见 James E. Anderson，*Public Policy-Making*，1979，pp. 2－3。

⑤ 林水波，张世贤．公共政策．台北：五南图书出版公司，1982.8.

⑥ Wayne Parsons，*Public Policy*，Massachusetts：Edward E-l gar Publishing Inc.，1995，pp. 3－4.

与其字面意思相同，即为公共而制定的政策。[①] 戴维·伊斯顿从社会价值分配的视角主张，公共政策是对全社会的价值作有权威的分配。[②]

四、中西方学者认识公共政策概念的差异

西方学者多角度和多层次地探索了公共政策概念，公共政策概念表述呈现多元化。我国学者对公共政策概念的探索角度和层次比较集中，公共政策概念表述比较近似和集中。国内学者几乎一致地突出了公共政策的主体是政府（中央和地方各级党委和政府），强调公共政策是解决问题或者引导行为的准则和指南，而西方学者在公共政策概念表述中，有意识地模糊主体，使主体范围更加宽泛，突出行为过程，使结果相对淡化。

第四节　公共政策的概念、特性和分类[③]

一、公共政策的概念

公共政策是以政府为代表的公共权力机构针对社会公共问题的解决，通过民主政治程序制定和执行的行动方针和行为准则。制定和执行公共政策的主体是公共权力机构。公共权力机构是指有权决定和实施国家与社会管理的权力机构。公共权力机构包括国家政府（立法、司法、行政系统），以及具有公共决策和实施权力的执政党组织、非政府公共组织（第三部门）、国际组织以及社会政治系统中的权威人士。政府是最有代表性的公共权力机构，后者是广义的公共权力机构。

公共政策的制定目标是解决社会公共问题，指引和规范社会行为以达到社会的良性运行和协调发展。社会公共问题体现为国家和社会运转发展中关系重大的公共性问题。社会公共问题是公共政策产生的根源，解决问题的有效手段是公共权力机构制定和执行有关公共政策。社会公共问题包括 4 个方面：维持现实社会的正常运转，排除现实社会运转的障碍，预测国家和社会发展趋势，制定国家和

---

① ［日］药师寺泰藏．公共政策：政治过程．张丹译．北京：经济日报出版社，1991. 2.

② 伍启元．公共政策．北京：商务印书馆，1989. 4 ~ 5.

③ 本部分关于公共政策的概念，大部分采用了王骚的观点。见王骚．公共政策学．天津：天津大学出版社，2010. 8 ~ 10。

社会发展规划。

公共政策体现为一个从认识问题到解决问题的民主政治程序。民主政治程序是指从提出问题、认定问题到进入政府议程制订解决问题方案，并通过审定使方案成为最终决策的一整套法定程序。此种程序是一种能够自我修正、不断完善和循环往复的动态运行过程。人民代表或国会议员可以通过民主政治程序将民众的意愿反映到决策机构，保证民众最关心的问题能够进入政府议程并得到解决。不同的价值认识、意见冲突和利益矛盾可以通过民主政治程序进行商讨、协调和整合，最终形成多方认可的公共决策，增强决策的科学性和有效性。在民主程序中，价值观、意见、利益被最终否决的少数人必须接受和执行多方认可的公共决策，提高了决策和执行的效率。民主政治程序是保障政策充分体现公共性的关键环节，是研究公共政策的核心要素之一。

二、公共政策的特性

公共政策具有公共性、问题性、动态过程性和灵活性四个重要特性。掌握公共政策的特性，有利于提高公共政策的民主化、科学化、法制化和效益化，减少公共政策主体在界定公共政策问题及制定、执行、终结和评估公共政策工作中的失误。在实践中，公共权力机构的失误主要就是公共政策工作的失误。

对公共性的认识和理解是公共政策研究的必然要求，是公共政策分析的基本前提。药师寺泰藏提出，公共政策的意思与其字面意思相同，即为公共而制定的政策。[①] 戴维·伊斯顿认为，公共政策是根据政治系统的需求与支持（输入）作出价值财富再分配的方案，需求与支持则是公民或团体出于满足自身的愿望和利益而表现为共同性的主张、行为和反映。罗伯特·达尔与米歇尔·哈蒙认为，公共性是在民主政治过程中，个人和团体不断互动形成的利益格局。公共政策过程的互动性是维持与获取公共利益的必要条件。

在我国，公共性是指公共政策体现的意愿、代表的利益和解决的问题都是公众的。公共性是公共政策固有的基本属性和公共政策分析的理性取向。公共性一般表现为公有性、公治性和公享性三个基本维度，是确定公共政策问题，制订解决问题方案、执行方案、评估方案的价值基础和精神内核。[②] 公有性指公共政策属于全体公民所有，而不是某个人或某个集团所有；公治性指公共政策的施行需要的是公共治理，也就是说除了公共权力机关以外，每个公民都是公共政策过程

① ［日］药师寺泰藏．公共政策：政治过程．张丹译．北京：经济日报出版社，1991. 2.

② 陈潭．公共政策案例分析——基于理论的与实证的视角．长沙：湖南师范大学出版社，2003. 46.

的参与主体；公享性是相对于公共政策的结果而言的，公共政策的结果为社会公众所共享，惠及所有的社会成员。①

问题性是指每项公共政策的制定、执行和评估都针对特定的社会问题，只有进入政策议题的社会问题才能成为公共政策问题。界定公共政策问题是公共政策的出发点，许多公共政策没有解决问题不是因为措施不当而是因为问题界定错误。美国著名政治学者托马斯·戴伊认为，界定问题比决定这些问题的解决办法更重要。② 解决公共政策问题是公共政策的落脚点，只有有效解决了被界定的公共政策问题，公共政策才是成功的。

动态过程性是指公共政策是一个从无到有再到终结的动态运行过程，包括公共政策问题界定、公共政策制定、公共政策执行、公共政策终结、公共政策评估共五个相互关联又相互区别的环节。其中每一个环节都关系着公共政策问题能否有效解决，关系着公共政策的成功或失败。公共政策的动态运行过程在20世纪是人们较为普遍接受的公共政策研究框架。在我国目前的公共政策实践中，比较公共政策制定和公共政策执行而言，公共政策问题界定、公共政策终结和公共政策评估并没有受到应有的重视，甚至被忽视，科学合理的公共政策程序并未完全确立起来。

灵活性是指政策执行在不违背政策原则的前提下是灵活的。公共政策是动态化的制度，③ 具体体现为执行者在公共政策未规定时、公共政策条文规定不具体时以及执行方式方面的自由裁量权。执行者根据具体情况，依据公共政策原则，自行决定执行标准是严格还是宽松，政策文件、执行过程、执行结果是公开还是保密。适当裁量是公共政策执行的特点之一。④

三、公共政策的分类

根据不同标准，可以对公共政策作不同的分类。对公共政策的不同分类进行分析，有利于更全面和系统地把握公共政策。

根据制定和执行公共政策的主体不同，可以将公共政策分为国家政府（立法、司法、行政系统）政策、具有公共决策和实施权力的执政党组织政策、非政府公共组织（第三部门）政策、国际组织政策、社会政治系统中权威人士政策。以上主体都有通过一定程序解决社会问题以发挥自身社会政治作用的意愿、冲动

① 欧阳吉惠．试论公共政策公共性提升之道．云南行政学院学报，2004（2）．
② ［美］托马斯·戴伊．理解公共政策（第十一版）．孙彩虹译．北京：北京大学出版社，2008.5.
③ 钟裕民．公共政策滞后：概念综述与反思．理论导刊，2009（11）．
④ 莫勇波．公共政策执行中的政府执行力问题研究．北京：中国社会科学出版社，2007.

和能力。制定和推行解决问题方案是实现以上意愿、冲动和能力的最重要途径之一。从广义上讲，以上主体制定和推行的解决问题方案都属于政策范畴，其中最重要的政策是国家行政部门政策。通常而言，对待同一个社会公共问题，如果立法部门、司法部门、行政部门、执政党组织和非政府公共组织处于议行合一体制，他们的政策是一致的；如果这些组织处于议行分立体制，他们的政策可能有所差异。

根据公共政策的表现形式，可以将公共政策分为方针、路线、战略、纲要、规划、计划、方案、办法、方法和意见等。方针、路线、战略、纲要和规划等从方向和大局上把握着国家和社会的发展，是较为宏观的公共政策。例如，《国家侨务工作发展纲要（2011—2015年）》（2011年）、《北京市政府关于加强新形势下侨联工作的意见》（2011年）、《中共中央、国务院关于引进国外智力以利“四化”建设的决定》（1983年）、《李先念、廖承志同志在全国侨务工作会议、第二次全国归侨代表大会上的致词和报告》（1979年）等。计划、方案、办法、方法和意见等从步骤和措施上解决国家和社会发展中的具体问题。例如，《国务院侨办、外交部关于当前开展印尼华侨、华人工作需要注意的几个问题》（1990年）、《国务院侨办关于在公共场合不宜提倡华人“爱国爱乡”的通报》（1997年）、《最高人民法院关于人民法院受理申请承认外国法院离婚判决案件有关问题的规定》（1999年）、《财政部、劳动和社会保障部、国务院侨办关于对归难侨离退休人员基本养老金实行定额补助有关问题的通知》（2001年）等。

根据公共政策的内容性质，公共政策可被划分为元政策、基本政策和具体政策。在公共政策的层级系统中，元政策是最深层的政策。元政策是“关于政策的政策”，是“用以指导和规范政府政策行为的一套理念和方法的总称”，其基本用途在于“如何正确地制定公共政策和有效地执行公共政策”。元政策的第一种类型是价值性的元政策——“民主”、“自由”、“公正”；元政策的第二种类型是方向性的元政策——“以经济建设为中心”、“改革开放”；元政策的第三种类型是程序性的元政策——民主集中制。

基本政策通常是高层次的、大型的、长远的及带有战略性的政策方案。元政策侧重于价值陈述，它为所有的政策提供价值评判的标准；基本政策则侧重于目标陈述，为相关范畴内的所有的具体政策规定总目标。基本政策具有四个特点：①权威性。通常只有中央政策及其授权机关才能制定和发布，是一种高级政策，有指导和约束具体政策的权威。②广泛性。多数情况下，基本政策的适用范围覆盖整个国家。③稳定性。基本政策具有相当大的稳定性，长时期都在起作用。④系统性。基本政策是一种大型的总体性的政策，必然会衍生出一整套具体政策、具体执行步骤和行动方案，彼此之间形成有内在联系且相互关联的政策系统。

凡是在元政策和基本政策范畴以外的政策，都可归入具体政策。它的具体性表现在以下 4 个方面：①具体政策是针对特定而具体的公共政策问题作出的政策规定；②具体政策表现为一系列的行动步骤和行动方案；③具体政策必然要求有对应的部门或机构来具体实施；④具体政策的实施效果是在经验基础上可以直接观察到并可以评价的。

根据公共政策的内容领域，可以将公共政策划分为政治公共政策、经济公共政策、科学与技术改革公共政策、社会公共政策、法律公共政策和文化公共政策等。政治公共政策包括国内和国际政治公共政策；经济公共政策包括整体经济公共政策和生产要素及生产流通公共政策，前者包含经济运行与经济成长、金融与货币、税收、支出与赤字、通货膨胀与失业等公共政策，后者包含土地、农业、商业、消费、劳动力等公共政策；社会公共政策包括集团公共和个人发展公共政策，前者包含民族与性别、贫困与公共援助、家庭等公共政策，后者包含教育与学习、人口流动、闲暇娱乐等公共政策；法律公共政策包含刑事犯罪的惩治、公民权利的保障、经济商业犯罪的防范和政府行为失当的纠正等公共政策。此种分类有利于提高对公共政策专业性的认识。由于公共政策的内容可能同时涵盖不同领域，所以某一具体公共政策属于哪一种类公共政策不是绝对的，有可能同时属于某几种公共政策。

根据公共政策的适用领域层级，也就是在纵向上可将公共政策划分为中央公共政策（国家政策）、地方公共政策和基层公共政策。中央公共政策就是国家公共政策，地方公共政策指省、市、县三级政府的公共政策，基层公共政策指乡政府的公共政策。此种分类有助于把握各层级公共政策的联系和区别。

四、公共政策的核心价值

以坚持“以人为本”为核心的科学发展观是公共政策的核心价值，其中最现实、最直接的是公共政策的制定与执行过程的公共性，以体现人民的根本利益作为出发点和归宿，明确公共政策的目的是用来提供公共服务的，制定和执行公共政策应和社会公众的愿望、利益一致。维护和增进公共利益，扶助弱势群体，坚持公平正义，尊重人权，实现社会和谐发展，这些都是我国新时期公共政策取向的根本价值所在。[①] 比如当前我国政府一致倡导的维护和保障华侨归侨侨眷权益的相关政策措施，就是以坚持“以人为本”为核心的科学发展观作为价值导

---

① 张秋立，宋喜存．我国公共政策实践前沿问题的综述．理论探讨，2006（6）：139.

向的。

我国现有的公共政策由一个超强制的公共权力机构设计出来，并强加于公众。该公共权力机构高踞于公众之上，具有政治意志和实施强制的权力，并且隐含自上而下的等级制。这就带来了公共政策的决策自负、惯性效应和私利选择问题，容易导致公共性缺失。决策自负表现为：权力自上而下地单向流动隔绝了科学决策的基本要求，以形式正义掩盖实质上的不正义，直接后果便是决策的异化；惯性效应表现为：决策者过多地受制于以往的政策传统，惧怕路径的切换成本，出现锁入效应甚至政策刚性，甚至导致补救性政策是恶化而不是缓解矛盾；私利选择表现为：出租公共政策的决策权以寻求租。①

公共性缺失是对坚持“以人为本”的科学发展观核心价值的最大冲击。公共性的缺失必然违背公众意志，损害公众利益，扭曲公共政策。离开了公共性，公共政策就可能变为某些个人、团体或阶层谋取私利的工具。规范政策公共性，需要强化政府公共服务的观念，就公共行政而言，最重要并且最有价值的是为公众服务以增进公共利益。完善、规制政府行为的制度体系，防止政府失败，减小因失败带来的公共利益损失，合理缩小政府权力范围，杜绝公共利益被政府行为侵犯，使政府在政策博弈主体的优势地位得到削弱，相对增强民众力量，从而能够更有利于政策的制定过程真正体现民意，政策制定的最终结果能够真正维护和实现公共利益。推动公众参与监督政府行为，民众通过全过程的参与可以达到影响公共政策的目的，使其在政策制定、执行、评估和终结中充分体现民众取向的公共性。②

第五节　公共政策与法律

公共政策与法律如影相随，从法学角度分析会得出与从公共管理学角度分析不同的公共政策解读。

从法学角度分析公共政策，有利于准确把握和处理公共政策与法律的关系。根据美国《布莱克法律词典》：“公共政策是指不能对公众产生损害的趋势或者违背公共利益的法律原则。合同自由或者私利基于公共政策法律原则而受到法律限制。在法律、法规、法治、行为等类似领域中使用政策一词时，是指在确定它

① 唐钧. 公共政策：哲学解读与制度分析——论公共政策的自负、惯性、私利及其改进. 理论与改革，2001（5）：37～39.

② 刘东杰. 政策公共性：社会和谐的必备元素. 中共杭州市委党校学报，2007（2）：50～52.

们可能结果、趋势或者目标时，必须考虑国家利益。所以，当一些行为可能损害国家利益时，法律可以以其违反公共政策为由拒绝承认和执行之，另外两个理由是不合法和不道德。"①

根据《元照英美法词典》，公共政策在英美法系亦称法律政策（policy of the law）；在大陆法系，与之相对应的是公共秩序或称公序良俗。公共政策通常指被立法机关或法院视为与整个国家和社会根本相关的原则和标准，该原则要求将一般公共利益与社会福祉纳入考虑的范围，从而可以使法院有理由拒绝承认当事人某些交易或其他行为的法律效力。在狭义上，这一原则是指不允许实施任何可能给一般公共利益造成损害的行为。在英美法中，法院有时将其作为判决的正当理由，例如，以合同违反公共政策为由宣告合同无效。因为违反公共政策的认定标准（是否违反一般公共利益）并不是依赖于证据而是依据司法形象，故而有法官抨击其所提供的是一种不确定的、危险的标准，若无先例，往往不愿加以应用。公共政策制度可以对当事人的合同自由或私人交易进行限制。除在合同法中的作用外，公共政策还被用来支持婚姻的神圣、宗教宽容的正当和保持政治廉正等。

我国法学除借鉴西方法学关于公共政策的理解外，还根据议行合一的政治体制，强调政党对于公共政策的意义。在我国法学领域，政策一般指国家或党的政策，尤其指党的政策。政党政策是政党为实现一定政治目的、完成一定任务而作出的政治决策。执政党的政策在政治生活中尤其占有重要地位。法与执政党政策在内容和实质方面存在联系，在阶级本质、经济基础、指导思想、基本原则和社会目标等根本方面具有共同性。但二者的区别也很明显，主要表现在意志属性、规范形式、实施方式、调整范围、稳定性和程序化程度五个方面。②

从涉及公共利益的角度理解公共政策，法律是公共政策的一部分，但公共政策的范围无疑超越了法律涵盖的范围。如果不能解决公共利益模糊性问题，公共权力机构就可能借公共利益之名行谋取私利之实，而从法学角度探讨的"某项规定或活动违背了公共政策即违背了公平和正义"将会成为一个无法兑现甚至被盗用的结论。

由于制定和修订法律、法规和规章比制定和修订其他形式公共政策要履行更严格的程序和满足更高层次的要求，法律比其他形式公共政策要更稳定、透明和制度化。法律为解决国家和社会发展中遇到的问题提供了稳定的制度性保障。依

---

① Henry Campbell Black, *Black's Law Disctionary*, St. Paul Minn West Publishing Co., 1979, p. 1041.

② 2008 年国家司法考试辅导用书编辑委员会 . 2008 年国家司法考试辅导用书 . 北京：法律出版社，2008. 69.

法治国是现代国家治理的基本形式，也是我国宪法的重要规定。其他形式公共政策是制定和完善法律的基础。理论上，解决一个问题，如果只有公共政策，但没有法律可以适用，应通过公共政策解决，但是要细化政策，限制自由裁量权，尽快将政策以法律形式固定下来；如果既有公共政策又有法律可以适用，而且两者相冲突，那么后者适用效力应优于前者，要严格执行法律。实践中，解决一个问题，既有公共政策又有法律可以适用时，适用公共政策而不适用法律的情况并不鲜见。我国政策对法律的比较频繁地率先突破，经常被戏称为“创新型违法”，这也是中国公共政策的一大特色。① 这主要是因为我国改革开放措施不断推出，然而立法长期滞后，实施的改革措施和生效的法律之间存在着比较突出的矛盾。

就出境登记卡而言，根据公安部在2001年11月宣布的改革方案和随后在2002年2月公布的具体改革措施，有关机构不再发放护照所附出境登记卡。但是，根据1994年《中华人民共和国公民出境入境管理法实施细则》（修订，以下简称《实施细则》）第6条，公安机关出入境管理部门必须发放护照所附出境登记卡，该《实施细则》经国务院批准，由公安部、外交部和交通部于1994年共同发布。按照中国的立法体制，1994年《实施细则》比2002年改革措施的法律效力高，所以改革措施中与《实施细则》相矛盾的规定是无效的。但是实践中执行的是2002年的改革措施而不是1994年的《实施细则》，而要解决这个矛盾的唯一办法是修改1994年《实施细则》。时任公安部部长贾春旺已经认识到法律与改革措施相冲突的问题，于2001年11月宣布，公安部将加速改革出入境管理的法律手续以保证公平和公开，并完善相关法律法规。公安部在2002年全国出入境管理工作年度会议上强调出入境管理的法律体系需要改进。② 受一些因素的阻碍，相关的修订工作在10多年后的今天还没有被推行。遗留在法律、规定和改革措施之中的矛盾，会从本质上损害法律的威信，并动摇人们对政府依法管理的信心。这种情况也违反了2004年《中华人民共和国宪法》（修正）第5条第1款的规定：“国家维护社会主义法制的统一和尊严。”

就规范海外人才引进而言，实现以政策规范引进海外人才向以法律调整引进海外人才转变，是依法治国的宪法要求及党中央和国务院在引进海外人才政策性文件中的部署。政策性文件是我国目前引进海外人才的重要直接依据，例如2008年《引进海外高层次人才暂行办法》。从法治意义上讲，政策性文件只能指导或者间接规范引进海外人才事务，而不能作为有关部门规范引进海外人才事务的直

① 刘小吾．解读公共政策．湖南社会科学，2009（4）：187.

② 朱大强．中国明确入世后出入境管理方向．http：//review. jcrb. com. cn/ournews/asp/readNews. asp? id=63921，2001-11-23.

接依据。另外，很多政策性文件是带有密级的内部文件，只为政府管理部门内部掌握，海外人才作为被管理的主体反而可能不知情。海外人才通常生活在有良好法治氛围的发达国家，他们习惯于政府以法律而不是政策的手段规范事务。如果我国政府在管理海外人才事务方面只注重政策手段而忽视了法律手段，就会在两者之间形成沟通的障碍，从而降低服务和管理的效率。

第六节　公共政策的动态过程

如前所述，公共政策的动态过程是指公共政策是一个从无到有再到终结的动态运行过程，包括公共政策问题界定、公共政策制定、公共政策执行、公共政策终结和公共政策评估五个相互联系又相互区别的环节。公共政策以问题的产生为基础，通过五个复杂的动态过程解决问题。无论是否能顺利解决界定的问题，公共政策都会走向终结。公共政策评估是衡量公共政策成效和提高公共权力机构解决社会公共问题效率的重要工具。

一、公共政策问题界定

公共政策问题界定是政策议程建立的基础，是前政策议程过程。界定问题包括问题提出、问题性质确定和问题界定。由于社会问题的复杂化和矛盾化，对许多社会问题的界定不是通过简单的定量分析所能完成的，不得不倚重决策者价值观和意识形态的判断，以致在界定问题阶段，政策制定主体尤其是决策者的主观认识就显得很重要。决策者的主观认识主要体现为价值观。决策者界定问题时的主观性是需要正视的，也是需要认真予以解决的。如果界定问题时不注重解决界定问题中的主观性，就不能在界定问题过程中充分考虑公众意愿，捍卫和增进公众利益，进而会削弱社会问题的公共性。要解决界定问题中的主观性，决策者应该疏通公众表达的渠道，认真听取公众的利益要求；同时，压缩个人和强权集团利益，确保界定问题过程的公正和公开，并把问题界定结果公之于众。

由于群众路线的决策规范，以及党组织和政府在政策问题提出和政策议程确立过程中的权威地位和主导作用，很多问题常常不经过公众议程而直接进入政策议程，这使中国政策问题的提出更多地使用内在提出模型和动员模型，而较少使用外在提出模型；亦使中国公共政策制定过程中的决策更多地呈现出单方案决策的特征，而不是多方案的择优。[①] 由于受决策体制等因素影响，我国公共政策问题界定是在决策者意志主导下进行的，公众无法或者很少参与，以致有些政策有悖于公众利益。此种公共政策既不利于解决决策者界定问题时的主观不足，也由于缺少公众参与难以获得合法性和权威性。公共性的要求以及公民社会和互联网技术的迅猛发展，冲击和解构着我国原来的“问题界定”和政策制定模式，但同时也为我们指出了出路——公共性的“问题界定”是我国界定公共政策问题的必然趋势。[②] 缺乏问题意识是中国公共政策研究的薄弱点之一。大量的公共政策研究尚停留在介绍西方国家理论的层面，还未将研究重心转向中国的现实问题。[③] 逐渐从理论研讨转向现实问题分析，是中国公共政策研究的未来发展方向之一。

二、公共政策制定

公共政策制定又称公共决策，是指基于界定的公共政策问题，确定、选择以及合法化解决问题方案的过程，是公共政策过程的核心阶段。[④] 广义的公共政策制定包括制定新公共政策和修订原公共政策。公共政策制定是为寻找最佳的解决社会问题的一般办法和具体措施，整个公共政策的制定过程是公共权力机构对社会施加影响的过程。同时，公共政策制定过程也是公共权力机构对所掌握的信息进行筛选、加工、运用，并通过相互间的论辩、协商，最终对面临的公共政策问题进行求解的过程。修订原公共政策主要是针对公共政策滞后的情况，当公共政策绩效等于公共政策成本时，到达了公共政策滞后的容忍临界点；当公共政策绩效低于公共政策成本时，公共政策滞后就进入制度滞后危害阶段。[⑤] 此时，公共政策绩效急剧下降、公共政策延误成本和公共政策总成本加速增加，对社会经济发展和政策变迁绩效产生严重的负面影响。虽然随着公共政策变迁过程的推进，公共政策滞后是一个客观必然的常态现象，即政策供给落后于政策需求是一条客观规律，或者从理论层面来说，在公共政策变迁的任何时候都存在公共政策滞后问题。但是在公共政策滞后的负面效果开始显现的时候，国家还是要积极推动公共政策变革，择机修订现有公共政策，防止政策供给远远落后于政策变革需求而

---

① 张晓明．内部输入：解读当代中国公共政策制定的输入机制．宁夏社会科学，2000（5）．

② 靳媛媛．论“问题界定”的公共性取向——基于中国公共政策语境下的考量．四川行政学院学报，2011（1）：27．

③ 徐力群．中国公共政策研究评述：基于2004—2009年《中国行政管理》的研究．中国市场，2010（44）：103．

④ 王丽忠，刘振宇．中国公共政策制定的合理性路径探求．韶关学院学报，2009（4）：30．

⑤ 钟裕民．公共政策滞后：概念综述与反思．理论导刊，2009（11）：106．

对社会产生严重的负面影响。

公共政策制定必须遵循一定程序，制定过程必须体现公共性，尤其是公正，公正是现代社会的基本准则；必须体现最终收益人是个人的原则，避免把公共政策变成维护本部门权力、谋取本部门利益的手段。服务型政府应加强公共政策制定过程法制建设和促进公民参与机制的完善，做到公共政策制定过程有法可依，创造条件让公众参与公共政策制定，保障公众的知情权、话语权、享受权和投诉权等基本权利。[①] 公众参与公共政策过程，不仅有利于保障公民权益，而且可以控制决策权的滥用。随着我国民主化进程的开展，公众的民主意识日益提高，参政议政的要求越来越强烈，对关系到公众切身利益的公共政策制定过程的关注更是与日俱增。听政制度是实现公民参与的一项重要制度形式。由于各种因素的影响，我国的公民参与无论在广度和深度上都很不够。公民参与存在现有组织结构单一、非制度化和无序性并存，地区和阶层差异明显等问题。[②] 这些问题的存在，很大程度上影响了我国公共政策制定的科学化、民主化进程。

解决公众参与公共政策制定不足问题，需要不断拓宽公民参与公共决策的渠道。通过宣传和培养，不断加强公民的制度化参与意识和法律意识，使我国的公民参与逐步走向有序化、健康化的发展轨道；尤其要重视对广大经济落后地区和边远地区，以及文化素质较低阶层公民法律意识的引导和培养，不断增强其制度化的参与意识，不断健全和完善公民参与公共决策的法律保障体系。

三、公共政策执行

公共政策执行简单地讲就是将公共政策付诸实施。政策执行是政策科学研究的一个重要问题。有学者认为：在实现公共政策目标的过程中，方案制定的作用占 10%，而其余 90% 取决于有效的执行。[③] 公共政策执行主体包括政策执行人员和执行机关或组织两部分。执行主体的思想素质、道德修养、利益需求、文化知识和政策水平等会对公共政策执行产生影响，优化执行主体是提高公共政策执行效率最重要的一环。除执行主体外，政策文件本身、政策实施计划、政策环境背景和政策实施对象也会对公共政策执行产生影响。政策工具是政府治理的手段和途径，是搭建在政策目标和结果之间的桥梁。在政策执行过程中，选用何种政策工具对政府能否达成既定政策目标具有决定性的影响。

---

① 季元杰．科学发展观与公共政策理论和实践研讨会综述．理论探讨，2009（1）：157.
② 陈振明．公共政策分析．北京：中国人民大学出版社，2003.
③ 韩振燕，辛天霞．产权理论与我国农村土地产权制度的改革．经济体制改革，2006（4）.

公共政策执行阻碍是公共政策执行中出现的主要问题。政策执行阻滞是指政策执行过程因某种消极因素的影响而出现了不顺畅乃至停止不前，进而导致政策目标不能圆满实现甚至完全落空的情形。[①] 政策执行阻滞主要有5种表现形式：政策执行表面化、政策执行扩大化、政策执行局部化、政策执行全异化和政策执行停滞化。导致政策执行阻滞的因素是多方面的，政策问题的特性，政策本身的因素以及目标团体、政策执行人员、执行机构间的沟通与协调，政策执行所面临的政治、经济、社会、文化、心理环境，所选用的政策工具，执行过程中政策监控的力度等，都会影响到政策执行的效果。

我国现行的公共政策执行过程的执行阻碍主要表现为：当公共政策本身与政策执行者的利益产生矛盾和冲突的时候，一些政策执行者就会寻找政策替代。他们或者钻政策的空子，上有政策下有对策；或者灵活变通，用足用活。一些政策执行主体根据自己的理解和需要，附加一些原政策目标中所没有的内容，搞土政策，为谋取自身利益、小群体利益或地方利益而另立一套、自行其是；更有一些政策执行主体为了自身的利益，对原政策内容有意曲解、肆意变通，甚至软拖硬抗、阳奉阴违，拒不执行政策，导致政策执行受阻，政令不畅，直到造成政策目标无法实现和公共政策执行的失败。导致这些行为或表现的主要原因有：缺乏正常的监督；政策执行的效果缺乏明确的考核；政策执行考核结果缺乏必要的赏罚措施，特别是一种刚性的责任追究制度。[②]

保证和提高公共政策执行效率必须确保公共政策的科学性、沟通性、资源性和监督性。①公共政策执行的基础首先在于公共政策内在的科学化程度，即影响公共政策执行的首要因素在于公共政策本身。实行政务公开，通过提高公共政策制定的透明度扩大社会公众的参与度，制定科学合理的政策措施。加强中央与地方利益关系的整合，强调地方利益服从中央利益，中央政府制定政策时要尽量照顾地方的利益要求，同时要提高中央政府对政策的控制能力。②沟通性是指公共政策的信息的沟通能力，保持全真的信息沟通，有助于提高执行者对公共政策的认知，减少政策执行的盲目性、难度和阻力。发挥民间组织的桥梁作用，通过民间组织对政策执行过程的参与，不断改进自身的政策执行能力，进而为社会提供更有效的政策秩序。③资源性是指公共政策执行要投入一定的执行经费、人员和权威等资源，才能达到既定的目标。强化政策执行主体的政治社会化功能，提高政策执行主体的素质，树立和维护政策执行主体的权威。④监督性是指公共政策的执行离不开监督。尽快制定和完善政策执行监督的规章制度，健全政策执行监

① 郭巍青．现代公共政策分析．广州：中山大学出版社，2000.

② 钱再见．影响公共政策执行主体的深层机制探究．理论与改革，2001（5）.

督机构，从制度上确保监督机构的相对独立地位，以增强其监督的权威性；强化国家权力机关的监督职能；落实和完善各项社会监督制度，鼓励公众参与监督；加大对政策执行错误行为的惩罚力度，形成威慑力量。

四、公共政策终结

公共政策终结是决策者通过对公共政策的审慎评价后，终止错误的、过时的、多余的或无效的公共政策的一种行为。公共政策终结的活动既是公共权力机构对于旧的、不合时宜的公共政策进行取消和废止的有意识的行为，也是新公共政策产生的基础。公共政策终结之中蕴含着公共政策的调整和创新，通过对已完成使命或未完成使命的公共政策进行部分终止和调整，给公共政策注入新的活力和因素，使得公共政策过程形成了一种非单向的循环流动。公共政策过程并非在终结这一环节结束，相反，通过终结，公共政策获得了积极的更新与发展。①

一项公共政策从制定、执行、监控、评估，再到政策终结，构成了一个完整的政策周期。不管是在理论还是在实践上，一项公共政策最终必将被终结。公共政策终结的行为不是偶然发生而是受一定因素影响的结果。但是，一旦公共政策被制定并加以实施，与之相关的计划、功能、组织和机构随之产生并发挥作用。表面上、程序上废止一项公共政策容易，但要真正终结它却很困难。加之利益上的考虑、心理上的抵触以及高昂的终结成本和政策评估的缺失，都在无形中形成一股强大的阻碍政策得以终结的合力，导致本该终结的、无效的、过时的政策或组织迟迟不能终结，出现“有始无终”的现象。公共政策的“有始无终”造成了大量资源的浪费、政策绩效的低下和官僚机构的膨胀。

限制公共政策终结的因素可以被归纳为心理上的不愿意、组织或制度的持续性、反终结联盟的存在、动态的保守主义、法律上的障碍、终结的成本与恐惧和不确定性六个方面。② 驱动公共政策终结的因素可以被归纳为触发机制、政策评估、利益的分化和聚合、政治领导者的领导力、公共舆论影响五种。③ 面对公共政策终结可能面临的困难，公共权力机构应积极化解限制公共政策终结的因素，激活驱动公共政策终结的因素，促成公共政策终结。通常的办法有：变更公共权力机关，改变原政策所根植的思想理念，利用公众对未来生活失去乐观期望的混

---

① 阮蓁蓁．公共政策终结理论研究综述．广东行政学院学报，2009（8）：34.

② K. Peter DeLeon, *Public Policy Termination: An End and a Beginning*, Policy Analysis, Rand Corporation, 1981, pp. 379 - 396.

③ 陶学荣，王锋．公共政策终结的可行性因素分析，内蒙古社会科学（汉文版），2005（5）：2～5.

乱时期，渐进地、温和地终结政策，在终结之前进行涉及新侨务政策。[①]

五、公共政策评估

公共政策评估是评估主体依据一定的标准和程序，对政策的效益、效率、效果等价值进行判断的一种政治行为，目的在于取得有关这些方面的信息，作为决策变化、政策改进和制定新政策的依据。[②] 公共政策评估是衡量公共政策成效的重要工具。进行评估可以确定一项公共政策付诸实施后是否达到了预期目标，分析公共政策目标和公共政策执行的妥适性，提供给决策者、执行人员和相关公众公共政策信息，以避免公共权力机构将资源浪费在没有效果或不当的政策上，还可以发现并修正公共政策的误差，厘清公共政策责任的归属，作为拟定政策建议及分配公共政策资源的依据，有助于公共权力机构推动施政计划。

科学的公共政策评估要解决为什么评估、由谁来评估、要评估什么和应该怎样评估等问题。公共政策评估是一件非常困难的事情，是公共政策学的世界性难题。因为公共政策评估是一种基于价值的判断，具有较强的主观性，没有绝对客观、公正和科学的评估。根据美国评估研究会（ERS）的研究，公共政策评估包括公共政策预评估、执行评估与计划监测、结果评估三种。[③] 不同阶段评估的标准、主体和方法有所不同。评估标准的设定是否科学，直接决定了政策评估的结果是否正确及其功能作用的发挥，评估标准的选择与确立是政策评估的逻辑起点和前提基础。国内学者研究的评估标准偏于宏观。陈振明提出了五大标准，即生产力标准、效益标准、效率标准、公正标准和政策回应度。[④] 张国庆提出了“首要标准”和“次要标准”的概念。他认为，对一项公共政策的整体评估是建立在若干单元评估基础上的，它把用于整体评估的标准称为首要标准，把用于单元评估的标准称为次要标准。[⑤] 相比之下，国外研究的评估标准比较微观，是实践经验的提炼和理论化。

预评估是公共政策方案尚未执行前的评估，目的是在公共政策执行前修正其内容，使资源得到适当分配。公共政策预评估主要关注：公共政策方案标的问题和标的群体的范围和分布、拟订的政策方案内容是否与预期目标一致、是否有理论基础、执行成功的概率、预期成本及预期获得的效益和效能。预评估可以遵照

① Eugene Bardacz, Policy Termination as a Political Process, *Policy Sciences*, 1976, Vol. 7, p. 130.
② 张国庆．公共政策分析．上海：复旦大学出版社，2004. 397.
③ 李允杰，丘昌泰．政策执行与评估．北京：北京大学出版社，2008. 169 ~ 181.
④ 陈振明．公共政策分析．北京：中国人民大学出版社，2003.
⑤ 张国庆．公共政策分析．上海：复旦大学出版社，2004. 397.

认定和叙述公共政策问题、找出因果模型、选择所要服务标的、设计传达系统的顺序的方法进行。

执行评估与计划监测是系统地探讨公共政策或计划执行过程的内部动态的一种行为，目的是了解其在执行阶段是否有缺失。执行评估与计划监测主要关注：公共政策运作是否按照原定设计进行、影响公共政策没有按照原定设计进行的因素、公共政策是否确实到达标的群体、政策方案各部分如何配合。执行评估与计划监测可以通过应用记录资料、调查公共政策参与者、调查社区等方法进行。

结果评估在公共政策评估中最为重要，是公共政策评估的主体，可以分为公共政策影响评估与公共政策产出（效益和效能）评估，[①] 目的是探讨公共政策的影响，分析公共政策的实现程度或公众满意的程度，执行公共政策所投入的成本相对于所得利益的比例大小。结果评估主要关注：明确地界定公共政策的结果指标，建立公共政策内容和结果间的因果关系，厘清长期趋势、突发事件、成熟趋势、自我选择、随机效果和无信度效果对公共政策结果的影响。

我国的公共政策评估处于刚刚起步阶段，评估环节十分薄弱，而且公共政策评估相当不规范、不完善，受到较多人为因素的影响，存在种种问题与困难。尤其是地方政府层次，虽然设立了相关政策研究和评估机构，但是这些机构的水平参差不齐，它们的主要工作是进行调查研究、分析预测和指导政策执行，很少对一项政策进行独立、正式和全面的评估。即使有的机构进行政策评估，其目的多半是被动的，评估往往是形式主义的，评估在很多时候成为对政府欲出台的政策的可行性论证。目前在我国，严格遵循政策评估规律，按照系统的公共政策评估程序进行的正式和规范的政策评估基本上不存在。因此，公共政策评估可以说是我国推行政策过程中最为薄弱、最为苍白的一个环节。[②]

---

① 李允杰，丘昌泰．政策执行与评估．北京：北京大学出版社，2008. 170.

② 陈潭．公共政策案例分析——基于理论的与实证的视角．长沙：湖南师范大学出版社，2003.

第二章　侨、侨居、侨民、侨务和侨情辨析

引　言

研究侨务政策，除厘清公共政策，还需厘清侨、侨居、侨民、侨务和侨情的概念。虽然这些词在侨务工作中经常使用，但是其含义依然存在多元解释，作为侨务政策研究的对象，有必要一一予以辨析。

第一节　侨辨析[①]

一、侨的原义

“侨”乃“侨务政策”之基石，要辨析“侨务政策”，必先厘清“侨”的概念，否则，无从探讨“侨务”和“侨务政策”的概念。“侨”，根据《辞源》，是形声字，从人，乔声。原义有两个：第一个是高，通乔。《书禹贡》：“厥草惟夭，厥木惟乔。”第二个是寄居异地，《韩非子·亡征》：“羁旅侨士。”

二、侨概念的研究和使用

我国几乎没有对“侨”概念的研究和论证，仅有的零星分析支离破碎，系统梳理也是阙如。根据作者查阅到的资料，只有张赛群探讨了“侨”的概念，他在《中国侨务政策》一书中提出：“侨原本是指华侨，但由于华侨、华人、归

① 本部分关于“侨”、“侨居”、“侨民”的引证，源于以下工具书的相关条目：广东、广西、湖南、河南辞源修订组，商务印书馆编辑部．辞源（修订本重排版）．北京：商务印书馆，2010. 283，590；夏征农，陈至立．辞海（缩印版）．上海：上海辞书出版社，2010. 1498；中国社会科学院语言研究所词典编辑部．现代汉语词典（汉英双语）．北京：外语教学与研究出版社，2002. 1549；黄河清．近现代辞源．上海：上海辞书出版社，2010. 607；周南京．世界华侨华人词典．北京：北京大学出版社，1993. 509。

侨之间可以相互转换，而侨眷又与华侨、归侨紧密相连，因而均在侨之列。"①

国务院侨办侨务干部学校培训侨务干部的教材《华侨华人概述》②，国务院侨办 2009—2010 年重点课题项目"未来 5～10 年侨情发展趋势与侨务对策研究"结题报告《未来 5～10 年侨情发展趋势与侨务对策研究》，华侨华人工具书《华侨华人百科全书·法律条例政策卷》③，毛起雄、林晓东的《中国侨务法律法规概述》④，毛起雄、林晓东的《中国侨务政策概述》⑤，华侨华人蓝皮书《华侨华人研究报告（2011）》⑥，侨界资料性综合年刊《侨情综览（2010）》⑦ 等侨务领域的重要著作都没有探讨"侨"的概念［其中，《华侨华人概述》、《华侨华人百科全书·法律条例政策卷》分析了"华侨"、"华人"概念；《中国侨务法律法规概述》、《中国侨务政策概述》分析了"华侨"、"归侨"、"侨眷"的概念；《未来 5～10 年侨情发展趋势与侨务对策研究》、《华侨华人研究报告（2011）》、《侨情综览（2010）》没有探讨"侨"以及与"侨"相关的概念。例如，《华侨华人研究报告（2011）》在"摘要"中指出："本书首先以'为侨服务'的中国侨务政策为出发点。"但是该报告通篇没有说明何为"侨"］。以上侨务领域的重要论著在开篇之初或者通篇没有界定"侨"，无论如何不能说不是一个遗憾。这无疑会影响读者理解作者的涉侨思想、论著的结构和内容。

以上侨务领域科研成果的作者均为侨务研究领域的大家和名家，探讨或者深度分析"侨"概念的能力毋庸置疑。造成以上侨务领域的科研成果不探讨或者不深度分析"侨"概念现象的可能原因是，这些科研成果的作者认为，"侨"所指对象已经非常明晰，不需要探讨或者深度研究了。例如，毛起雄、林晓东认为："综观新中国成立前后，我国侨务法律、法规适用的对象及其范围的发展变化，不难看出我国侨务法律、法规适用的主要对象是华侨和归侨、侨眷。此外，新中国成立以来制定的有些侨务法律、法规也适用于香港、澳门同胞。"⑧ 朱丽娜认为："《侨情综览（2010）》秉承《侨情综览（2009）》编辑的原则和思路，对 2010 年 1 月 1 日至 12 月 31 日期间有关反映侨民、侨社、侨务、侨教、侨学等方面的主要信息进行去繁就简、去粗取精的甄选、分类、整合、编排，力争系

① 中国侨联权益保障部．涉侨政策法律问答．2007. 3.
② 国务院侨办侨务干部学校．华侨华人概述．北京：九州出版社，2005.
③ 周南京．华侨华人百科全书·法律条例政策卷．北京：中国华侨出版社，2000.
④ 毛起雄，林晓东．中国侨务法律法规概述．北京：中国华侨出版社，1993. 1.
⑤ 毛起雄，林晓东．中国侨务政策概述．北京：中国华侨出版社，1993. 1.
⑥ 丘进．华侨华人研究报告（2011）．北京：社会科学文献出版社，2011.
⑦ 暨南大学图书馆彭磷基华侨华人文献信息中心．侨情综览（2010）．广州：暨南大学出版社，2011.
⑧ 毛起雄，林晓东．中国侨务法律法规概述．北京：中国华侨出版社，1993. 3～6.

统、翔实地介绍海内外侨情。”① 张赛群认为：“‘侨务’理应囊括所有的涉侨事务。”② 国务院侨办政策法规司提出：“本课题（‘未来5～10年侨情发展趋势与侨务对策’）从宏观上对未来5～10年海外总体侨情进行梳理和思考。”③

三、侨的本义

“侨”，根据《辞海》，本义有两个。第一是指寄居、客居，延续《辞源》所指原义中的“寄居异地”；第二是指侨民，即住在外国而保留本国国籍的人。此种解释与《现代汉语词典》对侨的解释基本相同。根据《现代汉语词典》，侨的本义有两个：第一是指侨居，如侨民、侨胞；第二是指侨民，如华侨、外侨。也就是说，“侨”的本义有侨居和侨民，并非只是华侨。张赛群先生在论证“侨”概念时，不适当地先入为主地排除了“侨”和“华侨”以外的其他之意。尽管接着将“侨”由华侨扩展至华人、归侨和侨眷，但还是没有涵盖“侨”应有之全部含义。“侨居”和“侨民”都是含义丰富的词，并非如以上列举的侨务科研工作者们所认为的那样，“侨”所指对象已经非常明晰，不需要探讨或者深度研究了。鉴于我国目前对“侨”概念研究和论证的不足，加之事实上的各方对“侨”的理解不尽一致，有必要在认可《辞海》和《现代汉语词典》对“侨”解释的基础上，进一步厘清“侨”的两个本义——“侨居”和“侨民”的含义，以更全面地理解“侨”的含义，奠定本专著的基础，明晰研究思路，确定研究结构和研究内容。

第二节　侨居辨析

“侨居”是《辞海》和《现代汉语词典》关于“侨”的两种解释中的一种。我国对“侨居”概念的认识比较一致。侨居是古汉语中已有的词，指在外乡居住。近现代以来，其含义由在外乡居住延伸到在外国居住。由于在古代，政府对出国限制和交通不便，民众出国极少，出国也极难。根据《辞源》，在古汉语中，“侨居”是指“寄居他乡”而不是寄居他国。如《晋书》：“刘毅字仲雄，东

---

① 暨南大学图书馆彭磷基华侨华人文献信息中心．侨情综览（2010）．广州：暨南大学出版社，2011．1.

② 张赛群．中国侨务政策研究．北京：知识产权出版社，2010.3.

③ 国务院侨办政策法规司．未来5～10年侨情发展趋势与侨务对策研究．国务院侨办政策法规司，2011.

莱掖人。……侨居阳平，太守杜恕致为功曹。”唐朝韦应物《岁日寄京师诸季端武等》：“献岁抱深恻，侨居念归缘。”近代以来，我国政府放松了对出国的限制，加上交通日益方便，民众出国越来越普遍，因此“侨居”主要指在外国居住。根据《近现代辞源》，侨居是指“在国外居住”。1858 年 6 月 27 日《中法天津条约》第一款：“嗣后大清国皇上与大法国皇上及两国商民，毋论何人在何地方，均永远和好，有益敦笃，彼此侨居，皆获保护身家。”根据《现代汉语词典》，侨居是指“在外国居住”。

第三节　侨民辨析

一、汉语言学界对侨民的解释

“侨民”是《辞海》和《现代汉语词典》关于“侨”的两种解释中的一种。我国社会、学界和政府对“侨民”概念的认识不尽相同。

“侨民”不是古汉语已有的词，而是受西方文化影响产生的新词。《辞源》的“侨”条目中没有“侨民”一词，《近现代辞源》和《现代汉语词典》才有“侨民”条目。

在反映近现代汉语的《近现代辞源》中，侨民指“长期住在外国而保留本国国籍的居民”。1904 年许炳榛《甲辰考察日本商务日记》：“长崎县居民为九十八万三千二百八十二人，众议院议员有选举权者七千七百四十二人。各国侨民约有六百有奇。”此解释和例证得到了国民政府颁布的法律的佐证。尽管北洋国民政府和南京国民政府对“侨民”的理解有所不同，但是都涵盖了“长期住在外国而保留本国国籍的居民”即“旅居外国”者。北洋国民政府期间，侨民是指旅居外国及回国者。根据 1924 年广东革命政府《内政部侨务局保护侨民专章》第 1 条：“中华民国人民旅居外国及回国者，统称侨民。”南京国民政府期间，侨民范围由旅居外国及回国者缩减至旅居外国者。根据 1941 年《回国侨民临时接待所接待侨民暂行办法》及《回国侨民事业辅导委员会救济回国侨民暂行办法》，回国侨民是指回国的侨居在国外的国民。[①] 根据 1945 年 4 月中华民国行政院侨务委员会颁布的《侨民请领护照出国核给证明办法》：“侨民申请给予证明俾向外交部请领护照出国者，依本规定办理。申请证明之出国复业侨民，必须呈

① 毛起雄，林晓东．中国侨务政策概述．北京：中国华侨出版社，1993.1.

验海外携来之有关证件，如当地政府之居留字、回头纸或驻外使领馆之护照登记证，无使领馆地方则为党部或中华会馆之证明书，至少须有一种且能发生效力者方予证明。申请人系应聘出国担任华侨教育及文化工作人员或受国外机关、工厂、农场或商店雇用服务，或系订婚妇女请求出国与本国人结婚，及妇女携带子女出国投依有生业之亲属者，皆须经侨委会及有关部门核准。”

反映当代汉语的辞典对“侨民”的解释有两种：汉语言学界对“侨民”的宽泛解释、华侨华人学界对“侨民”的严格解释。根据汉语工具书《现代汉语词典》，侨民指“住在外国而保留本国国籍的居民”，这代表着社会和公众的理解。“侨民”含义由近现代的“长期住在外国”扩展到了当代的“（所有）住在外国而保留本国国籍的居民”。

二、侨务界对侨民的解释

根据专业性的华侨华人工具书《世界华侨华人词典》，侨民是指“某国在外国定居谋生而保留原国籍的公民。如中国侨民（华侨）、日本侨民、美国侨民”。并特别指出：“驻外外交官、领事官或其他代表团官员，为任务奉命驻扎国外，任务停止或转调即行离开，而无为谋生而定居之意，不能视为侨民。留学生短期出国深造，学业完成即行回国者，亦不算侨民。外交官退休或辞职，以及留学生完成学业，继续在国外定居或谋生，从而改变身份，可称侨民。”“侨民”含义由“长期住在外国”缩减至“定居在外国”保留本国国籍的居民。以上解释表明华侨华人学界将侨民与华侨等同，根据1990年《归侨侨眷权益保护法》（2000年修订）第2条：“华侨是指定居在国外的中国公民。”

三、我国政府对侨民的解读

我国政府将“侨民”非常宽泛地解释为所有居住在国外的中国公民，不局限于定居、长期居住、短期居住或停留在国外的中国公民。政府关于“侨民”的解释稍宽于汉语言学界关于“侨民”的解释，包括了《现代汉语词典》所指侨民——“住在外国而保留本国国籍的居民”不包括的“停留在国外的中国公民”，远宽于华侨华人学界对“侨民”的解释。外交部多次在官方发言中使用“撤侨”一词，均指在紧急情况下撤回在某国或某地区的所有中国公民。2012年2月10日，时任外交部发言人刘为民在例行记者会上指出：“最近五年，外交部牵头，会同有关部门、地方、企业，指导驻外使领馆妥善处理政局动荡、绑架劫持、自然灾害、意外事故、劳务纠纷等引起的各类涉我领保案件12万余起，执行撤侨任务10余次，有力维护了数以十万计中国公民和企业的安全和合法权益。”[①] 2012年1月6日，时任外交部部长杨洁篪会见马耳他总理冈奇时谈道：“中方感谢去年马政府和人民在中国从利比亚撤侨过程中所给予的无私帮助。”[②] 根据中国驻日本大使馆领事部发布的《关于在日本实行侨民登记的通知》：“在日本中国公民已有数十万人，广大侨民为中国和日本两国的发展，为两国友好大业作出了积极贡献。”[③]

将“侨民”非常宽泛地解释为“所有居住在国外的中国公民”，在外交部的其他文件中也有所反映。如中国驻温哥华总领馆发布的《驻温哥华总领事刘菲拜会加拿大温哥华市警察局长朱小荪》一文：“朱小荪局长欢迎刘总抵温履新，表示温哥华警察局将一如既往保障总领馆的安全，同时为总领馆开展侨民的领事保护与协助工作提供支持。”[④] 外交部发布的《中国领事保护和协助指南（2010年插图版）》第五部分：“凡是依照《中华人民共和国国籍法》具有中国国籍者，都可以得到中国政府的领事保护。也就是说，只要您是中国公民，无论是定居国外的华侨，还是临时出国的旅行者；无论是大陆居民，还是香港、澳门和台湾同胞，都是我们提供领事保护的对象。”

虽然我国政府对“侨民”非常宽泛地解释为“所有居住在国外的中国公民”，但主要还是指在国外生活、学习或工作的中国公民。就常理而言，要在国外生活、学习和工作必须取得所在国居留权，一般均需半年以上。根据中国驻曼彻斯特总领馆发布的《驻曼彻斯特总领事潘云东拜会英国纽卡斯尔市政要》一文：“在纽市生活、学习或工作的中国侨民受到了纽市政府的良好照顾和帮助。”[⑤] 我国驻外使领馆发布的侨民登记文件中的“侨民”通常指“取得居住国居留权的具有中国国籍的中国公民”，特别是“取得永久或半年以上居留权的具有中国国籍的公民”。中国驻埃塞俄比亚大使馆2010年发布的《关于在埃塞俄比亚实行侨民登记的通知》则规定：“所有取得埃塞俄比亚有效居留身份证的大陆、香港、澳门和台湾同胞，均可来使馆登记。”根据中国驻日本大使馆2005年

---

① 外交部.2012年2月10日外交部发言人刘为民举行例行记者会.http://www.fmprc.gov.cn/chn/gxh/mtb/fyrbt/jzhsl/t903749.htm，2012-02-19.

② 外交部.马耳他总理和外长会见杨洁篪外长.http://www.fmprc.gov.cn/chn/pds/gjhdq/gj/oz/1206_27/xgxw/t893797.htm，2012-02-19.

③ 中国驻日本大使馆领事部.关于在日本实行侨民登记的通知.http://www.china-embassy.or.jp/chn/sgjs/tzgs/t223075.htm，2012-02-19.

④ 驻温哥华总领馆.驻温哥华总领事刘菲拜会加拿大温哥华市警察局长朱小荪.http://www.fmprc.gov.cn/chn/gxh/mtb/zwbd/wshd/t889584.htm，2012-02-20.

⑤ 中国驻曼彻斯特总领馆.驻曼彻斯特总领事潘云东拜会英国纽卡斯尔市政要.http://www.fmprc.gov.cn/chn/gxh/mtb/zwbd/wshd/t901240.htm，2012-02-12.

发布的《关于在日本实行侨民登记的通知》、中国驻丹麦大使馆2006年发布的《关于实行侨民登记的通知》、中国驻澳大利亚大使馆2005年发布的《关于在澳大利亚实行侨民登记的通知》，登记侨民资格是“所有取得永久或半年以上居留权的具有中国国籍的公民，包括大陆、香港、澳门和台湾同胞”，并要求办理侨民登记时“登记人持有有效护照、照片、永久居留或半年以上临时居留权证明”。

我国一些驻外使领馆将“侨民”区别于“留学生”。根据中国驻德班总领馆2012年发布的《驻德班总领馆在德班市政厅举行春节招待暨联欢会》一文：“来自领区中资机构、留学生和侨民代表及省长代表省办公厅主任恩吉迪……等省、市政府官员400多人出席并观看了精彩的文艺节目。”[①] 根据中国驻纽约总领事馆2012年发布的《总领馆提醒侨胞和留学生注意骑自行车安全》一文：“为提高广大侨胞的出行安全意识，避免交通事故和不必要的麻烦，总领馆在此提醒广大侨胞和留学生遵守当地有关法律法规，确保自身及行人安全。”[②] 中国驻圣保罗总领馆2011年发布的《纪念辛亥革命100周年图片展在巴西阿雷格里港市举行》一文：“（驻圣保罗总领事孙荣茂）一行还于25日晚宴请了南州部分侨民和留学生，为大家带去新年的问候。”[③]

从以上驻外使领馆发布的文件中可以看出，这些总领事馆似乎认为侨民不包括留学生。但是，中国驻德班、驻纽约总领事馆在另外一些对外文件中又不区别“侨民”和“留学生”。据中国驻德班总领馆2011年发布的《驻德班总领事刘彦涛在中华人民共和国成立62周年招待会上的讲话》一文：“我代表中国驻德班总领馆向旅居夸—纳省的各位侨胞致以节日的祝贺！”[④] 据中国驻纽约总领事馆2012年发布的《驻纽约总领事彭克玉出席第八届新春炮竹文艺节开幕式》一文：“彭总在致词中首先代表中国驻纽约总领事馆向所有旅居美东地区的侨胞朋友拜年。”[⑤]虽然我们没有更丰富的资料来论证为什么中国一些驻外使领馆没有统一“侨民”一词的含义，而是有时将“留学生”区别于“侨民”，但是我们至少可以认为，这些驻外使领馆不否认，“侨民”可以指“所有居住在国外的中国公民”。

---

① 中国驻德班总领馆．驻德班总领馆在德班市政厅举行春节招待暨联欢会．http：//www. fmprc. gov. cn/chn/pds/gjhdq/gj/fz/1206_ 39/1206x2/t893900. htm，2012－02－09.

② 中国驻纽约总领事馆．总领馆提醒侨胞和留学生注意骑自行车安全．http：//www. nyconsulate. prchina. org/chn/qwbh/mdly/t788493. htm，2010－02－20.

③ 中国驻圣保罗总领馆．纪念辛亥革命100周年图片展在巴西阿雷格里港市举行．http：//www. fmprc. gov. cn/chn/gxh/wzb/zwbd/jghd/t884886. htm，2012－02－07.

④ 中国驻德班总领馆．驻德班总领事刘彦涛在中华人民共和国成立62周年招待会上的讲话. http：//www. fmprc. gov. cn/chn/gxh/mtb/zwbd/dszlsjt/t864858. htm，2011－09－27.

⑤ 中国驻纽约总领事馆．驻纽约总领事彭克玉出席第八届新春炮竹文艺节开幕式．http：//www. fmprc. gov. cn/chn/gxh/cgb/zwbd/gzhd/t658626. htm，2012－02－19.

在国外居住但是没有取得居留权的中国公民即非法居留的中国公民是不是“侨民”？从以上分析的外交部文件看，“侨民”不包括“在国外非法居留的中国公民”，因为“在国外非法居留的中国公民”没有资格登记为“侨民”。但是，在国外非法居留不能改变中国公民的本质特征，他们应该与合法居住的中国公民一并被视为侨民，享受中国政府提供的侨民保护。中国政府在实践中基本上做到了这一点。根据外交部发布的《中国领事保护和协助指南（2010年插图版）》第五部分："只要是中国公民就是中国政府提供领事保护的对象，与其有没有居留权无关。”根据1995年《外交部关于加强新移民工作的意见》：“还有一部分至今虽然未取得合法地位，但基本可以立足下来，等待取得合法地位，不会再回国定居，人们习惯上把以上几种情况都称为新移民。”

四、侨民的概念、特性和分类

基于以上对“侨民”概念资料的整理和分析，笔者认为侨民是指在外国居住而保留本国国籍的公民。就中国而言，侨民是指在外国居住而保留中国国籍的中国公民。如此界定“侨民”概念主要是考虑如下三个因素。

第一，符合社会和公众对“侨民”的理解，有利于与社会和公众对接及积极影响社会和公众。汉语言学界在《现代汉语词典》中对“侨民”的解释代表着社会和公众对“侨民”的理解。本书对“侨民”概念的界定不宜与社会和公众对“侨民”概念的理解相悖。

第二，与英语“侨民”的含义一致，有助于与其他国家和地区在侨民事务上达成共识，增进相互理解和信任。根据《汉英大辞典》，汉语“侨民”对应英语解释为“a national of a particular country residing abroad; those living abroad and retaining their own nationality; foreign residents”①。“侨民”对应的英语含义是居住在国外的某个国家的公民。

第三，尊重政府对“侨民”的解释，有益于推动各方理解和遵守侨民政策。如上述梳理，我国政府对“侨民”倾向于非常宽泛地解释为所有居住在国外的中国公民。外交部在部长讲话、发言人答记者问、大使和总领事发言中，都曾经将“侨民”等同于所有居住在国外的中国公民。

中国侨民具有三个特性：

第一，中国公民资格。侨民的该特性使其与外国人区别开来，也就是说侨民即本国公民。无论是原始取得还是继受取得中国公民身份，都可以使之成为中国

① 吴光华. 汉英大辞典（第二版）. 上海：上海交通大学出版社，1999. 1332.

侨民。中国公民资格是侨民的静态身份特征，具有明显的国籍归属性。

第二，在外国居住。侨民的此一特性将其与在本国居住的中国公民区别开来。居住是一种行为状态，可以是永久、长期、临时或停留，可以是合法或非法。换句话说，侨民身份不因为中国公民是否获得居住国居留权、获得居留权期限长短，以及居住是否合法而发生变化。在外国居住是侨民的行为特征，具有强烈的涉外性。

第三，保留中国国籍。侨民的此一特性将其与在外国居住不保留中国国籍的原中国公民区别开来。在外国居住不保留中国国籍等丧失中国国籍的原中国公民是华人的重要组成部分。保留中国国籍不影响其获得侨民身份。保留中国国籍是侨民的动态身份特征，具有明显的国籍延续性。

根据不同标准可以将侨民划分为不同类别，这有利于理解和认识侨民，实施更加有效和务实的侨务政策。

（1）根据在居住国居留是否合法，可以将侨民划分为合法侨民和非法侨民。合法侨民是指在居住国合法居留的侨民，非法侨民是指在居住国非法居留的侨民。两者作为侨民都享有一定权益，但是侧重点不同。两者境外权益受到损害时，都可以根据《宪法》和其他国内法，要求有关部门提供国内法救济，也可以依照国际法，寻求所在国当地救济、领事保护、外交保护和国际人权组织救济。合法侨民有在居住国的居留权，根据居留权性质和期限以及居住国法律，享有在居留期内自由离开居住国和返回国籍国等政治、经济和社会权利。非法移民没有居住国的居留权，根据非法居留情况和居住国法律，应承担驱逐出境、罚款等行政或刑事处罚，国籍国有接受被驱逐公民的义务，居住国对其处罚应考虑人道主义和照顾性因素。

（2）根据取得居住国居留权的性质和期限，可以将侨民划分为永久居留侨民和临时居留侨民、停留侨民。永久居留侨民是指取得居住国永久居留权的侨民，临时居留侨民是指取得居住国长期或短期居留权的侨民，停留侨民是指取得居住国停留权的侨民。这三类侨民与居住国关系紧密度、在居住国的融入度、对居住国影响力依次递减，但与国籍国关系紧密度和国籍国对其影响力逐次递增。所以，各国对侨民的关注度，通常是按照永久居留侨民、临时居留侨民、停留侨民的顺序逐次递减。例如，据《世界华侨华人词典》，侨民是指“某国在外国定居谋生而保留原国籍的公民”，即永久居留侨民。我国政府认为的“侨民”主要指在国外生活、学习或工作的中国公民，即永久居留侨民和临时居留侨民。

（3）根据获得居住国居留权的途径，可以将侨民划分为第一代侨民和后生代侨民。第一代侨民是指出生后没有获得而是在入境后获得居住国居留权的侨民，又称原始侨民；后生代侨民是指出生后就获得居住国居留权的侨民，又称继受侨民。与后生代侨民相比，第一代侨民承袭更多的国籍国价值和文化，对国籍国感情更深，与国籍国联系更为紧密；与此相对，第一代侨民更难融入居住国，与居住国联系更为松散。反之亦然。相对而言，第一代侨民较能通过回国的方式为国籍国作贡献，后生代侨民较易通过留在居住国的方式为国籍国作贡献。

（4）根据保留国籍期限长短，可以将侨民划分为老侨民和新侨民。老侨民是指保留国籍超过 15 年的侨民，新侨民是指保留国籍不到 15 年的侨民。以保留国籍 15 年为界区分老新侨民主要是考虑两方面因素。第一个因素：15 年居留期基本是侨民可以申请居住国国籍的期限；[①] 第二个因素：15 年居留期基本上是侨民能够在居住国取得成就或者稳定的事业、家庭和生活的期限，没有居住国学历、工作经验和社会交往阅历而在居住国取得成就或者稳定的事业、家庭和生活，这几乎是不可能的。由于中国实行一个国籍政策，侨民取得居住国国籍就意味着丧失中国国籍。获得国籍是融入当地的最高法律形式。当侨民在居住国取得成就或者稳定的事业、家庭和生活后，回国将意味着舍弃太多。当中国侨民在居住国居留满 15 年，将面临是否申请居住国国籍以及如果回国将不得不舍弃已有的成就和稳定生活的重大选择。这一选择直接影响其法律身份和未来的人生走向。经过 15 年居留期和重大选择的磨砺，比较而言，老侨民比新侨民更加有实力，也更加成熟和可靠。

（5）根据去国外居留的基础和原因，可以将侨民划分为专业技术侨民、投资经商侨民、家庭团聚侨民、人道主义/难民侨民、劳务输出侨民、旅游观光侨民和业务洽谈侨民。专业技术侨民是指主要依据自身专业技术能力到国外工作的侨民；投资经商侨民是指主要依据资本和商务经验到国外投资经商的侨民；家庭团聚侨民是指主要依据依亲关系到国外生活的侨民；人道主义/难民侨民是指主要依据被迫害或所处困境事实到国外生活的侨民；劳务输出侨民是指主要依据劳务合同到国外工作的侨民；旅游观光侨民是指主要依据资金和计划到国外旅游观光的侨民；业务洽谈侨民是指主要依据参会协商等方面邀请函到国外洽谈会商的侨民。去国外居留的基础和原因不同，以上类别侨民会面临的问题也不同。由于去国外居留的基础和原因具有复合性，以上分类不是绝对的，相互之间存在着一

① 发达国家和地区基本上以 5 年为居留期限要求，允许由临时居留转为永久居留；以 5 年为永久居留期限要求，允许由永久居留转国籍。德国、法国、英国、比利时、韩国、中国台湾等发达国家和地区的移民法均规定，在本国或本地区合法工作满 5 年，是申请永久居留的必要条件之一。另外，取得发达国家和地区的学位证书，通常需要 3～5 年。美国、新西兰、日本等发达国家的移民法均规定，以永久居留身份在本国居留满 5 年，而澳大利亚、加拿大的移民法规定，以永久居留身份在本国居留满 4 年，是申请国籍的必要条件之一。

定程度的重叠和转换。

（6）根据赴国外居留是在改革开放以前还是在改革开放以后，可以将侨民划分为传统侨民和非传统侨民。传统侨民是指在改革开放以前通过各种途径赴国外的侨民，又称老一代华侨华人；非传统侨民是指改革开放以后通过各种不同途径赴国外的侨民，又称新移民。根据 1995 年《外交部关于加强新移民工作的意见》，新移民是指自改革开放以来，通过各种途径移民国外的我国公民，包括合法移民和非法移民。“合法移民中有的是全部办理合法手续移居的；有的是留学人员、临时出国人员转变为长期居留的；有的是非法移民取得合法地位的。还有一部分至今虽然未取得合法地位，但基本可以立足下来，等待取得合法地位，不会再回国定居。”与传统侨民相比，非传统侨民政治态度“亲我疏台”、知识层次差异较大、桥梁作用显著，开始成立单独的社团，极少数华人混迹其中。

第四节　侨务辨析

一、汉语言学界对侨务的解释

辨析“侨务政策”，必先辨析“侨务”。《辞海》、《辞源》和《近现代辞源》都没有对“侨务”作出解释。这种现象说明，“侨务”未见于古代汉语和近代汉语，在现代汉语中也不是一个常用词。根据《现代汉语词典》，“侨务”是指“有关侨民的事务（affairs concerning nationals living abroad）”[①]。《汉英大辞典》对“侨务”的解释与《现代汉语词典》的解释完全一致，也是“affairs concerning nationals living abroad”[②]。也就是说，汉语言学界对“侨务”解释并无争议。

二、侨务界对侨务的解释

侨务界对“侨务”的解释明显窄于汉语言学界的解释。《世界华侨华人词典》没有对“侨务”作出解释，侨界专业性工具书也没有收录“侨务”词条，可能是因为无意遗漏。通常而言，“侨务”是华侨华人工作方面使用频率较高的一个词。检索中国知网、中国博士学位论文全文数据库、中国优秀硕士学位论文

① 中国社会科学院语言研究所词典编辑部. 现代汉语词典（汉英双语）. 北京：外语教学与研究出版社，2002. 1549.

② 吴光华. 汉英大辞典（第二版）. 上海：上海交通大学出版社，1999. 1332.

全文数据库，在1979—2012年的文章中，题名中含有“侨务”的文章有698篇，是题名中含有“华侨”文章4 725篇的14.77%。华侨华人研究专家云集的《世界华侨华人词典》编辑委员会认为“侨务”不属于华侨华人方面的专有名词的可能性不大。侨务学者杨好春认为：“侨务指有关华侨华人的事务。其具体内容包括政治、经济、文化、教育各个方面，包括国内外侨务，诸如华侨保护、华侨社团发展、华侨在祖国的投资及捐赠、居留地侨校发展及国内侨校兴起等。”①

三、国民政府对侨务的解读

国民政府在不同历史时期，对“侨务”有不同的解读。

广东革命政府时期，侨务包括保护归侨权益、安排侨生、保护华侨国内权益、引进侨资、引导华侨探访、帮助华侨选举、奖励华侨慈善、促进华侨贸易、兴办侨教、监护侨社十个主要方面，以及维护华侨工商业、劳工移殖、调查侨情、调解华侨争执、华侨户口和国籍五个相关方面。保护归侨权益是广东革命政府侨务工作的首要内容。广东革命政府第一部行政法规——1923年《侨务局章程》第1条规定：“内政部设侨务局，掌管事务如左：关于保护回国华侨事项，关于华侨子弟回国就学事项，关于保护旅外华侨之内地家属及财产事项，关于提倡奖励华侨回国兴办实业事项，关于导引华侨回国游历内地及其招待事项，关于襄办华侨选举国会议员事项，关于奖励华侨举办慈善公益事业事项，关于介绍华侨办中外出产贸易事项，关于华侨教育及学校注册事项，关于海外华侨设立商业会所及其他公共侨团之监督保护事项。”第2条规定：“侨务局关于下列各事得酌情形呈由内政部长咨商外交部，令饬交涉员及驻外使领协助办理之：关于调查保护华侨工商业事项，关于劳工海外移殖及应募事项，关于调查华侨生活及工作状况事项，关于调解华侨争执事项，关于华侨户口调查及国籍事项。”

南京国民政府时期，延续并扩大了广东革命政府对“侨务”的解读，并将广东革命政府所分类的主要侨务和相关侨务统视为侨务，主要包括调查侨情、处理华侨纠纷、辅导侨社、华侨奖励补助福利、兴办侨教、华侨文化传播、引进侨资、促进华侨贸易、协助海外侨营发展、安排侨生、国内居民移殖探亲应聘、华侨出入境、华侨身份十三个方面。其中的华侨身份、华侨奖励补助福利、国内居民移殖探亲应聘为广东革命政府时期侨务所不包括的。根据1928年《侨务委员会组织法》，国民政府侨务委员会主要职能是：①关于华侨状况之调查，华侨纠纷之处理，华侨团体辅导，华侨之奖励及补助，华侨福利之辅导；②关于华侨教

① 杨好春．南京国民政府时期的侨务政策（1927—1937）．兰台世界，2011（22）：36.

育之指导、督促事项，华侨社会教育推广事项，华侨职业教育推行，华侨文化传播事业辅导及其他华文教育事项；③关于华侨回国投资之鼓励、协助事项，华侨贸易、金融之协助、联系，海外侨营企业发展之协助，华侨经济资料之调查、分析、编辑等有关事项；④关于侨生回国升学辅导、生活辅导，毕业侨生联系服务等事项；⑤关于国内人民与华侨移殖探亲应聘等辅导事项，关于华侨出入境服务事项，关于华侨身份及印鉴证明等事项。

南京国民政府时期，中央所属地方政府根据本地区情况，在国家界定的侨务内涵基础上有所侧重。广东省国民政府所指侨务，除 1928 年《侨务委员会组织法》所列外，强调了防范不法招工、勒索事项和宣传政府设施。1935 年《广东侨务委员会组织章程》规定，侨务委员会直属省政府，其职权“包括人民出入国、侨民实业、游历、教育、文化、救济、保护，及防范不法招工、勒索事项，并宣传政府设施等”。此一时期，侨务内涵与 1923 年《侨务局章程》确定的侨务内涵相比，除在侨民方面有所出入外，还包含了人民出入国的内容。

南京国民政府时期，军事割据当局对侨务内涵的界定更突出保护侨民权益。1933 年，十九路军在福建发动兵变，成立了中华共和国人民革命政府侨务委员会，颁布了《侨务委员会组织大纲》。该《大纲》规定：成立侨务委员会的目的是为了更好地保护侨民的利益。侨务委员会管理本国侨民之移殖、保育，并指挥一切侨务事宜。但该大纲未得到实施。

四、中华人民共和国政府对侨务的解读

中华人民共和国成立之初，侨务主要是指华侨事务，特别是保护华侨权益和安置归国难侨。1949 年 10 月，中央人民政府华侨事务委员会成立，1954 年更名为中华人民共和国华侨事务委员会。其主要职责是：依法保护华侨的合法权益，安置归国难侨，指导华侨农场生产，辅导归侨侨眷参加社会主义建设，号召华侨回国投资设厂，兴办华侨补习学校，为回国升学的侨生服务，团结海外侨胞，发展爱国统一战线，保护侨汇；鼓励华侨取得当地国籍，在当地生根，与当地人民合作；要求自愿保留中国国籍的华侨继续遵守当地法律和制度，不参加当地政治活动。

改革开放以后的侨务内涵与中华人民共和国成立之初的侨务内涵相比，更加细化，淡化了“安置归国难侨，指导华侨农场生产，兴办华侨补习学校，保护侨汇”等内容，突出了“制定和落实有关政策法律，调查研究通报侨情、涉侨经济、科技合作与交流，协调涉侨经济投诉”等内容。侨务主要指制定和落实有关政策法律、调查研究通报侨情、维护归侨侨眷和华侨华人在国内合法权益、处置

涉侨突发事件、监督涉侨捐赠、安排归侨侨眷人事、侨社联谊和服务、涉侨经济、科技合作与交流，协调涉侨经济投诉、涉侨宣传文化交流、华文教育等。1978年1月，国务院侨办成立，主管全国侨务工作。目前国务院侨办的主要职能有：①负责拟定侨务工作政策和规划，起草相关法律法规草案并督促检查贯彻落实情况；②调查研究国内外侨情和侨务工作情况，向党中央、国务院提供侨务信息，组织开展侨务政策、理论和侨务工作重大问题的调查研究，负责向涉侨部门通报侨务工作情况；③协助国务院总理办理侨务事项，统筹协调有关部门和社会团体涉侨工作，指导地方有关部门侨务工作，协同外交部指导我驻外使领馆侨务工作；④指导归侨侨眷工作，依法组织协调归侨侨眷和华侨华人在国内合法权益维护工作，配合有关部门研究处置涉侨突发事件，参与重大涉侨捐赠监督工作，协助有关部门做好归侨侨眷代表人士的人事安排工作；⑤负责指导、开展对华侨华人及其社团的联谊和服务工作，开展香港、澳门特别行政区侨界的联谊工作，会同有关部门开展侨务对台工作，承办有关审批事宜；⑥指导、推动涉侨经济、科技合作与交流，协调涉侨经济投诉工作；⑦指导、推动涉侨宣传、文化交流和华文教育工作；⑧承办国务院交办的其他事项。

五、台湾当局对侨务的解读

台湾当局对侨务的解读非常宽泛，其认为侨务即与“具有中国人血统，且在政治和文化上认同‘中华民国’的海外华人”有关的事务。1999年，台湾当局“行政院侨务委员会委员长”焦仁和在向“立法院外交及侨务委员会”提交的侨务施政报告《迈向新世纪　侨务工作的创新与跃进》第一部分中，专门论述了“侨务工作的内涵”，该部分包括华侨的含义、华侨的分布与组织、华侨与“中华民国”的关系、华侨的地位与经济实力四个子部分。他明确提出：“一般所称的‘华侨’，包括了‘侨民’（侨居国外的‘中华民国’国民）、‘华人’（包括侨民及已归化为外国国民的中国人）及‘华裔’（在海外出生的中国人后裔）三个含义。目前我们侨务工作的对象，不仅限于‘侨民’，而采广义的华侨。简而言之，只要是具有中国人血统，且在政治和文化上认同‘中华民国’的海外华人，都是我们的服务对象。”①

台湾当局侨务的重点因时势变迁而有所不同，但是侨社始终是侨务的重点。焦仁和主政期间（1998—2000年），侨务重点是侨社、华侨文教、华侨经济和海

① 焦仁和．迈向新世纪　侨务工作的创新与跃进．提交我国台湾地区“立法院第四届第一会期外交及侨务委员会”的报告，1999－04.

外文宣。[①] 张富美主政期间（2000—2008 年），侨务重点增加了侨生、华侨证照和侨民统计。[②] 吴英毅主政期间（2008—2013 年），侨务重点是侨社、侨校、台商组织、侨生、华侨证照和侨民统计。[③]

六、侨务的概念

基于以上对侨、侨居、侨民的界定和对侨务的辨析，笔者既不赞成侨务界不界定侨务的做法和视侨务为有关华侨华人事务的观点，也不赞成汉语言学界对侨务“是指有关侨民的事务”的解释。笔者认为，侨务是指有关侨的事务。“侨”包含“侨居”和“侨民”，不限于侨民，更不限于华侨华人，不宜视侨务为有关侨民的事务或者有关华侨华人的事务。“有关”是一个宽严皆可的含义模糊的词，可以使“侨务”外延明确而内涵在不同情况下不尽相同，这有助于在不同语言环境下使用侨务一词。侨务包括侨居事务和侨民事务。侨居事务包括与侨居有关的所住国事务和与侨居有关的移出国事务，侨民事务则包括侨民自身事务和侨民亲属事务。

第五节　侨情辨析

《辞海》、《辞源》、《近现代辞源》和《现代汉语词典》都没有解释“侨情”。这种解释现象说明，侨情在古代汉语、近代汉语和现代汉语中不是一个常用词。华侨华人研究专家也没有界定侨情。暨南大学图书馆彭磷基华侨华人文献信息中心编写的《侨情综览（2010）》[④]，丘进主编的《华侨华人研究报告（2011）》[⑤]，刘宏、庄国土等编著的《未来 5 ~ 10 年侨情发展趋势与侨务对策研究》等主要著作都没有关于侨情的界定。结合以上对侨、侨民、侨务的辨析，笔者认为，侨情是指有关侨的情况，包括侨居情况和侨民情况。侨居情况是指与侨

① 焦仁和．迈向新世纪　侨务工作的创新与跃进．提交我国台湾地区“立法院第四届第一会期外交及侨务委员会”的报告，1999 - 04.

② 张富美．当前侨务施政报告．提交我国台湾地区“立法院第五届第一会期外交及侨务委员会”的报告，2002 - 03.

③ 吴英毅．当前侨务施政报告．提交我国台湾地区“立法院第七届第七会期外交及国防委员会”的报告，2012 - 10.

④ 暨南大学图书馆彭磷基华侨华人文献信息中心．侨情综览（2010）．广州：暨南大学出版社，2011.

⑤ 丘进．华侨华人研究报告（2011）．北京：社会科学文献出版社，2012.

居有关的所住国事务和与侨居有关的移出国事务，侨民情况是指侨民自身情况和侨民亲属情况。

第六节　结　论

“侨”的本义有侨居和侨民，侨居是指“在外国居住”，“侨民”是指在外国居住而保留本国国籍的公民，“侨务”是指“有关侨的事务”，“侨情”是指“有关侨的情况”。

第三章 侨务政策辨析

引 言

研究侨务政策，不仅要理清政策以及侨、侨居、侨民、侨务和侨情等单个词的意义，还要理清侨务政策这个复合词的意义。为理清侨务政策这个复合词，本章首先梳理侨务政策概念的研究现状，接着分析侨务政策的概念，探讨侨务政策在公共政策方面的特性，以及侨务政策在侨务方面的特性，最后分析侨务政策的分类。

第一节 侨务政策概念的研究现状

国内关于侨务政策的研究成果颇为丰硕，但是基本上都没有界定侨务政策。例如，以侨务政策为研究目标的研究成果有：王晓萍等主持的国务院侨办2009—2010年重点委托课题“建国六十周年侨务政策和理论的回顾与总结”的结题成果《新中国侨务政策六十年回顾与探析》，任贵祥主持的2005年国家社科基金项目“华侨华人与中国改革开放和现代化建设”的结题成果《海外华侨华人与中国改革开放》[①]，丘进和严武龙在《华侨华人研究报告（2011）》发表的《中国侨务政策概述》[②] 等；除此以外，还有：刘宏等主持的国务院侨办2009—2010年课题重点项目“未来5～10年侨情发展趋势与侨务对策研究”的结题成果《未来5～10年侨情发展趋势与侨务对策研究》（包含有关未来5～10年侨务政策和理论的思考），庄国土主持的1996年国家社科基金项目“华侨华人与中国关系的历史和现状”的结题成果《华侨华人与中国的关系》[③]。这些侨务政策科研成果的作者均为侨务研究领域的大家或名家，可以排除没有能力或者不愿意探讨分析

---

① 任贵祥．海外华侨华人与中国改革开放．北京：中国党史出版社，2009.

② 丘进．华侨华人研究报告（2011）．北京：社会科学文献出版社，2011.

③ 庄国土．华侨华人与中国的关系．广州：广东高等教育出版社，2001.

“侨务政策”概念的可能性。以侨务政策为主题的文件汇编有：北京市人民政府侨务办公室的《侨务政策选编》[①] 等；侨务领域的主要工具书有：《华侨华人百科全书·法律条例政策卷》[②]、《世界华侨华人词典》[③] 等。造成以上侨务政策领域的科研成果没有仔细探讨分析“侨务政策”概念现象的原因，可能与侨务领域的科研成果不探讨或者不深度分析“侨”概念现象的原因类似，即这些科研成果的作者认为，“侨务政策”所指对象已经明晰，没必要再探讨或者深度研究了。

尽管国内关于侨务政策的研究成果基本上都没有界定侨务政策，但是为了进行课题研究，都直接或间接地阐述了自己认为的侨务政策内涵，但不同研究成果中阐述的侨务政策内涵差异较大。根据《华侨华人百科全书·法律条例政策卷》，侨务政策即中国对华侨、华人的管理、待遇和对华侨、归侨、侨眷的权益保护等政策。该工具书“凡例”：“（本卷）法律法规条例政策部分主要包括中国与世界有关国家对华侨、华人的管理、待遇和对华侨、归侨、侨眷权益保护等法律政策规定方面。”[④] 根据《未来 5 ~ 10 年侨情发展趋势与侨务对策研究》，侨务政策主要指海外侨务政策。该研究报告“前言”：“该课题从宏观上对未来 5 ~ 10 年海外总体侨情进行梳理和思考……提出了进一步拓展海外侨务工作的政策建议和理论建议。”[⑤] 根据《海外华侨华人与中国改革开放》，侨务政策即关于海外华侨华人、国内归侨侨眷及港澳台同胞的政策。该著作“序言”：“主要阐述了中国改革开放前后党和国家的侨务思想及侨务政策的演变和发展，尤其是改革开放 30 年以来正确的侨务政策，使海外广大华侨华人、国内归侨侨眷及港澳台同胞掀起了前所未有的支持改革开放和现代化建设的热潮。”[⑥] 根据《中国侨务政策概述》，侨务政策即关于侨的政策，主要是关于海外侨胞和归侨侨眷的政策。该文章“序”：“‘为侨服务’是中国侨务政策的基本出发点，根本目的是保护海外侨胞和归侨侨眷的正当合法权益。”[⑦] 根据中国侨联权益保障部的《涉侨政策法律问答》，侨务政策即涉侨政策。该著作“编者说明”：“（为了）更加深入地普及侨务政策法律知识，我们针对近年来在维权工作中接触到的、海内外侨胞关心

---

① 北京市人民政府侨务办公室．侨务政策选编．2004.

② 周南京．华侨华人百科全书·法律条例政策卷．北京：中国华侨出版社，2000.

③ 周南京．世界华侨华人词典．北京：北京大学出版社，1993.

④ 周南京．华侨华人百科全书·法律条例政策卷．北京：中国华侨出版社，2000．凡例 2.

⑤ 国务院侨办政策法规司．未来 5 ~ 10 年侨情发展趋势与侨务对策研究．国务院侨办政策法规司，2011．前言.

⑥ 任贵祥．海外华侨华人与中国改革开放．北京：中国党史出版社，2009.

⑦ 丘进，严武龙．中国侨务政策概述．丘进．华侨华人研究报告（2011）．北京：社会科学文献出版社，2011. 39.

和关注的问题，根据至今有效并适用的涉侨政策和法律，编撰了《涉侨政策法律问答》一书。”①

由于各侨务政策研究成果没有准确地界定侨务政策的内涵，使得侨务政策内涵在同一部侨务政策研究成果的不同部分前后不一。例如，根据《华侨华人与中国的关系》第四章第三节第三部分“1978 年以来的侨务政策”，侨务政策即针对海外华侨、归侨、侨眷、华人的政策。但是该书第四章的标题却是“1949 年以后中国政府对海外华侨华人的政策及其成效”而不是“1949 年以后中国政府侨务政策及其成效”；第三节第四部分标题是“侨务政策的效果与前景”，但是内容却只论及对华侨华人政策，尤其是对华人政策。② 根据《中国侨务政策概述》“序”，侨务政策即关于侨的政策，主要是关于海外侨胞和归侨侨眷的政策。但是该文章的内容却不涉及我国关于除华侨以外的在外国居住的保留中国国籍的公民的政策。③

目前仅有的关于侨务政策的界定存在着循环定义、表现形式不清等不足。《汉英大辞典》将“侨务政策”翻译为“policy toward overseas Chinese affairs”④，但“overseas Chinese”是个含义模糊的词。尽管《英汉大词典》将“overseas Chinese”翻译为“华侨”，但是也可以从字面上理解为在海外的中国人。毛起雄和林晓东认为：“侨务政策是指党和国家在不同时期，根据国内外侨情变化特点，结合我国形势需要，为指导侨务及有关部门开展工作而制定的涉侨方面的政策。”⑤ 毛起雄和林晓东随后指出：“我国侨务政策适用的对象主要是华侨、外籍华人、归侨、侨眷以及外籍华人在国内的具有中国国籍的眷属。此外，有些侨务政策也适用于香港同胞、澳门同胞及包括他们在内地的眷属等。”⑥ 由于毛起雄和林晓东没有在“侨务政策”定义中准确地说明何为“侨务”、“侨务工作”、“涉侨”，这就使该侨务政策界定陷于循环定义，读者很难通过这个定义全面和清晰地理解“侨务政策”的含义。张赛群认为：“侨务政策专指政府处理各项涉侨事务而制订的有目的性的行动方案，其本身包含着政策主体、政策客体、政策目标以及影响政策制定和实施的一系列因素。”⑦ 杨好春认为：“侨务政策指政府处理各项涉外侨务而制订的有目的性的行动方案。其本身包括政府主体、政府客

① 中国侨联权益保障部．涉侨政策法律问答．2007. 1～2.

② 庄国土．华侨华人与中国的关系．广州：广东高等教育出版社，2001. 244～304.

③ 丘进，严武龙．中国侨务政策概述．丘进．华侨华人研究报告（2011）．北京：社会科学文献出版社，2011. 39.

④ 吴光华．汉英大辞典（第二版）．上海：上海交通大学出版社，1999. 1332.

⑤ 毛起雄，林晓东．中国侨务政策概述．北京：中国华侨出版社，1993. 1.

⑥ 毛起雄，林晓东．中国侨务政策概述．北京：中国华侨出版社，1993. 3.

⑦ 张赛群．中国侨务政策研究．北京：知识产权出版社，2010.

体、政府目标及影响和政府制订与实施等因素。”[①] 张赛群和杨好春关于侨务政策是“行动方案”的表述不符合公共政策学的理论。行动方案不是侨务政策的全部表现形式，只是侨务政策的表现形式之一。如第一章论述，公共政策是以政府为代表的公共权力机构针对社会公共问题的解决，通过民主政治程序制定和执行的行动方针和行为准则。根据公共政策的表现形式，可以将公共政策分为方针、路线、战略、纲要、规划、计划、方案、办法、方法和意见等。另外，张赛群和杨好春没有准确地说明何为“涉侨”、“涉外侨务”，这使他们的侨务政策界定与毛起雄和林晓东以侨务政策界立一样，陷入了循环定义。

从以上对目前侨务政策概念研究现状的梳理来看，学界对侨务政策的界定和内涵阐述存在侨务政策内涵之间差异较大、一篇侨务政策研究成果中的侨务政策内涵前后不一、仅有的对侨务政策的界定陷于循环定义和表现形式不清三方面的不足。各侨务政策研究成果阐述的侨务政策内涵从华侨华人归侨侨眷政策、海外侨务政策、海外侨胞和归侨侨眷政策到海内外侨胞政策不一而论。这些不足削弱了该侨务政策研究成果的理论价值和实践意义，无益于统一认识、理解侨务政策，影响对侨务政策的深入系统研究，也不利于比较分析各侨务政策研究成果。

第二节　侨务政策的概念

笔者认为，侨务政策是指以政府为代表的公共权力机构针对在外国居住而保留中国国籍的中国公民的有关问题的解决，通过民主政治程序制定和执行的行动方针和行为准则。如以上辨析，“侨”的本义有侨居和侨民，侨居是指“在外国居住”，“侨民”是指在外国居住而保留本国国籍的公民，“侨务”是指“有关侨的事务”，“侨情”是指“有关侨的情况”。“政策”即公共政策，是以政府为代表的公共权力机构针对社会公共问题的解决，通过民主政治程序制定和执行的行动方针和行为准则。此种界定是结合以上对“侨”、“侨居”、“侨民”、“侨务”、“侨情”和“政策”的辨析，主要从语义角度，兼顾我国政府对“侨”、“侨民”、“侨务”的解读而得出，克服了循环定义和表现形式不清等缺陷。

---

① 杨好春．南京国民政府时期的侨务政策（1927—1937）．兰台世界，2011（22）：36.

第三节　侨务政策的公共政策方面的特性

掌握侨务政策的特性，有利于统一认识和理解侨务政策，提高侨务政策的民主化、科学化、法制化和效益化，减少侨务政策主体在界定侨务政策问题，制定和执行侨务政策，终结和评估侨务政策工作中的失误。

一、公共性

公共性是指侨务政策体现的意愿、代表的利益和解决的问题都是公众的。公共性是侨务政策固有的基本属性和侨务政策分析的理性取向。对公共性的认识和理解是研究分析侨务政策的必然要求和基本前提。公共性一般表现为公有性、公治性和公享性三个基本维度，是确定侨务政策问题，制订解决方案、执行方案、评估方案的价值基础和精神内核。公有性指侨务政策属于全体公民特别是全体侨民所有，而不是某个人或某个集团所有；公治性指侨务政策的施行需要的是公共治理，也就是说除了公共权力机关以外，每个公民特别是侨民都是侨务政策过程的参与主体；公享性是相对于侨务政策的结果而言的，侨务政策的结果应为社会公众特别是侨民所共享共惠。

从中央到地方的各级侨务工作发展规划是本级政府未来五年的侨务政策纲要，可以具有公共性。2010 年 12 月 11—15 日，国务院侨办在桂林召开部分地方侨办主任和专家学者座谈会，听取对全国侨务工作会议和《国家侨务工作发展纲要（2011—2015 年）》（征求意见稿）的意见和建议，[1] 这体现了制定该项侨务政策过程中的公治性。宁夏回族自治区、江苏省南京市、安徽省马鞍山市、安徽省安庆市等地方政府通过政府公告、政府信息公开网站等渠道向公众公开了其侨务工作发展规划。但是《国家侨务工作发展纲要（2011—2015 年）》从 2011 年 10 月 19—20 日在北京召开的全国侨务工作会议公布实施以来，只是作为有密级的内部文件在侨务系统公布，由国务院侨办主任李海峰等通过新闻媒体透露了其主要内容。[2]《国家侨务工作发展纲要（2011—2015 年）》以及大部分地方政府的侨务工作发展规划实施还未向公众公开，公众暂时无法知道发展规划的具体内

---

① 陆汉宝．国侨办在桂林征求未来五年侨务工作发展纲要意见．http：//news. cntv. cn/20101216/114310. shtml，2012－12－16.

② 侨报综合报道．十二五侨务工作规划公布．侨报，2011－10－21.

容。如何实施和评估该项侨务政策的公治性，该项侨务政策属于全体公民特别是全体侨民等相关者所有的共有性，该项侨务政策为公众特别是侨民所共享共惠的公享性，以及从中央到地方的各级侨务部门如何在公开侨务工作发展规划全文上保持协调，均有待进一步探讨和研究。

二、问题性

问题性是指每项侨务政策的制定、执行和评估都针对特定的侨务问题，只有进入政策议题的侨务问题才能成为侨务政策问题。界定侨务政策问题是侨务政策的出发点。许多侨务政策没有解决问题不是因为措施不当而是因为问题界定错误。例如，精简归侨职工下放到农村和动员归侨学生上山下乡的侨务政策没有解决城市人口压力问题，不是因为职工下放和上山下乡措施不当，而是因为不存在归侨造成城市人口压力的问题。解决侨务政策问题是侨务政策的落脚点。只有有效解决了被界定的侨务政策问题，侨务政策才是成功的。例如，目前归侨侨眷权益保护和侨资企业权益保护是一个比较突出的侨务问题，国务院侨务办公室为解决该侨务问题专门设立了投诉协调司，与经济科技司为一套人马两个牌子，并增设了投诉协调处，专司侨商投诉协调处理工作。其主要职能是研究制定相关政策、法规，协调、指导和监督全国侨商投诉协调处理工作，接待侨商来信、来访。投诉协调司的设立是国务院侨办加强为侨服务工作，完善维护侨商投资权益机制、体制的重要举措。此一举措是否能有效解决侨商维护投资权益难的问题，是检验该侨务政策成功与否的标准。

三、动态过程性

动态过程性是指侨务政策是一个从无到有再到终结的动态运行过程，包括侨务政策问题界定、侨务政策制定、侨务政策执行、侨务政策终结和侨务政策评估五个既相互关联又相互区别的环节，其中每一个环节都关系着侨务政策问题能否有效解决，关系着侨务政策的成功或失败。在我国目前的侨务政策实践中，比较侨务政策问题界定、侨务政策制定和侨务政策执行而言，侨务政策终结和侨务政策评估没有受到应有的重视，甚至被忽视，科学合理的侨务政策程序并未完全确立起来。随着世情、国情和侨情的变化，一些侨务政策的终结是可能的也是必要的，但是我国迄今主要是通过事实上不执行、清理规章等方式终结侨务政策，没有建立起侨务政策终结的标准和程序。侨务政策无论是继续、调整还是终结，都必须建立在科学、系统和全面的政策评估基础之上。[①] 当前，我国常用的评估方式有试点式评估、检查式评估、调研式评估、总结式评估、信访式评估和报道式评估等。我国侨务政策评估主要以非正式、内部和定性评估为主，评估的规范性和实效性不足。[②] 为此，要树立侨务政策动态过程性理念，提高侨务政策运行的规范性和实效性。

四、灵活性

灵活性是指侨务政策的执行在不违背侨务政策原则的前提下是灵活的。侨务政策是动态化的制度，具体体现为：执行者拥有在侨务政策未规定时、侨务政策条文规定不具体时以及执行方式方面的自由裁量权。执行者根据具体情况，依据侨务政策原则，自行决定执行标准是严格还是宽松，政策文件、执行过程、执行结果是公开还是保密。适当裁量是侨务政策执行的特点之一。侨务政策可以保持一定的灵活性，但是幅度不宜过大，以不影响侨务政策的统一、权威和实效为宜。1990 年《归侨侨眷权益保护法》（2000 年修订）第 3 条第 2 款规定："国家根据实际情况和归侨、侨眷的特点，给予适当照顾，具体办法由国务院或者国务院有关主管部门规定。"全国人大华侨委员会研究室在对该款的解释中指出，所谓的"适当照顾"必须建立在三方面的前提基础上：第一，必须是建立在符合宪法和法律规定的基础上；第二，必须是建立在归侨侨眷特点基础之上；第三，对归侨侨眷的照顾必须是建立在我国各方面情况允许的范围内。[③] 此款规定和其解释中的"实际情况"、"特点"、"适当"、"照顾" 和 "允许" 等均为模糊性词语，为有关政府部门灵活地执行"根据特点，适当照顾"政策提供了巨大的空间。

然而，各地方政府确认归侨侨眷身份方面的过大灵活性，影响了归侨侨眷身份的全国统一和流动。根据国务院侨务办公室《侨务法规文件汇编（1999—2006）》，"各省、自治区、直辖市修订后的实施《归侨侨眷权益保护法》办法"部分收录的 28 部地方实施办法，各地方确认归侨侨眷身份的做法有如下几种：①发给归侨证，确认侨眷身份，但是不发给证件，例如，上海市；[④] ②发给《归

① 杨芳．侨务政策评估的作用及其标准．福建省社会主义学院学报，2010（2）：23.

② 杨芳．我国侨务政策评估的现状及其完善路径．上海市社会主义学院学报，2010（5）：57.

③ 全国人民代表大会华侨委员会研究室．中华人民共和国归侨侨眷权益保护法讲话．北京：中国华侨出版公司，1990.

④ 1992 年上海市实施《中华人民共和国归侨侨眷权益保护法》办法（1999 年修订）第 2 条。

侨侨眷证》，例如，辽宁省、河南省；[1] ③发给归侨证和侨眷证明，例如，浙江省；[2] ④审核认定归侨侨眷身份，不签发有关证件，包括重庆市、云南省、广东省、福建省、安徽省、吉林省、江苏省、湖北省、江西省、新疆维吾尔自治区、宁夏回族自治区、海南省、贵州省、北京市、四川省、广西壮族自治区。另外，国务院侨务办公室《侨务法规文件汇编（1955—1999）》和《侨务法规文件汇编（1999—2006）》还收录了福建省、北京市、河南省、山东省、哈尔滨市和武汉市等省市专门确认归侨侨眷身份的地方政府规章。根据这些地方政府规章，确认归侨侨眷身份的证明文件有五种：①归国华侨证（北京市）；②归侨侨眷身份证（山东省、青岛市）；③归国华侨证，归侨、华侨（华人）眷属证（武汉市）；④归侨身份证明书、侨眷身份证明书（福建省）；⑤归侨侨眷身份证明信（河南省）。名称、形式甚至内容各异的归侨侨眷证加大了社会一致认可归侨侨眷身份的成本，阻碍了归侨侨眷身份在全国的通行，也不利于归侨侨眷在国内的流动。鉴于各省市负责审核华侨回国定居申请和落实适当照顾政策，由各省市审发归侨侨眷证是可以接受的，但是这并不应影响统一归侨侨眷身份证的名称、形式和内容。

第四节　侨务政策的侨务方面的特性

侨务政策的侨务方面的特性表现为不确定性、宽泛性、涉外性、发展性、扩散性和从属性。

一、内涵宽泛

尽管各侨务政策研究成果阐述的侨务政策内涵包括华侨华人归侨侨眷政策、海外侨务政策、海外侨胞和归侨侨眷政策、海内外侨胞政策和侨民政策等，但是华侨华人归侨侨眷政策、海外侨务、海外侨胞和归侨侨眷、海内外侨胞、侨民均是宽泛的概念，每一个群体又都包含丰富内涵，可以被划分为许多类子群体。就“侨民”而言，包括所有在外国居住的保留中国国籍的中国公民，不因其取得的住在国的居留权的性质和期限而发生变化。有学者认为，为了适应中国的发展及

---

① 1993年辽宁省实施《中华人民共和国归侨侨眷权益保护法》办法（2001年修订）第5条，2005年河南省实施《中华人民共和国归侨侨眷权益保护法》办法第3条。

② 1993年浙江省实施《中华人民共和国归侨侨眷权益保护法》办法（2001年修订）第24条。

战略需要，“除了华侨以及华人社团领袖外，重要的华人科技和专业人士、参政人士、华裔新生代、少数民族华侨华人、对台侨务以及涉疆涉藏侨务都相继成为中国侨务政策的工作对象”①。与其说中国侨务政策的工作对象日益扩大，不如说中国侨务政策的工作对象正逐渐恢复其应有的宽泛性。由于侨务政策对象的群体、子群体内涵丰富，各群体、子群体之间存在较大差异，因此有必要在总体侨务政策基础上细分针对各群体、子群体的第二层级、第三层级的侨务政策，否则侨务政策会因为过于笼统而失去应有的针对性，可能无法解决所界定的侨务政策问题。

二、与侨民住在国和中国关系特别是其涉华政策和外国人政策紧密相关

侨务政策与侨民住在国和中国关系特别是其涉华政策和外国人政策紧密相关。

（1）我国界定华侨外籍华人归侨侨眷身份，需要直接考虑一些国家的涉华政策和外国人政策。根据 2009 年《关于界定华侨外籍华人归侨侨眷身份的规定》：“华侨是指定居在国外的中国公民。（一）‘定居’是指中国公民已取得住在国长期或者永久居留权，并已在住在国连续居留两年，两年内累计居留不少于 18 个月。（二）中国公民虽未取得住在国长期或者永久居留权，但已取得住在国连续 5 年以上（含 5 年）合法居留资格，5 年内在住在国累计居留不少于 30 个月，视为华侨。”“归侨是指回国定居的华侨。（一）‘回国定居’是指华侨放弃原住在国长期、永久或合法居留权并依法办理回国落户手续。（二）外籍华人经批准恢复或取得中国国籍并依法办理来中国落户手续的，视为华侨。”“侨眷是指华侨、归侨在国内的眷属。（一）侨眷包括：华侨、归侨的配偶，父母，子女及其配偶，兄弟姐妹，祖父母、外祖父母，孙子女、外孙子女，以及同华侨、归侨有长期扶养关系的其他亲属。（二）外籍华人在中国境内的具有中国国籍的眷属视为侨眷，其范围比照本条第（一）款。上述规定仅适用于华侨、外籍华人、归侨、侨眷身份的界定，有关他们在中国的政策待遇，应按有关规定执行。”侨民住在国和地区的外国人政策将直接影响中国公民取得所在国的永久居留权、长期居留权、居留权等身份，也间接影响他们的亲属取得侨眷身份。我国台湾地区在确定侨务政策时也非常重视一些国家的外国人政策。

---

① 代帆．华侨华人与中国的东南亚政策．国务院侨办政策法规司．国务院侨办课题研究成果集萃．国务院侨办政策法规司，2011. 474.

我国台湾地区《华侨身份证明条例》第4条第2款规定：“侨务委员会经会商外交部后，得就有永久居留制度国家中，认定永久居留权取得困难者，并就该国核予外国人之居留资格种类当中，择定具有‘长期性’及‘移居性’者，作为华侨身份认定之要件之一，每年定期公告之。国人如持有该类特定居留资格连续四年，且能继续延长居留，得视为与取得永久居留权相当。”侨务委员会根据各驻外馆处评估驻在国之外国人居留制度与核发情形，于2010年提出《永久居留权取得困难之国家或地区及其居留资格认定基准》。

（2）侨民住在国和地区的外国人政策将赋予在其居住的中国公民生活、工作、学习、社会福利等权利和义务，这与侨民在住在国的融入和发展息息相关，影响到侨民与国籍国关系的紧密程度，使得侨民国籍国制定和调整相应的侨务政策。20世纪70年代后，美国、加拿大、澳大利亚、新西兰等国家纷纷取消拒绝中国人移民本国的歧视性政策，国际移民政策的重心转向以人才和投资为中心的经济类移民，以移民安置为重点的移民融入政策日渐完善，中国人有机会移民和在这些国家居住下来，逐渐形成新移民群体。中国于20世纪90年代中期正式提出针对新移民的侨务政策。

（3）侨民住在国涉华政策和外国人政策不仅影响我国针对该国的侨务政策，如果该国对于中国意义重大，其还会影响中国整体的侨务政策。2007年左右，印度尼西亚是东南亚也是全球华侨华人数量最多的国家，约有1 000万，占全球华侨华人总人数的22%。[①] 印度尼西亚涉华政策对华侨华人善待还是敌意，关系到中国与印度尼西亚关系的友好还是紧张，左右着中国对印度尼西亚的侨务政策。1999年瓦希德总统执政以前，印度尼西亚存在许多明显歧视华人的法律法规，1997年开始的东南亚金融危机引起的印尼社会骚乱也给印尼华侨华人生命财产造成了巨大损失和难以抚平的心理创伤。国务院侨办专门为此发布了《关于做好近期印尼华侨华人来华工作的意见》，调整了对印尼华侨华人政策。印尼华侨华人也是中国制定和实施整体侨务政策及国籍政策的主要考虑因素之一。

三、社会、学界和政府解读的侨务政策内涵不完全一致

如以上分析，从对目前侨务政策概念研究现状的梳理来看，学界对侨务政策内涵的阐述存在诸多不足，各侨务政策研究成果阐述的侨务政策内涵不一而论，社会、学界和政府解读的侨务政策内涵不完全一致。实践中，在不同时期内，从不同角度理解、研究和探讨的侨务政策内涵不完全相同，使得政府部门等公共权

① 庄国土．华侨华人分布状况和发展趋势．侨务工作研究，2010（4）．

力机构制定和实施的侨务政策的内涵存在不系统、不全面和不一致的可能性。本书通过论证认为，侨务政策是指以政府为代表的公共权力机构针对关于在外国居住而保留本国国籍的公民事务问题的解决，通过民主政治程序制定和执行行动方针和行为准则。此种对侨务政策的界定只是笔者在本书中提出的一己之见，需要得到社会、学界和政府的认可和接受。

四、发展变化深受侨情、世情和国情影响

侨务政策发展变化不仅是因为侨情变化，而且深受世情和国情影响。改革开放和有关国际因素变化自上而下地推动着侨务政策的变革，华侨华人与归侨侨眷结构变迁自下而上地要求侨务政策的变革。随着改革开放的深入，我国需要认真思考如何定位、发展和完善侨务政策的问题。侨务政策与改革开放有着不可抹灭的关系，其重生源于改革开放的实施，其发展和完善基于改革开放的深化。国际因素的变化需要仔细思考如何调整侨务政策。当今世界，和平、发展与合作仍然是时代潮流，世界多极化、经济全球化深入发展，人口国际流动持续不断扩大，世界政治经济格局出现新变化，科技创新孕育新突破，国际金融危机影响深远。在此背景下，侨务界需要认真思考侨务政策如何因应国际因素的变化，以作出适当的调整，努力探索既适应中国改革开放不断深入的新情况，又充分考虑各种有关国际因素变化的新侨务政策。

五、对象由侨民扩大到了外籍华人

如本书分析，中国侨务政策对象是在外国居住而保留中国国籍的中国公民，不包括华人。但是，华侨与华人密不可分。华侨在住在国居住满一定时间，就可以申请住在国国籍，成为外籍华人。外籍华人在中国境内的具有中国国籍的眷属视为侨眷。所以，排除了华人的侨务政策是不完整的侨务政策。

居住时间是华侨由居民身份转换为住在国公民身份的最重要条件。关于居住时间等方面的具体要求，各国规定不一。通常要求是，申请入籍者以永久居民身份在本国居住满 5 年，以证明其与本国有着密切的联系。各国对申请入籍的外国人是本国永久居民还是临时居民，要求也有所不同。相比较而言，吸纳外国人口的国家，要求入籍申请的居住条件宽松，反之则严。如果一国遵循人口国际流动规律，允许外国人因居留而转换国籍，就能有效地引导外国人在本国工作和生活，有利于增强国家凝聚力；否则，就堵塞了大部分外国人在本国永久工作和生活的可能性，不利于移民融合和社会稳定。

表 3－1　发达国家和地区居留转换国籍的居住时间要求比较

国家	取得国籍的居住时间要求	所依据法律
美国	任何申请加入美国国籍的人必须符合永久居民身份，以美国永久居民身份在美国居住至少 5 年，在提交入境申请日期之前本人在美国居留的时间总计达到 5 年的一半，提交入籍申请之日到被批准成为公民之时一直在美国居住，在提交申请所在州或所在公民和移民局所管辖的区域居住至少 3 个月。在上述要求的 5 年居住期内，如果申请人在美国境外连续停留 1 年或 1 年以上，其在美国连续居留的连续性将被中断。	1990 年《美国移民与国籍法》(2003年修订)第101(a)(23)条
加拿大	外国人申请入籍，必须在递交入籍申请前的 4 年间，以永久居民身份在加拿大居住满 3 年。	《加拿大公民资格法》
澳大利亚	居住要求是指（a）递交入籍申请前在澳大利亚居住了 4 年，而且（b）在 4 年居住期间不是非法的非公民，而且（c）递交入籍申请前 12 个月以永久居民身份在澳大利亚居住。	2007 年《澳大利亚公民资格法》第 22（1）条
新西兰	外国人申请入籍，必须是新西兰永久居民、澳大利亚公民或澳大利亚永久居民，并且以此种身份于递交入籍申请前在新西兰居住了 5 年。	《新西兰公民资格法》
德国	外国人在德国连续居住至少 8 年，持有居留许可证，在德国的生活来源不依靠社会救济和失业补助，没有犯罪记录，在德国有住处，有足够的德语水平，可以申请加入德国国籍。如果是来自欧盟其他成员国或者瑞士的申请人，同意放弃原国籍。	2000 年联邦德国《国籍法》（2007 年修订）
法国	外国人以合法身份进入法国，在法国定居 5 年以上，生活正常，风俗习惯没有异常现象，愿意充分融入法国社会，懂法语，没有刑事犯罪记录，身体健康，可以申请加入法国国籍。在法国法律中，定居是指稳定和事实居住，并且申请人的家庭中心和经济利益亦在法国，申请人拥有稳定收入。	2007 年《法国外国人移民、融入和避难法》

（续上表）

国家	取得国籍的居住时间要求	所依据法律
英国	外国人在英国合法居留5年，申请入籍前拥有无限期居留权或同等资格12个月或以上，愿意在英国继续居留，或在海外替联合王国政府、英国公司或团体工作，可以申请加入英国国籍。	1981年英国《国籍法》
日本	申请入籍者，必须连续5年以上在日本有住所。	1950年日本《国籍法》（1993年修订）第5条
我国台湾地区	外国人或无国籍人申请入籍，应现于我国台湾地区有住所，并每年合计有183日以上合法居留之事实且持续5年以上。	我国台湾地区1929年《国籍法》（2006年修订）第3条

台湾当局的侨务政策对象从华侨扩展到了华人和华裔。1999年，台湾当局“行政院侨务委员会委员长”焦仁和在向“立法院外交及侨务委员会”提交的侨务施政报告《迈向新世纪　侨务工作的创新与跃进》第一部分中，专门论述了“侨务工作的内涵”。他明确提出：“一般所称的‘华侨’，包括了‘侨民’（侨居国外的中华民国国民）、‘华人’（包括侨民及已归化为外国国民的中国人）及‘华裔’（在海外出生的中国人后裔）三个含义。目前（我国台湾地区）侨务工作的对象，不仅限于‘侨民’，而采广义的华侨。简而言之，只要是具有中国人血统，且在政治和文化上认同（台湾当局）的海外华人，都是我们的服务对象。”①

六、从属于国家总体政策和外交政策

侨务政策是我国总体政策和外交政策的重要组成部分，其制定和实施均从属于国家总体政策和外交政策。侨务工作要贴近党和国家工作的大局，要始终自觉地服务于党和国家大局。② 外交是内政的延续，外交政策服务于国内政治，国内政治体现的是国家利益，由国内利害关系决定；也就是说，侨务政策体现的是国

① 焦仁和．迈向新世纪　侨务工作的创新与跃进．提交我国台湾地区“立法院第四届第一会期外交及侨务委员会”的报告，1999－04.

② 戴秉国．贴近大局　用心服务　加强指导：在2009年全国侨办主任会议上的讲话．李海峰．全国侨务工作会议三大成效．http：//www. chinanews. com/zgqj/2011/10－20/3403802. shtml，2011－10－20.

家利益。以国家利益为基础的外交政策决定了侨务政策的方向，而不是与此相反。如果干预海外华侨可能会影响国家利益，那么干预活动就可能会受到控制。因此，分析或者预测中国国外侨务政策的动向，重要的是要确定国家利益因素，然后由此出发来确定相应的侨务政策。[①] 如果侨民利益与国家利益发生冲突，而中国缺乏影响或者制约侨民住在国对中国侨民政策的有效手段，中国很可能因为国家利益的需求而放弃其在保护华侨权益上的立场。侨民利益与国家利益的一致将是侨务政策的最佳选择。

中国目前处于经济社会发展的过渡期和上升期，中国政府的注意力主要集中在国内事务，将经济建设放在第一位，这与新中国成立初期打破封锁为主和孤立时期的强调意识形态迥异。[②] 当前中国对外关系的主要内容偏重于经济，中外合作的基础建立在经贸和援助之上，外交策略主要是“韬光养晦”和“不出头”。国内利害关系的变化使得中国外交部门从改革开放以前的决策和强势部门逐渐转变为办事和一般部门，侨务部门也随之由改革开放以前的决策和重要部门逐渐转变为服务和弱势部门。[③] 基于“韬光养晦”和“不出头”的外交策略，《国家侨务工作发展规划纲要（2011—2015年）》顺理成章地提出开展侨务工作要有利于发展我国同海外侨胞住在国的友好合作关系。不能忽略的是，随着中国国力的增长，中国越来越多地参与到国际事务中，自身所承担的国际责任和外界对中国的期望值都相应增加，因此中国在国际交往中应经济与政治两手抓。[④] 当“有利于海外侨胞的长期生存和发展”、“有利于发展我国同海外侨胞住在国的友好合作关系”与“有利于推进我国现代化建设和祖国统一”三者发生冲突时，侨务政策的执行和调整不仅要考虑后者因素，也要考虑前者因素，努力寻找侨民利益与国家利益的最佳结合点。

第五节　侨务政策的分类

根据不同标准，可以对侨务政策作不同的分类。对侨务政策的不同分类进行分析，有利于更全面系统地把握侨务政策。

---

① C. Y. Chang, Overseas Chinese in China's Policy, *The China Quarterly*, No. 82, 1980, pp. 301 - 302.

② 李安山. 致读者信. 北大非洲电讯，2012 - 02 - 28.

③ 1949年10月21日，中华人民共和国中央人民政府政务院成立，周恩来为首任总理兼外交部部长。中央人民政府下设华侨事务委员会，由周恩来总理直接分管，何香凝任主任委员。

④ 李安山. 致读者信. 北大非洲电讯，2012 - 02 - 28.

一、根据制定和执行侨务政策的主体不同分类

根据制定和执行侨务政策的主体不同，可以将侨务政策分为政府（立法、司法、行政系统）侨务政策、共产党侨务政策、非政府公共组织（第三部门）侨务政策、社会政治系统中权威人士侨务政策。以上主体都有通过一定程序解决侨务问题以发挥自身社会政治作用的意愿、冲动和能力，制定和推行解决侨务问题方案是实现以上意愿、冲动和能力的重要途径之一。从广义上讲，以上主体制定和推行的解决问题方案都属于侨务政策范畴，其中最重要的侨务政策是国家行政部门侨务政策。基于我国实行一党执政体制，我国的立法部门、司法部门、行政部门、共产党、非政府公共组织、社会政治系统中权威人士对待同一个侨务问题的侨务政策应该是一致的。

立法部门的侨务政策通常以执法检查报告、跟踪检查执法检查报告和落实情况报告的形式出现。2005 年《全国人大常委会执法检查组关于检查〈中华人民共和国归侨侨眷权益保护法〉实施情况的报告》建议：立即着手清偿拖欠归难侨职工的工资、退休金、医药费和社保费用；用 3～5 年时间，解决归难侨生产、生活中的若干重大难题。

政府侨务政策是指各级政府关于侨务的政策，往往以侨务工作报告、规划、纪要、计划等形式出现。下级政府侨务政策应与上级政府侨务政策一致，如果发生冲突，下级政府侨务政策应服从上级政府侨务政策。1989 年《国务院侨务工作会议纪要》：“对华侨工作的基本方针是：保护华侨的正当权益，发扬侨胞爱祖国、爱故乡的传统，促进华侨团结互助，教育华侨遵守住在国法律，尊重当地社会、民族习俗，鼓励华侨根据自愿原则加入住在国国籍，与当地人民友好相处并长期生存发展，为促进住在国的经济繁荣以及祖国和住在国的合作交流发挥积极作用。”2012 年《南京市“十二五”侨务规划》：“华人华侨、归侨侨眷工作、居住环境更加优化。到 2015 年实现社会保障覆盖全市归侨、侨眷，基本解决早期归侨贫困问题。在宁投资创业的外籍华人、华侨的合法权益得到更有力的法律保障，享受更多的市民待遇和高水平的国际化服务。”《江苏省徐州市泉山区 2011 年侨务工作计划》：“努力为侨服务，切实维护侨的合法权益。做好侨务来信来访工作，及时妥善处理来信来访，及时化解矛盾，维护侨界稳定。努力为归侨、侨眷排忧解难办实事，维护侨的政治、经济、文化、经营权利。”

中国共产党侨务政策常常以党的文件形式出现。2007 年中国共产党“十七大”报告指出：“支持海外侨胞、归侨侨眷关心和参与祖国现代化建设与和平统一大业。”这是中国共产党对 2007—2012 年侨务政策的高度概括。2011 年中国

共产党十七届六中全会提出："支持海外侨胞积极开展中外人文交流。"王兆国同志在中国侨联八届四次全委会议上的讲话指出："牢牢把握正确政治方向，为在中国特色社会主义道路上实现中华民族伟大复兴而共同奋斗；紧紧围绕主题主线，为保持经济平稳较快发展和社会和谐稳定作出更大贡献；注重建设中华民族共有精神家园，在推动社会主义文化大发展大繁荣中发挥独特作用；始终把人民利益放在首位，进一步密切党与侨界群众的血肉联系；深化党群共建、创先争优活动，不断加强侨联组织自身建设。"

非政府公共组织侨务政策是指致公党、侨联、全国政协外事华侨委员会等非政府公共组织关于侨务的政策。2011 年《中国致公党第十三届中央常务委员会工作报告》提出："要发挥'侨''海'优势，积极服务公共外交；要进一步突出品牌工程，扎实做好社会服务。"2012 年《凝聚广大归侨侨眷和海外侨胞力量　为全面建设小康社会再立新功　以优异成绩迎接党的十八大胜利召开——林军同志在中国侨联八届四次全委会议上的工作报告》提出："最大限度地调动广大归侨侨眷和海外侨胞的积极性，深化'国内海外工作并重、老侨新侨工作并重'，着力围绕服务经济平稳较快发展，促进文化大发展大繁荣，维护社会和谐稳定。"

社会政治系统中权威人士侨务政策主要是指党和国家领导人关于侨务问题的讲话和批示。时任中共中央总书记胡锦涛在 2005 年接见全国侨务工作者时提出："在凝聚侨心，发挥侨力，为实现全面建设小康社会的宏伟目标作贡献方面，侨务工作大有作为；在反对和遏制'台独'分裂势力，推动祖国和平统一进程方面，侨务工作大有作为；在开展民间外交，传播中华优秀文化，扩大中国人民与世界各国人民友好交往方面，侨务工作大有作为。"三个"大有作为"的论断，从政治和战略的高度指明了侨务工作在党和国家大局中的独特作用和肩负的历史使命，对做好新时期侨务工作具有重要的指导意义。

二、根据侨务政策的表现形式分类

根据侨务政策的表现形式，可以将侨务政策分为方针、路线、战略、纲要、规划、计划、方案、办法、方法和意见等。方针、路线、战略、纲要和规划等从方向和大局上把握着侨务，是较为宏观的政策。例如，《国家侨务工作发展纲要（2011—2015 年）》（2011 年）、《北京市政府关于加强新形势下侨联工作的意见》（2011 年）、《李先念、廖承志同志在全国侨务工作会议、第二次全国归侨代表大会上的致词和报告》（1979 年）等。计划、方案、办法、方法和意见等从步骤和措施上解决侨务的具体问题。例如，《国务院侨办、外交部关于当前开展印尼华侨、华人工作需要注意的几个问题》（1990 年）、《国务院侨办关于在公共场合不宜提倡华人“爱国爱乡”的通报》（1997 年）、《财政部、劳动和社会保障部、国务院侨办关于对归难侨离退休人员基本养老金实行定额补助有关问题的通知》（2001 年）、《江苏省徐州市泉山区 2011 年侨务工作计划》（2011 年）等。

三、根据侨务政策的内容性质分类

根据侨务政策的内容性质，可以将侨务政策划分为元侨务政策、基本侨务政策和具体侨务政策。元侨务政策在侨务政策层级系统中是最深层的侨务政策，是用以指导和规范政府侨务政策行为的一套理念和方法的总称，其基本用途在于如何正确地制定侨务政策和有效地执行侨务政策。元侨务政策的第一种类型是价值性的元政策。例如，人权、自由、公正。元政策的第二种类型是方向性的元政策。例如，紧紧围绕经济社会发展大局和外交工作全局，坚决贯彻党中央国务院关于侨务工作的各项决策部署，“以人为本、为侨服务”等。元政策的第三种类型是程序性的元政策。制定侨务政策要实行民主集中制，充分听取利益相关者的意见和建议。

基本侨务政策通常是高层次、大型、长远、带有战略性的侨务政策。元侨务政策侧重于价值陈述，它为所有的侨务政策提供价值评判的标准；基本侨务政策则侧重于目标陈述，为相关范畴内的所有的具体侨务政策规定总目标。基本侨务政策具有四个特点：①权威性。通常只有中央及其授权机关才能制定和发布，是一种高层次侨务政策，有指导和约束具体侨务政策的权威。②广泛性。多数情况下，基本侨务政策的适用范围覆盖整个国家。③稳定性。基本侨务政策具相当大的稳定性，长时期都在起作用。④系统性。基本侨务政策是一种大型的、总体性的侨务政策，必然会衍生出一整套具体侨务政策、具体执行步骤和行动方案，彼此之间形成既有内在联系又相互独立的侨务政策系统。《国家侨务发展规划纲要（2011—2015 年）》提出：“开展侨务工作要有利于海外侨胞的长期生存和发展，有利于发展同海外侨胞住在国的友好合作关系，有利于推进经济社会发展。”针对华侨华人、归侨侨眷，要实行国籍区别原则、公开合法原则、积极稳妥原则和“一视同仁，不得歧视，根据特点，适当照顾”原则。

我国政府在侨务工作中制定和实施的侨务政策主要是具体侨务政策。凡是在元侨务政策和基本侨务政策范畴以外的侨务政策，都可归入具体侨务政策。它的具体性表现在以下四个方面：①具体侨务政策是针对特定而具体的侨务政策问题作出的政策规定。②具体侨务政策表现为一系列的行动步骤和行动方案。③具体侨务政策必然要求有对应的部门或机构来具体实施。④具体侨务政策的实施效果是在经验基础上可以直接观察到并可以评价的。例如，1986 年国务院侨办《关于华侨、归侨、华侨学生、归侨学生、侨眷等身份的解释（试行）》，1991 年国务院办公厅转发国务院侨办、外交部《对参加华侨外籍华人世界性区域性同乡活动有关问题意见的通知》，2009 年国务院侨办《关于界定华侨外籍华人归侨侨眷身份的规定》等。

四、根据侨务政策的内容领域分类

根据侨务政策的内容领域，可以将侨务政策划分为政治侨务政策、经济侨务政策、文化侨务政策、社会侨务政策和法律侨务政策等，此种分类有利于提高对侨务政策专业性的认识。由于侨务政策的内容可能同时涵盖不同领域，所以某一具体侨务政策属于哪一种类侨务政策不是绝对的，有可能同时属于某几种侨务政策。政治侨务政策包括国内和国际政治侨务政策，例如，1954 年《资本主义体系国家内华侨统一战线与社团工作的若干意见》明确了国外侨务工作的基本方针已由新中国成立初期的“保护华侨正当权益，为华侨服务，团结多数华侨，打击蒋帮反动势力”发展到“教育侨胞团结爱国，力求在当地长期生存下去”。1989 年《侨务工作会议纪要》提出：“促进有不同政治倾向的社团、人士，在维护华侨、外籍华人生存权益方面进行合作。通过华侨、外籍华人的工作，推动海峡两岸实质性往来的发展。”

经济侨务政策包括整体经济侨务政策和某些经济领域侨务政策。整体经济侨务政策是指针对侨的整体经济政策，例如，1989 年《侨务工作会议纪要》规定的“各地区、各有关部门都应当本着‘平等互利、同等优先’的原则，积极发展同华侨、外籍华人及港澳台同胞的经济合作，通过他们引进资金、人才、先进技术和管理方法，开拓国外市场”。某些经济领域侨务政策是指在某一经济领域针对侨的经济政策，例如，1990 年《国务院关于鼓励华侨和香港澳门同胞投资的规定》第 2 条提出：“华侨、港澳投资者可以在境内各省、自治区、直辖市、经济特区投资。鼓励华侨、港澳投资者依照国家规定从事土地开发经营。”2005 年广东省《关于进一步加快华侨农场改革发展的意见》提出：“继续加大对华侨农场的扶持力度；进一步加快华侨农场归难侨危房改造工作；进一步完善华侨农场职工养老保险制度；妥善解决华侨农场职工医疗保障问题；进一步加强华侨农场土地管理；切实维护归难侨合法权益，认真做好归难侨生活保障工作；更新思想观念，加快华侨农场经济发展。”

文化侨务政策是指文化领域的侨务政策。例如，时任中共中央总书记胡锦涛指出：“在开展民间外交、传播中华优秀文化、扩大中国人民与世界各国人民友好交往方面，侨务工作大有作为。”2011 年《中共中央关于深化文化体制改革推动社会主义文化大发展大繁荣若干重大问题的决定》提出：“支持海外侨胞积极开展中外人文交流。”1996 年国务院侨办《关于开展新移民工作的意见》认为应该“鼓励扶持新移民兴办中文学校”，以及“加强对新移民的宣传工作”。1996 年外交部《关于加强新移民工作的意见》提出：“中华文化是维系新移民与我国感情的重要纽带。要弘扬中华文化传统，中文教育是关键。新移民大都希望自己的子女接受传统的中国文化教育。我们要顺应这种需求，在主要依靠他们自己的力量的前提下，采取积极鼓励的态度，给予力所能及的帮助。”

法律侨务政策是指立法、执法和司法等法律领域的侨务政策，主要指关于归侨侨眷、海外华侨及其他侨民权益的法律保障的政策。1990 年 9 月第七届全国人大常委会第十五次会议通过《归侨侨眷权益保护法》，2000 年 10 月第九届全国人大常委会第十八次会议予以修正。1993 年 7 月国务院发布《归侨侨眷权益保护法实施办法》，2004 年 6 月国务院修订并重新发布。《中国临时保护和协助指南》提出：“凡是依照《中华人民共和国国籍法》具有中国国籍者，都可以得到中国政府的领事保护。也就是说，只要您是中国公民，无论是定居国外的华侨，还是临时出国的旅行者；无论是大陆居民，还是香港、澳门和台湾同胞，都是我们提供领事保护的对象。”跟踪检查《中华人民共和国归侨侨眷权益保护法》是侨务法律政策的一个重要组成部分。第十届全国人大常委会第二十二次会议听取了常委会执法检查组《关于检查〈中华人民共和国归侨侨眷权益保护法〉实施情况的报告》。会后，全国人大常委会办公厅将执法检查报告及其审议意见、检查中发现的涉及侵害归侨侨眷和海外侨胞投资权益为主的案件送交国务院和最高人民法院、最高人民检察院。全国人大华侨委员会根据执法检查报告的要求，组织跟踪检查，主要检查监督“一府两院”对执法检查报告关于华侨农场的改革与发展、散居归侨侨眷的生产生活困难、归侨侨眷和海外侨胞在国内投资权益保护等主要问题所提各项建议的采纳和落实情况，提交了关于跟踪检查《全国人大常委会执法检查组关于检查〈中华人民共和国归侨侨眷权益保护法〉实施情况的报告》落实情况的报告。

五、根据政府行政部门侨务政策的适用领域层级分类

根据政府行政部门侨务政策的适用领域层级，也就是在纵向上可将政府行政部门侨务政策划分为中央政府行政部门侨务政策和地方政府行政部门侨务政策。中央政府行政部门侨务政策就是国家侨务政策，例如，《侨务工作会议纪要》、《国家侨务工作发展纲要（2011—2015 年）》等国家级侨务文件的内容。地方政

府行政部门侨务政策就是地方侨务政策，是指省、市、县三级政府行政部门的侨务政策，例如，2011 年《宁夏回族自治区外事侨务事业第十二个五年发展规划（2011—2015 年）》、2005 年《广东省关于进一步加快华侨农场改革发展的意见》、2002 年《山东省侨办关于进一步做好归侨、侨眷身份认定工作的通知》、2001 年《长春市人民政府关于做好华侨、归侨、侨眷工作的通知》等。地方侨务政策应与国家侨务政策一致，下级地方政府行政部门侨务政策应与上级地方政府行政部门侨务政策一致。如果发生冲突，地方侨务政策服从国家侨务政策，下级政府行政部门侨务政策服从上级政府行政部门侨务政策。此种分类有助于把握各层级政府行政部门侨务政策的联系、区别和效力。

六、根据侨务政策对象身份特性分类

根据侨务政策对象身份特性不同，可以将侨务政策划分为华侨政策、华人政策、归侨侨眷政策、难侨政策和其他侨民政策。华侨政策、华人政策和其他侨民政策合称国外侨务政策；归侨侨眷政策又称国内侨务政策；难侨政策主要属于国外侨务政策，但是又有国内侨务政策的内容。根据地域不同，可以将国外侨务政策划分为美洲、欧洲、亚洲和非洲等不同地区的侨务政策。

1989 年《国务院侨务工作会议纪要》提出："对华侨工作的基本方针是：保护华侨的正当权益，发扬侨胞爱祖国、爱故乡的传统，促进华侨团结互助，教育华侨遵守住在国法律，尊重当地社会、民族习俗，鼓励华侨根据自愿原则加入住在国国籍，与当地人民友好相处并长期生存发展，为促进住在国的经济繁荣以及祖国和住在国的合作交流发挥积极作用；对归侨、侨眷的基本方针是：保护归侨、侨眷合法权益，适当照顾归侨、侨眷的特点，发挥他们与海外有广泛联系的优势，为建设有中国特色社会主义祖国团结奋斗；对外籍华人工作的基本方针：严格区别外籍华人与华侨的不同国籍，增进外籍华人同我国的友好情谊与合作交流，并希望和鼓励他们为所在国的发展以及所在国与我国的友好合作发挥积极作用。"2005 年，有关文件在原有基础上又对侨务工作的基本方针进行了完善，在对华侨工作的基本方针中新提出："关心和支持侨胞在海外的长期生存和发展。"在对外籍华人工作的基本方针中加入"关心外籍华人长期生存和发展"和"鼓励他们融入当地主流社会，传承民族文化"。根据《中国领事保护和协助指南》："中国公民在其他国家境内的行为主要受国际法及所在国当地法律约束。一旦中国公民（包括触犯当地法律的中国籍公民）在当地所享有的合法权益受到侵害，中国驻外使、领馆有责任在国际法及当地法律允许的范围内实施领事保护。"华侨政策、华人政策、难侨政策、其他侨民政策和归侨侨眷政策同为侨务政策组成部分，缺一不可。此种分类有利于加强侨务政策的针对性和突出把握侨务政策的整体性。

七、根据侨务政策对象出国时间不同分类

根据侨务政策对象出国时间不同，可以将侨务政策划分为老一代侨民侨务政策和新侨民侨务政策。老一代侨民侨务政策是指针对改革开放前在外国居住的侨民的政策，新侨民侨务政策是指针对改革开放以后在外国居住的侨民的政策。根据1995年外交部《关于加强新移民工作的意见》，改革开放以后通过各种途径移民国外的我国公民包括合法移民和非法移民，统称新移民，他们又都是新侨民。“合法移民中有的是全部办理合法手续移居的；有的是留学人员，临时出国人员转变为长期居留的；有的是非法移民取得合法地位的。还有一部分至今虽然未取得合法地位，但基本可以立足下来，等待取得合法地位，不会再回国定居。”与老一代华侨华人相比，新移民政治态度“亲我疏台”、知识层次差异较大、桥梁作用显著、开始成立单独的社团、极少数华人混迹其中，需要针对新移民特点制定和执行有别于老一代华侨华人的侨务政策。1999年《高举邓小平理论伟大旗帜，把握独特机遇，为实现我国跨世纪宏伟目标作出新贡献：在全国侨务工作会议上的工作报告》提出，“在继续做好老一代华侨华人工作的同时，大力加强新移民工作”，“把促进新移民同国内的合作交流，发挥他们在中外合作交流中的桥梁作用，作为一项重点工作来抓”，“积极培育骨干人物和骨干社团”，“加强对新移民及其社团的服务工作”。

八、根据侨务政策的动态运行过程分类

根据侨务政策的动态运行过程，可以将侨务政策划分为侨务政策问题界定、侨务政策制定、侨务政策执行、侨务政策终结和侨务政策评估。界定侨务问题包括问题提出、问题性质确定和问题界定。由于侨务问题的复杂化和矛盾化，在界定问题阶段，侨务政策制定主体尤其是决策者的主观认识就显得很重要。要减少界定侨务问题中的主观性，决策者应该疏通华侨华人、归侨侨眷、专家学者、侨务社团表达利益要求的渠道，认真听取他们表达的利益要求，同时，贬抑涉侨个人和强权集团利益，确保界定侨务问题过程的公正和公开，并把侨务问题界定结果公之于众。

侨务政策制定是为寻找最佳的解决侨务问题的一般办法和具体措施，整个侨务政策的制定过程是公共权力机构对侨务施加影响的过程。广义的侨务政策制定

包括制定新侨务政策和修订原侨务政策。修订原侨务政策主要是针对侨务政策滞后。侨务政策滞后是一个客观必然的常态现象。在侨务政策滞后的负面效果开始显现的时候，要积极推动侨务政策变革，择机修订现存侨务政策，防止侨务政策供给远远落后于侨务政策变革需求而对社会产生严重的负面影响。侨务政策制定必须遵循一定程序，制定过程中必须体现公共性尤其是公正，公正是现代社会的基本准则；必须体现最终收益人是个人的原则，避免把侨务政策变成维护本部门权力、谋取本部门利益、维护某个集团利益的手段。解决公众特别是华侨华人、归侨侨眷参与侨务政策制定不足的问题，需要不断拓宽公众特别是华侨华人、归侨侨眷参与公共决策的渠道，不断加强公众特别是华侨华人、归侨侨眷的参与意识和法律意识。

侨务政策执行，简单地讲就是将侨务政策付诸实施。侨务政策执行主体包括侨务政策执行人员、执行机关或组织两部分。执行主体的思想素质、道德修养、利益需求、文化知识和决策水平等会对侨务政策执行产生影响，优化执行主体是提高侨务政策执行效率的最重要一环。除执行主体外，政策文件本身、政策实施计划、政策环境背景和政策实施对象也会对侨务政策执行产生影响。侨务政策执行阻碍是侨务政策执行中出现的主要问题。侨务政策执行阻碍是指侨务政策执行过程因某种消极因素的影响而出现了不顺畅乃至停止不前，进而导致侨务政策目标不能圆满实现甚至完全落空的情形。例如，有些地方政府由于对归侨侨眷重要性认识不足、对适当照顾的必要性理解不够，没有有效地贯彻执行“根据特点，适当照顾”的归侨侨眷侨务政策。加强对政府部门执行侨务政策的监督，有利于增强执行侨务政策的刚性。目前我国缺乏明确的侨务政策执行效果考核，缺乏必要的侨务政策执行考核结果的赏罚措施，特别是一种刚性的责任追究制度。

侨务政策终结是决策者通过对侨务政策的审慎评价后，终止错误的、过时的、多余的或无效的侨务政策的一种行为。侨务政策终结之中蕴含着侨务政策的调整和创新。一项侨务政策从制定、执行、评估、监控，再到政策终结，构成一个完整的政策周期。不管是在理论上，还是在实践上，一项侨务政策最终必将被终结。我国目前正式被终结的侨务政策少之又少。由于利益上的考虑、心理上的抵触，以及高昂的终结成本和政策评估的缺失，都在无形中形成了一股强大的阻碍侨务政策得以终结的合力，导致本该终结的、无效的、过时的侨务政策或组织迟迟不能被终结。面对侨务政策终结可能面临的困难，公共权力机构应积极化解限制侨务政策终结的因素，激活驱动侨务政策终结的因素，促成侨务政策终结。通常的办法有：变更侨务公共权力机关，改变原侨务政策所根植的思想理念，改变侨民对未来的预期，渐进地、温和地终结侨务政策，并在终结之前制定新侨务政策。

侨务政策评估是评估主体依据一定的标准和程序，评判和估量侨务政策的效益、效率和效果等价值，以取得有关这些方面的信息，作为决定决策变化、侨务政策改进和制定新侨务政策的依据。无论侨务政策是继续、调整还是终结，都必须建立在科学、系统和全面的政策评估基础之上。[①] 科学的侨务政策评估要解决为什么评估、由谁来评估、要评估什么和应该怎样评估等问题。我国很少对一项侨务政策进行独立、正式和全面的评估。当前，我国常用的侨务政策评估主要以非正式、内部和定性评估为主，[②] 评估往往是形式主义的，评估在很多时候成为对政府出台新侨务政策的可行性论证。我国侨务政策评估方式主要有试点式评估、检查式评估、调研式评估、总结式评估、信访式评估和报道式评估等，评估的规范性和实效性明显不足。目前，在我国，严格遵循公共政策评估规律，按照系统的公共政策评估程序进行的正式和规范的侨务政策评估基本上不存在。

第六节　结　论

侨务政策是指以政府为代表的公共权力机构针对在外国居住而保留中国国籍的中国公民的有关问题的解决，通过民主政治程序制定和执行的行动方针和行为准则。侨务政策的特性表现在公共政策和侨务两个方面。侨务政策的公共政策方面的特性表现为公共性、问题性、动态过程性和灵活性。侨务政策的侨务方面的特性表现为不确定性、宽泛性、涉外性、发展性、扩散性和从属性。根据不同标准，可以对侨务政策作不同的分类。

---

① 杨芳．侨务政策评估的作用及其标准．福建省社会主义学院学报，2010（2）：23.

② 杨芳．我国侨务政策评估的现状及其完善路径．上海市社会主义学院学报，2010（5）：57.

第二编 国外侨务政策

国家侨务工作以国外侨务工作为主导。本编选取亚洲、传统移民国家、欧洲和非洲四个地区，主要通过分析华侨华人在数量方面的变化，探讨这四个地区华侨华人政策分别受到的影响及需要作出的相应调整，以及实施差别化地区华侨华人政策的可能性。

第四章　亚洲侨情变化与亚洲华侨华人政策展望

引　言

以地域划分，国外侨务政策包括亚洲、传统移民国家、欧洲和非洲等地区的华侨华人政策。本章探讨我国的亚洲华侨华人政策。亚洲华侨华人与传统移民国家华侨华人相比，有着规模庞大、历史悠久、地理相近等鲜明特点。为了从源头上思考亚洲华侨华人政策的产生和发展，把握亚洲华侨华人政策的变革，赢得变革的主动性和前瞻性，考虑篇幅和资料有限等因素，本章的亚洲侨情变化主要是分析亚洲特别是东南亚华侨华人、新华侨华人、华商资产和华商对华投资方面的规模、比例、纵向变化及横向比较等方面，从而推演这些方面的发展规律和发展趋势，及其对制定和完善该地区华侨华人政策的影响和意义。

本章首先分析亚洲华侨华人政策的对象——亚洲华侨华人，剖析其自“二战”以来的发展变化。亚洲华侨华人具有丰富内涵，是我国亚洲华侨华人政策的基础。其次论证影响亚洲侨情变化的因素，特别是决定性因素。亚洲侨情变化深受所住国情况、有关国际因素、我国情况三重因素的变化影响。由于亚洲华侨华人的属地性，其所住国情况决定性地影响着亚洲侨情变化。所住国情况、有关国际因素和我国情况变化对亚洲侨情变化的影响依次递减。如果说有关国际因素和我国情况变化是自外而内地推动着亚洲华侨华人政策的变革，那么，亚洲侨情变化和所住国情况变化则是自内向外地推动着亚洲华侨华人政策的变革。从亚洲侨情变化和所住国情况变化的角度分析和论证我国亚洲华侨华人政策变革尤为重要。最后探究我国亚洲华侨华人政策的未来发展，回应亚洲侨情变化，顺应亚洲侨情变化因素的影响。

第一节　亚洲侨情变化

在各个历史时期，中国华侨华人的地区分布都是有差异的和动态变化的。根据2009年《关于界定华侨外籍华人归侨侨眷身份的规定》，华侨是指定居在国外的中国公民，外籍华人是指已加入外国国籍的原中国公民及其外国籍后裔以及中国公民的外国籍后裔。我国零星地公布了20世纪30年代、50年代，21世纪之交以及2007年的华侨华人的大概数据。台湾当局系统地公布了1948—2010年华侨华人的具体数据。根据台湾当局“侨务委员会”《2010年侨务统计年报》，“海外华人系指两岸三地以外之所有旅居海外的华人（包含第一代移民及其后代）”。根据台湾当局“侨务委员会”1999年4月提交给“立法院第四届第一会期外交及侨务委员会”的工作报告，华人包括侨民及已归化为外国国民的中国人，侨民是指侨居国外的“中华民国”国民。[①] 可见，台湾当局“侨务委员会”《2010年侨务统计年报》中所指海外华人包括侨居国外的“中华民国”国民和已归化为外国国民的中国人。本章论证东南亚侨情变化以我国公布的数据为主，同时参考了台湾当局公布的数据。

第一，亚洲华侨华人数量自古至今一直占世界华侨华人数量的绝大多数，但是所占比例逐步加速下降，占世界华侨华人总数比例下降而呈相对等数趋势。

（1）亚洲华侨华人自古至今一直占世界华侨华人数量的绝大多数。历史上，由于地理便捷和美洲、欧洲、大洋洲等发达地区歧视性政策等原因，中国侨居海外人口的绝大多数分布在亚洲。如表4－1所示，根据民国政府统计数据分析：亚洲华侨华人人数在20世纪30年代为721万，占世界华侨华人总数754.2万的95.60%。[②] 根据我国统计数据分析：亚洲华侨华人人数在20世纪50年代初为1 166.7万，占世界华侨华人总数1 209.5万的96.46%；2000年为3 294万，占世界华侨华人总数3 974.6万的82.88%；2007年为3 548万，占世界华侨华人总数4 543万的78.10%。

表4－1 中国大陆公布的20世纪30年代至2007年各大洲华侨华人人数、占世界华侨华人人数比例和人数年均增速

单位：万人

洲别	20世纪30年代	20世纪50年代初	2000年	2007年	1950年代至2007年人数年均增速	2000年至2007年人数年均增速
亚洲	721/95.60%	1 166.7/96.46%	3 294/82.88%	3 548/78.10%	3.64%	1.10%

① 焦仁和．迈向新世纪　侨务工作的创新与跃进．提交我国台湾地区“立法院第四届第一会期外交及侨务委员会”的报告，1999－04．

② 在民国期间，华侨即旅外侨民。根据1935年12月14日行政院发布的《华侨登记规则》第1条，“凡旅外侨民，无论向住当地，或来自国内，均须依照本规则登记”。

（续上表）

洲别	20 世纪 30 年代	20 世纪 50 年代初	2000 年	2007 年	1950 年代至 2007 年人数年均增速	2000 年至 2007 年人数年均增速
美洲	20/2.65%	25.6/2.12%	433/10.89%	630/13.87%	42.16%	6.50%
欧洲	5.5/0.73%	3.7/0.31%	145/3.65%	215/4.73%	101.98%	6.90%
大洋洲	6.3/0.84%	9.8/0.81%	78.6/1.98%	95/20.00%	15.52%	2.98%
非洲	1.4/0.19%	3.7/0.31%	24/0.60%	55/1.21%	8.24%	18.45%
总计	754.2	1 209.5	3 974.6	4 543	4.92%	2.04%

资料来源：20 世纪 30 年代、21 世纪之交数据，源自国务院侨办侨务干部学校．华侨华人概述．北京：九州出版社，2005；20 世纪 50 年代初数据，源自北京华侨问题研究会．华侨人口参考资料；2007 年数据，源自庄国土，李瑞晴．华侨华人分布状况和发展趋势．国务院侨办政策法规司．2011．

注：年均增长率＝［（本期比例÷前 N 年比例）－1］÷N 年×100%。

（2）亚洲华侨华人占世界华侨华人总数比例逐渐下降，并呈现加速下降的趋势。如表 4－2 所示，根据台湾当局统计数据分析：亚洲华侨华人人数 1948 年为 837.9 万，占世界华侨华人总数的 96.08%；1956 年后，亚洲华侨华人人数占世界华侨华人总数比例从 97.42% 逐年下降，1976 年跌破 95% 达 93.58%，1986 年跌破 90% 达 89.84%，1999 年跌破 80% 达 77.63%，2010 年跌至 75.35%。亚洲华侨华人人数占世界华侨华人总数比重基本上呈现加速下跌的趋势，跌破 90% 用了 100 年，从 89.84% 跌破 80% 只用了 13 年；之后的下跌速度趋缓，从 80.27% 跌至 75.35% 用了 12 年。导致亚洲华侨华人人数占世界华侨华人总数比重下跌的原因主要是：美洲、欧洲和大洋洲发达国家在第二次世界大战后，逐步取消了对华人歧视的移民政策。20 世纪 70 年代后，这些国家纷纷推出以引进人才和吸引投资为核心的选择型经济移民政策，中国公民有机会和能力移民至这些发达国家。

表 4－2　台湾当局公布的 1948—2010 年各大洲华侨华人人数及占世界华侨华人人数比例

单位：万人

年份	亚洲	美洲	欧洲	大洋洲	非洲	合计
1948	837.9/96.08%	20.9/2.40%	5.4/0.62%	6.4/0.73%	1.5/0.17%	872.1
1952	1 222.8/97.54%	20.4/1.63%	1.2/0.09%	6.1/0.49%	3.1/0.25%	1 253.6
1955	1 374.5/97.29%	26.6/1.88%	1.4/0.10%	6.9/0.49%	3.3/0.23%	1 412.7

（续上表）

年份	亚洲	美洲	欧洲	大洋洲	非洲	合计
1956	1 384.1/97.42%	252/1.77%	1.4/0.10%	6.8/0.48%	3.3/0.23%	1 420.8
1958	1 401.3/97.28%	27.8/1.93%	1.1/0.08%	7.0/0.49%	3.3/0.23%	1 440.5
1959	1 407.4/97.25%	27.8/1.92%	1.2/0.08%	7.0/0.48%	3.8/0.26%	1 447.2
1966	1 709.8/96.40%	48.8/2.75%	5.4/0.30%	4.9/0.28%	4.7/0.26%	1 773.6
1967	1 742.2/96.16%	53.9/2.97%	6.2/0.34%	4.5/0.25%	5.0/0.28%	1 811.8
1968	1 757.3/96.03%	55.2/3.02%	6.2/0.39%	6.1/0.33%	5.0/0.27%	1 829.8
1976	2 113.9/93.58%	107.5/4.76%	23.3/1.03%	7.5/0.33%	6.6/0.29%	2 258.8
1978	2 206.7/91.80%	149.7/6.23%	32.2/1.34%	7.7/0.32%	7.4/0.31%	2 403.7
1979	2 225.0/90.96%	151.7/6.20%	52.4/2.14%	10.8/0.44%	7.4/0.30%	2 447.3
1980	2 239.1/90.82%	155.8/6.32%	52.5/0.21%	10.5/0.42%	7.5/0.30%	2 465.4
1986	2 579.9/89.84%	204.4/7.12%	58.5/2.04%	21.4/0.74%	7.2/0.25%	2 871.5
1987	2 622.6/89.43%	216.7/7.39%	53.2/1.81%	32.6/1.12%	7.4/0.25%	2 932.5
1989	2 789.4/89.59%	224.1/7.20%	56.7/1.82%	34.0/1.09%	9.2/0.29%	3 113.4
1992	3 063.5/86.27%	373.1/10.51%	64.6/1.82%	40.4/1.14%	9.4/0.26%	3 551.0
1996	3 298.4/84.48%	454.2/11.63%	89.9/2.30%	49.8/1.27%	11.9/0.30%	3 904.2
1997	2 691.2/80.97%	473.0/14.23%	93.8/2.82%	53.5/1.61%	12.3/0.37%	3 323.8
1998	2 707.1/80.27%	502.0/14.88%	94.5/2.80%	56.4/1.67%	12.6/0.37%	3 372.6
1999	2 678.8/77.63%	601.3/17.42%	96.8/2.80%	60.5/1.75%	13.2/3.82%	3 450.6
2000	2 736.3/78.08%	595.9/17.00%	95.5/2.72%	63.1/1.80%	13.7/0.39%	3 504.5
2003	2 898.5/77.28%	661.5/17.64%	98.7/2.63%	76.4/2.04%	15.4/0.41%	3 750.5
2007	2 956.1/76.52%	683.8/17.70%	114.4/2.96%	86.8/2.25%	21.9/0.57%	3 862.9
2010	2 981.5/75.35%	725.5/18.33%	131.7/3.33%	94.5/2.39%	23.6/0.60%	3 956.8

资料来源：台湾当局“侨务委员会”. 2010 年侨务统计年报. ①

（3）亚洲华侨华人人数占世界华侨华人总数比例有下降而呈相对少数之势。如表 4－3 所示，根据我国统计数据分析：亚洲华侨华人人数占世界华侨华人总数比例 1952—2007 年年均降速为 0.35%，2000—2007 年年均降速进一步加快，

① “（台湾当局）本会（侨务委员会）对于海外华人人数之搜集，于统计资料较为健全之美国、加拿大及澳大利亚等国，系采用该国所公布之人口普查数据，并参考该国移民署（局）之移民统计资料推估而得；统计资料较为不足之国家，则由本会驻外人员及我国驻外馆、处搜集当地相关信息估计而得。”台湾当局“侨务委员会”. 2010 年侨务统计年报.

为0.79%。这两个时期，其他各大洲华侨华人人数占世界华侨华人总数比例均为增速。导致亚洲华侨华人人数占世界华侨华人总数比重下跌的原因主要是：美洲、欧洲、大洋洲发达国家在第二次世界大战后，逐步取消了对华人歧视的移民政策。20 世纪 70 年代后，它们纷纷推出以引进人才和吸引投资为核心的选择型经济移民政策，中国公民有机会和能力移民至这些发达国家。假设亚洲华侨华人人数占世界华侨华人总数比例降速一直保持 2000—2007 年的年均降速，亚洲华侨华人人数占世界华侨华人总数比例将在 2007 年后 45 年即 2052 年，下降至50%。那时，世界华侨华人地区分布将发生实质性改变，进而对我国侨务政策产生根本影响。①

表 4 - 3　中国大陆公布的 20 世纪 50 年代至 2007 年
各大洲华侨华人数量、占世界华侨华人总数比例和年均比例增速

单位：万人

洲别	20 世纪 50 年代初	21 世纪之交	2007 年	1950 年代至 2007 年比例年均变化	2000 年至 2007 年比例年均变化
亚洲	1 166.7/96.46%	3 294/82.88%	3 548/78.10%	-0.35%	-0.79%
美洲	25.6/2.12%	433/10.89%	630/13.87%	10.10%	3.93%
欧洲	3.7/0.31%	145/3.65%	215/4.73%	25.75%	4.06%
大洋洲	9.8/0.81%	78.6/1.98%	95/2.09%	2.67%	0.14%
非洲	3.7/0.31%	24/0.60%	55/1.21%	6.39%	18.50%
总计	1 209.5	3 974.6	4 543		

资料来源：21 世纪之交数据，源自国务院侨办侨务干部学校．华侨华人概述．北京：九州出版社，2005；20 世纪 50 年代初数据，源自北京华侨问题研究会．华侨人口参考资料；2007 年数据，源自庄国土．华侨华人分布状况和发展趋势．侨务工作研究，2010（4）．

注：年均比例增长 = ［（本期比例 ÷ 前 N 年比例）-1］÷ N 年 × 100%。

如表 4 - 4 所示，根据台湾当局统计数据分析，可以得出近似结论。亚洲华侨华人人数占世界华侨华人总数比例在 1952—2010 年年均降速为 0.39%，2000—2007 年年均降速为 0.35%，这是同时期各大洲华侨华人人数占世界华侨华人总数比例变化中唯一的降速。假设亚洲华侨华人人数占世界华侨华人总数比例降速一直保持 2000—2010 年的年均 0.35% 降速，亚洲华侨华人数量占世界华侨华人总数比例将在 2106 年下降至 50%。②

① ［（50% ÷ 78%）-1］÷ 45 年 × 100% ≈ -0.80%.

② ［（50% ÷ 75.35%）-1］÷ 96 年 × 100% ≈ -0.35%.

表 4－4　台湾当局公布的 1952—2010 年
各大洲华侨华人数量、占世界华侨华人总数比例和所占比例年均增速

单位：万人

洲别	1952 年	2000 年	2010 年	1952—2010 年所占比例年均增速	2000—2010 年所占比例年均增速
亚洲	1 222. 8/97. 54%	2 736. 3/78. 08%	2 981. 5/75. 35%	－0. 39%	－0. 35%
美洲	20. 4/1. 63%	595. 9/17. 00%	725. 5/18. 33%	17. 66%	0. 78%
欧洲	1. 2/0. 09%	95. 5/2. 72%	131. 7/3. 33%	62. 07%	2. 24%
大洋洲	6. 1/0. 49%	63. 1/1. 80%	94. 5/2. 39%	6. 68%	3. 28%
非洲	3. 1/0. 25%	13. 7/0. 39%	23. 6/0. 60%	2. 41%	5. 38%
总计	1 253. 6	3 504. 5	3 956. 8		

资料来源：台湾当局“侨务委员会”. 2010 年侨务统计年报.

注：年均增长率＝［（本期比例÷前 N 年比例）－1］÷N 年×100%。

（4）小结。亚洲华侨华人自古至今一直占世界华侨华人人数的绝大多数，与此相适应，我国华侨华人政策自古至今都将亚洲华侨华人作为重点调整对象。20 世纪 50 年代以来，亚洲华侨华人人数占世界华侨华人人数比例逐步加速下降。我国未来的华侨华人政策必须正视以上事实，既要考虑目前亚洲华侨华人作为我国华侨华人政策重点调整对象的现实生命力，接受 100 多年来亚洲华侨华人作为我国华侨华人政策重点调整对象的强大历史惯性，又要思考亚洲华侨华人占世界华侨华人比例加速下降的巨大渗透力。如果导致亚洲华侨华人占世界华侨华人比例逐步加速下降的原因不发生改变，亚洲华侨华人占世界华侨华人比例由绝对多数下降为 50% 甚至更低是可以预期的，无论是按照我国统计数据推论的 2052 年还是按照台湾当局统计数据推论的 2106 年，都要求我们在制定未来的华侨华人政策时，必须顺应这一趋势和未雨绸缪，逐渐减轻亚洲华侨华人因素的权重。

第二，亚洲华侨华人人数增速自 20 世纪 50 年代开始落后于世界华侨华人人数增速，与世界华侨华人人数增速的差距越拉越大。

亚洲华侨华人人数占世界华侨华人总数比例逐步加速下降，呈相对少数趋势，可以从亚洲华侨华人人数增速自 20 世纪 50 年代以来低于世界华侨华人人数增速得到印证，具体表现为以下三个方面。

（1）亚洲华侨华人人数年度同比增速自 1953 年开始落后于世界华侨华人人数同比年度同比增速，而且与世界华侨华人人数年度同比增速的差距越拉越大。如表 4－5 所示，根据台湾当局统计数据分析：除亚洲华侨华人人数 1956 年同比增长 0.7% 快于世界华侨华人人数同比增长的 0.57% 外，亚洲华侨华人人数同比增速自 1953 年开始，每年都低于世界华侨华人人数同比增速，而且与世界华侨华人人数增速的差距越拉越大。亚洲华侨华人人数 1953 年同比增速为 6.21%，是世界华侨华人人数 1953 年同比增速 6.33% 的 98.1%。我国自 1976 年“文革”结束后，大幅度放松出入境限制，大陆居民去亚洲以外的其他地区有更多选择。亚洲华侨华人人数 1978 年同比增速为 2.36%，是世界华侨华人人数 1978 年同比增速 3.59% 的 65.74%；1979 年同比增速为 0.86%，仅为世界华侨华人人数 1979 年同比增速 1.81% 的 47.51%；1998 年同比增速为 0.59%，是世界华侨华人人数 1998 年同比增速 1.47% 的 40.14%。我国 2001 年 12 月加入世界贸易组织后，人员出入境更为频繁，与美洲、欧洲和大洋洲的联系更为紧密。亚洲华侨华人人数 2002 年同比增速为 1.91%，是世界华侨华人人数 2002 年同比增速 2.57% 的 74.32%；亚洲华侨华人人数 2003 年同比增速 1.29%，是世界华侨华人人数 2003 年同比增速 2.13% 的 60.56%；亚洲华侨华人人数 2010 年同比增速为 0.23%，仅是世界华侨华人人数 2010 年同比增速 1.24% 的 18.55%。

表 4-5　台湾当局公布的 1952—2010 年华侨华人数量及同比增速

单位：万人

年份	亚洲	美洲	欧洲	大洋洲	非洲	合计
1952	1 222.8	20.4	1.2	6.1	3.1	1 253.6
1953	1 298.8/6.21%	23.6/1.57%	1.2/0%	6.3/3.28%	3.1/0%	1 333.0/6.33%
1954	1 312.5/1.05%	23.8/0.85%	1.2/0%	6.6/4.76%	3.1/0%	1 347.2/1.06%
1955	1 374.5/4.72%	26.6/11.76%	1.4/16.67%	6.9/4.54%	3.3/6.45%	1 412.7/4.86%
1956	1 384.1/0.7%	25.2/-0.53%	1.4/0%	6.8/-0.14%	3.3/0%	1 420.8/0.57%
1957	—	—	—	—	—	1 435.8
1958	1 401.3	27.8	1.1	7.0	3.3	1 440.5
1959	1 407.4/0.43%	27.8/0%	1.2/9.09%	7.0/0%	3.8/15.15%	1 447.2/0.465%
1960	1 415.2/0.55%	30.1/8.27%	1.4/16.67%	7.4/5.71%	4.0/5.26%	1458.1/0.753%
1966	1 709.8	48.8	5.4	4.9	4.7	1 773.6
1967	1 742.2/1.89%	53.9/10.45%	6.2/14.81%	4.5/-0.82%	5.0/6.38%	1 811.8/2.15%
1968	1 757.3/0.86%	55.2/2.41%	6.2/0%	6.1/35.55%	5.0/0%	1 829.8/0.99%
1969	1 800.8/2.47%	60.3/9.24%	6.8/9.68%	6.4/4.92%	5.7/14%	1 880.0/2.74%
1976	2 113.9	107.5	23.3	7.5	6.6	2 258.8
1977	2 155.8/1.98%	122.1/13.58%	27.9/19.74%	7.7/2.67%	6.8/3.03%	2 320.3/2.72%
1978	2 206.7/2.36%	149.7/2.26%	32.2/15.41%	7.7/0%	7.4/8.82%	2 403.7/3.59%
1979	2 225/0.86%	151.7/1.34%	52.4/62.73%	10.8/40.26%	7.4/0%	2 447.3/1.81%

（续上表）

年份	亚洲	美洲	欧洲	大洋洲	非洲	合计
1980	2 239. 1/0. 63%	155. 8/2. 7%	52. 5/0. 19%	10. 5/ -0. 28%	7. 5/1. 35%	2 465. 4/0. 74%
1986	2 579. 9	204. 4	58. 5	21. 4	7. 3	2 871. 5
1987	2 622. 6/1. 65%	216. 7/6. 02%	53. 2/ -9. 06%	32. 6/52. 34%	7. 4/1. 37%	2 932. 5/2. 12%
1988	2 716. 1/3. 56%	218. 2/0. 69%	55. 2/3. 76%	33. 1/1. 53%	9. 0/35. 13%	3 031. 6/3. 38%
1989	2 789. 4/2. 7%	224. 1/2. 7%	56. 7/2. 72%	34. 09/2. 99%	9. 2/2. 22%	3 113. 4/2. 7%
1992	3 063. 5	373. 1	64. 6	40. 4	9. 4	3 551
1996	3 298. 4	454. 2	89. 9	49. 8	11. 9	3 904. 2
1997	2 691. 2	473	93. 8	53. 5	12. 3	3 323. 8
1998	2 707. 1/0. 59%	502. 0/6. 13%	94. 5/0. 75%	56. 4/5. 42%	12. 6/2. 44%	3 372. 6/1. 47%
1999	2 678. 8/1. 04%	601. 3/19. 78%	96. 8/2. 43%	60. 5/7. 27%	13. 2/4. 76%	3 450. 6/2. 31%
2000	2 736. 3/2. 15%	595. 9/0. 9%	95. 5/ -1. 34%	63. 1/4. 3%	13. 7/3. 79%	3 504. 5/1. 56%
2001	2 782. 1/1. 67%	612. 4/2. 77%	97. 3/1. 88%	74. 5/18. 07%	13. 7/0%	3 580. 0/2. 15%
2002	2 835. 2/1. 91%	650. 1/6. 16%	98. 3/1. 03%	74. 2/ -0. 4%	14. 4/5. 11%	3 672. 2/2. 57%
2003	2 898. 5/1. 29%	661. 5/1. 75%	98. 7/0. 41%	76. 4/2. 96%	15. 4/6. 94%	3 750. 5/2. 13%
2007	2 956. 1	683. 8	114. 4	86. 8	21. 9	3 862. 9
2008	2 959. 0/0. 1%	678. 1/0. 83%	118. 9/3. 93%	91. 0/4. 83%	21. 7/ -0. 09%	3 868. 8/0. 15%
2009	2 974. 7/0. 53%	690. 6/1. 84%	125. 9/5. 89%	93. 2/2. 42%	23. 8/9. 68%	3 908. 2/1. 02%
2010	2 981. 5/0. 23%	725. 5/5. 05%	131. 7/4. 48%	94. 5/1. 39%	23. 6/ -0. 84%	3 956. 8/1. 24%

资料来源：台湾当局“侨务委员会”. 2010 年侨务统计年报.

（2）亚洲华侨华人人数自 1952 年至今的年均增速远远落后于世界华侨华人人数同一期间年均增速。如表 4 -1 所示，根据我国统计数据分析，1952—2007 年，亚洲华侨华人人数年均增长为 3. 64%，为同一期间世界华侨华人人数年均增速 4. 92% 的 73. 98%。如表 4 -5 所示，根据台湾当局统计数据分析：亚洲华侨华人人数 1952—2010 年年均增速为 2. 48%，仅为同一期间世界华侨华人人数年均增速 3. 72% 的 66. 67%。

如表 4 -1 所示，根据我国统计数据分析，2000—2007 年，亚洲华侨华人人数年均增长 1. 10%，与同一期间世界华侨华人人数年均增速的差距进一步拉大，从为世界华侨华人人数 1951—2007 年年均增速的 73. 98% 降至为 2000—2007 年年均增速的 53. 92%。如表 4 -5 所示，根据台湾当局统计数据分析，亚洲华侨华人人数 2000—2010 年年均增速放缓至 0. 90%，为世界华侨华人人数 2000—2010 年年均增速 1. 29% 的 69. 78%。

表 4－6　台湾当局公布的 1952—2010 年华侨华人人数及年均增速

单位：万人

洲别	1952 年	2000 年	2010 年	1952—2010 年年均增速	2000—2010 年年均增速
亚洲	1 222. 8/97. 54%	2 736. 3/78. 08%	2 981. 5/75. 35%	2. 48%	0. 90%
美洲	20. 4/1. 63%	595. 9/17. 00%	725. 5/18. 33%	59. 59%	2. 17%
欧洲	1. 2/0. 09%	95. 5/2. 72%	131. 7/3. 33%	187. 50%	3. 75%
大洋洲	6. 1/0. 49%	63. 1/1. 80%	94. 5/2. 39%	24. 98%	4. 98%
非洲	3. 1/0. 25%	13. 7/0. 39%	23. 6/0. 60%	11. 40%	7. 23%
总计	1 253. 6	3 504. 5	3 956. 8	3. 72%	1. 29%

资料来源：台湾当局“侨务委员会”. 2010 年侨务统计年报.

注：年均增长率 = ［（本期比例 ÷ 前 N 年比例）－1］÷ N 年 × 100%。

（3）亚洲华侨华人人数自 1951 年至今的年均增速远远落后于同一期间其他大洲华侨华人人数年均增速。如表 4－1 所示，根据我国统计数据分析：亚洲华侨华人人数 1952—2007 年年均增速为 3. 64%，是世界五大洲华侨华人人数年均增速中最慢的，为同一期间欧洲华侨华人人数年均增速 101. 98% 的 3. 57%、美洲华侨华人人数年均增速 42. 16% 的 8. 63%、大洋洲华侨华人人数年均增速 15. 52% 的 23. 45%。亚洲华侨华人人数 2000—2007 年年均增速与同一期间其他洲华侨华人人数年均增速之间差距比 1952—2007 年年均增速与同一期间其他洲华侨华人人数年均增速之间差距有所缩小。2000—2007 年，亚洲华侨华人人数年均增诔为 1. 10%，仍然是世界五大洲华侨华人人数年均增速中最慢的，仅为欧洲华侨华人人数年均增速 6. 9% 的 15. 94%、美洲华侨华人人数年均增速 6. 5% 的 16. 92%、大洋洲华侨华人人数年均增速 2. 98% 的 36. 91%。

根据台湾当局公布数据，可以得出相同结论。如表 4－6 所示，根据台湾当局统计：亚洲华侨华人人数 1952—2010 年年均增速为 2. 48%，2000—2010 年年均增速放缓至 0. 90%，都是同一期间世界五大洲华侨华人人数年均增速中最慢的。亚洲华侨华人人数 1952—2010 年年均增速仅为同一期间世界华侨华人人数年均增速 3. 72% 的 66. 67%、欧洲华侨华人人数年均增速 187. 5% 的 1. 32%、美洲华侨华人人数年均增速 59. 59% 的 4. 16%、大洋洲华侨华人人数年均增速 25% 的 9. 92%。亚洲华侨华人人数 2000—2010 年年均增速与同一期间世界华侨华人人数年均增速的差距，比亚洲华侨华人人数 1952—2010 年年均增速与同一期间世界华侨华人人数年均增速的差距有所缩小。亚洲华侨华人人数年均增速从为欧洲华侨华人 1952—2010 年年均增速的 1. 32% 升至为 2000—2010 年年均增速的

23.75%，从为美洲华侨华人人数1952—2010年年均增速的4.16%升至为2000—2010年年均增速的41.47%，从为大洋洲华侨华人人数1952—2010年年均增速的9.92%升至为2000—2010年年均增速的18%。

（4）小结。亚洲华侨华人人数年度同比增速自1953年开始落后于世界华侨华人人数年度同比增速，与世界华侨华人人数年度同比增速的差距越拉越大，1952年至今的年均增速远远落后于世界华侨华人人数同一期间的年均增速，1951年至今的年均增速远远落后于同一期间其他大洲华侨华人人数年均增速，这就要求我们在设计未来的华侨华人政策时，必须顺应这一趋势和未雨绸缪，逐渐减轻考虑亚洲华侨华人因素的权重。

亚洲华侨华人人数增速自20世纪50年代开始落后于世界华侨华人人数增速，而且与世界华侨华人人数增速的差距越拉越大的原因主要是经济全球化、我国实行改革开放政策和美洲、大洋洲、欧洲各国移民政策的逐渐放松，导致我国人员出入境日趋多元化和持续快速增长。这三个原因目前依然存在，预计未来不会发生变化。从国际上看，经济全球化正深入发展，[①] 主要由发达国家主导，中国无从选择，只能积极顺应和主动融入，争取对中国最有利的结果。改革开放是我国坚定不移的基本国策，时任国务院总理温家宝在2012年2月4日赴广州市考察时指出："在经历三十多年改革开放的今天，我们要继续下定决心、鼓足勇气、毫不动摇、永不停顿地把改革开放推向前进。"[②] 2012年11月党的"十八大"报告指出，必须坚持推进改革开放。改革开放是坚持和发展中国特色社会主义的必由之路，要始终把改革创新精神贯彻到治国理政的各个环节。美洲、欧洲和大洋洲各国自20世纪60年代底至今，废除或者改变了保守的歧视性移民政策，实施开放的选择性移民政策，从全球范围接受和吸纳移民，特别是有技能和有资产的移民。

第三，亚洲新华侨华人是五大洲中新华侨华人人数最多的，但是五大洲新华侨华人占本洲华侨华人比例中最低的。

新华侨华人是指1979年及以后（即从1978年12月中国共产党十一届三中全会制定改革开放基本方针后）由中国移民国外的人员。[③] 从变迁上看，东南亚华侨华人有如下两个特点。

（1）亚洲新华侨华人人数2007年为400万，如表4-7所示，是五大洲中新华侨华人人数最多的，是其他四大洲新华侨华人总数630万的63.49%，是世界

---

① 《中华人民共和国国民经济和社会发展十二五规划纲要》第一章"发展环境"。

② 林小昭．温家宝重温南方谈话：不改革开放只能是死路一条．第一财经日报，2012-02-06.

③ 桂世勋．海外华侨华人及其对祖（籍）国的贡献．丘进．华侨华人研究报告（2011）．北京：社会科学文献出版社，2011.

新华侨华人总数1 030万的38.83%。这主要是因为亚洲华侨华人人数目前和历史上一直占世界华侨华人数量的绝大多数，是五大洲华侨华人人数最多的。

（2）亚洲新华侨华人人数占本洲华侨华人人数的比例2007年仅为11.27%，如表4－7所示，是五大洲新华侨华人人数占本洲华侨华人人数比例中最低的，比第二低比例的美洲的55.56%低44.29%，比最高比例的非洲的90.91%低79.64%。这主要是因为1979年以后，中国的新移民主要向亚洲以外的其他地区流动。中国实施改革开放政策后，与美洲、欧洲、大洋洲和非洲各国关系全面正常化，许多国家实施开放的移民政策，中国的人员国际流动步入正轨。

表4－7　2007年各洲新华侨华人人数和分布

单位：万人

洲别	新华侨华人人数	华侨华人总数	新华侨华人占本洲华侨华人比例	新华侨华人占世界新华侨华人比例
亚洲	400	3 548	11.27%	38.83%
美洲	350	630	55.56%	33.98%
欧洲	170	215	79.07%	16.50%
大洋洲	60	95	63.16%	5.82%
非洲	50	55	90.91%	4.85%
总计	1 030	4 543	22.67%	22.67%

资料来源：王望波，庄国土.2008年海外华侨华人概述.北京：世界知识出版社，2010.7.

第二节　东南亚侨情变化

第一，东南亚华侨华人人数占亚洲华侨华人总数比例持续下降，但是东南亚作为华侨华人的第一大地区、规模，以及占亚洲和世界华侨华人总数绝对多数的状况并没有发生改变。

如表4－8和表4－9所示，根据我国统计数据分析：2000年，东南亚华侨华人人数为3 144万，占亚洲华侨华人总数3 294万的95.45%，占世界华侨华人总数3 975万的79.09%；2007年，东南亚华侨华人人数为3 308万，占亚洲和世界华侨华人总数的比例略微下降，但是仍然占绝对多数——占亚洲华侨华人总数3 548万的93.23%，占世界华侨华人总数4 543万的72.82%。东南亚以外亚洲地区的华侨华人人数，2000年为150万，2007年为240万，都只占亚洲和世界华侨华人总数的极小比例。

表 4－8　2000 年和 2007 年华侨华人规模和所占比例

单位：万人

地区	2000 年人数及占亚洲、世界华侨华人总数比例	2007 年人数及占亚洲、世界华侨华人总数比例
东南亚华侨华人	3 144/95.45%/79.09%	3 308/93.23%/72.82%
非东南亚亚洲地区华侨华人	150/0.46%/0.38%	240/0.68%/0.53%
亚洲华侨华人	3 294/100%/82.87%	3 548/100%/78.00%
世界华侨华人	3 975	4 543

数据来源：庄国土．华侨华人分布状况和发展趋势．侨务工作研究．2010（4）．

表 4－9　2000 年和 2007 年东南亚以外亚洲地区华侨华人人数

单位：万人

国别	2000 年	2007 年	国别	2000 年	2007 年
日本	33.56	60.69	沙特阿拉伯	—	20.00～50.00
韩国	8.00	50.00	土耳其	—	10.00
朝鲜	0.50	—	阿联酋	—	10.00
蒙古（2001 年）	0.30	—	伊朗	—	0.40
以色列	—	2.50（劳工）	吉尔吉斯斯坦	20.00	—
哈萨克斯坦	30.00	—	巴基斯坦	2.50	—
印度	4.00	—	孟加拉国	0.50	—
斯里兰卡	0.06	—	总计（约）	150.00	240.00

数据来源：庄国土．华侨华人分布状况和发展趋势．侨务工作研究，2010（4）．

注：庄国土统计的日本、韩国、以色列、伊朗数据包括华侨、华人和旅居中国人，但没有区分三者。

虽然东南亚华侨华人人数 2007 年比 2000 年下降了 164 万，占亚洲华侨华人总数的比例下降了 2.22%，占世界华侨华人总数的比例下降了 6.28%，但是东南亚作为华侨华人的第一大地区、规模，以及占亚洲和世界华侨华人绝对多数的状况并没有发生改变。东南亚华侨华人以其 2007 年总人数达 3 308 万的巨大规模、占亚洲华侨华人总人数 93.23% 和占世界华侨华人总人数 72.81%，过去和未来很长一段时间将继续成为我国华侨华人工作的最主要和不得不重视的对象，深刻地影响甚至左右着我国的华侨华人政策。成熟和完善的我国华侨华人政策必然是成熟和完善的东南亚华侨华人政策，东南亚华侨华人政策的不成熟和不完善必然导致华侨华人政策的不成熟和不完善。

第二，东南亚国家华商的总资产一直占世界华商总资产的绝对多数。

东南亚国家华商资产占世界华商资产的绝对多数，如表 4 – 10 所示，根据我国统计数据分析：2007 年，东南亚国家华商的总资产占除我国香港、台湾地区以外世界华商总资产的 73%，占包括我国香港、台湾地区在内世界华商总资产的 30%，是香港和台湾地区华商企业的 50%。全球华商企业前 1 000 强的企业，除我国大陆、香港和台湾地区的企业外，100% 来自东南亚地区。在全球华商企业前 1 000 强中的东南亚、我国香港和台湾地区华商企业中，22.98% 来自东南亚地区。根据《亚洲周刊》2009 年 12 月 6 日第 48 期所发布的数据进行汇总，按市值进行排名，进入全球华商企业前 1 000 强的企业，都集中在亚洲，其中，我国大陆企业有 665 家，其他 335 家企业分布在我国香港（139 家）和台湾（119 家）地区、新加坡（28 家）、马来西亚（25 家）、印度尼西亚（9 家）、菲律宾（8 家）、泰国（7 家）。

表 4 – 10　部分学者对东南亚华人资本额的估算

单位：亿美元

时间	东南亚华人资本额估算 /占世界华人资本比例	世界华人资本额 （非大陆、港澳台）估算
"二战"以前	6.44（据 H. G. Gallis 估计）	
	9.43（据福田省三估计）	
20 世纪五六十年代	29.67（据内田直作估计）	
	29.30（据游仲勋估计）	
20 世纪 70 年代	166（据吴元黎估计）	
20 世纪 80 年代前半期	600（据游仲勋估计）	
20 世纪 80 年代后半期	1 000（据郭梁估计）	
20 世纪 90 年代	3 000（据《亚洲周刊》估计）	
2007 年	32 000（亚洲）/86.49%	37 000（据中新社课题组估计，亚洲）
	15 000/30.00%	20 500（据庄国土估计，不含港台） 50 000（据庄国土估计，含港台）
2008 年	12 700（亚洲）/50.80%	25 000（据中新社课题组估计，亚洲）
2009 年	37 467（亚洲）/96.00%	39 000（据中新社课题组估计，亚洲）

资料来源：庄国土．华侨华人分布状况和发展趋势．侨务工作研究，2010（4）；中国新闻社课题组．2009 年世界华商发展报告．中国新闻网；中国新闻社课题组．2008 年世界华商发展报告．中国新闻网；中国新闻社课题组．2007 年世界华商发展报告．中国新闻网．

鉴于我国华侨华人工作对象不包括香港、台湾地区居民，东南亚国家华商总资产占据了拟凝聚侨资的绝对多数，达73%，是全球华商企业前1 000强除我国大陆、香港和台湾地区华商企业以外的全部，毫无疑问，应该成为我国引进侨资的重中之重。

第三，东南亚华商对华投资额与其占全球华商资产比例和占港澳台华商资产比例不相称。

（1）东南亚华商对华投资的发展历史可分为五个阶段。

第一个阶段是中华人民共和国成立后至文化大革命前。如表4－11所示，根据我国统计资料分析，这个阶段外商对华投资约为1亿美元，其中东南亚华侨对华投资约占70%。

第二个阶段是“文革”期间，这个阶段，由于政治、经济等原因，东南亚华侨华人在中国大陆的投资活动一度中断。

第三个阶段是1978年中国实行改革开放政策至1991年，为东南亚华商对华投资初步发展时期。改革开放后，我国对外贸易条件及投资环境不断改善，同时东南亚各国逐渐放宽其华裔公民到中国旅行经商的限制，中国又开始成为东南亚华人企业贸易与投资的重要对象。1984年前，东南亚华商主要在经济特区进行尝试性投资，随后将投资区域扩展到整个沿海开放地区乃至内陆地区。如表4－11所示，根据我国统计资料分析，1984—1991年，全球外商来华投资总额为215.44亿美元，其中，印度尼西亚、马来西亚、菲律宾、新加坡、泰国合计投资3.79亿美元，占同期全球外商来华投资总额的1.76%。

第四个阶段是1992年邓小平南行讲话至1997年，是东南亚华商对华投资的飞速发展时期。中国政府在邓小平南行讲话后进一步开放内陆地区和周边地区，形成多层次、全方位对外开放格局，东南亚国家对华关系改善，对华商到中国大陆投资的限制减少。如表4－11所示，根据我国统计资料分析，1992—1997年，中国大陆实际利用外商直接投资额为1 967.92亿美元，其中东南亚五国合计实际直接投资额为123.51亿美元，占全球外商来华投资总额的6.28%。1992年后，东南亚华商对中国大陆的投资，从最初集中在经济特区和珠江三角洲及闽南三角地带，逐步扩展到东部沿海地区，并从沿海向内地扩展到全国各地。

第五个阶段是1998年东南亚金融危机爆发至今，是东南亚华商对华投资的成熟发展时期。中国各级政府逐渐将引进外资的重点转为引进高科技资本和国内薄弱的产业部门。1997年东南亚金融危机使华商资本严重缩水，海外华商对中国大陆的投资增速减缓。由于中国社会相对稳定，经济处于高速发展阶段，受东南亚金融危机冲击少，因此中国仍是最受东南亚华商重视的投资地区之一。如表4－11所示，根据我国统计资料分析，1998—2004年，全球外商来华投资总额为3 402.51亿美元，其中东南亚五国合计实际直接投资额为222.43亿美元，占6.54%。

表 4－11　东南亚华商对华投资情况及占世界华商对华投资总额比例

单位：亿美元

年份	全球外商来华投资总额	东南亚华商对华投资总额	占全球外商来华投资总额比例
1949—1966	1.00	0.70	70.00%
1979—1983	74.52	0.61（新、菲、泰）	0.82%
1979—1994	952.00	48.00	5.04%
1984—1991	215.44	3.79（新、菲、泰、马、印尼）	1.76%
1992	—	2.66	—
1995	375.21	26.16	6.97%
1996	417.26	31.44	7.53%
1997	—	34.78	—
1992—1997	1 967.92	123.51	6.28%
1998	—	41.98	—
1984—2004	5 585.88	349.73（新、菲、泰、马、印尼）	6.27%
1998—2004	3 402.51	222.43（新、菲、泰、马、印尼）	6.54%
1978—2005	6 224.00	—	—

资料来源：1949—1966 年数据来自梁英明．融合与发展．香港：南岛出版社，1999.27；其他数据来自《中国对外经济贸易年鉴》、《中国商务年鉴》。

（2）东南亚华商对华投资额与其占全球华商资产比例和占港澳台华商资产比例不相称。

东南亚华商对华投资总额约占全球华商对华投资总额的 8%，与东南亚华商资产总额约占全球华商资产（不含我国香港、台湾地区）总额 30% 不相称。如表 4－10 所示，2007 年，东南亚华商资产总额约占全球华商（包括我国香港和台湾地区）资产总额的 30%。时任中国国际贸促会会长俞晓松在 2001 年谈到，改革开放前十年，全球华商对华投资总额约占外商对华投资总额的 70%～80%。[①] 如表 4－11 所示，1984—1991 年，东南亚华商对华投资总额仅约占外商对华投资总额的 1.76%；如表 4－12 所示，1978 年改革开放至 2005 年，老东盟五国（新加坡、马来西亚、泰国、菲律宾和印度尼西亚）华商对华投资总额仅占全球华商对华投资总额的 8.18%。

① 王永志．华商投资中国商机更多：访中国国际贸促会会长俞晓松．http：//www.people.com.cn/GB/paper53/4237/490048.html，2001－09－15.

东南亚华商对华投资总额约占我国香港、澳门和台湾地区华商对华投资总额的11%，与东南亚华商资产总额约占我国香港、澳门和台湾地区华商资产总额的50%不相称。如表4－12所示，1978—2005年东南亚华商对华投资总额只是我国香港、澳门和台湾地区对华投资总额的11.41%。但是，如表4－10所示，2007年，东南亚华商资本总额大概是我国香港、澳门和台湾地区华商资本总额的50%。东南亚华商与港澳台华商投资大陆，构成了中国大陆实际利用外资的主体，在中国经济社会发展中日益发挥着重要作用，但东南亚华商发挥的作用远远不及我国香港、澳门和台湾地区的华商。

表4－12　1978—2005年外商对华投资来源地区构成

单位：亿美元

地区	投资额	占全球华商对华投资总额和世界对华投资总额比例
新、马、泰、菲和印尼等老东盟五国	341（90%为华商投资）	8.18%／5.47%
中国香港和澳门地区	2 575（按99%为华商投资计算，其中相当一部分是东南亚和其他地区华商的对华投资）	61.75%／41.5%
中国台湾地区	418［2/3投资是通过第三方（主要是自由港地区）进到内地］	10.02%／6.70%
维尔京群岛等自由港	436（95%以上是华商的投资，其中又有2/3以上是台商的投资）	10.45%／7.00%
北美、欧洲、日本	400	9.59%／6.50%
华商对华投资总计	4 170	100.00%／67.20%
世界对华投资总计	6 224	100.00%

资料来源：四川省商务厅．华商企业对华投资基本情况、新趋势及引发的思考．http：//www.sc.gov.cn/zwgk/swzc/gzyj/200701/t20070105_153500.shtml，2007－01－05.

东南亚华商对华投资实际数额要高于来自东南亚国家的投资数额，占世界对华投资实际比例也会相应提高3%～4%，达到8%～9%。由于东南亚华商对华投资最显著的特点是以中国香港为中介对中国大陆进行投资，新加坡华商对华投资中，直接向中国大陆投资的比例和经由中国香港投资中国大陆的比例各占一半。这使得东南亚华商对华投资的实际数额要远高于直接来自东南亚国家的投资统计数值。以泰国为例，仅正大卜蜂集团在中国大陆的投资总额就近 40 亿美元，超过了泰国对华直接投资总额的约 27 亿美元。印度尼西亚、菲律宾、马来西亚等国对华投资中存在同样情形，东南亚华商企业集团通过在香港的子公司对中国大陆积极进行投资的事例比比皆是。例如，马来西亚联合集团通过香港天安中国有限公司，在中国大陆进行多元化的投资，包括基本设施、房地产业及工业项目等，直接投资额逾亿元。①

（3）东南亚对华投资对中国经济社会发展的作用有限，但是功不可没。

东南亚华商对华投资总额占世界对华投资总额比例较低，如表 4－12 所示，仅为 5.5%，即使按照以上推算实际比例为 8%～9%，对促进中国经济社会发展的作用也是有限的，但是功不可没，主要表现在两个方面：第一，东南亚华商对华投资对其他外商投资中国起到了先锋和桥梁作用，在以侨资吸引台资、外资的过程中起到了不可替代的作用。1982 年 1 月，印度尼西亚几位华商来到厦门市湖里，投资兴办了厦门经济特区首家外商独资企业——印华地砖厂有限公司，这也是福建省最早的外商独资企业。作为福建省第一家外资企业，印华公司遇到了地皮、水电劳工、设计和土建等许多具体的新问题，没有先例可以参照，更缺乏可遵循的法规、条例。印华公司与有关部门联系协调解决问题的过程，为后来者提供了参照、铺平了道路，使一些观望、犹豫的外商信心大增，纷纷投资厦门特区。② 第二，在东南亚华商较为集中的投资区域——侨乡，东南亚华商对华投资的作用几乎渗透到侨乡经济的各个层面，对侨乡社会经济的发展作出了重大贡献。1978—2001 年的 20 多年来，侨乡地区，包括福建省、广东省沿海地区 25 个县市约 2 000 万人口，经济增长率持续在 20% 左右，是中国经济增长速度最快、活力最大的地区。③ 在这一进程中，包括东南亚华商在内的外来投资，起到了不可忽视的作用。

（4）采取适当措施积极挖掘东南亚华商对华投资潜力。

东南亚华商对华投资有巨大潜力，可以发挥更为重要的作用。东南亚华商对华投资总额约占全球华商对华投资总额的 8%，与东南亚华商资产总额占全球华商资产总额的 30% 不相称；东南亚华商对华投资总额约占我国香港、澳门和台

① 王望波．东南亚华商对华投资分析．当代亚太，2006（4）：49～50．

② 黄意华．“抛砖引玉”第一家：记厦门印华地砖厂有限公司．福建侨报，1998－03－06．

③ 1982 年 1 月，印度尼西亚几位华商来到厦门市湖里，投资兴办了厦门经济特区首家外商独资企业——印华地砖厂有限公司，这也是福建省最早的外商独资企业。

湾地区华商对华投资总额的 11%，与东南亚华商资产总额约占我国香港、澳门和台湾地区华商资产总额的 50% 不相称。尽管东南亚华商对华投资对其他外商投资中国起到了先锋和桥梁作用，对侨乡社会经济的发展作出了重大贡献，但是东南亚华商对华投资对促进中国经济社会发展的作用依然没有被充分发掘出来。

中国在吸收利用东南亚华商对华投资时，一定要强调“在商言商”的原则，而不应该过多地渲染华商前来投资的所谓“爱国爱乡”感情。中国不仅要与华商打交道，更要通过他们，把其他民族的工商界人士和官方人士吸引过来，表明中国的对外开放政策是非歧视性的，这也有利于华商和其他族裔商人的友好合作，对中国大陆更广泛地开拓投资来源也大有好处。这是因为东南亚国家华人虽已加入当地国籍，但由于文化背景、宗教信仰、经济状况等与当地民族有种种差异，而难以为当地民族所完全同化。由于华人经济地位比较高，不少华商大企业集团与掌权者形成依存关系，在当地贫富悬殊日趋严重、社会矛盾激化的情况下，华人工商界往往会成为攻击目标，加上近年来西方舆论散播所谓的“中国威胁论”，有些东南亚国家害怕中国过快地富强起来，会进而称霸其所在地区。在上述背景下，东南亚一些国家的朝野人士一直非常关注当地华人资本的动向，有的甚至把华商对华投资视为对当地国家不忠的表现。①

第四，东南亚中国新移民人数增长速度只是其他各地区中国新移民人数增长速度的近 1/2。

东南亚中国新移民人数 2006 年为 265 万，如表 4－13 所示，占亚洲中国新移民人数 369 万的 71.82%，占世界新华侨华人人数 1 030 万的 25.73%。这与东南亚华侨华人人数占亚洲和世界华侨华人人数比例的 92.53% 和 73.56% 不相称。如表 4－8 所示，东南亚华侨华人人数 2007 年为 3 308 万，占亚洲华侨华人总数 3 548 万的 93.23%，占世界华侨华人总数 4 543 万的 72.82%。东南亚中国新移民人数占世界新华侨华人总数的 25.73%，只是东南亚华侨华人人数占世界华侨华人总数的 52.17%。这说明，东南亚中国新移民人数增长速度只是其他各地区中国新移民人数增长速度的近 1/3。

表 4－13　2006 年亚洲中国新移民人数和分布

单位：万人

国别	人数	比例	备注
缅甸	100～110	29.81%	商贩、管理和技术人员、劳工、农民

① 王望波．近 20 多年来东南亚华商在中国大陆的投资．东南亚研究，2002（4）：66.

（续上表）

国别	人数	比例	备注
泰国	35～40	10.84%	商贩、管理和技术人员、自由职业者、公司职员
新加坡	35～38	10.30%	留学生、技术人员、职员、商人和劳工
菲律宾	15～20	5.42%	商贩、职员
马来西亚	10～15	4.06%	商贩、劳工、留学生、新娘、退休人士
越南	10～12	3.25%	商贩、投资者、管理和技术人员
印度尼西亚	10	2.71%	商贩、投资者、管理和技术人员
老挝	10	2.71%	商贩、管理和技术人员、劳工、农民
柬埔寨	5～10	2.71%	商贩、管理和技术人员、劳工
东南亚总计	265		占亚洲新华侨华人人数的71.82%，占世界新华侨华人总数的25.73%
日本	56	15.18%	留学生、劳工、专业人员、新娘、战争遗孤、非法移民
韩国	35	9.48%	留学生、劳工、新娘、商人、非法移民
日韩总计	91		占亚洲新华侨华人人数的24.66%，占世界新华侨华人总数的8.83%
阿拉伯联合酋长国	10	2.71%	经商、劳务、服务业
以色列	1	0.27%	劳工
哈萨克斯坦（2000）	2	0.54%	经商、务工、留学生
亚洲总计	369		占亚洲老华侨华人的13.83%，占世界新华侨华人的38.83%

资料来源：东南亚各国数据来自庄国土．论中国人移民东南亚的四次大潮．南洋问题研究，2008（1）；其他亚洲各国数据来自庄国土．华侨华人分布状况和发展趋势．侨务工作研究，2010（4）．

东南亚各国和中国的关系虽然有所改善，但是仍然存在不确定和不稳定因素，而且东南亚绝大多数国家的发达程度远远不如美洲、欧洲、大洋洲一些国家，这降低了对中国新移民的吸引力。如果上述原因没有发生改变，东南亚华侨华人中的老华侨华人比例将继续上升，东南亚华侨华人将呈现以老华侨华人为绝对主体的局面，这与美洲、欧洲、大洋洲华侨华人将呈现以新华侨华人为绝对主体的局面形成鲜明对照。

第三节　东南亚侨情变化的主要内因

一、所住国在某些历史阶段以民族主义为名推行排华政策

在第二次世界大战前，除泰国外，东南亚各国均受西方国家的殖民统治。东南亚各国在“二战”后面临的首要和最重要问题是国家独立，实现和保持国家独立离不开国家的统一性和正统性。东南亚各国独立后为了突出和强调国家的统一性和正统性，普遍推行民族主义，扶持土著民族的发展，抑制当地华侨华人族群的发展。其主要表现为：淡化和消除当地华侨华人的华裔文化和族裔特点，削弱和降低当地华侨华人的政治和社会地位。这反映在东南亚各国的政治政策上，出台了一系列照顾原住民权益的政策；反映在东南亚各国的经济政策上，出台了一系列族群经济政策和经济领域排华政策；反映在东南亚各国的文化政策上，实施了一系列当地文化政策，打压华族文化，关闭华文学校，停办华文报刊。李光耀提出“马来西亚统一民族”的政治口号，实际上是要非马来族获得均等利益，但是遭到马来人中极端民族主义者的激烈抨击，最终以新马分离而告终。

表 4－14　东南亚国家曾经推行的民族主义的政治政策

国别	民族主义的政治政策
马来西亚	1957 年独立后历届政府一律实行马来人优先的政治政策。1962 年的选举法修正案规定马来人在国会必须占多数席位。1969 年 5 月大选种族冲突后，马来人拥有全面绝对统治权。1991 年 6 月实施的“新开发政策”仍然坚持马来人优先的基本政策。
印度尼西亚	法律赋予了华族等同于原住民的选举权，印尼于 2006 年 8 月实施的新国籍法规定，不再有原住民与非原住民的区分，所有公民都享有平等的权利与共同的义务。2007 年春节，印尼总统苏希洛向印尼全国华人恭贺新春，并指出华族是印尼统一国家不可分割的部分，华人在国家公共部门为印尼发展作出了巨大贡献。在实践中，由于华族普遍居住在城市，而原住民较多居住在乡村，这使得通过按照地域划分选区而事实上限制华族选举权成为可能。

（续上表）

国别	民族主义的政治政策
越南	南越当局1956年规定，凡在越南出生的华侨一律为越南国籍。1957年，南越当局宣布废除华侨身份证，禁止华侨与中国来往。1966年，90%以上的南越华侨被迫加入了越南国籍。北越政府于20世纪60年代中期以后实施强迫华侨入籍和其他限制华侨的政策。1976年越南南北统一后，越南政府于次年要求南方华侨仍然按南越政权时强加于华侨的国籍进行登记。
菲律宾	1946年独立后，实行限制中国移民的法律。
柬埔寨	1853年柬埔寨独立后，次年对外侨加入国籍作出规定。1956年禁止外侨从事18种职业，其后又限制外侨汇款和不动产。华侨多加入柬埔寨国籍。20世纪70年代，华侨华人先后因为朗诺政权、红色高棉的政治迫害而遭受杀戮或被迫逃离。1975—1979年，柬埔寨华侨华人因各种原因死亡或逃亡的约25万人，约占柬埔寨华侨华人总人口的55%。

表4－15　东南亚国家曾经推行的民族主义的经济政策

国别	民族主义的经济政策
马来西亚	1970年实施“土著（马来人）至上”的“新经济政策”，扶持马来人进军工商领域，培养马来人企业家和专业人士，“土著”权益长期占据主导地位，极大地限制和打击华人经济。
印度尼西亚	苏加诺于1950—1966年执政时期，在“经济民族化”目标下，将华侨经济称为“殖民经济的残余”，认为华侨控制了印尼工商业，对华侨华人经济采取了限制、排挤甚至清除的政策。
越南	南越当局于1957年限制华侨从事鱼肉、杂货、木柴和碾米等11种职业。1978年，越南政府以强行改造为名，掠夺和迫害华侨小商贩和工人家庭，许多华侨被逼得倾家荡产，约30亿美元的华侨华人财产被掠夺，约有60多万华侨华人被迫逃离，其中25万华侨华人死亡。
菲律宾	1946年独立后在“菲律宾第一主义”号召下，国会通过数以百计的关于限制、排斥华侨经济的法律，史称“菲化法”。华侨经济在近20年时间里遭受重大损失，被迫向华人经济过渡。
缅甸	1964年实行经济“国有化政策”，华人经营的一些工商企业被迫离开缅甸，华人经济陷入历史低谷。
柬埔寨	1975年4月至1979年1月，民主柬埔寨在以社会重构为目的的激进社会运动中，激烈排斥和打击作为有产阶级和少数族裔的华人。
老挝	20世纪七八十年代，借重新登记华商企业为由，对华商货物强行收购，后发展到没收华人资本，封闭华人工厂、饭店、商店；又借货币改革，侵吞华人积蓄和资产。

表 4－16　东南亚国家曾经推行的民族主义的文化政策

国别	民族主义的文化政策
马来西亚	20 世纪 60 年代对华族实行打压政策，先后有 60 多家华文报刊被关闭和停刊。
印度尼西亚	苏哈托政府于 1965—1998 年实行排华政策，华文学校、华文报刊和华侨社团被关闭和取缔。
越南	南越当局于 1957 年规定，禁止用汉语讲课、解散侨团、关闭侨校和侨刊。越南于 1975 年实现南北统一后，侨校全部被关闭，校舍被没收，华文教育从此中断，华文报刊被宣布停刊，官办的《解放报》成为唯一一份华文报纸。
菲律宾	1972 年菲律宾政府宣布实行戒严法时，华文报刊被全部关闭。
缅甸	奈温政府于 1962—1988 年在文化上推行缅甸化，使当地华侨加速缅甸化，曾繁荣一时的华文学校、华文报刊和华侨社团一蹶不振。缅甸政府于 1965 年实施《私立学校国有化条例》，所有侨校被明令取缔，校舍被收归国有，教师失业。1967 年的“排华”事件后，缅甸华文学校已经不存在。1966 年元旦，缅甸政府吊销所有外侨报办的执照，外侨报刊全部停刊。
柬埔寨	1967 年，华文报纸被勒令停刊。1970 年亲美国的朗诺发动政变上台后，禁止雇用华人，封闭所有华文学校。官方华文报《柬埔寨日报》、《柬埔寨救国日报》分别于 1970 年和 1975 年停刊。
老挝	1978 年 2 月，最后一份华文报纸《老华日报》被当局查封，之后再未有华文报纸出版。
泰国	披汶·颂堪实行排华政策和泰国 1947 年极右派政变，导致华文报业全部被查封，经历了有史以来的最大挫折。1948 年 6 月，泰国政府关闭所有侨校，逮捕进步教师，并将他们驱逐出境。新中国成立后，披汶·颂堪政府将华文视为“社会主义语文”，列入“教育违禁品”，使华文教育陷入十分困难的境地。

不同东南亚国家和在同一个东南亚国家的不同时期，由于具体情况有所不同，当地政府推行民族化措施限制和排斥华侨华人的轻重缓急存在差异，[①] 但基本是对华人政策的调整，不改变原住民较华人享有特权所造成的族群地位的结构性矛盾。随着东南亚国家 20 世纪 90 年代开始的政治制度民主化，政府关注经济发展和重视华人力量，华人加深认同和服务所住国，东南亚国家华人当地化趋势

① 朱东芹．东南亚华侨华人社团的历史与现状．丘进．华侨华人研究报告（2011）．北京：社会科学文献出版社，2011. 178.

明显，各国的华侨华人政策普遍放宽。

二、华侨华人族群与所住国其他族群之间的差异

东南亚华侨华人族群与所住国其他族群之间的差异，是引发东南亚各国在某些历史阶段推行排华政策的因素之一。从东南亚各国政府的角度来看，华侨华人族群与其他族群在政治地位、经济发展和文化影响上达到一定趋同，对于本国政治经济和社会稳定具有重要意义；华侨华人族群与其他族群在经济发展、政治地位和文化影响上的差异，不利于本国的统一性和正统性。目前，东南亚华侨华人族群与当地族群在政治地位、经济发展和文化影响上的趋同并未完全成为现实。

东南亚各国华人拥有雄厚经济实力，世界华商企业前500强中约1/3分布在东盟。在东南亚地区证券交易市场上市的企业中，华人上市公司约占70%。东南亚各国的首富都是华商。在东盟最大的经济体印度尼西亚，华侨华人人口占总人口的5%左右，但是华人经济在印度尼西亚国民经济中却具有举足轻重的作用。据印度尼西亚广肇总会总主席陈伯年介绍，80%的印度尼西亚华侨华人都有自己的产业，主要从事零售超市、房地产、纺织、渔业、农业、旅业和金融业等，遍及印度尼西亚国民经济的第一产业、第二产业和第三产业，近乎掌握印尼经济命脉的50%。[①] 2000年，华人人口占马来西亚总人口的26%，但是在高知识高收入行业，如行政人员、管理人员，华人都占了几乎一半的就业比重，均远远超过华人占的人口比例；而在人数比较多收入比较低的行业，如农业劳动者，华人的就业人数占比下降到11.6%。[②] 在马来西亚专业服务领域，虽然因为政府对马来人专业人才的扶持，华人所占比例逐渐下降，但是在1999年仍达到53.9%。尽管华人与其他族群收入距离逐渐拉近，但是华人家庭月收入依然是马来人、华人和印度人三大族群中最高的，贫困率则是三大族群最低的。根据马来西亚政府统计，马来人、华人、印度人的平均家庭月收入在2004年依次为2 711马元、4 437马元和3 343马元。华人贫困率在2004年降到0.6%，低于平均数的5.7%，也远远低于马来人的12.4%。[③] 据越南1994年官方统计，华人人口占胡志明市第五郡人口的40%，但是华人经营的1 700多家私人企业占该郡私营企业总数的3/4，雇用职工1.4万多人，占该郡手工业人口的74%。胡志明市共有

① 中国新闻社课题组. 2009年世界华商发展报告. 中国新闻网.

② Lee Kam Hing and Tan Chee - Beng, eds., The Chinese in Malaysia, ［马来西亚］林水豪等合编. 马来西亚华人史新编（第二册）. 吉隆坡：马来西亚中华大会堂总会，1998.

③ 马来西亚第一远景计划（1971—1990年），马来西亚第二远景计划（1991—2000年）.（马来西亚）南洋商报，2006.

4 900 多家非国营单位，其中华人经营的私营企业和公司约占40%。20 世纪 90 年代末，胡志明市华人企业家人数约占全市企业家人数的2/3。

由于政府的高压政策、原住民的人口众多和久居于此在社会权力结构中占据优势、华人对政治的态度倾向消极等原因，东南亚华人对政治冷漠，不积极争取政治权利。这使得东南亚华人在所在国的政府、议会和法院中缺少自己的利益代言人，无法或者很难通过行政行为、议会立法和司法审判等途径维护和保障自身权益。以越南为例，越南共产党现仅有华人党员 1 000 多人，占党员总数的0. 05%，约占华人总数的0. 1%，其中多为越南全国解放前入党的老党员。越共“八大”1 200 名代表中无一位华人代表，越南第十届国会中只有 1 名华人当选为议员。印度尼西亚华人人口约占总人口的 5%，1999 年的国会有 8 个华人议员，2004 年的国会有 16 个华人议员，华人冯慧兰进入内阁，出任贸工部部长。但是在 1999 年大选中只有 1 名华人政党党员获得国会议席。

由于华侨华人人均经济实力超出所住国其他族群，文化特色与其他族群不同，对内团结不足、对外争取政治权利不积极，是少数民族的多数，势必成为所住国以民族化为名实施排斥政策的较佳对象。从东南亚国家政府角度来看，如果华侨华人总体经济实力雄厚又不能过渡为本国经济或者仅仅是形式上过渡为本国经济，可能成为本国经济独立和稳定的威胁；如果华侨华人中华文化特色鲜明而不当地化，可能冲击当地文化，甚至由于文化矛盾引发冲突；如果华侨华人与中国政府保持非常密切的联系，可能会被视为对所住国不忠诚。如表 4 – 14、表 4 – 15和表 4 – 16 所示，东南亚国家在某些历史阶段实施过排华性政策，从实施这些政策的情况推论，东南亚国家政府实施这些排华政治政策主要是为了提高当地族群的政治地位，减少华人对本国不忠诚的可能性，加速华侨经济向华人经济过渡，使华人族群经济和文化主动或者被迫当地化，以实现华人族群政治、经济和文化地位之间的综合趋同，以及华人族群与其他族群之间的综合趋同。

三、所住国与中国存在着一些影响互信的因素

由于发展道路不同、种族冲突和领土争端等原因，东南亚国家与中国存在着一些影响互信的因素，这是东南亚国家在某些历史阶段推行排华政策的因素之一。影响互信因素表现在对本国华侨华人政策可能演变为对本国华侨华人的某种程度的排斥。

东南亚国家历史上忌惮中国对其输出革命。尽管中国一直坚持奉行睦邻友好的外交政策，但是他们对中国曾经支持泰共、马共、缅共、柬（棉）共、菲共等东南亚国家共产党游击队感到不安，担忧华侨不当地化，怀疑华人颠覆本国政

府，害怕中国通过华侨华人向他们输出革命、推行社会主义制度和实行共产党执政。

东南亚国家目前对中国特色以及中国的日渐强大感到疑虑和不适应。中国自1978年改革开放以来，坚持走和平发展道路，建成了社会主义市场经济体制和社会主义法律体系，取得了巨大的经济社会发展成就，综合国力显著增强，已成为全球第二大经济体。1991年东西方冷战结束，国际关系普遍缓和，中国与东南亚国家关系进一步发展。在应对1997年东南亚金融危机和2008年世界金融危机冲击中，中国发展道路和发展模式的优势充分显现，得到了许多国家的关注和认同，初步改变了东南亚国家对中国的“红色”印象。我国走的是中国特色的社会主义道路，东南亚国家很难模仿和复制中国的成功经验。东南亚国家对中国特色以及中国日渐强大崛起的疑虑和不适应，削弱了中国经济社会发展成就对东南亚国家的传播价值和影响力。

中国与东南亚国家关于南海诸岛领土的纠纷悬而未决，影响了中国与东南亚国家关系的稳定与发展。在岛礁争议方面，越南、菲律宾和马来西亚等南海周边国家先后对南沙群岛的全部或部分岛礁提出主权要求，并非法占据了南沙群岛部分岛礁。在海域划界争端方面，南海周边一些国家单方面宣布200海里的专属经济区或划定大陆架，这些主张或要求均不同程度地侵入了我国的传统海疆线（“U形线”）内。有些国家还以专属经济区或大陆架制度为依据，对其划定的区域内的岛礁提出了主权要求。在资源争夺方面，南海周边国家在南海海域开采油气资源的步伐十分迅速。美国、日本等强国的介入更使得南海诸岛领土纠纷趋于国际化和复杂化。

东南亚国家一直忌惮和猜疑社会主义中国，防范“红色中国”的发展和强大。东南亚国家对华敌视与警戒心理目前并未削减，探讨应对“中国威胁”的组织、行为和文章屡屡出现。1954年成立以美国为主导，泰国、菲律宾、巴基斯坦、英国、法国、澳大利亚以及新西兰等国为成员的东南亚公约组织是一个军事性互助组织，假想敌是中国等社会主义国家。1967年成立的拥有印度尼西亚、新加坡、泰国、菲律宾、马来西亚、文莱、越南、老挝、缅甸和柬埔寨10个成员国的东南亚国家联盟（东盟），主要目的是维护并加强本地区的和平、安全与稳定，是对中国有敌意的区域性合作组织。东盟成立之初，视正处于“文革”浪潮中的中国为共产主义威胁，而中国则视东盟为反共集团。随着东欧剧变、苏联解体、冷战结束，中国于1996年成为东盟全面对话伙伴，但是东盟对中国的敌意并未完全消除。2011年7月19日，菲律宾外长德尔罗萨里奥在与东盟外长举行闭门会议后表示，东盟应该团结起来，共同质疑中国提出的领土要求的理由。新加坡是以华人为主的国家，为了避免其他国家的疑虑，李光耀多次申明新加坡将在东南亚诸国中最后与中国建交。新加坡事实上也是除文莱外，在1990年10月才最后与中国建交的东南亚国家。马来西亚《星洲日报》于2011年9月4日刊文称，亚洲小国可以效仿越南，采取“结网政策”应对强大的邻国中国。

四、所住国受美国等世界强国影响明显

第二次世界大战后独立的东南亚国家比较弱小，大部分国家为了国家安全，实行亲美国等世界强国甚至与之结盟的外政策。中国与美国等世界强国相比，仍然比较落后和弱小，当中国与美国等世界强国关系交恶而使得东南亚各国在中国与美国等世界强国之间作出选择时，东南亚各国大多会选择美国等世界强国而不是中国。这使得中国与美国等世界强国外交关系的友好或交恶会传导到这些东南亚国家，导致其与中国外交关系交好或交恶，实施宽松包容或限制排斥的华侨华人政策。

20世纪50年代末以后，中苏关系恶化及至1969年中苏关系彻底破裂波及东南亚，造成了以往亲苏亲华的东南亚国家逐步走向亲苏反华之路。进入70年代以后，东南亚国家出现排华现象，1975年后排华运动渐趋激烈。越南与中国的关系受中苏关系破裂影响而恶化，引发了越南20世纪70年代中后期的激烈排华风潮，当地华侨华人社会遭受全面打击。在1979年1月至1993年9月亲越的柬埔寨人民共和国时期，受中越关系破裂影响，柬埔寨前期排华较为激烈。

1949年新中国成立后，美国对华实施贸易管制，一直持续到1971年。1949年11月，美国及其盟国在巴黎成立针对社会主义国家的“输出管制统筹委员会”。朝鲜战争爆发后，美国自1950年12月3日起对中国大陆及香港、澳门地区的出口实行全面的许可制度，“凡是一个士兵可以利用的东西都不许运往中国”，包括纺织品和废橡胶，对中国实行全面禁运。16日，美国政府宣布，“将中国共产党在美国管辖内的一切资产置于管制之下”，并禁止在美国注册的船只驶往中国口岸。《1951年相互防御援助管制法》（即《巴特尔法案》）规定，凡是接受美援的国家如将“军械、弹药、战争工具、原子能物资、石油、有战略价值之运输器材，以及用于制造军械、弹药及战争工具之首要战略性物资”运往中国等社会主义国家，美国就“立即停止供给其全部军事、经济或财政援助”。在此期间，亲美国的菲律宾、马来西亚和泰国有排华倾向，亲大陆的左派受到压制。1970年，美国策动朗诺集团政变，罢黜柬埔寨国王西哈努克。1970年3月至1975年4月高棉共和国时期，亲美的柬埔寨右翼政府开始排华。

1971年后中美关系缓和，在中美关系正常化过程中，以往亲美反华的东南亚国家开始改善与中国的关系。1974年马来西亚、1975年菲律宾和泰国、1990

年新加坡、1991年文莱相继与中国建交。这些国家在华侨华人政策上逐渐趋向于宽松，对华侨华人由以往的限制打压转向吸收利用。在入籍问题上，鼓励华侨入籍，加快了华侨社会向华人社会过渡。2006年7月，印度尼西亚国会通过了新的国籍法，废除了法律中区分“土著”与“非土著”的法令，这项被形容为“革命性”的新法规定，凡出生在印度尼西亚并从未接受过他国国籍的居民，将自动成为印度尼西亚公民。新法进一步阐明，夫妻中只要一方是印度尼西亚公民，其孩子将自动成为印度尼西亚公民。新国籍法还放松了之前对华人参政的诸多限制，允许华人担当政府要职，其中包括参与总统竞选。

五、小结

东南亚侨情变化，从内因上讲，主要是因为东南亚国家以民族主义为名推行排华政策、华侨华人族群与其他族群的差异、东南亚国家与中国存在影响互信因素，以及东南亚国家受美国等世界强国影响明显等原因；从外因上讲，主要是因为中国大部分国际流动人员流向了日本、韩国和美洲、欧洲、大洋洲等地区的发达国家。这些发达国家与东南亚国家相比，移民政策更加开放、政治经济更发达、社会更稳定和环境更优美。由于内因是引起东南亚侨情变化的主要原因，且本书受篇幅限制，及将在后续部分论述美洲、欧洲和大洋洲等地区发达国家的移民政策情况，故本节只论述引起东南亚侨情变化的内因。

第四节　日本、韩国侨情变化

韩国和日本有着迥异于东南亚的国情，中国人大量赴日本和韩国留学、工作、定居和归化分别始于1972年中日邦交正常化和1992年中韩邦交正常化。本节首先探讨日本和韩国新华侨华人情况，然后以日本为中心，从赴日本中国留学生人数、在日本就职毕业中国留学生人数、在日本永住和准永住中国人人数以及加入日本国籍中国人人数四个方面分析在日本的华侨华人情况。鉴于日本和韩国实施相似的严格的移民政策法律，本节对日本华侨华人的分析，可作为理解韩国华侨华人的参考。本节最后还分析了在韩国居留中国人的变迁情况。

一、日本和韩国新华侨华人人数分别占本国华侨华人总数的93%和92%

日本和韩国新华侨华人人数分别占本国华侨华人总数的93%和92%，如表4－17所示，与东南亚各国新华侨华人人数仅占本地区华侨华人总数的8.01%形成鲜明对比。换句话说，日本和韩国华侨华人中的绝大多数是新华侨华人，而东南亚华侨华人中的绝大多数是老华侨华人。形成日本、韩国高比例和东南亚低比例的极端现象的原因，主要是中国与日本和韩国的关系分别在1972年和1992年建交后才全面恢复正常，人员国际流向地理相邻国家规律开始发挥作用，以及日本、韩国比东南亚各国发达等。日本和韩国新华侨华人人数占本国华侨华人总数极高比例与非洲新华侨华人人数占本洲华侨华人总数极高比例颇为相似，非洲新华侨华人人数占本洲华侨华人总数比例在2007年高达90.91%。两者高比例的一个共同原因是，在20世纪八九十年代前，很少有中国人迁居日本、韩国和非洲。

表4－17　2006年日本韩国新移民数量及所占比例

单位：万人

国别	新移民	占本国地区华侨华人	占亚洲新华侨华人	占世界新华侨华人
日本	56	93.00%	15.17%	5.44%
韩国	35	92.00%	9.48%	3.40%
东南亚	265	8.01%	24.66%	8.83%
亚洲	369	11.20%	34.34%	12.30%

资料来源：庄国土．华侨华人分布状况和发展趋势．侨务工作研究，2010（4）．

二、赴日本中国留学生人数多、增速稳定和占比例高

中国赴日本留学生人数持续增加，保持较大数量。以在大专院校的留学生为例，如表4－18所示，1978年，入境日本的中国留学生仅为1人；1984年猛增到438人；1985年跃增至943人，是1984年的2.15倍；从1985年开始，入境日本留学生人数大体上稳定增加；1989年突破2 000人达到2 242人；1996年突破3 000人达到3 129人；1998年、1999年、2000年和2001年连续跃上4个台阶，分别为4 522人、5 330人、8 362人和11 261人；2002年达到了历史最高值，达11 996人；2002年以后，入境日本的中国留学生人数有所回落，2007年为10 272人。

入境日本的中国留学生人数占入境日本的外国留学生总数的比例持续提高，并保持很高比例。以在大专院校的留学生为例，如表4－18所示，1984年入境的日本中国留学生人数占总数的10.12%，1985年跃升至19.66%，1998年达到33.55%，2002年更达到历史最高比例48.51%。也就是说，2002年，每两名入境日本外国留学生中就有近1名是中国留学生。2003—2007年，入境日本的中国留学生人数占入境日本的外国留学生总人数的比例都很高，最低比例是2005年的34.31%。

从与美国比较的角度来看，入境日本的中国留学生人数少于入境美国的中国留学生人数，但是入境日本的中国留学生人数占入境日本的外国留学生总人数的比例远远高于入境美国的中国留学生人数占入境美国大专院校和语言学校的外国留学生人数的比例。2001—2007年，有156 227名中国人入境日本在大专院校和语言学校留学，是同一时期入境美国留学的393 063名中国人的39.75%。2001—2007年，入境日本大专院校和语言学校的中国留学生为156 227名，占入境日本大专院校和语言学校的外国留学生总人数323 018名的48.36%，比同一时期入境美国的中国留学生的人数（393 063名）占入境外国留学生总人数(7 392 586名)的比例（5.32%）高出43.04%。

表4－18　1978—2007年入境日本中国留学生人数和所占比例

单位：人

年份	中国留学生	外国留学生	占比例	中国就学生	外国就学生	占比例
1978	1	2 075	0.05%	—	—	—
1979	151	2 141	7.05%	—	—	—
1980	450	2 672	17.13%	—		—
1981	453	2 892	15.66%	—	—	—
1982	580	2 192	26.46%	113	2 566	4.42%
1983	491	3 912	12.55%	160	3 448	4.64%
1984	438	4 329	10.12%	251	4 140	6.06%
1985	943	4 797	19.66%	1 199	8 942	13.41%
1986	1 178	5 419	21.74%	2 126	12 637	16.82%
1987	1 350	5 812	23.23%	7 178	13 915	51.58%
1988	1 626	6 435	25.27%	28 256	35 107	80.49%
1989	2 242	7 777	28.83%	9 143	18 182	50.29%

（续上表）

年份	中国留学生	外国留学生	占比例	中国就学生	外国就学生	占比例
1990	2 632	9 528	27.62%	10 387	20 851	49.82%
1991	2 498	9 620	25.97%	8 099	20 654	39.21%
1992	2 860	10 368	27.58%	16 263	27 367	59.43%
1993	2 909	10 722	27.13%	9 162	18 127	50.54%
1994	2 561	10 337	24.78%	4 415	11 947	36.95%
1995	2 600	10 155	25.60%	2 491	9 928	25.09%
1996	3 129	11 717	26.70%	2 567	9 436	27.20%
1997	3 602	12 408	29.03%	3 830	11 755	32.58%
1998	4 522	13 478	33.55%	6 518	14 540	44.83%
1999	5 330	14 446	36.90%	9 638	19 426	49.61%
2000	8 362	19 503	42.88%	13 788	22 404	61.54%
2001	11 261	23 416	48.09%	15 517	23 932	64.84%
2002	11 996	24 730	48.51%	17 720	25 948	68.29%
2003	11 640	25 460	45.72%	19 337	27 362	70.67%
2004	8 133	21 958	37.04%	5 705	15 027	37.46%
2005	8 024	23 384	34.31%	8 938	18 090	49.41%
2006	9 154	26 637	34.37%	9 543	19 135	49.87%
2007	10 272	28 779	35.69%	8 987	19 160	46.91%
2001—2007	70 480	174 364	—	85 747	148 654	—

资料来源：日本法务省．出入国管理统计年报．转引自邵春芳．从留学生到新海外华侨华人：日本的事例．刘泽鹏．互动与创新：多维视野下的华侨华人研究．桂林：广西师范大学出版社，2011.388～389，并经整理。

注：留学生是指在大专院校的留学生，就学生是指在语言学校的留学生。

入境日本的中国留学生人数持续增加，与中国、日本两国开放的留学生政策密不可分。日本于1983年提出“外国留学生10万人接受计划”，2008年又提出“留学生30万人计划”。中国于1978年底实施改革开放政策；1984年12月国务院颁布实施《关于自费出国留学的暂行规定》，支持和鼓励自费出国留学；①1998年8月教育部、公安部和国家工商行政管理局联合颁布实施《自费出国留学中介服务管理规定》，“允许经批准的教育服务性机构通过与国外高等院校、教育部门或者其他教育机构合作，开展的与我国公民自费出国留学有关的中介活动”，自费出国留学渠道被大大拓宽。入境日本的中国留学生人数多和占比例高，为取得日本就职资格（工作许可）、日本永久居留权（华侨）和加入日本国籍中国人（华人）的人数多和占比例高奠定了坚实基础。

三、在日本就职的中国留学生人数多、增速快和占比例高

中国自实施改革开放政策以来，特别是自1989年以来，将签证由“留学生”变更为“就职者”的中国留学生人数不断快速增加。如表4－19所示，在日本就职的中国留学生在1983年以前是零，1984年是5人。这与倒退5年（因为4年以后才有中国留学生毕业）、如表4－18所示的1978年和1979年入境日本的中国留学生人数是吻合的——1978年只有1名中国人在日本大专院校留学，1979年为151人。在日本就职的中国留学生人数于1989年突破三位数，为217人，1990年达到了454人。这与表4－18所示的1984年和1985年入境日本的中国留学生人数是吻合的，1985年入境日本的中国留学生人数从1984年的438人增长到了943人。

在日本就职的中国留学生人数在1991年是639人；1992年跃升至1 349人；2001年突破2 000达到2 154人；2004年、2005年、2006年、2007年分别突破3 000、4 000、6 000和7 000，为3 445人、4 186人、6 000人和7 539人。这与表4－18所示的1998年、1999年、2000年和2001入境日本的中国留学生人数基本吻合，分别为4 522人、5 330人、8 362人和11 261人。

在日本就职的中国留学生人数占在日本就职的外国留学生总人数的比例很高。1991—2007年，在日本就职的中国留学生人数总计41 173名，占在日本就职的外国留学生总人数59 022名的69.76%。每10个在日本就职的外国留学生中就有7个是中国留学生。1991年在日本就职的中国留学生人数占在日本就职的外国毕业留学生总人数的57.21%；1992—2007年，除2003年为59.77%外，所占比例一直在60%以上，其中2006年和2007年为比例最高的两个年份，分别为72.53%和73.47%。

① 《关于自费出国留学的暂行规定》（国发〔1984〕185号）第1条规定：“凡我国公民个人通过正当和合法手续取得外汇资助或国外奖学金，办好入学许可证件的，不受学历、年龄和工作年限的限制，均可申请自费到国外上大学（专科、本科）、做研究生或进修。”

表 4－19　1983—2007 年在日本就职的毕业中国留学生

单位：人

年份	中国人	外国人	所占比例
1983	0	—	—
1984	5	—	—
1985	38	—	—
1986	51	—	—
1987	70	—	—
1988	99	—	—
1989	217	—	—
1990	454	—	—
1991	639	1 117	57. 21%
1992	1 349	2 181	61. 85%
1993	1 371	2 026	67. 67%
1994	1 691	2 395	70. 61%
1995	1 724	2 390	72. 13%
1996	—	2 927	—
1997	1 862	2 624	70. 96%
1998	1 563	2 391	65. 37%
1999	1 829	2 989	61. 19%
2000	1 630	2 689	60. 62%
2001	2 154	3 581	60. 15%
2002	1 933	3 209	60. 24%
2003	2 258	3 778	59. 77%
2004	3 445	5 264	65. 44%
2005	4 186	5 878	71. 21%
2006	6 000	8 272	72. 53%
2007	7 539	10 262	73. 47%
1991—2007（总计）	41 173	59 022	69. 76%
1991—2007（分类）	人文 27 972/67. 94% 技术 10 125/24. 59%	教授 1 726/4. 19% 研究 790/1. 92%	投资 222/0. 54%

资料来源：日本入管协会．国际人流．转引自邵春芳．从留学生到新海外华侨华人：日本的事例．刘泽鹏．互动与创新：多维视野下的华侨华人研究．桂林：广西师范大学出版社，2011. 389～390，并经整理和计算。

注：在日本就职的中国留学生是指将签证由“留学生”变更为“就职者”的中国人。

在日本就职的中国留学生以人文类居多，如表 4－19 所示，67.94% 的中国留学生是人文类，24.59% 是技术类，4.19% 是教授类，1.92% 是研究类，投资类只占 0.54%。可见，日本最欢迎的是人文类毕业的中国留学生，希望通过他们的人文优势进入中国市场。

很多在日本就职的中国留学生经过奋斗后，都有所成就。根据日本章部省资料，2006 年在日本的 862 个大学等机构已经接受了 6 851 名中国人研究者，超过了美国人和韩国人。据日本《朝日新闻》2009 年 2 月 10 日报道，由中国人经营的在日本的软件公司有 200～300 家。被日本公司雇用的人文类毕业留学生大都被派往中国，为日本企业开拓中国市场。

四、在日本永住和准永住中国人人数多且稳定增加

在日本永住中国人逐年增加，1998 年后增速明显加快，主要是因为赴日本的中国留学生人数多、大体稳定增加和占比例高，以及在日本就职的中国留学生人数多、大体快速增加和占比例高。如表 4－20 所示，1990 年在日本永住中国人人数为 24 277 名；1998 年增长至 31 591 名，增长了 1.30 倍，年均增速 3.35%；1998 年以后，在日本永住中国人人数增加明显加快，2007 年为 128 501 名，较 1998 年增长了 4.07 倍，年均增速 30.68%。

在日本准永住中国人人数也逐年增加，但是增速比在日本永住中国人人数平缓。如表 4－20 所示，1990—2007 年，在日本准永住的日本人配偶、永住者配偶和定住者三个类别人数的年均增速分别为 8.18%、3.56% 和 6.75%，而同一时期，在日本永住中国人人数年均增速 23.85%。这说明，在日本准永住中国人人数不断向在日本永住中国人转换，增加的准永住中国人被转换为永住的中国人抵消。

表 4－20　1990—2007 年在日本永住和准永住中国人数

单位：人

年份	永住者	特别永住者	日本人配偶	永住者配偶	定住者	合计
1990	24 277	—	23 051	3 178	15 263	65 769
1992	20 714	4 796	29 008	878	23 877	79 273
1994	22 583	4 798	35 058	817	28 382	91 638
1996	25 805	4 571	39 948	890	33 578	104 792
1998	31 591	4 349	45 913	1 055	38 927	121 835
2000	48 809	4 151	50 525	1 724	37 337	146 270

（续上表）

年份	永住者	特别永住者	日本人配偶	永住者配偶	定住者	合计
2002	70 599	3 924	53 126	2 252	35 020	164 921
2004	96 647	3 306	51 854	2 988	32 130	186 925
2006	117 329	3 086	55 860	4 340	33 305	213 920
2007	128 501	2 986	56 990	5 215	33 816	227 508
年均增速 1990—2007	23.85%	—	8.18%	3.56%	6.75%	13.66%
年均增速 1998—2007	30.68%	—	2.41%	39.43%	—	8.67%

资料来源：日本财团法人入管协会各期．在留外国人统计．转引自邵春芳．从留学生到新海外华侨华人：日本的事例．刘泽鹏．互动与创新：多维视野下的华侨华人研究．桂林：广西师范大学出版社，2011.398，并经整理和计算。

注：表中所指中国包括香港和台湾地区。

五、加入日本国籍的中国人人数多、大体稳定增加和占比例高

中国人加入日本国籍的热情自1978年以来一直未减。如表4－21所示，1978—1987年，入日本籍的中国人人数最高的年份为1978年的1 620名，之后略有起伏，1980年为1 619名，1987年降至最低的1 131名。1988年，990名中国人加入日本国籍，之后入籍的中国人人数逐年上升，2000年有5 245名，达到历史最高峰。2001年开始，入日本籍的中国人人数趋于平稳，介于4 122～4 740名之间。

中国人新移民加入日本国籍的速度快于老移民。按照日本国籍法规定，在日本拥有固定住所并且已经连续居留5年以上，能够独立维护本人和配偶及其他家属生活所需的资格或技能，可以申请日本国籍。以此推算，中国人入境日本后，需要10年左右的时间，才具备入籍条件；也就是说，入日本国籍的中国人是在10年左右之前来到日本的。如表4－21所示，1978—1987年，年均1 437名中国人入籍日本，1988—2000年增长到年均2 988名，2001—2008年增长到年均4 437名。以更长时间段计，1952—1977年，共60 692名中国人加入日本国籍，年均2 334名；1978—2008年，共88 711名中国人加入日本国籍，年均2 862名；1988—2008年共74 344名中国人加入日本国籍，年均3 540名。

加入日本国籍的中国人人数占加入日本国籍外国人总数的1/4。如表4－21所示，1978—2008年的30年间，加入日本国籍的中国人共有88 711名，占加入

日本国籍的外国人人数（341 082 名）的 26.01%，也就是说，每 4 个加入日本国籍的外国人中就至少有 1 个是中国人。在 1988—2000 年随着加入日本籍的中国人人数逐年上升，入日本国籍的中国人人数占加入日本国籍的外国人总数比例基本上也是逐渐上升。1988 年，中国人入日本国籍人数占外国人入日本国籍总数的 17.17%，2000 年增长到 33.17%。

从与美国比较的角度来看，加入日本国籍的中国人人数远远低于加入美国国籍的中国人人数，2001—2008 年，加入日本国籍的中国人人数为 35 499 名，年均4 437名，而加入美国国籍的中国人人数为 258 886 名，年均 32 361 名，加入日本国籍的中国人人数只是加入美国国籍的中国人人数的 13.71%。2001—2008 年，加入日本国籍的中国人人数占加入日本国籍的外国人总数的比例最低是 2004 年的 25.23%，最高是 2001 年的 33.17%。同一时期，加入美国国籍的中国人人数占加入美国国籍外国人的总数的比例最低是 2008 年的 3.82%，最高是 2001 年的 5.67%。由此可见，日籍华人对日本的影响要大于美籍华人对美国的影响，而日籍华人对中国的影响要小于美籍华人对美国的影响。

表 4－21　1978—2008 年入日本籍的中国人人数和所占比例

单位：人

年份	入日本籍外国人人数	入日本籍中国人人数	占比例
1952—1977 小计		60 692 /（年均 2 334）	
1978	7 391	1 620	21.92%
1979	6 458	1 402	21.71%
1980	8 004	1 619	20.23%
1981	8 823	1 572	17.82%
1982	8 494	1 542	18.15%
1983	7 435	1 560	20.98%
1984	6 169	1 183	19.18%
1985	6 824	1 434	21.01%
1986	6 636	1 304	19.65%
1987	6 222	1 131	18.18%
1978—1987 小计		14 367（年均 1 437）	
1988	5 767	990	17.17%
1989	6 089	1 066	17.51%
1990	6 794	1 349	19.86%

（续上表）

年份	入日本籍外国人人数	入日本籍中国人人数	占比例
1991	7 788	1 818	23. 34%
1992	9 363	1 794	19. 16%
1993	10 452	2 244	21. 47%
1994	11 146	2 478	22. 23%
1995	14 104	3 184	22. 58%
1996	14 495	3 976	27. 43%
1997	15 061	4 729	31. 40%
1998	14 779	4 637	21. 38%
1999	16 120	5 335	33. 10%
2000	15 812	5 245	33. 17%
1988—2000 小计		38 845（年均 2 988）	
2001	15 291	4 377	33. 17%
2002	14 339	4 442	30. 98%
2003	17 633	4 722	26. 78%
2004	16 336	4 122	25. 23%
2005	15 251	4 427	29. 03%
2006	14 108	4 347	30. 81%
2007	14 680	4 740	32. 29%
2008	13 218	4 322	32. 70%
2001—2008 小计		35 499（年均 4 437）	
1988—2008 小计		74 344（年均 3 540）	
1978—2008 总计	341 082	88 711（年均 2 862）	26. 01%

资料来源：日本法务省，并经整理。

注：表中所指中国包括香港、澳门和台湾地区。

六、在韩国居留的中国人人数持续快速增加，占比例很高[①]

1948 年 8 月 15 日韩国成立，1949 年时，有华侨 21 885 人，多半集中于汉城（现称首尔）和仁川，经营绸缎、布匹、杂货以及外贸等。1992 年中国和韩国建

① 2010 年底数据转引自居住国内中国人突破 60 万　几占全体外国人一半．韩联社首，2010 - 12 - 22；1992—2010 年数据转引自庄国土．华侨华人分布状况和发展趋势．侨务工作研究，2010（4）.

交，韩国华侨仍然是 2 万人左右，这主要是因为韩国与中国几乎没有往来，以及许多韩国华侨在韩国生活发展困难而外流到美国、加拿大、澳大利亚和中国台湾等国家和地区。2000 年，韩国华侨华人职业主要集中在餐饮业（70%）、中医（10%）、西医（4%）和包装业（3%）。华侨华人经济和生活水准在当地居中。[①]

在韩国居留的中国人人数持续快速增加。在韩国居留的中国人人数在 2004 年达到 20 万，2006 年超过了 30 万，2007 年底多达 50 万，2010 年底突破了 60 万。根据韩国法务部出入境与外国人政策本部统计，截至 2010 年 11 月，包括短期、长期或非法居留在韩国的中国人有 60.6 万名，占在韩国居留的外国人总数（125.1 万人）的 48%，其中合法居留者 52.9 万名，非法居留者 7.7 万名。拥有韩国就业资格证的中国人为 30.5 万名，占拥有韩国就业资格证的外国人总数（60 万人）的 50.8%，其中朝鲜族中国人为 28.6 万名。

在韩国的中国留学生人数持续快速增加。1992 年中韩建交时，到韩国的中国留学生为 17 人；1999 年超过了 1 000 人；2005 年超过了 1 万人；2006 年年底为 2.4 万人；2008 年为 3.4 万人；2010 年年底多达 6.7 万人，占在韩国外国留学生总人数（8.9 万人）的 75%。

在韩国，通过婚姻移民的中国人人数居高不下。2005 年与外国人结婚的韩国女子中，42.2% 选择了中国人；2008 年，与韩国男性结婚并在韩国生活的 6.7 万外国女性中，中国女性多达 4.1 万人，占 61.19%；2010 年底，通过婚姻移民的中国人人数达 6.6 万，占通过婚姻移民的外国人总人数（14 万人）的 47%。

七、小结

日本、韩国侨情变化呈现以下六个特征：日本和韩国新华侨华人人数分别占本国华侨华人总人数的 93% 和 92%；赴日本的中国留学生人数多、大体稳定增加和占比例高；在日本就职的中国留学生人数多、大体快速增加和占比例高；在日本永住和准永住中国人人数多且人数稳定增加；加入日本国籍的中国人人数多、大体稳定增加和占比例高；在韩国居留的中国人人数持续快速增加，占比例很高。

① 国务院侨办侨务干部学校．华侨华人概述．北京：九州出版社，2005. 91 ~92.

第五节　日本、韩国侨情变化的主要内因

日本、韩国侨情变化从内因上讲，主要是因为日本、韩国经济远比中国发达、人口老年化严重、有吸引中国公民入境居留的需求；从外因上讲，主要是因为随着中国与日本、韩国交流与合作的加强，中国公民有强烈的入境日本、韩国并居留的需求。由于内因是引起日本、韩国侨情变化的主要原因，且受篇幅限制，本节只论述引起日本韩国侨情变化的内因。

日本、韩国是发达国家，外国人出入境居留政策宽松，与中国是近邻，同时与中国经贸关系密切，对中国公民留学、务工、婚嫁、非法滞留等有巨大吸引力。中日、中韩关系的平稳发展，带来了两国之间教育、劳务、贸易和婚姻的互通。根据世界银行公布的数据，2010 年，日本人均 GDP 为 43 161 美元，中国人均 GDP 为 4 428 美元。日本政治制度成熟、稳定、先进，实行以立法、司法和行政三权分立为基础的议会内阁制，政治统治虽然多以自民党为主导，但同时存在多个竞争性的合法政党参与统治。《日本宪法》第 9 条规定："永远放弃把利用国家权力发动战争、武力威胁或行使武力作为解决国际争端的手段，为达此目的，日本不保持陆、海、空军及其他战争力量，不承认国家的交战权。"根据 2011 年《中国的对外贸易白皮书》记载，中国是日本第一大出口市场。日本自 2000 年起一直是中国最主要的进口国，2000—2003 年是中国第一大贸易伙伴，2004 至今是中国第三大贸易伙伴，而东盟只是中国第五大贸易伙伴。截至 2007 年底，在对我国投资累计金额最多的前 15 个国家和地区中，日本位居第三，占 7.81%。

中日两国在 1979 年就派遣和接收留学生达成协议。1978—1997 年，在日本中国留学生累计 10 万余人，仅次于美国。2007 年赴日中国留学生为 19 259 人，占中国各类出国留学人员总人数 14.4 万的 13.4%。[①] 根据中国教育在线发布的《2011 年出国留学趋势调查报告》，日本是最受中国留学生欢迎的前七个留学国家中唯一一个亚洲国家。研修生不同于留学生，是日本政府为解决人口老龄化、劳动力不足而采取的一种变通方法，允许一些团体以研修生的名义进行劳务派遣的行为。自 1993 年实施研修制度以来至 2006 年，通过日本国际研修协力机构（JITCO）接收的外国研修生达 48.4 万人，其中来自中国的研修生占总人数的 70.9%。截至 2008 年 12 月，持有研修生签证的在日外国人约 8.7 万人，其中中

① 在日留学中国学子呈减少趋势　自费生比例相当高．中国教育新闻网，2008-04-17.

国人占75.9%。目前，日本共有超过20万名外国研修生和技能实习生，其中近80%来自中国。[①] 大量中国人持就职者（工作）签证在日本工作。根据2001年《在日外国人统计》记载，中国公民从事法律、经济和社会等人文社会科学方面工作的人数占总人数的比例最高，为33%；从事理工等自然科学方面工作的人数占30%；在产业部门从事特殊熟练技能的人数占16%；在日本各高等院校从事科研教学者占5%。中国是日本准新娘的最大来源国，在嫁到日本的海外新娘中，中国女性占50%以上，从2001年起，每年都超过1万人，2001年为13 936人，2006年为12 131人。[②] 据日本法务省入国管理局于2007年2月公布的在日本外国人非法滞留的数据，截至2007年1月，中国大陆有27 698人，居第三。[③]

根据世界银行公布的数据，2010年韩国人均GDP为21 476美元，中国人均GDP为4 428美元。根据1987年《韩国宪法》，韩国实行三权分立、依法治国的体制，政治环境较为宽松。尽管韩国在安全、贸易、财政和政治上依附于美国和日本，但它并没有表现出殖民地依附性的典型特征。韩国先是利用发达国家产业向外转移的机遇，结合本国国情，大力引进外资和先进技术，发展劳动密集型产业；后又不断调整发展策略，发展外向型经济，参与国际竞争，并注意产业的更新换代，发展产业经济。中国自2007年起便成为韩国最大贸易伙伴和最大出口市场。韩国在2005—2008年是中国的第六大贸易伙伴，2010年是中国的第七大贸易伙伴。截至2007年底，在对我国投资累计金额最多的前15个国家和地区中，韩国列第七，占4.9%。[④]

韩国从2000年开始接受中国自费留学生，中国前往韩国留学的人数迅猛增加。2005年，在韩国留学的中国学生只有9 378人；2010年，在韩国留学的中国留学生有6.3万人，占在韩国的外国留学生总数7.5万的84%，中国留学生中学习语言的学生占中国留学生总数40%左右。2007年，以教授、研究人员等就业签证进入韩国的朝鲜族专业人员达400人左右，比前一年增加60%，在韩国工作的中国专业人员达到4 500人。[⑤] 2002年7月17日，韩国发表了《外国人力制度改善方案》，规定自2003年1月1日起，在韩国有亲戚的40岁以上的中国朝鲜族等具有外国国籍的韩侨，可在饮食店等服务业工作1年，并允许延长1年；在韩国没有亲戚的海外朝鲜族，如果是对韩国独立有贡献者的直系亲属，或者对国外的朝鲜族社会的发展有突出贡献者，或者作为产业研修生（外国劳工）来韩

① 王希怡．美国报告称赴日研修生像奴隶般被强制劳动．广州日报，2010－07－18．
② 每年逾万中国新娘赴日　在日中国人离婚远超结婚．中国侨网，2007－10－05．
③ 张石．在日本华人黑户口生活一瞥．（日本）中文导报，2007－06－07．
④ 邓利华．我国的外商直接投资来源构成特点及其改善．经营与管理，2010（2）．
⑤ 金东光．韩国爱用中国朝鲜族人才．世界新闻报，2008－04－18．

后没脱岗回国者，或者是法务部长官特别许可者，均可得到访问居住许可，在韩国国内从事服务业，但上述人员不允许在酒店等娱乐相关行业就业。韩侨就业领域从建筑业、制造业等19个领域扩大到养殖、运输等32个行业。目前，在韩国的中国劳工有40多万人，是韩国最大的海外劳工群体，占韩国海外劳工群体总人数的近50%。[①] 涉外婚姻也是中国公民赴韩的主要方式。在韩国驻华使馆领事处，设有专门的结婚申请窗口。2005年，与韩国女子结婚的外国男子中，中国新郎占42.2%；与韩国男子结婚的外国女子中，中国新娘为4.1万人，占外国新娘总数6.7万人的61.19%。[②] 还有一些中国人以研修、观光为名，非法滞留韩国。根据韩国出入境管理局发布的数据，截至2010年6月底，在韩国非法滞留人员为17.4万人，其中中国人为80 474人，占非法滞留者总数的46.2%。[③]

第六节　亚洲华侨华人政策的展望

一、东南亚华侨华人政策在未来很长一段时期仍将左右我国全球华侨华人政策

东南亚华侨华人政策在未来很长一段时期，仍将深刻地影响甚至左右我国全球华侨华人政策。东南亚华侨华人以其2007年达3 308万人次的巨大规模，占亚洲华侨华人总人数的93.23%和世界华侨华人总人数的72.82%。虽然东南亚华侨华人人数在2007年比2000年下降了164万，占亚洲华侨华人总人数的比例下降了2.22%，占世界华侨华人总人数的比例下降了6.28%，但是东南亚作为华侨华人的第一大地区、规模，以及占亚洲和世界华侨华人总人数绝对多数的状况并没有发生改变。

东南亚华侨华人政策要更加重视引进侨资。东南亚国家华商总资产占据了拟凝聚侨资的绝对多数，达到73%，是全球华商企业前1 000强中除中国大陆、香港和台湾地区华商企业以外的全部，毫无疑问，应该成为我国引进侨资的重中之重。东南亚华商对华投资对促进中国经济社会发展的作用依然没有被充分发掘出来。东南亚华商对华投资总额约占全球华商对华投资总额的8%，与东南亚华商

① 苏庆先，李拯宇，李泽旭，金姬．40万在韩中国劳工生存状况：去留之间的彷徨与困惑．新民周刊，2008-01-24.

② 韩国最新统计：街头每280人中就有1名华人．星岛环球网，2008-05-07.

③ 在韩中国非法劳工超八万"脱团"损害国家形象．中国新闻网，2010-10-21.

资产总额约占全球华商资产总额的30%不相称。东南亚华商对华投资总额占我国香港、澳门和台湾地区华商对华投资总额的11%，与东南亚华商资产总额占我国香港、澳门和台湾地区华商资产总额的50%不相称。中国在吸收利用东南亚华人对华投资时，要强调在商言商的原则。

二、亚洲华侨华人政策的重要性逐步让位于美洲、欧洲和大洋洲的华侨华人政策

在全球华侨华人政策格局中，亚洲华侨华人政策的重要性逐步让位于美洲、欧洲和大洋洲的华侨华人政策。亚洲华侨华人人数自古至今一直占据世界华侨华人数量的绝大多数，但是自20世纪50年代以来，亚洲华侨华人人数占世界华侨华人总人数的比例逐步加速下降。无论是按照我国统计数据推论的2052年还是按照台湾当局统计数据推论的2106年，亚洲华侨华人人数占世界华侨华人总人数的比例将由绝对多数下降为50%甚至更低。

亚洲华侨华人人数年度同比增速自1953年开始落后于世界华侨华人人数年度同比增速，与世界华侨华人人数年度同比增速的差距越拉越大，1952年至今的年均增速远远落后于世界华侨华人人数同一期间年均增速，1951年至今的年均增速远远落后于同一期间其他洲华侨华人人数年均增速。同时，亚洲新华侨华人大数在2007年达400万人次，是五大洲中新华侨华人人数最多的。亚洲新华侨华人人数占本洲华侨华人总人数的比例在2007年仅为11.27%，是五大洲新华侨华人人数占本洲华侨华人总人数的比例中最低的。亚洲华侨华人增速自20世纪50年代开始落后于世界华侨华人人数增速，与世界华侨华人人数增速的差距越拉越大，同时亚洲新华侨华人人数增速远低于其他洲新华侨华人人数的增速。这主要是因为经济全球化、我国实行改革开放政策和美洲、欧洲和大洋洲各国移民政策逐渐放松，导致我国人员出入境日趋多元化和人数持续快速增长。

如果导致亚洲华侨华人人数占世界华侨华人总人数的比例逐步加速下降和亚洲新华侨华人人数的增速远低于其他各洲新华侨华人人数的增速的原因，在可预期的未来不会发生变化，那么我国未来的华侨华人政策就必须正视以上事实，顺应这一趋势并未雨绸缪——在制定未来的全球华侨华人政策时，逐步减轻亚洲华侨华人因素的权重，更多地考虑新华侨华人比例逐渐降低带来的影响。

三、亚洲华侨华人政策和东南亚华侨华人政策都要重点考虑老华侨华人

我国在制定和完善亚洲华侨华人政策时，总的来说需要关注老华侨华人。亚洲新华侨华人在2007年达400万人次，是五大洲中新华侨华人人数最多的。但是亚洲新华侨华人人数占本洲华侨华人总人数的比例在2007年仅为11.27%，是五大洲新华侨华人人数占本洲华侨华人总人数的比例中最低的。换句话说，亚洲老华侨华人人数占亚洲华侨华人总人数的88.73%，是五大洲老华侨华人人数占本洲华侨华人总人数的比例中最高的。亚洲新华侨华人人数仅是亚洲老华侨华人人数的13.83%。与老华侨华人相比，新华侨华人的知识层次较高、桥梁作用显著、开始成立单独的社团、少数为华人，因此需要针对新华侨华人的这些特点来制定和执行有别于老华侨华人的侨务政策。

东南亚华侨华人政策要更加关注老华侨华人比例上升。东南亚新华侨华人人数2006年为265万，占亚洲新华侨华人总人数369万的71.82%，占世界新华侨华人总人数1 030万的25.73%。这与东南亚华侨华人人数分别占亚洲和世界华侨华人总人数比例的92.53%和73.56%不相称。东南亚新华侨华人人数的增长速度只是其他各地区新华侨华人人数增长速度的近1/3。如果东南亚华侨华人中的老华侨华人比例长此以往继续上升，东南亚华侨华人将呈现以老华侨华人为绝对主体的局面，与美洲、欧洲和大洋洲华侨华人以新华侨华人为绝对主体的局面形成鲜明对照。由于老华侨华人与新华侨华人在与祖国联系等方面有着明显不同，东南亚华侨华人政策要与时俱进地进行相应调整。

四、推动东南亚华侨华人族群与其他族群由差异走向趋同

我国要采取适当措施推动东南亚华侨华人族群与其他族群由差异走向趋同。首先，在经济上要鼓励东南亚华侨华人为所住国作出更多贡献，包括慈善和捐助，以赢得其他族群的尊重和信赖，而不是只引导华侨华人为祖籍国作出更多贡献，更不是只劫华侨华人富济其他族群贫。其次，在经济上，要逐步推动华人文化当地化，而不是刻意保留华人文化特色。刻意保留华人文化特色容易引起其他族群的不理解甚至敌视，不符合没有确立多元文化主流价值观的东南亚国家国情。多元文化的确立和建设将为华人在东南亚国家的生存和发展提供一个坚实的包容文化环境以及和谐的国家氛围。新加坡、马来西亚不同程度地确立了多元文化，华人在这两个国家较在其他东南亚国家（除泰国以外）有了更好的境遇。东南亚各国从民族主义发展到多元文化将是一个长期过程，推动东南亚各国确立

和建设多元文化可以成为东南亚华侨华人的一个重要奋斗目标。再次，在政治上，要鼓励东南亚华侨华人及其社团抛却左右派之分和五缘之别，团结起来努力争取和积极行使所住国的政治权利。东南亚华侨华人政治地位提升有助于巩固和发挥其在经济上的地位和优势。如表 4 - 22 所示，在东南亚华人积极参政时期，所住国均能比较好地尊重和保障华人权益。

表 4 - 22　东南亚华人参政情况

国别	华人参政情况
泰国	泰国华侨华人很早就融入主流社会，在泰国政坛发挥重要作用。泰国历届政府内阁中都有华人、华裔官员，各府、市、县政府中，也有许多华人、华裔担任要职。原总理传立派、他信都是华人或华裔。
文莱	文莱华人有参政的传统，为捍卫华人利益，1963 年成立了文莱华人公会，1966 年该公会由社团改为华人政党。华人曾经担任立法会议员、官员委员会委员、外交部常任秘书、公务局局长及被赐封为“天猛公”。
马来西亚	马来西亚华人参政程度深广，约有 20% 的华人参加政党，华人曾担任内阁正副部长、州首席部长、上议院副议长、下议院副议长等政界要职。马来西亚华人公会于 1949 年成立，党员全部是华人或华裔，是马来西亚第二大政党，目前有党员约 70 万，2008—2011 年新吸收 3.5 万名新党员，现有 31 个国会议席及 72 个州议席［皆不足执政联盟中最大政党巫人统一机构（UMNO）的 1/2］。马来西亚民政运动党于 1968 年成立，80% 的党员是华人，从 1969 年开始就一直执政槟州，到 2008 年大选为止。
印度尼西亚	华人族群借哈比比接任总统后解除党禁的良机，先后组织了一些华裔政党和团体，如印尼中华改革党、印尼殊途同归党（大同党）、印尼同化党等，以争取和捍卫华人的政治权益和其他权益。大同党于 1998 年成立，在 1999 年大选中作为唯一有资格参选的华人政党，获得国会 1 席、省议会 25 席、县议会 45 席。华人政党一般以争取公民权、反对种族歧视为宗旨。在 1999—2004 年，候选人人数从不足 50 增长到差不多 150，一些候选人赢得了地区职位的选举。在 2009 年立法会选举雅加达地区代表的 58 个华裔候选人中，有两位赢得人民代表委员席位：郭建义（Kwik Kian Gie）1999—2000 年任经济与金融部部长，2001—2004 年任国家发展计划部长；冯慧兰（Mari Pangestu）2004 年起任贸易部部长。

如果东南亚国家华人希望平安地生活下去，就必须将自己首先定位为所住国

公民，其次才是所住国华人，紧密团结当地所有族群，热爱所住国，建设所住国，勤劳致富但不炫耀财富，和当地人和睦共处，善于运用宪法和法律赋予的权利，积极争取基本人权和平等的公民权。东南亚国家的原住民族群清醒地认识到这点，印度尼西亚国会副议长法特瓦于2007年12月在南苏门答腊省首府巨港举行的第八届印华百家姓协会全国代表大会开幕式谈到，华人文化应与本地文化相融合，创造出一个属于及适合印度尼西亚人的新文化，华人不应只顾做生意，更要争取进入政府机关的机会。印度尼西亚贸易部部长冯慧兰认为，华人已被接受为印度尼西亚大家庭的一员，为了民族的利益，要多参与国家的活动，为国家发展作贡献。印度尼西亚现任国会议员李祥胜谈到，作为华人议员，他非常关注印度尼西亚法律对华人的公平性，并立志于取消印度尼西亚所有歧视华人的法令。[①]

五、提升中国软实力，增进中国与东南亚国家间的互信

国家软实力又称国家软权力[②]或者国家软力量[③]。一般认为，文化是国家软实力的核心内容[④]，中国特色社会主义制度、发展模式、价值观、民族凝聚力、外交政策和对外援助等是国家软实力的主要内容[⑤]。中国国家软实力自身受制于国家硬实力和加速转型期而先天不足，以致影响力有限；中国国家软实力的发展受限于以经济建设为中心的国家战略而后天努力不够，以致与国家硬实力的发展呈现结构性失衡。从要素或者资源力角度来看，我国目前的国家软实力研究和实践主要集中于文化层面的国家软实力，极少关注甚至忽略制度、外交、价值观和民族特性等层面的国家软实力，这与制度、外交、价值观和民族特性等在国家软实力中的重要性以及不可或缺的地位不符；从研究视野来看，国家软实力的研究存在宏观性研究远多于微观性研究的失衡问题；从工作对象来看，论证国家软实力与华侨华人关系的多，而论证国家软实力与非华人（外国人）关系的少；从构建角度来看，国家软实力自身建设探讨较多，国家软实力扩散研究则较少。我国需要重视以上阐述的国家软实力建设和理论研究方面存在的问题，加强我国软实力建设，增加东南亚国家对我国和平发展、和谐世界理念的理解和认同，使我国在政治上更有影响力、经济上更有竞争力、形象上更有亲和力、道义上更有感

① 高端访谈．立志取消印尼所有歧视华人的法令．云南信息报，2009－08－28．

② 苏长和．中国的软权力：以国际制度与中国的关系为例．国际观察，2007（2）：27．

③ 庞中英．中国软力量的内涵．瞭望，2005（45）：62．

④ 刘相平．对“软实力”之再认识．南京大学学报（哲学·人文科学·社会科学版），2010（1）：153．

⑤ 陈奕平，范如松．华侨华人与中国国家软实力：作用、机制与政策思路，华侨华人历史研究，2010（2）：16．

召力，这对发展我国与东南亚国家的友好关系、增进我国与东南亚国家间的互信、维护和保障海外华侨华人的利益有着重要的意义。

第七节 日本华侨华人政策的展望

完善日本侨务政策时，要重视在日本的中国留学生、在日本就职的中国留学生、取得日本永久居留权的中国人和加入日本国籍的中国人四者之间的关系。“中国人—留学生—工作—华侨—华人”的中国人移民通道在世界上各个国家都是存在的，但是在传统移民国家有开放的直接取得永久居留权的政策法律，并行着“中国人—华侨—华人”的移民通道。比较而言，在发达国家和地区中，中国人移民非传统移民国家主要是通过“中国人—留学生—工作—华侨—华人”通道。由于日本实施比欧洲国家等发达国家更为严格的限制性移民政策法律，“中国人—留学生—工作—华侨—华人”移民通道对中国人就显得更为重要。如果我国能够在国人于日本留学期间就介绍和宣传我国侨务政策，有利于日后更有效地开展侨务工作。

完善日本侨务政策时，可以考虑日籍华人对日本的影响，因为加入日本国籍的中国人人数占到了加入日本国籍外国人总人数的1/4，在日华人人数在2007年超过了在日韩国人人数，成为日本第一大少数族裔。在1978—2008年30年间，加入日本国籍的中国人共有88 711名，占加入日本国籍的外国人总人数（341 082名）的26.01%；也就是说，每4个加入日本国籍的外国人中就至少有1个是中国人。

完善日本侨务政策时，还可以允许外国留学生在就读期间兼职工作和毕业到中国寻找工作。在日本就职的中国留学生以人文类居多，如前文的表4－19所示，67.94%在日本就职的中国留学生是人文类，被日本公司雇用后大都被派往中国，为日本企业开拓中国市场，成为日本企业在华的中坚力量。反观中国对在华外国留学生的管理，不允许外国留学生在就读期间兼职工作和毕业后在中国寻找工作，使中国企业无法通过毕业的外国留学生开拓海外市场，不利于进一步实施“走出去”战略。

我国在制定和完善亚洲华侨华人政策时，需要区别东南亚华侨华人政策和日本、韩国华侨华人政策，前者重点考虑老华侨华人，后者重点考虑新华侨华人。东南亚国家和日本、韩国虽然同处于亚洲并同为中国近邻，但是由于日本和韩国的新华侨华人人数分别占本国华侨华人总人数的93%和92%，与东南亚各国新华侨华人人数占本地区华侨华人总人数的8.01%相比，形成高比例和低比例的两个极端现象。基于人口自然规律，东南亚国家和日本、韩国的发达程度，东南亚国家和日本、韩国与中国关系变迁等因素，这种东南亚新华侨华人人数呈低比例和日本、韩国新华侨华人人数呈高比例的现象不仅会一直保持下去，而且会继续向原有的低比例和高比例方向发展。

第八节　结　论

亚洲侨情变化表现在三个方面：①亚洲华侨华人人数自古至今一直占世界华侨华人总人数的绝大多数，但是所占比例逐步加速下降；②亚洲华侨华人人数增速自 20 世纪 50 年代开始落后于世界华侨华人人数增速，与世界华侨华人人数增速的差距越拉越大；③亚洲新华侨华人是五大洲中新华侨华人人数最多的，但也是五大洲新华侨华人人数占本洲华侨华人总人数的比例中最低的。

东南亚侨情变化主要表现在四个方面：①东南亚华侨华人人数占亚洲华侨华人总人数的比例持续下降，但是东南亚作为华侨华人的第一大地区、规模，以及占亚洲和世界华侨华人总人数绝大多数的状况并没有发生改变；②东南亚国家华商的总资产一直占世界华商总资产的绝大多数，东南亚华商对华投资总额约占全球华商对华投资总额的 8%，与东南亚华商资产总额占全球华商资产（不含我国香港、台湾地区）总额的 30% 不相称；③东南亚华商对华投资总额约占我国香港、澳门和台湾地区华商对华投资总额的 11%，与东南亚华商资产总额约占我国香港、澳门和台湾地区华商资产总额的 50% 不相称；④东南亚中国新移民人数增长速度只是其他各地区中国新移民人数增长速度的近 1/2。东南亚侨情变化从内因上讲主要是因为东南亚国家普遍推行民族主义、华侨华人族群与其他族群的差异、东南亚国家与中国存在影响互信因素以及东南亚国家受美国等世界强国影响明显等。

日本、韩国侨情变化表现为日本和韩国新华侨华人人数分别占本国华侨华人总人数的 93% 和 92%，与东南亚各国新华侨华人人数占本地区华侨华人总人数的 8.01% 相比，形成高比例和低比例的两个极端现象。日本、韩国侨情变化从内因上讲主要是因为日本、韩国远比中国发达，人口更老年化，有吸引中国公民入境居留的需求；从外因上讲主要是因为，随着中国与日本、韩国交流与合作的加强，中国公民有强烈的入境日本、韩国并居留的需求。

我国可顺应和推动亚洲侨情变化，完善亚洲华侨华人政策。东南亚华侨华人政策在未来很长一段时期仍将左右我国全球华侨华人政策，但亚洲华侨华人政策的重要性将逐步让位于美洲、欧洲和大洋洲华侨华人政策。亚洲华侨华人政策和东南亚华侨华人政策都要重点考虑老华侨华人，推动东南亚华侨华人族群与其他族群由差异走向趋同。中国乐见东盟更加团结、稳定与发展，支持东盟共同体建设和一体化进程，支持东盟在地区合作中发挥重要作用。中国坚定不移走和平发展道路，坚持“与邻为善、以邻为伴”的周边外交方针，这不是权宜之计，而是中国谋求自身发展的内在需要，[①] 因为这有利于减少和消除东南亚国家与中国存在的影响互信因素。

① 熊争艳，魏建华，王莉．吴邦国访问东南亚三国综述：善之于邻　惠伴益民．新华网，2010－11－13.

第五章　传统移民国家华侨华人数量变化与传统移民国家华侨华人政策展望

引　言

传统移民国家是指外国移民通过和平或者战争的方式，驱赶或者同化了原住民民族，并最终在原民族居住的土地上建立的国家。[①] 传统移民国家有美国、加拿大、澳大利亚和新西兰。虽然这四个国家的综合国力、国土面积和总人口有较大差异，但是这些国家均拥有浓厚的多元文化氛围，坚持开放的移民政策，拥有成熟的移民法律体系，设立了健全的移民管理部门，对我国华侨华人实行排斥和吸纳的政策的历史发展如出一辙。受这些国家相近的移民文化、政策、法律、管理和历史发展影响，我国华侨华人在这些国家移入、生存和发展的情况也几近相同。本章将美国、加拿大、澳大利亚和新西兰作为一个国家群，首先分析美国、加拿大、澳大利亚和新西兰四国华侨华人可以作为我国侨务政策的共同对象，然后分析其对中国、所在国和世界华侨华人的影响，最后再分别具体分析美国、加拿大和澳大利亚三个国家的华侨华人数量变化，展望传统移民国家的华侨华人政策。

第一节　美国、加拿大、澳大利亚和新西兰四国华侨华人

基于美国、加拿大、澳大利亚和新西兰四国悠久的移民传统，以西方基督教文化为主流的多元文化，对华移民政策都经历了欢迎、排斥和选择三个历史发展阶段。基于成熟的移民法，完善的移民部门，稳定、有效和开放的选择性移民政策等原因，美国、加拿大、澳大利亚和新西兰四国华侨华人具有诸多共性，应成为我国海外华侨华人政策的共同对象。

---

① 宋全成．论德国移民的社会一体化进程．德国研究，2006（2）：43～47．

第一，美国、加拿大、澳大利亚和新西兰四国均具有移民传统和多元文化。

美国、加拿大、澳大利亚和新西兰四个国家总人口中，原住民占比例极低，外来移民中欧洲裔或者白人占绝大多数，亚洲裔占很低比例。这四个国家的基本国情孕育了他们悠久的移民传统，以西方和基督教文化为主流的多元文化。

这四个国家在西方殖民者到来之前，基本都是荒芜之地。西方殖民者用暴力、和平或兼而有之的方式取得了所在地区的控制权，然后大量接纳包括中国人在内的外来移民，使之成为外来移民及其后裔占人口绝大多数的国家。如表5－1所示，在四国总人口中，欧洲裔或者白人占绝大多数，白人占澳大利亚总人口92%、占美国总人口79.96%，欧洲裔占加拿大总人口66%、占新西兰总人口56.8%。亚洲裔占四国总人口的比例很低，在新西兰、澳大利亚和美国的比例依次下降，分别为8%、7%和4.43%。亚洲裔、非洲裔、阿拉伯裔人口共占加拿大总人口6%。原住民占这四个国家总人口的比例极低，在新西兰、加拿大、澳大利亚和美国的比例依次下降，分别为12%、2%、1%和0.18%。由于原住民人口占这四个国家总人口非常低的比例，已有民众自身普遍具有的移民经历和情结，使得四国能够对外来移民持续保持平和、包容和欢迎的心态。欧洲裔或者白人占绝大多数和亚洲裔占四国总人口很低比例，则使西方精神和基督教文化成为了四国人文精神和文化的主流，东方精神和儒佛文化只是四国人文精神和文化的支流。

表5－1　美国、加拿大、澳大利亚和新西兰四国的人口构成（2012年）

单位：人

国别	总人口	亚裔	华裔	原住民	其他族裔
美国	313 847 465（2012年7月）	4.43%（2007年7月）	1.19%（2006年）	0.18%（2007年7月）	79.96%是白人，12.85%是黑人、1.61%是混合族裔（2007年7月）
加拿大	34 300 383（2012年7月）	亚洲裔、非洲裔和阿拉伯裔6%	3.9%（2006年）	印第安裔和爱斯基摩裔2%	英国裔28%，法国裔23%，其他欧洲国家裔15%，混合族裔26%
澳大利亚	22 015 576（2012年7月）	7%	1.7%（2010年）	土著裔和其他族裔1%	白人92%
新西兰	4 327 944（2012年7月）	8%（2006年）	3.6%（2006年）	毛利裔7.4%，太平洋岛屿裔4.6%（2006年）	欧洲裔56.8%混合族裔9.7%，其他族裔13.5%（2006年）

资料来源：*The World Factbook*，Central Intelligence Agency，The USA. www. cia. gov.

第二，美国、加拿大、澳大利亚和新西兰四国的对华移民政策都经历了欢迎、排斥和选择三个历史发展阶段。

美国、加拿大、澳大利亚和新西兰的对华移民政策都经历了欢迎、排斥和选择三个历史发展阶段，而且各个阶段的时间点比较接近并互相影响。在没有重大外力影响下，这四个国家的对华移民政策会保持应有的历史发展惯性继续演变，也就是说，开放的选择性移民将是这四个国家未来移民政策的主要取向。

由于殖民拓荒和建设需要大量劳动力，这四个国家在殖民地或者国家建设初期都欢迎包括中国人在内的所有外国人移民到本国，甚至强迫清政府签订条约，例如1860年《北京条约》、1868年《中美伯宁汉姆条约》，取消限制中国人出国禁令，允许中国公民自由跨国迁徙。如表5－3所示，美国华人人口在1880年为105 465人，是1860年34 933人的3.02倍。

由于人口承载能力有限，国家建设告一段落，以及华人封闭、不融入和生活习惯迥异等原因，如表5－2所示，这四个国家不约而同在19世纪后半期开始排华。澳大利亚于1855年、新西兰于1881年、美国于1882年、加拿大于1885年分别制定了第一部排华法律，要求入境中国人缴纳人头税，之后不断修订排华法律，采取更严厉措施，直至完全禁止中国人入境工作。如表5－3所示，美国华人人口在1940年为106 334人，只比1880年105 465人增长了0.82%，即869人。考虑到人口自然增长，美国华人人口在1880—1940年60年间呈现负增长。

因为中国在第二次世界大战中成为这四个国家的盟国，“二战”后人权运动蓬勃发展，为了在与苏联、日本等国家的国际竞争中占据主动地位，以及适应后工业时代对人才的迫切需求，这四个国家在“二战”后，特别是20世纪60年代后又不约而同地逐步放弃了排华政策，先后全面实施开放的选择性移民政策，重点吸收包括中国人在内的能为本国经济社会发展作出贡献的外国人，客观上给予了中国人和其他国家公民平等的移民机会。如表5－2所示，美国于1952年制定移民法，将50%移民配额给予美国急需人才；加拿大紧随其后，于1962年制定移民法，规定选择移民应基于申请人的教育和技能，而不是民族和国籍，1967年实施技术移民积分评估制；澳大利亚和新西兰学习美国和加拿大的技术移民制度建设经验，分别于1973年、1987年实施本国的技术移民制度。这四个国家根据本国情况，在21世纪之交前后，互相学习开放的选择性移民政策经验，各自完善了本国移民政策和法律。如表5－3所示，美国华人人口在1950—2006年共56年间，呈现爆炸式增长，从150 005人增长到3 565 458人，激增了23.77倍。

表 5-2　美国、加拿大、澳大利亚和新西兰四国对华移民政策的历史发展

国别	欢迎中国人移民	排斥中国人移民	选择中国人移民
美国	1882 年以前，中国人与其他国家的人一样，可以迁徙美国。	1882 年《禁止输入中国劳工法》（1889 年修订）规定：禁止输入中国劳工，在美中国劳工必须注册，一年内未注册者，将被驱逐出境。该法于 1943 年被废止。	1943 年后，给予华人的移民配额每年仅为 105 人。1952 年《移民与国籍法》规定：西半球以外国家受移民配额限制，50% 移民配额给予美国急需人才；1965 年《移民与国籍法》规定：以国别配额取代种族配额，确立申请移民五类优先权，对技术和非技术人员实施不同工作许可；1990 年《移民与国籍法》规定：增加移民总配额和技术类移民配额，将技术投资类移民从其他移民中独立出来，实施引进外国人才的 H-1B 签证计划；2004 年《国家安全法》规定：改革移民管理部门，赋予执法机关更多的行政权力。
加拿大	1885 年以前，中国人与其他国家的人一样，可以迁徙加拿大。	1885 年《限制华人入境法》规定：华人入境一律缴人头税；该法于 1947 年被废止。1923 年《中国移民法》规定：中国人一律不得入境。	1960 年《人权法》规定：废除种族歧视；1962 年《移民法》规定：选择移民基于申请人的教育和技能，而不是民族和国籍；1967 年《移民条例》规定：平等对待世界各国移民，实施技术移民积分评估制；1976 年《移民法》规定：确立独立移民等四类移民类别，赋予各省实施本省移民法规权利；1993 年修订移民法，设立公民和移民部，完善积分评估制；2002 年修订移民法，提高技术和投资移民申请标准。
澳大利亚	1901 年以前，中国人与其他国家的人一样，可以迁徙澳大利亚。	1855 年《维多利亚对某些移民（中国人）制定规定法》规定：中国人境维多利亚须缴纳 10 英镑人头税；1857 年南澳大利亚、1861 年新南威尔士、1878 年昆士兰分别制定法律限制中国人入境澳大利亚；1901 年《澳大利亚移民限制法》规定：实施白澳政策，完全吸收欧洲人特别是英国人，排斥有色人种特别是黄种人。	1950 年，亚洲国家学生可以到澳大利业读书；1957 年，居住在澳大利亚 15 年以上的有色人种可以取得公民资格；1973 年修订移民法，规定任何移民有权在澳大利亚居住满 3 年后取得公民权，承认有关移民和种族的国际条约；1973 年澳大利亚推出结构化选择评估制；1975 年《反种族歧视法》规定：带有种族色彩的法律为非法；1978 年修订移民法，废除按出生国选择移民政策；针对外国人才，1979 年推出量化多因素评估制；1982 年推出移民评估制；1983 年实施独立技术移民制；1997 年推出指定职业表；2008 年世界经济危机后，收紧独立技术移民，放松雇主提名移民和投资移民。

（续上表）

国别	欢迎中国人移民	排斥中国人移民	选择中国人移民
新西兰	1899年以前，中国人与其他国家的人一样，可以迁徙新西兰。	1881年《中国人移民法》（1907年修订规定）：中国人入境必须缴纳200英镑人头税；该法于1934年被豁免。1899年《移民限制法》（1908年修订）规定：实施“白新”政策，华人属于禁止移民范围，在新华人不得入籍。1920年《移民限制补充法》规定：中国人不得在新永久居留。1927年《危险药物法》规定：可以不经法院批准搜查中国人住处。1944年，新西兰废止歧视华人的有关移民法。	1977年《人权委员会法》规定：禁止雇主歧视外国人；1977年《国籍法》规定：所有外国人申请入籍，适用一样的居住时间、品行和英语能力要求；1987年《移民法》规定：实施技术移民制度；1991年修订移民法，用积分评估制取代优先职业清单；2001年增设优秀人才签证；2002年实施工作—定居政策；2003年技术移民类别取代一般技术类别，完善积分评估制，鼓励已经在新西兰找到工作的被邀请人申请技术移民。

表5-3　美国华人人口和在美国出生比例（1860—2006年）

年份	人口	在美国出生比例
1860	34 933	—
1870	63 199	—
1880	105 465	—
1890	107 475	0.7%
1900	118 746	9.3%
1910	94 414	20.7%
1920	85 202	30.1%
1930	102 159	41.2%
1940	106 334	51.9%
1950	150 005	53.0%
1960	237 292	60.5%
1970	435 062	53.1%
1980	812 178	36.7%
1990	1 645 472	30.7%

（续上表）

年份	人口	在美国出生比例
2000	2 879 636	42.0%
2006	3 565 458	—

资料来源：美国1970—2006年人口统计. 转引自庄国土，李瑞晴. 华侨华人分布状况和发展趋势. 国务院侨务办公室政策法规司，2011. 127.

第三，美国、加拿大、澳大利亚和新西兰都有成熟的移民法和完善的移民部门。

美国、加拿大、澳大利亚和新西兰都有完善的移民法和移民部门，不仅吸引对本国经济社会发展有益的外国人，统筹管理和服务包括中国人在内的外来移民，而且确保了稳定、延续和有效地实施开放和选择性移民政策。如表5－2所示，这四个国家在20世纪初就开始制定和实施移民法，随后根据本国情况和其他国家移民法的变化，不断修订本国的移民法，使之日益完善并成为目前世界上最完善的移民法体系之一。

如表5－4所示，加拿大和澳大利亚分别建立了部级移民部门——公民与移民部、移民与公民部，部长是内阁成员，可见国家对移民事务的高度重视。美国为了加强移民事务的管理及保障国家非传统安全功能，在“9·11”事件之后，将移民部门置于司法部之下改为置于新组建的国土安全部之下，作为司局级单位；同时，为了移民部门专权，将其职能分拆于公民和移民服务局、海关和边境保护局、移民和海关执法局。新西兰作为一个人口和领土小国，非常重视移民的人力资源属性，在劳工部之下设置移民局。

表5－4　美国、加拿大、澳大利亚和新西兰四国的主要移民管理部门、法律和立法目的

国别	主要移民管理部门	主要移民法律	主要移民立法目的
美国	国土安全部公民和移民服务局（U. S. Citizenship and Immigration Service）	美国移民与国籍法	促进本国经济社会发展
加拿大	公民与移民部（Citizenship and Immigration Canada）	加拿大移民及难民保护法	制定更为清晰和现代的法律，确保加拿大移民以及难民保护体系能够适应新的挑战及机遇，能够反映加拿大社会价值观的宗旨

（续上表）

国别	主要移民管理部门	主要移民法律	主要移民立法目的
澳大利亚	移民与公民部（Department of Immigration and Citizenship）	澳大利亚移民法	在保护澳大利亚国家利益基础上，规定非澳大利亚公民入境及居留
新西兰	劳工部移民局（New Zealand Immigration Service Department）	新西兰移民法	没有任何条款可以取消新西兰公民在新西兰居留的权利，任何条款都不应与适用于新西兰公民的权利矛盾

美国、加拿大、澳大利亚和新西兰四国移民部门的内部建构也非常完善。以美国公民和移民服务局为例，如图 5－1 所示，下设了法律事务、公民资格、政策和战略、执行和质量等 11 个行政处室，以及服务中心、虚假材料检查和国家安全、难民避难者和国际运作等 7 个业务处室。

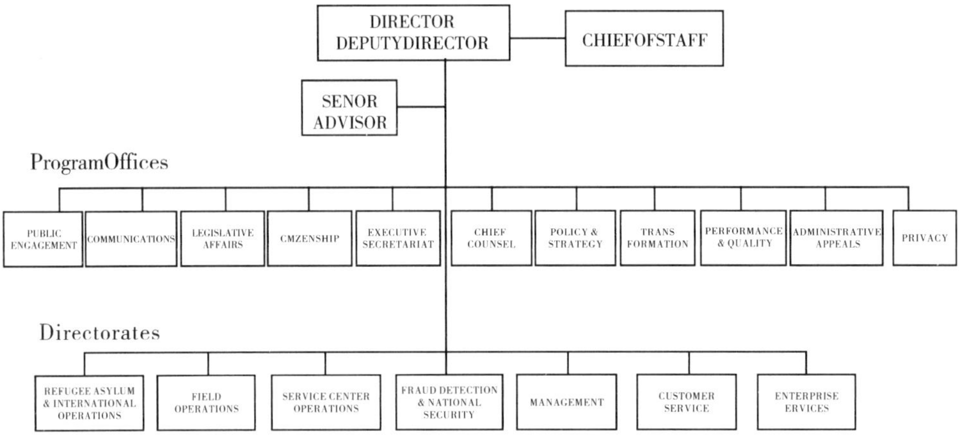

图 5－1　美国国土安全部公民和移民服务局组织结构图

第四，美国、加拿大、澳大利亚和新西兰都实施开放的选择性移民政策。

美国、加拿大、澳大利亚和新西兰四国目前都实施开放的选择性移民政策，这是一种非常务实的移民政策，重点引进能够促进本国经济和社会发展以及其他有益于本国国家利益的外国人。因其浓厚的移民传统、历史发展惯性、成熟的移民法以及完善的移民部门，这四个国家正在实施的开放的选择性移民政策将会稳定和有效地延续下去。

第五，小结。

美国、加拿大、澳大利亚和新西兰四国华侨华人应成为我国海外华侨华人政策的共同研究对象。与我国海外华侨华人重点聚居的东南亚地区国家以及欧洲国家相比，这四个国家高度发达，华侨华人人口规模巨大，实施的开放的选择性移民政策稳定和有效。如本章以下论证，从宏观上推论，这四个国家的华侨华人无论在数量上还是层次上，都可能逐渐跃居世界华侨华人的领先地位。因而，我国需要将这四个国家的华侨华人作为一体，放在更加突出和重要的位置，思考和制定我国海外华侨华人政策。

第二节　美国、加拿大、澳大利亚和新西兰四国华人对中国、所在国和世界华侨华人的影响

本节分析美国、加拿大、澳大利亚和新西兰华人人口增速及其与东南亚华侨华人人口增速的对比，华人占所在国人口比例增速及其与东南亚华侨华人占所在国人口比例增速的对比，探讨这四个国家的华人以及东南亚华侨华人占世界华侨华人总人口比例分别快速上升和迅猛下降的强烈对比，预测这四个国家华侨以及东南亚两个地区的华侨华人何时将等同。重点论证这四个国家华人作为一个整体，从数量上而言，对中国、所在国和世界华侨华人产生着越来越强于东南亚华侨华人的影响。

第一，美国、加拿大、澳大利亚和新西兰华人人口增速，远远高于东南亚华侨华人人口增速。

中国人移民美国、加拿大、澳大利亚和新西兰以来，除 20 世纪前后至 20 世纪 60 年代期间限制中国人入境外，美国、加拿大、澳大利亚和新西兰人口中的华人增速，远远高于东南亚人口中的华侨华人人口增速。如表 5 – 5 所示，加拿大华人在 1950—2006 年共 56 年间，从 3. 3 万人增长到 121 万人，激增了 36. 67 倍；澳大利亚华人在 1950—2010 年共 60 年间，从 2 万人增长到 37. 91 万人，激增了 38. 50 倍；美国华人在 1950—2006 年共 56 年间，从 15. 0 万人增长到356. 55 万人，激增了 23. 77 倍；增幅最慢的新西兰华人，也从 1. 1 万增长到 14. 76 万，增长了 13. 42 倍。美国、加拿大、澳大利亚和新西兰的华人总人口从 1950 年的 21. 6 万增长到 2006 年 530. 21 万，增长了 24. 55 倍。同一期间，东南亚华侨华人

在20世纪50年代初至2007年，从大约1 275万[①]增长到3 348万[②]，只缓增了2.63倍。也就是说，在1950—2006年，美国、加拿大、澳大利亚和新西兰华人增长倍数是东南亚华侨华人增长倍数的9.33倍。

第二，美国、加拿大、澳大利亚和新西兰华人人口占所在国人口比例增速，远远高于东南亚华侨华人人口占所在国人口比例增速。

受美国、加拿大、澳大利亚和新西兰华人人口增速，在1950—2006年远高于东南亚人华侨华人人口增速的影响，这四个国家的华人人口占所在国人口比例的增速，远远高于东南亚华侨华人人口占所在国人口比例的增速。如表5－5所示，1950—2006年，在美国、加拿大、澳大利亚和新西兰四国，华人人口占本国总人口比例增长最快的是加拿大，由0.24%上升到3.9%，增长了3.66%；其次是澳大利亚，由0.24%上升到1.7%，增长了1.46%；再次是新西兰，由0.58%上升到3.6%，增长了3.02%；美国最慢，由0.1%上升到1.19%，增长了1.09%。这四个国家的华人人口占四国总人口比例由1950年的0.12%上升到2006年的1.48%。然而，同一时期，东南亚华侨华人占东南亚总人口比例不升反降，由7%下降到6%。

第三，美国、加拿大、澳大利亚和新西兰华人以及东南亚华人占世界华侨华人比例分别快速上升和迅猛下降。

美国、加拿大、澳大利亚和新西兰人口中的华人数量和占所在国总人口比例的增速在1950—2006年期间，均远远高于东南亚人口中的华侨华人人口的数量和占所在国总人口比例的增速。到2006年，美国、加拿大、澳大利亚和新西兰华人人口和东南亚华人人口占世界华侨华人人口的比例分别快速上升和迅猛下降。1950—2006年，美国华人占世界华侨华人比例增长最快，由1.2%增至7.85%，增长了6.65%；其次是加拿大，由0.26%增至2.66%，增长了2.4%；澳大利亚和新西兰分别由0.16%和0.09%上升到0.84%和0.32%。这四个国家的华人人口占世界华侨华人总人口的比例从1950年的2.28%上升到2006年的11.69%，上升了9.41%。而同一时期东南亚华侨华人占世界华侨华人总人口的比例，却从85%下降至73.5%，下降了11.5%。

第四，到2026年，美国、加拿大、澳大利亚和新西兰以及东南亚两个地区的华侨华人人数将等同。

美国、加拿大、澳大利亚和新西兰华人总人口年均增速，如表5－5所示，1950—2006年为42.05%，是同一时期东南亚华人总人口年均增速2.9%的14.5

---

① 庄国土，李瑞晴．华侨华人分布状况和发展趋势．国务院侨务办公室政策法规司，2011.7.

② 庄国土，李瑞晴．华侨华人分布状况和发展趋势．国务院侨务办公室政策法规司，2011.11.

倍。如果这四个国家的华人人口和东南亚华人人口占世界华侨华人总人口比例的快速上升和下降继续保持以上年均增速，那么到2026年，两个地区的华侨华人将等同于约5 060万。需要考虑的影响该预测的变量因素有：

（1）华人规模明显小于华侨华人规模。上述预测是以美国、加拿大、澳大利亚、新西兰华人，以及东南亚华侨华人为基础测算（现在还没有查找到这方面精确数据）。如果考虑华人规模明显小于华侨华人规模因素，出现上述两地区华侨华人规模等同结果的时间会提前。2006年8月，澳大利亚华侨华人人口为76.989万；2010年6月，澳大利亚华人人口为37.91万，华人人口只占华侨华人人口的49.24%。类似澳大利亚华侨华人规模比华人规模大很多的情况，也出现在美国、加拿大和新西兰。

（2）基数小容易导致增速快。上述预测是以1950—2006年年均增速为基础测算的，初期基数小容易导致增速快。如果以近期例如1996—2006年年均增速为基础测算，基数增大会使增速相对平稳。所以上述结果的时间会推后。

（3）移民政策和中国状态保持不变。上述测算是以美国、加拿大、澳大利亚、新西兰和东南亚国家均保持目前移民政策，和中国继续按照目前状态向前发展为基础测算的。而现实中，这些情况都可能发生变化，如果移民政策是积极和开放的，则会预测提前，反之亦然。

表5－5　1950年和2006年美国、加拿大、澳大利亚、新西兰华人及东南亚华侨华人数量，占本国/地区和世界华侨华人总人口比例

单位：万人

国家/地区	1950年	占本国/地区总人口比例[①]	占世界华侨华人比例	2006年	增速	占本国/地区总人口比例	占世界华侨华人比例	年均增速
美国	15.0	0.10%	1.20%	356.55	23.77倍	1.19%	7.85%	40.66%
加拿大	3.3	0.24%	0.26%	121.00	36.67倍	3.90%	2.66%	63.70%
澳大利亚	2.0	0.24%	0.16%	37.91（2010年）	38.50倍	1.70%	0.84%	31.50%
新西兰	1.1	0.58%	0.09%	14.76	13.42倍	3.60%	0.32%	22.18%

① 根据美国人口普查局（www.census.gov）公布的数据，1950年，美国人口为151 325 798人，加拿大人口为14 011 422人，澳大利亚人口为8 267 337人，新西兰人口为1 908 310人，合计175 512 867人；2006年，美国人口为30 053万人，加拿大人口为3 310万人，澳大利亚人口为2 026万人，新西兰人口为408万人，合计35 797万人。参见http：//www.census.gov/population/international。

（续上表）

国家/地区	1950 年	占本国/地区总人口比例	占世界华侨华人比例	2006 年	增速	占本国/地区总人口比例	占世界华侨华人比例	年均增速
小计	21.6	0.12%	2.28%	530.21	24.55 倍	1.48%	11.69%	42.05%
东南亚（华侨华人）	1 275.0	7.00%①	85.00%	3 348.00（2007 年）	2.63 倍	6.00%	73.50%	2.90%

数据来源：转摘和整理自美国人口普查局（www.census.gov）；庄国土，李瑞晴．华侨华人分布状况和发展趋势．国务院侨务办公室政策法规司，2011.7，11，127，152，214，224.

注：（1）年均增长率＝［（本期比例÷前 N 年比例）－1］÷N 年×100%

（2）庄国土和李瑞晴在《华侨华人分布状况和发展趋势》中指出，截至 2006 年 8 月 8 日，澳大利亚华侨华人人口约为 76.989 万。而澳大利亚统计局认为，截至 2010 年 6 月 30 日，澳大利亚华人人口为 37.91 万，占澳大利亚人口 2 230 万的 1.7%，见 Australian Bureau of Statistics，Australia's Diverse Population，http：//www.abs.govau/ausstats/abs@.nsf/Products/0D5A016809789E35CA2578B0001195B1？opendocument，2012－05－30。数据差异的原因是，庄国土和李瑞晴用的是澳大利亚华侨华人，而澳大利亚统计局用的是澳大利亚华人（在海外出生的澳大利亚人）。本表考虑到美国、加拿大和新西兰用的是华人，所以在分析澳大利亚情况时，采用澳大利亚统计局数据。

第五，小结。

1950—2006 年，美国、加拿大、澳大利亚和新西兰华人人口增速，远远高于东南亚华侨华人人口增速，这四个国家的华人增长倍数是东南亚华侨华人人口增长倍数的 9.33 倍。这四个国家的华人人口占所在国人口比例增速，远远高于东南亚华侨华人人口占本地区人口比例增速。这四个国家的华人人口占四国总人口比例由 1950 年的 0.12% 上升到 2006 年的 1.48%，东南亚华侨华人人口占东南亚总人口的比例不升反降，由 7% 下降到 6%。这四个国家的华人人口以及东南亚华人人口占世界华侨华人总人口比例分别快速上升和迅猛下降，四国华人人口占世界华侨华人总人口比例从 2.28% 猛增至 11.69%，东南亚华侨华人人口占世界华侨华人总人口比例却从 85% 下降至 73.5%。

1950—2006 年美国、加拿大、澳大利亚和新西兰华人总人口年均增速为 42.05%，是同一时期东南亚华人总人口年均增速 2.9% 的 14.5 倍。以此速度增

① 根据［越南］陈高山．九十年代初东南亚人口发展动态．冯永孚译．南方人口，1992（2）。东南亚 1950 年总人口为 1.82 亿，（11.05～12.75）÷182≈6.04%～7%。

长，到2026年，这四个国家以及东南亚两个地区的华侨华人人口将同为约5 060万。可以看出，这四个国家华人对中国、所在国和世界华侨华人的影响日益上升，而东南亚华侨华人对中国、所在国、世界华侨华人的影响日益下降。仅以数量衡量，这四个国家以及东南亚华人对中国、所在国和世界华侨华人的影响在2026年将发生反转，由前者取代后者，获得对中国、所在国和世界华侨华人影响的支配地位。

中国需要认可、接受、顺应美国、加拿大、澳大利亚和新西兰华人对中国、所在国和世界华侨华人的影响日益上升，而东南亚华侨华人的影响相应日益下降的趋势，制定出有针对性和预测性的2013—2026年四国华侨华人政策，更加重视四国华侨华人对中国的需求和呼声，积极引导其对所在国的影响并融入中国国家利益，认真协调其与其他地区华侨华人群体在世界华侨华人中的利益和冲突。

第三节　美国、加拿大、澳大利亚和新西兰新华人对中国、所在国和世界华侨华人的重要影响

本节分析美国、加拿大、澳大利亚和新西兰新华人数量及其与东南亚新华侨华人数量的对比，四国新华人人口占本国华侨华人人口比例及其与东南亚新华侨华人人口占本地区总人口比例的对比，探讨四国新华人人口占世界华侨华人人口比例及其与东南亚新华侨华人人口所占相应比例的对比，四国新华人人口年均增速及其与世界华侨华人人口增速的对比，预测四国华侨华人未来规模和层次的发展。重点论证四国新华人作为一个整体，对中国、所在国和世界华侨华人的重要影响已经显现，且远远超出了东南亚新华侨华人的相应影响。

第一，美国、加拿大、澳大利亚和新西兰新华人人口超过了东南亚新华侨华人人口。

美国、加拿大、澳大利亚和新西兰新华人人口，如表5－6所示，在2006年已经超过东南亚新华侨华人总人口——四国新华人人口305. 87万，比东南亚新华侨华人人口的265万多出40. 87万。也就是说，从数量上讲，四国新华人对中国的影响已经超过了东南亚新华人对中国的影响。

第二，美国、加拿大、澳大利亚和新西兰新华人人口占四国华侨华人总人口的53. 73%，远远超出东南亚新华侨华人人口占本地区总人口的比例。

美国、加拿大和新西兰新华人人口均占本国华人人口一半以上，分别为53. 47%、62. 23%和65. 44%；澳大利亚新华人人口占本国华人人口的79. 86%。

四国新华人人口共计305.87万，如表5-6所示，占四国华人总人口（569.2918万人）一半以上，达53.73%。东南亚新华侨华人人口为265万，只占本地区华侨华人人口（3345万人）的7.91%，仅为四国新华人所占相应比例的14.72%。可以看出，四国新华人成为了本国华侨华人的最重要的和绝对的支配群体，尤其以新西兰和加拿大为甚。在东南亚，最重要和绝对的支配群体依然是老华侨华人。

第三，美国、加拿大、澳大利亚和新西兰新华人人口占世界华侨华人总人口的29.55%，超出了东南亚新华侨华人人口所占的相应比例。

美国、加拿大、澳大利亚和新西兰新华人人口共计305.87万，如表5-6所示，占世界新华侨华人总人口（1035万人）的29.55%，比东南亚新华侨华人人口占世界新华侨华人总人口的25.73%多出3.82%。近30%的世界新华侨华人人口集中在美国、加拿大、澳大利亚和新西兰，并且超出东南亚新华侨华人人口所占比例。这意味着，四国新华人已经是世界新华侨华人的支配性群体，其重要性超过了东南亚新华侨华人。

第四，美国、加拿大、澳大利亚和新西兰新华人人口年均增速为6.98%，远远超过世界华侨华人增速。

美国、加拿大、澳大利亚和新西兰新华人人口增速，如表5-6所示，1991—2006年年均增速为6.98%。根据台湾当局“侨务委员会”《2010年侨务统计年报》，世界华侨华人总人口在2006年为3862.9万，1992年为3551万，年均增长0.63%。换句话说，1991—2006年，四国华人人口年均增速，是同一时期世界华侨华人人口增速的11.08倍。基于此，四国新华人人口在不远的将来不仅会成为世界新华侨华人，而且会成为世界华侨华人最重要的支配性群体。

表5-6　1991—2006年美国、加拿大、澳大利亚、新西兰、东南亚新华人人口占本国/地区总人口比例和世界华侨华人人口比例

单位：万人

国家/地区	1991年	2006年	占本国华人人口比例	占世界新华侨华人人口比例	年均增速
美国	92.10（1990）	190.63	53.47%（356.55）	18.42%	7.13%
加拿大	35.60	75.30	62.23%（121）	4.51%	7.44%

（续上表）

国家/地区	1991 年	2006 年	占本国华人人口比例	占世界新华侨华人人口比例	年均增速
澳大利亚	15.08	30.28	79.86%（37.91）	2.92%	6.30%
新西兰	1.76	9.66	65.44%（14.757）	0.93%	30.00%
小计	144.52	305.87	53.73%（569.291 8）	29.55%	6.98%
东南亚（华侨华人）	—	265.00	7.91%（3 345）	25.73%（1 035）	—

资料来源：转摘和整理自庄国土．论中国人移民东南亚的四次大潮．南洋问题研究，2008（1）；其他亚洲各国数据来自庄国土，李瑞晴．华侨华人分布状况和发展趋势．国务院侨务办公室政策法规司，2011.129，154，216，226，244～270.

注：新华侨华人是指中国两岸三地新华侨华人。

第五，美国、加拿大、澳大利亚和新西兰华侨华人规模和层次将继续壮大和提高。

美国、加拿大、澳大利亚和新西兰华侨华人对中国、所在国和世界华侨华人的影响持续上升，将在 2026 年成为我国海外华侨华人政策的最重要对象。虽然这四个国家的华人人口在 1950 年的基数非常小，分别只有 15 万、3.3 万、2 万和 1.1 万，而东南亚华侨华人人口已经有大约 1 200 万，但是，比较而言，这四国比东南亚国家的经济社会发达、国家稳定和对中国友好，在四国以及东南亚均对中国开放后，中国人更愿意迁往前者。

美国、加拿大、澳大利业和新西兰目前实施的开放的选择性移民政策，对中国公民几乎没有歧视和不平等待遇。中国公民将有机会在未来不断地入境这四个国家学习、工作、居留、定居和入籍，继续壮大已成规模的华侨华人群体。这四个国家会成为我国公民最重要的移入地。只要我国继续奉行改革开放政策，人员国际流动就会不断扩大规模和提高层次。可能的两种例外情况是：第一，这四个国家在未来向中国宣战，双方成为敌对国，中国公民将会被拒绝入境，已经在这些国家的中国公民将会被驱逐出境或者限制活动；第二，中国国内发生大规模事件，这些国家依据所谓的人道主义原则，允许中国公民大规模入境，并允许在其境内的中国公民延期居留或者转换身份。从目前政治、经济和社会情况来看，出现以上两种例外情况的可能性很小。

第六，小结。

美国、加拿大、澳大利亚和新西兰新华人对中国、所在国和世界华侨华人的重要影响已显现，已经是我国海外新华侨华人政策的最重要对象。随着这四个国家华侨华人规模和层次的壮大和提高，四国华人将成为我国海外华侨华人政策的最重要对象。四国新华人人口为 305.87 万，比东南亚新华侨华人人口 265 万多出 40.87 万。从数量上讲，四国新华人对中国的影响已经超过了东南亚新华人对中国的影响。四国新华人人口占本国华侨华人人口的 53.73%，远远超出东南亚新华侨华人占本地区华侨华人的 7.91%。四国新华人人口成为了本国华侨华人人口的最重要的和绝对的支配群体，而东南亚华侨华人中最重要和绝对的支配群体依然是老华侨华人。四国新华人人口占世界华侨华人总人口的 29.55%，比东南亚新华侨华人人口占世界新华侨华人总人口的 25.73% 多出 3.82%。四国新华人已经是世界新华侨华人的支配性群体，其重要性超过了东南亚新华侨华人。四国新华人人口年均增速远远超过世界华侨华人人口的年均增速。

第四节　美国华侨华人数量变化和美国华侨华人政策展望

本节从中国人入籍美国人数、中国人获得美国永久居留权人数、持学习和交流签证入境美国中国人数、持工作签证入境美国中国人数、直接申请获批美国避难签证中国人数、复议申请获批美国避难签证中国人数、在美国非法居留中国人人数、被美国驱逐出境中国人人数八个方面，分析美国侨情变化，探讨导致此种变化的原因，论述此种变化的意义，并展望未来的美国华侨华人政策。

第一，中国人入籍美国人数较多和比较稳定，占入籍总人数比例不高和比较稳定，排位靠前。

如表 5－7 所示，2001—2011 年美国共批准 361 849 名中国人加入美国国籍。其中，除 2003 年和 2004 年，每年入籍美国的中国人人数不足 3 万，其他各年度均超过了 3 万。中国人入籍美国人数最多的是 2008 年的 40 017 人，最少的是 2003 年的 23 991 人，其他年份入籍人数为 27 309～35 387 人。

中国人入籍美国人数占外国人入籍美国总人数比例不高和比较稳定。如表 5－7所示，2001—2011 年，中国人入美国国籍人数占外国人入美国国籍总人数的 4.73%。中国人入籍美国人数占外国人入籍美国人数比例最高的是 2001 年的 5.67%，比例最低的是 2008 年的 3.82%，其他年份所占比例为 4.73%～5.59%。

中国人入籍美国人数在各国入籍美国人数中排位靠前。如表 5－7 所示，2001—2011 年，中国人入籍美国人数稳居前五位，其中 2003—2005 年居第五位，其他 8 个年份均居第四位。

值得注意是，中国人入籍美国人数最多的是 2008 年的 40 017 人，其所占外国人入籍美国总人数的 3.82%，却是 2001—2011 年中国人入籍美国人数占外国人入籍美国人数的最低比例；中国人入籍美国最少的是 2003 年的 23 991 人，占外国人入籍美国人数的 5.19%，却是 2001—2011 年中国人入籍美国人数占外国人入籍美国人数第五高比例的年度。这说明，入籍美国的中国人人数增加的同时，入籍美国的外国人人数也在增加，而且增加幅度超过了中国人入籍美国人数的增加幅度。

中国人入籍美国的人数较多、比较稳定并在各国入籍美国人数中排位靠前，使得我国在美国新华人人数持续快速增长。中国人入籍美国人数一直占外国人入籍美国总人数的不高比例，以致美籍华人作为美国少数民族在未来一段时间对美国的影响依然非常有限。所以，我国要将美国华人放在更加突出的位置来考虑海外侨务政策的调整；同时，要清醒地认识到，美国华人对美国的影响依然非常有限，不要对通过美国华人影响美国给予太高期望；如果考虑到入籍美国的中国人中有很多已经被美国“和平演变”，更是不能通过美国华人影响美国给予太高希望。

表 5－7　2001—2011 年加入美国国籍总人数、中国人人数、所占比例及排位

单位：人

入籍情况	2001 年	2002 年	2003 年	2004 年	2005 年	2006 年
批准中国人入籍数	34 353	31 987	23 991	27 309	31 708	35 387
批准总入籍数	606 259	572 646	462 435	537 151	604 280	702 589
所占比例	5.67%	5.59%	5.19%	5.08%	5.25%	5.04%
排位	次于墨、印、越	次于墨、印、越	次于墨、印、越、菲	次于墨、印、菲、越	次于墨、印、菲、越	次于墨、印、菲
入籍情况	2007 年	2008 年	2009 年	2010 年	2011 年	合计
批准中国人入籍数	33 134	40 017	37 130	33 969	32 864	361 849
批准总入籍数	660 477	1 046 539	743 715	619 913	694 193	7 250 197
所占比例	5.02%	3.82%	4.99%	5.48%	4.73%	4.99%
排位	次于墨、印、菲	次于墨、印、菲	次于墨、印、菲	次于墨、印、菲	次于墨、印、菲	

资料来源：United States，Department of Homeland Security，*Yearbook of Immigration Statistics*：*2010*，

Washington, D. C. : US. Department of Homeland Security, Office of Immigration Statistics, *2011*; United States, Department of Homeland Security, *Yearbook of Immigration Statistics*: *2011*, Washington, D. C. : US. Department of Homeland Security, Office of Immigration Statistics, 2012.

注：表中所指中国不包括台湾地区，但包括香港地区和澳门地区。墨指墨西哥，印指印度，菲指菲律宾，越指越南。

第二，中国人获得美国永久居留签证人数较多和总体增长，占比例较高和总体增长，排位靠前。

如表5－8所示，2001—2011年，共749 694名中国人获得美国永久居留签证，年均68 154人。2001年，56 267名中国人获得美国永久居留签证，之后，上升和下降交替，2003年达到谷底，为40 568人；2006年达到峰值，为87 307人。随后人数有所下降，但是均在6.4万人以上。2011年达到了87 016人，与2006年的峰值相差无几。

获得美国永久居留签证的中国人人数占获得美国永久居留签证的外国人总人数比例较高和总体增长。如表5－8所示，2001—2011年，获得美国永久居留签证的中国人数占获得美国永久居留签证的外国人总人数的7.07%。所占比例最低的是2001年，为5.32%，之后一直攀升，2007年和2008年达到峰值，同为7.3%。虽然在2009年和2010年分别跌至5.7%和6.8%，但是都高于2001年的5.32%，在2011年创下8.2%的新高。

获得美国永久居留签证的中国人人数在各国获得美国永久居留签证的人数中排位靠前。如表5－8所示，2001—2011年，中国人获得美国永久居留签证人数稳居各国获得美国永久居留签证人数前四位。其中2006—2011年居第二位，仅次于墨西哥，2005年居第三位，其他年份均居第四位。

值得注意的是，如表5－8所示，获得美国永久居留签证的中国人人数最多的是2008年的87 307人，占获得美国永久居留签证的外国人总人数的6.89%，但不是2001—2011年间的所占最高比例，低于2007年、2008年和2011年所占比例，甚至低于2001—2011年间获得美国永久居留签证的中国人人数占获得美国永久居留签证的外国人总人数的平均比例（7.07%）。这部分说明，获得美国永久居留签证的中国人人数增加的同时，获得美国永久居留签证的外国人人数也在增加，而且增加幅度超过了中国人人数的增加幅度。

表5-8　中国人获得美国永久居留签证人数及其占外国人获得美国永久居留签证总人数比例，以及在各国获得美国永久居留签证人数中的排名

单位：人

	2001年	2002年	2003年	2004年	2005年	2006年
中国人永久居留签证	56 267	61 082	40 568	55 494	69 933	87 307
总永久居留签证	1 058 902	1 059 356	703 542	957 883	1 122 257	1 266 129
所占比例	5.32%	5.76%	5.77%	5.79%	6.23%	6.89%
排位	次于墨、印、菲	次于墨、印、菲	次于墨、印、菲	次于墨、印、菲	次于墨、印	次于墨
	2007年	2008年	2009年	2010年	2011年	总计
中国人永久居留签证	76 655	80 271	64 238	70 863	87 016	749 694
总永久居留签证	1 052 415	1 107 126	1 130 818	1 042 625	1 062 040	10 603 093
所占比例	7.3%	7.3%	5.7%	6.8%	8.2%	7.07%
排位	次于墨	次于墨	次于墨	次于墨	次于墨	

资料来源：Randall Monger and James Yankay, *U. S. Legal Permanent Residents: 2011*; *Annual Flow Report: 2012*, DHS Office of Immigration Statistics.

注：表中所指中国未包括台湾地区，但包括香港地区和澳门地区。墨指墨西哥，印指印度，菲指菲律宾，越指越南。

从获得美国永久居留签证的中国人人数及其占外国人获得美国永久居留签证总人数比例，以及在各国获得美国永久居留签证中排名三项指标来看，2001—2011年，中国人在获得美国永久居留签证方面比入籍美国方面更加积极。2001—2011年，中国人获得美国永久居留签证人数为749 694人，是入籍美国人数（361 849人）的2.07倍。中国人获得美国永久居留签证人数占获得美国永久居留签证外国人总人数的7.07%，是入籍美国的中国人人数占入籍美国的外国人总人数4.99%的1.42倍。中国人获得美国永久居留签证人数稳居各国获得美国永久居留签证人数前四位，中国人入籍美国人数占各国入籍美国人数位次稳居前五位。

中国人在获得美国永久居留签证方面比入籍美国方面更加积极，主要是因为，美国批准的永久居留人数高于批准入籍人数。2001—2011年，美国批准永久居留10 603 093人，是批准入籍（7 250 197人）的1.46倍。1990年《美国移民与国籍法》第310条规定：任何申请加入美国国籍的人必须符合永久居民身份，以永久居民身份在美国居住至少5年，在提交入籍申请日期之前本人在美国居留的时间总计达到5年的一半。

我国在制定美国华侨华人侨务政策时，要考虑美国华侨华人规模一定会不断扩大的现实。中国人在获得美国永久居留签证方面比入籍美国方面更加积极的现象说明，中国人在入籍美国方面有着坚实的永久居民基础，相应人数会稳定持续地增长。制定美国华侨华人政策时，也要考虑美国华侨向美国华人转换的客观规律和量化过程。从争夺人才和投资者角度来看，由于总体上美国华侨比美国华人在居住时间和融入程度上较短和较浅，他们是我国争夺的重点和比较容易争取到的对象。

第三，持学习和交流签证入境美国的中国人人数很多和总体增长，占比例较高和总体增长，排位靠前。

如表5－9所示，2001—2010年，有904 043名中国人持学习和交流签证入境美国，年均90 404人。2001年共96 056名中国人持学习和交流签证入境美国，之后逐年下降，2005年降至最低，为54 574人；然后，每年入境人数逐年上升，2010年升至最高，为221 820人，是2005年的4.06倍。

持学习和交流签证入境美国的中国人人数占持学习和交流签证入境美国的外国总人数的比例较高和总体增长。如表5－9所示，2001—2010年，共904 043名中国人持学习和交流签证入境美国，占外国人持学习和交流签证入境美国总人数12 365 882的7.31%。2001年，持学习和交流签证入境美国的中国人数占持学习和交流签证入境美国外国总人数的8.49%，之后逐年下降，2005年降至最低的5.22%；此后，所占比例逐年上升，2009年达到最高，为11.63%；2010年为10.37%。

持学习和交流签证入境美国的中国人人数在持学习和交流签证入境美国外国人人数中排位靠前。如表5－9所示，中国人持学习和交流签证入境美国人数位于第一位至第四位之间，2007—2009年，排第一位；2001年、2002年和2010年，均排第二位。

值得注意的是，2010年共221 820名中国人持学习和交流签证入境美国，为2001—2010年10年间的最高值。但是，其占持学习和交流签证入境美国外国人总人数的7.31%，并不是10年间的最高比例，甚至低于2002年的8.12%——2002年只有85 946名中国人持学习和交流签证入境美国。也就是说，在持学习和交流签证入境美国的中国人人数增加的同时，持学习和交流签证入境美国的外国人人数也在增加，而且增加幅度超过了中国人人数增加幅度。

表 5-9　2001—2010 年中国人持学习和交流签证入境美国人数及其占持学习和交流签证入境外国人总人数比例，以及在持学习和交流签证入境国家中排名

单位：人

	2001 年	2002 年	2003 年	2004 年	2005 年	2006 年
持学习和交流签证入境中国人人数	96 056	85 946	72 576	81 794	54 574	70 503
持学习和交流签证入境总外国人人数	1 131 626	1 057 685	1 026 048	1 017 151	1 046 421	1 168 020
比例	8.49%	8.12%	7.07%	8.04%	5.22%	5.88%
排位	次于日本	次于日本	次于日本、韩国	次于韩国、日本	次于韩国、日本、印度	次于墨西哥、日本、韩国
	2007 年	**2008 年**	**2009 年**	**2010 年**	**总计**	
持学习和交流签证入境中国人人数	95 698	125 076	164 084	221 820	904 043	
持学习和交流签证入境总外国人数	1 330 959	1 423 511	1 411 372	2 138 413	12 365 882	
比例	7.19%	8.79%	11.63%	10.37%	7.31%	
排位	第一位	第一位	第一位	次于墨西哥		

资料来源：

1. United States, Department of Homeland Security, *Yearbook of Immigration Statistics*: *2010*, Washington, D. C. : US. Department of Homeland Security, Office of Immigration Statistics, 2011, p. 76.

2. United States, Department of Homeland Security, *Yearbook of Immigration Statistics*: *2009*, Washington, D. C. : US. Department of Homeland Security, Office of Immigration Statistics, *2010*, p. 76.

3. United States, Department of Homeland Security, *Yearbook of Immigration Statistics*: *2008*, Washington, D. C. : US. Department of Homeland Security, Office of Immigration Statistics, 2009, p. 76.

4. United States, Department of Homeland Security, *Yearbook of Immigration Statistics*: *2007*, Washington, D. C. : US. Department of Homeland Security, Office of Immigration Statistics, 2008, pp. 76 – 78.

5. United States, Department of Homeland Security, *Yearbook of Immigration Statistics*: *2006*, Washington, D. C. : US. Department of Homeland Security, Office of Immigration Statistics, 2007, pp. 77 – 78.

6. United States, Department of Homeland Security, *Yearbook of Immigration Statistics*: *2005*, Washington, D. C. : US. Department of Homeland Security, Office of Immigration Statistics, 2006, pp. 77 – 79.

7. United States, Department of Homeland Security, *Yearbook of Immigration Statistics*: *2004*, Washington, D. C. : US. Department of Homeland Security, Office of Immigration Statistics, 2005, pp. 84 – 89.

8. United States, Department of Homeland Security, *Yearbook of Immigration Statistics*: *2003*, Washington, D. C. : US. Department of Homeland Security, Office of Immigration Statistics, 2004, pp. 101 – 105.

9. United States, Department of Homeland Security, *Yearbook of Immigration Statistics: 2002*, Washington, D. C.: US. Department of Homeland Security, Office of Immigration Statistics, 2003, pp. 106 - 111.

10. United States, Department of Homeland Security, *Yearbook of Immigration Statistics: 2001* Washington, D. C.: US. Department of Homeland Security, Office of Immigration Statistics, 2002, pp. 146 - 151.

注:(1)学生签证包括 F1、F2、J1、J2、M1、M2 admissions。

(2)表中所指中国未包括台湾地区,但包括香港地区和澳门地区。

持学习和交流签证入境美国的中国人在毕业或者交流结束时,只有部分转换为在美国工作的中国人。以大学本科四年为例,将持美国工作签证的中国人人数对应四年前的持美国学习和交流签证的中国人人数,会发现一半左右的毕业或者交流结束的中国学生、学者没有获得工作签证,除继续深造和前往其他国家外,大部分应该是回到了中国。2007 年,共 95 698 名中国人持学习和交流签证入境美国;4 年后的 2010 年,有40 508名中国人获得美国工作签证,后者是前者的 42.33%。虽然在实践中,持美国工作签证的中国人人数并不能完全与 4 年前持美国学习和交流签证的中国人人数相对照,还要受年度工作签证政策、历史积累数据等因素影响,但是上述推算对我们制定吸引美国留学生、学者回国的政策还是有一定的数据借鉴意义的。

持学习和交流签证入境美国的中国人人数多和总体增长,且占相应的外国人总人数比例较高和总体增长,并在相应的各外国人人数中排位靠前,对美国华侨华人群体规模的壮大和层次提升有着直接和重要的影响。众所周知,在美国学习和交流的中国人、在美国工作的中国人、美国华侨和美国华人四者都是重要的群体基础。也就是说,在美国学习和交流的中国人是在美国工作的中国人的最重要群体基础,在美国工作的中国人是美国华侨的最重要群体基础,美国华侨是美国华人的最重要群体基础。持学习和交流签证入境美国的中国人人数的上述情况,直接推动着美国华侨华人群体规模的壮大和层次提升。

第四,持工作签证入境美国的中国人人数不多和总体增长,占比例不高和总体下降,排位靠后。

如表 5 - 10 所示,2001—2010 年共 290 633 名中国人持工作签证入境美国,占持工作签证入境美国的外国人总人数(14 635 069 人)的 2% 左右,年均 29 063 人。2003 年持工作签证入境美国的中国人人数最少,为 19 620 人;其他各年度持工作签证入境美国的中国人人数均超过了 2 万人,其中 2006—2009 年超过了 3 万人;2010 年持工作签证入境美国的中国人人数达到最高,为 40 508 人,是 2003 年持工作签证入境美国的中国人人数(19 620 人)的 2.06 倍。

持工作签证入境美国的中国人人数占持工作签证入境美国的外国总人数的比例不高和总体下降。如表 5 - 10 所示,2001—2010 年,共 290 633 名中国人持工作签证入境美国，占持工作签证入境美国的外国人总人数（14 635 069 人）的 1.99%。2001—2010 年 10 年间，持工作签证入境美国的中国人人数占持工作签证入境美国的外国人总人数比例最高的是 2001 年，为 3.41%；比例最低的是 2010 年，为 1.44%；2004 年比例一度回升，为 2.96%。10 年间，所占比例下降了 1.97%。

持工作签证入境美国的中国人人数占持工作签证入境美国的外国人总人数的比例，并未随入境美国的中国人人数增加而一并上升。持工作签证入境美国的中国人人数最少的是 2003 年，为 19 620 人，占相应外国人人数的 2.7%；而人数最多的是 2010 年，为 40 508 人，占持工作签证入境美国外国人人数的 1.44%，却是 2001—2010 年 10 年间的最低比例。也就是说，在持工作签证入境美国的中国人人数增加的同时，持工作签证入境美国的外国人人数也在增加，而且增加幅度远超过了中国人人数增加幅度。

持工作签证入境美国的中国人人数在相应的外国人人数中排位靠后。如表 5 - 10所示，2010 年持工作签证入境美国的中国人数最多，为 40 508 人，但是远远低于持工作签证入境美国的其他外国人人数，仅列第九位，远远低于入籍美国的中国人人数所列的第四位、获得美国永久居留签证的中国人人数所列的第二位、持学习和交流签证入境美国的中国人人数所列的第二位。持工作签证入境美国人数居前八位的国家是：加拿大（894 237 人）、墨西哥（516 647 人）、印度（305 530 人）、日本（178 817 人）、英国（129 042 人）、德国（76 163 人）、韩国（74 700 人）和法国（64 438 人）。我国台湾地区也有 22 148 人持工作签证入境美国。可以看出，在居前八位的国家中，除墨西哥和印度外，其他均为发达国家。

表 5 - 10　美国签发中国人工作签证数及其占总工作签证数比例

单位：人

	2001 年	2002 年	2003 年	2004 年	2005 年	2006 年
中国人所获工作签证数	25 200	24 489	19 620	22 525	27 339	31 879
总工作签证数	739 421	722 424	726 613	761 035	1 573 631	1 709 953
比例	3.41%	3.39%	2.7%	2.96%	1.74%	1.86%
	2007 年	2008 年	2009 年	2010 年	总计	
中国人所获工作签证数	35 461	32 625	30 987	40 508	290 633	
总工作签证数	1 932 075	1 949 695	1 703 697	2 816 525	14 635 069	
比例	1.83%	1.67%	1.82%	1.44%	1.99%	

资料来源：

1. United States, Department of Homeland Security, *Yearbook of Immigration Statistics*: *2010*, Washington, D. C.: US. Department of Homeland Security, Office of Immigration Statistics, 2011, p. 76.

2. United States, Department of Homeland Security, *Yearbook of Immigration Statistics*: *2009*, Washington, D. C.: US. Department of Homeland Security, Office of Immigration Statistics, 2010, p. 76.

3. United States, Department of Homeland Security, *Yearbook of Immigration Statistics*: *2008*, Washington, D. C.: US. Department of Homeland Security, Office of Immigration Statistics, 2009, p. 76.

4. United States, Department of Homeland Security, *Yearbook of Immigration Statistics*: *2007*, Washington, D. C.: US. Department of Homeland Security, Office of Immigration Statistics, 2008, pp. 76 – 78.

5. United States, Department of Homeland Security, *Yearbook of Immigration Statistics*: *2006*, Washington, D. C.: US. Department of Homeland Security, Office of Immigration Statistics, 2007, pp. 77 – 78.

6. United States, Department of Homeland Security, *Yearbook of Immigration Statistics*: *2005*, Washington, D. C.: US. Department of Homeland Security, Office of Immigration Statistics, 2006, pp. 77 – 79.

7. United States, Department of Homeland Security, *Yearbook of Immigration Statistics*: *2004*, Washington, D. C.: US. Department of Homeland Security, Office of Immigration Statistics, 2005, pp. 84 – 89.

8. United States, Department of Homeland Security, *Yearbook of Immigration Statistics*: *2003*, Washington, D. C.: US. Department of Homeland Security, Office of Immigration Statistics, 2004, pp. 101 – 105.

9. United States, Department of Homeland Security, *Yearbook of Immigration Statistics*: *2002*, Washington, D. C.: US. Department of Homeland Security, Office of Immigration Statistics, 2003, pp. 106 – 111.

10. United States, Department of Homeland Security, *Yearbook of Immigration Statistics*: 2001 Washington, D. C.: US. Department of Homeland Security, Office of Immigration Statistics, 2002, pp. 146 – 151.

注：(1) 工作签证包括 E1 to E3、H1B、H1B1、H1C、H2A、H2B、H2R、H3、H4、I1、L1、L2、O1 to O3、P1 to P4、Q1、R1、R2、TD and TN admissions。

(2) 表中所指中国未包括台湾地区，但包括香港地区和澳门地区。

持工作签证入境美国的中国人人数不多和总体增长将使美国华侨华人群体不断壮大，因为在美国工作的中国人是美国华侨华人的重要群体基础。持工作签证入境美国的中国人人数占持工作签证入境美国的外国人总人数比例不高和总体下降，在各国持工作签证入境美国人数中排位靠后，说明中国人对美国劳动力市场影响有限而且日衰。持工作签证入境美国的中国人人数占持工作签证入境美国的外国人总人数比例未随入境美国的中国人人数增加一并上升，揭示其他国家对美国劳动力市场影响的程度日益加深，并且增长速度超过了中国。中国要完善美国华侨华人政策，须对上述现象和发展趋势有清醒的认识，不宜过高估计在美国工作的中国人群体规模及其对美国劳动力市场、在美国工作其他外国人群体的影响。

第五，直接申请获批美国避难签证中国人人数较多、占比例很高、位居前列。

向美国国土安全部公民和移民服务局直接申请后即获得避难签证的中国人人数较多。如表 5－11 所示，2001 年—2011 年，共计 31 191 名中国人直接申请获批避难签证，年均 2 836 人；10 年间，除直接获得美国避难签证的中国人人数在 2004 年为 930 人外，其他年份均超过了 1 000 人；其中超过 3 000 人的有 2001 年、2002 年和 2011 年，超过 4 000 人的有 2001 年、2002 年，超过 5 000 人的有 2002 年。

向美国国土安全部公民和移民服务局直接申请后即获得避难签证的中国人人数，占直接获得避难签证总人数的比例很高。如表 5－11 所示，2001—2011 年，中国共有 31 191 人直接获得美国公民和移民服务局避难签证，占直接获得避难签证总人数的 18.11%。除 2004 年为 6.49% 外，其他各年份均超过了 11%，其中，所占比例超过 20% 的有 2002、2009—2011 年 4 个年份。2011 年，直接获得美国避难签证的中国人达到 3 901 人，占直接获得美国避难签证的 28.93%；也就是说，每 3 个直接获得美国避难签证的外国人中几乎就有 1 个是中国人。

向美国国土安全部公民和移民服务局直接申请后即获得避难签证的中国人人数在直接获得避难签证的各国人数中稳居前列。如表 5－11 所示，2007—2011 年，直接获得避难签证的中国人人数连续 5 年居直接获得避难签证各国人数第一位，2002 年也居第一位；2001 年、2003 年、2005 年、2006 年共计 4 年，居直接获得避难签证各国人数第二位。

表 5－11　2001—2011 年直接申请获批美国避难签证的中国人人数、外人国总人数及所占比例

单位：人

	2001 年	2002 年	2003 年	2004 年	2005 年	2006 年
直接获得避难签证中国人人数	4 938	5 785	2 409	930	2 233	1 550
直接获得避难签证总人数	29 160	25 946	15 357	14 325	13 471	12 942
所占比例	16.93%	22.30%	15.69%	6.49%	16.58%	11.98%
排位	次于哥伦比亚	第一位	次于哥伦比亚	次于哥伦比亚、海地、危地马拉	次于海地	次于海地

	2007 年	2008 年	2009 年	2010 年	2011 年	总计
直接获得避难签证中国人人数	1 825	2 038	2 700	2 888	3 901	31 191
直接获得避难签证总人数	12 343	12 075	11 904	11 244	13 484	172 251

（续上表）

	2007 年	2008 年	2009 年	2010 年	2011 年	总计
所占比例	14.79%	16.88%	22.68%	25.68%	28.93%	18.11%
排位	第一位	第一位	第一位	第一位	第一位	

资料来源：United States，Department of Homeland Security. *Yearbook of Immigration Statistics*：*2010*. Washington，D. C.：US. Department of Homeland Security，Office of Immigration Statistics，2011. pp. 44 – 45.

注：直接获美国国土安全部公民和移民服务局批避难签证人数（Individuals Granted Asylum Affirmatively）。

直接申请获批美国避难签证中国人人数较多、占比例很高和位居前列的主要原因有：①美国通过判例，确立了一些专门针对中国人的难民法规则，按照自己的政治传统、价值观和文化评判申请人的理由，有意纵容申请人对中国政府的诋毁，给予申请人在美国避难身份。由于中国和美国之间不同的政治传统、价值体系和文化，对彼此的决策过程以及政府和其他实体之间关系的理解与认识不够，对中美之间实力差距日渐缩小的认识，致使中国和美国之间的战略互疑不断增长。① 美国有关部门按照自己的政治传统、价值观和文化评判申请人的理由的情况将长期存在，不大可能出现重大变化。②申请人尽一切努力根据 1951 年《关于难民地位的公约》和 1990 年《美国移民与国籍法》（2002 年修订）证明，自己受到了中国政府因为种族、宗教、国籍、属于某特殊社会团体的成员或政治观点而对其的迫害。美国基本上遵循了 1951 年《关于难民地位的公约》第 1 条关于难民的标准，并根据国内外局势对难民标准进行经常性调整，以宣扬其人权理念和增强美国的渗透力。目前，美国认定难民的标准比 1951 年《关于难民地位的公约》认定难民的标准略宽，由身居国籍国或常住国境外的受迫害者有条件地扩展至身居国籍国或常住国境内的受迫害者。② ③中国人在美国的直接申请美国避难签证被批准率很高，这鼓励了后来的中国人积极提出避难签证申请。

直接申请获批美国避难签证的中国人人数较多、占比例很高和位居前列，不

① 张哲．中国和美国为何互相不信任？《中美战略互疑》报告摘录及作者访谈．南方周末，2012 – 04 – 12.

② 根据 1990 年《美国移民与国籍法》（2002 年修订）第 101a（42）条："难民是指符合下列任一情况者：（a）不在其国籍所属国境内，或者就无国籍者而言，不在其最后的常住国家境内，由于因为种族、宗教、国籍、属于某特殊社会团体的成员或政治观点遭受迫害或有充分根据地害怕遭受迫害，不能或不愿意返回那个国家，且不能或不愿利用那个国家保护的人；或（b）在诸如总统经过适当协商后可能明确说明之类的情况下，任何身居其国籍国境内，或就无国籍者而言，身居其常住国境内，且遭受迫害或者因为种族、宗教、国籍、属于某特殊社会团体的成员或政治观点有充分根据地害怕遭受迫害的人。'难民'不包括因为种族、宗教、国籍、属于某特殊社会团体的成员或政治观点而命令、煽动、协助或以其他方式参与对别人实施迫害的人……"

仅刺激着其他中国人继续积极地在美国申请避难，因为直接申请就能获批避难签证进而获得在美国的合法居留权，而且也反映了美国对中国国内政治状况的不信任甚至敌视态度，因为，是否批准避难申请取决于是否采信申请人提出的在中国受到政治迫害的理由。不论上述哪一种情况，都对我国的美国华侨华人政策提出了挑战，具体挑战将在第六点中作详细阐述。

第六，复议申请获批美国避难签证的中国人人数很多、占比例极高和稳居第一位。

向美国司法部移民复议委员会申请后获批避难签证的中国人人数很多。如表5－12所示，2001—2011年，共39 754名中国人复议申请后获批美国避难签证，年均3 614人；除2001年复议后获得美国避难签证的中国人人数为2 677人外，其他年份均超过了3 000人；其中超过4 000人的有2006年（4 048人）、2007年（4 545人）和2011年（4 700人）。

向美国司法部移民复议委员会复议后获避难签证的中国人人数，占复议后获美国避难签证总人数的比例很高。如表5－12所示，2001—2011年11年间，中国共有39 754人直接获得美国避难签证，占直接获得避难签证总人数的31.15%；也就是说，每3个复议获得美国避难签证的外国人中几乎就有1个是中国人。所占比例最高年份为2011年，达到了40.86%；所占比例最低年份为2005年，也达到了25.64%。在比例最高年份，每5个复议获得美国避难签证的外国人中就有两个是中国人。

向美国司法部移民复议委员会申请后获批避难签证的中国人人数在复议后获得避难签证各国人数中稳居第一位。如表5－12所示，2001—2011年，复议后获得避难签证的中国人人数连续12年居复议后获避难签证各国人数第一位。

表5－12　2001—2011年复议申请获批美国避难签证的中国人人数、外国人总人数及所占比例

单位：人

	2001年	2002年	2003年	2004年	2005年	2006年
获批避难签证中国人人数	2 677	3 113	3 601	3 419	3 014	4 048
获批避难签证总人数	10 001	10 977	13 376	13 022	11 757	13 300
所占比例	26.77%	28.54%	26.92%	26.29%	25.64%	30.44%
排位	第一位	第一位	第一位	第一位	第一位	第一位
	2007年	2008年	2009年	2010年	2011年	总计
获批避难签证中国人人数	4 545	3 424	3 418	3 795	4 700	39 754

（续上表）

	2007 年	2008 年	2009 年	2010 年	2011 年	总计
获批避难签证总人数	12 836	10 757	10 186	9 869	11 504	127 585
所占比例	35.41%	31.83%	33.56%	38.45%	40.86%	31.15%
排位	第一位	第一位	第一位	第一位	第一位	

资料来源：United States, Department of Homeland Security, *Yearbook of Immigration Statistics: 2010*, Washington, D. C.: US. Department of Homeland Security, Office of Immigration Statistics, 2011, pp. 47 – 48.

注：获批美国司法部移民复议委员会避难签证（Individuals Granted Asylum Defensively）。

直接申请获批美国避难签证的中国人人数较多、占比例很高、位居前列，复议申请获批美国避难签证的中国人人数很多、占比例极高和稳居第一位，会导致中国的国家安全和攻击中国人权等政治问题。由于美国的个人隐私保护和资料保密，我们无从知道中国人向美国直接申请或者复议申请避难签证的具体理由和证明材料，但是，在逻辑上，他们必然是尽一切努力根据 1951 年《关于难民地位的公约》和 1990 年《美国移民与国籍法》（2002 年修订）证明，自己受到了中国政府因为种族、宗教、国籍、属于某特殊社会团体的成员或政治观点而对其的迫害。根据不愿透露身份的我国国家安全部门有关官员分析，实践中，已经发现不少中国人为了申请美国避难签证成功，在美国加入反中国政府组织，从事反中国政府活动，编造材料攻击中国政府。尽管有些中国人在获批美国避难签证后，就淡出了反中国政府组织并停止从事反中国政府活动，但是，确有一些人在获批后，继续参加反中国政府组织，从事反中国政府活动，有些还成为了骨干和顽固分子。美国政府利用中国人申请避难签证中提交的所谓遭受中国政府迫害的材料，攻击中国的人权等政治事项，致使中国政府在某些场合和期间陷于被动。

我国在完善在美国中国难民政策时，可以着重考虑以下五点：①认识和接受直接申请获批美国避难签证的中国人人数较多、占比例很高、位居前列，复议申请获批美国避难签证的中国人人数很多、占比例极高和稳居第一位的事实，以及这两种情况将长期存在的判断。②仔细区别死心塌地加入反中国政府组织和从事反中国政府活动的避难者与借加入反中国政府组织和从事反中国政府活动之名申请避难而无实质性行为的避难者。③对死心塌地加入反中国政府组织和从事反中国政府活动，并给中国政府造成损害和被动的避难者，在证据确凿的情况下，坚决予以严厉打击，根据我国刑法对其缺席审判，处以相应刑罚，待其回国时予以抓捕收监；根据政策，做其在国内家人工作，请其国内家人检举揭发；同时，采取适当措施，防止其在国内家人出境与其相聚。④对借加入反中国政府组织和从事反中国政府活动之名申请避难而无实质性行为的避难者，给予包容和宽容。因为这部分避难者只是为了在美国生存才出此下策。他们还会向国内亲属汇款，这有利于改善其国内亲属生活，甚至促进其国内亲属所在地经济发展。⑤与美国政府交涉，使其不过于纵容中国避难申请者。在证据确凿的前提下，如果发现美国政府有关避难签证审批部门采用了明显虚假的证明材料批准中国人的避难申请，甚至援引这些虚假证明材料攻击中国政府，应向世界澄清真相，并敦促美国政府有关避难签证审批部门改正错误行为。

第七，在美国非法居留中国人人数占比例不高、增长缓慢、排位和占比例非常稳定。

中国在美国非法居留人数不多和所占比例不高。如表 5－13 所示，2011 年，在美国非法居留的中国人人数为 28 万，占总非法居留外国人 2%，低于排在前四位的墨西哥（680 万，59%）、萨尔瓦多（66 万，6%）、危地马拉（52 万，5%）和洪都拉斯（38 万，3%）。这四个国家均是美国的邻近国家，“非法居留外国人主要来自邻近国家”的规律发挥着作用。也就是说，在美国非法居留中国人对美国国际移民管理的影响非常有限。

中国在美国非法居留人数增长缓慢。2011 年在美国非法居留中国人人数为 28 万，比 2000 年在美国非法居留中国人人数（19 万）多出 9 万，增长了 47%。其增长速度不仅低于排在前四位的萨尔瓦多（55%）、危地马拉（82%）和洪都拉斯（132%），而且低于排位在中国之后的印度（94%）。

在美国非法居留中国人人数在美国非法居留各国人数中排位和所占比例非常稳定。如表 5－13 所示，2000—2011 年 11 年间，在美国非法居留中国人人数一直在美国非法居留外国人数中排第五位，没有发生过变动。2000 年和 2011 年，在美国非法居留中国人人数都占在美国非法居留外国人总人数的 2%。可以看出，在美国非法居留中国人人数情况在过去 11 年间，没有太大的变化。

在美国非法居留人数居前八位的国家中，只有印度的经济社会发展水平低于中国。只要一国经济社会发展水平远低于美国经济社会发展水平，该国人就可能在美国非法居留。一些法律技术和程序问题也可能导致外国人在美国非法居留。所以，中国人在美国非法居留的情况将长期存在，我国可以将其视为人员国际流动的一个重要组成部分，而以平常心积极对待之。

表 5-13　2000—2011 年在美国非法居留人数前八位的外国人

单位：万人

国家	2011 年人数	2000 年人数	2011 年比例	2000 年比例	比例变化	年均变化
墨西哥	680	468	59%	55%	45%	19%
萨尔瓦多	66	43	6%	5%	55%	2%
危地马拉	52	29	5%	3%	82%	2%
洪都拉斯	38	16	3%	2%	132%	2%
中国	28	19	2%	2%	47%	1%
菲律宾	27	20	2%	2%	35%	1%
印度	24	12	2%	1%	94%	1%
韩国	23	18	2%	2%	31%	—
总数	1 151	846	100%	100%	36%	28%

资料来源：Michael Hoefer, Nancy Rytina and Bryan Baker. Estimates of the Unauthorized Immigrant Population Residing in the United States: January, 2011. *Population Estimate*, 2012, p. 5.

注：在美国非法居留中国人（Unauthorized Immigration Population Borned in China）

虽然受政党轮流执政和类似“9·11 事件”的影响，但是总体上来讲，管理非法居留外国人对美国来说是一件经常性和制度性事务。只要中国不发生有国际影响的大规模群体性事件，可以预知，在美国非法居留外国人人数的排位和所占比例仍然会非常稳定。中国人在美国非法居留是个人行为，只要其不从事反中国政府活动，我们就可以认可和接受美国政府对其的管理和处罚，不宜从外交和政治角度介入或者干预。

第八，被美国驱逐出境的中国人人数极少有所起伏，所占比例极低且呈下降趋势。

被美国驱逐出境的中国人人数极少。如表 5-14 所示，2001—2010 年 10 年间，被美国驱逐出境的中国人人数为 9 633 人，年均 963 人，而同一时期，美国年均驱逐出境的外国人为 28 万人。被驱逐出境的中国人人数最多的年份是 2006 年，为 1 362 人；被驱逐出境的中国人人数最少的年份是 2001 年，只有 661 人。可以说，被美国驱逐出境的中国人人数对美国国际移民管理的影响极其有限。

被美国驱逐出境的中国人人数有所起伏。2001—2010 年 10 年间，2001 年被驱逐出境的中国人人数为 661 人；之后逐年增长，2006 年达到最高值，为 1 362 人；但是，随后逐年下降，2010 年达到第三最低值，为 745 人。

被美国驱逐出境的中国人人数占被美国驱逐出境的外国人人数比例极低。如

表 5 - 14 所示，2001—2010 年 10 年间，被美国驱逐出境的中国人人数为 9 633 人，占被美国驱逐出境的外国人人数（2 794 946 人）的 0.34%；所占比例最高年份是 2004 年和 2005 年，也仅为 0.51%；所占比例最低年份是 2010 年，只占 0.19%。

被美国驱逐出境的中国人占被美国驱逐出境的外国人总数比例上升后趋于下降。2001 年，被美国驱逐出境的中国人人数占被美国驱逐出境的外国人总人数的 0.35%；之后逐年增长，2004 年和 2005 年达到峰值，为 0.51%；但是，随后逐年下降，2007—2010 年均低于 0.35%，其中 2010 年为谷底值，只有 0.19%。

表 5 - 14　被美国驱逐的外国人总人数、中国人人数

单位：人

	2001 年	2002 年	2003 年	2004 年	2005 年	2006 年
被驱逐中国人人数	661	679	998	1 225	1 252	1 362
被驱逐外国人总数	189 026	165 168	211 098	240 665	246 431	280 974
比例	0.35%	0.41%	0.47%	0.51%	0.51%	0.48%
	2007 年	2008 年	2009 年	2010 年	总计	
被驱逐中国人人数	864	877	970	745	9 633	
被驱逐外国人总数	319 382	359 795	395 165	387 242	2 794 946	
比例	0.27%	0.24%	0.25%	0.19%	0.34%	

资料来源：United States, Department of Homeland Security, *Yearbook of Immigration Statistics: 2010*, Washington, D. C.: US. Department of Homeland Security, Office of Immigration Statistics, 2011, pp. 96 - 98.

注：被美国驱逐外国人（Aliens Removed by Criminal and Non-criminal Status）。

鉴于以上分析的中国人被美国驱逐出境人数极少和比例极低的情况，由于外国人被美国驱逐出境的前提是受到美国刑事和行政驱逐出境处罚，可以看出，中国人在美国是非常遵守当地法律的。即使是非法居留的中国人，也非常谨慎，极少因被发现而被处以驱逐出境。2000 年和 2010 年，在美国非法居留的中国人分别有 19 万人和 27 万人，被驱逐出境的只有 661 人和 745 人。逻辑上，美国对非法居留人员驱逐出境处罚不严，中国人直接申请避难签证和复议申请避难签证被批准率很高，也是在美国非法居留中国人极少被驱逐出境的主要原因。从我国海外侨务政策角度来看，我国应继续鼓励在美国合法居留和非法居留中国人遵守当地法律，与当地人融合，保持被美国驱逐出境的人数极少和比例极低的状态。

第五节　澳大利亚华侨华人数量变化和澳大利亚华侨华人政策展望

本节从在中国出生的澳大利亚人口，中国人入籍澳大利亚人数，获得澳大利亚永久居留签证的中国人数，获得澳大利亚投资移民、技术移民、家庭移民签证的中国人数，获得澳大利亚学生签证的中国人数，在澳大利亚的中国留学生和印度留学生的比较分析，获得澳大利亚长期商务（工作）签证的中国人人数，获得短期商务（访问）签证的中国人人数，在澳大利亚逾期停留的中国人人数，中国人向澳大利亚申请保护签证人数共九个方面，分析澳大利亚华侨华人的数量变化，探讨导致此种变化的原因，论述此种变化的意义，并展望澳大利亚华侨华人政策。

第一，在中国出生的澳大利亚人口达37.91万，占总人口的比例上升很快。

根据澳大利亚统计局统计，截至2010年6月30日，澳大利亚人口为2 230万，其中在澳大利亚境外出生的人口为600万，占总人口的27%。在中国出生的澳大利亚人口为37.91万，占总人口的1.7%，列在澳大利亚境外出生人口国家第三位，前两位是英国和新西兰，分别占总人口的5.3%和2.4%；列第四位和第五位的国家是印度（1.5%）和意大利（1.0%）。虽然在英国出生的澳大利亚人口一直列在境外各国出生的澳大利亚人口的第一位，但是其所占比例从2000年的5.9%下降到了2010年的5.3%；在新西兰、印度出生的澳大利亚人口占总人口比例上升较慢，只分别从2000年的1.9%和0.5%上升到2010年的2.4%和1.5%；相反，在中国出生的澳大利亚人口占总人口比例上升很快，从2000年的0.8%上升到2010年的1.7%。[①]

根据澳大利亚2006年全国人口普查，截至2006年，澳大利亚在境外出生人口的4.7%出生在中国，在境外出生人口来源国中列第三位，列前两位的是英国（23.5%）和新西兰（8.8%）。紧随中国的是印度（4.5%）、越南（3.6%）、印度（3.3%）、菲律宾（2.7 %）、希腊（2.5%）和德国（2.4%）。[②] 在中国出生的澳大利亚人口占在境外出生的澳大利亚人口比例，从2000年的0.8%、2006

① Australian Bureau of Statistics, Australia's Diverse Population, http://www.abs.gov.au/ausstats/abs@.nsf/Products/0D5A016809789E35CA2578B0001195B1? opendocument, 2012-05-30.

② Economic Analysis Unit Migration and Visa Policy Division Department of Immigration and Citizenship, *Population Flows: Immigration Aspects, 2007-2008*, Department of Immigration and Citizenship Australia, 2009, p. 8.

年的 4.7% 上升到 2010 年的 6.31%。除却宗主国和近邻国因素，中国人已经成为澳大利亚第一大外来族裔。

而 2006 年，美国华人人口约为 357 万，约占美国人口的 1.2%；加拿大华人人口为 121 万，约占加拿大人口的 3.9%；新西兰华人人口约为 15 万，约占新西兰人口 3.6%。可见，澳大利亚华人人数在四个传统移民国家中，略高于美国，远低于加拿大和新西兰。

澳大利亚新华人人数占本国华人人数的比例在四个传统移民国家中最高。2006 年，如表 5－6 所示，澳大利亚新华人人口为 30.28 万，约占本国华人人口（37.91 万人）的 79.86%；加拿大新华人人口为 75.30 万，约占本国华人人口（121 万人）的 62.23%；美国新华人人口为 190.63 万，占本国华人人口（356.55 万人）的 53.47%；新西兰新华人人口为 9.66 万，占本国华人人口（14.757 万人）的 65.44%。

2011 年有 8 898 位中国人取得澳大利亚国籍，占当年取得澳大利亚国籍外国人总人数（95 284 人）的 9.34%。[①] 虽然中国人入籍澳大利亚人数远少于入籍美国人数（32 864 人），但是其占澳大利亚外国人入籍总人数比例远高于中国人入籍美国人数占外国人入籍人数比例的 4.73%。也就是说，以华人人口占本国人口比例和以中国人入籍人数占外国人入籍总人数比例而论，澳大利亚华人对澳大利亚的影响超过了美国华人对美国的影响。

第二，中国人入籍澳大利亚人数较多和比较稳定、占比例较高和比较稳定、排前三位。

中国人入籍澳大利亚人数较多和比较稳定。如表 5－15 所示，2000—2011 年，澳大利亚共批准 99 917 名中国人加入澳大利亚国籍。其中，2007 年入籍澳大利亚的中国人人数最多，达到 11 251 人；2002 年入籍澳大利亚的中国人人数最少，为 6 416 人。2000—2006 年，除 2000 年达到第三高值的 10 947 人外，其他年份均未超过 8 000 人。而 2007—2011 年，除 2009 年为第二低值（6 697 人）外，其他年份都超过了 8 000 人。2001—2011 年，入籍美国的中国人人数的最高值年份和最低值年份都比澳大利亚晚了一年，为 2008 年和 2003 年。

中国人入籍澳大利亚的人数占外国人入籍澳大利亚的总人数比例较高和比较稳定。如表 5－15 所示，2000—2011 年，中国人入籍澳大利亚的人数占外国人入籍澳大利亚的总人数的 8.64%，高于同时期中国人入籍美国的人数占外国人入籍

① Mark Cully SOPEMI Correspondent for Australia Chief Economist, Department of Immigration and Citizenship, *Trends in Migration: Australia, 2010－2011: Annual Submission to the OECD's Continuous Reporting System on Migration (SOPEMI)*, Department of Immigration and Citizenship Australia, 2012.

美国的总人数比例的4.99%。中国人入籍澳大利亚人数占外国人入籍澳大利亚人数的最高比例是2000年的14.31%，第二高比例是2001年的9.56%，最低比例是2008年的6.93%，其他年份所占比例为7.08%~9.34%。2001—2011年，中国人入籍美国的人数占外国人入籍美国的总人数的最高值和最低值出现在2001年和2008年，与澳大利亚的情况基本一样。

中国人入籍澳大利亚的人数在各国入籍人数中排位第二或第三。如表5-15所示，2000—2011年，中国人入籍澳大利亚的人数稳居前三位。其中2000年、2004年和2005年居第二位，其他年份均居第三位。

值得注意的是，2000—2011年，2007年为中国人入澳大利亚籍人数最多的一年，为11 251人，占外国人入澳大利亚籍总人数的8.26%。但是这并不是此期间的最高比例，只是在这12年中排第八位。此一情况与美国的情况类似，2008年中国人入美国籍人数最多为40 017人，占外国人入美国籍比例总人数的3.82%，这却是2001—2011年间中国人入美国籍人数占外国人入美国籍总人数各年度的最低比例。这部分说明，入籍澳大利亚的中国人人数增加的同时，入籍澳大利亚的外国人人数也在增加，而且增加幅度超过了中国人人数增加幅度。

中国人入籍澳大利亚的人数较多和比较稳定，使得我国在澳大利亚新华人人数持续快速增长。中国人入籍澳大利亚的人数占外国人入籍澳大利亚总人数的比例较高和比较稳定，以及在各国入籍人数中排位第二或第三，将使澳大利亚华人作为澳大利亚少数民族在未来一段时间对澳大利亚的影响越来越强，不同于美国华人作为美国少数民族在未来一段时间仍然对美国影响有限。所以，我国在考虑澳大利亚侨务政策时，需要注意澳大利亚华人已经具备对澳大利亚施加越来越强影响的一定数量基础，应鼓励澳大利亚华人将这一影响增强的可能性转换为现实，并积极予以运用。

表5-15　2000—2011年入籍澳大利亚总人数、中国人人数、所占比例及排位

单位：人

入籍情况	2000年	2001年	2002年	2003年	2004年	2005年	2006年
批准中国人入籍数	10 947	6 890	6 416	7 126	7 072	7 798	7 317
批准总入籍数	76.474	72 070	86 289	79 164	87 049	93 095	103 350
所占比例	14.31%	9.56%	7.44%	9.12%	8.12%	8.38%	7.08%
排位	次于英国	次于英国、新西兰	次于新西兰、英国	次丁英国、新西兰	次于英国	次于英国	次于英国、印度

（续上表）

入籍情况	2007 年	2008 年	2009 年	2010 年	2011 年	合计	
批准中国人入籍数	11 251	8 402	6 697	11 103	8 898	99 917	
批准总入籍数	136 256	121 221	86 981	119 791	95 284①	1 157 024	
所占比例	8. 26%	6. 93%	7. 70%	9. 27%	9. 34%	8. 64%	
排位	次于英国、印度	次于英国、印度	次于英国、印度	次于英国、印度	次于英国、印度		

资料来源：

1. Annual Report Editor, National Communications Branch, Department of Immigration and Citizenship. *Annual Report for 2010 – 2011*, Department of Immigration and Citizenship 2012, pp. 418 – 421.

2. Annual Report Editor, National Communications Branch, Department of Immigration and Citizenship. *Annual Report for 2009 – 2010*, Department of Immigration and Citizenship 2011, pp. 414 – 417.

3. Annual Report Editor, National Communications Branch, Department of Immigration and Citizenship. *Annual Report for 2008 – 2009*, Department of Immigration and Citizenship 2010, pp. 350 – 353.

4. Annual Report Editor, National Communications Branch, Department of Immigration and Citizenship. *Annual Report for 2007 – 2008*, Department of Immigration and Citizenship 2008, pp. 337 – 340.

5. Annual Report Editor, National Communications Branch, Department of Immigration and Citizenship. *Annual Report for 2006 – 2007*, Department of Immigration and Citizenship 2007, pp. 341 – 344.

6. Annual Report Editor, National Communications Branch, Department of Immigration and Citizenship. *Annual Report for 2005 – 2006*, Department of Immigration and Citizenship 2006, pp. 342 – 345.

7. Annual Report Editor, National Communications Branch, Department of Immigration and Citizenship. *Annual Report for 2004 – 2005*, Department of Immigration and Citizenship 2005, pp. 472 – 475.

8. Annual Report Editor, National Communications Branch, Department of Immigration and Citizenship. *Annual Report for 2003 – 2004*, Department of Immigration and Citizenship 2004, pp. 276 – 279.

9. Annual Report Editor, National Communications Branch, Department of Immigration and Citizenship. *Annual Report for 2002 – 2003*, Department of Immigration and Citizenship 2003, pp. 98 – 99.

10. Annual Report Editor, National Communications Branch, Department of Immigration and Citizenship. *Annual Report for 2002 – 2003*, http://www.immi.gov.au/about/reports/annual/2002 – 03/report71.htm, 2012 – 06 – 07.

11. Annual Report Editor, National Communications Branch, Department of Immigration and Citizenship, *An-*

① A total of 95 284 people were conferred Australian citizenship in 2010 – 2011, 20.5 percent less than in 2009 – 2010, This decrease in applications is likely due to the cessation of transitional residence requirements at the end of June, 2010. Under these arrangements, migrants who were permanent residents before 1st July, 2007 needed to be residing in Australia for two years as a permanent resident in the five years immediately before applying. From 1st July, 2010, all applicants must have been living in Australia lawfully for four years, including 12 months as a permanent resident immediately before applying for citizenship.

nual Report for 2001 - 2002, http://www.immi.gov.au/about/reports/annual/2001 - 02/report67.htm, 2012 - 06 - 07.

12. Annual Report Editor, National Communications Branch, Department of Immigration and Citizenship, *Annual Report for 2000 - 2001*.

13. Annual Report Editor, National Communications Branch, Department of Immigration and Citizenship, *Annual Report for 1999 - 2000*, http://www.immi.gov.au/about/reports/annual/1999 - 2000/appen5.htm.

14. Annual Report Editor, National Communications Branch, Department of Immigration and Citizenship, *Annual Report for 1998 - 1999*.

注：(1) 表中所指中国未包括台湾地区，1999 年前包括香港地区，1999 年后包括香港地区和澳门地区。

(2) 入澳大利亚国籍（people who were conferred by Australian citizenship）。

第三，获得澳大利亚永久居留签证的中国人人数很多和稳定上升、比例很高和总体上升、由第三位升至第一位。

获得澳大利亚永久居留签证的中国人人数很多和稳定上升。2011 年，共 29 547名中国人获得澳大利亚永久居留签证，是2001 年（8 437 人）的 3.5 倍，[①] 是2006 年（20 729 人）的 1.43 倍。如表 5 - 16 所示，2007—2011 年 5 年间，共有 114 938 名中国人获得澳大利亚永久居留签证，年均 22 988 人；2007 年为最低值，也达到了 20 729 人；之后逐年上升，2011 年创历史新高，达到 29 547 人。这与同一时期，2008 年中国人获得美国永久居留签证的 80 721 人比 2007 年的 76 655人增长，然后 2009 年和 2010 年下降至 64 238 人和 70 863 人，2011 年再增长到 87 016 人的起伏式增长不同。这说明，获得澳大利亚永久居留签证的中国人人数的增长比获得美国永久居留签证的中国人人数的增长更加稳健。

获得澳大利亚永久居留签证的中国人人数占获得澳大利亚永久居留签证的外国人总人数比例很高和总体上升。如表 5 - 16 所示，2007—2011 年 5 年间，获得澳大利亚永久居留签证的中国总人数占获得澳大利亚永久居留签证外国人总人数比例为 14.09%，远远高于同一时期获得美国永久居留签证的中国人人数占获得美国永久居留签证外国人总人数比例的 7.07%。2007 年，占比为 13.99%，2009 年跌至 12.74%，2010 年和 2011 年先后创出 14.69% 和 17.52% 的新高。其中，17.52% 是美国在 2001—2011 年间相应比例最高值（7.3%）的 2.4 倍。

获得澳大利亚永久居留签证的中国人人数在各国获得澳大利亚永久居留签证的人数中由第三位升至第一位。如表 5 - 16 所示，2007—2011 年 5 年间，2007—2009 年低于英国和印度，居第三位；2010 年仅低于英国，居第二位；2011 年跃

① Country Profile People's Republic of China, Economic Analysis Unit Department of Immigration and Citizenship, 2011, p. 1.

升至第一位。同一时期，获得美国永久居留签证的中国人人数在各国获得美国永久居留签证人数中稳居第二位，低于墨西哥。

从获得澳大利亚永久居留签证的中国人人数、占外国人获得澳大利亚永久居留签证总人数比例，以及在各国获得澳大利亚永久居留签证中排位三项指标来看，澳大利亚华人人数增长势头非常迅猛，人数很多和稳定上升，2011 年达到 29 547 人，所占比例也很高和总体上升，2011 年达到 17.52%，每 4 个获得澳大利亚永久居留签证的外国人中就有 1 个是中国人。在各国获得澳大利亚永久居留签证人数中的排位由第三位稳步升至第一位。获得澳大利亚永久居留签证的中国人人数的突出高位表现，为入籍澳大利亚中国人人数的高位表现奠定了坚实基础，并可以依此预测，在中国出生的澳大利亚人口（4.7%）与名列前两位的英国（23.5%）和新西兰（8.8%）之间的差距会缩小，与紧随中国的印度（4.5%）、越南（3.6%）、印度（3.3%）、菲律宾（2.7 %）、希腊（2.5%）和德国（2.4%）的差距会拉大。这些情况要求我们在制定澳大利亚侨务政策时，要考虑澳大利亚华侨华人规模以及占在海外出生澳大利亚人口的比例会不断扩大的现实和会稳定增长的预期，更加重视澳大利亚华侨华人对当地的影响以及区别对待和满足华侨华人对国内的不同需求。

表 5－16 中国人获得澳大利亚永久居留签证人数、占永久居留签证总人数比例及排位

单位：人

	2007 年	2008 年	2009 年	2010 年	2011 年	合计
获永久居留签证中国人人数	20 729	21 063	21 831	24 768	29 547	114 938
获永久居留签证外国人总数	148 200	158 630	171 318	168 623	168 685	815 456
所占比例	13.99%	13.28%	12.74%	14.69%	17.52%	14.09%
排位	次于英国、印度	次于英国、印度	次于英国、印度	次于英国	第一位	

资料来源：

1. Department of Immigration and Citizenship, *Report on Migration Program 2010－2011*, Department of Immigration and Citizenship, Australia.

2. Department of Immigration and Citizenship, *Report on Migration Program 2009－2010*, Department of Immigration and Citizenship, Australia, pp. 4－5.

3. Department of Immigration and Citizenship, *Report on Migration Program 2008－2009*, Department of Immigration and Citizenship, Australia, pp. 4－5.

4. Department of Immigration and Citizenship, *Report on Migration Program 2007－2008*, Department of Immi-

gration and Citizenship, Australia, pp. 5 – 6.

5. Annual Report Editor, National Communications Branch, Department of Immigration and Citizenship, *Annual Report for 2006 – 2007*, Department of Immigration and Citizenship, 2007, p. 2.

6. Economic Analysis Unit Migration and Visa Policy Division Department of Immigration and Citizenship, *Population Flows: Immigration Aspects 2010 – 2011*, Department of Immigration and Citizenship Australia, 2012, p. 8.

7. Economic Analysis Unit Migration and Visa Policy Division Department of Immigration and Citizenship, *Population flows: Immigration aspects 2009 – 2010*, Department of Immigration and Citizenship Australia, 2011, p. 8.

第四，获得澳大利亚投资移民签证的中国人人数很多、占比例极高和稳居第一位，技术移民签证的中国人人数很多、占比例较高和稳居第一位，家庭移民签证的中国人人数和占比例很高。

获得澳大利亚投资移民签证的中国人人数很多、占比例极高、稳居第一位。由于没有查找到更丰富的统计资料，笔者只能遗憾地以2008—2011年数据为分析基础。如表5－17所示，2008—2011年4年间，共计16 946名中国人获得澳大利亚投资移民签证，年均4 237人，占外国人获得澳大利亚投资移民签证总人数（28 547人）的59.36%。也就是说，每5个获得澳大利亚投资移民签证外国人中就有3个是中国人。其中，2011年为获得澳大利亚投资移民签证中国人人数最高的年份，为4 791人；2008年为投资移民中国人人数最低的年份，为3 470人。以每位投资移民因为移民投资、住房和生活需要，迁徙澳大利亚时携带100万澳元计算，[①] 2008—2011年4年间，中国因为投资移民而向澳大利亚流入资产169.46亿澳元，年均流入资产42.37亿澳元。

获得澳大利亚技术移民签证的中国人人数、占比例较高、稳居第一位。如表5－17所示，2008—2011年，获得澳大利亚技术移民签证的中国人人数共计63 767人，年均15 929人，占获得澳大利亚技术移民签证总人数（444 910人）的14.33%。与获得澳大利亚投资移民签证的中国人人数最多和最少年份相似，获得澳大利亚技术移民签证的中国人人数最多和最少年份出现在2011年和2009年，分别是2011年的20 441人和2009年的13 927人。技术移民签证的中国人人数在各国技术移民签证人数中稳居第一位，获得澳大利亚技术移民签证的中国人人数在2011年比2010年增长了40.72%。可以看出，中国技术移民已经是澳大利亚技术移民中最重要的组成部分。鉴于能够获得澳大利亚技术移民签证的中

① 无州或领地政府担保890类企业主投资移民签证要求：申请人投资企业中的净资产不少于10万澳元，个人资产和企业中净资产的总资产不少于25万澳元；无州或领地政府担保891类投资者投资移民签证要求：继续符合在指定债券上投资不少于150万澳元4年；直接获得永久居留权的132类投资天才投资移民签证要求：全家总资产150万澳元以上。

国人都必须满足很高的年龄、英语、职业、工作经验和教育等要求，[①] 他们可以被视为中国的优秀人才。尽管中国人才规模巨大，但是2008—2011年年均向澳大利亚流失15 942名这样的人才，对中国而言，特别是近期来看，确是一种损失。

获得澳大利亚技术移民签证的中国人人数占获得澳大利亚永久居留签证的中国人人数的比例极高，如表5－17所示，共63 767名中国人在2008—2011年间获得澳大利亚技术移民签证，占这一时期获得澳大利亚永久居留签证总人数97 029人的65.72%。其中2008年的比例达到了70.85%，2011年的比例为69.18%。也就是说，近70%的中国人是以技术移民身份迁往澳大利亚的。这要求我们在制定澳大利亚侨务政策时，必须关注其技术移民政策，一方面澳大利亚华侨华人的层次因此而提高，另一方面大批的中国优秀人才因此而流失。

获得澳大利亚家庭移民签证的中国人人数和占比很高。如表5－17所示，2008—2011年4年间，获得澳大利亚家庭移民签证的中国人人数共计33 327人，年均8 332人，占家庭移民签证总人数205 534人的34.35%。也就是说，每3个澳大利亚家庭移民外国人中就有1个是中国人。其中，2010年，有10 218名中国人获得澳大利亚家庭移民签证，占该年度获得澳大利亚家庭移民签证总人数（44 755人）的41.25%。2008—2011年，有33 327名中国人获得澳大利亚家庭移民签证，占获得澳大利亚永久居留签证中国人总人数（97 029人）的34.35%，其中，2010年占41.25%。澳大利亚家庭移民种类多，包括子女、配偶、父母、其他亲属，可以是一般亲属移民，还可以是优先亲属移民（向澳大利亚政府支付一定的医疗费、社会保障费，可以列入优先审批类别），以及中国人重视家庭和独生子女情况，都有利于中国人澳大利亚申请家庭移民签证。

---

① 独立技术移民175类技术移民签证要求：50周岁以下，通过IELTS英语考试，听说读写四项各取得7分（总分为9分），从事技能职业清单上的职业并通过专业团体的职业能力评估，大学本科以上学历，递交申请前至少有3年以上在从事指定职业或紧密相关职业的工作经验。

表 5－17　获得澳大利亚各类永居签证中国人人数

单位：人

	2008 年	2009 年	2010 年	2011 年	总计
技术类移民					
投资移民	3 470	4 393	4 292	4 791	16 946
投资移民澳大利亚总数	6 565	7 397	6 789	7 796	28 547
占投资移民澳大利亚总数比例	52. 86%	59. 39%	63. 22%	61. 45%	59. 36%
杰出人才技术移民	17	15	13	12	57
雇主担保技术移民	1 127	2 861	4 499	3 480	11 967
家庭担保技术移民	1 269	934	285	1 411	3 899
独立技术移民	8 214	4 343	3 919	9 823	26 299
州/领地担保技术移民	827	1 381	1 495	924	4 627
技术类移民签证中国人人数在各国人数中排位	第一位	第一位	第一位	第一位	
技术类移民签证中国人人数小计	14 924	13 927	14 505	20 411	63 767
技术移民签证总数	108 540	114 777	107 868	113 725	444 910
占技术移民外国人总数比例	13. 75%	11. 35%	13. 45%	17. 97%	14. 33%
占永居签证中国人总人数比例	70. 85%	63. 79%	58. 56%	69. 18%	65. 75%
家庭移民					
子女移民	519	480	522	514	2 035
配偶移民	4 271	4 650	5 491	4 952	19 364
父母移民	1 019	2 438	3 841	3 542	10 839
优先移民/其他家庭移民类	322	333	364	69	1 088
家庭移民签证中国人人数小计	6 131	7 901	10 218	9 077	33 327
家庭移民签证外国人总数	49 870	56 366	44 755	54 543	205 534
占家庭移民签证外国人总数比例	12. 29%	14. 02%	22. 83%	16. 64%	16. 21%
家庭移民签证中国人人数占永居签证中国人总人数比例	29. 11%	36. 19%	41. 25%	30. 72%	34. 35%
Special Eligibility	8	3	45	29	85
永居签证中国人人数总计	21 063	21 831	24 768	29 547	97 029
永居签证外国人总数	158 630	171 318	168 623	168 685	667 256
占永居签证外国人总数比例	13. 28%	12. 74%	14. 69%	17. 52%	14. 54%

资料来源：

1. Country profile People's Republic of China, Economic Analysis Unit Department of Immigration and Citizenship, 2011, p. 7.

2. Economic Analysis Unit Migration and Visa Policy Division Department of Immigration and Citizenship, *Population Flows: Immigration Aspects 2010 - 2011*. Department of Immigration and Citizenship, Australia, 2012, p. 10.

3. Department of Immigration and Citizenship, *Report on Migration Program 2010—2011*, Department of Immigration and Citizenship, Australia, pp. 3, 11 - 12.

4. Department of Immigration and Citizenship, *Report on Migration Program 2009—2010*, Department of Immigration and Citizenship, Australia, pp. 3, 11 - 13.

5. Department of Immigration and Citizenship, *Report on Migration Program 2008—2009*, Department of Immigration and Citizenship, Australia, pp. 3, 11 - 12.

6. Department of Immigration and Citizenship, *Report on Migration Program 2007—2008*, Department of Immigration and Citizenship, Australia, pp. 3, 11, 15.

注：投资移民 Business Skills，杰出人才 Distinguished Talent，雇主担保永居 Employer Sponsored，家庭担保技术移民 Skilled Family Sponsored，独立技术移民 Skilled Independent，州/领地担保技术移民 State/Territory Sponsored Visa Classes，子女移民 Child，配偶移民 Partner，父母移民 Parent，优先移民/其他家庭移民类 Preferential/Other Family。表中所指中国未包括香港地区、澳门地区和台湾地区。

考虑到中国与澳大利亚之间的巨大发展差距，上述获得澳大利亚投资移民签证的中国人人数很多、占比例极高和稳居第一位，获得澳大利亚技术移民签证的中国人人数很多、占比例较高和稳居第一位，获得澳大利亚家庭移民签证的中国人人数和占比例很高的情况，还将长期存在。根据联合国发展署《2011 年人类发展报告》和国际货币基金组织《2011 年世界经济展望》，2011 年，中国人均 GDP 是 8 394 美元，是澳大利亚人均 GDP 40 836 美元的 20. 56%；中国人均预期寿命是 73. 5 岁，是澳大利亚人均预期寿命 81. 9 岁的 89. 74%；中国人平均受教育 7. 5 年，是澳大利亚人平均受教育 12 年的 62. 5%；中国人类发展指数是 0. 69，在 187 个国家中排 101 位，而澳大利亚人类发展指数是 0. 93，仅次于挪威，在 187 个国家中排第二位。

第五，获得澳大利亚学生签证的中国人人数很多、稳步增长、占比例很高和稳居第一位。

获得澳大利亚学生签证的中国人人数很多和稳步增长。如表 5 - 18 所示，2003—2011 年 9 年间，共计 256 973 名中国人获得澳大利亚学生签证，年均 28 553人；2003 年人数最少，也达到了 14 215 人；之后逐年增长，2010 年达到最多人数，为 54 541 人，是 2003 年的 3. 84 倍，年均增长 35. 46%；2011 年略有回落，为 49 852 人。

获得澳大利亚学生签证的中国人人数占获得澳大利亚学生签证总人数的比例

很高。如表 5－18 所示，2003—2011 年 9 年间，共计 256 973 名中国人获得澳大利亚学生签证，是同期获得澳大利亚学生签证外国人总人数 2 046 999 人的 12.55%；也就是说，在此期间，平均每 8 个获得澳大利亚学生签证的外国人中就有 1 个是中国人。2007 年所占比例是 10.90%，2008 年跃升至 17.89%。2010 年和 2011 年，先后升至最高比例，分别为 20.16% 和 19.80%。最近两年，均是每 5 个获得澳大利亚学生签证的外国人中就有 1 个是中国人。

获得澳大利亚学生签证的中国人人数稳居第一位。如表 5－18 所示，2003—2011 年 9 年间，获得澳大利亚学生签证的中国人人数在获得澳大利亚学生签证的各国人数中一直保持第一位。

之所以获得澳大利亚学生签证的中国人人数很多、稳步增长、占比例很高和稳居第一位，既有澳大利亚教育质量优于中国教育质量、澳大利亚政府力推教育出口政策的原因，也有国内高等教育逐渐成鸡肋、家长有能力和有意愿送孩子出国深造之故。此种现象要求我们在制定澳大利亚侨务政策时，必须考虑我国澳大利亚留学生在整个澳大利亚留学生、在澳大利亚华侨华人侨民中的突出位置，将留学生安全教育和吸引留学生回国作为重点工作开展。

表 5－18　获得澳大利亚学生签证的中国人人数、占学生签证总人数比例，以及在获得学生签证国家中的排位

单位：人

	2003 年	2004 年	2005 年	2006 年	2007 年
获学生签证中国人人数	14 215	17 279	17 506	15 877	38 466
获学生签证外国人总数	162 575	171 618	174 787	190 674	228 592
所占比例	8.74%	10.07%	10.01%	8.32%	10.90%
排位	第一位	第一位	第一位	第一位	第一位
	2008 年	2009 年	2010 年	2011 年	合计
获学生签证中国人人数	49 763	54 015	54 541	49 852	256 973
获学生签证外国人总数	278 184	319 632	270 499	250 438	2 046 999
所占比例	17.89%	17.31%	20.16%	19.80%	12.55%
排位	第一位	第一位	第一位	第一位	

资料来源：

1. Annual Report Editor National Communications Branch Department of Immigration and Citizenship. *Department of Immigration and Citizenship Annual Report 2010－2011*, Department of Immigration and Citizenship, Australia, pp. 63－66.

2. Annual Report Editor National Communications Branch Department of Immigration and Citizenship, *Depart-*

ment of Immigration and Citizenship Annual Report 2009 – 2010, Department of Immigration and Citizenship, Australia, pp, 60 – 64.

3. Annual Report Editor National Communications Branch Department of Immigration and Citizenship, *Department of Immigration and Citizenship Annual Report 2008 – 2009*, Department of Immigration and Citizenship, Australia, pp. 61 – 64.

4. Annual Report Editor National Communications Branch Department of Immigration and Citizenship, *Department of Immigration and Citizenship Annual Report 2007 – 2008*, Department of Immigration and Citizenship, Australia, pp. 58 – 61.

5. Annual Report Editor National Communications Branch Department of Immigration and Citizenship, *Department of Immigration and Citizenship Annual Report 2006 – 2007*, Department of Immigration and Citizenship, Australia, pp. 61 – 64.

6. Annual Report Editor National Communications Branch Department of Immigration and Citizenship, *Department of Immigration and Citizenship Annual Report 2004 – 2005*, Department of Immigration and Citizenship, Australia, pp. 64 – 65.

7. Annual Report Editor National Communications Branch Department of Immigration and Citizenship, *Department of Immigration and Citizenship Annual Report 2003 – 2004*, Department of Immigration and Citizenship, Australia, p. 50.

注：澳大利亚学生签证包括澳大利亚所有类别学习签证。

第六，在澳大利亚的中国留学生和印度留学生比较分析。

在澳大利亚的持澳大利亚学生签证的中国人人数总体上多于印度人人数，排位比印度靠前，回国率高于印度。印度和中国在人口、海外侨民、经济社会发展水平等国情方面相似，比较分析在澳大利亚的持澳大利亚学生签证的中国人人数和印度人人数，有助于我们更客观地理解中国留学生在澳大利亚留学生中的位置。如表5 – 19 所示，2000—2011 年 12 年间，除 2009 年和 2010 年，在澳大利亚的持澳大利亚学生签证的中国人人数分别较印度人人数少 15 902 人和 470 人外，其他年份均多于印度人人数。差距最大的是 2011 年的 24 598 人，其他差距较大的年份是 2003—2006 年，分别相差 22 356 人、22 590 人、23 486 人和 20 329人。但是，如表5 – 20 所示，澳大利亚留学毕业生技能签证签发给中国人人数却少于印度人人数。换句话说，在澳大利亚的持澳大利亚学生签证的中国人毕业或者交流结束后返回中国的比例，远远高于在澳大利亚的持澳大利亚学生签证的印度人毕业或者交流结束后返回印度的比例。

表 5 - 19　2000—2011 年持澳大利亚学生签证的中国人人数和印度人人数

单位：人

	2000 年	2001 年	2002 年	2003 年	2004 年	2005 年
中国	9 064（次于印度尼西亚、马来西亚）	13 926（第一位）	22 235 14. 44%（第一位）	30 479 17. 76%（第一位）	33 918 19. 13%（第一位）	40 844 21. 45%（第一位）
印度	8 570（第五位）	8 351（第六位）	6 874（第八位）	8 123（第八位）	11 328（第三位）	17 358（第二位）
差距	494	4 943	15 361	22 356	22 590	23 486
	2006 年	2007 年	2008 年	2009 年	2010 年	2011 年
中国	43 938 21. 12%（第一位）	51 291 20. 61%（第一位）	65 411 20. 58%（第一位）	76 462 19. 78%（次于印度）	79 861 20. 87%（次于印度）	75 578 22. 71%（第一位）
印度	23 609（第二位）	39 051（第二位）	63 558（第二位）	92 364（第一位）	80 331（第一位）	50 980（第二位）
差距	20 329	12 240	1 853	-15 902	-470	24 598

资料来源：

1. Annual Report Editor National Communications Branch Department of Immigration and Citizenship, *Department of Immigration and Citizenship Annual Report 2010 - 2011* , Department of Immigration and Citizenship, Australia, pp. 63 - 66.

2. Annual Report Editor National Communications Branch Department of Immigration and Citizenship, *Department of Immigration and Citizenship Annual Report 2009 - 2010* , Department of Immigration and Citizenship, Australia, pp. 60 - 64.

3. Annual Report Editor National Communications Branch Department of Immigration and Citizenship, *Department of Immigration and Citizenship Annual Report 2008 - 2009* , Department of Immigration and Citizenship, Australia, pp. 61 - 64.

4. Annual Report Editor National Communications Branch Department of Immigration and Citizenship, *Department of Immigration and Citizenship Annual Report 2007 - 2008* , Department of Immigration and Citizenship, Australia, pp. 58 - 61.

5. Annual Report Editor National Communications Branch Department of Immigration and Citizenship, *Department of Immigration and Citizenship Annual Report 2006 - 2007* , Department of Immigration and Citizenship, Australia, pp. 61 - 64.

6. Annual Report Editor National Communications Branch Department of Immigration and Citizenship, *Department of Immigration and Citizenship Annual Report 2004 - 2005* , Department of Immigration and Citizenship, Australia, pp. 64 - 65.

7. Annual Report Editor National Communications Branch Department of Immigration and Citizenship, *Department of Immigration and Citizenship Annual Report 2003 - 2004* , Department of Immigration and Citizenship, Australia, p. 50.

注：澳大利亚学生签证包括澳大利亚所有类别学习签证；不同年度年报就同一个数据发生冲突时，以最新年报数据为准。

获得澳大利亚留学毕业生技术移民签证的中国人人数和所占比例，远远少于相应印度人人数和所占比例。如表 5－20 所示，2010 年和 2011 年，分别有 4 942 名和 4 330 名中国人获得澳大利亚留学毕业生技术移民签证，是同期获得澳大利亚留学毕业生技术移民签证印度人人数（9 230 名和 9 644 名）的 54.54% 和 44.90%；中国人获得澳大利亚留学毕业生技术移民签证人数占澳大利亚留学毕业生技术移民总人数的 21.13% 和 20.06%，而同期印度人所占比例是 39.46% 和 44.68%。

表 5－20　获得澳大利亚留学毕业生技术移民签证的中国人人数和印度人人数及其所占比例

单位：人

	2010 年	2011 年	年度变化
中国	4 942 21.13% （第二位）	4 330 20.06% （第二位）	－12.4%
印度	9 230 39.46% （第一位）	9 644 44.68% （第一位）	4.49%
总数	23 390	21 587	－7.71%

资料来源：*Trends in Migration：Australia 2010—2011：Annual submission to the OECD's Continuous Reporting System on Migration*（*SOPEMI*），p. 41.

注：澳大利亚留学毕业生技术签证（Skilled Graduate Visa）。

上述中国和印度在持澳大利亚学生签证人数、排位、回国率，以及获得澳大利亚留学毕业生技术移民签证人数、所占比例方面的比较说明，印度吸引在澳大利亚留学生回国方面的成效不如中国。这里面既有中澳发展水平差距小于印澳发展水平差距导致的印度吸引留学生回国乏力的原因，也存在着印度政府的侨务政策没有十分重视吸引海外留学生回国的因素。我们一方面要吸取印度吸引海外留学生回国成效不佳的教训，也要认识到印度留学生回国率相对中国较低的另一面是留在澳大利亚比例相对中国较高；另一方面需要仔细研究印度政府的侨务政策为什么不够吸引海外留学生回国及其影响，探讨中国对完善吸引海外人才回国政策的措施。

第七，获得澳大利亚长期商务（工作）签证的中国人人数较少和占比例非常低，获得短期商务（访问）签证非常多和占比例非常高。

获得澳大利亚长期商务（工作）签证的中国人人数较少、比例较低、排位下降。如表 5－21 所示，2007—2011 年，共计 23 791 名中国人获得澳大利亚长期商务（工作）签证，年均 4 758 人，占获得澳大利亚长期商务（工作）签证总人数 458 556 人的 5.19%。自 2008 年世界经济危机以来，获得澳大利亚长期商务（工作）签证的中国人人数逐年降低，2008 年为 7 340 人；2010 年为 2 910 人；2011 年为 2 981 人，较 2008 年下降了近 60%。所占比例从 2008 年的 6.61% 下降到 2011 年的 3.31%，跌幅达一半。2010—2011 年，获得澳大利亚长期商务（工作）签证的中国人人数占获得澳大利亚长期商务（工作）签证总人数的比例从第四位位跌至第七位。

2008 年世界经济危机严重影响了中国人赴澳大利亚进行长期商务活动或工作，而且对中国人的影响程度超出了对其他外国人的影响程度。我国在完善澳大利亚侨务政策时，可以设立预案，凡遇有类似经济危机等重大事件，要更加重视与澳大利亚当地商界尤其是华侨华人的联系，将对中国人赴澳大利亚进行长期商务活动或工作的影响降到最低。

表 5－21　获得澳大利亚长期商务（工作）签证的中国人人数、占获得长期商务（工作）签证总人数比例

单位：人

	2007 年	2008 年	2009 年	2010 年	2011 年
获长期商务签证中国人人数	5 590	7 340	4 970	2 910	2 981
获长期商务签证外国人总人数	87 937	111 019	101 432	68 023	90 145
所占比例	6.36%	6.61%	4.90%	4.28%	3.31%
排位				第四位	第七位

资料来源：

1. *Trends in Migration*：*Australia 2010－2011*：*Annual submission to the OECD's Continuous Reporting System on Migration*（*SOPEMI*），Country profile People's Republic of China，Economic Analysis Unit Department of Immigration and Citizenship，2011，p. 37.

2. Annual Report Editor National Communications Branch Department of Immigration and，Citizenship *Department of Immigration and Citizenship*，*Annual Report 2009－2010*，Department of Immigration and Citizenship，Australia，p. 66.

注：表中所指中国不包括香港、澳门、台湾地区。澳大利亚长期商务（工作）签证（Business Long Stay visa）。

第八，在澳大利亚逾期停留的中国人人数很多，稳定增长、占比很高、排位第一。

在澳大利亚逾期停留的中国人人数很多，稳定增长。在澳大利亚逾期停留者是指在临时居留签证过期后，依然在澳大利亚停留的外国人，不包括已经被澳大利亚发现并拘留的外国人。如表 5－22 所示，2005 年有 3 760 名中国人在澳大利亚逾期停留，之后人数逐年增长，2009 年突破 5 000 人，为 5 830 人；2011 年达 8 070人，为 2005—2011 年人数最多的年份。

在澳大利亚逾期停留的中国人人数占在澳大利亚逾期停留的外国人总人数的比例很高。如表 5－22 所示，2005 年为 7.87%，2008 年为 10%，2010 年和 2011 年先后达到 13.91% 和 13.82%，为 2005—2011 年间占比最高的两个年份。

在澳大利亚逾期停留的中国人人数在澳大利亚逾期停留各外国人人数中排位第一，上升很快。如表 5－22 所示，2005 年和 2006 年，在澳大利亚逾期停留的中国人人数在澳大利亚逾期停留各外国人人数中仅次于美国人和英国人，排位第三；2007 年仅次于美国人，排位第二；2008 年与美国人并列第一；此后的 2009—2011 年均保持排位第一。

表 5－22　在澳大利亚逾期停留的中国人人数、外国人总人数及占比例

单位：人

	2005 年	2006 年	2007 年	2008 年
逾期停留中国人人数	3 760	3 700	4 100	4 850
逾期停留外国人总人数	4 7800	46 400	46 500	48 500
所占比例	7.87%	7.97%	8.81%	10%
排位	仅次于美国和英国	仅次于美国和英国	仅次于美国	与美国并列第一
	2009 年	2010 年	2011 年	
逾期停留中国人人数	5 830	7 490	8 070	
逾期停留外国人总人数	48 700	53 860	58 400	
所占比例	11.97%	13.91%	13.82%	
排位	第一位	第一位	第一位	

资料来源：

1. *Trends in Migration: Australia 2010－2011: Annual submission to the OECD's Continuous Reporting System on Migration* (*SOPEMI*), Economic Analysis Unit, Chief Economist, Department of Immigration and Citizenship, p. 58.

2. Economic Analysis Unit Migration and Visa Policy Division Department of Immigration and Citizenship, *Popu-*

lation Flows: *Immigration Aspects 2010 - 2011*, Department of Immigration and Citizenship, Australia, 2012, pp. 71 -72.

3. Economic Analysis Unit Migration and Visa Policy Division Department of Immigration and Citizenship, *Population Flows*: *Immigration Aspects 2009 - 2010*, Department of Immigration and Citizenship Australia, 2011, pp. 58 -59.

4. Economic Analysis Unit Migration and Visa Policy Division Department of Immigration and Citizenship, *Population Flows*: *Immigration Aspects 2008 - 2009*, Department of Immigration and Citizenship Australia, 2010, pp. 74 -75.

5. Economic Analysis Unit Migration and Visa Policy Division Department of Immigration and Citizenship, *Population Flows*: *Immigration Aspects 2007 - 2008*, Department of Immigration and Citizenship Australia, 2009, pp. 66 -67.

注：在澳大利亚逾期停留 overstay。表中所指中国未包括香港、澳门和台湾地区。

澳大利亚认为中国人逾期停留是一个值得重视的忧虑，而不认为美国人逾期停留是一个值得重视的忧虑。[①] 虽然美国人逾期停留人数曾经在 2005 年和 2006 年排位第一，在 2008 年与中国人并列第一，2010 年和 2010 年紧随中国人之后排位第二，但是考虑到获得澳大利亚访问签证的美国人数量非常多，所以美国人逾期停留率非常低。以访问签证、访问和学习签证为基数测算，[②] 2008 年，美国人访问和学习签证逾期停留率是 1.19%，访问签证逾期停留率是 1.22%，而中国人访问和学习签证预期停留率是 1.56%，访问签证逾期停留率是 1.85%；2011 年，中国人和美国人的逾期停留率差距进一步拉大，美国人访问和学习签证逾期停留率是 0.88%，访问签证逾期停留率是 0.89%，而中国人访问和学习签证预期停留率是 2.16%，访问签证逾期停留率是 2.50%。另外，中国人逾期停留时间长和增速快也是澳大利亚对中国人逾期停留担忧的原因。2007 年，73% 的逾期停留中国人在澳大利亚逾期停留时间超过了 1 年或以上。[③]

---

① Economic Analysis Unit Migration and Visa Policy Division Department of Immigration and Citizenship, *Population Flows*: *Immigration Aspects 2010 - 2011*, Department of Immigration and Citizenship, Australia, 2012, p. 772.

② 72.1% 澳大利亚逾期停留者持访问签证，17.3% 澳大利亚逾期停留者持学生签证。见 Mark Cully SOPEMI Correspondent for Australia Chief Economist, Department of Immigration and Citizenship, *Trends in Migration*: *Australia 2010 - 2011*: *Annual submission to the OECD's Continuous Reporting System on Migration* (*SOPEMI*), Department of Immigration and Citizenship, Australia, 2012, p. 57。

③ Economic Analysis Unit Migration and Visa Policy Division Department of Immigration and Citizenship, *Population Flows*: *Immigration Aspects 2007 - 2008*, Department of Immigration and Citizenship Australia, 2009, p. 67.

表 5-23　中国、美国在澳大利亚逾期停留人数、逾期停留率比较

单位：人

	2007 年	2008 年	2009 年	2010 年	2011 年
获访问签证美国人人数	385 384	400 906	370 866	587 122	570 561
获学生签证美国人人数	9 973	11 576	9 598	8 998	8 562
小计	—	412 482	380 464	596 120	579 123
逾期停留美国人人数	—	4 900	4 860	5 010	5 080
访问和学习签证逾期停留比例	—	1.19%	1.28%	0.84%	0.88%
访问签证逾期停留比例	—	1.22%	1.31%	0.85%	0.89%
获访问签证中国人人数	239 061	261 016	231 953	243 671	323 007
获学生签证中国人人数	38 466	49 763	54 015	54 409	49 852
小计	277 527	310 779	285 968	298 080	372 859
逾期停留中国人数	4 100	4 850	5 830	7 490	8 070
访问和学习签证预期停留比例	1.48%	1.56%	2.04%	2.51%	2.16%
访问签证逾期停留比例	1.72%	1.85%	2.51%	3.07%	2.50%

资料来源：

1. Economic Analysis Unit Migration and Visa Policy Division Department of Immigration and Citizenship, *Population Flows: Immigration Aspects 2010 - 2011*, Department of Immigration and Citizenship Australia, 2012, pp. 71-72.

2. Economic Analysis Unit Migration and Visa Policy Division Department of Immigration and Citizenship, *Population Flows: Immigration Aspects 2009 - 2010*, Department of Immigration and Citizenship Australia, 2010, pp. 58-59.

3. Economic Analysis Unit Migration and Visa Policy Division Department of Immigration and Citizenship, *Population Flows: Immigration Aspects 2008 - 2009*, Department of Immigration and Citizenship Australia, 2010, pp. 74-75.

4. Economic Analysis Unit Migration and Visa Policy Division Department of Immigration and Citizenship, *Population Flows: Immigration Aspects 2007 - 2008*, Department of Immigration and Citizenship Australia, 2009, pp. 66-67.

针对在澳大利亚逾期停留的中国人人数很多、稳定增长、占比例很高、排位第一、逾期停留率相对很高的问题已经引起澳大利亚重视并视之为让人忧虑的情况，我国在完善澳大利亚侨务政策时，首先要加强对赴澳大利亚访问旅游和学习交流中国人的行前教育和回国后监督，使其遵守澳大利亚移民法的有关规定，维护中国人的良好形象，努力减少逾期停留情况的发生。其次，我国驻澳大利亚使领馆要关注这些在澳大利亚逾期停留的中国人，尽力保护其合法权益。逾期停留的中国人没有合法身份，其权益容易受到侵害。再次，我国政府要与澳大利亚政府合作，积极配合和做好遣返逾期停留中国人的工作。否则，澳大利亚审核中国人访问和学习签证乃至所有签证会越来越严格，这会加大中国与澳大利亚的交流成本和政府部门管理澳大利亚侨民的难度。

第九，中国人向澳大利亚申请保护签证人数多、比例高、被批准率高。

中国人向澳大利亚直接申请保护签证人数非常多，申请人数总体上缓慢增长，占向澳大利亚直接申请保护签证总人数的比例非常高。保护签证是指澳大利亚根据1951年《关于难民地位的公约》和本国难民法甄别在澳大利亚的外国人是否符合难民定义而向符合者签发的签证（For persons currently in Australia and subsequently found to be a refugee under the Refugees Convention）。如表5－24所示，2005年，有883名中国人向澳大利亚直接递交了保护签证申请；2010年人数最多，为1 293人，增长了46.43%；2011年略有回落，为1 122人。2005—2011年7年间，共计7 692名中国人向澳大利亚移民部门申请保护签证，占向澳大利亚移民部门申请保护签证外国人总人数31 489人的24.43%。也就是说，平均每4个向澳大利亚申请保护签证的外国人中就有1个是中国人。2008年，有1 250名中国人向澳大利亚直接申请保护签证，占直接向澳大利亚直接申请保护签证的外国人总人数3 986人的31.36%。

中国人直接申请澳大利亚保护签证被批准率很高，但有所起伏。如表5－24所示，2005—2011年，共有1 137名中国人直接申请澳大利亚保护签证被批准，占直接申请的中国人总人数7 692的14.78%。2006年，有179名中国人直接申请澳大利亚保护签证被批准，占该年度直接申请澳大利亚保护签证的中国人总人数919人的19.48%；2010年，达到了17.71%。如此高的直接申请被批准率，无疑会鼓励中国人入境澳大利亚后直接申请保护签证，以致向澳大利亚直接申请保护签证的中国人人数逐渐增长。

中国人直接申请澳大利亚保护签证被批准人数占外国人直接申请澳大利亚保护签证被批准总人数的比例很高，但有所起伏。如表5－24所示，2005—2011年，共有1 137名中国人直接申请澳大利亚保护签证被批准，占被批准的外国人总人数9 064的12.54%。2007年，有132名中国人直接申请澳大利亚保护签证被批准，占被批准的外国人总人数896人的14.73%，2008年为14.36%。

中国人向澳大利亚难民复议法庭（RRT）申请复议占被移民部门拒绝直接难民申请的中国人人数的比例非常高。如表5－24所示，2010年和2011年，分别有852名和943名中国人向澳大利亚难民复议法庭申请复议，各占921名和1 025

名直接保护签证申请被拒绝的中国人的92.5%和92%。

中国人向澳大利亚RRT申请复议被批准率很高，但是低于外国人向澳大利亚RRT申请复议被批准平均率。如表5-24所示，2011年，有169名中国人的RRT复议申请被批准，占该年度943名中国人RRT复议申请的17.92%，低于该年度外国人RRT复议申请43.7%的被批准率。

中国人申请澳大利亚保护签证最终被批准数量多和被批准率非常高。如表5-24所示，2005—2011年，共有2 066名中国人申请澳大利亚保护签证最终被批准，占该年度7 692名中国人向移民部门申请难民的26.86%。也就是说，经过直接申请和复议申请，平均每4个中国人的保护签证申请就有1个被批准。

中国人的澳大利亚保护签证申请被批准数，远远低于中国人的美国避难签证申请被批准数。2005—2011年，共有1 137名中国人直接向澳大利亚移民部门申请保护签证被批准，只是同一期间17 129名中国人直接向美国移民部门申请避难签证的6.64%。2011年，有169名中国人的向澳大利亚保护签证复议申请被批准，只是同一年度向美国申请保护签证复议申请被批准的中国人人数(3 901人)的4.33%。

中国人的澳大利亚保护签证申请被批准率低于中国人的美国避难签证申请被批准率。2005—2011年，中国人的直接向澳大利亚移民部门保护签证申请被批准率为14.78%，而同一时期，中国人的直接向美国移民部门避难签证申请被批准率为23.15%。2011年，中国人的澳大利亚保护签证复议申请被批准率为17.92%，而中国人的美国避难签证申请被批准率为40.86%。

表5-24　中国公民申请和获批澳大利亚保护签证

单位：人

	2005年	2006年	2007年	2008年	2009年	2010年	2011年	合计
中国人向移民部门难民申请数	883	919	1 039	1 250	1 186	1 293	1 122	7 692
外国人向移民部门难民申请总数	3 105	3 300	3 723	3 986	5 072	5 987	6 316	31 489
占难民申请总数比例	28.44%	27.85%	27.91%	31.36%	23.38%	21.60%	17.76%	24.43%
移民部门批准中国人难民申请数	115	179	132	186	175	229	121	1 137

（续上表）

	2005 年	2006 年	2007 年	2008 年	2009 年	2010 年	2011 年	合计
移民部门批准外国人难民申请总数	922	1 255	896	1 295	1 597	1 710	1 389	9 064
中国人移民部门难民申请批准率	13.02%	19.48%	12.0%	16.7%	14.5%	17.71%	10.6%	14.78%
占移民部门外国人难民批准总数比例	12.47%	14.26%	14.73%	14.36%	10.96%	13.39%	8.71%	12.54%
中国人向 RRT 申请复议人数						852	943	
移民部门拒绝中国人难民申请数						921	1 025	
占被移民部门拒绝难民申请比例						92.5%	92.0%	
RRT 推翻拒绝中国人申请原决定数							169	
占中国人申请复议数比例							17.92%	
RRT 批准外国人复议申请总数			1 692	1 898	2 173	2 367	2 101	
RRT 批准外国人复议申请比例			39.0%	47.4%	45.4%	51.0%	43.7%	
中国人难民申请最终被批准数							315	2 066
外国人难民申请最终被批准总数			2 588	3 193	3 770	4 077	3 490	
占被批准总数比例							9.03%	
占中国人难民申请总数比例							28.07%	
最终拒绝中国人难民申请数			911	683	926	678	738	

（续上表）

	2005 年	2006 年	2007 年	2008 年	2009 年	2010 年	2011 年	合计
最终拒绝外国人难民申请总数			2 651	2 104	2 611	2 275	2 709	
占拒绝总数比例			34. 36%	32. 46%	35. 46%	29. 80%	27. 24%	

资料来源：*Systems, Program Evidence and Knowledge Section of the Department of Immigration and Citizenship (DIAC) in Australia, Asylum Trends Australia, 2010－2011*, Annual Publication, the Department of Immigration and Citizenship (DIAC), pp. 7, 13, 18, 21.

注：保护签证（Protection Visa）。由于直接保护签证申请和 RRT 复议申请跨年度的可能性，而本表中同一年度数据未考虑上一年度延续的变量因素，因此，计算得出的比例因为申请数、批准数、拒绝数的误差，而存在一定的误差。但是由于无法获得十分准确数据，目前还无法消除这些误差。

澳大利亚与美国为盟国，政治、经济、文化、法律、语言方面的体制和状况类似，中国人在澳大利亚申请保护签证与中国人在美国申请保护签证的情况类似。中国人向澳大利亚直接申请保护签证人数非常多，总体上缓慢增长，占向澳大利亚直接申请保护签证总人数的比例非常高，而中国人在美国申请美国避难签证获批的人数较多、占比例很高和位居前列。澳大利亚通过判例，确立了一些专门针对中国人的难民法规则，按照自己的政治传统、价值观和文化评判申请人的理由，有意纵容申请人对中国政府的诋毁。申请人尽一切努力根据 1951 年《关于难民地位的公约》和 1990 年《美国移民与国籍法》（2002 年修订）证明，自己受到了中国政府因为种族、宗教、国籍、属于某特殊社会团体的成员或政治观点而对其的迫害。中国人在澳大利亚的保护签证申请还呈现直接申请、复议申请被批准率以及最终申请被批准率都很高的情况，这鼓励了后来的中国人积极提出保护签证申请。

中国人在澳大利亚保护签证申请方面会产生与中国人在美国保护签证申请方面类似的国家安全和攻击中国人权等政治事项问题。我国在完善澳大利亚侨务政策时，要认识和接受以上中国人在澳大利亚申请成为难民的事实；仔细区别死心塌地加入反中国政府组织和从事反中国政府活动的避难者，以及借加入反中国政府组织和从事反中国政府活动之名申请避难而无实质性行为的避难者；对死心塌地加入反中国政府组织和从事反中国政府活动，并给中国政府造成损害和使中国陷入被动的避难者，在证据确凿情况下，坚决予以严厉打击；对借加入反中国政府组织和从事反中国政府活动之名申请避难而无实质性行为的避难者，给予包容和宽容；与澳大利亚政府交涉，使其不过于纵容中国避难申请者。

澳大利亚与美国相比，与中国地缘更近、华人人口更多、对中国依存度更高，中国人的澳大利亚保护签证申请被批准数远远低于中国人的美国避难签证申请被批准数，中国人的澳大利亚保护签证申请被批准率也低于中国人的美国避难签证申请被批准率。在产生难民问题的可能性、严重程度和破坏力方面，在澳大利亚的中国难民都较在美国的中国难民小和轻微。我国在综合考虑美国和澳大利亚的中国难民情况、制定相应的侨务政策时，毫无疑问应该将重点和关键放在美国。但是，在单独考虑澳大利亚侨务政策时，要认真对待在澳大利亚中国难民问题，因为中国难民排位极为靠前的规模、增长率和被批准率都使澳大利亚和中国都不得不对中国难民加以关注和重视。

第六节　加拿大华侨华人数量变化和加拿大华侨华人政策展望

本节从加拿大华人、入籍加拿大中国人人数，加拿大多元文化法律，获得加拿大永久居留签证中国人人数，持学生签证入境加拿大中国人人数，获得加拿大工作签证中国人人数，在加拿大境内持工作签证中国人人数，获得加拿大人道主义签证中国人人数，在加拿大持人道主义签证中国人人数共八个方面，分析加拿大华侨华人数量的变化情况，探讨导致此种数量变化的原因，论述此种变化的意义，并展望未来的中国加拿大华侨华人政策。

第一，加拿大华人占本国人口比例、华人年均增速在四个传统移民国家中最高、最快，入籍加拿大中国人人数年均增速、占比例快于、高于美国和澳大利亚。

加拿大华人人口占本国人口比例在四个传统移民国家中最高。2006 年[①]，如表 5 - 5 所示，加拿大华人人口为 121 万，占加拿大人口的 3.9%；美国华人人口为 356.55 万，占美国人口的 1.19%；新西兰华人人口为 14.76 万，占新西兰人口的 3.6%。而澳大利亚华人人口在 2010 年为 37.91 万，占澳大利亚人口的 1.7%。

加拿大华人年均增速在四个传统移民国家中最快。如表 5 - 5 所示，加拿大华人人口在 1950—2006 年 56 年间，从 3.3 万人增长到 121 万人，激增了 36.67 倍，年均增长 63.7%；美国华人从 14.76 万人增长到 356.55 万人，增长了 23.77

① 加拿大于 2006 年和 2011 年分别进行了最近的两次全国人口普查。但是截至本书完成，加拿大没有公布 2011 年全国人口普查数据的详细数据，已经公布的人口普查数据不足以取代 2006 年全国人口普查数据，也不足以支撑本部分的写作。

倍，年均增长 40.66%；新西兰华人从 1.1 万增长到 14.76 万，增长了 13.42 倍，年均增长 22.18%。而澳大利亚华人则从 1950 年的 2 万人增长到 2010 年的 37.91 万人，增长了 38.5 倍，年均增长 31.5%。

加拿大新华人人口占本国华人人口比例在四个传统移民国家中高于美国，低于澳大利亚和新西兰。如表 5－6 所示，2006 年加拿大新华人人口为 75.3 万，占本国华人人口 121 万的 62.23%；美国新华人人口为 190.63 万，占本国华人 356.55 万的 53.47%；澳大利亚新华人人口为 30.28 万，占本国华人的 79.86%；新西兰新华人人口为 9.66 万，占本国华人 14.757 万的 65.44%。

入籍加拿大的中国人人数（加拿大新华人）年均增速在四个传统移民国家中快于美国和澳大利亚，慢于新西兰。如表 5－6 所示，1991—2006 年，加拿大新华人人口年均增长 7.44%，美国新华人人口年均增长 7.13%，澳大利亚新华人人口年均增长 6.30%，新西兰新华人人口年均增长 30%。如表 5－25 所示，2007—2009 年，共计 72 574 名中国人加入加拿大国籍，年均 24 191 人；2007 年达到 30 199 人；2008 年和 2009 年分别降至 22 468 人和 19 907 人。同一时期，入籍澳大利亚的中国人合计 26 350 人，年均 8 784 人，2007—2009 年分别为 11 251 人、8 402 人和 6 697 人。考虑到加拿大人口（3 310 万人）是澳大利亚人口（2 026万人）的 1.63 倍，而入籍加拿大的中国人年均人数（24 191 人）是入籍澳大利亚的中国人年均人数（8 784 人）的 2.75 倍，这也说明了加拿大新移民人数的增长速度超过了澳大利亚新移民人数的增长速度。

入籍加拿大的中国人人数占入籍加拿大的外国人总人数的比例很高，超过了美国人和澳大利亚人的相应比例。如表 5－25 所示，2007—2009 年，共计 72 574 名中国人入籍加拿大，占入籍加拿大外国人总人数（581 241 人）的 12.49%。2007 年，有 30 199 名中国人入籍加拿大，占入籍加拿大外国人总人数（228 934 人）的 13.19%。同期，共计 26 350 名中国人入籍澳大利亚，占入籍澳大利亚外国人总人数（250 808 人）的 10.51%；共计 110 281 名中国人入籍美国，占入籍美国外国人总人数（2 450 731 人）的 4.50%。

加拿大新华人人口占世界新华侨华人人口的比例在四个传统移民国家中低于美国，高于澳大利亚和新西兰。如表 5－6 所示，2006 年，加拿大新华人人口占世界新华侨华人人口的 4.51%，美国新华人人口占世界新华侨华人人口的 18.42%，澳大利亚新华人人口占世界新华侨华人人口的 2.92%，新西兰新华人人口占世界新华侨华人人口的 0.93%。

加拿大华人人口占本国人口的比例在四个传统移民国家中最高，加拿大华人人口年均增速在四个传统移民国家中最快，使得在四个传统移民国家中，华人对加拿大的影响超出了对美国、澳大利亚和新西兰的影响，而且这种相对较强的影响会持续和加强。不管是从新华人人口年均增速看四个传统移民国家对新华人的吸引力，还是从新华人人口年均增速看新华人规模的扩大潜力，加拿大都优于美国和澳大利亚；不管是从加拿大新华人人口占本国华人人口的比例看新华人对华人影响，还是从新华人规模上看新华人对世界新华侨华人影响，加拿大均优于澳大利亚和新西兰；另外，从入籍中国人人数占入籍外国人人数的比例看华人对所在国影响，加拿大亦优于澳大利亚和美国。

表 5－25　2007—2009 年入籍加拿大中国人人数、外国总人数、所占比例及排位

单位：人

入籍情况	2007 年	2008 年	2009 年	合计
批准中国人入籍数	30 199	22 468	19 907	72 574
批准总入籍数	228 934	178 248	174 059	581 241
所占比例	13.19%	12.60%	11.44%	12.49%
排位	低于印度（32 052）	低于印度（23 619）	第一位（19 635）	

资料来源：

1. Citizenship Commission-Office of the Senior Citizenship Judge, 2008 – 2009 Annual Report, http://www.cic.gc.ca/english/resources/publications/cit-ann-report-2008.asp, 2012-06-09.

2. Citizenship Commission-Office of the Senior Citizenship Judge, 2007 – 2008 Annual Report, http://www.cic.gc.ca/english/resources/publications/cit-ann-report-2007.asp, 2012-06-09.

3. Citizenship Commission-Office of the Senior Citizenship Judge, 2006 – 2007 Annual Report, http://www.cic.gc.ca/english/resources/publications/cit-ann-report-2007.asp, 2012-06-09.

第二，加拿大完善的多元文化法律。①

加拿大是一个多民族/种族国家。根据 2006 年全国人口普查，加拿大有 200 多个民族，有色少数民族（visible minority）人口占全国人口的 16.2%。有色少数民族人口占全国人口的比例未来会持续增长，预计到 2031 年将占 29%～32%。随着非欧洲移民移入，加拿大正成为一个多宗教国家，2001 年非基督教人口占总人口的 6.3%，预计到 2031 年将占 14%。1971 年，加拿大政府正式实施多元文化政策，以应对民族、种族、宗教和语言等日趋多元带来的问题和挑战，帮助所有加拿大人发挥其潜能。加拿大政府为实施多元文化政策所采取的三类最主要措施是：鼓励融合、社会欢迎和容纳多元。加拿大民众也支持多元文化。2010

① 本部分主要数据和事例出自 Annual Report on the Operation of the Canadian Multiculturalism Act 2010-2011, Ministry of Citizenship, Immigration and Multiculturalism, Canada, 2012。

年加拿大的一项调查显示，86%的加拿大人认为多元文化是加拿大一项重要的国家特征。

需要指出的是，欧洲的一些国家认为，多元文化政策已经失败，因此不实施或者停止实施多元文化政策。德国、荷兰和英国指出，多元文化并没能充分将本国少数民族/种族与本国其他人口融合在一起。法国也不赞成多元文化，该国认为，解决民族、种族、宗教和语言等日趋多元带来的问题和挑战的关键不是设计一个科学的多元文化概念。看来，是否实施多元文化政策与一国的历史、文化特征、移民政策和融合政策有关。在与加拿大有着类似国情的澳大利亚，多元文化政策一直受到欢迎和坚持。

加拿大建立了完善的多元文化法律体系。1988年，加拿大颁布和实施《加拿大人多元文化法》（*Canadian Multiculturalism Act*），将先前提出的多元文化政策法律化，确立了一系列致力于实现所有加拿大人在经济、社会、文化和政治方面平等的原则。通过《加拿大人多元文化法》使所有加拿大人享有平等的法律地位，促进各民族个人和群体的参与，增进了加拿大的包容性，使多元文化成为加拿大遗产的一项基本特色，同时增进了各民族的相互交流与理解，促进加拿大社会各种文化的发展，确保了非英语、法语语言的传承和使用以及提高其在加拿大官方语言的地位和使用。1988年《加拿大多元文化法》，与1977年《公民资格法》、1982年《加拿大宪法》、1982年《加拿大权利和自由宪章》、1985年《加拿大人权法》、1986年《平等就业法》和《官方语言法》、2002年《移民和难民保护法》等国家法律，以及加拿大各省和领地政府制定的多元文化法规一起，组成了加拿大的多元文化法律体系。

1977年《公民资格法》奠定了加拿大公民平等享有权利和利益的法律基础。1982年《加拿大宪法》划分了中央政府和省/领地政府在移民和融合方面的义务。1982年《加拿人权利和自由宪章》第27条规定："法院必须以保持和促进加拿大多元文化相一致的方式解释宪章。"1985年《加拿大人权法》规定：所有加拿大人一律平等，不受源于年龄、性别、种族、肤色和残障方面的歧视。1988年《加拿大多元文化法》重申：多元文化是加拿大的一项基本价值，要建立独有的包容的公民资格。2002年《移民和难民保护法》规定：不歧视和广泛性是该法的一项基本原则。

加拿大作为一个公认的法治、民主和人权国家，其完善的多元文化法律体系会确保其继续有效地实施多元文化政策。加拿大华侨华人将因此而受益。在华侨华人的发展和权益保障方面，我国对加拿大华侨华人可以有比对其他国家华侨华人更加乐观和积极的态度。在华侨华人融入方面，我国要遵守加拿大多元文化法律政策，积极利用法律手段因势利导，鼓励和帮助华侨华人融入加拿大。

第三，获得加拿大永久居留签证的中国人人数很多、总体下降，且比例很高、总体下降，排位由第一位降至第二位。

获得加拿大永久居留签证中国人人数很多，多于获得澳大利亚永久居留签证的中国人人数。如表 5－26 所示，2001—2010 年，共计 337 317 名中国人获得加拿大永久居留签证，年均 33 732 名。2001 年有 40 365 名中国人获得加拿大永久居留签证；2005 年升至 42 292 名，为最高值；2007 年降至 27 013 名，为最低值；2010 年回升至 30 197 名。如表 5－16 所示，2007—2011 年，共有 114 938 名中国人获得澳大利亚永久居留签证，年均 22 988 人。总体来说，年均获得加拿大永久居留签证的中国人人数是年均获得澳大利亚永久居留签证中国人人数的 1.47 倍。

获得加拿大永久居留签证的中国人人数占获得加拿大永久居留签证的外国人总人数的比例很高和总体下降，占比低于获得澳大利亚永久居留签证的中国人人数占比。如表 5－26 所示，2001—2010 年，共计 337 317 名中国人获得加拿大永久居留签证，占获得加拿大永久居留签证外国人总人数（2 467 597 人）的 13.67%。2003 年有 36 251 名中国人获得加拿大永久居留签证，占当年获得加拿大永久居留签证外国人总人数（221 349 人）的 16.38%，为此一时期最高比例；2010 年跌至 10.76%。如表 5－16 所示，2007—2011 年，共有 114 938 名中国人获得澳大利亚永久居留签证，占获得澳大利亚永久居留签证外国人总人数（815 456 人）的 14.09%。

获得加拿大永久居留签证的中国人人数在获得加拿大永久居留签证外国人总人数中排位由第一位降至第三位，与获得澳大利亚永久居留签证人数排位由第三位升至第一位、获得美国永久居留签证人数排位由第四位升至第二位相反。如表 5－26 所示，2001—2010 年，除 2010 年排位在菲律宾和印度之后，其他各年度均排第一位。与获得加拿大永久居留签证排位由第一位降至第三位相反的是，获得澳大利亚永久居留签证的中国人数由第三位升至第一位，如表 5－16 所示，2007—2009 年低于英国和印度，居第三位；2010 年仅低于英国，居第二位；2011 年跃升至第一位。2001—2010 年，获得美国永久居留签证的中国人人数在各国获得美国永久居留签证人数的排位由第四位升至第二位；2001—2004 年低于墨西哥、印度、菲律宾，排第四位；2005 年，低于墨西哥、印度，排第三位；2006—2011 年，仅低于墨西哥。排位下降的情况说明，获得加拿大永久居留签证的人群来源国日趋分散。此种推论得到了 2010 年获得加拿大永久居留签证中国人人数（30 197 人）多于 2007 年的人数（27 013 人），但是 2010 年所占比例（10.76%）却低于 2007 年所占比例（11.41%）的佐证。

我们在制定和完善加拿大华侨华人政策时，要充分注意：获得加拿大永久居留签证的中国人人数很多；其占获得加拿大永久居留签证外国人总人数的比例很高；在获得加拿大永久居留签证外国人人数中排位居前两位，但是总体下降，而且与美国和澳大利亚均总体上升的趋势相反。从加拿大方面看，主要原因是：加拿大坚决执行多元文化政策，获得加拿大永久居留签证的人群来源国日趋分散，加拿大每年签发永久居留签证的数量远多于澳大利亚每年签发的数量。以上现状和原因要求我们在完善加拿大华侨华人政策时，要认同、理解和支持加拿大的多元文化政策和法律体系，与加拿大政府在加拿大华侨华人事务方面建立更加信任和支持的双边关系；重视获得加拿大永久居留签证中国人（加拿大华侨）规模较大、占比例很高、排位靠前的现状，把握其总体下降的趋势，引导加拿大华侨华人正确认识华侨华人优势现状和下降趋势，从事与其规模、占比和排位相称的行为。

表 5－26　2001—2010 年中国人获得加拿大永久居留签证数、占永久居留签证总数比例、排位

单位：人

	2001 年	2002 年	2003 年	2004 年	2005 年	2006 年
获永久居留签证中国人数	40 365	33 304	36 251	36 429	42 292	33 078
获永久居留签证外国人总数	250 638	229 048	221 349	235 824	262 241	251 642
所占比例	16. 10%	14. 54%	16. 38%	15. 45%	16. 13%	13. 14%
排位	第一位	第一位	第一位	第一位	第一位	第一位
	2007 年	2008 年	2009 年	2010 年	合计	
获永久居留签证中国人数	27 013	29 337	29 051	30 197	337 317	
获永久居留签证外国人总数	236 754	247 248	252 172	280 681	2 467 597	
所占比例	11. 41%	11. 86%	11. 52%	10. 76%	13. 67%	
排位	第一位	第一位	第一位	低于菲律宾、印度		

资料来源：Research and Evaluation Branch Citizenship and Immigration Canada，*Canada Facts and Figures：Immigration Overview Permanent and Temporary Residents 2010*，Ministry of Public Works and Government Services Canada，p. 27.

注：（1）获得加拿大永久居留签证者 Permanent Residents。

（2）表中所指中国未包括香港、澳门和台湾地区。

第四，持学生签证入境加拿大中国人人数较多、总体增长、占比很高和升至第一位。

持学生签证入境加拿大的中国人人数较多，但是年均人数低于获得澳大利亚学生签证、美国学生签证的中国人人数。如表5－27所示，2001—2010年，共计115 332名中国人获得加拿大学生签证，年均11 533人；如表5－18所示，2003—2011年，共有256 973名中国人获得澳大利亚学生签证，年均28 553人；如表5－9所示，2001—2010年，共有904 043名中国人持学习和交流签证入境美国，年均90 404人。

持学生签证入境加拿大的中国人人数总体增长，增长幅度小于获得澳大利亚学生签证、美国学生签证的中国人人数总体增长幅度。如表5－27所示，2001年和2002年，分别有11 446名和11 811名中国人获得加拿大学生签证，经过5年的起伏后，从2008年开始了连续3年的上升过程，2009年和2010年分别达到了16 401人和17 934人，2010年比2001年增长了56.68%。如表5－18所示，2011年获得澳大利亚学生签证的中国人人数（49 852人）比2003年（14 215人）增长了251%。如表5－9所示，2010年持学习和交流签证入境美国的中国人人数（221 820人）比2001年（96 056人）增长了131%。

持学生签证入境加拿大的中国人人数占持学生签证入境加拿大的外国人总人数的比例较高，高于持学生签证入境澳大利亚、美国的中国人数所占的相应比例。如表5－27所示，2001—2010年，共计115 332名中国人获得加拿大学生签证，占外国人总人数（768 217人）的15.01%。如表5－18所示，2003—2011年9年间，共有256 973名中国人获得澳大利亚学生签证，是同期获得澳大利亚学生签证总人数（2 046 999人）的12.55%。如表5－9所示，2001—2010年10年间，共有904 043名中国人持学习和交流签证入境美国，占外国人持学习和交流签证入境美国总人数（12 365 882人）的7.31%。

持学生签证入境加拿大的中国人人数在持学生签证入境加拿大的各外国人人数中排位由第二位升至第一位，已经与持学生签证入境澳大利亚、美国的中国人数排位持平或者超过。如表5－27所示，2001—2008年均人数低于印度居第二位，2009—2010年升至第一位。如表5－18所示，2003—2011年9年间，获得澳大利亚学生签证中国人人数在获得澳大利亚学生签证各外国人人数中一直保持第一位。如表5－9所示，持学习和交流签证入境美国的中国人人数位于第一位至第四位之间，2007—2009年排第一位，2001年、2002年和2010年排第二位。

表 5－27　持学生签证入境加拿大中国人人数、外国人总数、占比和排位

单位：人

	2001 年	2002 年	2003 年	2004 年	2005 年	2006 年
持学生签证入境中国人人数	11 446	11 811	10 140	7 458	7 432	8 988
持学生签证入境外国人总数	80 902	76 933	69 705	66 116	67 878	71 789
所占比例	14. 15%	15. 35%	14. 55%	11. 28%	10. 95%	12. 52%
排位	低于印度	低于印度	低于印度	低于印度	低于印度	低于印度
	2007 年	2008 年	2009 年	2010 年	总计	
持学生签证入境中国人人数	10 037	13 685	16 401	17 934	115 332	
持学生签证入境外国人总数	74 031	79 529	85 178	96 157	768 217	
所占比例	13. 56%	17. 21%	19. 25%	18. 65%	15. 01%	
排位	低于印度	低于印度	第一位	第一位		

资料来源：Research and Evaluation Branch Citizenship and Immigration Canada，*Canada Facts and Figures*：*Immigration Overview Permanent and Temporary Residents 2010*，Minister of Public Works and Government Services Canada，2011，pp. 80－82.

注：（1）持学生签证在加拿大 entries of foreign students。

（2）表中所指中国未包括香港、澳门和台湾地区。

持学生签证在加拿大的中国人人数在持学生签证在加拿大的各外国人人数中排位由第二位升至第一位。如表 5－28 所示，1999 年，持学生签证在加拿大的中国人人数在持学生签证在加拿大的各外国人人数中排位第四，2000 年排位第三，2001 年排位第二，从 2002 年开始至今一直排位第一。2010 年，持学生签证在加拿大的中国人人数为 56 906 人，占持学生签证外国人总人数（218 161 人）的 26. 08%。而在 2010 年，持学生签证在澳大利亚的中国人人数为 79 861 人，居第二位。

表 5－28　1999—2010 年持学生签证在加拿大中国人人数、外国人总数、占比和排位

单位：人

	1999 年	2000 年	2001 年	2002 年	2003 年	2004 年
持学生签证在加中国人人数	6 465	11 055	20 372	29 744	36 544	39 215
持学生签证在加外国人总数	97 336	114 098	136 495	150 315	159 457	164 534
比例	9. 72%	9. 68%	14. 93%	19. 79%	22. 92%	23. 83%

（续上表）

	1999 年	2000 年	2001 年	2002 年	2003 年	2004 年
排位	低于韩国、美国、日本	低于韩国、美国	低于韩国	第一位	第一位	第一位
	2005 年	2006 年	2007 年	2008 年	2009 年	2010 年
持学生签证在加中国人人数	39 502	39 775	41 044	42 124	49 907	56 906
持学生签证在加外国人总数	166 872	169 870	175 746	177 772	195 973	218 161
比例	23.67%	23.41%	23.35%	23.70%	25.47%	26.08%
排位	第一位	第一位	第一位	第一位	第一位	第一位

资料来源：

1. Research and Evaluation Branch Citizenship and Immigration Canada, *Canada Facts and Figures*: *Immigration Overview Permanent and Temporary Residents 2010*, Minister of Public Works and Government Services Canada, 2011, pp. 83 – 85.

2. Research and Evaluation Branch Citizenship and Immigration Canada, *Canada Facts and Figures*: *Immigration Overview Permanent and Temporary Residents 2008*, Minister of Public Works and Government Services Canada, 2009, pp. 71 – 73.

注：（1）持学生签证在加拿大 Foreign students present。

（2）表中所指中国未包括香港、澳门和台湾地区。

（3）以上两份资料就同一事项的统计数据发生冲突时，本书才从新原则，以 *Immigration Overview Permanent and Temporary Residents 2010* 提供的数据为准。

持学生签证入境加拿大的中国人人数在持学生签证入境加拿大的各外国人人数中排位由第二位升至第一位，已经与持学生签证入境澳大利亚、美国的中国人人数排位持平或者超过，说明中国留学生对美国、加拿大和澳大利亚三大传统移民国留学教育产业的发展都发挥着重要作用。考虑到持学生签证入境加拿大的中国人人数占持学生签证入境的外国人总人数的比例，高于持学生签证入境澳大利亚、美国的中国人人数所占的相应比例，中国留学生对加拿大的影响应该超过了其对美国、澳大利亚的影响。但是，由于持学生签证入境加拿大的中国人年均人数、增长幅度都少于和低于获得澳大利亚、美国学生签证的中国人年均人数和增长幅度，所以从目前和未来的规模上看，加拿大的中国留学生不如美国和澳大利亚的中国留学生。

我国在完善加拿大华侨华人政策时，鉴于持学生签证入境加拿大的中国人人数升至第一位，持学生签证在加拿大的中国人人数在持学生签证在加拿大的各外国人人数中排位由第二位升至第一位，占持学生签证入境外国人总人数的比例超过了持学生签证入境澳大利亚、美国中国人人数所占的相应比例，因而要非常重视留学生因素，有效发挥其对加拿大的影响。然而，由于持学生签证入境加拿大的中国人年均人数、增长幅度都少于和低于获得澳大利亚、美国学生签证的中国人年均人数、增长幅度，要接受加拿大中国留学生目前和未来的规模不如美国、澳大利亚留学生的现实。总体上看，如果不考虑层次因素，在美国、加拿大和澳大利亚三国之间，在吸引留学生回国方面，重点依次是美国、澳大利亚和加拿大；发挥留学生对所在国影响方面，首推加拿大，然后依次是澳大利亚和美国。

第五，获得加拿大工作签证的中国人人数很少和逐年上升，且占比例很低和总体上升。

获得加拿大工作签证的中国人人数很少，低于获得澳大利亚工作签证的中国人人数。如表 5－29 所示，2000—2010 年，共计 18 855 名中国人获得加拿大工作签证，年均 1 714 人；2003 年是人数最低年份，只有 1 128 人；2010 年是人数最多年份，也仅有 2 393 人。如表 5－21 所示，2007—2011 年，共计 23 791 名中国人获得澳大利亚长期商务（工作）签证，年均 4 758 人；2008 年是最高年份，达到了 7 340 人。

获得加拿大工作签证的中国人人数逐年上升。如表 5－29 所示，2010 年共有 2 393 名中国人获得加拿大工作签证，比 2000 年（1 182 人）增长了 1.02 倍；其中 2007 年有 2 657 名中国人获得加拿大工作签证，达到最高值。

获得加拿大工作签证的中国人人数占获得加拿大工作签证的外国人总人数的比例很低，低于获得澳大利亚工作签证的中国人所占的相应比例。如表 5－29 所示，2000—2010 年，共计 18 855 名中国人获得加拿大工作签证，占获得加拿大工作签证的外国人总人数（1 363 684 人）的 1.38%。如表 5－21 所示，2007—2011 年，共计 23 791 名中国人获得澳大利亚长期商务（工作）签证，年均 4 758 人，占获得澳大利亚长期商务（工作）签证总人数（458 556 人）的 5.19%。

获得加拿大工作签证的中国人人数占获得加拿大工作签证的外国人总人数的比例总体上升，与获得澳大利亚工作签证的中国人所占相应比例总体下降相反。如表 5－29 所示，2000 年和 2001 年是比例最低的两个年份，分别为 1.01% 和 1.00%；2007 年和 2010 年是比例最高两个年份，分别为 1.61% 和 1.31%；2008—2010 年，获得加拿大工作签证的中国人人数占获得加拿大工作签证的外国人总人数的比例分别为 1.21%、1.27% 和 1.31%，逐年微升。如表 5－21 所示，获得澳大利亚工作签证的中国人人数占获得澳大利亚工作签证的外国人总人数的比例，2008—2010 年分别为 6.61%、4.90% 和 4.28%，逐年微降。

需要注意的是，台湾地区居民获得加拿大工作签证人数逐年增长，日渐与大陆地区获得加拿大工作签证的人数接近。2000 年，获得加拿大工作签证的 313 名台湾地区居民只是1 182名大陆地区居民的26.48%；2010年，获得加拿大工作签证的2 068名台湾地区居民已经是2 393名大陆地区居民的86.42%。

表5－29 2000—2010年获得加拿大工作签证中国人人数、外国人总人数及占比

单位：人

	2000年	2001年	2002年	2003年	2004年	2005年
获工作签证中国人人数	1 182	1 196	1 314	1 128	1 289	1 406
获工作签证外国人总人数	116 565	119 714	110 861	103 198	112 508	122 662
占比例	1.01%	1.00%	1.18%	1.09%	1.14%	1.15%
台湾地区	313	255	171	133	196	365
	2006年	2007年	2008年	2009年	2010年	合计
获工作签证中国人人数	1 698	2 657	2 321	2 271	2 393	18 855
获工作签证外国人总人数	139 000	164 720	192 180	178 628	182 276	1 363 684
占比例	1.22%	1.61%	1.21%	1.27%	1.31%	1.38%
台湾地区	612	952	1 763	1 777	2 068	9 205

资料来源：

1. Research and Evaluation Branch Citizenship and Immigration Canada, *Canada Facts and Figures: Immigration Overview Permanent and Temporary Residents 2010*, Minister of Public Works and Government Services Canada, 2011, pp. 70－73.

2. Research and Evaluation Branch Citizenship and Immigration Canada, *Canada Facts and Figures: Immigration Overview Permanent and Temporary Residents 2008*, Minister of Public Works and Government Services Canada, 2009, pp. 57－59.

注：(1) 获得加拿大工作签证者 entries of foreign workers。

(2) 表中所指的中国不包括香港、澳门和台湾地区。

(3) 以上两份资料就同一事项的统计数据发生冲突时，本书采从新原则，以 Immigration Overview Permanent and Temporary Residents 2010 提供的数据为准。

获得加拿大工作签证的中国人人数很少和逐年上升，以及占获得加拿大工作签证的外国人总人数比例很低和总体上升的事实说明，虽然在加拿大工作的中国人规模很小，占在加拿大工作的外国人人口比例很低，但是发展势头良好，规模将继续扩大，占比将继续上升。此一推论得到了本节“在加拿大境内持工作签证的中国人人数逐年增长和占比逐年上升”数据和分析的支持，也为我国从加拿大吸引人才为祖国服务奠定了更坚实的基础。

第六，在加拿大境内持工作签证的中国人人数逐年增长和占比逐年上升。

在加拿大境内持工作签证的中国人人数逐年增长。如表5－30所示，2000—

2010 年每年在加拿大境内持工作签证的中国人人数都在增长，2004 年达 2 393 人，2005 年达 3 048 人，2006 年达 4 182 人，2007 年达 6 618 人。世界经济危机未能影响在加拿大境内持工作签证的中国人人数持续增长，2008 年增至 8 518 人，2009 年达 10 629 人，2010 年达 12 063 人。

与在加拿大境内持工作签证的中国人人数逐年增长相一致，在加拿大境内持工作签证的中国人人数占外国人总人数的比例逐年上升。如表 5－30 所示，2000—2010 年，在加拿大境内持工作签证的中国人人数占外国人总人数的比例由 2000 年的 1.49% 升至 2005 年的 2.17%，2007 年升至 3.32%，2010 年升至 4.26%。

表 5－30　2000—2010 年在加拿大境内持工作签证中国人人数、外国人总人数及占比

单位：人

	2000 年	2001 年	2002 年	2003 年	2004 年	2005 年
持工作签证在加中国人人数	1 338	1 588	1 801	1 927	2 393	3 048
持工作签证在加外国人总数	89 793	96 525	101 099	109 679	125 034	140 690
比例	1.49%	1.65%	1.78%	1.76%	1.91%	2.17%
台湾地区	186	236	257	275	324	518
	2006 年	2007 年	2008 年	2009 年	2010 年	
持工作签证在加中国人人数	4 182	6 618	8 518	10 629	12 063	
持工作签证在加外国人总数	160 854	199 246	249 796	281 349	282 771	
比例	2.60%	3.32%	3.41%	3.78%	4.26%	
台湾地区	916	1 521	2 813	4 007	4 788	

资料来源：

1. Research and Evaluation Branch Citizenship and Immigration Canada, *Canada Facts and Figures: Immigration Overview Permanent and Temporary Residents 2010*, Minister of Public Works and Government Services Canada, 2011, pp. 72－74.

2. Research and Evaluation Branch Citizenship and Immigration Canada, *Canada Facts and Figures: Immigration Overview Permanent and Temporary Residents 2008*, Minister of Public Works and Government Services Canada, 2009, pp. 60－62.

注：（1）在加拿大境内持工作签证 Foreign workers present；

（2）表中所指中国未包括香港、澳门和台湾地区。

（3）以上两份资料就同一事项的统计数据发生冲突时，本书才从新原则，以 *Immigration Overview Permanent and Temporary Residents 2010* 提供的数据为准。

持学生签证在加拿大的中国人人数在持学生签证在加拿大的各外国人人数中

的排位由第二位升至第一位，与持加拿大工作签证的中国人人数在各外国人人数中排十位以外升至第十位不相称。如表 5－28 所示，1999 年持学生签证在加拿大的中国人人数在加拿大各外国人人数中排位第四，2000 年排位第三，2001 年排位第二，从 2002 年开始至今一直排位第一。但是 2009—2010 年持加拿大工作签证的中国人人数在各外国人人数中排第八位，2008 年排第九位，2007 年排第十位，2006 年排第十一位。

2010 年，持学生签证在加拿大的中国人人数占持学生签证的外国人总人数的 26.08%，与持工作签证在加拿大的中国人人数占持工作签证的外国人总人数的 4.26% 不相称。持学生签证在加拿大的中国人人数在 2010 年为 56 906 人，占持学生签证外国人总人数（218 161 人）的 26.08%。2010 年，持工作签证在加拿大的中国人人数为 12 063 人，占持工作签证在加拿大外国人总人人数（282 771 人）的 4.26%。

以上持学生签证在加拿大的中国人人数排位、占持学生签证在加拿大的外国人总人数的比例，与持工作签证在加拿大的中国人人数排位占持学生签证在加拿大的外国人总人数的比例不相称说明，对中国人而言，由学生签证转为工作签证比较困难，很大一批学生毕业后在加拿大找不到合适工作，无法获得工作签证，可能选择回国发展。如果我国再适时辅以引导措施，会在吸引加拿大留学生回国方面取得更好的成绩。

第七，获得加拿大人道主义签证的中国人人数较多、占比较低和排前五位。

获得加拿大人道主义签证的中国人人数较多，远高于获得澳大利亚保护签证的中国人人数，低于获得美国保护签证的中国人人数。如表 5－31 所示，2000—2010 年，共计 18 789 名中国人获得加拿大人道主义签证，年均 1 708 人。如表 5－24所示，2005—2011 年，共计 2 066 名中国人获得澳大利亚保护签证，年均 295 人。如表 5－11 和表 5－12 所示，2001—2011 年，共计 70 945 名中国人获得美国保护签证，年均 6 450 人。

获得加拿大人道主义签证的中国人人数占相应的外国人总人数的比例较低，远低于获得澳大利亚保护签证、美国保护签证人数所占的相应比例。如表 5－31 所示，2000—2010 年，共计 18 789 名中国人获得加拿大人道主义签证，占获得加拿大人道主义签证外国人总人数（352 584 人）的 5.33%。如表 5－24 所示，2007—2011 年，共计 2 066 名中国人获得澳大利亚保护签证，占获得澳大利亚保护签证外国人总人数（10 231 人）的 20.19%。如表 5－11 和表 5－12 所示，2001—2011 年，共计 70 945 名中国人获得美国保护签证，占获得美国保护签证外国人总人数（299 836 人）的 23.66%。

获得加拿大人道主义签证的中国人人数在相应的各外国人人数中排前五位，

远低于获得澳大利亚保护签证、美国保护签证的中国人人数排位。如表 5 - 24 所示，2005—2010 年，获得澳大利亚保护签证的中国人人数在各外国人国人数中的排位，除 2010 年排第一位以及 2005 年和 2006 年排第二位外，其他年份均排第二位以后。如表 5 - 11 所示，2001—2011 年，直接申请获批美国签证的中国人人数在相应各外国人人数中的排位，2002 年、2007 年至 2011 年排第一位，2001 年、2003 年、2005 年和 2006 年排第二位，仅 2004 年排第三位。如表 5 - 12 所示，复议申请获批美国保护签证的中国人人数在相应各外国人人数中的排位，在 2001—2011 年一直排第一位。

表 5 - 31　2000—2010 年获得加拿大人道主义签证的中国人人数、外国人总人数、占比和排位

单位：人

	2000 年	2001 年	2002 年	2003 年	2004 年	2005 年
获加拿大人道主义签证中国人人数	2 101	2 542	1 934	1 685	1 798	1 598
获加拿大人道主义签证外国人人总数	37 966	45 277	34 779	32 698	26 214	20 472
所占比例	5.53%	5.61%	5.56%	5.15%	6.86%	7.81%
排位	低于斯里兰卡、前南斯拉夫	低于匈牙利、巴基斯坦、斯里兰卡、津巴布韦	低于巴基斯坦、哥伦比亚	低于墨西哥、巴基斯坦、哥伦比亚	低于哥伦比亚、墨西哥	低于墨西哥
	2006 年	2007 年	2008 年	2009 年	2010 年	合计
获加拿大人道主义签证中国人人数	1 473	1 316	1 424	1 408	1 510	18 789
获加拿大人道主义签证外国人人总数	23 848	29 631	37 988	34 233	24 838	352 584
所占比例	6.18%	4.44%	3.75%	4.11%	6.08%	5.33%
排位	低于墨西哥	低于墨西哥、海地、哥伦比亚	低于墨西哥、海地、哥伦比亚	低于墨西哥、海地、哥伦比亚	第一位	

资料来源：

1. Research and Evaluation Branch Citizenship and Immigration Canada, *Canada Facts and Figures: Immigration Overview Permanent and Temporary Residents 2010*, Minister of Public Works and Government Services Canada, 2011, pp. 92 - 94.

2. Research and Evaluation Branch Citizenship and Immigration Canada, *Canada Facts and Figures: Immigration Overview Permanent and Temporary Residents 2008*, Minister of Public Works and Government Services Canada, 2009, pp. 80 – 82.

注：(1) 表中所指中国未包括香港、澳门和台湾地区。

(2) 以上两份资料就同一事项的统计数据发生冲突时，本书采从新原则，以 *Immigration Overview Permanent and Temporary Residents 2010* 提供的数据为准。

获得加拿大人道主义签证的中国人人数较多，远高于获得澳大利亚避难签证的中国人人数。加拿大人道主义签证配额多，部分导致了中国人每年获得加拿大人道主义签证的人数多，其个案产生问题的可能性随之被放大。实际上，获得加拿大人道主义签证的中国人人数占获得外国人总人数比例较低，远低于获得澳大利亚保护签证、美国保护签证人数所占的相应比例：获得加拿大人道主义签证的中国人人数在各国人数中排前五位，远低于获得澳大利亚保护签证、美国保护签证中国人人数排位。加拿大多元文化政策使得其人道主义配额分配分散，减弱了中国在加拿大难民对加拿大的影响。我国在完善加拿大华侨华人政策时，不仅要从个案，还要从总体上把握在加拿大的中国难民情况，更客观地对待加拿大向中国人签发人道主义签证的问题。

第八，在加拿大持人道主义签证的中国人人数较多、基本平稳、占比较低。

与获得加拿大人道主义签证的中国人人数占相应的外国人总人数的比例较低一致，在加拿大持人道主义签证的中国人人数占持人道主义签证的外国人总人数的比例也较低。如表 5 – 31 所示，2000—2010 年，共计 18 789 名中国人获得加拿大人道主义签证，占获得加拿大人道主义签证外国人总人数（352 584 人）的 5.33%。如表 5 – 32 所示，2000—2010 年，在加拿大持人道主义签证中国人人数占持人道主义签证的外国人总人数的比例为 5.4% ~6.6%。

表 5 – 32　在加拿大持人道主义签证的中国人人数、外国人总人数及其占比和排位

单位：人

	2000 年	2001 年	2002 年	2003 年	2004 年	2005 年
持人道主义签证中国人数	5 591	6 354	6 725	6 725	6 643	6 196
持人道主义签证外国人总数	94 372	111 860	120 360	125 503	116 902	101 265
比例	5.92%	5.7%	5.6%	5.4%	5.7%	6.1%

（续上表）

	2000 年	2001 年	2002 年	2003 年	2004 年	2005 年
排位	低于斯里兰卡、巴基斯坦	低于巴基斯坦、斯里兰卡	低于巴基斯坦、斯里兰卡	低于巴基斯坦	低于巴基斯坦	低于巴基斯坦
	2006 年	2007 年	2008 年	2009 年	2010 年	
持人道主义者中国人数	6 036	5 720	5 984	6 161	6 186	
持人道主义者外国人总数	90 986	88 799	101 457	109 270	101 693	
比例	6.6%	6.4%	5.9%	5.6%	6.1%	
排位	第一位	第一位	第一位	第一位	第一位	

资料来源：

Research and Evaluation Branch Citizenship and ImmigrationCanada，*Canada Facts and Figures*：*Immigration Overview Permanent and Temporary Residents 2010*，Minister of Public Works and Government Services Canada，pp. 94 - 86

2. Research and Evaluation Branch Citizenship and Immigration Canada，*Canada Facts and Figures*：*Immigration Overview Permanent and Temporary Residents 2008*，Minister of Public Works and Government Services Canada，2009，pp. 83 - 85.

注：（1）在加拿大持人道主义签证者 Humanitarian population present。

（2）表中所指中国未包括香港、澳门和台湾地区。

（3）以上两份资料就同一事项的统计数据发生冲突时，本书采从新原则，以 *Immigration Overview Permanent and Temporary Residents 2010* 提供的数据为准。

在加拿大持人道主义签证的中国人人数较多和基本平稳。如表 5 - 32 所示，2000—2010 年，在加拿大持人道主义签证的中国人人数稳定在 5 591 ~ 6 725 人，只微增了 20.28% 。这与 2000—2010 年（如表 5 - 31 所示）年均 1 708 名中国人获得加拿大人道主义签证的情形形成了表面上的冲突，也表明在加拿大持人道主义签证的中国人人数持续增加。可能的解释是：一些在加拿大持人道主义签证的中国人申请加入加拿大国籍，不再被计算在持人道主义签证的中国人人数中；健全的国籍法为在加拿大持人道主义签证的中国人提供了一个法律出口。

我们在完善加拿大华侨华人政策时，可以学习加拿大难民政策法律的成功经验。如果处理难民问题得当，那么接受难民不一定会导致管理和社会问题，反而会提高一国的国际地位，塑造维护人权和保护人道主义的形象。精巧的法律制度，例如国籍法为难民提供的法律出口，将会增强一国有效处理难民问题的能力。

第七节 结 论

美国、加拿大、澳大利亚和新西兰的华侨华人具有诸多共性，可以将这四个国家的华侨华人作为一个整体，思考和制定统一的华侨华人政策。1950—2006年，传统移民四国的华侨华人人口增速是东南亚华侨华人人口增速的5.51倍。传统移民四国华侨华人人口占四国总人口的比例由1950年的0.12%上升到2006年的1.48%，东南亚华侨华人人口占东南亚总人口的比例却由7%下降到6%。传统移民四国华侨华人人口占世界华侨华人人口的比例从2.28%猛增至11.69%，东南亚华侨华人人口占世界华侨华人人口的比例却从85%下降至73.5%。照此速度，仅以数量衡量，传统移民四国以及东南亚华侨华人对中国、所在国和世界华侨华人的影响力或许在2026年左右发生反转，由前者取代后者。中国可能需要认可和接受传统移民四国华侨华人影响力日益上升，而东南亚华侨华人影响力日益下降的现实，更加重视传统移民四国华侨华人的需求和呼声，积极引导其对所在国的影响，并融入中国国家利益，认真协调其与其他地区华侨华人的利益。

第六章　欧洲侨情变化与欧洲华侨华人政策展望

引　言

第二次世界大战结束以来，特别是我国实施改革开放政策以来，欧洲华侨华人（移民）发生了巨大变化，深刻地影响了世界华侨华人的格局和状况，推动了中国与欧洲主要国家关系的发展，这要求我国侨务政策需与之相适应，并进行相应的调整和完善。本章从中国人移民欧洲史、欧洲华侨华人人口总量和所占比例、欧洲华侨华人人口增速、欧洲中国留学生、中国欧洲非法移民、中国欧洲移民经济发展、欧洲华人参政共七个方面，分析欧洲华侨华人（移民）变化的现状、特点和原因，及其对完善欧洲华侨华人政策的意义。

第一节　中国人移民欧洲的历史及其对欧洲华侨华人政策的启示

回顾和分析中国人移民欧洲的历史，有助于我们理清欧洲华侨华人的发展脉络，认识中国人移民欧洲的历史原因，客观对待历史惯性对今天中国人移民欧洲的影响。本节将中国人移民欧洲的历史划分为17世纪至20世纪中叶、“二战”后至20世纪70年代中期、20世纪70年代中后期、20世纪80年代至21世纪前后、21世纪前后至今五个阶段，分别予以阐述；然后分析欧洲主要国家的移民政策对中国人移民的决定性影响，以及影响中国人移民欧洲的因素；最后探讨中国人移民欧洲的历史对欧洲华侨华人政策完善的现实意义。

第一，17世纪至20世纪中叶：很少有中国人移居欧洲。

由于欧洲既没有实行开放式移民政策，又距离中国非常遥远，所以很少有中国人移居欧洲。

历史上，从17世纪至20世纪中叶，欧洲一直是国际移民的主要迁出地，是国际移民输出最活跃的地区。1800—1960年，欧洲共向外移民6 100万～7 000万人。[①]“二战”以前，移居欧洲的中国人主要是第一次世界大战时留居当地的“华工”、经商者、“跳船”上岸船员和留学生，[②] 并以前两个群体为主。[③] 20世纪30年代初，据李明欢整理的资料，欧洲华人有4万人左右。[④] 据国务院侨办侨务干部学校整理的资料，20世纪30年代，欧洲华侨有5.5万人。[⑤]

第二，“二战”后至20世纪70年代中期：东南亚原欧洲诸国所属殖民地国家和地区的华侨华人移居欧洲。

第二次世界大战后，国际政治、经济形势巨变，导致一些中国人流向欧洲。由于欧洲战后需要大量劳动力、东西方阵营形成，以及1949年中华人民共和国成立，使得大陆人停止移民欧洲，而东南亚原欧洲诸国所属殖民地国家和地区的华侨华人开始移居欧洲，大批香港人以及少量马来西亚和新加坡华人得以迁入英国，并向东拓展到欧洲大陆。如表4－5所示，据台湾当局“侨务委员会”《2010年侨务统计年报》，1952年、1960年、1970年和1975年，欧洲华侨华人人口分别为1.2万、1.4万、11.2万和19.7万，1952—1975年欧洲华侨华人人口年均增长64%。据李明欢整理的资料，20世纪60年代中期，欧洲华侨华人大约有6万人。[⑥]

第三，20世纪70年代中后期：印支难民涌入欧洲。

20世纪70年代中后期，由于越南、柬埔寨、老挝和东南亚其他国家政治经济动乱和排华浪潮迭起，包括华侨华人在内的难民不断涌入欧洲。越南难民多集中在法国，印度尼西亚难民多集中在荷兰。据李明欢整理的资料，其中华侨华人难民约有12万～15万人。[⑦] 如表4－5所示，据台湾当局“侨务委员会”《2010年侨务统计年报》，1974年、1976年、1977年、1978年和1979年，欧洲华侨华人分别有15.2万、23.3万、27.9万、32.2万和52.4万，1974—1979年欧洲华侨华人人口年均增长40.78%。

第四，20世纪80年代至21世纪前后：越来越多中国大陆人以不同方式移居欧洲。

20世纪80年代至21世纪前后，由于亚洲四小龙崛起和东南亚各国发展，这

---

① 张善余，陈暄．当代国际人口迁徙的新形势．世界地理研究，2000（4）．

② 国务院侨办侨务干部学校．华侨华人概述．北京：九州出版社，2005.162.

③ 傅义强．欧盟移民政策与中国大陆新移民．广州：暨南大学出版社，2008.142.

④ 李明欢．欧洲华侨华人史．北京：中国华侨出版社，2002.24.

⑤ 国务院侨办侨务干部学校．华侨华人概述．北京：九州出版社，2005.7.

⑥ 李明欢．欧洲华侨华人研究述评．厦门大学学报（哲学社会科学版），2002（4）．

⑦ 李明欢．欧洲华侨华人史．北京：中国华侨出版社，2002.144.

些国家和地区的华人移民欧洲的动机开始减弱。中国实行改革开放政策，允许普通民众出国移民，民众移居欧洲的愿望持续高涨，这批人被称为欧洲中国新移民。欧洲中国新移民主要由浙江省温州、青田地区的亲友连锁式移民，福建省福州、福清地区的非法移民，以及北京、上海和广州等大城市的留学生转永久居民组成。其中留学生转永久居民占比例最小，21 世纪前后只有 2 万多人由留学生转换为永久居民，[①] 仅占 145 万华侨华人的 1.38%。这主要是因为欧洲各国严格限制外国留学生毕业后在本国工作和永久居留。大规模难民不再集中涌入欧洲后，基于普通移民的欧洲华侨华人人口增速趋于正常。如表 4－5 所示，据台湾当局“侨务委员会”《2010 年侨务统计年报》，1980 年、1990 年和 2000 年，欧洲华侨华人分别有 52.5 万、58.9 万和 95.5 万，1980—2000 年欧洲华侨华人人口年均增长 3.9%。

第五，21 世纪前后至今：中国大陆人以技术和投资方式移居欧洲。

21 世纪初，德国、法国和英国纷纷推出积极的技术和投资移民政策，完善移民法律制度，吸引外国人才和投资者。受历史、文化和地理等封闭移民因素的影响，这些国家没有激进地推出一步到位的永久居留技术和投资移民制度，而是渐进地推出了长期居留＋永久居留，或者短期居留＋延期＋永久居留的技术和投资移民制度。具体来说，开放不需雇主担保即可入境、居留和工作的短期居留技术移民制度，签证到期后可以延期，持证人合法居留满一定时间（例如 5 年）后，再申请永久居留；开放外国人通过创业、购买债券等投资方式在本国临时居留，在本国投资满一定时间（例如 3 年）后，再申请永久居留。欧洲技术和投资移民法的发展引起的世界技术和投资移民法的变化，主要发生在临时居留方面，很少发生在永久居留方面。[②]

欧洲各国渐进式分步走的技术和投资移民制度打破了原有移民制很少向外国人开放永久居留的僵局，丰富了引进外国人才和投资者的移民法途径，为中国人移居欧洲拓宽了渠道。2004 年英国在签发给熟练技术工人的工作许可中，约有 10% 的许可证签发给了中国籍从业者，仅次于印度籍人员。来自中国的工作许可证持有者人数逐年增加，从 1995 年的 657 人增加到 2006 年的近 5 000 人；31% 的华人有大学或以上的学位（英国白人的比例为 17%），约有 5 万华人拥有法律、医生或其他专业文凭；技术性较高的高级经理、专业技术人员及技术交易人

---

① 赵红英．试论中国大陆新移民的特征：北美与欧洲的比较．八桂侨刊，2001（3）．

② Zlotnik，H.，International Migration Trends Since 1980. *International Migration and the Millennium Development Goals*：*Selected Papers of the UNFPA Expert Group Meeting*，Marraken，Morocco，11－12 May，2005，United Nations Population Fund（UNFPA），New York，pp. 13－28，http：//www. unfpa. org/upload/lib_ pub_ file/487_ filename_ migration_ report_ 2005. pdf.

员各占17%、18.1%和17.39%，高于全英国的15.11%、11.17和11.64%。[①]

第六，欧洲主要国家移民政策对中国人移民的决定性影响。

中国人能否移民欧洲，以何种方式、何种速度移民欧洲，在中国普通公民已经享有比较完整的出国权和出国限制被基本消除的情况下，并不取决于中国人，而是由欧洲诸国的移民政策决定。“二战”后，欧洲主要国家逐渐认可和接受移民，实行限制型移民政策，与美国、加拿大、澳大利亚和新西兰实行的开放型移民政策差异很大。虽然在21世纪后，两者在选择性移民政策，特别是技术和投资移民方政策方面日渐靠拢，但是欧洲主要国家实施措施的力度、灵活性和系统性，均远不及后者。下面从欧洲主要国家移民政策特点出发，探讨其如何对中国人移民欧洲产生决定性影响。

欧洲主要国家移民政策以欧洲意识为主导，希望在欧盟成员国内实现人员自由流动，优先考虑原殖民地国家人员移入；对外来移民则严格限制，基本上不从非欧洲国家输入劳动力，特别是普通劳动力。“二战”后至20世纪70年代中期，欧洲经济复苏需要大量劳动力，大批欧洲主要国家原东南亚殖民地国家和地区的华侨华人移居欧洲。香港居民在这一时期大量移入英国，奠定了今天英国华侨华人中香港人占优势的局面。

欧洲主要国家的移民政策以人道主义为原则，重视家庭团聚移民和政治难民移民。20世纪70年代中后期，越南、柬埔寨、老挝和其他东南亚国家政治经济动乱和排华浪潮迭起，包括华人在内的大批难民涌向欧洲。改革开放初期，中国大陆新移民以家庭团聚为由前往西欧各国，中国人在西欧的人数迅速上升，形成最初的流向西欧的移民潮。[②]

欧洲主要国家的移民政策从本国利益和发展需要出发，面向全世界，选择和引进能够弥补本国劳动力市场短缺和创造就业发展机会的外国人才，以及欢迎可以促进本国教育和旅游等事业发展的外国人。中国大陆自1978年底实行改革开放政策后，越来越多的中国留学生在欧洲主要国家读书，目前中国留学生人数在英国、德国的外国留学生中分别列第一位，在法国、意大利、荷兰各外国留学生中均列第二位，是西班牙各外国留学生人数中增长最快的国家。中国与英国于2005年1月在北京签署了《关于中国旅游团队赴英国旅游签证及相关事宜的谅解备忘录》，英国成为中国公民旅游目的地。至此，欧盟25个国家均已成为中国公民自费旅游目的地。2010年，有380万名中国游客到欧洲旅游，占欧洲旅游市场总人数的24%。

---

① 刘宏，侯佳奇．当代英国华人社会与政治参与：以2010年大选为中心．南洋问题研究，2010（4）．

② 傅义强．欧盟移民政策与中国大陆新移民．广州：暨南大学出版社，2008.183.

21 世纪前后至今，欧洲主要国家实施技术和投资移民政策，一些中国大陆人开始以技术和投资方式移居欧洲。[①] 2004 年英国在签发给熟练技术工人的工作许可中，约有 10% 的许可证签发给了中国籍的从业者，仅次于印度籍人员。来自中国的工作签证持有者人数逐年增加，从 1995 年的 657 人增加到 2006 年的近 5 000 人。[②] 根据《德国联邦移民与难民署 2010 年度报告》，2010 年新签发的外国人工作许可证数为 28 298 人，其中中国公民 2 707 人，占总数的 9. 6%；2 346 人具有高水平的职业技能，占获工作居留许可中国公民人数的 86. 7%。

欧洲主要国家的移民政策为了减少民族冲突、维护国内安全、缓和国内劳动力市场的紧缺状况，保障被雇佣者的合法权益，不断实行非法移民合法化（大赦）。这在一定程度上放宽了对外来移民的限制，也导致了外来移民能够冲破限制性政策，持续不断地进入欧洲各国。大赦部分推动了中国非法移民的产生和发展，唤起或加速了他们的偷渡欲望与行动。在法国 1997 年非法移民合法化行动中，8 万多名外国人合法化申请获得批准，其中 10% 是中国人；西班牙 21 世纪之前多次实行大赦，有 25 万多名外国人获得合法身份，其中约 1 万名是中国人；中国人在意大利的非法劳工从 2000 年起的 5 年间，从 1. 6 万人猛增到 10 万人。

第七，影响中国人移民欧洲的三重因素：欧洲国家、中国和中国人。

中国人移民欧洲的历史是欧洲国家实现移民国家转变和民主国家建设、中国建立民族国家和实施改革开放、中国人向欧洲迁徙愿望不衰和能力增强三者相互交融和影响的历史。

欧洲由移民外迁大陆到移民输入大陆，欧洲国家由移民外迁国家到移民输入国家、由单一民族国家到现代意义移民国家，以及欧洲外国移民问题化和民主人权福利治国思想的确立，从根本上影响着中国人移民欧洲的可能性、规模和节奏。在 2004 年欧洲绝大多数国家成为中国公民旅游目的国前，中国公民无法自费赴欧洲国家旅游。从法律角度讲，是否赋予外国人入境权是一国主权范围内的事情。欧洲国家有权决定是否允许、允许哪些、允许多少中国人入境，以及给予和要求在本国中国人享有的权利和承担的义务。

中国的出国权政策和出国管理制度，是影响中国人移民欧洲的重要因素。虽然，从理论上讲，任何国家都不得限制本国公民出境，中国亦然。但是由于中国

① 英国移民政策一直将特定群体种族化以及根据阶层和性别区别对待。目前以对英国的经济收益作为选择移民入境的标准，似乎提出了一个“去种族化”的移民政策。但是一方面只要具备足够收入和资质，全世界的人都可以申请技术移民进入英国；另一方面，随着发展中国家工人被新的欧盟公民所取代，非技术移民被“再种族化”。见［英］罗斯玛丽·赛尔斯. 解析国际移民迁移和难民政策. 黄晨熹译. 上海：格致出版社，上海人民出版社，2011. 141 ~ 142.

② 刘宏，侯佳奇. 当代英国华人社会与政治参与：以 2010 年大选为中心. 南洋问题研究，2010（4）.

特有的政治体制，在2001年以前的很长一段时间，中国普通公民享有的出国权是非常不完整的，出国受到很大限制。尽管20世纪80年代初，西欧国家为了拉动中国人冲破“红色铁幕”，对中国移民申请批准率很高，但是由于国内对公民出入境的限制，实际移民西欧的中国人并不多。

由于中国与欧洲主要国家十分明显的经济社会发展差距以及移民网络的强大力量，中国人向欧洲迁徙的愿望长盛不衰。然而，从移民个体上讲，移民愿望和移民能力缺一不可，前者是动力，后者是基础。改革开放后，中国人的收入和技能显著提高，增强了移民能力，除传统的家庭团聚移民外，留学、旅游、经商、技术、投资和偷渡形式的中国移民随之增长。

第八，小结。

从以上中国人移民欧洲史的简要回顾和分析中可以看出，欧洲主要国家的移民政策对中国人移民欧洲产生了决定性影响。虽然中国移民会对所在国的移民政策产生一定的影响，但是这种影响与所在国移民政策对中国移民的影响相比，是非常有限和轻微的。有学者曾试图论证欧盟移民政策与中国大陆新移民的互动，然而研究结论主要还是认为欧盟移民政策影响的是中国大陆新移民。[①]

以完善我国欧洲华侨华人政策为目的而进行的欧洲移民政策研究，应该以欧洲移民政策自身及其最重要表现形式——移民法律为研究重点。因为欧洲移民政策其他方面的研究，都基本上是在探讨欧洲移民政策的背景、所受影响和所产生的影响。这些方面的研究非常重要，但对于完善我国欧洲华侨华人政策而言，更重要的还是要分析和探讨对中国人移民欧洲产生决定性影响的欧洲主要国家的移民政策是什么。

不同历史阶段，中国人移民欧洲呈现出不同特点，无不与该历史阶段的欧洲主要国家移民政策息息相关。17世纪至20世纪中叶，欧洲主要国家人口大量移出，移民政策以对外移民为主，中国人很少移居欧洲。“二战”后至20世纪70年代中期，欧洲主要国家依然控制着一些殖民地，移民政策带有宗主国意识，如东南亚原欧洲诸国所属殖民地国家和地区的华侨华人。20世纪80年代中后期，欧洲主要国家正处于冷战中，移民政策具有意识形态色彩，印支难民不断涌入欧洲。20世纪80年代至21世纪前后，欧洲主要国家逐渐融入国际移民大潮，实行限制型移民政策，越来越多的中国大陆人以不同方式移居欧洲。21世纪前后至今，欧洲主要国家与其他发达国家和地区在世界范围内争夺人才和资本，推出和完善技术和投资移民政策，中国大陆人随之以技术、投资、留学等方式移居欧洲。所以，要加强对欧洲主要国家移民政策的研究，同时要客观认知中国人移民

---

① 傅义强．欧盟移民政策与中国大陆新移民．广州：暨南大学出版社，2008. 181～224.

欧洲的现状，比较准确地预知中国人移民欧洲的未来发展，从而有针对性地完善我国欧洲华侨华人政策。

欧洲主要国家均是发达的法治国家，移民政策法律化是其处理移民事务的重要特点之一。从欧洲主要国家移民法律的角度论证欧洲华侨华人，是站在欧洲主要国家最权威的角度看中国移民，会使我们对欧洲华侨华人有更客观、具体和系统的理解和认知。1971 年英国颁布第一部《移民法》，1998 年意大利颁布第一部《移民法》，2000 年西班牙颁布《外国人在西班牙的权利和自由及其融入法》，2003 年法国颁布《移民、外国人居留和国籍法》，2004 年德国颁布第一部《移民法》。在研究欧洲华侨华人（移民）的诸多领域中，法学领域的研究最为薄弱。所以，要重视和加强对欧洲主要国家移民法律的研究，这有助于正确认识中国人在移民欧洲过程中和移民欧洲后的法律地位，认知其享有的权利、承担的义务和可能受到的处罚，也有益于从法律制度层面剖析欧洲华侨华人面临的挑战和获得的机遇。这些对欧洲华侨华人更客观、具体和系统的理解和认知，会为我国完善欧洲华侨华人政策提供一个新的视角，以及奠定更坚实的基础。

第二节　欧洲华侨华人人口总量和所占比例及相关欧洲华侨华人政策展望

人口总量和所占比例是分析欧洲华侨华人和完善欧洲华侨华人政策的最重要的量的基础。本节从欧洲华侨华人数量及其占世界华侨华人总人数的比例，欧洲新华侨华人数量、占本洲华侨华人比例、华人在欧洲本土出生比例，欧洲华侨华人在各国的分布，欧洲华侨华人占各国人口和占外裔人口的比例四个方面分析，并探讨这些方面的影响和对完善相关欧洲华侨华人政策的意义。

第一，欧洲华侨华人人数较少，但数量逐渐增加和占比逐渐上升。

从华侨华人的绝对数量看，欧洲华侨华人人数逐渐增加和占世界华侨华人总人数比例逐渐上升。如表 4－1 所示，欧洲华侨华人人数在 20 世纪 50 年代初为 3.7 万，占世界华侨华人总人数（1 209.5 万人）的 0.31%；2000 年为 145 万，占世界华侨华人总人数（3 974.6 万人）的 3.65%；2007 年为 215 万，占世界华侨华人总人数（4 543 万人）的 4.73%。而 2007 年，东南亚和美国、加拿大两国华侨华人人数分别为 3 349 万和 530 万，占世界华侨华人总人数（4 543 万人）

的 73.18% 和 11.67% 。[1] 欧洲华侨华人人数只是东南亚和美国、加拿大两国华侨华人人数的 6.42% 和 40.57% ，甚至不及印度尼西亚（1 000 万人）、泰国（700 万人）、马来西亚（245 万人）、新加坡（360 万人）、缅甸（250 万人）和美国（357 万人）等单个国家的华侨华人人数。如果以单个国家为单位，即使是欧洲华侨华人人数较多的国家——英国和法国，也都只有 60 万人左右，远远低于印度尼西亚、泰国、马来西亚、新加坡、缅甸和美国等单个国家的华侨华人数量。

第二，欧洲新华侨华人人数不多，占本洲华侨华人总人数的比例很高，华人在欧洲本土出生的比例偏低。

欧洲新华侨华人不多，但是占本洲华侨华人总人数的比例在五大洲中仅次于非洲。新华侨华人是指 1979 年及以后由中国移民国外的人员。[2] 如表 4－7 所示，2007 年欧洲新华侨华人人数为 170 万，占本洲华侨华人总人数的 79.07% ，在五大洲新华侨华人人数占本洲华侨华人总人数的比例中，仅低于非洲（90.91% ），高于亚洲（11.27% ）、美洲（55.56% ）和大洋洲（63.16% ）。这主要是因为中国实施改革开放以后，与欧洲主要国家关系全面正常化，中国人开始有正常、合法的机会移入欧洲。与此同时，欧洲主要国家逐步放松限制性移民政策和加大打击非法移民的力度，中国人移入欧洲的渠道日渐拓宽，移入方式也逐渐有序。

华人在欧洲本土出生的比例偏低。以英国为例，华人只有 28% 左右是在英国出生长大的，也就是说，第一代华人占大多数[3]，此情况可以推而至其他欧洲主要国家。在欧洲本土出生的华人比例偏低直接限制了其本土语言水平和文化价值认知度，以及精英阶层的涌现和发展，并影响了其对居住国的认同，催生了作客心理，削弱了其融入主流社会的能力，加重了其政治冷漠感。

第三，欧洲华侨华人人口在各国分布不均衡。

按照华侨华人人口数量，可以将欧洲主要国家划分为五类。如表 6－1 所示：

第一类国家是华侨华人人口很多的法国和英国，都是大约 40 万人的规模。如果包括中国留学生、非法移民和短期劳工，可能达到 60 万以上。法国当地媒体 2008 年初报道，法国有 60 多万华人，约占该国人口的 1% 。根据英国国家统计局数据，2007 年中期，英国有华人 40 多万；2011 年估计华人人数已经超过了 50 万，占该国人口（6 094 万人）的 0.82% 。

---

① 庄国土．华侨华人分布状况和发展趋势．侨务工作研究，2010（4）．

② 桂世勋．海外华侨华人及其对祖（籍）国的贡献．丘进．华侨华人研究报告（2011）．北京：社会科学文献出版社，2011．

③ 吴克刚，吴璇．英国华人参政的一步：从参加 2010 年英国国会选举分析英国华人和英国政治．王晓萍，刘宏．欧洲华侨华人与当地社会关系：社会融合、经济发展、政治参与．广州：中山大学出版社，2011．227．

第二类国家是华侨华人人口较多的德国、意大利、西班牙和荷兰，华侨华人人口分别在10万~20万之间。如表6-1所示，德国和荷兰华侨华人人口稳步增长，意大利和西班牙华侨华人人口因为非法移民大赦而突兀增长。据德国联邦统计局2010年发布的年度统计数字，在德国的中国人人口为8.133万，占在德国外国人口的1.2%，占德国总人口（8 175万人）的0.1%。2003年和2002两年分别有1 311名和1 336名中国公民加入德国国籍。根据意大利国家统计局统计，来自中国的合法移民人数从2000年的6.1万增长到2007年的15.7万和2010年的20.1万，但截至2010年底，只是占意大利总人口（6 060万人）的0.33%、占少数族裔（456万人）的4.41%，列在罗马尼亚、阿尔巴尼亚、摩洛哥裔之后，居第四位。截至2009年底，在西班牙的中国人有156 607人，中国是西班牙第十大移民来源国。华人是西班牙的小族裔，占少数族裔人口（5 708 940人）的2.74%，占全国人口（46 951 532人）人的0.33%。[①] 西班牙华人绝对人数增长位居第三，前两位是摩洛哥和英国；年度增长幅度6.2%，仅次于塞内加尔的8.5%。[②] 荷兰华人参政机构主席张挺宏2009年4月在“欧洲华人政治研讨会”谈到，荷兰华人人口中至少有7万合格的选民。

第三类国家是华侨华人人口较少的瑞典、奥地利和比利时等，华侨华人人口都在3万人左右。这些国家严格控制移民，没有实行过大规模大赦。如表6-1所示，2011年瑞典有华侨华人3万多人，占瑞典总人口（9 464 484人）的0.37%，占外裔人口（155万）的2.26%。2006年奥地利有华侨华人3万多人，占奥地利总人口（830万人）的0.35%，占外裔人口（83万人）的3.5%。2007年比利时有华侨华人3万人，占比利时总人口（10 438 353人）的0.33%，占外裔人口（115万人）的3.04%。

第四类国家是俄罗斯。由于俄罗斯在2007年以前没有建立统一的移民（外国人）登记制度、1992年与中国签订《中俄关于旅游团体互免签证的政府间协议》、俄罗斯国内极端民族主义者夸大中国移民数量、中国未公布过在俄罗斯中国人数据等原因，我们难以估算俄罗斯中国移民的准确数量。俄罗斯不是传统意义上的移民国家，对中国人永久居留和入籍限制很严。大部分在俄罗斯的中国移民是务工人员和留学生，还有一些是商务人员和短期旅游者，只有极少数是俄罗斯永久居民和公民。21世纪初在与中国毗邻的边境地区，取得俄罗斯国籍和永久居留证的中国人不超过1 000人。2007年，俄罗斯约有合法注册的中国劳工23

---

① 方晓．西班牙华人移民的研究初探．王晓萍，刘宏．欧洲华侨华人与当地社会关系：社会融合、经济发展、政治参与．广州：中山大学出版社，2011.

② 方晓．西班牙华人移民的研究初探．王晓萍，刘宏．欧洲华侨华人与当地社会关系：社会融合、经济发展、政治参与．广州：中山大学出版社，2011.

万人，占所有外国劳工总人数（243 万人）的 9%，其他大部分来自苏联。俄罗斯中国劳工的主要工作地点是俄罗斯远东地区，人数超过了该地区外国劳工总人数的 50%。俄罗斯赤塔州 2008 年有 244 358 名中国人入境，其中 54 976 作了外国人登记。

第五类国家是上述四类国家以外的其他欧洲国家，华侨华人人口都在 3 万以下，如表 6－1 所示，希腊为 2 万人，葡萄牙为 1.5 万人左右，捷克为 4 000 多人，罗马尼亚约为 6 000 人等。①

表 6－1　欧洲主要国家华人人口及其占比和增速

单位：人

国别	华人人口	占本国总人口比例	占本国少数族群比例、排位	增速	数据来源	华人来源
英国②	247 403（2001 年）50 多万（2011 年）	0.82%（6 094 万）	5.28%（460 万），列移入外国人人数第二位	近 10 年英国华人人口年增 11%，是增速最快的少数族群③	英国国家统计局	香港、浙江、广东、福建
法国④	60 多万（2008 年）	1%（6 375.3 万）	列移入外国人人数第六位		法国国家统计及经济研究所	东南亚华人占 40%，浙江温州、青田人 50% 以上

① 庄国土．华侨华人分布状况和发展趋势．侨务工作研究，2010（4）．

② 刘宏，侯佳奇．当代英国华人社会与政治参与：以 2010 年大选为中心．王晓萍，刘宏．欧洲华侨华人与当地社会关系：社会融合、经济发展、政治参与．广州：中山大学出版社，2011. 111.

③ 刘宏，侯佳奇．当代英国华人社会与政治参与：以 2010 年大选为中心．王晓萍，刘宏．欧洲华侨华人与当地社会关系：社会融合、经济发展、政治参与．广州：中山大学出版社，2011. 109.

④ 根据 1978 年 1 月通过的有关计算机数据自由的相关法律（2004 年修正案）规定，禁止收集“敏感数据”，尤其是涉及种族或少数族裔方面的数据。反歧视争平等最高权威机构主席施维策（Louis Schweitzer）认为，不应该让人们形成“属于某个族裔社会”的概念。

（续上表）

国别	华人人口	占本国总人口比例	占本国少数族群比例、排位	增速	数据来源	华人来源
德国	81 331（2010 年）	0.1%（8 175 万）	1.2%，列移入外国人人数第八位	2003 年和 2002 年，分别有 1 311名和1 336 名中国公民加入德国国籍	德国联邦统计局	广东、浙江人各占 40%，福建、江苏、上海、东北人约占 20%
意大利	6.1 万（2000 年）15.7 万（2007 年）20.1 万（2010 年）	0.33%（6 060 万）	4.41%（456 万），列少数族群第四位，列移入外国人人数第五位		意大利国家统计局	
西班牙	156 607（2009 年）①24 万（2010 年）②	0.33%（46 951 532）	2.74%（5 708 940），列少数族群第十位	年度增长 6.2%，列第二；绝对人数增长列第三位		浙江省青田、温州人占 48%。
荷兰	7 万（2009 年）12 万（2007 年）③	0.73%（1 650 万）	列移入外国人人数第五位		荷兰华人参政机构主席张挺宏	大陆人占 35%、香港人占 23%（2001 年）
瑞典	3 万（2000 年）④2.3 万（2010 年）⑤3 万多（2011 年）⑥	0.37%（9 464 484，2011 年）	2.26%（155 万，2011 年）		《侨情》，《今日华人教会》	

① 方晓．西班牙华人移民的研究初探．王晓萍，刘宏．欧洲华侨华人与当地社会关系：社会融合、经济发展、政治参与．广州：中山大学出版社，2011. 149.

② 徐松华．西班牙华人现状及面临问题和对策．王晓萍，刘宏．欧洲华侨华人与当地社会关系：社会融合、经济发展、政治参与．广州：中山大学出版社，2011. 239.

③ 庄国土，李瑞晴．华侨华人分布状况和发展趋势．国务院侨务办公室政策法规司，2011. 201.

④ 国务院侨办侨务干部学校．华侨华人概述．北京：九州出版社，2005. 232.

⑤ 华福研究中心与发展部．海外华人人口与华人教会统计．今日华人教会，2011（2）：10.

⑥ 纪娟丽．瑞典华人总会主席叶克清：情是故乡浓．人民政协报，2010－05－07.

（续上表）

国别	华人人口	占本国总人口比例	占本国少数族群比例、排位	增速	数据来源	华人来源
奥地利	3万多（2006年）	0.35%（830万）	3.5%（83万）		《欧洲联合周报》（奥地利版）社长王敢	浙江温州、青田人占80%以上
比利时①	3万多（2000年）② 3万（2007年）③	0.33%（10 438 353，2011年）	3.04%（115万，2011年）			
俄罗斯	23万（劳工，2008年）④ 1 000（入籍和永久居留，21世纪初）⑤ 20万⑥		9%（243万劳工，2008年）		俄罗斯联邦国家统计署	东北和内蒙古
葡萄牙	1.5万左右（2006年）	0.14%（10 599 095）			《欧洲联合周报》（葡萄牙版）社长詹亮	浙江省温州、青田人占73%，山东、福建和广东人占10%
捷克	4 200（2006年）	0.04%（1 021.8万）			《欧洲联合周报》（捷克版）记者黄频	浙江青田人占50%以上，其他来自浙江温州、北京、上海、福建

注："占本国少数族群比例、排位"中排位是指1995—2005年，在流向欧洲主要国家的各外国人中，中国人

① Belgium the World Factbook, Central Intelligence Agency the USA, https://www.cia.gov/library/publications/the-world-factbook/geos/be.html, 2012-06-15.

② 国务院侨办侨务干部学校．华侨华人概述．北京：九州出版社，2005.232.

③ 林安国．海外华人信徒与教会分布统计．华传路，2008（75），http://www.blessingu.com/tc/pedia/stat2008/，2012-06-15.

④ 潘兴明．移民问题国际比较研究．上海：上海人民出版社，2011.116.

⑤ 李传勋．俄罗斯远东地区的所谓中国"移民"问题．俄罗斯中亚东欧研究，2009（6）．

⑥ 庄国土．华侨华人分布状况和发展趋势．侨务工作研究，2010（4）．

人数在流向该国外国人人数中的排位。见2008年经济与合作发展组织（OECD）发布的全球移民报告。

第四，欧洲华侨华人人口占各国人口比例非常低和占外裔人口比例比较低。

欧洲华侨华人人口普遍占各国人口比例非常低和占外裔人口比较低。如表6－1所示和上文所阐述：

第一类国家，2011年英国华人人数估计已经超过50万，占英国人口（6 094万人）的0.82%，占英国外裔人口（460万人）的5.28%，远低于英国南亚裔人口占外裔人口的50%。法国媒体2008年初报道，法国有60多万华人，约占该国人口的1%。

第二类国家，据德国联邦统计局2010年发布的年度统计数字，移民到德国的中国人人口为81 331人，占德国人口（8 175人）万的0.1%，占德国外裔人口的1.2%。根据意大利国家统计局统计，2010年移民到意大利的中国人人口为20.1万，占意大利总人口（6 060万人）的0.33%，占少数族裔人口（456万人）的4.41%。截至2009年底西班牙有华侨华人156 607人，占西班牙人口（46 951 532人）的0.33%，占少数族裔人口（5 708 940人）的2.74%。2010年荷兰有华侨华人12万人，占荷兰人口（1 650万人）的0.73%，列移入外国人人数的第五位。

第三类国家，瑞典2011年有华侨华人3万多人，占瑞典人口（9 464 484人）的0.37%，占外裔人口（155万人）的2.26%。2006年奥地利有华侨华人3万多人，占奥地利人口（830万人）的0.35%，占外裔人口（83万人）的3.5%。2007年比利时有华侨华人3万人；2011年，比利时华侨华人人数占比利时人口（10 438 353人）的0.33%，占外裔人口（115万人）的3.04%。

第四类国家，2006年葡萄牙有华侨华人1.5万人左右，占总人口（10 599 095人）的0.14%。2006年捷克华侨华人4 200左右，占总人口（1 021.8万人）的0.04%。

在欧洲主要国家中，华侨华人人口占本国人口比例最高的是法国，约占本国人口的1%；第二位是英国，约占本国人口0.82%；第三位是荷兰，约占本国人口的0.73%；随后是瑞典（0.37%）、奥地利（0.35%）、意大利（0.33%）、西班牙（0.33%）、比利时（0.33%）、葡萄牙（0.14%）、德国（0.1%）和捷克（0.04%）。欧洲主要国家的华侨华人人口占本国人口的比例不仅远远低于华侨华人人口占东南亚十国人口的比例，也远低于华侨华人人口占美国人口的比例（1.19%）、占加拿大人口的比例（3.9%）、占澳大利亚人口的比例（1.7%）、占新西兰人口的比例（3.6%）。在东南亚十国，华侨华人人口占本国人口比例最高的是新加坡（77%），比例最低的是越南（1.67%）。

在欧洲主要国家中，华侨华人人口占本国外裔人口比例最高的是英国，约为5.28%；第二位是意大利（4.41%）；第三位是奥地利（3.5%）；随后是比利时（3.04%）、西班牙（2.74%）、瑞典（2.26%）和德国（1.2%）。在中国出生的澳大利亚人口占在境外出生的澳大利亚人口的比例，从2000年的0.8%上升到2006年的4.7%，又上升到2010年的6.31%。除却宗主国和近邻国因素，中国已经成为澳大利亚第一大外来族裔。① 2006年加拿大有华人130万，占加拿大有色少数民族人口（530万人）的24.53%。②

第五，小结。

从规模上看，欧洲华侨华人，远逊于东南亚和美国、加拿大华侨华人，甚至不及印度尼西亚、泰国、马来西亚、新加坡、缅甸等单个国家华侨华人。对此，我们在完善欧洲华侨华人政策时要有清醒的认识。

如果华侨华人规模是对所在国产生影响的绝对力量，那么华侨华人人口所占比例则是相对力量，所占比例较高可以弥补规模绝对力量的不足。遗憾的是，在欧洲主要国家中，华侨华人人口占本国人口比例最高的不过是法国的1%，最低可能为捷克的0.04%；华侨华人人口占本国外裔人口比例最高的仅为英国的5.28%。欧洲华侨华人人口占各国人口比例非常低和占外裔人口比较低，再加上此前讨论的欧洲华侨华人数量较少，都不利于华侨华人引起所在国政党和政治家的关注以及对其经济社会发展的支持。仅从外部环境论，华侨华人人口占本国外裔人口比例最高的是法国，占本国外裔人口比例最高的是英国，这两个国家的华侨华人获得本国关注和支持状况应该相对其他欧洲国家更为理想。所以，我们在完善欧洲华侨华人政策时，可以将重点放在法国和英国。

欧洲新华侨华人人口占本洲华侨华人人口达79.07%的高比例说明，新华侨华人已经成为欧洲华侨华人的绝对多数。在欧洲本土出生的华人人口比例仅为30%左右说明，第一代华人是欧洲主要国家华人的大多数；换句话说，欧洲侨情基本上就是指新华侨华人和第一代华人情况。这一判断要求我们在完善欧洲华侨华人政策时，对其新华侨华人和第一代华人的重视程度要远高于对亚洲、美洲和澳洲新华侨华人的重视程度，政策内容要更多地针对新华侨华人和第一代华人的跨祖籍国和居住国、开始融入居住国但远远不够、积累的经济资源较少、参政意识和效果较弱等特点。

欧洲华侨华人人口在各国分布不均衡的现状，要求我们在完善欧洲华侨华人

① Australian Bureau of Statistics, Australia's Diverse Population, http://www.abs.gov.au/ausstats/abs@.nsf/Products/0D5A016809789E35CA2578B0001195B1? opendocument, 2012-05-30.

② Statistics Canada Study: Projections of the diversity of the Canadian population 2006-2031, http://www.statcan.gc.ca/daily-quotidien/100309/dq100309a-eng.htm, 2012-06-15.

政策时，除制定统一的欧洲华侨华人政策，还要针对以上几类国家分别制定细分政策。华侨华人规模是衡量其对所在国产生影响的重要基础。欧洲各国实行民主政治体制，重视选民选票，华侨华人如果没有一定人口规模，难以引起所在国政党和政治家的关注。欧洲各国还实行市场经济体制，重视族裔细分市场。没有一定人口规模，华侨华人市场几乎对所在国经济没有实质影响，也就不会获得所在国的支持。

第三节 欧洲华侨华人人口增速及相关欧洲华侨华人政策展望

人口增速是分析欧洲华侨华人变化情况的最重要依据之一。本节从欧洲华侨华人人口年度同比增速及其与世界华侨华人人口年度同比增速关系、欧洲华侨华人人口年均增速及其与世界华侨华人同一期间年均增速关系、欧洲华侨华人人口年均增速与同一期间其他大洲华侨华人人口年均增速关系、欧洲华侨华人人口年均增速在2000年前后的变化情况四个方面，分析欧洲华侨华人人口增速情况及其影响，以及对相关欧洲华侨华人政策完善的意义。

第一，欧洲华侨华人人口年度同比增速领先于世界华侨华人人口年度同比增速。

从年度同比增速看，自20世纪60年代开始，欧洲华侨华人人口年度同比增速领先于世界华侨华人人口年度同比增速。如表4－5所示，根据台湾当局统计数据分析，1960—2010年的绝大多数年份，欧洲华侨华人人口年度同比增速每年都高于世界华侨华人人口年度同比增速。1960年欧洲华侨华人人口年度同比增速为16.67%，是世界华侨华人人口同比增速（0.753%）的22.14倍。我国自1976年“文革”结束后，大幅度放松出入境限制，大陆居民可以选择去欧洲。1978年欧洲华侨华人人口年度同比增速为15.41%，是世界华侨华人人口同比增速3.59%的4.29倍；1979年同比增速为62.73%，为世界华侨华人同比增速（1.81%）的42.67倍。我国于2001年12月加入世界贸易组织后，人员出入境更为频繁，与欧洲联系更为紧密。2008年亚洲华侨华人人口同比增速为3.93%，是世界华侨华人人口同比增速（0.15%）的26.2倍。

第二，欧洲华侨华人人口年均增速领先于世界华侨华人同一期间年均增速。

从年均增速看，1952—2010年，欧洲华侨华人人口年均增速遥遥领先于世界华侨华人同一期间的年均增速。如表 4 - 1 所示，1950 年代至 2007 年，欧洲华侨华人人口年均增速为 101.98%，为同一期间世界华侨华人人口年均增速（4.92%）的 20.73 倍。如表 4 - 6 所示，根据台湾当局统计数据分析，19 年代至 2010 年，欧洲华侨华人人口年均增速为 187.5%，为同一期间世界华侨华人人口年均增速（3.72%）的 50.4 倍。如表 4 - 1 所示，2000—2007 年，欧洲华侨华人人口年均增速为 6.9%，是同一期间世界华侨华人人口年均增速（2.04%）的 3.38 倍。如表 4 - 6 所示，根据台湾当局“侨务委员会”统计数据分析，亚洲华侨华人人口 2000—2010 年年均增速放缓至 3.75%，为世界华侨华人人口同期年均增速（1.29%）的 2.9 倍。

第三，欧洲华侨华人人口年均增速领先于同一期间其他大洲华侨华人人口年均增速。

从各大洲年均增速比较看，欧洲华侨华人人口年均增速领先于同一期间其他大洲华侨华人人口年均增速。如表 4 - 1 所示，1950 年代至 2007 年，欧洲华侨华人人口年均增速为 101.98%，是世界五大洲华侨华人人口年均增速中最快的，为同一期间美洲华侨华人人口年均增速（42.16%）的 2.42 倍、大洋洲华侨华人人口年均增速（15.52%）的 6.57 倍、非洲华侨华人人口年均增速（8.24%）的 12.38 倍。如表 4 - 1 所示，2000—2007 年，欧洲华侨华人人口年均增长为 6.9%，高于同期亚洲华侨华人人口年均增速（1.1%）、大洋洲华侨华人人口年均增速（2.98%）、美洲华侨华人人口年均增速（6.5%），仅低于同期非洲华侨华人人口年均增速（18.45%）。

第四，欧洲华侨华人人口年均增速在 2000 年后开始放缓。

欧洲华侨华人人口年均增速在 2000 年后开始放缓，慢于非洲和大洋洲。如表4 - 1所示，2000—2007 年，欧洲华侨华人人口年均增速为 6.9%，虽然在世界五大洲中华侨华人人口年均增速中排第二位，为亚洲华侨华人人口年均增速（1.1%）的 6.27 倍、大洋洲华侨华人人口年均增速（2.98%）的 2.31 倍，也比美洲华侨华人人口年均增速（6.5%）多出 0.4%，但是已经远远低于非洲的人口年均增速（18.45%）。如表 4 - 6 所示，根据台湾当局统计数据分析，2000—2010 年，欧洲华侨华人人口年均增速为 3.75%，不仅慢于非洲华侨华人人口年均增速（7.23%），而且慢于大洋洲华侨华人人口年均增速（4.98%）。欧洲华侨华人数量迅速增长的高峰期已经过去。未来欧洲华侨华人总量还会有所增长，但增速将明显减缓。

第五，小结。

欧洲华侨华人人口年度同比增速自 20 世纪 60 年代开始领先于世界华侨华人人口年度同比增速，1952—2010 年欧洲华侨华人人口年均增速领先于同一期间世界华侨华人人口年均增速及其他大洲华侨华人人口年均增速，说明欧洲华侨华人在过去60多年发生了巨大变化，变化程度不仅超过了世界华侨华人变化的平均程度，而且基本超出了其他各大洲的华侨华人变化程度。这要求我们在制定未来的华侨华人政策时，必须顺应这一变化趋势，未雨绸缪，着重考虑欧洲华侨华人因素。

欧洲华侨华人人口年均增速在2000年后开始放缓，慢于非洲甚至大洋洲的事实说明，欧洲华侨华人变化程度趋于平和。这是欧洲主要国家移民政策法律与其他大洲和地区国家移民政策法律日渐趋同的必然结果。在没有类似大规模印支难民涌入事件出现的情况下，以欧洲主要国家目前的移民政策来看，欧洲主要国家吸纳中国移民的能力和意愿是有限的，加重考虑欧洲华侨华人因素的过程是渐进的，增加考虑因素的权重也不会很多。

比较而言，我国在完善欧洲华侨华人政策时，因为欧洲华侨华人发生变化的可能性基本上大于其他大洲华侨华人发生变化的可能性，所以要更加重视欧洲华侨华人变化产生的影响，因势利导，使欧洲华侨华人巨大变化所产生的影响向积极方向发展。鉴于欧洲主要国家的移民政策法律向其他大洲和地区的移民政策法律趋同，我国在完善欧洲华侨华人政策时，可以积极学习因应其他大洲和地区国家移民政策而完善侨务政策的经验和吸取相关教训。

第四节　欧洲中国留学生及相关欧洲华侨华人政策展望

伴随着欧洲华侨华人社会背景以及迁徙动机和方式趋于复杂多样，欧洲各主要国家的中国留学生日益增多。本节以联合国教育、科学及文化组织（UNESCO）、欧洲主要国家政府教育或移民机构、驻华使领馆和我国驻欧洲主要国家使领馆数据为基础，从欧洲主要国家的中国留学生数量、欧洲主要国家的中国留学生人数占本国外国留学生总人数的比例、欧洲主要国家的中国留学生人数在本国外国留学生来源国中排位三个方面，论述欧洲主要国家的中国留学生现状、特点、原因及其对相关欧洲华侨华人政策完善的意义。

表 6-2　各国中国留学生人数、占比及排位

单位：人

国家	留学生人数	占外国留学生总数、占比	在各外国留学生中排位	出处	备注
英国	7 万(2011 年) 47 033(2011 年,新留学生) 4.17 万(2010 年,新留学生)	368 968(18.97%,2009 年) 36 万(新留学生,2009 年) 330 078(2006 年)	第一位	英国文化教育协会(British Council)、UNESCO	对国际学生每年的签证数没有任何上限
法国	约 3 万(2011 年)	249 143(12.04%,2009 年) 247 510(2006 年)	第二位	法国驻华使馆高等教育合作处、UNESCO	中法两国教育部门已于 2007 年签订学位与文凭互认协定
德国	24 746(2009 年,注册学生) 3.5 万(2009 年,所有) 5 151(2008 年,来德国) 797(1997 年)	197 895(15.16%,2009 年) 259 797(2006 年)	第一位	中国驻德国大使馆教育处、德国教育部、UNESCO	
意大利	3 949(2008 年)	68 306(2009 年) 48 885(8.08%,2008 年) 49 090(2006 年)	第二位 2010 年比 2009 年增长了 30%。	意大利驻华大使馆、UNESCO	2005 年"马可波罗计划",2009 年"图兰朵"
西班牙	4 000 多(2011 年)	48 517(9.27%,2011 年) 18 206(2006 年)	年增 24%,在所有国籍留学生中增长比例最高	西班牙内务部、UNESCO	学历相互认可
荷兰	3 000(2010 年)	23 674(14.78%,2009 年) 27 037(2006 年)	第二位 2008 年比 2007 年增长 30%	荷兰高等教育国际交流协会中国办公室、UNESCO	
比利时	约 8 000(2010 年) 3 000 多(2007 年)	33 951(23.56%,2009 年) 24 854(2006 年)	第二位	中国驻欧盟大使关逞远、澳际出国留学、UNESCO	
总计	约 15 万(2007 年)			中国驻欧盟大使关逞远	

（续上表）

国家	留学生人数	占外国留学生总数、占比	在各外国留学生中排位	出处	备注
美国	15.8 万（留学生，2010 年） 221 820（2010 年，留学生、学者）	72.32 万（21.85%，留学生，2010 年） 2 138 413（留学生、学者，2010 年）	第一位	国际教育协会（IIE）、美国国务院教育及文化局、美国国土安全部	
加拿大	56 906（2010 年）	218 161（26.08%，2010 年）	第一位	加拿大公民和移民部	
澳大利亚	75 578（2011 年）	33.28 万（22.71%，2011 年）	第一位	澳大利亚移民和公民部	
新西兰	16 620（2011 年，新留学生学者）	7.486 万（22.20%，2011 年）	第一位	新西兰劳工部	

资料来源：

1. 英国数据转引自朱峰．中国留英学生去年猛增两成学生签证通过率逾九成．中国新闻网，2012－03－05；魏群．英国将限制外国留学生数量．中国新闻网，2010－09－07.

2. 法国数据转引自沈子涵．中国大陆成法国第二大留学生来源国．中央日报网路报，2011－05－30.

3. 西班牙数据转引自天宇．西班牙中国留学生就业难学成回国渐成趋势．中国评论通讯社.2012－05－07.

4. 意大利数据转引自博源．意大利中国留学生近四千 位居各国留学生第二．中国新闻网，2009－08－29.

5. 德国数据转引自王怀成．德国大学欢迎优秀学生前来留学：中国在德留学生的状况及问题．光明日报，2010－09－20.

6. 荷兰数据转引自教育联展网记者．专访荷兰高等教育国际交流协会中国办公室（Neso－China）首席代表．教育联展网，2011－03－15.

7. 比利时数据转引自药骅，何雪峰，蓝云.15 万中国学生欧洲求学．南方都市报，2007－10－15；澳际留学.2010 年中国留学生年度调查报告.http：//www.globeedu.com/educxhibit/OZ/20101221/，2012－06－16.

8. 总计数据转引自药骅，何雪峰，蓝云.15 万中国学生欧洲求学．南方都市报，2007－10－15.

9. 表中各国 2006 年外国留学生总数源自 UNESCO Institute for Statistics. Global Education Digest 2008 Comparing Education Statistics Across the World，http：//www.uis.unesco.org/publications/ged2008.

10. 表中各国 2009 年外国留学生总数源自 UNESCO Institute for Statistics. Global Education Digest 2010 Comparing Education Statistics across the World，http：//www.uis.unesco.org/Education/Pages/ged－2011.aspx.

11. 美国数据源自马海丽．中国留美学生近 16 万 上本科人数增四成．北京考试报，2011－11－19；United States，Department of Homeland Security. *Yearbook of Immigration Statistics*：2010. Washington，D.C.：US. Department of Homeland Security，Office of Immigration Statistics，2011，p.76.

12. 加拿大数据源自 Research and Evaluation Branch Citizenship and Immigration Canada，*Canada Facts and Figures*：*Immigration Overview Permanent and Temporary Residents 2010*，Minister of Public Works and Government Services Canada，2011，pp.83－85.

13. 澳大利亚数据源自 Annual Report Editor National Communications Branch Department of Immigration and Citizenship , *Department of Immigration and Citizenship Annual Report 2010—2011*, Department of Immigration and Citizenship, Australia, pp. 63 – 66.

14. 新西兰数据源自 Migration Research, Labour and Immigration Research Centre, Department of Labour, *Migration Trends and Outlook 2010 – 2011*, Department of Labour, New Zealand, 2011.

注：表中所指中国未包含香港、澳门和台湾地区；联合国教科文卫组织 UNESCO 的数据指高等教育人数。

第一，欧洲以英国、法国和德国中国留学生最多。

欧洲以英国、法国和德国中国留学生最多，其他国家中国留学生较少。如表 6 – 2 所示，英国、法国和德国 2011 年分别有中国留学生 7 万人、约 3 万人和约 3 万人，其他欧洲国家中国留学生大多在几千人左右。意大利 2008 年有中国留学生 3 949 人，西班牙 2011 年有中国留学生 4 000 人，荷兰 2011 年有中国留学生 3 000 多人，比利时 2011 年有中国留学生 8 000 多人。

欧洲主要国家的中国留学生人数远低于美国、加拿大、澳大利亚的中国留学生人数。如表 6 – 2 所示，欧洲主要国家的中国留学生人数最多的是英国、法国和德国，分别有 7 万人、约 3 万人和约 3 万人，而美国 2011 年有中国留学生 15. 8 万人，澳大利亚 2011 年有中国留学生 75 578 人，加拿大 2010 年有中国留学生 56 906 人。人口只有 433 万的新西兰，2011 年向 16 620 名中国人签发了留学类签证。

如果以 UNESCO 公布的数据比较分析，如表 6 – 3 所示，欧洲主要国家中只有英国在 2011 年进入了中国出国留学生分布最多的国家的前五位，有 47 033 人，列第四位；排前三位的是美国、日本和澳大利亚，它们分别有 124 225、79 394 和70 357名中国留学生。

表 6 – 3　2011 年中国出国留学生人数分布最多的前五位国家

单位：人

	美国	日本	澳大利亚	英国	韩国	总计
出国留学生	124 225	79 394	70 357	47 033	39 309	510 314
来华留学生	23 292	17 961	5 000 以下	5 000 以下	62 442	61 211
出国来华留学生逆差	– 100 933	– 61 433	约 – 6. 6 万	约 4. 3	23 133	– 449 103

资料来源：UNESCO Institute for Statistics. *Global Education Digest 2010 Comparing Education Statistics across the World*. http: //www. uis. unesco. org/Education/Pages/ged – 2011. aspx.

注：表中所指中国未包含香港、澳门和台湾地区；联合国教科文卫组织 UNESCO 的数据指高等教育人数。

第二，欧洲主要国家中国留学生人数占本国外国留学生总人数的比例较高。

欧洲主要国家中国留学生人数占本国外国留学生总人数的比例较高。如表6－2所示，比利时2009年有中国留学生8 000人左右，占外国留学生总人数(33 951人)的23.56%；英国2009年中国留学生人数占外国留学生总人数(368 968人）的18.97%；德国2009年有中国留学生约3万人，占外国留学生总人数（197 895人）的15.16%；荷兰2009年中国留学生人数占外国留学生总人数（23 674人）的14.78%；法国2009年中国留学生人数占外国留学生总人数（249 143人）的12.04%；西班牙2011年有中国留学生4 000多人，占外国留学生总人数（48 517人）的9.27%；意大利2008年有中国留学生3 949人，占外国留学生总人数（48 885人）的8.08%。

欧洲主要国家的中国留学生人数占本国外国留学生总人数的比例，总体来说，低于美国、加拿大、澳大利亚和新西兰的中国留学生人数所占的相应比例。欧洲主要大国中国留学生人数占外国留学生总人数的比例最高的是英国，为18.97%；其次是德国和法国，分别为15.16%和12.04%。然而，美国、加拿大、澳大利亚和新西兰的相应比例分别为21.85%、26.08%、22.71%和22.20%。

第三，欧洲主要国家中国留学生人数在本国外国留学生来源国中排位靠前。

欧洲主要国家中国留学生人数在本国外国留学生来源国中排位靠前，但总体上仍然落后于美国、加拿大、澳大利亚和新西兰的中国留学生人数排位。英国和德国的中国留学生人数在本国外国留学生来源国中均排位第一，法国、意大利、荷兰和比利时中国留学生人数排位紧随其后。来自荷兰高等教育国际交流协会中国办公室的数据显示，截至2008年8月底，申请到荷兰留学的中国学生约为2 500人，较上年增长30%，中国已经成为荷兰第二大外国留学生生源国。

第四，小结。

伴随欧洲各主要国家留学生人数日益增多，由留学转移民的情况会有较明显增长。一方面这部分人符合欧洲对年轻知识型移民的需求，各国对于在本国正式完成学业的外国留学人员都有比较宽松的接纳政策，对其中的优秀人才更是欢迎；另一方面，一部分中国留学生会在学成后留所在国工作一段时间，再看机会，部分可能就此转为移民。我国在完善欧洲华侨华人政策时，应拓宽欧洲侨务工作对象，确立欧洲中国留学生的地位和位置，建构侨务工作新领域。

虽然欧洲主要国家中国留学生的人数较多和占本国外国留学生总人数的比例较高，但是仍然有很大的上升空间。可是考虑到欧洲主要国家在官方语言、移民政策、文化思想、工作机会和移民网络等方面，均不及美国、加拿大、澳大利亚、新西兰和日本对中国学生有吸引力，再加上欧洲主要国家由于近几年中国留学生人数增长迅猛需要时间予以消化，所以未来数年，欧洲主要国家的中国留学生人数不会增长太快。

第五节　中国欧洲非法移民及相关欧洲华侨华人政策展望

非法移民是中国欧洲移民的重要组成部分，其对中国欧洲移民的意义甚于对中国美洲、大洋洲和亚洲移民的意义。本节从欧洲主要国家中国非法移民人数、欧洲主要国家中国非法移民人数占该国非法移民总人数的比例、欧洲中国非法移民的迁徙方式及欧洲中国非法移民的多重影响四个方面，探讨中国欧洲非法移民的现状、特点和原因，及其对相关欧洲华侨华人政策完善的意义。

第一，欧洲主要国家中国非法移民人数多，多于世界其他大洲主要国家非法移民人数。

欧洲主要国家中国非法移民人数多。1999 年共有 1. 1 万名中国人在欧盟国家申请避难，约为在欧盟申请避难外国人总人数的 2. 8%。更多的非法移民出于被遣返的考虑，没有提出难民申请。以只有 10% 的中国非法移民提出避难申请计算，1999 年约有 11 万名中国欧洲非法移民。德国约有 150 万名世界各国非法移民，其中提出难民申请的不到 10%。[①] 从表 6－4 可以看出，英国和意大利 2004 年各有约 10 万中国非法移民，法国 2005 年有 5 万多人，西班牙 2010 年有 7 万多人。

欧洲主要国家中国非法移民人数多于世界其他大洲主要国家非法移民人数。如果以申请难民签证人数是非法移民总人数的 10% 计算，加拿大 2010 年约有中国非法移民 1. 5 万人，澳大利亚 2011 年约有中国非法移民 1. 1 万人，日本 2007 年有中国非法移民 1. 78 万人，韩国 2010 年有中国非法滞留者 8. 047 万人。虽然美国 2011 年有中国非法移民人 28 万，但是考虑到美国人口与欧洲主要国家人口的巨大差距，欧洲主要国家中国非法移民的相对人数依然是很多的。

第二，欧洲主要国家中国非法移民人数占非法移民总人数的 15% 左右，高于美国、加拿大和澳大利亚，低于日本和韩国。

欧洲主要国家中国非法移民人数占非法移民总人数的 15% 左右。如表 6－4 所示，英国 2004 年约有中国非法移民 10 万，占非法移民总人数（72 万）的 13. 88%。2001 年上半年在法国被捕的 3 000 多名非法移民中，有 1 134 名是中国

---

① 宋全成. 欧洲移民研究：20 世纪的欧洲移民进程与欧洲移民问题化. 济南：山东大学出版社，2007. 348.

人。[1] 法国2003年约有中国非法移民5万人，占非法移民总数的16.67%。[2] 2009年，进入法国的中国非法移民人数为3 000～5 000人，每年上升幅度为20%～30%。[3] 德国2010年下萨克森州布伦瑞克市非法移民羁留中心住着5 000多名非法入境者，其中60%以上的人称自己的母语是中文。意大利普拉托市2010年约有2.5万中国非法移民，占该市总人口（18.7万人）的13.37%。意大利2004年中国非法移民人数约占非法移民总人数（48万人）的20%。西班牙2010年约有中国非法移民7万多人，占非法移民总人数（50多万人）的15%。

欧洲主要国家中国非法移民人数占所在国非法移民者总人数的15%左右，高于同一时期的美国、加拿大、澳大利亚和阿根廷，但是低于日本和韩国。如表6－4所示，美国2011年有28万名中国非法移民，占非法移民总人数的2%；加拿大2010年有1 510名中国人申请加拿大难民签证，占申请难民签证总人数（24 838人）的6.08%；阿根廷2004年有1万多名中国非法移民，占非法移民总数（75万人）的2%；澳大利亚2011年有中国逾期停留者8 070人，占逾期停留者总人数（58 400人）的13.82%；日本2007年有3.8万名中国非法移民，占非法移民总人数（5.7万人）的30%；韩国2010年有中国非法滞留者8.047万人，占非法滞留者总数（174 047人）的46.2%。

表6－4　欧洲主要国家非法移民数量和所占比例

单位：人

国家	中国非法移民数量	占非法移民总数比例	资料来源
英国	10万（2004年） 3 675（2002年，提出难民申请） 890（2009年被驱逐出境）	13.88%（72万）	《华人领袖》、英国国家边境署
法国	5万（2005年） 3 000～5 000（2009年入境）	约16.67%（20万～40万，法国内政部）	国际劳工组织
德国		60%被羁押者的母语是汉语（2010年，下萨克森州布伦瑞克市非法移民羁留中心）	布伦瑞克市外事管理局

① 石刚．全球非法移民问题综述．国际信息资料，2004（5）．
② 夏草．欧洲围截非法移民．侨园，2004（4）．
③ 于澄涛．《警务参赞的法兰西岁月》之十：如何面对非法移民．人民公安，2009（10）．

（续上表）

	中国非法移民数量	占非法移民总数比例	资料来源
意大利	10 万（2004 年） 2.5 万（普拉托市中国非法移民，2010 年）	50 万（2011 年） 35 万（2007 年） 20%（48 万 2006 年） 13.37%（普拉托市人口 18.7 万）	意大利内政部、意大利社会政策部
西班牙	5.6 万（2005 年申请大赦） 7 万多（2010 年）	5.6%（100 万申请大赦） 15%（50 多万）	西班牙华人融入协会、西班牙卫生部
美国	28 万（2011 年） 19 万（2000 年）	2% 2%	美国国土安全部移民统计办公室
加拿大	1 510（2010 年申请加拿大难民签证）	6.08%（24 838）	加拿大公民和移民部
澳大利亚	8 070（2011 年，逾期停留） 1 122（2011 年，申请澳大利亚保护签证）	13.82%（58 400 逾期停留） 17.76%（6 316 申请保护签证）	澳大利亚移民和公民部
日本	3.8 万（2003 年） 1.78 万（2007 年）	16.96%（22.4 万） 30%（5.7 万）	日本入国管理局
韩国	8.047 万（2010 年非法滞留者）	46.2%（17.4047 万非法滞留者）	韩国外交通商和法务部
阿根廷	1 万多（2004 年）	2%（75 万）	政府移民部门

资料来源：

1. 意大利和加拿大数据转引自李慎明，王逸舟．2007 年全球政治与安全报告．北京：社会科学文献出版社，2008；意大利新移民法：非法移民 06 年底前有望变合法．中国侨网，2006－06－01.

2. 西班牙、阿根廷数据转引自尚未迟，孙秀萍，程刚，王方，范剑青．海外中国非法移民调查．环球时报，2006－09－08；小凤仙．西班牙将取消非法移民免费医疗权利．中国新闻网，2012－05－03.

3. 澳大利亚数据源自 Economic Analysis Unit Migration and Visa Policy Division Department of Immigration and Citizenship，*Population Flows*：*Immigration Aspects 2010－2011*，Department of Immigration and Citizenship Australia，2012，pp. 71－72.

4. 美国数据源自 Michael Hoefer，Nancy Rytina，Bryan Baker，*Estimates of the Unauthorized Immigrant Population Residing in the United States*：*January 2011*，Population Estimate March 2012，p. 5.

5. 日本数据源自周宏．在日华人约 82 万　首次突破 80 万大关．中文导报网，2010－07－07.

6. 韩国数据源自每两人非法滞留者中就有一人是中国人．韩联社首尔，2010－08－17.

7. 英国数据源自施晓慧. 在英中国非法移民苦挣扎　有时要付生命代价. 环球时报，2004－03－10.

8. 加拿大数据源自 Research and Evaluation Branch Citizenship and Immigration Canada，*Canada Facts and Figures：Immigration Overview Permanent and Temporary Residents 2010*，Minister of Public Works and Government Services Canada，2011，pp. 92－94.

9. 阿根廷数据源自沈安. 阿根廷将"大赦"非法移民. 新华网，2004－09－14.

第三，欧洲中国非法移民的迁徙方式。

欧洲中国非法移民的迁徙方式主要是合法进入然后非法滞留，其次是直接偷渡。法国 2003 年约有中国非法移民 5 万人，其中有 80%～85% 的中国非法移民是合法进入、非法滞留的，只有大约有 15%～20% 是通过偷渡方式进入的。[①] 近年来，中国非法移民面临的问题是"蛇头"控制非法移民，并对他们进行非法禁锢与凶杀。另外，华人社团开始与其他种族合作从事非法移民的运送、联系和管理。现在每年大约有 6 万中国人试图非法进入法国，[②] 绝大部分来自福建和浙江，这是由法国的福建和浙江华人社团所决定的。移民网络在中国欧洲非法移民中起着重要的推动作用。福建和浙江人有着 100 多年移民法国的传统，有着较为完善的移民网络。中国非法移民在陆上取道莫斯科和基辅中转，"蛇头"集团采用假的商业邀请手段协助他们出境，很容易获得俄罗斯签证。中国人在向法国偷渡活动中占据了两项第一：一是法方在空中航线查获的非法移民中，中国人最多；二是法方查获的持假证件的非法移民中，中国人最多。他们使用的假证件多为日本、韩国和马来西亚等国的护照。但是法国发现的假护照（包括欧洲的假护照）多数是在泰国伪造的。[③]

第四，欧洲中国非法移民的多重影响。

欧洲中国非法移民以汇款或者侨资方式促进家乡经济社会发展，减轻家乡就业压力，但是会冲击家乡的政治、经济、文化、社会、治安和风俗，损害我国国际尊严和国际声誉，干扰我国与相关国家正常的双边交往，影响我国与非法移民所在国的外交领事关系。

处理非法移民事务是中国驻欧洲主要国家大使馆特别是警务、领事部门的重要工作之一。驻外使领馆有责任和义务努力避免再次出现佛尔港发生的非法移民集体窒息事件的悲剧，要防止团伙犯罪，协助所在国堵截新的偷渡线路。以中国驻法国大使馆为例，法国警方在与中国警方的合作中表示，预防和打击非法移民是他们最为关切的合作领域。处理非法移民问题和相关的犯罪与法律问题，成为

① 夏草. 欧洲围截非法移民. 侨园，2004（4）.

② 夏凤珍. 从世界看浙南非法移民. 天津：南开大学出版社，2008. 4.

③ 于澄涛.《警务参赞的法兰西岁月》之十：如何面对非法移民. 人民公安，2009（10）.

了大使馆警务处的日常工作。领事部每周都要安排专人，投入大量时间来接待和处理非法移民的身份核实和办理回国证件等问题。警务联络处则时常要根据法国警方的请求，联络国内主管部门处理一些大型偷渡团伙的案件。

针对来自中国非法移民的压力，欧洲主要国家通常会加强在机场对非法移民的查截，派团到北京和广州等地就非法移民的核实和遣返等问题进行交流；由负责调查黑工与有组织犯罪机构的官员到北京和上海，与中国公安部和地方刑侦部门商谈共同打击有组织非法移民的问题；利用互联网与广州机场边防交换出入境人员资料，以提高效率。

第五，小结。

我们需要全面、客观和理性地看待欧洲中国非法移民问题，接受非法移民是人口国际流动的自然现象。在国与国之间经济社会发展差距和移入国法律漏洞存在的情况下，无法从根本上消除非法移民，我们应探索有效管理的方式和措施，努力减少非法移民。

解决欧洲中国非法移民问题，要以积极的态度和切实的行动严厉打击非法移民组织者，例如强化出入境边检、国际刑侦、各省市配合等工作。非法移民与有组织偷渡等跨国犯罪紧密联系在一起，而且因为跨国有组织犯罪而使其危害性放大和持续。我们要疏通正常人员国际流动渠道，合法地输出我国劳动力；加强对对外劳务输出人员的培训和中介机构的管理，使真正想出国的务工人员尽量能够通过正常的合法渠道出国务工，减少对外劳务中介机构盘剥、造假甚至参与犯罪的可能性；与欧洲主要国家警方进行国际合作。中国公安出入境管理部门已经与德国、英国、法国、意大利、西班牙和荷兰等欧洲主要国家建立了合作关系，共同处理非法移民及其遣返问题。解决问题的关键是如何有效地落实这些国际协议，进而更充分地发挥专业人员和制度的重要作用。背井离乡和被查处遣返是一个巨大风险，没有十足的诱惑或者期盼，国人是不会甘愿冒此风险的。

我们在完善欧洲华侨华人政策时，要给予欧洲中国非法移民足够的重视，而且重视程度要高于给予美洲、大洋洲、日本和韩国非法移民的重视程度。比较欧洲、美洲、大洋洲的中国非法移民，欧洲中国非法移民不仅人数众多、占非法移民总数的比例高，而且与当地居民在文化、语言、生活习惯方面存在巨大反差，更易引起所在国家的关注和打击，以及连带衍生移民犯罪及移民社会问题。世界上针对中国非法移民的措施多出自欧洲主要国家，并不是一种巧合，而是由以上原因导致的必然结果。

尽管中国非法移民人数占日本和韩国非法移民人数的比例高于占欧洲主要国家非法移民人数比例，但是由于日本、韩国与中国同文同种，在文化、语言和生活习惯方面相近，与欧洲、美洲比较而言，中国非法移民在日本和韩国衍生移民犯罪及移民社会问题的概率较小。非法移民主要流向地理相近国家，中国是日本和韩国的邻国，澳大利亚也比欧洲和美洲距离中国近，中国人就成为了这些国家非法移民的主要来源。非法移民是欧洲华侨华人移民的重要组成部分。欧洲主要国家移民政策长期以来以家庭移民和劳工许可为主要合法移居渠道，这就决定了欧洲主要国家的中国新移民很少是技术移民和投资移民，而是以家庭移民为主，包括数量较大的非法移民。

第六节　欧洲华侨华人经济发展及相关欧洲华侨华人政策展望

经济发展是中国欧洲移民实力的基础和重要表现之一。从中国在欧洲移民人数、擅长经济领域、企业赴欧洲投资、欧洲主要国家经济发展来看，近年来，欧洲华侨华人经济实力有所增强，在投资、批发、超市、中餐馆、旅游、服装制造等商贸和轻工业方面有所建树。遗憾的是，由于笔者没有查找到充分的具体数据，因此只能在欧洲华侨华人的部分经济领域作量化探讨，难以对欧洲华侨华人经济发展作系统的量化分析。本节从欧洲华侨华人经济领头羊的大型批发业，欧洲华侨华人传统经济领域的中餐、旅游、中介等服务行业，中国企业纷纷在欧洲主要国家投资，欧洲技术和投资移民，欧洲华侨华人经济影响五个方面分析欧洲华侨华人经济资源的现状、特点和原因，及其对完善相关欧洲华侨华人政策的意义。

一、欧洲华侨华人经济领头羊的大型批发业

大规模华侨华人超市兴起是近年来欧洲华侨华人经济发展中一个显著趋势。巴黎北郊欧拜赫维里耶市聚集了600多家批发商，是法国最大的批发商集中地，其中绝大多数为华人经营。西班牙马德里拉瓦别斯区的华侨华人贸易批发区，年总产值50多亿欧元。意大利罗马胜利广场周边地区有150多家中国公司在其中经营批发。意大利官方认为，在意大利萨勒匹地区的中国批发商店有186家，意大利居民认为有500多家，社会研究中心Codici根据经验分析，2007年7月有283家。①

① ［意］拉菲尔·欧利阿尼，李卡多·斯达亚诺．不死的中国人．邓京红译．北京：社会科学文献出版社，2011. 71.

二、欧洲华侨华人传统经济领域的中餐、旅游、中介等服务行业

全欧洲估计有5万多家中餐馆。英格兰的2万多家华人企业中，多数是中餐馆。目前在欧洲各主要城市，都有由当地华侨华人开设的旅游公司、移民事务所、律师事务所、会计师事务所、税务师事务所和房地产中介等服务性公司。2008年成立了全欧华人旅游联合总会。

三、中国企业纷纷在欧洲主要国家投资

近年来，国内大型国企及一些民营知名企业纷纷进入欧洲主要国家，上市交易、收购、承包大型工程、办厂设店或与当地企业合资经营。欧洲主要国家在产业领域很少或者没有针对外资的限制政策，外资企业完全享受与本国企业一样的"国民待遇"。没有外汇管制，对汇出利润到其他国家、向境外企业付款或是支付各种费用也没有限制。不论设立新公司或是分公司，无须政府机构批准，只要在公司局注册办公室登记即可。欧洲主要国家宽松有序及法治的经商环境为我国企业在欧洲发展提供了宽阔的舞台，但是也带来了激烈的竞争压力。

《瞭望》新闻周刊在2012年第17期以"中国企业对欧投资新趋势"为题，比较系统地梳理了近年来中国企业对欧投资情况。[①] 荷兰外商投资局中国事务首席代表纪维德于2012年4月介绍，中国企业在欧洲投资的前三大目的地国家分别是德国（有500家企业）、英国（有400家企业）和荷兰（有300家企业）。但是根据意大利米兰商会2007年的调查，米兰就有2 800家中国人的企业，每年的营业额为5.5亿欧元。[②] 米兰已经成为中国人在欧洲的"经济首都"。

德国联邦外贸与投资署首席行政官普法费尔谈到，2011年，中国成为在德国新增直接投资项目最多的国家，投资项目达到创纪录的158个。德国工商总会外贸事务专家伊利亚·诺特纳格尔介绍说，2006年中国企业共收购6家德国企业，而到了2011年则迅速增至15家，出现10亿欧元的大型收购"只是时间问题"。德意志证券交易所于2010年4月透露，目前已有18家中国企业在该交易所的高级市场上市，还有超过500家已在其他国际交易所上市的中国公司在德交所的二次挂牌交易板块上市。[③]

---

① 郭洋．中国企业对欧投资新趋势．瞭望，2012（17）．

② ［意］拉菲尔·欧利阿尼，李卡多·斯达亚诺．不死的中国人．邓京红译．北京：社会科学文献出版社，2011. 68．

③ 姜煜．中国赴欧洲上市企业广受投资者追捧．上海新闻网，2010－04－09．

中国以前在瑞典的投资较少，大部分有中国背景的企业都是贸易公司或服务机构。近几年，中国公司对瑞典信息及通信科技领域的投资有所上升，华为科技与中兴通讯已分别在瑞典设立了研发中心。随着吉利成功收购沃尔沃轿车、青年汽车集团与申请破产的萨博公司继续谈判，中国投资者在瑞典不断成长壮大。荷兰农业、经济和创新部高级官员雷内·瓦基耶说："根据投资项目数量排名，中国已经成为荷兰第二大投资来源国。"据他介绍，2011 年共有 193 个外商投资项目落户荷兰，其中中国以 29 个项目成为第二大投资来源国，仅次于美国，超过韩国和日本；2011 年荷兰吸引外国投资总额为 14.7 亿欧元，其中来自中国的投资达4 300万欧元。

2012 年 3 月，波兰副总理兼经济部部长帕夫拉克宣布正式启动"Go China"（走向中国）计划，希望吸引更多的中国投资者，促进本国中小企业与中国企业合作。2010 年，波兰累计吸引外国直接投资 1 960 亿欧元，其中来自中国的直接投资为 2.5 亿美元，约占 0.1%。据中国驻波兰大使馆商务处统计，截至目前，波兰共有各类中资机构 26 家，中国员工 380 人，雇用当地员工 2 019 名。中资企业按行业划分，有高科技、工程承包、商贸、航运服务、金融业等。2010 年 4 月，中国路桥有限责任公司与塞尔维亚政府在贝尔格莱德正式签署了总投资 1.7 亿欧元的"泽蒙—博尔查"跨多瑙河大桥项目商务合同，建设期为 3 年。2010 年 10 月，北京天创公司与维也纳控股集团和维也纳施塔德哈勒公司联合投资成立了维也纳北京天创公司，计划在之后的 5 年，将中国的演艺产品以平均每年两部的进度源源不断地输入欧洲演艺市场。

四、欧洲技术和投资移民比例偏低

在欧洲华侨华人中，技术和投资移民占比在 15% 以下[①]，总体知识结构和移民前财力均远不如美国、加拿大、澳大利亚和新西兰的中国移民。在欧洲华侨华人中，估计只有不到 15% 为精英移民，85% 以上来自中国大陆农村或中小城镇的青壮年，精英移民主要来自学成后留在当地的留学生。在欧洲华侨华人中，技术和投资移民占比在 15% 以下，与世界各国技术和投资型人才更多地流向美国、加拿大、澳大利亚和新西兰而不是欧洲诸国的大背景密不可分。

欧洲主要国家不是传统移民国家，以接收原殖民地和欧洲地区移民为主，人口容纳能力也有限。虽然 21 世纪前后颁布移民法，完善移民法律制度，推出技术和投资移民政策，但是比较美国、加拿大、澳大利亚和新西兰四个传统移民国

① 李明欢．欧洲华侨华人史．北京：中国华侨出版社，2002. 513.

家的相关法律、制度和政策，其移民法律、制度和政策尚不完善和缺少竞争力。2007 年，外国人才只占欧盟移民总人数的 1.7%，这一数字远低于澳大利亚的 9.9%、加拿大的 7.3% 和美国的 3.5%。[①] 2007 年，欧盟内部事务专员弗兰科·弗拉蒂尼（Franco Frattini）指出，第三世界国家流向发达国家的人口中，85% 的低技能或无技能移民进入了欧盟 27 国，而进入美国的只有 5%。与此同时，在从第三世界进入发达国家的外国人才中，选择美国的高达 55%，而进入欧盟各国的还不到 5%。[②]

五、欧洲华侨华人经济影响

由于在欧洲华侨华人中，技术和投资移民人数偏少，当华侨华人进入欧洲主要国家时，他们不是与所在国的知识或者精英阶层竞争，而是与低技能者或者社会底层竞争。华人凭借勤奋、吃苦、节俭而逐渐在与所在国低技能者或者社会底层竞争中取得优势。所在国失败者为了自我安慰，常常将个人经济和社会上的失败归咎于华人，而不是归咎于自己或所在国体制，民族主义和种族主义因此而膨胀。民族主义和种族主义会将华人作为一个具体的假想敌，作为政府公共治理失误和社会矛盾激化的掩体，政府就无意在实质上给予外来者与国人一样的国民待遇和国民保护。所以，虽然欧洲华侨华人经济实力增强提高了自己的经济地位，繁荣了所在国经济，推动了中国与欧洲的经贸往来，但是也存在着与当地民众沟通不够、不积极参与所在国公益事业、违反当地法律政策等消极现象，甚至发生华人华侨与所在国民众不相容甚至冲突的情况，因而影响了欧洲华侨华人的持续快速发展。

六、小结

欧洲华侨华人批发商竞争十分激烈，未来几年可能会是淘汰、整合阶段。一些批发商通过灰色清关、偷税漏税、假冒名牌等方式暴富，已经引起当地有关部门的密切关注，并加强了相应的监察及打击，这让一些合法经营的商户也受到冲击。国内产品成本上升，直接冲击欧洲华侨华人进出口商。欧洲华侨华人的中餐、旅游等传统行业以欧洲华侨华人为顾客群，随着欧洲华侨华人规模不断扩

① 吴筠．欧盟“蓝卡计划”四处碰壁：旨在吸引高技术移民，却遭到各主要国家政府反对．文汇报，2007－10－25．

② 建立蓝卡制度 欧盟要放宽移民限制与美争人才？．中国侨网，2007－09－14．

大，市场相应扩大，这些行业会继续面对不同顾客群定向经营，随之不断发展和壮大。

越来越多中国本土大型企业进入欧洲的发展势头和趋势将可能对当地华人经济产生深远影响。投资规模和领域不断扩大，可能提升欧洲华资企业的总体水平，扩大中国产品的市场影响力，进而可能改善中国制造的形象；还会为当地华人创造更多的就业机会，有利于其增加收入，进入非传统华人经济领域发展，与中国保持更密切联系。中国投资企业的强大实力可能对在同一领域经营的华侨华人中小企业形成巨大压力，迫使这些企业转型或者创新。另外，中国本土大型企业进入欧洲可能带动投资移民、劳务工人及管理人员进入欧洲。当地华人企业也可能利用所在国的劳工配额，从国内招聘工人，通过劳务合约方式赴欧的人数可能由此增加。

另外，欧洲中国技术和投资移民比例偏低影响了欧洲华侨华人层次的提高，部分阻碍了欧洲华侨华人融入居住国主流社会，削弱了参政效果，最终不利于欧洲华侨华人精英阶层的形成和壮大及其在所在国地位的提升。

第七节　欧洲华人参政及相关欧洲华侨华人政策展望

参政是少数族裔融入所在国的一个重要体现和指标。参政是民众通过不同方式影响政府决策的过程，其最重要方式包括参与投票和选举、社区建构和社会呼声、群体间政治关系以及围绕政治论题形成的个人网络。[①] 华人参政的主要基础是其作为所在国公民的身份认同和随之而来的华人性弱化。本节从欧洲华人整体参政水平、华人在欧洲主要国家的参政意识和参政效果、影响欧洲华人参政的原因三个方面，论述欧洲华人参政的现状、特点和原因，以及其对相关欧洲华侨华人政策完善的意义。

一、欧洲华人参政总体上处于较低水平

欧洲华人参政总体上处于较低水平，不及美洲、东南亚和大洋洲华人。长期以来“只顾个人事业，不问国家兴衰”的心态在华人圈中成为共识，华人及其社区被当地社会看成是“沉默的一群”。英国华人与法国华人同为欧洲主要国家

---

① Amy Freeman, *Political Participation and Ethnic Minorities: Chinese Overseas in Malaysia, Indonesia, and the United States*, London: Roultedge, 2001, pp. 7 - 8.

中人数最多和历史最为悠久的华人群体，可以将其整体参政处于较低水平作为案例予以剖析。2010 年以前，英国华人在英国政坛上可以说是寡见少闻，只有屈指可数的几名区一级议会议员，没有国会议员，没有市长、部长，没有高等法院法官、警察局局长，也没有大使级外交官，甚至没有高级公务员。在主流社会的活动中，极少见到华人身影。在地方政府、中央政府部门的决策阶层中，很少有华人的坐席，甚至在涉及中英关系和中英贸易的重大场合中，英国华人的影响也有限。[①] 2010 年，总共有 8 位华裔候选人参加国会议员选举，其中两位来自中国香港、两位来自新加坡和马来西亚、一位新生代、两位有华裔血统、一位来自中国大陆——这也是英国历史上第一个具有中国大陆背景的国会议员候选人。可惜的是，8 位华裔候选人无一胜出。

二、华人在欧洲主要国家的参政意识和参政效果有不同程度提升

长期以来，欧洲主要国家华人参政意识非常弱。英国华人是英国第三大少数族裔，但他们中的 1/3 适龄选民不参加选举登记，被认为是最不过问政治的少数族裔，[②] 其他欧洲国家华人的参政意识也多如此。随着移居欧洲的华人生活日趋安定，以及新华人与主流社会的良好融合，一些接受过高等教育的华人开始意识到积极参与当地社会事务、参政议政的必要性。

欧洲华人参政以 20 世纪中期的移民群体，即香港、东南亚移民第二代的参政业绩较为明显，以英国和法国较为突出，已经出现一些地方性政治精英。20 多年来，英国各地先后有约 20 位华人担任过地方议员。2005 年 7 月，英国政府开始就《移民、庇护和国籍法》草案接受公众咨询。李贞驹担任新移民法草案华人社区协调人，英国上议院接受和通过了华人提出的四点意见并对新移民法草案作了修改。[③] 2010 年是英国大选年，出现创纪录的 8 位国会议员参选者，其中有大陆背景的 1 人。虽然大选结果并无华人胜出，但运动过程毕竟昭示英国华人参政意识的觉醒。

2008 年初，在法国市镇选举中，不同政党推出的主选人都更重视华人代表，

---

① 吴克刚，吴璇．英国华人参政的一步：从参加 2010 年英国国会选举分析英国华人和英国政治．王晓萍，刘宏．欧洲华侨华人与当地社会关系：社会融合、经济发展、政治参与．广州：中山大学出版社，2011. 228 ~ 229.

② 吴克刚，吴璇．英国华人参政的一步：从参加 2010 年英国国会选举分析英国华人和英国政治．王晓萍，刘宏．欧洲华侨华人与当地社会关系：社会融合、经济发展、政治参与．广州：中山大学出版社，2011. 230 ~ 231.

③ 丁德良．海外华人的参政故事．新华网，http：//news. sohu. com/20070815/n251600886. shtml，2012 -06 -12.

并将他们纳入其竞选班子一道工作。应邀担任法国现任总统萨科奇亚裔顾问的何福基，是来自柬埔寨的华裔。2010 年 3 月，法籍华人吴振华就任法国执政党——法国人民运动联盟政治局委员，成为法国历史上第一位担任该要职的华人。2012 年，华人在法国大选中参政热情空前，投票率创新高，其中很多平时不太注重政治的华裔青年都积极参与投票活动。[①]

2010 年 12 月，德国华人有史以来第一次入选黑森州议会外国人参事会。杨明、顾玉华赢得代表席位，将组建和主持一个由 8 人组成的中国事务小组出席议会参事会的议政、议事活动，参与德国华侨华人为主的政策决策过程。荷兰华人参政机构在 2009 年已经制定了“鼓励荷兰华人参政计划”，主要目标是在欧盟国家长大或出生的华裔青年，他们既拥有欧盟公民的身份，又具备中华文化的背景。在 2008 年意大利国会大选中，卢继顺成为意大利移民史上第一位参选国家众议院议员的华人，虽未当选，但是也开创了参选的历史先河。2007 年，谷纯雅当选为西班牙雷莫里诺斯市议员。

三、影响欧洲华人参政的原因

虽然欧洲华人参政意识和参政效果有不同程度的提升，但是其整体参政仍然处于较低水平。华人与主流社会的隔阂是影响欧洲华人参政意识和参政效果的主要原因，欧洲主要国家各阶层社会流动性相对较差的影响也不容忽视。从种族平等的角度看，欧洲华人在历史上没有遭受系统性的种族歧视或仇外、排外的民族主义，政府与社会层面都是如此，欧洲华人的参政历史境遇要优于美洲与亚洲的华人。

中国与欧洲在语言和文化方面差异非常大，这阻碍了华人认知、接受主流社会和被主流社会接受。华人初步掌握欧洲主要国家语言和了解其文化价值不是件难事，精通和深知则不容易，而后者恰恰是参政所必需的。比较彻底地消除语言和文化障碍，通常是华人第三代才能做到的。2007 年欧洲老华侨华人人口为 47.15 万，占本洲华侨华人人口（215 万人）的 21.93%。在英国华人社会中，据统计，只有 28% 左右是在英国出生长大的，其中第一代华人占大多数。[②]

华人社区机构“五缘化”和对外交流十分有限，使其呈现封闭性，从而与居住国主流社会相隔离。华人社区结构以五缘组织为主要特征。华人重视亲缘、

① 史词. 选票力量不容小觑　法国大选折射华人参政意识苏醒. 中新网，2012－05－23.

② 吴克刚，吴璇. 英国华人参政的一步：从参加 2010 年英国国会选举分析英国华人和英国政治. 王晓萍，刘宏. 欧洲华侨华人与当地社会关系：社会融合、经济发展、政治参与. 广州：中山大学出版社，2011. 227.

地缘、业缘、物缘、信缘，形成了五缘文化。有了亲缘关系，就有了宗亲会、校友会等海外社团；有了地缘关系，就有了同乡会等海外社团组织；[①] 有了业缘关系，就有了茶文化、酒文化、葡萄节、信鸽协会等海外社团组织；有了信缘关系，就有了佛教、道教、伊斯兰教、天主教等海外社团组织。五缘组织是中国人社会结构和人际网络的客观存在，把全世界华人、华裔团结在一起，在加强华人团结，增强华人实力，提高华人地位以及推动祖国统一大业，增进中国与世界各国友好关系，构建和谐社会方面发挥了重要作用。但是五缘华人社区机构使得华人机构众多，各自为政，缺乏大合作，资源分散，很难建立整体机制，而且体制过时陈旧，导致各五缘组织之间相对封闭，非常不利于团结华人社会形成合力。欧洲主要国家的华人社区由于自成一体、唐人街相对独立，使得其从整体上具有一定程度的封闭性。一个族群内部形成合力与外部与主流社会相融合是当代政治体制所必需的，否则华人参政势必受阻，很难有所作为。

由于华人“侨居”及其政治冷漠感使其自我隔离于主流社会之外。第一代华人以中国人自居，以热爱祖国为荣，与中国有千丝万缕的联系，无法对所在国产生祖国情感。他们往往忙于事业发展，没有精力和时间参加政治；经济能力较弱，没有财务基础参加政治；沿袭在国内时被动参加政治的习惯，缺乏参政热情。

华人不能有效地认知、接受主流社会和被主流社会接受，使其无法参与到所在国政党的主流组织结构中。由于欧洲主要国家的主流政党对华人缺乏了解，无法指导其与本党建立联络、交流、组织活动、物色选拔人才等合作机制，党内没有华人代言人，虽然主流政党会鼓励本国华人参加选举，并组织了一些招待会、假日问候、专题会议等活动，然而，多停留在宣传和号召层面，具体效果非常有限。

欧洲华人参政总体上处于较低水平，除自身原因外，欧洲主要国家各阶层社会流动性相对较差也不容忽视。欧洲主要国家人员大体可以被划分为公职人员与国有企业员工、私营部门员工、不工作者和失业者三个阶层。这三个阶层之间的连通性不是很好，上升、迁跃的通道窄小，产生了阶层断裂与隔绝，从而导致阶层的分化与固化。在这种情况下，本国人不易向上流动，华人则更难。这部分导

---

① 从人员来源地看，欧洲新华侨华人来源地越来越广泛化，社会背景越来越复杂化。伴随着前30年大量人口外迁的“侨乡”移民数量明显下降，跨国迁移人群分布将向其他地区拓展，其人员构成无论在原居地上呈现更普遍的广泛性。除了历史上与欧洲华人移民有渊源的浙江人、广东人外，出现了几乎没有历史渊源的福建人，还有来自北京、上海和天津等大城市的学生、商人和下岗职工，女性移民数量不断增长。几年来，从中国东北移民欧洲主要国家的人数呈现大幅度上升趋势。见傅义强．欧盟移民政策与中国大陆新移民．广州：暨南大学出版社，2008. 150.

致了华人主要只能经营中餐馆、小商业、中国商品买卖等，这也是中国名校学生、知识精英更喜欢去美国深造的原因。[①]

四、小结

欧洲华人参政总体上处于较低水平，不及美洲、东南亚和大洋洲华人参政，这部分说明了与后者相比，欧洲华人与所在国的融合尚有待加强。欧洲主要国家的民主政治制度和平等对待华人的政策，使华人享有诸多政治和公民权利，有参政的空间和制度保障。欧洲主要国家华人和华人社区越来越受到主流社会的关注，华人日益认识到，以参政议政的形式反映诉求，是争取自身权益的最有效途径。

一批华人政治人物的出现，正在改变华人的公共形象，对提高华人政治地位和以后的参政效果，会产生积极影响。随着越来越多的华人加入欧洲主要国家国籍，选民的基数会进一步增加。所以，新华人中涌现全国性政治精英，有效提高华人参政的水平与层次，只是一个时间问题。同时需要承认，华人与当地人相比，在参政方面处于劣势，华人参政要比别人更努力、更优秀才行，在他们的成长过程中，他们更需要外界例如中国的理解和支持。华人政治人物重要的职责是对所在国社会负责，对各族裔的所有选民负责，而不是对华人负责，更不是对中国负责。

我国在完善欧洲华侨华人政策时，对欧洲重点华侨华人成长为全国性华人政治精英的支持，应该是文化性和友谊性的，而不是政治性和功利性的。我国可以加强与欧洲重点华侨华人的联系和沟通，争取在他们成长为全国性华人政治精英的过程中发挥一定的作用，并加深他们对中国的理解和感情，努力使他们对中国保持友好和善意的态度。

第八节　结　论

从规模上看，无论是整个欧洲还是单个欧洲国家的华侨华人，都远逊于东南亚、北美、大洋洲或者该地区单个国家的华侨华人。欧洲华侨华人数量较少，占本国人口的比例非常低和占外裔人口的比例比较低，都不太利于华侨华人引起所在国政党和政治家的关注以及对其经济社会发展的支持。

---

① 陈斌．社会越开放，吸引力越大：华裔在美欧俄境遇全景图．南方周末，2011－08－04.

欧洲新华侨华人人口占本洲华侨华人总人口达79%，在欧洲本土出生的华人比例为30%左右。欧洲华侨华人在过去60多年发生了巨大变化，但是近些年来，欧洲华侨华人变化程度趋于平和。此一分析要求我们在完善欧洲侨务政策时，要重视新华侨华人和第一代华侨华人，理解华侨华人变化产生的影响，引导欧洲华侨华人巨大变化产生的影响向积极方向发展。

伴随中国在欧洲的留学生日益增多，由留学转为移民的人数会有较明显增长。欧洲中国非法移民人数众多、占非法移民总人数比例高。欧洲华人参政总体上处于较低水平。华侨华人中的技术和投资移民比例偏低。因此，在完善欧洲侨务政策时，要确立留学生的地位和位置，给予非法移民足够重视，扶持华侨华人政治精英的成长。

第七章　非洲侨情变化与非洲华侨华人政策展望

引　言

非洲是世界上最贫穷的大陆，也是华侨华人数量最少和增速最快的大陆。20世纪90年代以来，伴随中国“走出去”战略和“两种资源、两个市场”战略决策，以及“真诚友好、平等互利、团结合作、共同发展”和“加强中非全方位合作”对非洲政策的确立和实施，大批大陆居民以务工、经商和投资等方式移居非洲，非洲华侨华人发生了巨大变化，影响着世界华侨华人的格局和状况，推动着中国与非洲主要国家关系的发展，这要求我国侨务政策与之相适应，并进行相应的调整和完善。本章首先介绍非洲的发展与中非关系，梳理中国人移民非洲的历史，然后论述非洲侨情变化，报告非洲中国侨民安全的现状、原因和对策，最后展望我国非洲华侨华人政策。

第一节　非洲发展与中非关系

认识和理解非洲发展与中非关系是认识和理解非洲华侨华人及其政策的基础和前提。认识和理解非洲要客观和全面，不仅要看到其充满机遇的一面，而且要审视其面临严峻挑战的一面，还要分析非洲各国的政治经济改革、区域合作和国际需求对非洲可持续发展的影响，以及对于中国的意义，进而探讨中国与非洲国家正在建立和发展的新型战略伙伴关系。

一、充满巨大机遇的非洲

非洲历史悠久，幅员广袤，资源丰富，发展潜力巨大。非洲大陆是世界上最大的未开发资源宝库之一，17种矿产的蕴藏量位居世界第一。石油储量占全世界石油储量比例10%，黄金储量占全世界黄金储量比例40%，铂储量占世界铂储量比例95%。非洲拥有世界上60%多的已开发和待开发耕地。近年来，在非洲各国以及非洲统一组织/非洲联盟的共同努力下，非洲政局总体稳定，地区冲突逐步解决，经济连年增长。“非洲发展新伙伴计划”勾画了非洲振兴和发展的宏伟蓝图。非洲国家积极参与南南合作，推动南北对话，在国际事务中发挥着日益重要的作用。①

根据国际货币组织的数据，2000—2010年非洲国民生产总值（GDP）年均增长率为5.5%，比20世纪80年代和90年代翻了一番。在这一时期，世界上增长最快的10个经济体有6个位于非洲，非洲的经济增长在过去10年中的8年里超过了东亚。不仅如此，这种增长还具有广泛性，2000年后，30个非洲最大经济体中的27个增长迅速，甚至连最贫穷国家的实际消费额都有了明显增长。教育、医疗、公共卫生、妇女权利等方面也取得了稳步进展。过去10年中，非洲大陆的经济产值已经翻了三倍，而未来10年，撒哈拉以南非洲国家的目标是达到5%的年增长率，成为发展速度仅次于亚洲新兴经济体的地区。2012年世界经济论坛（WEF）非洲会议曾指出，尽管全球经济仍处动荡之中，非洲却依然保持着积极的经济增长势头，预计2012年撒哈拉以南非洲的经济增长将超过5%。②

随着经济的发展和居民收入的增加，非洲零售业、建筑业、通信业、银行业、基础设施相关产业和资源相关产业，以及与农业价值链相关的领域都开启了重要的商业新机遇。非洲提供了比世界上其他地区更高的投资回报率。据麦肯锡公司预测，至2020年，非洲大陆的日用消费品和服务业、自然资源、农业和基础设施行业四类产业可创造2.6万亿美元的年收入，比目前多1万亿美元以上。2008年非洲人在日用消费品和服务上的花费为8 600亿美元。如果非洲保持目前的增长态势，到2020年，非洲的消费者将购买1.4万亿美元的商品和服务，商品供应公司的前景会十分光明。非洲的农业年产出值到2030年也将有望增长至6 000亿美元，其资源年产量至2020年将达5 400亿美元。③

二、面临严峻挑战的非洲

由于专制统治、动荡历史、被殖民化、冷战冲突、贪污、种族冲突、自然环境恶劣和经济结构不健全等原因，非洲是全球最贫穷的大洲。中国、印度和拉丁

---

① 2006年《中国对非洲政策文件》第一部分：非洲的地位和作用。

② 文雪梅．非洲经济增长迅猛 增速仅次亚洲新兴经济体．中华工商时报，2012-05-18.

③ 易卜拉欣·以实马利（Ebrahim Ismail，南非国际关系与合作部副部长）．投资非洲：机遇与希望．在南非约翰内斯堡萨克森饭店花旗银行所主办的私人企业投资非洲会议上讲话，2012-04-06.

美洲经济快速增长，使数以百万计的人得以脱贫，但非洲在对外贸易、投资和人均收入等方面的发展都比其他地区缓慢。大多数非洲人的日生活费用低于 2 美元。全非洲一年的贸易总额只占全世界的百分之一。根据联合国在 2011 年发表的人类发展报告，非洲 53 个国家和 6 个地区中只有塞舌尔、利比亚、毛里求斯、突尼斯四个国家属于高人类发展水平，但没有一个属于极高人类发展水平。全球属于低人类发展水平的 38 个国家中的 28 个是非洲国家，占总数的 74%。人类发展指数排名最低的 21 个国家除阿富汗外，其他都是非洲国家。

贫穷在非洲造成很严重的问题，包括低人均预期寿命（斯威士兰人均预期寿命不足 33 岁）和暴力等。在 2002 年最动荡时期，非洲大陆各地共进行了 16 场战争。自从 20 世纪 60 年代非洲独立以来，非洲人均食品产量大幅度下降；随着森林被大量砍伐和沙漠化问题的严重，非洲的气候也不断恶化。一些国家的经济增长速度惊人，比如安哥拉和几内亚，但是它们的经济主要依赖石油出口；还有一些国家，比如卢旺达和埃塞俄比亚，尽管经济发展开始步入正轨，可是政治环境却在恶化；刚果正在进行一场虚假的大选，这里腐败严重而且看起来局势已经失控；津巴布韦是其余南部非洲国家永远的痛；南非曾被视为非洲国家的典范，现在也受到腐败问题的困扰。①

三、非洲各国政治经济改革、区域合作和国际需求推动了非洲可持续发展②

非洲增长的关键原因在于政府改革，政府改革使政治获得极大稳定，改善了宏观经济基础，并为商业活动注入了活力。各国政府降低了通货膨胀，减少了预算赤字，打破了贸易壁垒，降低了税收，进行了公司私有化，加强了法律法规体系完善的力度。以尼日利亚为例，1999 年至 2006 年，超过 116 家企业被私有化。这些变化共同助推了非洲生产力的革命。一个充满活力的非洲商业领域出现了。非洲大陆目前有超过 1 400 家公司公开上市，100 多家公司收入超过 10 亿美元。

政治稳定和民主使非洲出现了近年来的巨大转机。约 2/3 的非洲政府由民主选举产生，而在 1991 年时只有 8 个。大部分非洲国家已经实现了多党选举制，2000 年以来，在任总统或政党在和平投票后移交权力的情况超过 16 次。竞选加

---

① Derek Bacon. 崛起的非洲（Africa Rising）. 鹿城译. 经济学人（*Economist*），2011（12）：143～146.

② 本部分事例和数据主要来自南非国际关系与合作部副部长易卜拉欣·以实马利（Ebrahim Ismail）2012 年 4 月 6 日在南非约翰内斯堡萨克森饭店花旗银行所主办的私人企业投资非洲会议上的讲话《投资非洲：机遇与希望》，并经整理。

强了公共责任，激励出了更优的经济政策和政府管理，而这些又反过来创造了更好的商业环境。通过不断实施非洲联盟关于人权、良治、选举和禁止非宪法政府更迭的一系列措施，近来的“非洲治理结构”、真正参与性民主的理想、法制和政府责任制将在非洲政治文化中得以巩固。

全球对石油、金属、矿产、食品和其他自然资源的迫切需求是非洲发展的重要动力。世界人口可能将于2050年达到峰顶，即达到90亿，届时非洲将非常有可能成为一个主要的粮食和资源出口地区。据估计，在今后40年里，世界农业发展和资源开发的资金将更多地用于非洲。如果这些资金能够很好地得到利用，非洲的资源优势将可推动其经济强劲增长。人口变化是非洲长期发展的动力。至2050年，非洲人口预计将是今天的2倍，将达到20亿。非洲将享受由年轻群体带来的“人口红利”，精力充沛且受过教育的劳工将为非洲大陆的服务业和制造业注入能量。快速城镇化将会为未来的增长提供动力。2011年，约有40%的非洲人居住在非洲大陆的城市里，这个数字到2025年将可能达到50%，到2050年该比率将增至60%，约8亿人将涌入城市。预期消费需求会大幅其经济增长，而极端贫穷比率则相应下降，这会带来发展和就业的良性循环。

坚定的非洲一体化议程将成为推动非洲未来经济高增长的另一因素。非洲对科技的热情将继续推动其经济增长。2010年11月，非洲贸易部长会议建议非洲应尽快建立非洲大陆自由贸易区。2011年南非首脑会议关于建立三方自由贸易区的讨论是迈向这个目标的重要一步。最终，三方自由贸易区将成为一个由26个国家组成的从好望角到开罗、拥有约6亿人口、GDP总额达1万亿美元的市场。多元化的非洲经济伙伴会继续为非洲发展提供重要支持。新兴经济体现在占撒哈拉以南非洲国家全部贸易的一半，而西欧国家的份额已缩减至28%。可选择商业伙伴的范围已经扩大，他们之间的竞争业已加剧，这些已经成为非洲国家政府进行对外商业谈判的新筹码，而非洲政府也正在巧妙地利用这些因素洽商更好的条件，为该大陆争取更大的利益。

四、中国与非洲国家建立和发展新型战略伙伴关系

2006年1月，国务院发布《中国对非洲政策文件》，旨在宣示中国对非政策的目标及措施，规划今后一段时期双方在各领域的合作，推动中非关系长期稳定发展、互利合作不断迈上新的台阶。“加强同非洲国家的团结与合作，始终是中国独立自主和平外交政策的重要组成部分。中国坚定不移地继承和发扬中非友好的传统，从中国人民和非洲人民的根本利益出发，与非洲国家建立和发展政治上平等互信、经济上合作共赢、文化上交流互鉴的新型战略伙伴关系。”中国将在

贸易、投资、金融合作、农业合作、基础设施建设、资源合作、旅游合作、减免债务、经济援助、多边合作十个领域开展与非洲各国的全面经济合作。2013 年 3 月，习近平主席访问非洲时提出："中非关系的本质特征是真诚友好、相互尊重、平等互利、共同发展。我们双方谈得来，觉得相互平等；我们不把自己的意志强加给你们，你们也不把自己的意志强加给我们。中国为非洲发展提供了力所能及的帮助，中国更感谢非洲国家和非洲人民长期以来给予中国的大力支持和无私帮助，我们在事关对方核心利益的问题上，从来都是立场鲜明、毫不含糊地支持对方。"①

在双方共同努力下，中非关系已经进入全面发展的快车道。双方成立了中非合作论坛，构建起新型战略伙伴关系，各领域合作取得显著成果。中国已成为非洲的第一大贸易伙伴国，双边贸易额从 2000 年的 100 亿美元跃增到 2011 年的 1 600多亿美元。非洲还是中国的第二大工程承包市场、第二大劳务承包市场和第四大海外投资目的地，目前约有 100 万中国公民在非洲从事各种经营活动。截至 2010 年年底，中国在非洲投资企业超过 2 000 家。2011 年前三季度，中国对非洲直接投资达到 10.8 亿美元，同比增长 87%。② 2012 年，中非贸易额接近 2 000亿美元，中非人员往来超过 150 万人次。截至 2011 年，中国对非洲的直接投资累计超过 150 亿美元。2013 年是中国向非洲派出医疗队 50 周年，50 年来中国累计派出 1.8 万人次的医疗人员，诊治了 2.5 亿人次的非洲患者。中方已经并将继续同非洲国家一道，采取切实措施，妥善解决中非经贸合作中存在的问题，使非洲国家从合作中更多受益。③

第二节　中国人移民非洲史④

回顾和分析中国人移民非洲的历史，有助于我们理清非洲中国移民的脉络，

---

① 习近平．永远做可靠朋友和真诚伙伴：在坦桑尼亚尼雷尔国际会议中心的演讲．新华网达累斯萨拉姆2013 年3 月25 日电，国家主席习近平25 日在坦桑尼亚尼雷尔国际会议中心发表题为"永远做可靠朋友和真诚伙伴"的重要演讲。

② 韩薇，沈乎．中国企业在非洲．中国改革，2012（3）．

③ 习近平．永远做可靠朋友和真诚伙伴：在坦桑尼亚尼雷尔国际会议中心的演讲．新华网达累斯萨拉姆2013 年3 月25 日电，国家主席习近平25 日在坦桑尼亚尼雷尔国际会议中心发表题为"永远做可靠朋友和真诚伙伴"的重要演讲。

④ 除特别说明外，本部分事例和数据转引和整理自国务院侨办侨务干部学校．华侨华人概述．北京：九州出版社，2005. 212 ~222；庄国土．华侨华人分布状况和发展趋势．侨务工作研究，2010（4）；李安山．非洲华侨华人史．北京：中国华侨出版社，1999. 88 ~106，242 ~243，471 ~475.

认识中国人移民非洲的历史原因，探寻中国人移民非洲的历史规律和未来发展方向。本节将中国人移民非洲的历史划分为清末、1912 年中华民国建立后至 20 世纪 50 年代初、1958 年至 20 世纪 60 年代末、20 世纪七八十年代、20 世纪 90 年代以来五个阶段，分别予以阐述，然后分析影响中国人移民非洲的因素，探求中国人移民非洲的历史规律和对未来发展的启示。

一、清末：招募拐骗的契约劳工

在唐朝（618—907 年），一位名叫杜环的中国人曾在公元 8 世纪到过非洲。他或许是第一个留下有关非洲文字记载的中国人。最早一批移民非洲的中国人大概是郑和船队船员的后裔。大约在 1413 年，郑和船队的一艘中国商船在今肯尼亚拉穆群岛附近的海域触礁沉没，几十名船员逃生到岸上，在南端的上加村登陆，后来迁至西尤村，并繁衍至今。①

成批的中国人移民非洲始于清朝末年。欧洲殖民者由于开发非洲需要劳动力，主要以契约劳工的方式贩运、拐骗中国人至非洲。随后，有中国人迫于战乱以自由移民方式迁居非洲。这些中国人大多来自广东和福建，首先从事的工作是苦力，然后发展到经商，成为商人。1740 年“红溪惨案”发生后，荷属东印度公司将抓来的中国人当作凡人运往毛里求斯和南非。1844 年，法国决定在留尼旺发展甘蔗生产，从东南亚和中国东南沿海招募中国人。19 世纪末，法国人开发马达加斯加，除到中国闽粤沿海招募中国人外，还从毛里求斯贩运中国人，先后到达马达加斯加的中国人近 3 500 名。1902 年，英国强迫清政府签订补充招工章程，到 1907 年，共招募、拐骗十多万中国人到南非。根据统计，1700—1910 年，共有 14. 2 万契约华工来到西方列强在非洲的殖民地，他们中有的病死，有的完成工程后返回中国的家乡，一少部分留在了当地。②

二、1912 年民国建立后至 20 世纪 50 年代初：逃离战争和动荡的灾民

1912 年民国建立后至 20 世纪 50 年代初，中国人移民非洲经历了民国初年至 20 世纪初、20 世纪 30 年代后期至 20 世纪 40 年代、“二战”后至 20 世纪 50 年代初三个阶段，每个阶段都有大量中国人移民非洲。民国初年至 20 世纪初，中

① 宗和. 中国与肯尼亚合作考察发掘肯尼亚海岸中国文化遗存. 东方早报，2010 - 03 - 05.
② 蒋泓峰. 落地生根的非洲华侨华人. 信息导刊，2009 - 06 - 27.

国内乱不止。20 世纪 30 年代后期至 20 世纪 40 年代，日本侵略中国所带来的灾难引起难民外流。1936—1941 年，马达加斯加华侨人口由 2 785 人增长到 3 637 人。“二战”后至 20 世纪 50 年代初，出现了中国人移民非洲的一个小高峰。由于中国内战使生存环境恶化，20 世纪 50 年代开始的土地改革运动引起了一些不满，使中国人在这一期间向外迁徙。1941—1951 年，马达加斯加华侨人口由 3 630人增长到 4 900 人。与此同时，战后各殖民地宗主国为摆脱“二战”带来的困境，均实行殖民地发展计划，这种政策刺激了非洲殖民地的发展，形成了中国人移民非洲的拉力。妇女不断迁徙非洲，使华侨华人人口增长趋于自然。截至 20 世纪 30 年代，非洲华侨华人约有 1.4 万人，20 世纪 50 年代初，非洲中国华侨华人增长至 3.7 万人。

三、1958 年至 20 世纪 60 年代末：很少大陆居民移居

1958 年，中国政府开始实行反右派政策，严格限制右派分子离开中国。其他公民出境也受到极大影响。申请出国被认为是对社会主义制度不满的行为，申请人常被怀疑和外国勾结，参与反革命违法活动。1958 年有 1 292 911 人出入中国，比 1957 年出入境人数减少了 47%。1974 年，有 1 606 173 人出入中国，比 1966 年下降了 26%。[①] 1953—1962 年，只有 7 人从中国大陆移民南非。1963—1973 年，有 17 人从中国大陆移民南非。另外，一些非洲国家不欢迎中国人，南非实行歧视非白种人的种族隔离政策，马达加斯加限制外国人入境，留尼旺禁止外国人入境，肯尼亚政府对外国人入境旅游、探亲、劳动和定居采取严格的限制措施。

四、20 世纪七八十年代：香港人和台湾人以投资方式移民

20 世纪七八十年代，移民非洲的中国人主要是香港人和台湾人。从 20 世纪 70 年代起，从香港和东南亚移民非洲的人数开始增加，香港移民迁入南非、尼日利亚和加纳等国家。从 20 世纪 80 年代起，从台湾和香港等地区移民非洲（特别是南非）的人数猛增，这与当时南非鼓励投资移民政策有关。一些香港居民担心 1997 年香港回归后的局势变化，南非成为继加拿大、美国和澳大利亚之后的第四个移民目的地国。香港居民每年迁往南非的人数达 1 000 人。一些留学国外特别是欧美的农业、机械等专业的台湾学生毕业后来到非洲创业。有的是台湾农

① 刘国福．移民法：出入境权研究．北京：中国经济出版社，2006. 250 ~253.

耕队在非洲完成任务后留下来定居此地。台湾移民中很多是高素质人才，因而能够在很短时间内推动当地经济发展。[①] 1976—1979 年，迁居南非的台湾居民只有 12 人；1980—1989 年，达到 935 人；1990 年一年就有 1 422 名台湾居民移民南非；到 1989 年年底，南非的台湾移民约有 3 000 人。与此同时，改革开放后，中国的华侨政策大大改善，容许国内侨眷到国外继承家业或协助经营各种企业或餐馆。这种政策促使一些侨眷到非洲国家（特别是毛里求斯和马达加斯加）继承祖辈或父辈的产业。

五、20 世纪 90 年代以来：大陆居民以经商和务工方式移居非洲，以永久居留方式移民的很少

20 世纪 90 年代以来，伴随中国“走出去”战略和“两种资源、两个市场”战略决策，以及“真诚友好、平等互利、团结合作、共同发展”和“加强中非全方位合作”对非洲政策的确立和实施，大批大陆居民以务工、经商和投资等方式移居非洲，中国人移民非洲进入了一个新的高潮期。但是，中国人很少以永久居留方式移居非洲。

1992 年，党的十四大报告中明确指出，要“积极扩大我国企业的对外投资和跨国经营”。1997 年，党的十五大报告进一步提出：“更好地利用国内国外两个市场、两种资源，积极参与区域经济合作和全球多边贸易体系，鼓励能够发挥我国比较优势的对外投资。”北京人民机器厂和北京机械局于 1992 年 10 月与当地华人合资在尼日利亚卡诺设立了一家铝板厂和一家电焊条厂；海信集团南非公司 1996 年 10 月成立，海信集团在海外的第一个生产基地——年产 10 万台彩电和黑白电视机的工厂开工生产。近年来，海信集团在南非市场的占有率一直保持在 12% 以上。[②]

2001 年，《国民经济和社会发展第十个五年计划纲要》重申：“鼓励能够发挥我国比较优势的对外投资”，以此确立了“走出去”战略。2002 年，党的第十六大报告提出：坚持“走出去”与“引进来”相结合的方针，全面提高对外开放水平。2003 年，党的第十六届三中全会通过的《关于完善社会主义市场经济体制的若干重大问题的决定》指出：“继续实施‘走出去’战略。”2005 年，温家宝总理在政府工作报告中提出：“要进一步实施‘走出去’战略。鼓励有条件的企业对外投资和跨国经营。”2000—2005 年，中国企业在非洲承包建设公路

① 李安山．非洲华侨华人史．北京：中国华侨出版社，1999. 471 ~ 475.

② 中国企业投资非洲：考验严峻 须防“水土不服”．经济参考报，2006 – 11 – 09.

6 000多公里，新建和修复铁路3 400多公里，建设电站七座，总装机容量超过350万千瓦，并承担了尼日利亚的铁路大修改造、刚果（布）的英布鲁水电站、利比亚的天然气管线、安哥拉的电信网络建设，以及刚开工不久的阿尔及利亚东西高速公路等工程项目。[①] 大量的华人华商进入加纳，华商数量由20世纪90年代的约200人增长到21世纪初的五六千人。同时，在非洲其他国家，华人和华商也快速增多。

2006年，《中国对非洲政策文件》明确指出："中国政府鼓励和支持中国企业到非洲投资兴业，继续为此提供优惠贷款和优惠出口买方信贷，并愿与非洲国家探讨促进投资合作的新途径和新方式"，"中国政府积极支持中国企业参与非洲国家的基础设施建设，进一步扩大对非承包工程业务规模，逐步建立对非承包工程的多、双边合作机制"，"中国政府鼓励和支持有实力的中国企业按照互惠互利、共同发展的原则，采取形式多样的合作方式与非洲国家共同开发和合理利用资源"。2006年，中非贸易额达到555亿美元，连续五年保持30%以上的增长。其中中国对非出口267亿美元，同比增长43%，从非洲进口288亿美元，同比增长37%。2006年，中国企业在非完成承包劳务营业额95亿美元。[②] 截至2006年年底，中国对非洲的直接投资累计达到66.4亿美元，比1999年增加14倍多。对非直接投资已占到中国全部对外投资存量的9%。[③] 雅禾（几内亚）纺织有限公司、加蓬华嘉木业股份公司、华为公司等，都在当地取得了很好的经济效益。

2011年，国务院副总理李克强在2010年中国国际矿业大会上致辞。他强调，中国将按照坚持科学发展、加快转变经济发展方式的要求，把立足国内开发与加强国际合作结合起来，充分利用国内外两个市场、两种资源，不断增强经济社会发展的能源资源保障能力。持续增长的中国在非洲的投资额和贸易额使得中国在非洲从事商务、劳务活动的人数也不断增长。时任中国驻南非大使、现任中国政府非洲事务特别代表钟建华提出：据粗略统计，中国在非洲从事商务、劳务活动的人数或达百万以上，在安哥拉、赞比亚、莫桑比克、尼日利亚、坦桑尼亚、塞舌尔等国家，中国的经商和劳务人员比比皆是。

中国人以永久居留方式移居非洲或者真正在非洲永久居留的不多。尼日利亚一家中资企业的副总经理洪俊感慨："这里没有（新）华侨，没人愿意移民过来，不像其他国家如马来西亚、新加坡等。被敲诈勒索、损失小钱都无所谓，但

① 中国企业投资非洲：考验严峻 须防"水土不服". 经济参考报，2006-11-09.

② 魏建国（时任商务部副部长）. 中非双方都对经贸合作感到满意. 新华网，2007-02-05.

③ 任芳，潘清. 中国对非直接投资七年增加14倍多. 新华网，2007-05-14.

是不安定，又有好多疾病，很多人都埋骨他乡。我们在这里吃了国内根本想象不到的苦，被骂、被欺负都只能忍气吞声，为的就是赚够了钱，回乡养老的那一天。”① 一些新近取得非洲国家永久居留权的中国大陆居民并不在非洲国家永久居留，而是要以非洲国家为跳板转向其他发达国家和地区。根据香港入境处数字显示，截至 2012 年 2 月底，6 639 名冈比亚华侨透过资本投资者入境计划（CIES）取得香港居留权，比 2007 年年底时增加了 15 倍；2 057 名几内亚比绍华侨，比 5 年前增加 48 倍。两者合计约占取得香港居留权中国籍人士的 75%。②

六、影响中国人移民非洲的因素

从移民输出国角度看，中国人入境和移民非洲国家目前没有受到限制。中国 2001 年实施公民出入境管理改革，大幅度放宽公民出境限制。除处级以上公务员等特定身份公民外，普通民众基本上可以自由出境。《中国对非洲政策文件》指出："加强中非全方位合作"，包括政治、经济、教科文卫和社会、和平与安全四大方面 30 个具体领域。例如民间交往领域，要"鼓励并积极引导中非民间团体交往，特别是加强青年、妇女的交流，增进双方人民之间的理解、信任与合作。鼓励并引导志愿者赴非洲国家服务"。任何一个具体领域的合作都需要中国和非洲各国民众彼此出入境或者在对方国家居留。

从移民目的国角度看，中国人入境和移民非洲国家比入境和移民传统移民国家和欧洲国家可能性更大。如表 7－1 所示，除南非、埃及外，与传统移民国家和欧洲国家相比，很多非洲国家例如冈比亚、几内亚比绍、塞内加尔、苏丹、赞比亚、乌干达等，为了促进经济社会发展，促进国际交往，签证和移民条件都比较宽松。历史上，南非、马达加斯加、留尼旺、肯尼亚等非洲国家在原宗主国殖民期间，曾实施排斥亚非人（包括华人）的移民政策，限制中国人入境。但是这些国家独立后，不同程度放松和取消了排斥亚非人移民政策。例如，马达加斯加 1932 年颁布针对亚非人的法令，所有移民必须向当地政府缴纳一笔相当于回到他们出生国家所需要的旅费。为了限制外国移民竞争，外籍人未经当地政府批准不得从事 15 种职业。马达加斯加 1960 年独立后，除继承原宗主国法国殖民者制定的一些限制外国人入境和工作政策外，允许外国人入籍、成立社团、办报纸和教育。

① 张子宇，周程施，赖宇航．尼日利亚华商被捕风波　中国人在非洲：挑战才开始．时代周报，2012－05－31.

② 非洲 富人下一站移民天堂．商界时尚，2009－11－16.

表 7-1 非洲主要国家永久居留政策

国家	永久居留规定
摩洛哥	年满 21 岁，有完全民事行为能力；尊重和服从摩洛哥宪法和法律；能主动捍卫摩洛哥国家利益；支持摩洛哥统一，反对国家分裂；能按法律规定义务服两年或两年以上兵役。官方收取费用 1 150 美元。
尼日利亚	已满 21 周岁，具有完全民事行为能力；品行良好，有定居尼日利亚的意愿，接受并归化地方群体；为尼日利亚作出有益的贡献，效念宣誓；在申请日之前已在尼日利亚连续居住 12 年；或者已在尼日利亚连续定居 12 个月，并在此前的 20 年内在尼实际居住时间累计不少于 15 年。官方收取费用 500 美元。
埃及	无犯罪记录、财务问题，申请文件不得伪造，且需通过体检和语言考核，然后根据居住时间、工资薪金、专业技能、年龄等因素换算成积分。获得一定积分后取得国籍。
肯尼亚	须为无犯罪记录，无艾滋病，对肯尼亚国家安全不构成威胁的成年人；能捍卫肯尼亚国家权利；鼓励投资移民和技术移民；为消除贫困作出过一定的贡献。
南非	年满 21 周岁，有过去 5 年的在南非工作的证明，且在南非有持续稳定工作；或其配偶为南非人，已经持有居留许可证但即将失效；或具有南非急需的技能或资格；或具有获得养老金资格，月收入不得低于 25 000 美元。

在中国和非洲国家都没有严格限制中国人前往非洲国家或者在非洲国家定居的情况下，中国人前往非洲国家或者在非洲国家定居的规模和增速主要取决于中国公民前往或定居的愿望和能力。中国公民前往或定居非洲的愿望和能力，则受中国对非洲政策、中国与非洲国家经济社会发展水平差距、经商机会等因素影响。如本节前面所述，中国人移民非洲历史是移民非洲与中国国家政策互动的历史。当国家政策主观上鼓励或者客观上推动民众移民时，中国人就会大批移民非洲。例如中国 20 世纪 90 年代确立和实施“走出去”战略和“两种资源、两个市场”战略决策，以及“真诚友好、平等互利、团结合作、共同发展”和“加强中非全方位合作”对非洲政策，大批大陆居民以务工、经商和投资等方式移居非洲。1911 年民国建立后至 20 世纪 50 年代初，中国人移民非洲经历了民国初年至 20 世纪初、20 世纪 30 年代后期至 40 年代、“二战”后至 20 世纪 50 年代初三个阶段，每个阶段中国都有大规模战争和内乱，大量中国人随之大批移民非洲。当国家政策主观上抑制民众出境时，移民非洲的中国人就会很少。例如中国政府 1958 年开始实行反右派政策，严格限制右派分子离开中国，其他公民出境也受

到极大影响。直至1978年底实施改革开放政策之前，很少有中国公民移居非洲。

非洲各国经济社会发展过程中蕴藏的丰富机遇牢牢地吸引着中国人前往非洲。虽然中国自改革开放以来，经济社会持续快速发展，人民生活水平显著改善，但是我国发展中不平衡、不协调、不可持续问题依然突出。[1] 当前，无论从开拓市场空间、优化产业结构、获取经济资源、争取技术来源考虑，还是从突破贸易保护壁垒、培育中国具有国际竞争力的大型跨国公司等方面考虑，“走出去”都是一种必然选择，也是中国对外开放提高到一个新水平的重要标志。“走出去”战略主要是经济的对外投资和合作。考虑到企业的竞争力和“走出去”目的地国家的机会，对中国而言，非洲是比较理想的选择。如本章第一节所述，非洲充满着机遇，非洲各国政治经济改革、区域合作和国际需求推动了非洲可持续发展。另外，根据联合国开发计划署2011年11月公布的2011年人类发展报告及人类发展指数排名，在179个国家中，中国排名第101位。非洲的色塞尔（第52位）、利比亚（第64位）、突尼斯（第94位）和阿尔及利亚（第96位）均排在中国之前。

第三节　非洲侨情变化

非洲侨情变化呈现不同于其他大洲的特点。本节首先界定非洲华侨华人总量，这是因为权威统计数据匮乏，关于非洲华侨华人数量观点多种多样；然后分析非洲华侨华人总量及其占世界华侨华人比例与年均增速，非洲新华侨华人总量及其占本洲华侨华人比例，非洲主要国家华侨华人及其占本国人口比例；接着分析中国人在非洲各国的分布；最后阐述非洲华侨华人经济资源、非洲华人参政情况。为了客观和全面，本节分析非洲侨情变化，不仅坚持非洲自身角度，而且注重非洲与其他大洲的比较。

第一，非洲华侨华人总量的界定。

关于非洲2007年华侨华人人口数量有保守、一般和乐观三种观点。台湾当局“侨务委员会”指出，2007年非洲华侨华人有21.9万；庄国土和李瑞晴认为有约55万；李安山和张伟杰则认为有约100万。三种观点各自成一家之说。笔者认为，统计范围上是仅指华侨华人，还是包括华侨华人、务工人员、经商人员、留学生、旅游者、非法移民，三种观点有明显差异。

如果以法律意义上的华侨华人概念限定，非洲华侨华人很难达到100万，甚

① 2011年《国民经济和社会发展十二个五年规划》之“发展环境”。

至都很难达到55万。以南非为例，南非驻中国大使倪清阁在2007年接受北京记者采访时说："南非的中国人已经增加到30万以上，他们中有些已经成为南非公民，有些则出生于南非。"① 南非警方2006年认为，合法居留南非的中国人约10万。比较南非驻中国大使与南非警方两者与南非的中国人的关系，后者数据更为可信。如果再将合法居留区分为合法临时居留、合法永久居留（华侨）以及归化公民居留（华人），南非华侨华人人数应该小于10万。因为对于非传统移民国家而言，合法临时居留人数会多于合法永久居留和归化公民居留人数之和。理论上推测，鉴于非洲国家经济社会发展水平和移民法制发展程度，中国人愿意而且能够取得非洲国家永久居留身份和加入所在国籍的不会太多。② 遗憾的是，由于缺少非洲国家关于中国人的权威移民数据，难以进行相关数据的具体分析。

如果以华侨华人计，笔者倾向于庄国土和李瑞晴的"约55万"说。如果涵盖华侨、华人、务工人员、经商人员、留学生、旅游者、非法移民，李安山和张伟杰的"约100万"说较为可能。由于非洲国家移民统计不健全、我国没有系统的权威的非洲华侨华人统计以及本人研究能力有限，笔者无法根据华侨、华人、务工人员、经商人员、留学生、旅游者、非法移民对非洲华侨华人分类。所以，本书除特别说明外，采用庄国土和李瑞晴的"约55万"说，因为在非洲合法居留中国人是我们完善非洲华侨华人政策的重点。

第二，非洲在五大洲中华侨华人人数最少，占世界华侨华人比例最低，新华侨华人人数最少。

非洲在五大洲中华侨华人人数一直最少。如表4-1所示，非洲华侨华人20世纪50年代初为3.7万，2000年为24万，2007年为55万。2007年，非洲华侨华人55万，只是亚洲华侨华人（3 548万）的1.55%、美洲华侨华人（630万）的8.73%、欧洲华侨华人（215万）的25.58%、大洋洲华侨华人（95万）的57.89%。

非洲在五大洲中华侨华人占世界华侨华人比例一直最低。如表4-1所示，非洲华侨华人20世纪50年代初占世界华侨华人总数1 209.5万的0.31%；2000年占世界华侨华人总数3 974.6万的0.6%；2007年占世界华侨华人总数4 543万的1.21%。虽然非洲华侨华人占世界华侨华人比例一直在上升，但是2007年非洲华侨华人占世界华侨华人总数的1.21%，仍然远远低于亚洲、美洲、欧洲和大洋洲华侨华人占世界华侨华人的78.10%、13.87%、4.73%和20%。

① 王起鹤. 走进南非华人社会. 福建侨联网，2007-06-15.

② 朱慧玲认为，非洲发展机会有限、社会治安情况不良，使得华侨华人外流现象较为普遍。见朱慧玲. 非洲侨情及其特点. 八桂侨刊，2002（1）：45.

非洲在五大洲中新华侨华人人数最少。新华侨华人是指1979年及以后（即从1978年12月中国共产党十一届三中全会制定改革开放政策后）由中国移民国外的人员。① 如表4－7所示，非洲新华侨华人在2007年是50万，是五大洲中新华侨华人人数最少的，是亚洲新华侨华人（400万）的12.5%、美洲新华侨华人（350万）的14.29%、欧洲新华侨华人（170万）的29.41%、大洋洲新华侨华人（60万）的83.33%。

第三，五大洲中，非洲华侨华人年均增速最快，非洲新华侨华人占本洲华侨华人比例最高。

2000—2007年非洲华侨华人年均增速在五大洲华侨华人年均增速中最快。如表4－1所示，2000—2007年非洲华侨华人年均增速为18.45%，而其他四大洲华侨华人年均增速最快的欧洲只有6.9%，美洲、大洋洲和亚洲华侨华人年均增速分别为6.5%、2.98%和1.1%。这主要是因为1979年，特别是1990年代以后，中国人开始大量涌入非洲。

非洲新华侨华人占本洲华侨华人比例2007年高达90.91%，如表4－7所示，是五大洲新华侨华人占本洲华侨华人比例中最高的，比第二高比例美洲的55.56%多35.35%，比最低比例亚洲的11.27%多79.64%。这主要是因为1979年，特别是1990年代以后，中国人开始大量涌入非洲，使得新华侨华人占本洲华侨华人比例越来越高。博茨瓦纳中国和平统一促进会会长南庚戌认为："整个非洲，除了南非、毛里求斯等地方有老侨外，大都是八九十年代过去的新侨。大部分侨胞在非洲的经历不过一二十年。"②

非洲新移民占本洲华侨华人极高比例与日本、韩国新移民占本国华侨华人极高比例颇为相似，日本和韩国新移民分别占本国华侨华人的93%和92%。两者高比例的共同原因是，中国20世纪八九十年代前，很少有中国人迁居日本、韩国和非洲。与东南亚华侨华人占本地区华侨华人极低不利形成鲜明对比，如表4－17所示，东南亚各国新移民仅占本地区华侨华人的8.01%。

第四，非洲主要国家华侨华人占本国人口比例极低。

非洲国家华侨华人占本国人口比例普遍极低。即使以李安山和张伟杰乐观估计的100万华侨华人为基数计算，也只有留尼旺（法属）、毛里求斯、纳米比亚三个国家的华侨华人人口占本国人口比例超过了1%，分别为3.94%、3.3%和2.07%。南非、博茨瓦纳、马达加斯加、莱索托和加蓬五个国家的华侨华人人口

① 桂世勋．海外华侨华人及其对祖（籍）国的贡献．丘进．华侨华人研究报告（2011）．北京：社会科学文献出版社，2011.

② 张红．非洲侨胞 融入或许是最好的选择．人民日报（海外版），2012－04－27.

占本国人口比例超过了 0.1%，分别为 0.93%、0.63%、0.35%、0.269% 和 0.152%。其他非洲国家华侨华人人口占本国人口比例均不及 1%，甚至低于万分之一，例如，莫桑比克华侨华人只占本国人口的有 0.8‰。

第五，中国华侨华人侨民在非洲各国分布不均衡。

根据中国人数量，可以将非洲主要国家分为四类。

第一类国家是华侨华人人口最多的南非，总计 10 万至 40 万。南非是非洲最发达国家，也是中国人最多的国家。南非警方 2006 年认为，合法居留南非的中国人约 10 万。[①] 南非驻中国大使倪清阁 2007 年接受北京记者采访时说："南非的中国人已经增加到 30 万以上"。[②] 华人经济年鉴编辑委员会认为，南非 2010 年华侨华人 30 万。目前在南非的中国人来自福建、广东、台湾的分别占 35%、20% 和 20%。尤其是近年来，南非平均每年增加中国大陆新移民约 1 万人，新移民占南非华侨华人总数的 80%，总数已经超过 20 万人。他们大都集中居住在商业中心约翰内斯堡、比勒陀利亚、开普敦、布隆方丹、德班、伊丽莎白港等地，其中又以商业中心约翰内斯堡最多。目前，中国大陆新移民在南非主要以经商为主，从事饮食、商贸、电子、建筑、渔业等行业。他们中不少人从事进出口贸易或者旅游业，也有人开诊所、办工厂，但规模一般较小。相比而言，来自台湾、香港的新移民主要是投资和技术移民，其经济活动超出了原来华侨华人经济的范围，以经营纺织、电子、电脑、电器等行业为主。[③]

第二类国家是华侨华人人口较多的尼日利亚、马达加斯加、纳米比亚、毛里求斯、留尼旺（法属）、安哥拉、坦桑尼亚，以及埃及、博茨瓦纳、津巴布韦、科特迪瓦、苏丹和乌干达等 13 个国家和地区，总计 28 万。尼日利亚和马达加斯加等七个国家华侨华人人口在 1 万以上，其中以尼日利亚和马达加斯加华侨华人最多，分别约为 10 万和 6 万。埃及等六个国家华侨华人人口均在 1 万人左右。

庄国土和李瑞晴在 2006 年认为，尼日利亚有 5 万中国人。Barry Sautman 2007 年时认为，尼日利亚有 10 万中国人。

马达加斯加的华侨华人的历史已有百余年。大多数的老华侨是在抗日战争和第二次世界大战时从广东顺德、南海前往马达加斯加谋生的。据非官方统计，马达加斯加现有纯粹的华人 5 万人（包括老侨和新侨），混血华裔 30 万人，两者相加已占马达加斯加 1 700 万总人口数的 2%。其中，混血华裔占华人血统的

① 张红．非洲侨胞 融入或许是最好的选择．人民日报（海外版），2012－04－27.

② 王起鹤．走进南非华人社会．福建侨联网，2007－06－15.

③ 付亮．今日南非华人社会．八桂侨刊，2009（1）．丘进．华侨华人研究报告（2011）．北京：社会科学文献出版社，2011.58.

85.7%，已成为马达加斯加华侨华人社会的主体。①

到毛里求斯的第一批中国人是1654年从广东省梅县乘坐荷兰船只逃难来的客家人。毛里求斯2010年时有3万华人，约占全国人口的3%。② 毛里求斯唯一的机场由中国援建，现在正由中国援建第二座机场。近几年，已经有17家中国公司进入毛里求斯，包括3家央企和4家地方国企，从事基础设施建设或贸易进出口。

埃及华人联谊理事会会长陈建南2011年谈道："在埃及投资部注册在案的中资私营企业一共有1 300多家。"③ "阿拉伯之春"给华人商家带来了很大冲击，目前能够正常营业的不超过300家。他估计，"至少造成了超过一亿元人民币的投资损失"④。

Barry Sautman在2007年认为，安哥拉有中国人2万~3万人。据《环球时报》记者调查，2012年安哥拉的中国员工目前已经有10万人，仅中信建设公司就有1.2万中国工人，⑤ 其中以中国国有和私营企业的劳务和技术人员为主，还有一些个体经营者，主要从事工程承包、劳务或商品批发等工作。

Barry Sautman在2007年还认为，苏丹有中国人5 000~1万人。据《华尔街日报》报道，按照分析人士在2010年作出的估计，在苏丹和南苏丹工作的中国人总共约有2.4万人。

第三类国家是华侨华人人口较少的阿尔及利亚、加纳、几内亚、肯尼亚、莱索托、埃塞俄比亚等15个国家，总计5.28万人。其中阿尔及利亚、加纳、几内亚、肯尼亚华侨华人人口最多，分别为8 000、6 000、5 000和5 000人。其他11个国家华侨华人人口均在4 000人及以下。

各界估计的阿尔及利亚中国人数量相差较大。张见笑估计，2002年阿尔及利亚有1.5万中国人。⑥ Barry Sautman在2007年时认为，阿尔及利亚有8 000名中国人。外交部领事司领事保护中心主管阿尔及利亚事务的刘先生2009年提出，阿尔及利亚当地共有3万多华人，主要是从事石油、建筑等行业的外派劳工，他们与所在公司都有紧密的联系。⑦

加纳当地华人认为，20世纪90年代，加纳华商数量五六千人。2008年在加

---

① 东非岛国的混血华裔．人民日报（海外版），2006-11-10.

② 曾航．华人在毛里求斯寻找桃花源．21世纪经济报道，2010-01-21.

③ 李斐然．埃及动荡里的中国人．青年参考，2012-01-11.

④ 李斐然．埃及动荡里的中国人．青年参考，2012-01-11.

⑤ 裴广江等．海外中企受困"安全雷区"．环球时报，2012-03-01.

⑥ 张见笑．劳务输出（上）——外派劳务利国利民，2012-06-18.

⑦ 张乐．阿尔及利亚部分华商商铺遭打砸抢劫．新京报，2009-08-05.

纳首都阿克拉的中国人有两万。①

Barry Sautman 在 2007 年认为，阿尔及利亚有 6 000 名中国人。中国驻肯尼亚大使馆经参处 2006 年统计，当地华人约有 5 000 人，主要集中在首都内罗毕。这些人主要由三部分组成：随公司来援助肯尼亚或承包项目的工程师、管理人员和业务员；小型投资者，如开餐馆和中医诊所的；来打工的服装厂领班和技术员等。②

目前活跃在苏丹全境的中资企业至少有 140 家，人员近 2 万人，涉及领域包括电力、通信、交通、港口等基础设施建设。中国是苏丹最大的投资国，也是苏丹最大的贸易合作伙伴。中国在苏丹的投资总额达 140 亿美元，仅中石油一家便达百亿；2008 年，苏丹外贸进出口总值为 220 亿美元，其中 53% 是中苏贸易。③

第四类国家是华侨华人人口非常少的利比里亚、刚果（金）、乍得、冈比亚等国家。这些国家华侨华人人口都不足 1 000 人。

表 7-2 非洲主要国家华侨华人人口

单位：人

国家/地区	1996 年	2000 年	2005—2010 年	占总人口比例
南非	2.8 万	7 万～10 万	10 万～40 万	0.23%～0.93%（4 276 万）
尼日利亚	5 100	1 万	5 万～10 万	0.07%（1.48 亿）
埃及	110	2 000～3 000	6 000～1 万	0.01%（7 471 万）
安哥拉	300	50	2 万～3 万	0.04%（1 077 万）
博茨瓦纳	300	2 700	3 000～1 万	0.63%（158 万）
津巴布韦	500	500	5 000～1 万	0.08%（1 258 万）
科特迪瓦	1 300	1 300	1 万	0.06%（1 696 万）
留尼旺（法属）	2.5 万	2.5 万～3 万	3 万	3.94%（76 万）
马达加斯加	2.7 万	6 万	6 万	0.35%（1 698 万）
毛里求斯	4 万	4 万	约 4 万	3.3%（121 万）
纳米比亚		1 200	5 000～4 万	2.07%（193 万）
苏丹	45		5 000～1 万	0.03%（3 811 万）
坦桑尼亚	510	500	3 000～2 万	0.06%（3 592 万）
乌干达	80		5 000～1 万	0.04%（2 563 万）

① 马佳．促进当地经济发展 中国人非洲“淘金”喜忧参半．北京科技报，2008-07-21.

② 马晖．华商淘金肯尼亚：不光是生意，还有中国人的脸面．21 世纪经济报道，2006-11-07.

③ 杜江．中国参赞谈苏丹：总统称中国兄弟改变其历史走向．广州日报，2010-03-10.

（续上表）

国家/地区	1996 年	2000 年	2005—2010 年	占总人口比例
小计			28 万	
阿尔及利亚	200	30	8 000	0.02%（3 282 万）
埃塞俄比亚	55	8	3 000～4 000	0.006%（6 655 万）
贝宁	100	130	4 000	0.056%（704 万）
多哥	112	129	3 000	0.055%（542 万）
几内亚	10		5 000	0.055%（903 万）
加纳	700	465	6 000	0.029%（2 047 万）
加蓬	30		2 000	0.152%（132 万）
喀麦隆	407	450	1 000～3 000	0.019%（1 575 万）
肯尼亚	150	4 000	5 000	0.016%（3 164 万）
莱索托	450	2 500	5 000	0.269%（186 万）
马拉维	50		2 000	0.017%（1 165 万）
马里		2 000	2 000	0.017%（1 163 万）
毛里塔尼亚		10	1 000	0.034%（291 万）
莫桑比克	600	500	1 500	0.008（1 748 万）
尼日尔	22	9	1 300	0.012%（1 106 万）
小计			5.28 万	
布隆迪			100	609 万
冈比亚			200	150 万
刚果（金）	200	250	500	5 662 万
几内亚比绍	60		约 100	136 万
利比里亚	120		600	332 万
卢旺达			100	781 万
塞拉利昂	20	61	200	573 万
乍得			约 300	925 万
小计			2 100	

（续上表）

国家/地区	1996 年	2000 年	2005—2010 年	占总人口比例
上述国家总计	13.5 万	22～26 万	45～85 万	
非洲地区总计	13.6 万	24 万	近 100 万	

资料来源：

1. 1996 年、2000 年和 2005—2010 年数据转引自李安山．非洲华侨华人发展趋势及对策研究．国务院侨务办公室政策法规司．未来 5～10 年侨情发展趋势与侨务对策．国务院侨务办公室政策法规司，2011. 102～104．其中 1996 年数据参见李安山．非洲华侨华人史．北京：中国华侨出版社，1999. 568～569．2000 年数据参见国务院侨办侨务干部学校．华侨华人概述．北京：九州出版社，2005. 234～235．2005—2010 年数据参见 Barry Sautman and Yan Hairong，Friends and Interests：China's Distinctive Links with Africa，*African Studies Review*，2007，Vol. 50，No. 3，p. 89.

2. 总人口数据源自美国人口咨询局2010 年报告。

注：占总人口比例是指华侨华人人口最高值占2010 年非洲国家总人口的比例。

第六，非洲华侨华人经济资源非常有限。

绝大部分非洲国家华侨华人经济资源非常有限，经济实力很弱。只有个别非洲国家华侨华人经济实力较强，如毛里求斯，目前占人口 2%～3% 的华侨华人掌握着毛里求斯经济的 20%，庄国土、黄新华和王艳指出：非洲个体华商的基本特征表现为行业高度集中，资金高度分散。他们主要集中在资本和技术程度很低、竞争力弱、经济效益差的零售业及餐饮业上。仅在南非一国，30 万华侨华人中就有 10 万～20 万的个体华商从事批发零售业。非洲个体华商第二个特征是依托国内产业集群优势，在当地形成庞大的营销网络，带动中国轻工业产品向非洲出口。李安山谈到：以前华侨华人经商者多以松散的店铺经营为主，但现在已朝集零售批发为一体的商贸城方向发展。非洲个体华商零散和依托国内廉价产品的经营方式不利于其经济向高质量的资本和技术密集型经济转变、丰富经济资源和提升经济实力。

非洲是中国的第二大工程承包市场、第二大劳务承包市场和第四大海外投资目的地。截至 2010 年年底，中国对非洲直接投资存量达到 130 亿美元。双边贸易额从 2000 年的 100 亿美元跃增到 2011 年的 1 600 多亿美元。中国对非洲投资具有很强的政策指导性，主要由国有企业进行投资和合作，投资领域主要是资源类行业和基础设施建设，输出了大量中国劳工。由于中国在非洲投资和合作主要是国有企业以及个别民营企业的行为，而不是华侨华人的行为，所以中国在非洲投资和合作规模的持续扩大和增长，并不等于非洲华侨华人经济资源的丰富和经济实力的提升。中国在非洲投资和合作客观上可能为华侨华人经济发展提供更多的机会。

第七，非洲华人参政没有形成规模。

非洲各国大都推行比较宽松的移民政策和政治参与政策，这对华人参政十分有利。虽然华人人数很少，仍有少数政治精英通过竞选或任命担任政府或议会职务。但是非洲华人参政依然没有形成规模，主要是因为非洲华人的人数规模相比其他地区的华人来说要小很多，大多数华人来非洲是为了做生意，对于参政兴趣不大，语言和文化障碍也阻碍着华人参政。

目前在非洲各国政坛均活跃着个别华人政治精英，尤其以南非为典型。20世纪80年代华人霍成坚担任南非总统咨政委员。1996年黄士豪当选为夸祖鲁纳塔尔省新堡市副市长。在2004年南非国会选举时，非洲人国会大会的黄士豪、印卡塔自由党的张希嘉成为南非首批华人国会议员，改写了该国议会没有华人身影的历史。[①] 2006年，孙耀亨成为约翰内斯堡市首位华人议员。其他非洲国家也有华人政治家的身影。如塞舌尔的第一任总统詹姆斯·曼卡姆（祖籍顺德）、原警察总监安东尼·加米尔（祖籍顺德）、原工程部副部长李华荣都是华人。加蓬现任外交国务部长让·平来温，父亲系浙江瓯海人。在法国海外省留尼旺，曾宪建是法国第一位海外华人议员。圣但市副市长和留尼旺省议员李传毫也是华人。尼日利亚华人朱南扬被政府授予“伊凯贾工业区酋长”职位，参与政府决策。毛里求斯路易港市长李国华、文化艺术娱乐部长曾繁兴、前检察总长陈念汀、前任毛里求斯驻法国大使陈凯、已故地方行政部长朱梅麟，均为华人。

近年来，非洲华侨华人成立了一些商会、协会、同乡会和联合会等社区机构，维护自身权益，增强当地华侨华人影响，融入主流社会。非洲当地的华侨华人商会、协会会和联合会社区机构为华人参政提供了历练的机会和舞台。华人重视亲缘、地缘、业缘、物缘、信缘，形成了“五缘”文化。有了宗缘关系就有了宗亲会、校友会等海外社团；有了地缘关系就有了同乡会等海外社团组织。“五缘”组织是中国人社会结构和人际网络的客观存在，把全世界华人、华裔团结在一起，在加强华人团结、增强华人实力、提高华人地位等方面发挥了重要作用。如同在传统移民国家和欧洲国家一样，在非洲的华侨华人社区机构“五缘”化也呈现封闭性，与居住国主流社会相隔离。“五缘”华人社区机构使得华人机构多，各自为政，缺乏大合作，资源分散，很难建立整体机制，体制过时陈旧，事实上各“五缘”组织之间相对封闭，不利于团结华人社会形成合力。

---

① 蒋泓峰．落地生根的非洲华侨华人．信息导刊，2009－06－27．

表 7－3　2009—2010 年在非洲国家成立的主要华侨华人社团

序号	时间	名称	会长
1	2009 年 5 月	纳米比亚中华福建同乡会	黄松根
2	2009 年 8 月	莫桑比克福建同乡会	—
3	2009 年 9 月	塞浦路斯华人华侨协会	蔡伟洲
4	2009 年 12 月	埃及华人华侨协会	付金丽
5	2010 年 1 月	马拉维布兰太尔海外华人商会	蒋清溪
6	2010 年 3 月	博茨瓦拉华人妇女协会	岳　鹏
7	2010 年 3 月	非洲中华总商会	王龙水
8	2010 年 10 月	南部非洲浙江义乌总商会	骆玲娟
9	2010 年 12 月	西非暨尼日利亚华侨华人联合会	董瑞萼

资料来源：

1. 暨南大学图书馆彭磷基华侨华人文献信息中心．侨情综览（2010）．广州：暨南大学出版社，2011. 539～541.

2. 暨南大学图书馆彭磷基华侨华人文献信息中心．侨情综览（2009）．广州：暨南大学出版社，2010. 224～226.

第四节　非洲中国侨民安全报告

在中国制定、实施和进一步实施“走出去”战略，不断拓展在非洲的投资和合作的过程中，中国与非洲国家发生摩擦的机会迅速增加，在非洲中国侨民面临着不可忽视的巨大安全风险。这些安全风险威胁到中国海外利益的存在和维护，影响着“走出去”战略的实施，危及在非洲华侨华人的生存和发展。分析非洲中国侨民面临的安全风险和主要原因，探讨解决非洲中国侨民安全问题的主要措施，也因之成为分析非洲侨情变化和完善政策的重要组成部分。

一、恶性绑架中国人事件频繁发生

近年来，如表 7－4 所示，非洲各国频繁发生恶性绑架中国人事件，而且没有出现趋缓和减弱迹象，主要有以下六个特点。

（1）被绑架人数持续增加，一次性被绑架规模在增大，被绑架者死亡率已经超过了 15%。据不完全统计，2004—2012 年，非洲共发生 14 起恶性绑架中国人事件，约 112 名中国人被绑架，其中约 17 名中国人被杀害，被绑架者死亡率为15.18%。截至6月，2012年发生的三起中国公民被绑架事件中，有两起被绑架人数超过了24名，被绑架人数最多的是2012年1月在苏丹南科尔多凡州发生的一起绑架事件，中国水利水电建设股份有限公司的29名中国工人被反政府武装组织“苏丹人民解放运动（北方局）”劫持。

（2）恶性绑架中国人事件呈现地域相对集中形势，主要集中在西非和北非，就国别而言，主要发生在尼日利亚、苏丹和埃及。如表7－4所示，14起恶性绑架中国人事件中，发生在西非的有8起、发生在北非的有6起。在尼日利亚（西非）发生4起，在苏丹（北非）发生4起，在埃及（北非）发生2起，在喀麦隆（西非）、也门（西非）、尼日尔（西非）和埃塞俄比亚（西非）各发生1起。

（3）恶性绑架中国人事件有愈演愈烈的苗头，并有在某一年度集中发生的现象。如表7－4所示，2012年上半年，就已经发生3起。2010年发生3起，2008年发生2起，2007年发生4起，2004年发生2起。

（4）恶性绑架中国人事件首先是因为非洲国家内部冲突导致不稳定等政治和社会原因，其次是勒索赎金或者抢劫财物等经济原因。如表7－4所示，要求政府或军方就政治或者经济利益作出让步的3起，要求释放被关押人员的2起，阻止中国政府与当地政府合作或提供援助的2起，源于勒索赎金或者抢劫财物的5起，对工资和福利待遇不满的1起，原因不明的1起。

（5）解决恶性绑架中国人事件离不开当地政府的救援行动，也需要当地部落和国际组织的配合和支持。由于外交部发言人和中国驻外使领馆通常不透露营救细节，因此只能对恶性绑架中国人事件的解决方式和途径作粗略分析。如表7－4所示，解决恶性抢劫中国人事件，除交付所勒索赎金外，基本上都是中国驻外使领馆与事件发生地政府部门紧急交涉，要求对方采取必要措施。当地政府部门直接或者成立特别行动小组或者协调委员会配合中方与劫持者谈判，有些事件的解决还取得了当地长老会和国际红十字会的支持。

（6）绝大多数被绑架的中国人的所属工作单位是国有大型企业。14起恶性绑架中国人事件中有12起被绑架中国人的工作单位是国有大型企业，1起是当地华侨华人企业，另外1起不清楚企业所有制性质。涉及的国有大型企业分别是天津水泥设计院、中国水利水电建设股份有限公司、大连北海渔业公司、中国石油公司、中国石油天然气集团（两起）、中国土木工程集团公司、中核集团、四川通信工程建设公司和华北地质勘查局所属华北有色建设工程公司（天津）等。中国国有大型企业在非洲投资和合作项目已经成为被绑架的主要目标。

表 7－4　非洲各国发生的恶性绑架中国人事件

序号	时间	国家/城市	原因	行为	后果	出处
1	2012 年 3 月 1 日	埃及开罗南部麦阿迪区的公寓楼	赎金	广东一家石材公司 2 名中国工人被武装人员绑架。	被绑架工人所属的一家广东石材公司交付了赎金，获释。	《信息时报》（2012 年 3 月 2 日）
2	2012 年 1 月 30 日	埃及西奈半岛阿里什市，返回工地途中。	要求政府释放被捕的亲属。	天津水泥设计院的 25 名中国工人被埃及的贝因都人扣留。	大使馆和埃及有关方面进行交涉，埃及政府、军方和警察也展开营救工作，与该部落首领进行协商，获释。	《信息时报》（2012 年 3 月 2 日）
3	2012 年 1 月 28 日	苏丹南科尔多凡州，一家中国公司公路项目工地。西奈地区一直被开罗当局忽视，当地人通过袭击警察局等方式表示不满。	要求政府释放被逮捕的部族成员。	中国水利水电建设股份有限公司的 29 名中国工人被反政府武装组织“苏丹人民解放运动（北方局）”劫持。	17 名员工成功脱险，另有 1 名员工不幸中弹身亡。遭劫持的 29 名员工已于 7 日获释。	新华网
4	2010 年 8 月 19 日	尼日利亚奥贡州		2 名中国公民遭数名武装劫匪绑架。	在奥贡州警方和当地民众的全力搜救下，绑架的中国公民于案发 4 小时后被成功解救。	外交部网站

（续上表）

序号	时间	国家/城市	原因	行为	后果	出处
5	2010年3月18日	喀麦隆巴卡西半岛附近海域	据法国媒体报道，提出1.5万美元的赎金。	大连北海渔业公司两艘渔船遭“非洲海上突击队”的武装组织袭击。匪徒抢走船上财物并绑架了其中7人。	中喀双方密切配合，渔船及船上其他人当天返回林贝港，其中2人受轻伤。	《郑州晚报》（2010年3月19日）
6	2010年5月16日	也门舍卜瓦省舍卜瓦省距也门首都萨那750公里，时常发生绑架外国人事件。过去10多年间，大约200名外国人在也门遭绑架。	由于该部族和也门当地军警有矛盾，扣留这些人是为了向当地驻军施压，让他们派人前去谈判。	中国石油公司旗下的钻井公司的2名石油工人在去公司途中被也门舍卜沃省部族武装分子扣押。	中方与也门政府部门紧急交涉，要求对方采取必要措施。也门当地协调委员会与部落武装谈判后达成一致，同意释放这2名中国工人。	《中国之声》、《新闻晚高峰》（2010年5月17日）

（续上表）

序号	时间	国家/城市	原因	行为	后果	出处
7	2008 年 10 月 18 日	苏丹阿卜耶伊海格里克油田靠近达尔富尔地区的施工现场，该油田位于苏丹石油生产地穆格莱德盆地，靠近苏丹曾交战的南北两方的分割线。	绑架者可能是一个叫“正义与平等行动”的反政府武装组织。他们希望从石油收入中得到更多的利益份额。	中国石油天然气集团公司的 9 名工人在苏丹西部地区遭不明身份的武装分子绑架。	有 5 名中国工人在当天遇害，2 人失踪，另 2 人脱险。	新华网（2008 年 10 月 28 日）
8	2008 年 5 月 6 日	尼日利亚克罗斯河州首府卡拉巴尔营地附近。克罗斯河州地处尼南部，与喀麦隆接壤。	1 名尼日利亚司机和其他尼日利亚雇员一起合谋了这一绑架行为，作案动机可能为“对工资和福利待遇不满”。	中国土木工程集团公司尼日利亚分公司 3 名工程人员遭不明身份的武装分子绑架。	经过各方日夜不停的艰苦努力，被绑架人员于 5 月 9 日获释。	新华网（2008 年 5 月 10 日）

（续上表）

序号	时间	国家/城市	原因	行为	后果	出处
9	2007 年 4 月 24 日	埃塞俄比亚东部一个偏远的石油勘探地欧加登，中原油田勘探局一处工地。这个偏远地区与索马里相邻，两国 70 年代曾经在此发生战争。	遏制政府目前正在进行的大规模开发活动，同时打击在该国的外国投资者的信心，袭击前曾警告过中国政府，不要与埃塞俄比亚政府洽谈石油勘探业务。	埃塞俄比亚反政府武装“欧加登民族解放阵线”袭击。	中方 9 人死亡，1 人轻伤，7 人被绑架。经过当地索马里长老会和国际红十字会的努力谈判，该武装释放了 7 名中国工人。	《世界知识杂志》（2007 年第 10 期）
10	2007 年 7 月 6 日	尼日尔北部距尼亚美 1 000 多公里的阿加德兹大区因加勒地区	尼日尔人“争取正义运动”（Niger Movement for Justice）表示，绑架张国华是为了阻止中国政府向尼日尔政府提供武器，并不是打击外国公司计划的一部分。	中核集团尼日尔铀矿勘探公司的副总经理张国华被绑架。	在中国使馆、尼有关方面和红十字国际委员会的密切配合下，张国华于 15 日获释。	新华网（2007 年 7 月 16 日）

（续上表）

序号	时间	国家/城市	原因	行为	后果	出处
11	2007 年 1 月 5 日	尼日利亚南部河流州埃莫华地区的住处	绑架中国人的武装分子可能为赎金。河流州新任警察总监费列克斯·奥格巴杜指出，中国工人 3 周前就入驻工地，但却没有通知当地警方。房东没有及时向警方通报中国工人入住。2006 年以来，河流州发生十多起绑架外国石油工人的事件。	四川通信工程建设公司的 5 名中国工人在尼日利亚遭遇武装分子劫持，掠走价值数千美元的财产。	当天深夜安全获释。对于营救细节，外交部发言人没有透露。	中国日报网、环球在线(2007 年 1 月 6 日)
12	2007 年 3 月 17 日	尼日利亚阿南布拉州	分离组织“实现比夫拉主权国运动”日前索要超过 100 万人民币的赎金。此次绑架行动的真正目标是与中国企业有合作关系的当地集团公司英诺逊公司的总裁。	6 名持枪匪徒冲进了奥尼查一家生产摩托车配件的私营中资企业生产厂区，劫持了 1 名中方工程师、1 名中方翻译。	中国同胞 2007 年在尼日利亚第三次遭受绑架。	《法制晚报》(2007 年 4 月 2 日)

（续上表）

序号	时间	国家/城市	原因	行为	后果	出处
13	2004 年 3 月 26 日	苏丹南科尔多凡州黑格里格油田	抢劫汽车和设备。	中国石油天然气集团公司下属辽河油田筑路公司苏丹项目部 2 名中国工人在黑格里格油田驾驶一辆轻型卡车前往工地维修设备的途中被一伙暴徒开枪杀害。	两名石油工人被杀害。苏丹 2010 年对杀死 2 名中国石油工人的 2 名罪犯实施了绞刑。	新华社（2005 年 1 月 24 日）
14	2004 年 3 月	苏丹达尔富尔地区	不清楚苏丹反政府武装的“劫人”具体动机，但从他们要求与我使馆对话、与我苏丹分公司直接联系的迹象表明，不排除他们有政治方面的考虑。	2 名华北地质勘查局所属华北有色建设工程公司（天津）苏丹分公司钻井工人遭反政府武装分子绑架。这家中国公司在当地主要从事打水井工程，共有 4 个打井队和 1 个洗井队。	经苏丹和中国两国政府和国际红十字会共同努力，2 名工人最后成功获救，都未受伤。	新华网（2004 年 3 月 26 日）人民网（2004 年 3 月 27 日）

二、恶性抢劫中国人事件层出不穷

在非洲，除了频繁发生恶性绑架中国人事件，并且没有出现趋缓和减弱迹象外，还有大量的恶性抢劫中国人事件。由于恶性绑架案件涉及中国人生命安全，国内新闻媒体均给予关注和跟踪报道。比较而言，恶性抢劫中国人事件主要是关于中国人的财产安全，国内新闻媒体很少甚至没有给予关注和报道。但是，由于恶性抢劫中国人事件数量多、发生地域广泛，同样给非洲中国侨民的安全产生了影响。本部分主要选取2011年5月至2012年6月1年多时间，对我国外交部网站出国提醒中涉及的发生在非洲国家的恶性抢劫中国人事件予以整理和分析。

（1）恶性抢劫中国人事件数量多。如表7－5所示，2011年5月至2012年6月1年多时间，外交部驻外使领馆或者有关部门就发出了九条中国人非洲安全提醒。在每条中国人非洲安全提醒背后，都发生了多起中国侨民在非洲有关国家被抢劫或被盗事件。也就是说，虽然只有九条中国人非洲安全提醒，但是实际上发生了数倍于九的恶性抢劫中国人事件。2012年4月13日，外交部网站刊出了中国驻莫桑比克大使馆使馆“提醒在莫桑比克中国公民加强安全防范”，“谨此提醒在莫中国公民和中资公司、来莫团组提高安全防范意识，加强防护措施，以确保人身和财产安全。如遇不测事件，应及时报警并寻求使馆领事协助”。事实上，此前“莫桑比克马普托市入室偷盗、抢劫案件呈多发趋势，并发生多起涉我人员和公司仓库被盗、办公室遭武装抢劫事件，造成严重财产损失”。

（2）抢劫事件造成了严重后果，部分导致人员伤亡。如表7－5所示，九条中国人非洲安全提醒中有四条提及的抢劫事件导致了中国侨民死亡，有的是被武装抢劫后直接枪杀。每条中国人非洲安全提醒都不同程度地提及财产损失或者严重财产损失。

（3）抢劫手段明目张胆和凶残。如表7－5所示，九条中国人非洲安全提醒中，有三条谈及抢劫或者枪杀地就发生在中国人驻地或办公室。每条中国人非洲安全提醒都说明，盗窃、抢劫、枪杀是直接针对中国人，甚至针对中国人团体。2011年11月3日晚，南非约翰内斯堡附近的布鲁玛地区，中国一个旅游团30人乘坐大巴去机场途中，被歹徒拦车抢劫。

（4）抢劫发生地主要集中在西非、南非、中非，与恶性绑架中国人事件主要发生在西非和北非略有不同。如表7－5所示，九条中国人非洲安全提醒中，塞内加尔（西非）一条、莫桑比克（非洲南部）一条、莱索托（非洲南部）一条、安哥拉（西非）两条、尼日利亚（西非）一条、南非（非洲南部）一条、坦桑尼亚（非洲东部）一条、中非（非洲中部）一条。在上述八个国家，南非和尼日利亚中国人数量比较多，其他六个国家则非常落后，社会治安不佳。

表 7-5　2011—2012 年外交部驻外使领馆或有关部门发出的九条中国人非洲安全提醒

序号	时间	地点	行为
1	2012 年 6 月 14 日	塞内加尔达喀尔中国商人聚集区“百年大街”附近	发生数起入室盗窃、抢劫案，所幸尚无人员伤亡。此外，在达喀尔还发生多起中国公民在室外遭遇偷盗和抢劫事件。
2	2012 年 4 月 13 日	莫桑比克马普托市	入室偷盗、抢劫案件呈多发趋势，并发生多起涉我人员和公司仓库被盗、办公室遭武装抢劫事件，造成严重财产损失。
3	2012 年 5 月以来	莱索托王国首都马塞卢和其他城市	因为要实行大选，年初以来，莱索托安全局势趋紧，刑事案件发案率上升，尤其是近期发生数十起针对华侨华人的持枪抢劫案件，导致个别华侨华人伤亡。2011 年年底连续发生了数起持枪抢劫案件，个别华侨华人遭受损失和受伤。
4	2012 年 2 月 9 日	安哥拉罗安达地区	近期发生多起持枪劫匪冒充当地警察闯入中国公司或公民驻地实施抢劫的恶性案件，造成多人受伤及较大财产损失。
5	2012 年 1 月 17 日	尼日利亚拉各斯	因为大罢工，目前总领馆领区内各主要城市街头已出现流氓团伙拦路抢劫案例。13 日，一位中国女士陪同其尼籍丈夫赴总领馆办理签证，途中三次遭地痞流氓拦截滋扰。
6	2011 年 11 月 3 日晚	南非约翰内斯堡附近的布鲁玛地区	中国一旅游团 30 人乘坐大巴去机场途中，被歹徒拦车抢劫。
7	2011 年 11 月 3 日	安哥拉首都罗安达本菲卡区	治安形势严峻，枪杀、抢劫等恶性犯罪案件频发。该区又是中国籍商人聚集区之一，近期接连发生了几起针对华人的犯罪案件。10 月 23 日浙江籍侨胞楼永镇就在该区被枪杀。

（续上表）

序号	时间	地点	行为
8	2011 年 10 月 26 日	坦桑尼亚	坦桑尼亚治安犯罪案件频发，多家中资机构、公司与民营企业被盗甚至遭到武装抢劫，10 月 11 日又有一位民营企业会计驾车从住地赴银行办事途中遇持枪歹徒抢劫，并因头部中弹而不治身亡。
9	2011 年 5 月	中非	近期，多名中国公民遭遇抢劫事件，个别人员遇害身亡。

资料来源：外交部网站，以“抢劫”为关键词进行搜索，获得的关于非洲地区的发生的抢劫事件。

注：时间为外交部驻外使领馆或有关部门发出中国人非洲安全提醒时间。

（5）外交部网站发出的九条中国人非洲安全提醒只是涵盖了中国人在非洲被恶性抢劫的一部分事件。从其他渠道还能检索到另外一些中国人在非洲被恶性抢劫事件。例如，中国新闻网 2011 年 10 月 26 日转发南非《华侨新闻报》消息，2011 年 10 月 15 日凌晨，在莫桑比克马普托市，某华人在家中遭遇歹徒入室洗劫，歹徒不仅抢走了他家中所有贵重物品，并对该华人进行身心折磨。

自中国走向非洲以来，针对中国人的恶性抢劫事件就在不断发生，并且性质在不断恶化，范围在逐渐扩大。2007 年 3 月 11 日，在尼日利亚经济首都拉各斯，4 名当地歹徒在骗过门卫之后，持枪冲进了一个中国商家的住所。在控制了住宅楼中 6 名中国人人身自由后，他们对房屋内进行劫掠，抢走了手机、笔记本电脑、近千万奈拉及一万多美元、一辆轿车。2007 年 3 月 14 日，拉各斯最大中国商家贸易城——中国商城的一家商户，冲进 2 名当地人，一人使用刺激眼睛的喷雾剂对商户老板面部进行攻击，使他双目暂时失明，另一人抢走他放置钱物的旅行包。从 2008 年 1 月 1 日至 2009 年 12 月 31 日，外交部网站共发布了 297 条“出国特别提醒”。从区域分布看，面向撒哈拉以南非洲的风险提醒最多，有 82 条，占全部风险提醒的 30.6%；面向中东北非地区的风险提醒有 20 条，占全部风险提醒的 6.73%。[①]

三、针对中国人的群体性恶性事件开始显现

当绑架中国人事件频繁发生和恶性抢劫中国人事件层出不穷时，针对中国人

① 汪段泳，2008—2009 年中国海外公民保护安全报告：对外交部“出国特别提醒”的统计分析．汪段泳，苏长和．中国海外利益研究年度报告（2008—2009）．上海：上海人民出版社，2011. 86 ~ 87.

的群体性恶性事件开始显现。如表 7 - 6 所示，据不完全统计，2007—2012 年，非洲共发生 4 起针对中国人的群体性事件。2012 年 5 月，尼日利亚移民局以“在尼非法从事纺织品贸易活动”为由逮捕了 45 名中国商人。2012 年 4 月，南非西北省勒斯滕堡地区两家当地华人杂货店在当地骚乱中被哄抢，华人杂货店不仅得不到经济赔偿，甚至还面临人身安全的威胁。2009 年 8 月，在阿尔及利亚首都阿尔及尔，有上百名当地人聚集，基本上都是无业青年和小孩子，在各个路口守着，看到中国人就打，还用石头砸。群殴最后升级为抢、砸，一些店面和仓库被撬开，这些人冲进去明抢。2007 年 10 月，零售业协会组织了为时两天的示威游行，说是反对外国人，其实就是针对中国人。

有些针对中国人的群体性恶性事件是当地民众的集体行为，个别的甚至是政府的官方行为，这比当地人个人或者非政府组织的恶性绑架和抢劫中国人的事件对中国侨民的危害更大。虽然非洲发生的针对中国人的群体性恶性事件的规模远远小于曾在东南亚地区发生过的针对中国人的群体性恶性事件，但是在性质和危害后果上有相似之处。东南亚地区发生过的针对中国人的大规模群体性恶性事件，无论是对当地华侨华人，还是对双边关系都造成了恶劣的影响。非洲发生的针对中国人的群体性恶性事件应引起我国的高度重视，一定要防微杜渐，坚决避免东南亚地区发生过的针对中国人的大规模群体性恶性事件在非洲地区重演。

表 7 - 6　2007—2012 年针对中国人的群体性恶性事件

序号	事件	地点	原因	行为	结果	出处
1	2012 年 5 月 22 日	尼日利亚北部城市卡诺的堪汀夸里纺织品市场	有尼日利亚官员称，尼方实施逮捕行动是因为中方正在国内开展的清理“三非”外国人员的行动也牵涉一些在华滞留不归的尼日利亚人。有人认为，这次冲突源于当地人和中国人在经济上的冲突。	尼日利亚移民局以“在尼非法从事纺织品贸易活动”为由逮捕了 45 名中国商人，其中包括 34 名男性、11 名女性。	50 多人被尼移民部门查明在尼系合法居留和经营，已平安返回住所。	《环球时报》（2012 年 5 月 24 日）

（续上表）

序号	事件	地点	原因	行为	结果	出处
2	2012 年 4 月 18 日	南非西北省勒斯滕堡地区	当地政府以涉嫌“偷电”为由，切断了勒斯滕堡 10 号矿区附近多个村落的电力供给，当地民众随即聚众向政府抗议。	两家当地华人杂货店在骚乱中被哄抢，无人员伤亡。骚乱持续了 4 天。	受害华人不仅得不到经济赔偿，甚至还面临人身安全的威胁。	中新网 4 月 24 日转发南非《华侨新闻报》报道
3	2009 年 8 月 3 日	阿尔及利亚首都阿尔及尔附近巴巴足瓦地区	是中国商人先出手打人，最后当地人开始抢中国人商铺。可能是当地人对华人在那里经商赚钱有不满，事情也有可能是当地人“故意找茬”引起的。	有上百名当地人聚集，基本上都是无业青年和小孩子，在各个路口守着，看到中国人就打，还用石头砸。群殴最后升级为抢、砸，一些店面和仓库被撬开，这些人冲进去明抢。	大约 1/10 的商户被抢。	《新京报》（2009 年 8 月 5 日）
4	2007 年 10 月	加纳首都阿克拉	中国货很便宜，有些质量比较差。经营理念与当地很不符。他们认为外国人占有了当地市场，抢了他们的饭碗。	零售业协会组织了为时两天的示威游行，说是反对外国人的，其实就是针对中国人。	有一部分本地人已经认识到中国产品的质量问题，这对于中国产品销售在非洲的长期发展是不利的。	《北京科技报》（2008 年 7 月 21 日）

四、导致非洲中国侨民安全问题的主要原因

导致非洲中国安全问题，既有非洲国家经济社会不发达、政治不稳定和治安

状况差的客观原因，也有中国公司风险评估和化解意识和能力有待提升、中国侨民在当地融入不够和素质需要提高的主观原因，还有西方国家丑化和矮化中国在非洲的投资和合作的国际原因。

（一）非洲国家经济社会不发达、政治不稳定和治安状况差

非洲国家在发展中表现出的政治不稳定、法制不健全、市场不成熟、社会不和谐等一系列问题，都可能殃及当地中国侨民。尼日利亚是非洲人口第一大国，人口超过1.5亿，大多没有受过多少高等教育，失业率高达50%以上，国家首脑和政府机构人员更替频繁，大多不抱理想与热情。尼日利亚劳工法，相比其他很多非洲国家，都没有给予弱势劳工以更有效的保护。劳动力买方市场的长期优势地位，造成了很多中国企业主的优势心理，以及更多当地民众的敌意，中国人很容易成为抢劫和敲诈的对象。安哥拉经济快速发展伴随贫富差距拉大，失业、吸毒等社会问题突显和加剧，暴力抢劫外国公民的恶性案件时有发生。中国公民习惯随身携带现金，防范意识较弱，且中国人外形易辨认，于是成为当地犯罪分子的主要作案对象。

非洲国家对中国的投资和合作不理解甚至敌视。所在国对中国在非洲的投资和合作有不同声音，官方普遍持欢迎和支持态度。尼日利亚北部商业、工业、矿业和农业商会主席艾哈迈德2012年6月1日在接受中国国际广播电台环球资讯广播记者专访时表示，华商来到尼日利亚，给尼日利亚带来了就业机会，并且降低了普通民众的日常消费成本，如果尼日利亚不使用中国的纺织品而使用欧美的纺织品，那么普通民众付出的代价将达到十倍以上。华商的到来使尼日利亚的基础设施、电力、轻工业等部门的生产效率得到了提高，帮助尼日利亚实现了经济发展。因此，他们非常欢迎华商来到尼日利亚，因为这些华商给尼日利亚民众谋取了实实在在的福利。[①] 中国企业依靠价格优势而不是技术能力，只能在一些低端的安全风险较高的市场竞争，没有与当地企业形成差位优势，反而造成了恶性竞争。在尼日利亚调查记者 Emmanuel 的报道里，中国政府及国有企业大幅增加在非洲的投入，主要是为了获取本国工业所需的自然资源。当地中国工厂常常被直接形容为工业“集中营”，其雇用的工人被称为“奴工”。这代表了当地舆论对中国工厂的一种普遍不满情绪，和当地民众对中国人的敌意。[②]

（二）中国公司风险评估和化解意识和能力有待提高

在非洲投资和合作的中国公司把重点放在了西方公司很少涉足的建造高速公

① 靳利国．尼日利亚官员：华商为尼民众谋取了实实在在的福利．国际在线（北京），2012-06-02.
② 赵何娟．一个尼日利亚记者眼里的中国“集中营”．财新网，2011-11-18.

路、机场、桥梁、大坝、采矿等项目上。这些项目通常所在地治安状况差，容易成为反对派力量、叛乱分子、犯罪分子的袭击对象。过去10多年来，西方企业慢慢退出了发生内战和政局不稳定的国家，依靠价格和人力优势的中国企业却不得不进入一些贫穷动荡的投资地区，因为西方企业事实上已经垄断了相对安全的地区。中国在非洲的投资和合作项目多是劳动密集型行业。但是中国公司缺少在外国和多文化环境里管理企业的经验，习惯尽可能多地雇用自己人即中国人，雇用当地人较少。这种做法有时能够更快见成效，但也会造成与当地人的疏离，容易导致抢了当地人工作机会情况，引起当地人反感，从而置中国工人于危险的境地。许多当地人抱怨，自己不能从国家的建设工程中得到一份养家糊口的工作。[①]

中国公司缺乏冲突评估和应对机制。一些中国企业向非洲投资和合作没有花费应有时间和精力调研拟投资和合作地的社区关系，以及制定详细和可操作的安全评估报告。由于缺少了风险意识，中国企业在进入当地后的风险应对机制不完善。而进入高风险地区的西方跨国企业往往在人员、资金、结构体制上有着完善的风险应对配备，一旦出现风险并不像中国企业那样慌张。有的西方国家公司甚至会雇佣当地黑帮分子成为员工，对他们进行培训，为当地创造了平安的同时，也给自己创造了平安。[②]

许多中国公司套用在国内经济管理思维，喜欢走上层路线，同当地政府打交道，忽略同反对派处理好关系，使中国人成为更易遭受攻击的目标。许多中国公司对项目所在地区固有的生存逻辑不了解，对当地的矛盾预估不足，对究竟何种力量主导着这些地区不清楚。[③] 一旦反对力量企图通过绑架外国人对执政当局施加压力，中国人便成了他们下手的对象。在非洲动荡地区，无论是哪国公司遭威胁的概率没有太大区别，反而是当地政府关照的公司易成为受袭目标。[④] 当地政府办事效率太低，工作流程混乱，这些问题导致公司与当地政府安全部门的联系缺乏稳定性和实效性，由于公司一直依靠当地政府，这就意味着紧急情况时，如果当地救援保卫力量缺失，在很大程度上就只能依靠自身力量采取保护措施，显得势单力薄。

---

① 张子宇，周程施，赖宇航．尼日利亚华商被捕风波 中国人在非洲：挑战才开始．时代周报，2012－05－31．

② 北京新世纪跨国公司研究所副所长蒋姮观点，转引自韩娜．照搬国内走政府路线致中企在海外风险高．北京晨报，2012－02－02．

③ 北京大学国际关系学院教授查道炯观点，转引自裴广江等．海外中企受困“安全雷区”．环球时报，2012－03－01．

④ 伦敦的英国皇家国际关系研究所全球安全问题学者斯托尔特·戈登观点，转引自裴广江等．海外中企受困“安全雷区”．环球时报，2012－03－01．

（三）中国公民在当地融入不够和素质需要提高

在非洲，中国侨民当地参与度低，没能融入当地。由于中国人进入非洲的时间较短，并没有深深扎根于当地社会，“候鸟”现象很多。很多中国人只是来非洲挣钱，家属留在国内，工作几年就走；一些私企老板把家属放在国内，自己两头跑；还有一些工程建筑行业，员工住在一起，工程完成后立即离开等。① 很少有中国人积极参与当地社会活动和公益事业。此外，把非洲当做“跳板”前往欧美的也大有人在。不难理解，这种“候鸟”与“过客”心态造成了许多非洲侨胞对当地社会政治活动、文化活动的参与程度较低，与当地民众之间存在一定隔阂，这也是很多问题和危机出现的深层次原因。

在非洲中国侨民存在非法经营现象，招致当地人反感。一位来自北京朝阳区在阿尔及利亚从事贸易的女士认为，2009 年 8 月在阿尔及利亚巴巴足瓦地区发生的殴打中国商人和打砸抢中国商铺的事件的主要原因是，部分华商存在逃税等非法经营问题。“当地人对华人态度原本还可以，但后来发现一些到巴巴足瓦的华商不交税也没有营业执照，这让当地人对华人的看法有所改变。……大概 2005—2006 年，来了大约一两百名华人，他们到处开店且手续不全，还存在逃税行为。目前大使馆还对这批华人入境的合法性进行调查。”“今年出台新规，要求从事进口业务的外国公司需要有阿本国人持股最少 30%，但即使这样，他们也不给中国人办理执照。”② “中国人法律意识比较单薄，总觉得什么都可以用钱解决。签证过期，没去延期，以为交罚款就可以了事。尼日利亚获得工作签证很麻烦，当地政府效率很低，很多中国人因为嫌麻烦，没有通过合法途径续办签证。”③

（四）西方国家丑化和矮化中国在非洲的投资和合作

有些西方媒体客观地报道中国在非洲的投资和合作。《经济学人》2011 年第 12 期的封面文章“崛起的非洲”认为，中国在非洲的投资和合作改善了当地的基础设施，形成了当地制造业的繁荣。④ 但是，一些西方媒体偏激地提出：中国是非洲的新殖民者，在非洲投资和合作是为了掠夺当地的资源和财富，中国经常在非洲侵犯人权。英国《卫报》报道：2000 年在苏丹钻取石油涉及苏丹政府强

---

① 浙江师范大学非洲研究院助理研究员马恩瑜的观点。转引自张红．非洲侨胞 融入或许是最好的选择．人民日报（海外版），2012－04－27．

② 张乐．阿尔及利亚部分华商商铺遭打砸抢劫．新京报，2009－08－05．

③ 长期工作于非洲的作家“一个人喝着拿铁”的观点．转引自张子宇，周程施，赖宇航．尼日利亚华商被捕风波 中国人在非洲：挑战才开始．时代周报，2012－05－31．

④ Derek Bacon，The Hopeful Continent：Africa Rising，*The Economist*，2011，Vol. 12，pp. 143－146.

行征地；2006 年中国监工被指在赞比亚劳资纠纷中向工人开枪；2007 年在刚果签订缺乏透明的商业协议；2008 年在尼日尔法国公司垄断的铀矿被转让给中国，当地人抗议；2009 年中国同镇压民主的几内亚军政权签署石油和矿产协议。2011 年人权观察组织说：中国在赞比亚的铜矿违反了安全和工会法律；同年中国公司被指在津巴布韦军队支持下在钻石矿侵犯人权。郎咸平 2013 年 3 月在 BWCHINESE 中文网刊文分析了西方媒体偏激的原因：近年来，中国对非洲的援助和投资持续有良好的发展，这也引来了西方的不满和恐慌，其实从根本上讲是中国话语权的提高危及到了西方国家的利益分配格局。[①]

西方国家丑化和矮化中国在非洲的投资和合作造成的负面影响不容忽视。如果在以英文和法文为主流媒体的世界媒体上，充斥着西方国家丑化和矮化中国在非洲的投资和合作言论，无疑会混淆国际社会、当地民众的视听，增加国家社会和当地民众对中国在非洲的投资和合作的误解，挑起当地民众与中方的敌对与排斥。南非安全研究所执行所长 Dr. Jakkie Cilliers 提出：南非会屈服于新殖民者中国的压力吗?[②] Daily Maverick 在 2012 年刊发文章指出，在非洲，中国人进口的便宜和低质产品不利于南非产业发展，中国人还存在偷税、诈骗、偷渡和贩毒行为。[③]

五、解决非洲中国侨民安全问题的主要建议

面对日益严峻的海外安全挑战，多方联动、加紧构建一张保护中国公民生命财产安全的“保护网”，已经成为摆在中国政府、企业和公众面前的重大课题。

（一）政府要做好服务和沟通

加大力度完善海外公民服务制度。我国海外公民服务手段落后，打开中国各驻外使领馆网站，几乎看不到海外公民服务（登记）的栏目，致使海外公民无法快捷有效地了解服务内容和方式。在发达国家，驻外使领馆通过网站提供领事帮助、旅行建议和紧急帮助等海外公民服务信息的机制已经比较成熟。[④] 服务内

---

① 郎咸平．西方为何频频妖魔化中国政策．http：//www. bwchinese. com/article/1039373. html，2013－03－30.

② Jakkie Cilliers，South Africa：The New Colonialists—Will Country Continue to Buckle under Pressure from China?，http：//allafrica. com/stories/201201091153. html，2012－01－09.

③ Khadija Patel，Chinese Traders：Love Them or Loathe Them，They are Here to Stay，*Daily Maverick*，2012－07－15.

④ 澳大利亚驻华大使馆．海外澳洲公民服务．http：//www. china. embassy. gov. au/bjngchinese/consular. html，2010－02－11.

容过窄，如以上所述，我国目前的领事服务限于推荐律师、翻译和医生等方面。境外公民登记效率低，我国很多驻外使领馆要求境外公民亲赴使领馆或者以填写表发送邮件的方式进行书面登记。不少境外公民由于不方便，就不进行甚至放弃了公民登记。在发达国家，通过网站进行在线公民登记已经非常成熟，既提高了登记效率，又降低了登记成本。驻外使领馆配备专门人员提供融入当地信息方面的咨询服务。在网站上开辟专栏详细介绍当地的政治、经济、文化、法律和生活常识，而不是非领事保护范围的问题一概不予解答和理会。完善的海外公民服务制度，全面实行境外公民网上登记，可以减少境外权利纠纷的发生，提高运用当地救济的效果。驻外使领馆要多在中资企业集中地区召开座谈会，听取中资企业的需求和愿望，督促他们提高自己的当地社会责任。

充分发挥与公民关系最为密切的预警机制的效果。① 目前预警信息主要通过外交部官方网站和《人民日报》等官方大报发布，虽然这些媒体和渠道非常正式严谨，但是距离民众，特别是境外公民较远，不利于信息的送达和接收，以致出现了信息发布与信息需求的脱节现象，严重影响了预警效果。建议预警信息除通过外交部官方网站和《人民日报》等官方大报发布外，还要通过省市报纸和地方电视向国内民众发布，通过公众网络、群发邮件和群发短信向境外公民发布。同时，加大在涉外场所投放《中国境外领事保护和协助指南》和相关境外安全知识资料的力度，中国护照签发部门、外国签证签发部门和口岸（国际机场）都应该成为密集投放场所。另外，经常性举办一些关于国外安全知识的宣传和推广活动，用灵活多样的方式帮助公民了解境外权益保护的信息和知识。

进一步加大对领事保护的财政支持，拓宽领事保护资金来源。2005 年，财政部为外交部设立领事保护专项经费。广东、福建等省采取省级财政预支补助、高危行业强制保险和渔业部门行业互助等方式，保证突发事件处理的及时和顺畅。一些企业借鉴国际经验，给驻外员工购买保险，通过保险公司补偿驻外员工的损失。但是，中央财政和地方财政要继续加大支持领事保护的力度，中国企业要重视驻外员工的安全投入，减少与避免纠纷和意外事件，进一步提高驻外员工强制保险的范围和标准。

强化法律政策实施效果。近年来，我国颁布了一系列保护中国公民国外权益方面的法律法规，我国海外公民权益保护法律制度日趋完善。2005 年国务院办公厅转发《商务部等部门关于加强境外中资企业机构与人员安全保护工作意见的通知》，2006 年国家旅游局、外交部发布《中国公民出境旅游突发事件应急预案》，2008 年发布《对外承包工程管理条例》。但是，我国还没有对以上法律文

① 廖小健．海外中国公民安全与领事保护．南洋问题研究，2009（3）．

件实施效果进行全面评估，这不利于完善和改进这些法律文件。

加强领事保护法制建设。2009 年 11 月 19 日，国务院法制办就《领事保护工作条例（征求意见稿）》公开征求社会各界意见，但是，配套法规和颁布日期依然未定。再者，中国与其他国家签订的双边领事条约，加入的保护海外公民权益的国际公约，如 1925 年《本国工人与外国工人关于事故赔偿的同等待遇公约》、2000 年《联合国打击跨国有组织犯罪公约》和 1926 年《海员遣返公约》等，也对保护我国公民海外权益起着积极的作用。一方面，我国需要继续与中国公民发生纠纷和意外事件较多的国家签订双边条约；另一方面，要审视已经签订的条约和公约，进一步做好与国内法的衔接。

完善《突发事件应对法》。中国政府设立的一整套海外公民保护的协调机制和应急机制，接受了一系列重大事件的考验，可以将这些有效举措上升到法律法规层面。国内的《突发事件应对法》侧重处理国内突发事件，应进一步完善，突出国际视野，把海外中国公民的安全保护纳入重大突发事件应急机制当中。

扩大与非洲各国政府的合作。中国政府 2004 年与南非政府签订了一系列警务合作协议，以加强与南非警方的联系和沟通，2005 年向中国驻南非大使馆派驻警务联络官员，加大对旅居南非中国公民及华人的安全保护。同时，要跟各部落、武装势力的领导人建立畅通的沟通渠道，扩大接触面，增加情报来源。一旦发生突发事件，中方可以尽快确定责任方，展开谈判或营救，确保中国人质安全。

（二）企业要做好评估和安保

尽量不在风险大的动荡地区开设新项目。中国的一些涉外企业，一定要对项目所在地区的安全风险进行全面评估，如果项目的安全风险过高，就尽量不去，否则，企业本身在员工安保问题上的投入也很高，对企业自身并无益处。人的生命安全是第一位的，一旦出现危险事件，所付出的成本会更大。[①] 如果在动荡地区开设新项目，在员工进驻项目所在地前，要求非洲方书面同意有效保护公司员工的人身安全，明确人员营救程序和责任，并落实到具体人，做到所有中国项目的作业区和生活区都有非洲方专人负责中国人安全。对赴非洲员工进行出国前安全防范培训，让员工知道危险的存在并掌握自救的方法。要求非洲对口单位书面保证中国项目的安保措施。

多与非洲进行高科技的投资与合作及雇用当地人，减少低技术的投资与合作

① 中国国际问题研究所副所长郭宪纲观点，转引自 29 名在苏丹获释中国工人安全抵京　中方千方百计营救．中国新闻网，2012－02－09.

和雇用中国人。中国企业“走出去”的战略内涵需要调整，应该是人员走出去的少，技术、机械设备和观念走出去的多。如果进行低技术的投资和合作，要加快企业本土化战略，尽量将低技术工作，像建筑工人一类的工作外包出去，给当地创造就业机会，中国公司逐渐只派高层管理人员过去，低端工作由所在地的主导势力来安排。① 培养外籍员工的认同感和归属感，把员工和企业利益融为一体，使他们能够更自觉地维护企业利益。

关注当地民众的民生和利益。中资企业要与当地融为一体，实现本土化，最后实现双赢。赚了钱就走人，很容易招致非洲国家当地人的反感和排斥。笔者2012年5月曾经走访南非大学，了解到为南非大学捐款者都是当地的欧美和日本企业，无一家是当地的中资企业。单一依赖某种资源生存的国家，当地居民大多处于贫困临界状态，对于任何变动都非常敏感，中资企业和侨民应该主动为当地民众的民生和利益着想，多为当地的公益慈善事业作贡献。

2007年8月，中国商务部等国家部委组织中国在非洲的67家国有企业召开加强在当地社会责任的大会。会议明确指出了中国企业要想在非洲长期投资，必须加强对社会责任的重视。与会的企业公开发表了有关加强社会责任的宣言。2010年12月，《中国政府与非洲的经贸合作》白皮书提出：“中国企业主动承担社会责任，积极从事惠及当地民众的公益事业，赢得了所在国政府、公众的充分肯定和积极评价。中国企业在非洲国家捐资修路、架桥、打水井、建医院、盖学校，还捐资物资，为当地社会的发展作出积极贡献。”

非洲学者从非洲人角度也有类似的呼吁，Vera Songwe 和 Nelipher Moyo 在《中非关系：重新确立合作条件》一文中指出：非洲国家2012年中国工作重点是拓展合作领域。非洲应该寻找平衡中国关系的方法，以促进自然资源和矿产生产的增长，同时使中国在非洲的投资和合作产业领域多元化。在可预期的未来，非洲需要在基础设施建设、技术转让、创造就业、公共机构设立和国际援助改革等与中国合作领域获取更多利益。②

派出中资安保公司。借鉴国际上安全保护做法，在安全环境恶劣地区，如果中国军警不能直接出境提供保护，可以让中资安保公司提供保护。在危险地区派出有相当武装级别的中国安保公司，专门负责保护中国工人或相关工程。从国际

① 北京大学教授李安山认为：“现实中也确实也存在一些问题。有些工种需要一定的理解力和技术能力，非洲还缺乏这样的技术工，那么就必须使用中国工人。中国管理人员与非洲工人语言不通，交流有问题，这也会导致非洲工人比例降低。另外文化上还存在差异，这在苏丹的麦洛维大坝建设中比较明显，穆斯林一天要五次礼拜，但有几次的礼拜时间其实是工作时间。中国企业在非洲需要面对各种各样的情况，这要慢慢的理解和磨合。”引自宁二，严海容．中国在非洲的真相与误解．南方都市报，2010－09－12.

② Vera Songwe，Nelipher Moyo，China-Africa Relations：Defining New Terms of Engagement，*Foresight Africa Top Priorities for the Continent in* 2012，*The Africa Growth Initiative*，2012，No. 1，p. 5.

经验看，武装安保公司的配套往往成为最有效的保护手段。让驻在国政府军或警察部队武力保护，无法常态化操作，难以持续，成本太高。但以作为工程合同款构成一部分的安保预算，却可以在非官方的背景下，植入一个武装级别相当高的安保公司。

跳出根据政府间关系进行非洲项目风险评估和管理的思维。与非洲国家中央政府间的官方关系再密切，也改变不了非洲国家中央政府在为一个外资工程运营提供有效保护方面力不从心的现实。决定是否参与某个项目，不论是中方投资、合资、承建第三方投资，还是政府间援助，必须首先摸清项目所在的具体地点的政治和人文地理，不能把目光停留在对方中央政府的承诺。落实纸面承诺的主体是政府官员，特别是在穷国，政府官员和主要职员都是其社会的精英，优先保护自己的政权、政绩而不是外国工人的权益，是普遍也是正常现象。①

加强对派出工作人员的安全教育和应急能力培训。企业要主动开展对派出工作人员的安全知识教育和危机应对能力培训，学习非洲国家的法律、习俗和语言，对派出员工进行逃生和自救方面的演练，强化外派员工自我安全防范意识，增强应对和处理突发事件的能力，能够做到遇乱不慌，妥善、及时和得当地处理突发情况。

（三）侨民要增强自我保护和救助意识和能力

如外交部领事司司长黄屏所言："要从根本上改善中国公民海外安全状况和水平，只靠政府部门和驻外使领馆是远远不够的，最根本的还是公民要提高海外安全意识，强化自我防范风险能力和自救能力。"②

熟悉当地环境。中国"走出去"战略离不开走在向外开拓的一线工人和经商者，但国家的力量却不足以在极其分散的地域中保护他们每一个人。中国在境外落后及动荡地区的侨民，往往是大国中最多的。基本掌握当地语言，熟悉当地文化和习俗，了解当地政治、法律、宗族和宗教，通晓资助要领都有利于中国侨民在安全受到侵犯时脱困。2004 年 5 月，华北地质勘查局所属华北有色建设工程公司苏丹分公司钻井工人贾会朋初步了解当地语言，在被苏丹反政府武装绑架时，能够和绑匪进行语言上的沟通，最后自行成功脱险。③

增加自救能力。在信息技术迅猛发展的今天，及时利用微博、QQ 等新技术方式，是搭建"海外安全网"的重要环节。中铁十三局集团四公司党委书记刘

① 查道炯．不能将绑架与中国在非洲外交挑战对号入座．东方早报，2012－02－02.

② 李晓敏．非传统安全威胁下中国公民海外安全分析・序言．北京：人民出版社，2011.

③ 马洪涛．中国工人在苏丹被绑架的 13 天惊魂生活．中央电视台《经济半小时》，2004－04－05.

敏说，一些海外突发事件中，企业前后方之间通过微博、网络等即时通讯工具实时联系，能有效保证信息沟通顺畅，即时调整有关危机处理方案。[①]

融入当地社会。非洲的华侨华人侨民应多参与当地社团活动，而不是仅限于华侨华人圈子。华人的不良“事迹”屡屡见诸报端，这和大家不热衷当地事务有很大关系。茨瓦纳中国和平统一促进会会长南庚戌谈道：“我参加了当地一些国际性组织，每个月总有一些捐助活动，我都要去，去露个脸，对提升华人形象就有帮助。我参加了当地商会，是当时商会中第一个华人企业代表。只要在那里有了一席之地，其他人就不会肆无忌惮地批评华人和华人企业。当然，这是最粗浅的一种说法。我觉得，要融入当地社会，可以从参与当地社团开始。我们到海外，刚开始，资历、财力、人脉都不行，慢慢熟悉以后，就可以深入当地社会了，这也是公共外交的第一步。”[②]

（四）在英文、法文等国际主流媒体上介绍和宣传中国在非洲的投资和合作

除国内的英文等外文媒体外，要主动与英文等国际主流媒体沟通与合作，大力介绍政府和学界关于中非合作的思想，宣传中国在非洲的投资和合作，推广中国在非洲的投资和合作给当地带来的积极影响。澄清一些西方媒体偏激甚至歪曲的报道。引导国际社会和当地民众全面和积极认识中国在非洲的投资和合作，为中国在非洲的投资和合作创造宽松和友好的国际氛围和当地氛围。2013 年 3 月，习近平主席访问非洲时提出：“中非从来都是命运共同体，共同的历史遭遇、共同的发展任务、共同的战略利益把我们紧紧联系在一起。我们都把对方的发展视为自己的机遇，都在积极通过加强合作促进共同发展繁荣。对待非洲朋友，我们讲一个‘真’字；开展对非合作，我们讲一个‘实’字；加强中非友好，我们讲一个‘亲’字；解决合作中的问题，我们讲一个‘诚’字。”[③] 主流学者也提出：通过分享经济发展的成果，彻底改善当地人民的生活状况。中非之间可以真正平等而坦诚地分享经济成长的成果。[④]

① 陈芳．如何编织海外公民“安全网”．人民日报（海外版），2012－02－11.

② 张红．非洲侨胞　融入或许是最好的选择．人民日报（海外版），2012－04－27

③ 习近平．永远做可靠朋友和真诚伙伴：在坦桑尼亚尼雷尔国际会议中心的演讲．新华网达累斯萨拉姆2013 年3 月25 日电，国家主席习近平25 日在坦桑尼亚尼雷尔国际会议中心发表题为“永远做可靠朋友和真诚伙伴”的重要演讲。

④ 郎咸平．西方为何频频妖魔化中国政策．http：//www. bwchinese. com/article/1039373. html，2013－03－30.

第五节　我国非洲华侨华人政策展望

我国非洲华侨华人政策，要有利于我国贯彻实施“走出去”战略，重在维护在非洲的中国侨民的权益，丰富和健全非洲华侨华人侨民统计数据，注重增加非洲华侨华人数量，确定非洲侨务工作重点国家，提高非洲华侨华人实力，更多关注新华侨华人。

一、有利于我国贯彻实施“走出去”战略

非洲侨务工作必须有利于我国贯彻实施“走出去”战略，这是侨务政策“三有利”原则在非洲侨务工作中的具体体现。制定、实施和进一步实施“走出去”战略是党中央和国务院的重大决策，是国家级战略。无论是开拓市场空间，优化产业结构，获取经济资源，争取技术来源，还是突破贸易保护壁垒，培育中国具有国际竞争力的大型跨国公司，“走出去”都是一种必然选择，也是中国对外开放提高到一个新水平的重要标志。虽然非洲投资和合作环境不如其他大洲稳定和安全，我国在走向非洲过程中遇到了一些人身安全、财产保障、劳资纠纷、与当地冲突等问题，但是鉴于企业竞争力和走出去目的地国家的机会，中国不仅不可能放弃非洲，而且要坚持走向非洲，重点开发非洲。非洲侨务工作应该服务于这一工作大局。

在坚持侨务工作必须有利于我国贯彻实施“走出去”战略的同时，需要注意和解决我国走向非洲过程中可能遇到的主要问题。前往非洲国家投资和合作的中国企业和个人必然会面临政治不稳定、法制不健全、市场不成熟和社会不和谐等一系列投资和合作环境不理想的问题。由于中国与非洲的语言和文化差异非常大，中国人社区机构“五缘化”和对外交流十分有限，中国人“侨居”和政治冷漠感强烈，使得中国在非洲的投资和合作者呈现封闭性，与居住国主流社会相隔离，不能有效地认知、接受主流社会和被主流社会接受，遭遇到问题的可能性进一步增加。如表 7 – 4 所示，2004 年至今，据不完全统计，非洲就发生了 14 起针对中国人的恶性绑架案件。如表 7 – 5 所示，据不完全统计，2011 年 5 月至 2012 年 5 月约 1 年时间，非洲就发生了 9 起针对中国人的恶性抢劫案件。如表7 – 6所示，据不完全统计，2007—2012 年，非洲共发生 4 起针对中国人的群体性事件。前往非洲投资和合作的中国企业和个人面临人身安全、财产保障、劳资纠纷、与当地冲突等问题是必然的，问题爆发在哪个非洲国家和哪个时间点是偶然的。

二、重在维护在非洲中国侨民的权益[①]

中国需要未雨绸缪地全面考虑在投资和合作环境不理想的非洲各国进行投资和合作可能会遭遇到的问题，以及周全的应对之策。这虽然不能改变产生问题的必然性，但是会减少问题爆发的偶然性。

从侨务政策角度讲，非洲华侨华人政策难点是如何维护大批在非洲的务工和经商人员的权益。传统移民国家侨务政策难点是如何吸引技术投资移民为国服务，欧洲侨务政策难点是怎样妥善处理非法移民，亚洲国家侨务政策难点是怎样促进华侨华人在当地的生存和发展。务工和经商人员的最大特点是临时性，他们没有在当地永久居留的强烈愿望，这与技术投资移民及非法移民努力争取机会在当地永久居留和归化有很大区别。在非洲的务工和经商人员既非华侨，也非华人，而且成为华侨或华人的可能性也不是很大。

我国完善非洲华侨华人政策时，重在维护在非洲中国公民的权益。为了保证我国企业和民众以拓荒精神“走出去”，国家必须积极支持企业和个人前往非洲投资和合作。对待非洲侨务工作，不能全盘照搬主要针对华侨和华人的海外侨务工作基本方针，如“鼓励华侨根据自愿原则加入住在国国籍”、“希望和鼓励华人为所在国的发展以及所在国与我国的友好合作发挥积极作用”、“关心外籍华人长期生存和发展”、“鼓励他们融入当地主流社会，传承民族文化”等内容。应该更多地注重务工和经商人员的临时性特点，突出“充分利用我国在政治、经济、外交等方面的资源和优势，积极推动住在国政府营造有利于我侨胞生存发展的良好环境，最大限度地维护我侨胞的正当合法权益”。积极采取措施，降低中国公民在非洲权益被侵害的可能性，在侵权行为发生后及时维护被侵害者的利益。

三、丰富和健全非洲华侨华人侨民统计数据

丰富和健全非洲华侨华人侨民统计数据，为认识非洲侨情和制定非洲华侨华人政策提供重要基础和依据。比较亚洲、欧洲和非洲，非洲华侨华人侨民的统计数据是最模糊的。目前，非洲华侨华人统计数据不清，不论是人口总量，还是某个国家华侨华人数量，不同部门、学者和人士的统计都有较大差距。在总量上，台湾当局“侨务委员会”指出，2007 年有非洲华侨华人 21.9 万；庄国土和李瑞

① 本章第四节“非洲中国侨民安全报告”的第四部分详细阐述了解决非洲中国人安全问题的主要建议。

晴认为有约55万；李安山和张伟杰则认为有约100万。在具体国家上，例如南非，南非警方2006年认为，合法居留南非的中国人约10万。[①] 南非驻中国大使倪清阁2007年接受北京记者采访时说：“南非的中国人已经增加到30万以上。”[②] 华人经济年鉴编辑委员会认为，南非2010年华侨华人30万人。[③] 庄国土和李瑞晴2007年在《华侨华人分布状况和发展趋势》的“非洲地区中国新移民分布及职业构成”部分归纳和分析了“南非中国新移民数量”和“非洲其他国家新移民分布”，但是非洲华侨华人统计数据方面的一些模糊性内容还没有全面理清。

四、注重增加非洲华侨华人数量

注重增加非洲华侨华人数量，培植和涵养侨务资源。非洲华侨华人无论在数量上、占世界华侨华人比例上，都与其他大洲存在很大差距。2007年，非洲华侨华人55万，只是亚洲华侨华人3 548万的1.55%、美洲华侨华人630万的8.73%、欧洲华侨华人215万的25.58%，也只是大洋洲华侨华人95万的57.89%。虽然非洲华侨华人占世界华侨华人比例一直在上升，但是2007年非洲华侨华人只占世界华侨华人总数的1.21%，远远低于亚洲、美洲、欧洲和大洋洲的78.10%、13.87%、4.73%和20%。虽然华侨华人的影响力不仅取决于数量，更倚重实力，但是没有一定数量作为基础，实力的构建和提升将是一件困难的事情。绝大多数非洲国家发展水平低于其他大洲国家发展水平，中国人成为非洲国家华侨华人的愿望和动力就会弱于成为其他大洲国家华侨华人。所以，我国在完善非洲华侨华人政策时，要以更加积极的态度支持当地侨民成为华侨华人，壮大非洲华侨华人群体。

五、确定非洲侨务工作重点国家

确定非洲侨务工作重点国家，做好重点国家的非洲侨务工作。非洲侨务工作的重点国家首推南非，其次是尼日利亚、留尼旺（法属）、毛里求斯、纳米比亚、博茨瓦纳、马达加斯加、莱索托。南非是非洲最发达国家，也是中国侨民最多的国家，约有40万，占南非人口的0.93%。尼日利亚中国侨民数量达到了

---

① 张红．非洲侨胞　融入或许是最好的选择．人民日报（海外版），2012－04－27．

② 王起鹌．走进南非华人社会．福建侨联网，2007－06－15．

③ 付亮．今日南非华人社会．八桂侨刊，2009（1）．丘进．华侨华人研究报告（2011）．北京：社会科学文献出版社，2011.58．

10万。留尼旺（法属）、毛里求斯、纳米比亚、博茨瓦纳、马达加斯加、莱索托华侨华人总数也都超过了一万，而且占本国人口比例也超过了0.1%，甚至达到1%。虽然，这里只是以中国侨民人口数量和占本国人口比例为依据分析哪些国家是非洲侨务工作的重点，但是，侨民数量是与中国的投资和合作密不可分的。中国加大了在某个非洲国家的投资和合作，侨民人数势必随之增加。也就是说，以中国侨民人口数量和占本国人口比例为依据，以及以中国对非洲国家的投资和合作关系为依据，分析非洲侨务工作的重点国家，两者并不矛盾。做好了上述南非、尼日利亚、留尼旺（法属）等八个非洲国家的侨务工作，也就基本做好了非洲侨务工作。

六、提高非洲华侨华人实力

提高非洲华侨华人实力，积极引导华侨华人产业转型。除个别非洲国家华侨华人经济实力较强外，如毛里求斯，目前占人口2%～3%的华侨华人掌握着毛里求斯经济的20%，绝大部分非洲国家华侨华人经济实力较弱。庄国土、黄新华和王艳指出，非洲个体华商主要集中在资本和技术程度很低、竞争力弱、经济效益差的零售业及餐饮业上。华侨华人依托国内产业集群优势，在当地形成庞大的营销网络，带动中国轻工业产品向非洲出口。李安山则认为，以前华侨华人经商者多以松散的店铺经营为主，但现在已朝集零售批发为一体的商贸城方向发展。非洲个体华商的以上发展模式与非洲国家产业鼓励政策不完全相符。非洲国家为了经济社会发展，正努力实现工业化，避免外国商品冲击本国产业。非洲华侨华人只有从资本和技术程度很低的零售业及餐饮业转向资本和技术程度很高的制造业及高新技术产业，才能从受限制和打击的对象转变为被鼓励和保护的对象。

鼓励华人参政和议政。虽然有少数华人政治精英通过竞选或任命担任非洲国家政府或议会职务，但是非洲华人参政依然没有形成规模。这主要是因为非洲华人的人数规模相比起其他地区的华人来说要小很多，大多数华人来非洲是为了做生意，参政兴趣不大，语言和文化障碍也阻碍着华人参政。如同其他大洲的华人一样，非洲华人与当地人相比，在参政方面也处于劣势。我国可以给予非洲华人在他们政治成长过程中足够的理解和支持，努力使非洲华人精英对中国保持友好和善意的态度，赞赏和支持他们对居住国社会负责，对各族裔的所有选民负责，而不是对华人负责，更不是对中国负责。

七、更多关注新华侨华人

更多关注新华侨华人，涵养新侨务资源。虽然，非洲在五大洲中新华侨华人人数最少，2007 年只有约 50 万，如表 4 - 7 所示，是五大洲中新华侨华人人数最少的，是亚洲新华侨华人（400 万）的 12.5%、美洲新华侨华人（350 万）的 14.29%、欧洲新华侨华人（170 万）的 29.41%、大洋洲新华侨华人（60 万）的 83.33%。但是，如表 4 - 7 所示，2007 年非洲新华侨华人占本洲华侨华人比例高达 90.91%，是五大洲新华侨华人占本洲华侨华人比例中最高的，比第二高比例美洲的 55.56% 高 35.35%，比最低比例亚洲的 11.27% 高 79.64%。与老华侨华人相比，新华侨华人普遍与中国联系更紧密，传播中华传统文化更积极，文化素质和维权意识更高，参政意识更强。因此，我国非洲华侨华人政策要更多地关注新华侨华人，加强与新华侨华人沟通，增进新华侨华人对中国的认识和感情，尽力解决新华侨华人及其侨眷遇到的问题，培养新华侨华人优秀人才。

第六节　结　论

认识和理解非洲要客观和全面，不仅要看到其充满机遇的一面，而且审视其面临严峻挑战的一面。非洲各国经济社会发展过程中蕴藏的丰富机遇牢牢地吸引着中国人前往非洲。中国正在进一步实施“走出去”国家战略，与非洲国家建立和发展的新型战略伙伴关系。在中国和非洲国家都没有严格限制中国人前往非洲国家或者在非洲国家定居的情况下，中国人前往非洲国家或者在非洲国家定居的规模和增速主要取决于中国公民前往或定居的愿望和能力。

非洲华侨华人呈现以下七个特征：①非洲华侨华人总量的界定模糊；②非洲在五大洲中华侨华人人数最少，占世界华侨华人比例最低、新华侨华人人数最少；③五大洲中，非洲华侨华人年均增速最快、非洲新华侨华人占本洲华侨华人比例最高；④非洲主要国家华侨华人占本国人口比例极低；⑤中国华侨华人侨民在非洲各国分布不均衡；⑥非洲华侨华人经济资源非常有限；⑦非洲华人参政没有形成规模。

在非洲的中国侨民面临着不可忽视的巨大安全风险，恶性绑架中国人事件频繁发生，恶性抢劫中国人事件层出不穷，针对中国人的群体性恶性事件开始显现。导致非洲中国安全问题，既有非洲国家经济社会不发达、政治不稳定和治安状况差的客观原因，也有中国公司风险评估和化解意识及能力有待提升、中国公民在当地融入不够和素质需要提高等主观原因，还有西方国家丑化和矮化中国在非洲的投资和合作的国际原因。

完善非洲华侨华人政策，有利于我国贯彻实施“走出去”战略，重在维护在非洲中国侨民的权益，丰富和健全非洲华侨华人侨民统计数据，注重增加非洲华侨华人数量，确定非洲侨务工作重点国家，提高非洲华侨华人实力，更多关注新华侨华人。

第三编 华侨的身份、回国定居和国籍政策的完善

国家侨务工作以国内侨务工作为基础。华侨的身份、回国定居和国籍是国内侨务的最重要内容之一。完善华侨的身份、回国定居和国籍政策，无疑有利于做好国内侨务工作。

第八章　华侨身份证件政策的展望

引　言

华侨是中国公民，却无权申请居民身份证和拥有公民身份号码，使其在回国期间办理购房、金融、通信等事务时，无法证明自己的身份，遇到诸多实际困难，不利于其在国内进行生活和工作等社会活动。导致此种令人费解现象的根本原因，是我国华侨身份证件政策不完善，在确认华侨身份和向其颁发相应身份证明方面存在着不少问题，这些问题造成了管理华侨身份的低效率，形成了保护华侨权益的阻碍。

第一节　华侨身份证件政策的现状

我国华侨身份证件政策的主要内容是：国家统一明确界定华侨身份、各地区分别办理华侨身份证明、不向华侨签发居民身份证。

一、国家统一明确界定华侨身份

根据1990年《归侨侨眷权益保护法》（2000年修订）第2条、1984年国务院侨办《关于华侨、归侨、华侨学生、归侨学生、侨眷等身份解释（试行）》第2条、2009年国务院侨办《关于界定华侨外籍华人归侨侨眷身份的规定》第1条，“华侨是定居在国外的中国公民”。“定居”是指中国公民已取得住在国长期或者永久居留权，并已在住在国连续居留2年，2年内累计居留不少于18个月。中国公民虽未取得住在国长期或者永久居留权，但已取得住在国连续5年以上（含5年）合法居留资格，5年内在住在国累计居留不少于30个月，视为华侨。中国公民出国留学（包括公派和自费）在外学习期间，或因公务出国（包括外派劳务人员）在外工作期间，均不视为华侨。1982年《宪法》（2004年修订）

第 50 条规定："中华人民共和国保护华侨的正当的权利和利益。"确认身份是保护权益的前提，不确定一个人是否具有华侨身份，也就无法明确其是否有资格享有相应权益。地方人民政府侨务工作机构有义务审核认定华侨的身份。任何确认华侨身份和向其颁发相应身份证明的法律法规，都应该符合宪法规定。

二、各地区分别办理华侨身份证明

江苏省无锡市（www. wuxi. gov. cn），浙江省温州市（www. wenzhou. gov. cn）、金华市（www. jinhua. gov. cn）、青田县（www. qingtian. gov. cn），广东省鹤山市（www. heshan. gov. cn）、广州市越秀区（www. yuexiu. gov. cn）、高要市（www. gaoyao. gov. cn）等地方政府的网站均显示，华侨可以申请办理华侨身份证明。各地方政府要求的办理华侨身份证明的申请材料大同小异，主要有：本人的有效护照和在所在国的定居证正本或复印件，我国驻外使（领）馆出具的申领人在所在国定居的证明，或该国驻中国使（领）馆出具的申领人在所在国定居的证明。

三、不向华侨签发居民身份证

国外出生的华侨在出生和成年后都没有资格申领居民身份证。2003 年《居民身份证法》第 1 ~ 2 条规定，居民身份证是为了证明居住在中国境内的公民的身份，居住在中国境内的年满 16 周岁的中国公民，应当依照规定申领居民身份证；未满 16 周岁的中国公民，可以依照规定申领居民身份证。因此，国外出生的华侨没有资格申领居民身份证和拥有公民身份号码，也就不可能持有居民身份证，致使回国后无法证明身份。

公民成为华侨时应交回居民身份证。根据 1986 年《居民身份证条例实施细则》（1999 年修订），居民身份证的编号使用公民身份号码，还明确了收回华侨的居民身份证制度，公民出境定居的，在办理注销户口手续时，应当交回居民身份证。

不审发华侨身份证件。华侨除非是被批准回国定居，否则不能因为任何其他事由申领居民身份证。根据 2003 年《居民身份证法》第 9 条以及全国人大常委会法制工作委员会行政法室关于 2012 年《出境入境管理法》第 13 条定居国外的中国公民要求回国定居的解释，侨务部门对符合回国定居条件的华侨核发回国定居证明，华侨持此证明到拟定居地公安机关办理常住户口登记，办理常住户口登记时应当依照规定申领居民身份证。也就是说，只有回国定居的华侨才能办理常住户口登记，领取户口登记簿和居民身份证，拥有国内身份证明。上述规定排除了任何以非定居目的回国的华侨申领居民身份证的可能。

现行法律规定的公民身份证制度不够完善，除被批准回国定居的华侨外，华侨不持有身份证，不能证明自己身份。在国内出生的华侨的居民身份证被注销。1990 年《归侨侨眷权益保护法》（2000 年修订）第 2 条规定："华侨是指定居在国外的中国公民。"1990 年《居民身份证条例实施细则》（1999 年修订）第 13 条规定："公民出境定居的，在办理注销户口手续时，应当交回居民身份证。"该规定使得在国内出生的华侨（出国定居人员）失去了户口登记簿、居民身份证和公民身份号码。一些出国定居人员规避法律，在出国前没有按照规定注销户口和交回居民身份证，虽然由于执法、技术等原因没有被查处，但是从严格意义上讲，他们持有的户口簿和居民身份证不是有效的国内身份证件，是非法和应予注销的，不能用于回国后证明身份。

第二节　华侨身份证件政策的不足

由于华侨身份证明是根据地方行政规章一事一办，不是经常性办理；出具的身份证明是一次性有效，不是永久性有效，这产生了一些程序方面的不足之处。我国主要以国籍为基础确认华侨身份，并规定其权利和义务，对其与国家真实联系度考虑不够，形成了一些实体方面的不足。华侨身份证件政策与其他相关政策没有有效衔接，出现了一些实施方面的问题。

一、华侨身份证件政策程序方面的不足

确认华侨身份和审发华侨身份证件方面的具体规定缺失。虽然，1990 年《归侨侨眷权益保护法》（2000 年修订）第 2 条规定，华侨是指定居在国外的中国公民。但是，国务院侨务办公室《侨务法规文件汇编（1955—1999）》"关于华侨、归侨、侨眷身份问题"部分和《侨务法规文件汇编（1999—2006）》"关于华侨、归侨、侨眷身份问题"部分收录的九部法规，全部是关于确认归侨侨眷身份和审发相关证件，不涉及确认华侨身份和审发相关证件；暨南大学图书馆华侨华人文献信息中心华侨华人政策法规数据库也没有关于确认华侨身份和审发相关证件的政策法规。

我国地方政府侨务部门实践中确认申请人华侨身份、办理华侨身份证明的做法，虽然部分满足了华侨证明自身身份的需求，但是审发华侨身份证明较之审发

华侨证，具有临时性、个别性的特点，容易受到人为因素的干扰，不利于稳定和全面地保护华侨的权益。当华侨身在国内而又没有取得华侨证明时，其在国内办理医保、社保、购房、购车及子女就学就会遇到如何证明自身身份，享受中国公民待遇的问题。

从法律逻辑上讲，我国目前不以证的形式确认华侨身份可能是考虑到：其一，没有专门保护华侨权益的法律，确认华侨身份和审发相关证件没有必要；其二，华侨身份很明晰，凭护照和在外国定居签证即可证明，不再需要另行用证来确认。这两点理由均有待商榷。首先，我国并非没有专门保护华侨权益的法律，2001 年《武汉市出境定居人员权益保障规定》、2003 年《杭州市出国定居人员权益保障规定》和 2006 年《浙江省华侨权益保障暂行规定》已经颁布实施。1982 年《宪法》（2004 年修订）第 50 条也对保护华侨权益作出了规定，国家保护华侨的正当的权利和利益。其次，如果说华侨身份明晰，不需要另行用证来确认的话，那么归侨侨眷特别是归侨的身份也是明晰的，为什么要用证来确认？而且，华侨证显然较护照及外国定居签证更易让社会接受和认可持证人的华侨身份。

二、华侨身份证件政策实体方面的不足

华侨认定方法不适当地排除了出国留学人员和因公出国工作人员，认定华侨身份的关键是如何理解中国公民“定居在国外”。2009 年 4 月 24 日，国务院侨办《关于界定华侨外籍华人归侨侨眷身份的规定》取代了 1984 年国务院侨办印发《关于华侨、归侨、华侨学生、归侨学生、侨眷等身份解释（试行）》和 2005 年《国务院侨办关于对华侨定义中“定居”的解释（试行）》。该《规定》吸收了移民法对“定居”的惯常理解，运用法律技术，较好地弥补了以前规定没有将中国公民国外的定居资格和定居事实结合起来的漏洞，限定了华侨范围。《规定》第 1 条第 1、2 款规定：“（一）中国公民已取得住在国长期或者永久居留权，并已在住在国连续居留 2 年，2 年内累计居留不少于 18 个月。（二）中国公民虽未取得住在国长期或者永久居留权，但已取得住在国连续 5 年以上（含 5 年）合法居留资格，5 年内在住在国累计居留不少于 30 个月，视为华侨。”

三、华侨身份证件政策实施方面的不足

新近建立的华侨在境内办理事务凭护照证明身份制度不能切实解决华侨身份难问题。2012 年《出境入境管理法》第 46 条规定：“定居国外的中国公民在中

国境内办理金融、教育、医疗、交通、电信、社会保险、财产登记等事务需要提供身份证明的，可以凭本人的护照证明其身份。”该规定并未取得解决华侨回国身份证明问题的预期效果。

由于护照号码的变动性及护照内容与居民身份证内容的迥异性，上述规定很难取得实际成效。我国目前没有制定关于护照号码的国家标准，未建立类似身份证号码终身不变制度的护照号码终身不变制度，护照的变更、加注、换发、补发都可能改变护照号码，做不到一人一护照号码。公民身份号码是居民身份证登记项目之一，是每个公民唯一的、终身不变的身份代码。根据 2011 年全国人大常委会《关于修改居民身份证法的决定》，第一代居民身份证自 2013 年 1 月起停止使用，公民申领、换领、补领居民身份证，应当登记指纹信息。金融等须使用公民身份号码的部门和单位，密切配合公安机关做好公民身份号码的编制和推广使用工作。护照号码的变动性给金融等须使用公民身份号码的部门和单位的工作带来了很大不便，致使一些部门和单位不愿意接受护照，只愿意接受居民身份证作为身份证明文件。

由于护照和居民身份证记载的内容不同，金融等须使用公民身份号码的部门和单位无法从护照中获取所需信息。2003 年《居民身份证法》第 3 条规定：“居民身份证登记的项目包括：姓名、性别、民族、出生日期、常住户口所在地住址、公民身份号码、本人相片、证件的有效期和签发机关。”2006 年《护照法》第 7 条规定：“普通护照的登记项目包括：护照持有人的姓名、性别、出生日期、出生地，护照的签发日期、有效期、签发地点和签发机关。”由于护照所包含信息少于居民身份证所包含信息，一些公民身份号码使用部门和单位不愿意接受护照，只愿意接受居民身份证作为身份证明文件。

2012 年《出境入境管理法》第 46 条规定与 2006 年《护照法》第 2 条规定相冲突。第 2 条规定：“护照是中国公民出入国境和在国外证明国籍和身份的证件。”尽管这一规定没有排除护照在乘机、个人存款等特殊情况下，可以起到证明公民在国内身份的作用，但是 2012 年《出境入境管理法》第 46 条将护照证明公民在国内身份的范围由特殊情况扩展到一般情况，有悖于 2006 年《护照法》第 2 条关于护照用于公民出入国境和在国外证明国籍和身份的规定。冲突性规定影响了 2012 年《出境入境管理法》与 2006 年《护照法》的权威性和严肃性。

另外，全国公民身份信息系统没有纳入护照数据，华侨不是该系统的管理服务对象。2001 年，我国开始建设全国公民身份信息系统，由公安户政部门基于以户籍登记管理为基础的公安人口信息管理系统及居民身份证制作系统提供基础数据，通过公网和行业专网向政府部门、社会各界、人民群众依法提供公民身份信息服务，并进行必要的信息交换和共享。该系统逐步关联金融、社保、电信等相关行业的信息，实现信息共享，对实现人口动态管理、建立社会信用系统构筑坚实的基础具有重要的现实意义。华侨没有进行户籍登记，也没有居民身份证，游离于全国公民身份信息系统之外，既不能享有该系统提供的便利，又脱离该系统的管理，不利于建立无缝隙的国家公民个人信用体系、对公民身份信息进行全面的核查和统计分析以及加强社会公共秩序管理。

第三节　其他国家和地区公民身份证件制度的实践

在确认华侨身份方面，其他国家和地区确认公民身份证件制度值得参考。

一、中国台湾地区

台湾地区将国民分为“台湾地区设有户籍国民”和“台湾地区无户籍国民”两种，后者相当于我国的“华侨”和可能转换为“华侨”的群体。无户籍国民在台湾地区居留申领居留证，有户籍国民申领国民身份证。1999 年台湾地区《入出国及移民法》（2004 年修正）第 3 条规定：“国民是指居住台湾地区设有户籍或侨居国外之具有中华民国国籍者”，“台湾地区无户籍国民是指具有我国国籍，现侨居国外国民及取得、恢复我国国籍未曾在台湾地区设有户籍之国民”。1999 年台湾地区《入出国及移民法》（2004 年修正）还对“台湾地区无户籍国民”的入境、停留、居留、定居、户籍登记和不予许可的情形作出了全面而详细的规定。

关于台湾地区华侨居留证，1999 年台湾地区《入出国及移民法施行细则》（2004 年修正）第 18 条规定：“申请在台湾地区居留经许可者，由移民署发给入国许可证及台湾地区居留证副本，送请驻外馆处转发申请人，或送请侨务委员会、蒙藏委员会转送侨团或服务中心转发申请人。前项申请人自入国之翌日起十五日内，应亲自持凭台湾地区居留证副本，向移民署换领台湾地区居留证。但未满十四岁者，得由其法定代理人或以挂号邮递换领台湾地区居留证。依第十五条第三项或第十六条规定程序，申请在台湾地区居留经许可者，由移民署径发给台湾地区居留证。”

关于台湾地区华侨定居证，1999 年台湾地区《入出国及移民法施行细则》（2004 年修正）第 30 条规定：“无户籍国民申请在台湾地区定居经许可者，发给台湾地区定居证，由移民署函送申请人预定申报户籍地之户政事务所办理户籍登记，并通知申请人。前项申请人未在预定申报户籍地居住时，应向该地户政事务所申请于台湾地区定居证上签注变更住址后，由预定申报户籍地之户政事务所函送实际居住地之户政事务所办理户籍登记。”

关于台湾地区华侨身份证明书，2002 年台湾地区《华侨身份证明条例》第 3 条规定：“本条例适用之对象，为侨居国外国民。但具有大陆地区人民、香港居民、澳门居民身份或持有大陆地区所发护照者，不适用之。”第 4 条规定：

“侨居国外国民，符合下列各款情形之一者，得申请华侨身份证明书：

一、居住于有永久居留制度之国家或地区，具备下列条件者：

（一）取得侨居地永久居留权。

（二）在国外累计居住满四年。

（三）在侨居地连续居住满六个月或最近二年每年在侨居地累计居住八个月以上。

二、居住于无永久居留制度，或有永久居留制度而永久居留权取得困难之国家或地区，具备下列条件者：

（一）取得侨居地居留资格连续四年，且能继续延长居留。

（二）在国外累计居住满四年。

（三）在侨居地连续居住满六个月或最近二年每年在侨居地累计居住八个月以上。

三、自台湾地区出国，在国外合法连续居留十年并在侨居地合法工作居留四年以上，且能继续延长居留者。

前项第二款永久居留权取得困难之国家或地区及其居留资格之认定，由主管机关会商外交部后每年定期公告之。

符合第一项各款条件之尚未履行兵役义务之男子，为办理征兵处理或入出国事项，认定其身份需要，申请华侨身份证明书者，应以其他法规未限制其为侨居身份加签者为限，主管机关并应于该证明书注明供役政使用。”

综上，台湾地区从法律上准确认定了具有中华民国国籍又不在台湾地区居住的公民的华侨身份，使其不仅与台湾地区设有户籍国民，而且与外国人区别开来。在具体操作上，对“华侨”的身份证件作出了具体规定，为符合条件者签发居留证、定居证和华侨身份证明书，并明确给予其界于公民和“外国人”之间的待遇，使华侨成为一种常态的法律地位明晰的群体，为政府部门有效管理“华侨”事务，奠定了坚实的法律基础。

二、中国香港特别行政区

香港身份证分为永久性居民身份证和居民身份证两种，由香港特别行政区政府入境事务处签发。所有居民均有资格申领居民身份证，兼具准护照功能。香港将申领居民身份证视为相关居民的权利。1990 年《香港特别行政区基本法》第 24 条规定，香港特别行政区永久性居民有资格依照香港特别行政区法律取得载明其居留权的永久性居民身份证，非永久性居民有资格依照香港特别行政区法律取得香港居民身份证。《香港条例》第 177 章“人事登记条例”规定，凡年满 11 岁或在香港逗留多于 180 天的人士，皆需于年满 11 岁后或抵港 30 天内登记领取居民身份证。每张香港身份证均印有一个身份证号码。香港身份证除身份认证用途外，还可以用作网上电子证书、公共图书证等。香港永久居民于出入香港边境时只需出示身份证即可过关，无须出示护照。

三、中国澳门特别行政区

澳门特别行政区身份证分为永久性居民身份证和非永久性居民身份证两种，由身份证明局签发，所有居民均有资格申领居民身份证。1993 年《澳门特别行政区基本法》第 24 条规定，澳门特别行政区永久性居民享有居留权并有资格领取永久性居民身份证，非永久性居民有资格取得非永久性居民身份证。持证人的个人数据用于以电子方式确认证件的真伪和持证人身份。澳门居民身份证的最终目标是作为一张多功能卡片使用，集成了如身份证卡、驾驶执照、学生卡、医疗卡、社会保障卡及用于安全电子交易的电子钱包等功能。

四、美国

美国没有身份证制度，社会安全号起到公民身份号码的作用。驾驶执照是唯一随身携带的有照片的身份文件。美国是联邦制国家，每个州的驾驶执照都不相同，从一个州搬到另一个州居住，必须更换驾驶执照。在美国，唯一伴随终生的就是社会安全号码。美国 20 世纪 30 年代成立社会安全管理局以后，联邦政府规定所有合法公民和居民都必须持有一个社会安全号码。到美国留学、工作或访问的外国人，首先要申请一个社会安全号码，然后才能申请任何其他证件。

五、法国

法国的身份证制度是1955年确定的。有效的和过期不到2年的护照和身份证均可以证明个人的法国国籍和户籍身份。法国公民在任何年龄都可以申领身份证。从1998年9月1日开始，法国对发放和更新身份证实行免费。申领身份证要向居住地的市政府或区政府提交申请，递交申请和领取证件时申请人本人必须到场，填写申请表格并签名。申请经市政府工作人员核实后，再由上级省政府有关部门批准和备案。2010年5月，法国简化了公民更换身份证和护照手续，在出示身份证后，将可获得一本护照；在出示护照后，也可获得一张新身份证。

六、澳大利亚

澳大利亚给予其侨民完全的国民待遇，但不会给本国侨民发放侨民证。侨民回国后主张权利，必须先证明自己的本国国籍身份，否则视同外国人。在澳大利亚，如果一个人要证明是澳大利亚公民，可以提供澳大利亚护照或者国籍证书。如果不能提供护照或者国籍证书，可以提供本人出生证和父母在澳大利亚的国籍证明文件、永久居民证明文件、医保卡或社保机构发放补助证明（见澳大利亚政府公民资格网站，www. citizenship. gov. au）。

七、小结

除美国、日本、英国等不实行身份证的国家外，其他国家和地区均实行身份证制度，如法国、德国、以色列、韩国、埃及等。这些国家和地区认为申领身份证是公民的权利，给予其居住在国内外的公民一致国民待遇，统一签发身份证，甚至向在本地居住超过一定期限的外国人签发身份证。中国台湾地区虽然不向定居国外的国民签发国民身份证，但是当其回国时，短期的可以获发居留证，定居的获发定居证和国民身份证。

第四节　华侨身份证件政策的展望

根据全国人大华侨委员会主任委员甘子玉的《关于〈中华人民共和国归侨侨眷权益保护法〉修正案（草案）的说明》，修正1990年《归侨侨眷权益保护法》时，全国人大华侨委员会在听取有关部门和一些全国人大代表提出的意见和建议后，曾建议在第2条增加一款，规定："华侨、归侨和侨眷身份认定的具体办法由国务院或者国务院授权有关主管部门规定。"并阐述了增加理由，"这样修改是考虑到本条有关华侨、归侨和侨眷的规定是完整的，主要是执行实施中遇到各种情况，如何依法具体进行认定的问题。这个问题由国务院或国务院授权有关主管部门来规定更为妥当，既便于适应国内外侨情的发展变化，也便于今后工作的开展"。截至目前，上述理由依然存在，没有发生变化。2009年4月24日，国务院侨办颁布《确认华侨、归侨和侨眷身份管理办法》，统一了全国各地现行的关于确认归侨和侨眷身份的规定，可谓适时之举。基于前面三节阐述的内容，可以对华侨身份证件政策做如下完善。

一、华侨对身份证件有强烈需求

大量华侨回国旅游、访问、从事商务活动，既给我国经济社会发展带来机遇，同时也对华侨权利保障和身份证件管理提出了更高的要求。华侨回国和华侨人才回流趋势在持续加大，有使用身份证在境内证明身份的迫切需求。根据《中国日报》2011年12月报道，全球华侨华人约为5 000万。据公安部出入境管理局统计，2012年，全国出入境边防检查机关共检查内地居民出入境人员1.66亿人次，比2011年增长18.57%，其中一部分是华侨。国务院侨务办公室副主任任启亮2012年8月在第九期华侨华人专业人士回国创业研习班上介绍，"千人计划"至今已引进海外高层次人才2 000余位，其中98%以上是华侨华人中的专家。这些华侨回国后办理购房、金融、通信等事务时需要提供身份证作为身份证明，否则无法顺利地在国内进行生活和工作等社会活动。如部分国内商业银行规定，公民办理购房按揭贷款必须出示身份证，不可以使用中国护照；由于只持有护照，华侨在国内只能购买基金，不能购买股票；没有身份证，华侨在国内不能办理手机业务等。

二、扩展华侨范围

考虑到对华侨的认定应注重居留资格和居留事实，而不仅是身份，建议删去2009年国务院侨办《关于界定华侨外籍华人归侨侨眷身份的规定》第1条第3款"中国公民出国留学（包括公派和自费）在外学习期间，或因公务出国（包括外派劳务人员）在外工作期间，均不视为华侨"。这部分出国留学和因公务出国工作公民群体，与其他"已取得住在国连续5年以上（含5年）合法居留资格，5 年内在住在国累计居留不少于 30 个月”的中国公民群体在居留资格和居留事实方面没有实质区别，不应将其特意排除在外。如果考虑因公出国学习和工作的高回国率和公费资助特点，可以将该款修改为“中国公民公派出国留学在外学习期间，或因公务出国（包括外派劳务人员）在外工作期间，均不视为华侨”，删去“排除华侨身份中因私因素”的规定，仍然将因公出国学习和工作的中国公民排除在被认定为华侨的资格之外，便于各界接受。

三、动态管理公民居留，完善华侨回国定居恢复户籍制度

动态管理公民居留主要是指：①有户籍公民出国即不在中国居留满一段时间后，丧失已有户籍，而不是出国前丧失已有户籍；②丧失户籍者取得中国永久居留权并在中国居留满一段时间后，才可以恢复原有户籍，而不是取得永久居留权后立即恢复国籍；③取得我国国籍者在中国居留满一段时间后，才可以设有户籍，而不是取得我国国籍后立即可以设有户籍。公民出国一段时间，停止某些社会福利待遇。

动态管理公民居留与华侨身份关系最密切的是完善华侨回国定居恢复户籍制度，即在 2009 年《国务院侨办确认华侨、归侨和侨眷身份管理办法》中规定：“归侨回国定居者，应在办理回国落户手续后 1 年内，向原负责审批其回国落户的侨务部门提交放弃原住在国长期、永久或合法居留权的证明。但是能提出因非可归责当事人事由，致无法取得该证明并经外交机关查证属实者除外。未能按时提交者，由原负责审批其回国落户的侨务部门做出撤销回国定居的决定，公安部门予以注销其取得的常住户口。办理回国落户手续后，5 年内发现与本法规定不符情形，应该予以撤销。”

完善华侨回国定居恢复户籍制度，既可以避免“华侨放弃原住在国长期、永久或合法居留权”在“依法办理回国落户手续”“之前”将华侨带来的身份模糊和动荡引起的被动和困苦处境，又可以堵塞“华侨放弃原住在国长期、永久或合法居留权”在“依法办理回国落户手续”“之后”引起的默许归侨拥有原住在国长期、永久或合法居留权的漏洞。关于 5 年内未发现后不再追究的规定，保证了行政行为的稳定性。实际上，如果回国华侨确实回国定居了 5 年，即使不放弃，也会因为没有在原住在国居留，而自动丧失原住在国长期、永久或合法居留权。

四、积极确认华侨身份①

积极确认华侨身份，有利于积极解决确认华侨身份中出现的问题，满足华侨证明自身身份的刚性需求，帮助国内侨务等部门和单位以及驻外使领馆保护华侨权益，出国定居人员主张自己的权益，以及完善保护华侨权益法律。为了落实侨务政策，维护合法权益，华侨势必要证明自身身份，政府部门需要积极对待华侨身份确认的工作。

南京国民政府签发过华侨证，台湾当局仍然在签发华侨证，我国也曾经郑重考虑对华侨的身份予以认定，以上签发和考虑的原因依然存在。1935 年《中华民国华侨登记规则》第 1 条规定："旅外侨民，无论向住当地，或来自国内，均须依照本规则登记。"南京国民政府《华侨登记证》封面上部印有国民党党徽标志，标志下方竖印着一排黄色镀金的繁体字——华侨登记证。证件内页内容包括姓名、年龄、祖籍等项目外，还镶有清晰的照片及压片印章。1975 年《中华民国华侨身份证明书核发办法》（1997 年修订）第 1 条规定："侨务委员会（以下简称'本会'）为适应华侨需要，核发华侨身份证明书，特制定本办法。"该《办法》于 2002 年被《中华民国华侨身份证明条例》取代，《条例》第 1 条规定："为核发华侨身份证明书及办理护照加签侨居身份，特制定本条例。"2000 年，全国人大华侨委员会在修正 1990 年《归侨侨眷权益保护法》时，曾经考虑对华侨的身份予以认定，并由国务院或者国务院授权有关主管部门规定具体办法，但是，该项修正建议最终被删除。

地方政府已经在积极确认华侨身份，出具华侨身份证明，为签发华侨证积累了一定的经验。2001 年《宁波市侨办、市人事局、市劳动局关于因私出国后改为定居的人员要求终止养老保险关系可由侨办出具身份证明的通知》规定："为方便因私出国后改为定居人员办理辞职及终止养老保险关系手续，经研究决定，今后这类人员的身份认定证明可由各级侨务办公室凭当事人的国外定居证件出具。"江苏省无锡市，浙江省温州市、金华市、青田县，广东省鹤山市、广州市越秀区、高要市等地方政府均有确认华侨身份，出具华侨身份证明的具体规定。

确认华侨身份，可以经由中国护照和外国定居签证直接认定，护照表明持证人拥有中国国籍，外国定居签证表明持证人定居在国外，护照上的出入境记录表明申请人在国外的居留期间。也可以根据当事人的中国护照和外国定居证明，签

① 关于华侨证明国内身份的问题及其法律解决方案，见刘国福．侨务法律制度研究．北京：法律出版社，2012. 44～66.

发华侨居民身份证。[1] 后者与确认归侨侨眷身份的方式相同，确认归侨侨眷身份是基于当事人的在国外定居证明、亲属关系证明等材料。因为中国护照加外国定居签证不易被社会理解和接受为华侨，所以可以考虑放弃经由中国护照和外国定居签证直接认定华侨身份的方式。

五、扩展居民身份证发放范围至华侨，便于华侨进行社会活动

为了迎接华侨证明身份面临的以上四个方面的挑战，在延续我国居民身份证和华侨身份证明方面法律的基本内容，及参考其他国家和地区公民身份证制度的法律实践原则下，基于以下五个原因，建议由国务院侨务办公室和公安部联合制定《华侨居民身份证申领发放办法》，建立华侨居民身份证制度，扩展居民身份证发放范围至华侨，凡年满 16 周岁并在中国居留多于 90 日的华侨，于入境 30 日内申领居民身份证。

（1）符合扩大居民身份证适用对象的趋势。2003 年 8 月，我国取消了对被判徒刑、被决定劳动教养人员注销户口和交回居民身份证的规定。2004 年 1 月，16 岁以下中国公民可以申领居民身份证。2007 年 10 月，国务院和中央军事委员会联合公布《现役军人和人民武装警察居民身份证申领发放办法》，该《办法》自 2008 年 1 月 1 日起实施，向现役军人和人民武装警察发放居民身份证。

（2）解决了长期以来困扰政府和学界的华侨证问题。很长时间以来，有关方面特别是北美华侨华人，出于发展和交流等方面考虑，提出了侨民证、华裔卡、海外公民证、华人证、海外侨胞身份证等侨民类证件的呼吁或者方案，希望以此替代部分附加在双重国籍政策的职能，赋予海外的中国大陆移民中国国民待遇等。扩展居民身份证发放范围至华侨可以基本满足呼吁侨民类证件的华侨的需求，申领的居民身份证可以被华侨用来在国内证明身份。

（3）依托现有法律设计华侨居民身份证制度方案，降低改革成本。“凡年满 16 周岁并在中国居留多于 90 日的华侨，于入境 30 日内申领居民身份证”与 2003 年《居民身份证法》、2012 年《出境入境管理法》等相关法律衔接。①华侨有权持有公民身份号码符合 2003 年《居民身份证法》。2003 年《居民身份证法》第 3 条规定：“居民身份证登记的项目包括公民身份号码等，公民身份号码是每个公民唯一的、终身不变的身份代码，由公安机关按照公民身份号码国家标准编制。”“每个公民”应该包括华侨。②“年满 16 周岁”是因为国内居民必须申领居民身份证的最低年龄是 16 周岁。2003 年《居民身份证法》第 2 条规定：“居

[1] 关于华侨居民身份证政策，请参考本书第十七章。

住在中国境内的年满 16 周岁的中国公民，应当依照本法的规定申领居民身份证。”③“在中国居留多于 90 日”是因为 90 日是能否构成工作类居留，也就是证明身份是否有迫切性的最短期限。2012 年《出境入境管理法》第 30 条规定外国人工作类居留证件的有效期最短为 90 日。④“于入境 30 日内申领居民身份证”是因为 30 日是外国人入境后办理居留证件的最长期限。从出入境管理角度，外国人办理居留证和华侨办理居民身份证有着相似性。2012 年《出境入境管理法》第 30 条第 1 款规定：“外国人所持签证注明入境后需要办理居留证件的，应当自入境之日起 30 日内，向拟居留地县级以上地方人民政府公安机关出入境管理机构申请办理外国人居留证件。”

（4）我国对华侨申领居民身份证和享有公民身份证号码曾有过规定。1999 年 10 月《国务院关于实行公民身份号码制度的决定》将居民身份证号码更名为公民身份号码后，《居民身份证法》（草案）就更名为《公民身份证法》（草案），直至 2003 年 4 月 25 日第十届全国人民代表大会常务委员会第二次会议对草案的最后一次审议。2003 年 6 月 28 日草案通过时，《公民身份证法》才又改称为《居民身份证法》。[①] 公民身份证法和公民身份证号码都是涵盖华侨和国内居民的法律概念。

（5）保障华侨权益。华侨是中国公民，享有公民权。华侨的公民权与其拥有的公民身份证件密不可分。政府有义务赋予华侨获得公民身份证件权，以确保人人能够证明自己的公民身份。获得公民身份证件权是华侨的应有权益之一，是公民回国权及其他权利的基础，其作为法律规则的存在不容置疑。[②] 1982 年《宪法》（2004 年修订）第 33 条第 2 款规定，中国公民在法律面前一律平等。赋予每个公民获得身份证权是公民在法律面前一律平等的具体体现。建立公民身份证制度后，获得公民身份证件权是一项包括华侨在内的每个公民都享有的权利。国家不能因为华侨没有在境内定居而剥夺其获得公民身份证件权，拒绝签发居民身份证。

第五节　结　论

确认华侨身份是华侨政策的一个重要问题，也是保护其权益的基础和起点。确认华侨身份和向其颁发相应身份证明是侨务管理部门的义务。我国存在着确认

---

① 仲泉：规范人口管理　保护公民权益：《居民身份证法》的法治解读．人权，2003（3）：32～36.

② 刘国福．移民法：出入境权研究．北京：中国经济出版社，2006. 115.

华侨身份和审发华侨证方面的具体规定缺失，华侨认定方法不适当地排除了出国留学人员和因公出国工作人员等不足。这些不足造成了管理华侨身份的混乱和低效率，构成了保护华侨权益的阻碍。现行居民身份证和华侨证明身份方面的法律不能解决华侨不能在国内有效证明身份的问题，有必要积极探索进一步准确界定华侨范围，动态管理公民居留，完善华侨回国定居恢复户籍制度，积极确认华侨身份，制定《华侨居民身份证申领发放办法》，建立华侨居民身份证制度，将居民身份证发放范围扩展至华侨。

第九章　华侨回国定居政策的完善[①]

引　言

华侨具有中国国籍，是中国公民。根据出入境权原则，华侨应享有自由出入境和返回中国定居的权利。然而，中国现行政策只赋予华侨自由出入境权利而限制华侨回国定居，使华侨回国定居从一个不得任意剥夺的基本权利转变为有限制的不完全权利。分析限制华侨回国定居政策的现状和不足，探讨导致不足的原因，有利于客观理解视华侨为准外国人而不是等同于内地居民的现象，完善华侨回国定居政策。

第一节　华侨回国定居政策的现状

我国华侨回国定居政策的主要内容是：华侨必须先经过审批才能回国定居和恢复户籍。

一、华侨自由出入境和居留

华侨作为中国公民有回国权，持有护照或者其他旅行证件可以出入中国国境和在中国境内居住，不需要签证和居留证。1985 年 6 月，公安部、外交部和国务院侨务办公室《关于改变华侨回国和外国人入境要办签证的请示》，报经国务院批准，转发给各驻外使、领馆，各省、自治区、直辖市公安厅、局，外事办公室，侨务办公室，取消了旅居国外的华侨和国内因私出国公民回国要办理签证的

① 截至完稿，国务院侨办、公安部、外交部 2013 年《华侨回国定居办理工作规定》、国务院侨办 2013 年《关于做好华侨回国定居审批衔接工作的通知》和公安部 2013 年《关于做好出境入境管理法实施后华侨回国定居审批衔接工作的通知》共三份政策文件尚未向公众公开全文。本书主要以这三份政策文件以前的法律和政策文件为渊源分析华侨回国定居政策。

要求。

华侨自由出入境随后被法律化，并不断被重申。1985 年 12 月，《公民出境入境管理法》（已于 2013 年 7 月 1 日被废止）第 1 条规定：“为保障中国公民出入中国国境的正当权利和利益，促进国际交往，特制定本法。”1986 年《公民出境入境管理法实施细则》第 9 条规定：“在境外的中国公民短期回国，凭有效的中华人民共和国护照或者有效的中华人民共和国旅行证或者其他有效入境出境证件入境。”2006 年《护照法》第 1 条规定：“为了规范中华人民共和国护照的申请、签发和管理，保障中华人民共和国公民出入中华人民共和国的权益，促进对外交往，制定本法。”2012 年《出境入境管理法》（于 2013 年 7 月 1 日实施）第 3 条第 1 款规定：“国家保护中国公民出境入境合法权益。”第 9 条第 1 款规定：“中国公民出境入境，应当依法申请办理护照或者其他旅行证件。”2012 年，中国驻墨尔本总领事馆发布《关于华侨回国居住和定居有关问题的说明》。该《说明》第 1 部分第 1 段提出：“华侨持有效的中国护照，可以自由出入中国国境，并可在中国境内居住且没有期限限制，其回国权和居住权受到法律保护。”

二、法律化华侨必须先经过审批才能回国定居和恢复户籍政策

华侨必须先经过审批才能回国定居和恢复户籍。我国在法律上取消旅居国外的华侨和国内因私出国公民回国要办理签证的同时，也规定了华侨必须先经过审批才能回国定居。1985 年《公民出境入境管理法》（于 2013 年 7 月 1 日被废止）第 10 条规定：“定居国外的中国公民要求回国定居的，应当向中国驻外国的外交代表机关、领事机关或者外交部授权的其他驻外机关办理手续，也可以向有关省、自治区、直辖市的公安机关办理手续。”1987 年，国务院侨务办公室侨政司发布《关于华侨回国定居的审批意见》（〔87〕侨政安字第 1167 号），具体规定了审批华侨回国定居的条件和程序。该《审批意见》目前仍然是华侨回国定居方面的最主要文件。2004 年，国务院通过了《归侨侨眷权益保护法实施办法》，坚持华侨回国需定居的政策。该《实施办法》第 5 条规定：“华侨要求回国定居的，按照国家有关出入境管理的规定核发回国定居证明。”

华侨回国定居应恢复户籍。1985 年《公民出境入境管理法》（于 2013 年 7 月 1 日被废止）第 11 条规定：“入境定居或者工作的中国公民，入境后应当按照户口管理规定，办理常住户口登记。入境暂住的，应当按照户口管理规定办理暂住登记。”2012 年，中国驻墨尔本总领事馆发布《关于华侨回国居住和定居有关问题的说明》。该《说明》第 1 部分第 2 段提出：“华侨回国定居管理的实质是恢复户籍问题。”

三、侨务和公安部门共同负责华侨回国定居工作

1987 年，公安部在《关于执行中国公民出境入境管理法及实施细则若干问题的说明》中对华侨回国定居问题中公安与侨务部门的合作作出规定：“（华侨回国定居）由省、自治区、直辖市侨办商当地公安等有关部门批准后，省、自治区、直辖市公安厅、局的出入境管理部门凭侨办的批准通知签发《华侨回国定居证》。”1988 年，国务院侨办转发公安部给辽宁省公安厅《关于华侨回国定居有关手续问题》的批复（〔88〕侨政安字第 188 号）。《批复》进一步细化了公安部门和华侨部门在华侨回国定居问题上的合作：“为方便部门间业务协调关系，做好华侨回国定居的审批，该《说明》中所指‘当地公安部门’应是与前者同级的公安机关，即省、自治区、直辖市公安厅、局；省、自治区、直辖市公安厅、局必要时可征求县、市公安局意见。”

2012 年 6 月 30 日，全国人大常委会通过了《出境入境管理法》，将境内华侨回国定居申请的受理机关由公安机关调整为侨务部门。该法将于 2013 年 7 月 1 日实施。其第 13 条规定：“定居国外的中国公民要求回国定居的，应当在入境前向中华人民共和国驻外使馆、领馆或者外交部委托的其他驻外机构提出申请，也可以由本人或者经由国内亲属向拟定居地的县级以上地方人民政府侨务部门提出申请。”经国务院侨办与公安部协商，在《华侨回国定居办理工作规定》正式实施前的过渡阶段，国侨办和公安部分别下发了《关于做好华侨回国定居审批衔接工作的通知》和《关于做好出境入境管理法实施后华侨回国定居审批衔接工作的通知》作为过渡办法。国侨办要求：“由侨务部门受理、核发华侨回国定居证，公安出入境部门提供审核意见，协助侨务部门做好相关工作。”公安部要求：“由拟定居地侨务部门受理华侨回国定居申请后转同级公安机关出入境管理部门审核，侨务部门依据审核意见出具审批材料供申请人前往公安机关户政部门办理落户手续。在此过程中，公安机关出入境管理部门与侨务部门是内部协作关系，受理、审批华侨回国定居申请等以侨务部门名义对外作出决定，有关法律责任由侨务部门承担。”

四、华侨回国定居必须自己解决生活问题

1987 年《关于华侨回国定居的审批意见》规定，华侨回国定居需要自己解决生活问题。1989 年，国务院侨务办公室、外交部、公安部、劳动部、财政部联合发布《关于朝鲜蒙古华侨归国安置办法的通知》。该《通知》第 2 条规定：

“如果朝鲜、蒙古华侨不能提供证据证明自己能够解决住房和就业，不接受其回国定居申请。”

全国各地审批时限不一。1991 年，国务院侨办国内司、公安部六局、外交部领事司联合发布《关于旅居国外中国公民申请回国定居的意见》（〔91〕国内政会字第 031 号），回复了纽约总领事馆提出的适当放宽华侨回国定居审批条件的建议，重申仍然按国务院侨办发布的《关于华侨回国定居的审批意见》（〔87〕侨政安字第 167 号）中有关审批条件的规定掌握。并认为：“目前对华侨申请回国定居的审批时间过长的主要问题，是地方侨务、公安等有关部门层层逐级审批，加之通过信使往返传递，要求在三个月内审批完毕，难以做到。”目前，各省、市、区审批华侨回国定居时限不一致。2013 年 6 月 30 日，为贯彻实施 2012 年《出境入境管理法》第 13 条关于华侨回国定居的规定，国务院侨办、公安部、外交部联合发布《华侨回国定居办理工作规定》，要求各省侨办会同有关部门制定具体实施办法。各省级侨办正在与同级公安部门协商，研究制定本地的实施办法。

五、地方政府具体审批华侨来本地定居

全国各地方政府分别制定了关于审批华侨来本地定居的地方性实施文件，如 2003 年《北京市侨办关于审批华侨申请来京定居的程序规定》、2004 年《上海市侨办华侨回国定居审批的规定》、2008 年《天津市华侨回国来津定居办事规程》及 2009 年《浙江省公安厅关于进一步加强我省华侨回国定居审批管理和落户工作的通知》等。此外，山西省（1996 年）、福建省（1997 年）、深圳市（1997 年）也分别制定了地方性实施文件。这些地方性实施文件具体规定了审批华侨来本地定居的具体审批程序。在天津，对于符合定居条件的人员，政府相关部门下发《华侨来津落户介绍信》。申请人持《华侨来津落户介绍信》，到公安局户口办理部门办理落户手续。办理时限已经大幅缩短。在上海市，自接上海市公安局出入境管理部门或我国驻外有关机构转来申请材料之日起，上海市市政府侨办调查、审批时限为 40 个工作日，按有关规定通过审核。在天津，在国内提交回国定居申请的，30 个工作日内通知申请人审核结果；在国外提交回国定居申请的，30 个工作日内通知我驻外使领馆，由使领馆通知申请人。

第二节　华侨回国定居政策的不足

一、我国没有规定华侨享有回国定居权

我国没有规定华侨享有回国定居权。回国定居权是回国权的重要组成部分。回国权又称进入其本国权、进入其国籍国权、返回其国家权。回国权包括停留在本国领土权；离开本国以后，再返回本国权；某人出生在国外，第一次进入本国权；作为难民返回本国权；不被禁止强制迁移至别国权。中国政府已经加入的1945年《联合国宪章》、1948年《世界人权宣言》、1966年《消除一切种族歧视公约》、1951年《联合国关于难民的地位公约》、1989年《儿童权利公约》和1966年《经济、社会与文化权利国际公约》等国际公约有关于回国权的规定。我国签署的1966年《公民权利和政治权利国际公约》第12（4）条规定，任何人都有进入本国的权利，不得任意加以剥夺。必须履行加入的国际公约是国际法的一项基本原则。1986年《民法通则》第142条、1990年《行政诉讼法》第72条、2003年《公安机关处理行政案件程序规定》第178条均规定，如果在国内法律和中国应该履行的国际公约义务之间产生冲突，应适用国际公约的相关规定，所以，中国政府有尊重和保障华侨回国定居权的国际义务。华侨回国定居是一项权利。华侨虽定居在国外，但也是中国公民，这就决定了回国定居是华侨的一项权利。华侨回国定居不应受到法律上的限制。[①]

二、华侨回国定居政策的实体方面不足

（一）必须符合七种情况之一

根据中国现行政策，华侨不论是因为个人原因要求回国定居，在国外受到迫害而失去谋生条件必须回国定居，还是作为优秀人才被欢迎回国定居，都必须符合一定的条件，否则不能办理户籍，甚至被清理和劝返。根据1987年《国务院侨办关于回国定居的审批意见》第1、2条规定，华侨回国定居的七种情况是：

① 国务院侨办侨务干部学校．侨务工作概论．北京：中国致公出版社，2006.220.

（1）在国外受到迫害，失去谋生条件，使馆认为其必须回国并服从分配接受安置的。

（2）夫妻一方在国外，生活确有困难，国内一方能自行解决对方回国定居的工作或住房等问题的。

（3）国外无依无靠的孤寡老人，国内有亲人能解决住房、赡养等生活问题，不增加国家负担的。

（4）在国外的老人用外汇已在国内购买住房，并有外汇积蓄或退休金、养老金可转回国内领取，国内有亲属（该亲属的户口不得由农转非或由小城镇迁入大城市）协助料理生活等问题的。

（5）国内公民出国定居后短期内又要求回国定居的，须经其原所在单位同意复工复 职或由原系统安排工作及解决住房，或者有单位聘请，有固定工作，并能自行解决住房的。

（6）个别老人因水土不服、语言不通、生活不习惯等原因，坚决要求返回居住地，国内有亲属可解决住房、赡养等问题的。

（7）凡临时回国探亲、治病、旅游的华侨要求留国内定居的，一般不予受理。对个别情况比较特殊，有实际困难的，可允许他们向所在地市侨办提出申请报省侨办审批。

（二）必须能自行解决回国定居后的生活等问题，并提交相关证明材料

华侨申请回国定居，必须能自行解决回国定居后的生活等问题，并提交相关证明材料。1989 年《国务院侨务办公室、外交部、公安部、劳动部、财政部关于朝鲜蒙古华侨归国安置办法的通知》第 2 条规定：“如果朝鲜、蒙古华侨不能提供证据证明自己能够解决住房和就业，不接受其回国定居申请。”中国政府只有在确定朝鲜、蒙古华侨回国定居后，不成为社会的负担，才会接受并批准其回国定居申请。山西省（1996 年）、福建省（1997 年）、深圳市（1997 年）、北京市（2003 年）、上海市（2003 年）、浙江省（2007 年）等省市分别出台了地方性华侨回国定居受理审批工作有关事项的规定，主旨是回国定居申请人必须能自行解决回国定居后的生活等问题，并对申请人要提交的证明材料予以细化。2003 年《北京市侨办关于审批华侨申请来京定居的程序规定》、2004 年《上海市侨办华侨回国定居审批的规定》和 2008 年《天津市华侨回国来津定居办事规程》都规定，华侨申请回国定居必须提交拟定居地户主同意接纳入户的书面报告及户口簿，拟定居地的房产证或房屋租赁合同，申请人来本地后工作安排及生活来源情况的证明。

（三）凭华侨回国定居证才可以到公安户籍管理部门办理户籍

我国通过限制华侨回国定居后的户籍，弥补实体性和程序性限制的漏洞。由于边防检查官员不检查华侨入境的目的，为华侨临时入境后滞留不返留下了可能。1995 年《出境入境边防检查条例》第 7 条和《公安部关于实施〈出境入境边防检查条例〉中检查、监护和阻止出入境等问题处理办法的通知》第 3 条第 1 款都规定，边防检查官员检查完入境者护照和其他相关证件后放行。为了消除华侨临时入境后滞留不返的可能，我国现行法律规定，华侨凭华侨回国定居证才可以到公安户籍管理部门办理户籍。也就是说，即使入境，由于没有华侨回国定居证，也无法入籍，进而失去了融入当地的最基本的法律身份。1986 年《公民出境入境管理法实施细则》（2010 年修订）第 12 条规定，定居国外的中国公民回国定居后，应当在 30 天内凭回国定居证明到当地公安局办理常住户口登记。2003 年《居民身份证法》第 9 条规定："香港同胞、澳门同胞、台湾同胞迁入内地定居的，华侨回国定居的，以及外国人、无国籍人在中华人民共和国境内定居并被批准加入或者恢复中华人民共和国国籍的，在办理常住户口登记时，应当依照本法规定申请领取居民身份证。"

各省市在颁布的地方性华侨回国定居审批管理规定中，将华侨回国定居证作为华侨恢复户口的前提条件。1996 年《山西省侨办、省公安厅关于旅居国外的中国公民申请来山西省定居的安置办法》第 5 条规定，县（市）公安局出入境管理部门接到华侨回国定居证后，收缴其在国外的所有证件，并给户政部门出具公函证明。户政部门凭华侨回国定居证及公函证明办理落户手续。2009 年《浙江省关于进一步加强我省华侨回国定居审批管理和落户工作的通知》第 3、4 条规定，各地未经审批不得擅自直接办理华侨落户手续。省厅将在厅出入境管理局网站和常住人口信息管理系统中及时公布全省批准回国定居华侨名单。有关派出所在办理华侨回国定居落户手续时，应当审核其回国定居审批结果。①

（四）华侨优秀人才与其他华侨享有不同的回国定居待遇

我国欢迎和鼓励华侨优秀人才回国定居。1996 年《山西省侨办、省公安厅关于旅居国外的中国公民申请来山西省定居的安置办法》第 3 条规定："鼓励华侨中有专长的科技人才来我省定居，为我省的经济建设服务。"1995 年《人事

① 由于中国的社会和经济比较落后，华侨回国定居的需求并不旺盛，因此限制华侨回国定居权问题没有得到重视。但是，随着中国的快速发展，回国定居权是华侨基本人权之一的考虑，我们仍然有必要全面反思我国的限制华侨回国定居权政策。

部、国家教委、外交部关于回国（来华）定居专家工作有关问题的通知》第四部分规定，对从中国大陆去国（境）外留学（包括公费、自费）、现留居国（境）外已取得居住证件或加入外国国籍的科技专家，对其中我国急需的优秀人才，我们要积极争取和吸引他们回国（来华）服务。凡经批准回国（来华）定居工作的，享受回国（来华）定居工作专家待遇。

三、华侨回国定居政策程序方面的不足

除实体方面不足外，华侨回国定居政策还存在着程序方面的不足。

（一）华侨回国定居审批程序由繁到简，但缺少全国统一的操作性程序

1986 年《公民出境入境管理法实施细则》（2010 年修订）第 10 条规定："定居国外的中国公民要求回国定居的，应当在入境前向中国驻外国的外交代表机关、领事机关或者外交部授权的其他驻外机关提出申请，也可由本人或者经由国内亲属向拟定居地的市、县公安局提出申请，由省、自治区、直辖市公安厅（局）核发回国定居证明。"1987 年《公安部关于执行中国公民出境入境管理法及实施细则若干问题的说明》第 5 条第 1 款对华侨回国定居程序予以了说明，华侨向我驻外使、领馆、处提出的回国定居申请，报送国务院侨办；华侨本人或经由国内亲属向市、县公安局提出的定居申请，一律转送当地侨办。由省、自治区、直辖市侨办商当地公安等有关部门批准后，省、自治区、直辖市公安厅（局）的出入境管理部门凭侨办的批准通知签发华侨回国定居证。1988 年《公安部关于华侨回国定居有关手续问题》明确指出，华侨回国定居实际上是侨务部门审批，公安出入境部门发证，这主要是考虑到华侨回国定居的生活、工作等安置方面的很多问题，需要侨办系统通盘解决。

2012 年《出境入境管理法》已于 2013 年 7 月 1 日实施，该法将境内华侨回国定居申请的受理机关由公安机关调整至侨务部门，并下放受理回国定居申请权至县级政府侨务部门。其第 13 条规定："定居国外的中国公民要求回国定居的，应当在入境前向中华人民共和国驻外使馆、领馆或者外交部委托的其他驻外机构提出申请，也可以由本人或者经由国内亲属向拟定居地的县级以上地方人民政府侨务部门提出申请。"然而，该条规定只是简要规定了申请和受理程序，没有规定审批和救济程序。

（二）各地方审批华侨在国内提出的回国定居申请的程序不一致

各地方审批华侨在国内提出的回国定居申请的程序不一致，主要有以下

三种。

第一种：公安出入境管理部门受理申请，从下至上报批。1996 年《山西省侨办、省公安厅关于旅居国外的中国公民申请来山西省定居的安置办法》第 2 条规定，国外符合定居条件的华侨，由华侨本人或经由国内亲属向拟定居地的市、县公安局、侨办分别提出申请，由公安、侨务部门会商后，分别逐级上报。由省侨办商省公安出入境管理部门同意并办妥华侨回国定居证后，由我驻外使领馆或其亲属通知华侨本人回国。

第二种：公安出入境管理部门受理申请，从上至下审批。2004 年《上海市华侨回国来沪定居的规定》第 7（1）条规定，在国内提出申请的审批程序：市公安局出入境管理局受理审核后转市政府侨办；市政府侨办根据申请人提供的材料发函至区县侨办以及有关部门调查核实有关情况；市政府侨办根据申请人的基本情况和调查核实情况作出审批决定；获准定居的，由市公安局出入境管理局出具华侨回国定居证；区县公安分局出入境管理部门凭华侨回国定居证签发恢复户口通知书；拟定居地的公安派出所凭华侨回国定居证、《恢复户口通知书》办理入户手续。

第三种：侨务部门受理申请报公安部门批准。1997 年《深圳市侨办、市公安局关于受理华侨（外籍华人）来深定居申请的暂行规定》第 4（2）条规定，华侨（外籍华人）本人或经由其深圳的亲属向市侨办提出申请，由省、市侨办报公安部门批准并办妥华侨回国定居证后径寄我驻外使领馆，由我驻外使领馆通知华侨（外籍华人）来深圳定居。

（三）审批华侨在国外提出回国定居申请的程序不一致

审批华侨在国外提出回国定居申请的程序不一致，主要有以下三种。

第一种：侨办审批。1997 年《福建省侨办、省公安厅关于华侨回国定居有关问题的通知》第 4（1）条规定：“对要求回国定居的海外华侨，可向我国驻外使领馆提出申请，由使领馆送省侨办审批，省公安厅核发华侨回国定居证。”

第二种：侨办商公安出入境管理部门审批。1996 年《山西省侨办、省公安厅关于旅居国外的中国公民申请来山西省定居的安置办法》第 2 条规定：“国外符合定居条件的华侨，可向我驻外使领馆提出申请，我驻外使领馆直接与省侨办联系，由我驻外使领馆征求省公安出入境管理部门同意并办妥华侨回国定居证后，径寄我驻外使领馆，由我驻外使领馆通知华侨回国。”

第三种：侨办报公安出入境管理部门审批。1997 年《深圳市侨办、市公安局关于受理华侨（外籍华人）来深定居申请的暂行规定》第 4（1）条规定，华侨（外籍华人）向我驻外使领馆申请来深圳定居，我驻外使领馆将直接与市侨办联系，经侨办报公安等有关部门批准并办妥华侨回国定居证后径寄我驻外使领馆，由我驻外使领馆通知华侨（外籍华人）来深圳定居。

各异的各省市华侨回国审批程序冲击了华侨事务管理的中央事权属性，不利于维护华侨回国定居政策的统一和尊严，不利于华侨理解和遵守华侨回国定居政策。

（四）审批华侨回国定居权没有下放到基层

虽然2012年《出境入境管理法》第13条规定，“定居国外的中国公民要求回国定居的……也可以由本人或者经由国内亲属向拟定居地的县级以上地方人民政府侨务部门提出申请”，但是目前，普遍由省级侨务主管部门负责审批华侨回国定居。在北京市，由市政府侨办侨政处来京定居受理人员负责；在上海市，由市政府侨务办公室国内处负责；在天津市，由天津市政府侨办负责。

第三节　华侨回国定居政策不足的原因

我国限制华侨回国定居权有着复杂的历史、经济和社会、政治、思想原因。我国法律在保护国外华侨的正当权利和利益时遗漏华侨回国定居权是现行华侨回国定居政策的法律原因。但是，限制华侨回国定居政策的正当性和合法性并非没有疑问。

一、华侨回国定居政策的历史原因

限制华侨回国定居政策有着强大的历史惯性。1962年，中共中央在批转中侨委的一个报告中指出，根据中央对国外华侨“长期生存”的方针和国家当前经济困难的情况，我们将通过各方面的工作，劝导华侨在当地居留，尽量减少回国人数。此后，“欢迎华侨回国定居”调整为“希望海外华侨在居住国长期生存”，即实行“劝导华侨在当地居留，尽量减少回国人数”的政策。1985年，国内明确提出“华侨回国定居从严掌握”原则，1987年《国务院侨办关于华侨回国定居的审批意见》、1989年《国务院侨办、外交部、公安部、劳动部、财政部关于朝鲜、蒙古华侨回国定居安置办法的通知》、1996年《山西省侨办、省公安厅关于旅居国外的中国公民申请来山西省定居的安置办法》和1997年《福建省侨办、省公安厅关于华侨回国定居有关问题的通知》等规定均重申了该原则。随着国内经济条件的变化，有关华侨回国定居的法规淡化了该原则。2003年《上海市华侨回国来沪定居的规定》和2009年《浙江省关于进一步加强我省华侨回国定居审批管理和落户工作的通知》均未提及“华侨回国定居从严掌握”原则，而是强调相关规定是为了“规范华侨回国定居工作”，这也许不仅仅是对华侨回国定居工作提法的转变，而且是对华侨回国定居权认识的创新。应该看到，实施了近50年的华侨回国定居从严掌握政策的历史惯性很大，建立一套新的华侨回国定居制度需要时间和经验教训的积累，很难在短期内改变严格限制华侨回国定居权的政策。

二、华侨回国定居政策的经济和社会原因

华侨回国定居从严掌握政策的背后是对回国定居华侨引发经济和社会负担的忧虑。过去，我国政府主要采取原户籍地、集体与分散相结合，根据特长统一分配、统一安置的办法，安置了100多万回国定居的归（难）侨。20世纪80年代以来，随着我国市场经济的发展和回国定居华侨数量的减少，不再实行统一分配和安置。1990年《归侨侨眷权益保护法》（2000年修订）第5条“国家对回国定居的华侨给予安置”中“安置”的内涵和外延发生了变化，附上了新含义，掺进了新做法。[①] 改变从严掌握华侨回国定居政策，不加区别地接受华侨回国定居，在未统筹安排和制定配套政策的情况下，可能会导致人口增长、工作机会减少、社会保障负担加重。“华侨回国定居的问题，除了回国之外，主要集中在回国人员的工作、住房和生活安排的政策执行上。因此对于申请必须小心谨慎地加以考虑。”[②] 目前而言，华侨回国定居权不是有关华侨回国定居工作的出发点和重点。

三、华侨回国定居政策的政治原因

限制华侨回国定居权是鼓励华侨与当地人民友好相处并长期生存发展的基本方针在国内方面的延伸。根据1989年《国务院侨务工作会议纪要》第3部分，我国政府现阶段对华侨工作的基本方针是：保护华侨的正当权益，发扬侨胞爱祖国、爱故乡的传统，促进华侨团结互助，教育华侨遵守住在国法律，尊重当地社会、民族习俗，鼓励华侨根据自愿的原则，加入住在国国籍，与当地人民友好相处并长期生存发展，为促进住在国的经济繁荣以及祖国和住在国的合作与交流发

---

① 国务院侨办侨务干部学校．侨务工作概论．北京：中国致公出版社，2006. 222.

② 王国良，朱琳．出入境管理学．北京：中国人民公安大学出版社，2002. 10.

挥积极作用。限制华侨回国定居权有利于落实上述对华侨工作的基本方针，以劝导华侨在当地居留，尽量减少回国人数。同时，也可以配合外交部门做好外交工作，打消与中国临近的东南亚国家对中国存有的疑虑和戒备，为我国的现代化建设，争取建立一个长期的国际和平环境和稳定的周边国家关系。

四、华侨回国定居政策的思想原因

我国在华侨回国定居问题上，除将由于受到迫害，失去谋生条件，必须回国定居的华侨等同于中国公民外，将其他华侨视为准外国人，不根据公民身份赋予其完全的回国定居权，而根据其准外国人身份，有选择地批准其入境定居。如以上论述，华侨如果想回国定居，仅凭中国护照是不够的，还必须像外国人来华定居一样，符合一定的条件，履行一定的程序。而只有外国人进入另一国时，才需要符合一定的条件，并履行一定程序。而一国公民，不管为了任何目的回国，都可以持护照直接入境并居留。比较华侨回国定居和外国人来华定居领域两个最重要法规——1987 年《国务院侨办关于华侨回国定居的审批意见》和 2004 年《外国人在中国永久居留审批管理办法》，可以看出，华侨和外国人一样，来中国定居必须符合一定的条件，但华侨回国定居的条件比外国人来中国定居的条件宽松。

中国正在实施事实上的无户籍公民制度，认可华侨及其他出国人员是无户籍的中国公民。从国籍和户籍角度看，内地居民、华侨和外国人三者的区别是：内地居民有中国国籍和户籍，华侨有中国国籍但是没有户籍，外国人既没有中国国籍也没有户籍。1985 年《公民出境入境管理法实施细则》（1994 年修正，已于 2013 年 7 月 1 日被废止）第 7 条规定："居留国内的公民办妥前往国家的签证或者入境许可证件后，应当在出境前办理户口手续，出境定居的，须到当地公安派出所或者户籍办公室注销户口。短期出境的，办理临时外出的户口登记，返回此凭证护照在原居留地恢复常住户口。"2001 年《武汉市出境定居人员权益保障规定》第 6 条和 2003 年《杭州市出国定居人员权益保障规定》第 7 条规定，已获得出国定居签证的人员，应到户籍所在地公安机关办理户籍注销手续。华侨不具有对确认国内公民身份和社会福利待遇至关重要的户籍，就成了非完整意义上的中国公民，其与国内公民的身份和法律地位有了实质性区别，其享有的回国权因而不同于内地居民，是不完全回国权。

中国目前的华侨无户籍制度并不完善，只规定出国定居者要被注销户口，没有规定被注销户口者是否不再享有有户籍者权利；没有区分出境定居者是否在国外事实上定居及在国外定居时间的长短；没有明确规定华侨临时回国后，是否享有有户籍者权利。华侨临时回国后，因不符合恢复或者初次登记户籍的条件，不能领取户口簿和身份证，其在国内办理购房、购车及子女就学等方面遇到了问题。

另外，执行公民出国定居注销户籍、华侨回国定居恢复户籍制度的效果不理想。由于缺少华侨定居审批系统、常住人口信息管理系统和边防检查系统数据对接程序，没有完全建立边检、户籍和出入境信息共享机制，使得已定居国外的中国公民同时拥有本市常住户口，使已经获准回国定居并办理常住户口的中国公民仍未放弃国外居留权成为可能。由于户口注销会给注销者带来许多不便，如减少注销者与中国的联系等，大部分出国定居者不是积极注销户口，而是规避法律。

五、华侨回国定居政策的法律原因

中华人民共和国成立以来的四部宪法均规定，保护华侨的正当权益或者正当权利和利益。1954 年《宪法》第 98 条规定：“中华人民共和国保护国外华侨的正当的权利和利益。”1975 年《宪法》第 20（6）条规定：“国家保护国外华侨的正当权利和利益。”1975 年《宪法》第 54 条规定：“国家保护华侨和侨眷的正当的权利和利益。”1982 年《宪法》（2004 年修订）第 50 条规定：“中华人民共和国保护华侨的正当的权利和利益，保护归侨和侨眷的合法的权利和利益。”但是，包括 1990 年《归侨侨眷权益保护法》（2000 年修订）在内的涉侨法律都没有规定华侨的正当权益或者正当的权利和利益包括回国定居权。缺少对华侨回国定居权的规定不是 1990 年《归侨侨眷权益保护法》（2000 年修订）等法律的遗漏，而是立法机关深思熟虑的结果。[①] 逻辑上的可能解释是，中国是有意模糊华侨回国定居权的法律定位，为限制华侨回国定居权打下法律基础，通过政策而非法律调整华侨回国定居权成为自然的选择。

第四节　华侨回国定居政策的完善

完善华侨回国定居政策，从长期来看，需要建立无户籍公民制度，改革出国定居人员户籍注销和华侨回国定居户籍恢复制度，完善对未经许可回国定居华侨的处罚制度，以及建立公民出国定居和华侨回国定居与其公民权利义务互动制

① 全国人大华侨委员会研究室．《中华人民共和国归侨侨眷权益保护法》讲话．北京：中国华侨出版公司，1990. 9 ~ 10.

度。从短期来看，需要实施《华侨回国定居办理工作规定》，完善现行华侨回国定居制度。

一、华侨回国定居政策所处的困境

中国政府在华侨回国定居问题上处于左右为难的境地。一方面，如果取消对华侨回国定居权的限制，将有悖于对华侨工作方针应服务于鼓励华侨与当地人民友好相处并长期生存发展的基本方针，违反华侨回国定居从严掌握政策，可能给经济和社会带来沉重的负担，这些都是在衡量是否限制华侨回国定居权时，必须考虑的政治、历史、经济和社会等方面的现实因素。另一方面，如果保留对华侨回国定居权的限制，就必须论证该限制的正当性和合法性。根据国际法和国内法，人人有进入其本国的权利，华侨回国定居是其权利，不能任意剥夺华侨的回国定居权，政府应尊重和保障华侨回国定居权。联合国人权委员会认为，法律所许可的限制应该和法规的规定、宗旨和目标相一致，而且无论如何，应该在特定的环境下仍然合理。在某种情况下剥夺某个人回到自己祖国的权利成为合理的行为并不多，即使有，也非常少见。对华侨回国定居权实施的以上论述的实体性和程序性限制不符合国际法上“不得任意加以剥夺”的标准，不利于解决华侨回国定居的现实问题，因而不具有正当性和合法性。

二、长期方案：建立无户籍公民制度

（1）建立无户籍公民制度。建立无户籍公民制度，确定华侨为无户籍公民，赋予无户籍公民、有户籍公民和外国人不同的出入境权。无户籍公民是指具有中国国籍的现侨居国外公民，以及取得、恢复中国国籍的未曾在中国设有户籍的公民。无户籍公民包括但不限于华侨。建立无户籍公民制度为视华侨为准外国人奠定法律基础，提供华侨回国定居权不等同于内地居民回国权的依据。可以考虑起草无户籍公民回国和居留管理办法，运用法律技术，设定无户籍公民回国定居的条件和配额，吸引有利于中国经济和社会发展的无户籍公民，限制可能给中国带来压力和负担的无户籍公民回国定居，避免华侨回国给国内带来压力和负担。当国际政治和国内经济环境进一步宽松和改善时，可以放宽甚至取消对华侨回国定居的限制。

（2）引入居留因素，改革出国定居人员户籍注销和华侨回国定居户籍恢复制度。居留因素是体现个人与国家真实联系的最重要因素，在出国定居人员户籍注销和华侨回国定居户籍恢复制度中引入该因素，将有效地凸显出国定居和回国定居行为的法律意义，有利于满足公民动态国际流动的需求，消除同时具有国外定居身份和国内常住户口以及空户现象。目前，执行公民出国定居注销户籍的效果并不理想。由于缺少华侨定居审批系统、常住人口信息管理系统与边防检查系统数据对接程序，没有完全建立边检、户籍和出入境信息共享机制，所以已经定居国外的中国公民同时拥有国内常住户口成为可能。因为我国政府无权吊销或者废止其他国家签发的永久居留或者长期居留证或者签证，所以已经获准回国定居并办理常住户口的中国公民仍未放弃国外居留权成为可能。由于户口注销和放弃永久居留或者长期居留证或者签证，会给注销者和放弃者带来许多不便，如减少与中国和原所住国的联系等，大部分出国定居者不是积极注销户口，而是规避法律。

因此，建议将出国定居人员的户籍由获得出国定居签证后申请注销转变为获得出国定居签证并不在中国居留满 2 年后，由户籍管理部门基于与边防检查部门共享的数据予以注销，实现主动和强制注销户籍相结合。华侨的户籍由获得华侨回国定居证后恢复转变为获得华侨回国定居证并在中国居留满 2 年后恢复。华侨回国定居后的头 2 年期间，应申办当地居住证。居住证制度可以明确华侨回国定居后头 2 年的身份。

（3）完善对未经许可回国定居华侨的处罚制度。华侨未经许可回国定居，可强制其出国，并限制再回国。基于华侨公民身份，强制其出国不符合国际法公认的一国有不放逐公民义务的准则。一个国家有义务准许公民进入，意味着该国家不能放逐其公民。基于华侨无户籍公民身份，强制其出国则是可以接受的。强制未经许可回国定居的华侨出国前，应确认其是否办妥前往国家和地区的证件，否则，应暂时予以收容。

（4）建立公民出国定居和华侨回国定居与其公民权利义务互动制度。建立公民出国定居和华侨回国定居与其公民权利义务互动制度，推动华侨切实重视其出国／回国定居行为，真正做到与当地人民友好相处并长期生存发展，尽力融入居住国。区别华侨与内地居民，赋予与中国联系最真实者享有最多权利。将华侨的选举权、被选举权、担任公职权、出入境权、教育权、工作权、社会保障权等政治经济权利，与其出国／回国定居行为联系起来。例如，明确华侨的选举权和被选举权只能在国内行使，不可以在国外行使；华侨的出入境权有别于内地居民的出入境权；华侨的社会保障权因其出国定居时间长短而逐次递减。

三、近期方案：完善现行华侨回国定居制度

如果难以建立无户籍公民制度，改革出国定居人员户籍注销和华侨回国定居

户籍恢复制度，完善对未经许可回国定居华侨的处罚制度，以及建立公民出国定居和华侨回国定居与其公民权利义务互动制度，可以从实施《华侨回国定居办理工作规定》入手，完善现行华侨回国定居制度。

（1）使限制公民回国定居权有法可依。华侨回国定居权是公民的一项人权，不得任意加以剥夺。2012 年《出境入境管理法》第 13 条没有规定华侨回国定居的申请条件，很容易被理解为是剥夺华侨回国权。如果需要限制华侨回国定居权，应有明确法律依据。为了使华侨有实现回国定居权的稳定预期，要尽快公布和实施国务院侨办、公安部、外交部于 2013 年 6 月 30 日联合发布的《华侨回国定居办理工作规定》。

确定各省侨办会同有关部门制定具体实施办法的时间表。目前广东省公布了《广东省华侨回国定居办理工作实施办法（征求意见稿）》，湖南省怀化市政府网站公布了《华侨回国定居审批管理办法（征求意见稿）》，福建省侨办、公安厅和省外办将于近期联合出台《华侨回国定居办理工作暂行办法》，其他各省、自治区和直辖市也在调研和论证华侨回国定居审批办法。

赋予华侨回国权不会对我国造成大冲击。我国有近 5 000 万华侨华人，但是华侨社会已经转变为华人社会，华侨人数极少，赋予华侨回国权，他们也不一定会回国定居。华侨中相当一部分属于我国鼓励回国的有技能和资产者，不宜对其限制。即使是形式上限制和实质上放松，也容易引起华侨误解。不赋予华侨回国权与中国已经加入的若干国际公约相悖，容易落下口实，引起纠纷和攻击。因此华侨回国定居引起的落户问题，可以在遵守现行户籍管理规定的前提下，寻找可行的解决办法。

（2）审批华侨回国定居要重视基层政府的作用。国务院侨务主管部门确定华侨回国定居政策，明确华侨回国定居的条件和程序，与省级侨务主管部门分别监督和检查全国和本省级行政区域的华侨回国定居政策的实施情况。由于我国省级行政区域地域广阔，将华侨回国定居的审批交由基层政府侨务部门实施会更为方便有效，应一律下放到县。基层政府侨务部门要增强大局意识，更好地肩负起严格执行国家有关华侨回国定居政策的责任，负责本行政区域内华侨回国定居工作，将回国定居的华侨纳入社会网格化服务与管理体系中。

（3）尽量统一各地审批华侨回国定居的程序。目前，各地审批华侨在国内提出的回国定居申请的程序不一致，主要有公安出入境管理部门受理申请，从下至上报批；公安出入境管理部门受理申请，从上至下审批；侨务部门受理申请报公安部门批准等三种。审批华侨在国外提出回国定居申请的程序也不一致，主要有侨办审批、侨办商公安出入境管理部门审批、侨办报公安出入境管理部门审批等三种。华侨回国定居是出入境事务的一种，属于中央事权，各地方政府管理该事务时，应主要执行中央制定的政策和法律，尽量统一审批华侨回国定居的程序。

（4）华侨回国定居以有能力解决回国定居后的生活问题和应给予社会救助为主要条件。目前，华侨回国定居必须符合七种情况之一，如夫妻一方在国外，生活确有困难，国内一方能自行解决对方回国定居的工作或住房等问题等。有的地方政府还规定了华侨在国外的居住期限要求。有的地方政府甚至规定“在国外连续居住满3年，每年在国外居留不少于10个月的华侨，可以申请回国定居”。笔者认为，华侨回国定居不宜以回国定居原因和在国外居住期限等形式方面的条件为主，宜以有能力解决回国定居后的生活问题和应给予社会救助等实质方面的条件为主。有能力解决回国定居后的生活问题可以确保接收华侨回国定居不会给我国和拟定居地造成经济和社会负担。应给予社会救助的群体是弱势群体，国家如果不允许他们回国定居，就有可能将他们置于绝境。在国外无依无靠、生活无助等需要社会救助的华侨是我国华侨的组成部分，中国要像欢迎优秀人才华侨回国定居一样欢迎他们回国定居，彰显对本国公民一视同仁的关爱。

第五节 结 论

根据中国加入的国际公约，华侨享有回国定居权，并不得被任意剥夺。由于复杂的历史、经济和社会、政治、思想和法律等方面的原因，我国的华侨回国定居政策在实体和程序上存在一些不足。为了解决华侨回国定居政策所处的困境，从长期来看，需要建立无户籍公民制度。从近期来看，应从实施《华侨回国定居办理工作规定》入手，完善现行华侨回国定居制度。

第十章　华侨华人与中国国籍政策①

引　言

由于跨国流动性和与中国紧密联系性，华侨华人是中国国籍政策最重要的调整对象之一。定居在国外的中国公民是华侨。已加入外国国籍的原中国公民及其外国籍后裔和中国公民的外国籍后裔是外籍华人。华侨取得外国国籍后就转换为华人。无论是分析中国国籍政策的现状和不足，回顾解决国籍问题的努力历程，还是探究完善国籍政策，都离不开华侨华人。

第一节　出生取得国籍政策的现状和不足

我国公民取得国籍以血统为主、出生地为辅。1980 年《国籍法》第 5 条规定的“父母双方或一方为中国公民并定居在外国，本人出生时即具有外国国籍的”即为华人。由于 1980 年《国籍法》规范不清和执行不严，造成了事实上华人双重国籍的困扰。

一、出生在境内

我国对在境内出生取得国籍采取单亲血统原则。根据 1980 年《国籍法》第 4 条规定：“父母双方或一方为中国公民，本人出生在中国，具有中国国籍。”由

① 没有查找到近年来我国批准外国人加入中国国籍的任何数据。但是，允许外国人加入本国国籍在发达国家已经成为常例，即使是非传统移民国家也不例外，这是最终留住外国人的法律最高形式。2008 年，13 218 名外国人加入日本国籍，其中 4 322 名是中国人。2011 年，694 193 名外国人加入美国国籍，其中 32 864 名是中国人。2011 年，95 284 名外国人加入澳大利亚国籍，其中 8 898 名是中国人。2009 年，加拿大批准 174 059 名外国人入籍，其中 19 907 名是中国人。2008 年，有近 10 万外国人加入法国国籍。粗略估计，近年来，每年加入其他国家国籍的中国人大约有 10 万人，占这些国家外国人入籍总人数的 5% ~ 32% 不等。其中大多数是高技能、高资产的人才和商人。

于许多国家对在境外出生取得国籍也采取单亲血统原则，以致父母一方为中国公民而另一方为外国公民在中国生子女后，除可以为出生婴儿在中国登记户口和取得中国国籍外，还可以在外国驻华使领馆申请外国护照和取得外国国籍。虽然1980年《国籍法》对于父母一方为中国公民，本人出生在国内的，只能为中国国籍，但是许多驻中国的外国使领馆出于本国的利益考虑，给这类人员发放本国护照，故持有外国护照的中国籍儿童越来越多。此种情况下，我国不承认其外国国籍。

按照我国有关法律规定，这类人员首次出境时，应以中国公民的身份出境。为避免双重国籍，公安部门尽可能地让这类人员使用一次性中华人民共和国出入境通行证。然而，有的儿童父母却坚持要求给予其子女持用中华人民共和国护照，期望他们的孩子以中国人的身份持用中国护照出境中国，在境外又以外国人的身份持用外国护照出入其他国家。也有的儿童使用一次性中华人民共和国出入境通行证出境后，再次入境中国时，他们不再使用中华人民共和国出入境证件，而以外国人的身份持用外国护照入境。在中国居留一段时间后，其父母要求公安部门为其子女办理国籍审定，申报中国户口。现行的法律、法规对上述行为无相应的制约措施，客观上造成双重国籍的现象。

二、出生在境外

我国对在境外出生取得国籍采取单亲血统原则。1980年《国籍法》第5条规定："父母双方或一方为中国公民，本人出生在外国，具有中国国籍；但父母双方或一方为中国公民并定居在外国，本人出生时即具有外国国籍的，不具有中国国籍。"美国、加拿大和巴西等国对在境内出生取得国籍采取出生地原则，如果父母双方或一方为中国公民，他们在所住国生的子女，除可以向在中国驻所住国使领馆登记户口和取得中国国籍外，还可以申请所住国护照和取得所住国国籍。目前，我国驻外使领馆对中国公民（通常为出国留学生）在外所生子女采取的做法有：一种是承认其外国国籍，不承认其中国国籍，在其外国护照上签发中华人民共和国签证；另一种是承认其中国国籍，不承认其外国国籍，为其颁发中华人民共和国旅行证。由于中国不承认其外国国籍，并不等同其外国国籍自动失效，我国驻外使领馆的后一种做法容易造成中国公民在境外出生子女事实上的双重国籍。

三、境内非婚子女

自改革开放以来，跨国婚姻数量明显上升。近年来，浙江、福建、江西等地都出现了东南亚女性非法入境与当地中国男性结婚并生育子女的现象。与此同时，非法同居和人工授精单亲生育以及出生证明上只有母亲、没有父亲的孩子也越来越多，甚至出现无法提供孩子医学出生证明、亲子鉴定证明的情况，造成孩子无法登记户口，以致国籍归属问题难以解决。

四、境外非婚子女

如果境外的中国公民非婚子女的国籍和护照被发照国所注销时没有中国国籍，那么这些非婚子女就变成无国籍人，出入境很困难。另外，一些非婚子女的中国国籍父母不回国，将孩子交由亲友照管。当孩子的父母在境外下落不明或死亡，就无法为孩子申报当地户口和中国护照。

第二节　申请取得外国国籍政策的现状和不足

根据1980年《国籍法》第9条：“定居外国的中国公民，自愿加入或取得外国国籍的，即自动丧失中国国籍。”近年来，不少中国新移民通过各种方式申请另一国的护照，在境内或境外取得外国国籍，而这些国家在其获得国籍时并不要求其放弃原有的中国国籍，因此这些人便有了双重国籍。

一、非法持用外国护照

自改革开放以来，中国公民出国人数大量增加，少数人通过不正常渠道购买外国护照。同时，有些国家为吸引资金、获取外汇，公开出售本国护照或规定只要在该国投资一定数额，即可获取该国护照。可是，这种护照与该国正常颁发的护照有本质不同，它不具备一般护照所应有的全部法律效力，发照国能否承认他们的国籍归属、护照能否得到延期均不确定。

针对这种情况，1990年6月，公安部和外交部联合发布《关于中国公民非法持用外国护照有关问题的通知》，作出对短期出境的中国公民持用玻利维亚、汤加、伯利兹、尼加拉瓜、厄瓜多尔、秘鲁、巴拿马、毛里求斯、阿根廷、哥伦比亚、泰国、菲律宾等国护照不予承认的决定，并指令我签证机关对自1989年1月1日以后取得的玻利维亚、伯利兹、巴拿马、秘鲁、阿根廷、莱索托、南非、洪都拉斯等国护照的华人申请签证时认真审查。公安部还印发了《关于处理持受汤加保护者护照的中国公民国籍问题的通知》等一系列规定，对中国公民非法持用外国护照起到一定的遏制作用。另外，有些腐败官员和违法商人通过各种途径取得了发达国家的护照，在东窗事发时随时潜逃出国，躲避我国法律的制裁。随着时代的变迁和新问题的出现，以上文件中不完善的部分逐渐显现出来，使得难以处理非法持用外国护照产生的问题。

二、“定居外国”标准

根据1980年《国籍法》第9条：“定居外国的中国公民，自愿加入或取得外国国籍的，即自动丧失中国国籍。”自动丧失中国国籍的适用对象是指已定居外国并自愿加入或取得外国国籍的中国公民。“定居外国的中国公民”即华侨。“定居外国”标准的具体内容是什么？

从世界银行组织关于人口移动的定义出发，判断“定居国外”必须满足时空两个条件。仅凭借护照或居留证，在外国居住或停留一段时间，并不符合自动丧失中国国籍的条件。根据世界银行组织关于人口变化和发展的报告称：迁移的标志是“社区的改变”，即社会经济行为主体比较长期地迁居到一定距离之外，从而引起常驻地发生变更的人口行为。从这个定义上看，成为移民的两个基本条件是：空间的移动和时间的延续。在空间限制上，作为一个移民，绝不是从一个原住地搬迁至另外一个附近住所，而必须引起社会结构的变化，一般来说，必须引起国家或地区的变更。在时间限制上，必须是比较长期地居住在迁移区。如何判断“比较长期”？美国移民法规定：必须在取得永久居留权后，连续在美国居住5年。这是取得入籍的最低居住年限。在5年之中，不能连续超过半年的时间离开美国，如果超过半年以上，必须提供无意放弃美国住所的证明。因此，也要相应地延长申请入籍的时间，并重新计算在美国的居留时间。在美国实际居留的期限至少3年，起码要达到法定期限的一半，才能向美国移民局提出入籍的申请。目前各国法律都对时间限制作了不同的规定，长短不一，但一般至少需要1年以上。以我国香港特别行政区为例，在回归之前，其人民入境事务处也规定“凡大陆赴港定居者，1年之内无特别事由不得离港外出”。因此，取得永久居留许可与“定居国外”具有一定的联系，但不等同。世界上绝大多数国家发放的永久居留许可有长、短期之分。针对短期永久居留许可，所在国可以限制其居留期限，一旦延期居留申请被所在国主管机关拒绝，则不能继续合法稳定地停留在该国。因此，这部分移民不属于“定居外国”。从社会角度而言，定居不仅包括时空的限制，而且还包含心理的转变，必须具有长期定居在所在国的意向和行为。获得一张永久居留许可并不意味着成了该国的永久性居民，还必须具有长期居住的意思和行为。因此，持护照或永久居留的中国公民，不一定符合“定居国外”的概念。

三、丧失中国户籍

1980 年《国籍法》第 9 条规定：“定居外国的中国公民，自愿加入或取得外国国籍的，即自动丧失中国国籍。”“定居外国的中国公民”即华侨。该款规定在一定程度上放弃了我国在华侨国籍事务上的主动权，听由外国决定华侨取得该国国籍。随着形势的发展，我国不能因为华侨取得外国国籍后，就取消其中国国籍。

一些中国公民出国定居时没有注销户籍和交回身份证。2006 年《公安部关于对已领居民身份证的公民在办理注销户口时是否收缴居民身份证问题的批复》第 2 条规定：“对已经领取居民身份证的公民因死亡、出国（境）定居注销户口的，应当收回其居民身份证。”但在司法实践中，公安户政管理部门在管理中没有有效的实施手段，很难全面掌握公民因出国（境）定居情况，造成许多中国公民在出国定居后，仍然有意无意地保留着其户籍和身份证。

一些中国公民在境外获得其他国家永久居留许可及取得外国国籍时，不主动注销户籍和交回身份证。由于我国没有关于中国公民在境外获得其他国家永久居留许可及取得外国国籍时注销其户籍和交回身份证的规定，许多在境外获得其他国家永久居留许可及取得外国国籍的中国公民不主动注销户籍和交回身份证，公安户政管理部门也不强制注销这类人员的户籍和收回其身份证，以致许多华人拥有外国国籍并保留中国户籍和身份证。

当拥有外国国籍并保留中国户籍和身份证的华人来中国时，很难在短期内完成注销户籍和交回身份证手续。当拥有外国国籍并保留中国户籍和身份证的华人来中国，中国驻外使领馆会向其签发中国签证。2009 年 2 月，外交部要求变更国籍的华人，在办理中国签证时必须交回原中国护照，并由签证官员注销。由于驻外使领馆和境内公安部门户政管理机构分别负责境外护照和境内居民户籍事宜，驻外使领馆很难知道他们在境外取得外国国籍时是否注销了户籍和交回了身份证，也很难提醒他们及时注销和交回。当他们来到中国后申请签证延期或居留证时，公安部门出入境管理机构会要求其先注销户籍和交回身份证，再办理签证延期或居留证。已经回国的拥有外国国籍并保留中国户籍和身份证的华人在短期内通常很难提交注销户籍所需的材料，完成注销户籍和交回身份证手续也常常不得不先离境，然后再择期办理，给出入境造成很大不便，也不利于我国对取得外国国籍与丧失中国户籍和身份证的华人进行管理。

第三节　居留转国籍制度的缺失

居留转国籍制度缺失是通过申请取得中国国籍政策的主要不足之一。本节主要阐述居留转国籍的界定、发达国家居留转国籍的实践、我国居留转国籍制度的缺失以及外国人才很难放弃原有国籍转而申请中国国籍四个方面。

一、居留转国籍的界定

居留转国籍是指一个人主要依据居留事实，根据一国法律规定，通过自愿申请，得到批准而取得该国国籍。申请居留转国籍除满足居住期间要求外，还必须同时满足年龄、品行良好、身体健康、经济能力、对本国了解程度、本国官方语言能力、参加入籍仪式等其他方面的要求。比较而言，一个人获得在其他国家居住的可能性比与其他国家公民结婚、被其他国家公民收养和发生国家继承事实的可能性要大得多。居留转国籍的主要依据是居留而不是婚姻、收养和国家继承，这使得其面向的外国人群体比主要依据婚姻、收养和国家继承入籍的外国人群体更具有普遍性。允许外国人基于居留转国籍的重要性不亚于允许因出生而取得国籍。

二、发达国家居留转国籍的实践

在全球化时代，通过居留获得住在国国籍成为一种国际移民趋势。关于居留期间的具体要求，各国规定有差异。其通常要求是，申请入籍者以永久居民身份在本国居住满五年，以证明其与本国有着密切的联系。各国对申请入籍的外国人是本国永久居民还是临时居民，要求也有所不同。比较而言，吸纳外国人口的国家，要求入籍申请的居住条件宽松，反之则严。如果一国遵循人口国际流动规律，允许外国人因居留而转换国籍，就能有效地引导外国人在本国的工作和生活，有利于增强国家凝聚力。否则，就堵塞了大部分外国人在本国永久工作和生活的可能性。

1990 年《美国移民与国籍法》（2003 年修订）第 101（a）（23）条规定：

任何申请加入美国国籍的人必须符合永久居民身份，以美国永久居民身份在美国居住至少五年，在提交入境申请日期之前本人在美国居留的时间总计达到五年的一半，提交入籍申请之日到被批准成为公民之时一直在美国居住，在提交申请所在州或所在公民和移民局所管辖的区域居住至少三个月。在上述要求的五年居住期内，如果申请人在美国境外连续停留一年或一年以上，其在美国连续居留的连续性将被中断。2007 年《澳大利亚公民资格法》第 22（1）条规定，居住要求是指“（a）递交入籍申请前在澳大利亚居住了四年；（b）在四年居住期间不是非法的非公民；（c）递交入籍申请前 12 个月以永久居民身份在澳大利亚居住”。《新西兰公民资格法》规定，外国人申请入籍，必须是新西兰永久居民、澳大利亚公民或澳大利亚永久居民，并且以此种身份于递交入籍申请前在新西兰居住了五年。《加拿大公民资格法》规定：外国人申请入籍，必须在递交入籍申请前的四年间，以永久居民身份在加拿大居住满三年。

根据 2000 年《联邦德国国籍法》（2007 年修订），外国人在德国连续居住至少八年，持有居留许可证，在德国的生活来源不依靠社会救济和失业补助，没有犯罪记录，在德国有住处，达到一定的德语水平，可以申请加入德国国籍。如果是来自欧盟其他成员国或者瑞士的申请人，在申请加入德国国籍前，需同意放弃原国籍。法国规定，外国人以合法身份进入法国，在法国定居五年以上，生活正常，风俗习惯没有异常现象，愿意充分融入法国社会，懂法语，没有刑事犯罪记录，身体健康，可以申请加入法国国籍。在法国法律中，定居是指稳定和事实居住，并且申请人的家庭中心和经济利益亦在法国，申请人拥有稳定收入。1981 年《英国国籍法》规定，外国人在英国合法居留五年，申请入籍前拥有无限期居留权或同等资格 12 个月或以上，愿意在英国继续居留，或在海外替联合王国政府、英国公司或团体工作，可以申请加入英国国籍。

日本 1950 年《国籍法》（1993 年修订）第 5 条规定：申请入籍者，必须连续五年以上在日本有住所者。台湾地区 1929 年《国籍法》（2006 年修订）第 3 条规定，外国人或无国籍人申请入籍，应现于台湾地区有住所，并每年合计有 183 日以上合法居留之事实继续五年以上。台湾地区 1929 年《国籍法》（2006 年修订）第 3 条规定，外国人或无国籍人，在台湾地区每年合计有 183 日以上合法居留之事实继续五年以上，现于台湾地区内有住所，品行端正，无犯罪记录，有相当财产或专业技能，足以自立，或生活保障无虞，具备基本汉语语言能力及国民权利义务基本常识，可以申请入籍。

三、我国居留转国籍制度的缺失

我国目前没有关于居留转国籍的政策。根据1980年《国籍法》，获得中国国籍的途径主要是出生。第6条规定："父母无国籍或国籍不明，定居在中国，本人出生在中国，具有中国国籍。"虽然第7条"外国人或无国籍人，愿意遵守中国宪法和法律，并具有下列条件之一的，可以经申请批准加入中国国籍：（一）中国人的近亲属；（二）定居在中国的；（三）有其他正当理由"规定了定居转国籍，2004年《外国人在中国永久居留审批管理办法》具体规定了家庭移民、技术移民和投资移民三种永久居留类别，但是1980年《国籍法》没有作出调整、增加永久居留转国籍方面的规定。由于居留转国籍制度的缺失，永久居民外国人或者在中国居留和工作多年的外国人都无法取得我国国籍。在国际移民法上，很难找到让获得本国永久居留权的外国人永远以永久居民身份存在的先例。

四、外国人才很难放弃原有国籍转而申请中国国籍

大多数外国人才来自发达国家，由于中国与发达国家十分明显的发展差距，以及中国护照在国际旅行方面的不便之处，使其以放弃原有国籍为条件而取得中国国籍，不具有现实可行性。中国的社会保障制度很不完善，与以福利制度立国的发达国家相比，相差几十年甚至上百年。几乎没有国家对持中国因私普通护照者提供免签证待遇，这对于需要经常在各国间从事商务活动、探亲和旅游的海外人才而言非常不方便。

第四节　解决由于国籍政策不足而产生问题的努力

公安、外交等有关部门采取了一些措施，努力解决由于国籍政策不足而产生的问题，取得了一定的效果，并正在为修订1980年《国籍法》做准备。

1994年4月，公安部颁布《关于办理出国留学人员户口登记问题的通知》，公派或自费出国留学人员，出国1年以上的，由本人或单位指定专人向常住地户口登记机关办理注销户口手续；临时出国1年以内，只办理出国登记，不注销户口。公派或自费出国的留学人员，回国后要求在原户口所在地恢复户口的，派出所可以凭归国留学人员的出国护照，依据原户口注销登记直接办理恢复户口手续。

2003 年 8 月，公安部公布一项便民措施，自即日起，取消出国、出境 1 年以上的人员注销户口的规定。定居国外的中国公民回国定居或者回国工作抵达目的地后，依法应当在 30 天内凭回国定居证明或者经中国劳动、人事部门核准的聘请、雇用证明到当地公安局办理常住户口登记。

2004 年 8 月，为满足一部分华人频繁往返中国与其国籍国，同时不放弃原国籍的需求，公安部和外交部联合颁布《外国人在中国永久居留审批管理办法》,① 规范外国人在中国永久居留审批工作。

2008 年 12 月，中组部印发《关于为海外高层次引进人才提供相应工作条件的若干规定》。“落户”部分明确规定：对于愿意放弃外国国籍而申请加入或恢复中国国籍的外国籍引进人才，公安机关要根据《国籍法》的有关规定优先办理。

2009 年 2 月，中国外交部正视双重国籍的困扰，要求 2007 年以后变更国籍的中国移民，在办理中国签证时，必须交回原中国护照，并由签证官员注销。

2012 年 8 月，《国籍法》调研工作项目组在北京召开的海内外高端人才及专家学者座谈会，重点研讨海外人员在遵守中国国籍制度中面临的挑战，中国现行《国籍法》存在的不足，人才引进政策的进一步完善等问题。公安部将修订《国籍法》作为重点工作之一开展了多方面、多层次的相关调研工作，以期对国籍法的修订、细化提供决策参考。公安部认为，中国现行《国籍法》于 1980 年颁布实施，随着中国改革开放的深入发展以及中外交流的不断扩大，中国的国籍管理工作出现了许多新情况、新问题，社会各界及海外华人对完善、细化国籍制度的呼声也持续不断。

2012 年 12 月，中组部等 25 个部门联合颁布《外国人在中国永久居留享有相关待遇的办法》。第 18 条规定“加入或恢复中国国籍，公安部门按照有关手续，加快办理”，重申了《关于为海外高层次引进人才提供相应工作条件的若干规定》中加入或恢复国籍方面的规定。

第五节　中国国籍政策的完善

全球化是机遇也是挑战，各国都积极思考在国际化的进程中，如何合理地运用国籍规则谋求本国的发展，并融入国际社会，我国也不例外。

---

① 周南京．华侨华人问题概论．香港：香港社会科学出版社有限公司，2003.

一、只承认出生子女的中国国籍或者外国国籍

为解决出生在境内的父母双方或一方为中国公民的子女事实上双重国际问题，建议无论是婚生还是非婚生，只承认其中国国籍或者外国国籍。对于申请中国户籍的，要求其父母提交不为其申请外国户籍，否则承担相应法律责任的申明。如果发现申请中国户籍的已经获得了外国国籍，要求其父母提交已经放弃外国国籍的证明，否则不予办理户籍。对于已经申请中国户籍的，只能持中国护照等旅行文件，不允许其持外国护照出入中国国境。与外国驻华使领馆协商，要求其随时向中方通报批准申请该国国籍但父母一方为中国公民的情况，便于中方掌握父母一方为中国公民，本人出生在中国境内，已经获得外国国籍的情况。

为解决出生在境外的父母双方或一方为中国公民的子女事实上双重国际问题，建议无论是婚生还是非婚生，只承认其中国国籍或者外国国籍。对于申请中国护照的，要求其父母提交不为其申请外国国籍，否则承担相应法律责任的申明。如果发现申请中国护照的已经获得了外国国籍，要求其父母提交已经放弃外国国籍的证明，否则不予办理护照。对于已经申请中国护照的，只能持中国护照等旅行文件，不允许其持外国护照出入中国国境，不向其签发中国签证。如果申请中国签证，收缴其持有的中国护照并予以注销。与外国护照部门协商，要求其随时向中方通报批准申请该国国籍但父母一方为中国公民的情况，便于中方掌握父母一方为中国公民，本人出生在中国境内，已经获得外国国籍的情况。

二、取得外国国籍中国公民必须注销中国户籍

为解决非法取得外国国籍以及取得外国国籍但没有注销中国户籍的问题，建议对于持用外国护照者，如果查明其有中国户籍，要求其提供注销户籍、交回身份证和放弃中国国籍的证明。对于不能提供证明者，有关机关不承认其持有的外国护照，不向其签发和延期中国签证，不为其办理外国人居留手续；口岸边防检查站阻止其使用外国护照出入中国国境。如果是领导干部、配偶子女均已移居国（境）外的国家工作人员、登记备案的国家工作人员，将非法持用外国护照以及取得外国国籍但没有注销中国户籍情况通报所在单位及同级纪委和监察部门。

三、明确“定居国外”的标准

为了解决1980年《国籍法》第9条“定居外国的中国公民，自愿加入或取

得外国国籍的，即自动丧失中国国籍”含义不明问题，建议参照国务院侨办2009年《关于界定华侨外籍华人归侨侨眷身份的规定》中关于“定居”的解释”确定1980年《国籍法》中的“定居”的含义。2009年《关于界定华侨外籍华人归侨侨眷身份的规定》第1条规定：①“定居”是指中国公民已取得住在国长期或者永久居留权，并已在住在国连续居留2年，2年内累计居留不少于18个月。②中国公民虽未取得住在国长期或者永久居留权，但已取得住在国连续5年以上（含5年）合法居留资格，5年内在住在国累计居留不少于30个月，视为华侨。③中国公民出国留学（包括公派和自费）在外学习期间，或因公务出国（包括外派劳务人员）在外工作期间，均不视为华侨。

四、推动优先和加快办理华人申请加入或者恢复中国国籍的政策的实施

2008年中组部《关于为海外高层次人才提供相应工作条件的若干规定》和2012年《外国人在中国永久居留享有相关待遇的办法》都规定：对于愿意放弃外国国籍而申请加入或恢复中国国籍的外国籍引进人才，公安机关要根据《中华人民共和国国籍法》的有关规定优先和加快办理。建议在修订《国籍法》时，将这一规定法律化和细化，推动优先和加快办理华人申请加入或者恢复中国国籍政策的实施。

（一）优先办理持外国人永久居留证的华人申请中国国籍

吸引优秀华人回国，仅根据2004年《外国人在中国永久居留审批管理办法》赋予其永久居留权是不够的，要欢迎和鼓励其入中国籍，便于其融入国内主流社会和扎根中国。为解决由于居留转国籍制度缺失而产生的持外国人永久居留证的外国人无法取得中国国籍的问题，建议建立永久居留转国籍制度，允许持外国人永久居留证并在中国居住满一定期限的外国人申请中国国籍。中国目前还没有正常化外国人申请中国国籍工作。但是，该工作的正常化是大势所趋，中国永久居留许可必须有个出口，中国国籍是唯一合适的出口。鉴于华人群体的特殊性，其具有比其他外国人融入国内主流社会更便利的条件。设定外国人申请中国国籍的条件时，可以赋予外籍华人优先地位。例如，缩短入籍申请中对其以中国永久居民身份在中国居留的时间要求。如果外国人以中国永久居民身份在中国居住满五年才有资格提出入籍申请，那么外籍华人居住满三年即有资格提出申请。

（二）加快办理华人恢复国籍

允许华人恢复国籍，可以鼓励华人人才回国，保护华人的合法权益，使中国政府摆脱当外国采取歧视、打压、迫害华人的行动时所处的困境。对可以恢复国籍的华人限定在具有至少1/4中国血统，也就是说，至少其祖辈中有一位是具有完全中国血统的中国国籍的人。为了保持与东南亚国家的良性关系，可以规定，华人恢复中国国籍后，必须在规定期限内放弃原东南亚国家的国籍，并随后与中国保持最密切联系，如实际居住，否则恢复的中国国籍无效。在设计恢复国籍的条件时，鉴于中国的国情，可以从资产、语言、教育程度等方面予以限定，缓解华人恢复国籍给国内带来的人口和经济压力。另外，华人恢复中国国籍的工作应该是经常性工作，不是临行性措施，以将华人恢复国籍可能给国内和国际压力分解到各个阶段，避免大规模华人集中复籍和突然入境导致国内外矛盾激化的情况。

五、渐进地推行灵活国籍政策

为解决外国人才很难放弃原有国籍转而取得中国国籍的问题，建议平衡集中居住在东南亚地区的多数华侨华人和分散居住在欧、美、大洋洲的新华侨华人利益①，渐进地推行灵活国籍政策，从目前的不认可过渡到有条件认可，再从有条件认可到无条件认可。

在国内外稳定的情况下，首先，删去现行国籍法中规定的“不承认中国公民具有双重国籍”的条款，无条件认可中国公民被动取得其他国籍。所谓“被动”，是指一个具有中国国籍的人取得另外一个国籍，如果该国籍不是自己通过主动申请获得的，而是由于出生、结婚、收养等原因被动获得的，则此人可保留中国国籍，允许持有中国护照。例如，凡是父母当中有一方或双方具有中国国籍，则新生儿一出生即具有中国国籍。如果儿童因此而具有双重国籍，允许他们成年即18岁后自己选择，不选择者，视为自动放弃其他国籍。其次，无条件地认可中国公民主动取得特定国家国籍（主要是非东南亚发达国家国籍），无条件地认可来自特定国家主要是非东南亚发达国家的公民，通过主动申请，拥有包括中国国籍在内的双重国籍。再次，有条件地认可中国公民主动取得所有国家国

---

① 时任国务院侨办主任陈玉杰在欧洲探访华侨时表示，国家“不承认双重国籍是因为国家关心的是大部分华人的利益”。如果现在承认中国公民可以拥有双重国籍，不仅推翻了《国籍法》的一项基本原则，实际上也就否定了新中国成立以来中国政府处理双重国籍问题的政策、实践及其历史意义，损害了中国政府的形象，并容易被国际敌对势力利用作为反华的一个借口。

籍，有条件地认可所有外国公民通过主动申请，拥有包括中国国籍在内的双重国籍。最后，实现无条件地认可中国公民主动取得的所有国家国籍，以及所有外国公民通过主动申请拥有的包括中国国籍在内的双重国籍。

同时，借鉴解决发达国家和港澳台地区国籍问题的成功经验，预设制度防范认可弹性国籍可能引发的冲突等。例如，拥有外国国籍的中国公民，可以使用外国政府签发的有关证件去其他国家或地区旅行，但是在中国不得因持有上述证件而享有外国领事保护和外交保护的权利。担任中国副部级以上职务的官员，必须是在外国无永久居留权的中国公民，并宣誓效忠中国。中国公民担任外国副部级以上官员后，自动丧失中国国籍。通过签订和完善双边条约解决司法管辖冲突和服兵役冲突。具有双重国籍者并在中国居留者享有与具有单一中国国籍者同等的权利，如果不在中国居住，则减少其享有的权利。

六、增强国籍法可操作性

丰富国籍法内容，例如归化入籍、国籍与户籍联动、罚则等，增加国籍法的可操作性和威慑力。努力解决业已存在的儿童国籍、成人国籍、事实上双重国籍、事实上无国籍以及现行规定执行虚化等问题。

第六节　结　论

华侨华人是中国国籍政策最重要的调整对象之一。我国国际政策在出生取得国籍，申请取得国籍，放弃原有国籍转而申请中国国籍等方面存在着规范不清和执行不严等不足，形成了事实上双重国籍或者同时拥有外国国籍和中国户籍等问题。公安、外交等有关部门采取了一些措施，努力解决这些问题，取得了一定的效果。随着时代的变迁和新问题的出现，这些措施中不完善的部分逐渐显现出来，难以应对国籍政策中的不足。完善国籍政策，可以从只承认出生子女的中国国籍或者外国国籍，取得外国国籍的中国公民必须注销中国户籍，法律化优先办理华人申请加入或者恢复中国国籍的政策，渐进地推行灵活国籍政策，增强国籍法可操作性等方面入手。

第四编

华人的身份、出入境和在中国定居政策的完善

华人是我国出入境人员的主要组成部分。要体现对华人的关心和鼓励，不宜将华人与其他外国人无区别地适用出入境和定居方面的法律。“关心、增进、鼓励和促进”的华人政策具体到出入境领域，就是给予华人出入境、居留和定居的便利。

第十一章　华人身份证件政策的展望

引　言

我国华人身份证件政策的主要内容是：模糊确认华人身份，不办理华人身份证明和不审发华人身份证件。近年来，欧美华人不断呼吁推行华人证、华裔卡、海外公民证等华人身份证件，希望以此获得一定程度的中国国民待遇。回应欧美华人关于华人身份证件的呼吁，需要研究华人身份证件政策，妥善解决推行华人身份证件面临的问题，努力降低制定和实施华人身份证件政策的风险。

第一节　华人、华人政策与华人身份证件政策

华人身份证件政策是华人政策在身份证件领域的具体表现，认识华人身份证件政策必先认识华人政策，而认识华人政策必先理解华人。

长期以来，"华人"一词多出现在政治、宣传性文件和社会、人口、历史学著述中，政策和法律没有详细界定其含义。官方界定见于2009年《关于界定华侨外籍华人归侨侨眷身份的规定》。该《规定》第2条规定："外籍华人是指已加入外国国籍的原中国公民及其外国籍后裔；中国公民的外国籍后裔。""后裔"是理解"外籍华人"概念的关键之一，"后裔"有"后人、后代"之意。2009年《规定》没有进一步界定"后裔"的具体含义，其中的主要原因可能有两点：一来华人是外国人，可以适用针对外国人的法律，予以界定的必要性不大；二来有关各方对华人的含义没有取得一致意见。除模糊确认华人身份的上述规定外，我国也没有制定关于办理华人身份证明和审发华人身份证件方面的政策。

虽然华人内涵模糊，但是华人作为有中国血统和传承中国文化的外国人的外延是清晰的。中国没有简单地将其与其他外国人视为一体，而是作为一个与中国有密切联系的群体，确立了"友好、合作、交流、关心、鼓励"的政策。1989年，国务院侨务工作会议根据改革开放的要求以及侨务工作实践中出现的一些问

题适当调整了侨务工作的基本方针。在这次会议上，第一次针对华人、华侨、归侨侨眷等不同群体的特点提出了各自不同的工作方针。对于华人，突出“友好、合作、交流”，要严格区别外籍华人与华侨的不同国籍，增进外籍华人同我国的友好情谊和合作交流，并希望和鼓励他们为所在国的发展以及所在国与我国的友好合作发挥积极作用。

1993 年，廖辉在国务院侨务工作会上的工作报告中指出：“华人仍是我国同一些国家（尤其是华人经济在当地经济中占有较大比重的东南亚国家）关系中长期存在的敏感问题，因此应当坚定不移地贯彻 1989 年《国务院侨务工作会议纪要》确定的华人工作方针，在工作中既要严格区别华人与华侨的不同国籍界限，又要注意以亲情相待，不把他们等同于一般外国人，努力增进他们同我国的友好情谊和合作交流。”

2005 年，有关文件在原有基础上对侨务工作基本方针和原则进行了补充和完善。在外籍华人工作基本方针中，继续严格区别华侨和外籍华人国际界限、增进外籍华人与我国的亲戚情谊，又增加了“关心外籍华人长期生存和发展”和“鼓励他们融入当地主流社会，传承民族文化”。在文件中，还将原来散见于中央有关涉侨文件中的政策精神集中起来，形成了“三有利”、区别国籍界限、公开合法、积极稳妥、“一视同仁，不得歧视，根据特点，适当照顾”等五大原则，其中的前四项原则均与华人有关。

《国家侨务工作发展纲要（2011—2015 年）》（国发〔2011〕27 号）确定了华人工作基本方针和侨务工作基本原则。外籍华人工作的基本方针是：关心外籍华人的长期生存和发展，增进外籍华人同我国的亲情乡谊与合作交流，鼓励他们融入当地主流社会、传承民族优秀文化，为促进住在国的发展以及住在国与我国的友好合作发挥积极作用，形成了“关心、增进、鼓励和促进”的华人政策。侨务工作的基本原则是：坚持“三有利”的原则，即有利于海外侨胞的长期生存和发展，有利于发展我国同海外侨胞住在国的友好合作关系，有利于推进我国现代化建设、维护和促进祖国统一。坚持区别国籍界限的原则，注意外籍华人与华侨的国籍区别；坚持公开合法的原则，侨务工作既要遵循相关的国际条约和国际惯例，又要遵守住在国的法律；坚持“一视同仁，不得歧视，根据特点，适当照顾”的原则，既要一视同仁，依法保护他们的合法权益，又要根据他们的特点，予以适当照顾。

模糊确认华人身份的华人身份证件政策，影响了有关华人的新政策的制定和推行，可能不利于华人与中国保持紧密联系和作出相应贡献。根据现行的华人身份证件政策，华人将包括所有已加入外国国籍的原中国公民的外国籍后代子孙和中国公民的所有外国籍后代子孙，不论延续多少代和有多少中国血统。作为一个政治和宣传术语，上述宽泛界定并无问题。一旦赋予“华人”一定权益时，例如在签证、居留、永久居留、国籍、投资经商方面的优待权，规定华人有关权益的法律便会因为优待面过宽而面临实施上的压力。另外，如果外国人出于有关考虑或者被优待法律政策吸引时自称是中国后裔，那么就会出现政府部门因为没有后裔的标准无法对其进行甄别的情况。假“华人”现象会损害有关外国人优待法律或者政策的实施效果。所以，华人身份清晰化和界定“后裔”是一个不可回避的问题，实践中因为“后裔”含义不清而无法或者很难实施而要求对之予以界定，是一个时间早晚的事情，除非取消所有基于华人的优惠待遇。

第二节　华人证思路剖析

一、华人证的构想

主张华人证的人士认为，申请华人证的外国人，必须满足如下条件之一：①本人、父母或者祖父母曾经持有中华人民共和国护照或户籍；②本人、父母或者祖父母出生在中国；③符合以上第 1 或第 2 项条件者的配偶。华人证有效期 10 年。持华人证者享有如下权利：①可以不需要签证多次出入中国；②在中国居留超过 180 天，必须按照有关外国人登记规定到有关公安机关办理外国人登记；③不需要学生签证和就业签证就可以在中国学习和工作；④享受与华侨一样的经济、社会、文化权利，但是政治权利除外。为了避免希望引入的华人引进不多而其他利用华人证纷纷涌入的现象出现，应排除一些国家的华人申请华人证。这些国家的名单，在考虑双边关系、国家经济社会发展水平、该国华人数量和层次等因素后确定。单设华人证的思路既考虑到华人证的形式，也考虑到华人证的实质，对于适用者来说一目了然，便于推广和应用。

二、华人证面临的挑战和疑问

第一，会不会引起已加入外国国籍的原中国公民及其外国籍后裔和中国公民的外国籍后裔之间的纷争？我国已加入外国国籍的原中国公民及其外国籍后裔和中国公民的外国籍后裔，会因为自己被划入或者被划出华人证范围和符不符合华人证标准，而对华人证范围和标准有不同甚至比较尖锐的看法，引发海外华人群体之间关系不和谐以及对中国的误解和矛盾也不是不可能的。

第二，会不会触发其他外国人对外籍华人的太多的联想和思考？华人证人为地将外国人划分为外籍华人和其他外国人，使华人证功利性太过明显，这容易触发其他外国人，特别是不全面了解中国的其他外国人对外籍华人的过多联想和思考。其他外国人的这些过多的联想和思考会不会引发他们对当地华人的“歧视”，从而影响我国业已确立的“关心和扶持侨胞在海外的长期生存和发展”的华人政策。

第三，是不是与我国的国内法律和我国签署的国际公约的一些平等和反种族歧视方面的规定不尽一致？我们需要论证：将外国人划分为外籍华人和其他外国人，是不是削弱《宪法》第 32 条平等地“保护在中国境内的外国人的合法权利和利益”规定的权威？是不是与中国加入的 1948 年《世界人权宣言》规定的“人人有权享受该宣言所载的一切权利和自由，无分轩轾，尤其不因种族、肤色或民族而分轩轾”，以及加入的 1965 年《消除一切形式种族歧视国际公约》规定的“重申人与人之间基于种族、肤色或人种的歧视，为对国际友好和平关系的障碍，足以扰乱民族间的和平与安全，甚至共处于同一国内的人与人之间的和谐关系”相悖？

第四，除印度外，单设华人证思路在国际上还有没有实例？美国、加拿大、澳大利亚和新西兰曾经分别施行“白美”、“白加”、“白澳”和“白新”政策，鼓励欧洲人和排斥有色人种入境和居留。“白美”、“白加”、“白澳”和“白新”政策是赤裸裸的种族主义，违背了 1945 年《联合国宪章》和 1948 年《世界人权宣言》及其他国际公约确立的反种族歧视原则。美国、加拿大、澳大利亚和新西兰政府从 20 世纪 60 年代开始，分别逐渐废除了“白美”、“白加”、“白澳”和“白新”政策，施行不分种族和国别的平等的移民政策。澳大利亚曾经设立 Visa Subclass 150 Former Citizen，但是局限于定居签证，已经被废止。目前仅有 Visa Subclass 151 Former Resident，局限于定居签证。

目前，世界各国针对某一族裔、某国公民的签证政策主要是针对两种情况。第一，在突发事件时接纳寻求避难者的临时措施。西方一些发达国家针对科索沃、伊拉克、阿富汗地区战乱，曾经设立过科索沃公民签证、伊拉克公民签证、阿富汗公民签证，接受来自这些国家的寻求避难者。第二，吸引本国后裔回国定居改变本国人口结构的措施。西德曾经允许“二战”期间流落东欧和俄罗斯的德裔人入境，以改变非德裔人涌入过多而德裔人入境太少进而影响德意志民族构成的困境。新西兰曾经为了增加人口中的白种人数量，从 1947 年重启资助欧洲人移民新西兰计划，直至 1975 年，其间共有 8.2 万人移民新西兰，其中 93% 是英国人。另外，与荷兰、匈牙利等国家签订协议，允许其 20 ~ 35 岁单身男女移民新西兰。1951—1954 年，10 583 名荷兰人移民新西兰。以色列为了保持犹太人占本国人口主体，在1948年《以色列国家独立宣言》中确立了鼓励犹太人移民和融入的基本国策。1950年颁布《回归法》（1970年修订）从永久居留角度赋予了全世界犹太人返回以色列的权利。

除以上分析的政治和社会问题外，如何界定华人和华人证持有人的权利是华人证思路的关键。由于界定“华人”事关重大，我国法律法规政策一直都没有具体界定“华人”概念。国务院侨务办公室2009年《关于界定华侨外籍华人归侨侨眷身份的规定》第2条规定：“外籍华人是指已加入外国国籍的原中国公民及其外国籍后裔；中国公民的外国籍后裔。”由于“后裔”是一个模糊词语，作为政治和社会用语尚可，但是远不足以作为法律用语予以实施。

明确华人证持有人的权利是考虑在“华人证的构想”部分提出的持华人证者享有权利方案，还是另行设计华人证持有人的权利？例如，根据经济社会发展需要，在普通签证的具体签证种类中单列相应的华人签证？不同方案会产生不同的影响和立法技术要求。

第三节　印度的印度裔卡和印度海外公民卡

印度在印度裔卡和印度海外公民卡方面的经验可以为设立华人证提供借鉴。

2002年9月15日，印度政府实施印度裔卡计划（PIO Card Scheme），面向持巴基斯坦、孟加拉国、阿富汗、尼泊尔、不丹、中国、斯里兰卡以外国家护照的印度裔外国人。根据该计划，持上述国家以外护照的外国人如果满足以下3个条件之一都可以申请印度裔卡：①曾经持有印度护照；②本人、父母或者祖父母出生在印度或者是印度的永久居民，任何时候均未成为上述特别指明国家的公民；③印度公民或者符合以上第1或第2项条件的印度裔的配偶。印度裔卡有效期15年。持印度后裔卡者享有以下权利：①可以不需要签证出入印度；②在印度居留超过180天，必须在180天届满前30天内到有关的外国人地区登记办公室登记；③可以不需要学生签证和就业签证在印度学习和工作；④享受与印度侨民（Non-Resident Indian）一样的经济、金融、教育方面的权利，但政治权利除外。

印度还实行印度海外公民卡计划（OCI Card Scheme），面向居住在巴基斯坦和孟加拉国以外允许双重国籍国家的印度裔外国人。根据该计划，如果能够证明自己、父母或祖父母符合以下3项条件之一，可以申请印度海外公民卡：①在《印度宪法》1950年1月26日生效时有资格成为印度公民；②是1947年1月15日以后成为印度领土一部分地区的居民；③1950年1月26日或以后成为印度公民。印度海外公民卡持有者比印度裔卡持有者享有更广泛的权利，主要是：①获得多次往返、多目的的印度海外公民签证；②在印度长期居留无须进行外国人登记；③享受和海外印度侨民一样的经济、金融、教育方面便利，但是农场种植园和物业便利除外。

中国与印度相比，在国际环境、周边国家安全形势方面处于劣势，在海外裔地域分布、海外裔构成方面更加复杂，在经济社会发展水平方面更加发达。中国设立华人证，将比印度设立印度裔卡和印度海外公民卡面临更大的挑战。

第四节　降低制定和实施华人身份证件政策的风险[①]

推行华人身份证件，需要从世界华侨华人、华侨华人各群体、华侨华人所在国家和地区环境、国内居民的认可和接受、华人身份证件与相关法律的关系等角度，多维思考推行华人身份证件面临的问题，寻求稳妥和有效的路径和方法，努力将制定和实施华人身份证件政策的风险降至最低。

一、合理界定地域适用范围

东南亚华人与非东南亚华人对推行华人身份证件有不同的诉求，即使在东南亚，不同东南亚国家华人对推行华人身份证件的诉求也有所不同。任何关于华人证类证件的调研，应扩展至全球华人，而不是局限于某一地区华人。据有关统计，东南亚、美洲、欧洲华侨华人分别约占世界华侨华人的 74%、14%、5%，印度尼西亚、泰国、马来西亚华侨华人分别约占世界华侨华人的 22%、15%、14%，均超出了美洲、欧洲华侨华人所占比例。缅甸、越南、柬埔寨、老挝华侨华人分别约为 250 万、140 万、70 万和 30 万。全球一体性推行华人身份证件，不利于区别对待不同地区华人的诉求。区别不同地区推行不同的华人身份证件，则要论证地域适用范围的合理界定和界定的具体标准，以满足不同地区华人的诉求。

二、有效区分群体适用范围

侨民、华裔、海外公民、华人、海外侨胞均不是法律用语，中国目前只是在

① 刘国福．侨民证从梦想到现实需跨五道坎．侨报，2013－03－11.

有关规定中初步界定了外籍华人概念的群体适用范围，“外籍华人是指已加入外国国籍的原中国公民及其外国籍后裔”，但是没有解释“后裔”的含义，也没有在政策和法律准确界定其他概念的群体适用范围。不加区别地适用侨民、华裔、海外公民、华人、海外侨胞等侨民类词汇，与汉语语义学和现行政策对其的理解不吻合。区别地适用侨民、华裔、海外公民、华人、海外侨胞等侨民类词汇，则要探究法律上适合华人身份证件词汇和区分的具体标准。例如，将海外所有中国人统称海外侨胞，还是划分为海外公民和海外华裔抑或其他，以几代以内为宜等，使华人身份证件制度具有更强的针对性。鉴于对2009年《国务院侨办确认华侨、归侨和侨眷身份管理办法》关于确认华人身份部分存在不足的分析，笔者建议，鉴于证明国籍身份的便利性，可以将华人界定为至少具有1/8中国血统的外国人，即至少其曾祖辈之一者应具有中国国籍。

三、科学评估华人所在地的外部环境

有研究指出，华人聚居区几乎遍及全球各大洲的各个国家，尤其是近百年来中国移民鲜至的拉丁美洲、非洲和中东各地，现在也出现了数以万计的华人聚居区。大规模的中国新移民使美洲和欧洲发达国家的华侨华人激增，使世界华侨华人高度集中于东南亚的格局开始改变。世界各国和地区对中国政治制度和巨大经济成就有着不同的观点，这影响着他们对当地华侨华人的政策。根据《宪法》第1条第1款，中国是工人阶级领导的、以工农联盟为基础的人民民主专政的社会主义国家。根据国际统计局统计，中国2011年国内生产总值达到47.3万亿人民币，由居世界各国第十位跃升居第二位。有学者分析，东南亚一些国家在经济上继续谋求对华关系利益的同时，强化与域外大国的安全合作，以期抵御可能来自中国的影响。发达国家，尤其是主要大国试图利用其特权地位维护既得利益，利用规约制约中国发展。推行华人身份证件与华人所在国家和地区有着千丝万缕的联系，科学评估推行华人身份证件对华侨华人所在国家和地区的影响，有利于更积极地维护华侨华人权益。

四、认真考虑国内居民的认可和接受

华人身份证件的主要功能是赋予外籍华人国民待遇或者准国民待遇，特别是出入境权，以及与国内居民经济、社会和文化方面类似的权利。有专家认为，在阶层分化和国内城市新移民在户籍、子女入学、就业等问题仍没有得到公平对待和根本解决的情况下，开放海外华侨华人国民待遇或者准国民待遇，会塑造新的阶层，或将招致国内居民的意见反弹。主流媒体曾有报道，一些违法乱纪分子已经秘密取得外籍身份或者双重国籍。民建中央在2005年的全国两会上提交党派提案，建议承认双重国籍，并提出让海外移民以公民身份参加人代会和政协会。此后，这一话题多次在两会上被代表和委员提出，但至今没有得到积极的回应。推行华人身份证件离不开国内居民的认可和接受。华人身份证件话题在美国和加拿大受到热议，但是在国内却少有人问津，甚至许多人对此一无所知。促进国内居民了解和理解，进而认可和接受华人身份证件，需要深入研究现状、问题，分析存在问题的原因，探究介绍和推广的渠道和方式，并且积极予以实施。

五、妥善处理与相关法律的关系

中国实行依法治国，建设社会主义法治国家。无论怎样解决推行华人身份证件面临的以上四个问题，都要妥善处理与现行法律的关系。实现“落实党的侨务政策，支持海外侨胞、归侨侨眷关心和参与祖国现代化建设与和平统一大业”，党的十八大阐述法律化需要时间和智慧。如果以现行法律为依据推行华人身份证件，由于1980年《国籍法》、1990年《归侨侨眷权益保护法》（2000年修订）、2003年《居民身份证法》、2006年《护照法》和2012年《出境入境管理法》等海外华侨华人相关法律都没有关于华人身份证件的规定，而难以制定下一位阶的法规或规章。如果要修订海外华侨华人相关法律推行华人身份证件，则要审慎研究修订哪一部法律最合适、如何修订以及怎样启动修法程序。假如另行立法推行华人身份证件，如居民身份证和护照一样，因为属于身份方面的基本制度而必须由全国人民代表大会或者其常务委员会制定法律，而制定法律必须先列入全国人大常委会立法规划。第十一届全国人大常委会立法规划，无论是第一类项目任期内提请审议的法律草案，第二类项目研究起草、条件成熟时安排审议的法律草案，还是其他类项目有关方面继续开展研究论证，视情况作出相应安排的法律草案，都没有列入华人身份证件的法律。第十二届全国人大常委会立法规划正在制定之中，由于缺少提请审议机关或起草单位的积极推动，华人身份证件法律被列入的可能性几乎为零。换句话说，未来五年，中国都很可能不会启动华人身份证件的立法工作。

除以上五方面的问题外，华人身份证件的具体内容、立法原则、立法模式、制度建设、组织实施、技术手段等实质、立法和技术方面的问题也有待理清。

第五节 结 论

我国华人身份证件政策的主要内容是：模糊确认华人身份、不办理华人身份证明和不审发华人身份证件。从理论上讲，给予华人何种身份证件是一国主权，其他国家不能干涉。但是，考虑到现实情况和可行性，还是要从世界华侨华人、华侨华人各群体、华侨华人所在国家和地区环境、国内居民的认可和接受、华人身份证件与相关法律的关系等角度，多维思考推行华人身份证件面临的问题，努力将制定和实施华人身份证件政策的风险降至最低。

第十二章 华人出入境政策的完善

引 言

2012年7月和9月，我国分别实施了出入境领域的最重要法律《出境入境管理法》和最重要法规《外国人入境出境管理条例》。这两部法律和法规在不同程度上给予了华人出入境和居留便利。给予华人出入境和居留便利与“关心、增进、鼓励和促进”的华人政策一脉相承。本章从背景、现状、不足和完善等四个方面展开，剖析我国的华人出入境政策，提出完善便利华人出入境和居留政策的建议。

第一节 华人出入境政策的国际移民背景

2009年国务院侨办《关于界定华侨外籍华人归侨侨眷身份的规定》第2条规定：“外籍华人是指已加入外国国籍的原中国公民及其外国籍后裔；中国公民的外国籍后裔。”在本章，外籍华人又称华人。就国际移民而言，华人出入境政策的主要背景是我国在人员国际流动方面与发达国家和地区之间存在着巨大差距。

第一，外国人出入境中国人次少和占中国总人口比例低。

2012年，外国人出入境中国共计5 435.15万人次，占我国人口的4%。2010年，外国人入境美国共计1.6亿，以入境人数与出入境人次的关系是1∶2.5计，外国人入出境美国人次占人口的132.64%。外籍人入境中国台湾地区277万，以入境人数与出入境人次的关系是1∶2.5计，外籍人入出境中国台湾地区人次占人口的30.14%。

第二，在境内居留外国人人数少和占中国总人口比例低。

根据第六次全国人口普查的数据，截至2010年11月，593 832名外籍人员居住在我国境内，占我国人口的0.04%，不仅低于美国13.5%、德国13.1%、法国10.7%、日本1.69%、韩国3%、中国台湾地区1.76%等发达国家和地区的比例，也低于巴西0.4%、俄罗斯8.7%等新兴国家的比例。

第三，在华工作的外国人人数远低于在发达国家和地区工作的外国人人数。

2012年，共有约77.5万名外国人在中国工作，其中32%持就业许可，68%持外国专家证。2011年，美国签发的各类工作签证总数为2 816 525，其中40 508张签证是向中国人签发。2001年，日本向168 783名外国人签发以就业为目的的签证。2005年，英国签发91 500张工作许可。

第四，接收留学生率和出国留学生率均远低于世界平均水平。

接收留学生率和出国留学生率分别指本国接收高等教育留学生人数和出国高等教育留学生人数占本国高等教育人数比例，是衡量一个国家高等教育国际化的最重要指标。2009年，根据联合国教科文组织《全球教育概览（2011）》，来华留学生有61 211名，中国接收留学生率为0.2%，远远低于世界平均接受留学生率2%、东亚和太平洋地区平均接受留学生率1.3%。按照我国教育部统计，2012年，328 330名外国人在我国高等教育机构学习，占在高等教育机构学习的中国学生总数的1.29%。① 根据联合国教科文组织《全球教育概览（2011）》，出国留学生有510 314名，中国出国留学生率为0.4%，低于世界平均出国留学生率为0.6%、东亚和太平洋地区平均出国留学生率0.5%。

第五，签发给外国在华留学毕业生工作签证为零。

根据我国现行法律，外国在华留学毕业生在没有找到工作情况下没有资格申请我国工作类居留许可，因而我国签发给外国在华留学毕业生工作签证为零。但是，向外国留学毕业生签发工作签证在发达国家和地区已经成为常例，是培养和吸引外国人才的一个重要手段。2007年，日本向10 262名外国留学毕业生签发了工作签证，其中7 539名是中国留学毕业生。2011年，澳大利亚向21 585名外国人签发了留学毕业生技术移民签证，其中4 330名是中国留学毕业生。

第六，“千人计划”所引进的1 000多名海外高层次人才中只有2%是非海外侨胞专业人士。

2010年10月20日，时任国务院侨办主任李海峰在全国侨务工作会议上表示，“千人计划”引进的1 000多名海外高层次人才中，98%以上是海外侨胞专业人士。这与非海外侨胞专业人士的庞大数量极不相称。事实上，海外侨胞专业人士不是海外人才的最主要组成部分，只有很小一部分，但“千人计划”所引进的1 000多名海外高层次人才中的98%是海外侨胞专业人士。这不仅因为海外侨胞专业人士是最愿意回国服务的海外人才的最主要组成部分，而且因为我国的

① 根据《中国统计年鉴（2012年）》，截至2012年年底，普通高校在校学生数为2 536.564 7万人。

出入境管理法有利于海外侨胞人才而不利于非海外侨胞人才来华工作。我国只接受有用人单位聘用邀请的海外人才的“千人计划”申请，非海外侨胞专业人士在中国境内几乎没有亲属及其他人脉资源，因而获得用人单位聘用邀请非常困难。在引进海外人才方面，发达国家和地区移民法远比我国出入境管理法成熟，因为他们不仅设有有用人单位聘用邀请类签证，而且设有没有用人单位邀请的独立类签证，前者侧重于在境内有人脉资源能够找到用人单位的海外人才，后者侧重于在境内没有人脉资源但是确实优秀一定能够找到用人单位的海外人才。①

第七，我国在人员国际流动方面与发达国家和地区之间差距的影响。

中国在人员国际流动方面与其他国家和地区的差距在一定程度上阻碍了我国的现代化和国际化建设。我国一线城市的发展目标无不与国际化密切相关。北京将自己定位为中国特色世界城市、国际一流旅游城市、国际商贸中心、国际交往中心、具有全球影响力的科技创新中心等，国际组织和跨国组织总部在京落户。就国际移民而言，北京、上海、广州、深圳和天津都没有达到现代化和国际化城市的要求。国际交往人口规模有待扩大是北京、上海、广州、深圳、天津与伦敦、巴黎等世界城市的主要差距之一。北京尚不具备“国际移民多，文化多样”的世界城市特点。

第二节　华人出入境政策的现状

一、华人出入境政策概述

华人是我国出入境人员的主要组成部分。华人出入境适用于外国人出入境管理方面的法律和法规。我国外国人出入境管理方面的最主要的法律和法规分别是全国人大常委会2012年6月30日审议通过并于2013年7月1日施行的《出境入境管理法》和国务院2013年7月3日审议通过并于2013年9月1日施行的《外国人入境出境管理条例》。要体现对华人的关心和鼓励，不宜将华人与其他外国

① 北京化工大学生命科学与技术学院教授陆骏盗用他人同名学术文章并伪造履历，属严重学术不端行为，决定予以开除。他已被取消国家“千人计划”入选资格。“千人计划”网站2010年1月公示的“千人计划”入选名单显示，169号陆骏，推荐单位是北京化工大学，专业领域为工程与材料科学，但其提供的7篇代表论文全部为生物医学领域，正是这些论文被发现冒名假借。哈尔滨医科大学王志国重点论文被撤并被国外大学关闭实验室。中国地质大学（武汉）蒂姆·柯斯基涉嫌职称履历造假和学术腐败。以前“千人计划”存在的主要问题：一是未达到要求，比如国家“千人计划”就要求必须在国外是正教授，但有人换个“头衔”就入选了；二是原本要求全职回国，但有部分人并未真正回国。

人无区别地适用出入境方面的法律。“关心、增进、鼓励和促进”的华人政策具体到出入境领域，就是给予华人出入境和居留便利。

2008 年，全国人大华侨委员会召开第四次全体会议，在听取公安部介绍涉侨出入境管理情况时提出建议，在修订出境入境管理法实施办法时，要重视研究华人希望在出入境和在国内居住给予方便的愿望和要求。时任国务委员戴秉国在2011 年全国侨务工作会议上指出，要进一步完善涉侨法律法规和政策，在区别华侨与外籍华人国籍界限的前提下，给予外籍华人出入境和居留便利。

2012 年 4 月，全国人大华侨委员会召开第二十二次全体会议，又一次听取了公安部关于近年来出入境管理涉侨工作和《中华人民共和国出境入境管理法（草案）》进展情况的介绍。当了解到该草案中已就华人出入境提供便利等作出规定时，委员会组成人员一致认为这是政府有关部门在涉华人出入境管理制度方面的创新和突破。①

二、华人签证政策

为了满足外籍华人来华的需求，我国制定并法律化了便利外籍华人来华的签证政策，设立了 Q 字签证和 S 字签证，并完善了口岸签证和临时入境制度。

2012 年《外国人入境出境管理条例》将签证种类由原来的 8 类 9 种修改为 12 类 15 种，其中的 Q1、Q2、S1、S2 签证为新设立的签证类别。Q 字签证实质上是亲属签证，S 字签证实质上是随行签证和私人事务签证。新设的 Q 字签证和 S 字签证，虽然在形式上面向所有外国人，但是众所周知，外籍华人比其他外国人更有可能在中国境内有亲属，以及因为私人事务需要在中国境内居留或停留，而非华人外国人在中国境内几乎没有亲属，所以，Q 字签证和 S 字签证实质上主要面向华人。

2013 年《外国人入境出境管理条例》第 6 条规定：Q1 字签证，发给因家庭团聚申请入境居留的中国公民的家庭成员和具有中国永久居留资格的外国人的家庭成员，以及因寄养等原因申请入境居留的人员；Q2 字签证，发给申请入境短期探亲的居住在中国境内的中国公民的亲属和具有中国永久居留资格的外国人的亲属；S1 字签证，发给申请入境长期探亲的因工作、学习等事由在中国境内居留的外国人的配偶、父母、未满 18 周岁的子女、配偶的父母，以及因其他私人事务需要在中国境内居留的人员；S2 字签证，发给申请入境短期探亲的因工作、

① 毛起雄．中国涉侨出境入境管理法治建设的重大举措：2012 年《出境入境管理法》颁布有感；刘国福，刘宗坤．出入境管理法与国际移民．北京：法律出版社，2013. 10.

学习等事由在中国境内停留居留的外国人的家庭成员，以及因其他私人事务需要在中国境内停留的人员。

2013 年《外国人入境出境管理条例》第 7 条规定：申请 Q1 字签证，因家庭团聚申请入境居留的，应当提交居住在中国境内的中国公民、具有永久居留资格的外国人出具的邀请函件和家庭成员关系证明，因寄养等原因申请入境的，应当提交委托书等证明材料；申请 Q2 字签证，应当提交居住在中国境内的中国公民、具有永久居留资格的外国人出具的邀请函件等证明材料。申请 S1 字及 S2 字签证，应当按照要求提交因工作、学习等事由在中国境内停留居留的外国人出具的邀请函件、家庭成员关系证明，或者入境处理私人事务所需的证明材料。

华人可以申请口岸签证，在特别情况下可以简化出入境手续。《出境入境管理法》第 20 条完善了口岸签证："出于人道原因需要紧急入境，应邀入境从事紧急商务、工程抢修或者具有其他紧急入境需要并持有有关主管部门同意在口岸申办签证的证明材料的外国人，可以在国务院批准办理口岸签证业务的口岸，向公安部委托的口岸签证机关申请办理口岸签证。旅行社按照国家有关规定组织入境旅游的，可以向口岸签证机关申请办理团体旅游签证。外国人向口岸签证机关申请办理签证，应当提交本人的护照或者其他国际旅行证件，以及申请事由的相关材料，按照口岸签证机关的要求办理相关手续，并从申请签证的口岸入境。口岸签证机关签发的签证一次入境有效，签证注明的停留期限不得超过三十日。"口岸签证是外国人入境出境管理法确立的一项便利入境措施，为促进我国经济发展发挥了积极作用，但是在实践中也出现了一些与口岸签证定位不符的问题，《出境入境管理法》明确了入境事由、办理机关、有效次数、停留期限和入境口岸。时任公安部出入境管理局副局长曲云海 2012 年 10 月在中国侨务代表团与加拿大多伦多各界华人代表会上指出：目前已经有超过 60 个口岸签证点分别设在全国 44 个城市，这种签证主要适用于以人道类为主要原因的需紧急临时抵华的情况，华人如果需抵华看望病危病人、参加丧事等情况，可以前往暂住地的口岸签证处，口岸机关会根据具体情况而及时作出批准与否的决定。

华人可以申请临时入境，在不可抗力或者其他紧急原因需要临时入境情况下及时入境。2012 年《出境入境管理法》规范了临时入境办理手续。第 23 条规定："有下列情形之一的外国人需要临时入境的，应当向出入境边防检查机关申请办理临时入境手续：（一）外国船员及其随行家属登陆港口所在城市的；（二）本法第二十二条第三项规定的人员（转机人员）需要离开口岸的；（三）因不可抗力或者其他紧急原因需要临时入境的。临时入境的期限不得超过十五日。对申请办理临时入境手续的外国人，出入境边防检查机关可以要求外国人本人、载运其入境的交通运输工具的负责人或者交通运输工具出境入境业务代理单位提供必要的保证措施。”因为上岸、转机、不可抗力或者其他紧急原因，应该允许外国人（华人）临时入境。

三、华人在华居留政策

为了满足外籍华人来华的需求，我国制定并法律化了便利外籍华人来华的居留政策。公安部于2010年6月1日起扩大外国人居留许可签发对象，对需在华停留6个月以上、符合规定条件并提供相关证明材料的5类外籍人员，公安机关出入境管理部门可以签发“探亲”、“投靠”、“置房”、“赡养”、“寄养”，期限最长为一年或两年的居留许可。这5类可以拿到居留许可的外国人分别为：中国公民和居留在中国拥有永久居留资格的外国人的外籍配偶、外籍父母及未满18周岁的外籍子女；年满60周岁的在境外无直系亲属、投靠境内直系亲属的外国人及外籍配偶；年满60周岁在中国内地购置房产的外籍华人及其外籍配偶和未满18周岁外籍子女；来中国照顾年满60周岁、在国内无子女的中国籍父母的外籍华人；外籍华人、定居国外的中国公民在中国内地寄养的未满18周岁的外籍子女。①

新居留政策与先前居留政策的不同和便利之处主要体现在三个方面②：

一是居留许可种类增加。按照现行规定，公安机关出入境管理部门可以为来华任职或就业的外国人、常驻外国记者及其随行家属，来华留学的外国人签发相应种类和期限的居留许可。此次又增加5类人员可以签发居留许可。

二是居留期限有所延长，对入出境次数没有限制。2010年6月1日前，公安机关出入境管理部门对上述5类人员申请在华停留时，只可以签发相应期限和次数的探亲签证，到期前需要办理签证延期或加签，期限短、次数少。2010年6月1日后，对符合条件的人员，公安机关出入境管理部门可以签发相应种类和期限的居留许可。持有居留许可的人员，可以在居留许可有效期内多次出入境和在华居留。同时，对其中一部分60周岁以上和未满18周岁的人员，还可以签发2年以内的居留许可。

三是首次增加来华赡养老人的人员。对这类人员以往签发签证的有效期限较短，对入出境次数和停留期限都有一定限制，此次给予了进一步放宽。

---

① 外籍华人成为中国居留新政最大受益群体．中国侨网，2010－06－15.

② 上述人员申请居留许可时，均须提供在华住宿登记证明。外籍配偶须提供婚姻证明；外籍父母须提供经公证的亲属关系证明；外籍子女须提供出生证明或经公证的亲属关系证明。已满18周岁的外国人首次申请1年以上有效期的居留许可，还须提供健康证明。上述所有证明材料中，境外机构出具的有关证明须经中国驻外使领馆认证并出具加盖翻译公司印章的中文翻译件。

2010 年新居留政策的受益人主要为外籍华人。统计显示，此新政策实施十天来，全国公安机关出入境管理部门共为扩大居留许可对象的 5 类人员中的 618 人办理居留许可。其中“寄养”的 293 人、“探亲”的 296 人、“置房”的 19 人、“置房家属”的 3 人、“投靠”的 3 人、“赡养”的 4 人。申请人主要集中在北京、上海和广东。

2010 年出台此项新居留政策主要是为了满足外籍华人的需求。中国公安部出入境管理局负责人表示，改革开放以来，中国公民出国数量日益增多，其中一部分人由于各种原因加入外国国籍，一些定居在国外的中国公民在国外所生子女加入或取得外国国籍情况也日益增多。近年来，上述人员取得外国国籍后来华探亲，投靠、赡养中国境内直系亲属，以及外籍华人、华侨将外籍子女寄养在中国境内等情况日渐增多。该负责人介绍，按照之前的规定，上述人员中大部分可以申请探亲类签证在华停留，有效期最长不超过 1 年，到期前可以申请延期。其中大部分获得签证后均在华停留超过 1 年，而且大部分是外籍华人。

进一步明确扩大外国人居留许可签发对象政策，法律化为外籍华人来华入出境及居留提供便利。为了规范签证的签发和外国人在中国境内停留居留的服务和管理，国务院 2013 年 7 月 3 日审议通过并于 2013 年 9 月 1 日施行《外国人入境出境管理条例》。《外国人入境出境管理条例》将外国人居留证件分为工作类居留证件、学习类居留证件、记者类居留证件、团聚类居留证件和私人事务类居留证件。其中第 15 条规定：“团聚类居留证件，发给因家庭团聚需要在中国境内居留的中国公民的家庭成员和具有中国永久居留资格的外国人的家庭成员，以及因寄养等原因需要在中国境内居留的人员；私人事务类居留证件，发给入境长期探亲的因工作、学习等事由在中国境内居留的外国人的配偶、父母、未满 18 周岁的子女、配偶的父母，以及因其他私人事务需要在中国境内居留的人员。”其中第 16 条规定：“团聚类居留证件，因家庭团聚需要在中国境内居留的，应当提交家庭成员关系证明和与申请事由相关的证明材料；因寄养等原因需要在中国境内居留的，应当提交委托书等证明材料；私人事务类居留证件，长期探亲的，应当按照要求提交亲属关系证明、被探望人的居留证件等证明材料；入境处理私人事务的，应当提交因处理私人事务需要在中国境内居留的相关证明材料。”

华人人才和投资者由停留转换为居留更加便利。华人是外国人才和投资者的最重要组成部分。《出境入境管理法》第 30 条第 2 款规定：“属于国家需要的专门人才、符合国家规定的投资者或者出于人道等原因确需由停留变更为居留的外国人，经设区的市级人民政府公安机关出入境管理机构批准可以办理外国人居留证件。”根据第 28 条，“停留”是指，“外国人所持签证注明的停留期限不超过 180 日的，持证人凭签证并按照签证注明的停留期限在中国境内停留”。根据第

29 条第 3 款，“居留”是指，“外国人居留证件的有效期最短为 180 日，最长为 5 年”。

四、华人在华工作政策

华人在华工作政策的主要内容是积极吸引外籍华人人才来华工作。

吸引外国籍高层次人才和投资者来中国服务和投资是我国一项长期而重要的政策。[①] 引进的外国人才重点是华侨和外籍华人，也要引进其他外籍人。[②] 1983 年 8 月，中共中央、国务院联合印发了《关于引进国外智力以利四化建设的决定》（中发〔1983〕30 号）（以下简称《决定》），这是我国在引进外国人才方面的里程碑式文件。该《决定》开篇即提出：“在充分利用外资和引进国外先进技术的同时，积极地有计划地引进国外人才，特别是引进现在国外的华侨华裔人才，将大大有利于我国的社会主义现代化建设。”该《决定》进一步指出：“聘请一批华侨华裔专家和外国专家来参加我国的建设工作，将大大缩短我们在许多方面摸索前进的时间。”该《决定》分析了将华侨和华人作为引进外国人才重点的原因：“在国外智力资源中，华侨华裔人才应当是我们引进的重点。目前，国外华裔科技人才约有十万人。他们中的许多人精通现代化科学技术和管理知识，具有丰富的实践经验，有很高的水平。他们都是炎黄子孙，其中许多人有爱国爱乡的热情，对我国国情比较了解，语言又相通，给科技交流带来很多方便。近几年来，不少华侨华裔专家已经为我国的科学、教育和各项建设事业作出了一定贡献。但是，由于我们工作抓得不够，认识落后于形势，还远没有充分发挥他们的作用。这是我们应当立即加以改进的。做好这项工作，不仅可以加速国家的四化建设，而且也有利于促进祖国的和平统一大业。”

21 世纪初，中共中央和国务院重申了积极吸引外籍华人人才来华工作政策。2003 年，中共中央、国务院联合印发了《关于进一步加强人才工作的决定》，指出：鼓励和吸引海外华侨华人专家为我国现代化建设服务。2012 年 1 月，时任中共中央政治局委员王兆国同志在中国侨联八届四次全委会议上的讲话中指出：“要努力为引进海外高层次人才牵线搭桥。发挥人才荟萃、智力密集、联系广泛的优势，加大引进海外人才的工作力度，是侨联组织服务人才强国战略、推动建设创新型国家的重要途径。要按照国家中长期科技、教育、人才规划纲要的部署，积极配合实施国家‘千人计划’，在建设海外人才信息库、完善引智工作机

---

① 2002 年《关于为外国籍高层次人才和投资者提供入境及居留便利的规定·序言》。

② 1983 年《国务院关于引进国外人才工作的暂行规定》第 1 条。

制、加强平台建设等方面多下功夫，为我国发展节能环保、新一代信息技术、生物等战略性新兴产业引荐更多华侨华人高层次创新型人才，努力增强我国人才和科技的国际竞争力。要加强对海外人才回国创新创业的扶持，及时帮助他们解决工作生活中遇到的实际困难，推动形成更加有利于海外人才发挥聪明才智的环境和氛围。”

中央有关部委制定了一些规定，贯彻和落实积极吸引外籍华人人才来华工作政策。2002年，公安部和外交部等部、办、局联合发布《关于为外国籍高层次人才和投资者提供入境及居留便利的规定》，明确了为外国籍高层次人才和投资者提供入境及居留便利的措施。该《规定》规定的外国籍高层次人才和投资者与外籍华人有很大程度的重合性，规定的入境及居留便利主要是围绕来华工作。该《规定》具体内容（部分）如下：

二、提供入境及居留便利的措施

（一）对需多次临时入境的外国籍人士，可发给2~5年多次入境有效、每次停留不超过1年的F字（访问类）签证（以下简称“长期多次F字签证”）。

（二）对需在中国工作并长期居留的外国籍人士，可发给2~5年有效的外国人居留证件以及相同期限的多次返回Z字（工作类）签证。

（三）持L字（旅游类）签证、F字签证以及X字（学习类）签证入境的外国籍人士，可根据实际需要将所持签证变更为Z字签证，办理2~5年有效的外国人居留证件以及相同期限的多次返回Z字签证；持L、X字签证入境的外国籍人士，可将所持签证变更为长期多次F字签证。

三、办理入境及居留便利事宜的程序

（一）符合办理长期多次F字签证的外国籍人士可在境外径向中国驻外使领馆申请办理，或入境后，向中国公安出入境管理部门申请办理。

中国国内有关单位也可代外国籍人士申请办理。

各驻外使领馆收到外国籍人士办理长期多次F字签证的申请后，要及时进行审核，并根据情况报国内相关部门（单位）或省级人民政府的外事管理部门等一类被授权单位（以下简称一类被授权单位）审批。一类被授权单位要及时将审批意见函告外交部，由外交部函告我驻外使领馆。经审批同意的，我驻外使领馆即为申请人颁发签证。中国国内单位代外国籍人士办理长期多次F字签证的，由中国国内单位报相关的一类被授权单位审批。一类被授权单位要及时将审批意见函告外交部，由外交部通知我驻外使领馆为申请人颁发签证。

持L、X字签证入境的外国籍人士办理长期多次F字签证的，可由本人或中国有关单位持一类被授权单位出具的公函或外商投资企业批准证书、营业执照等有关证明文件，向所在地公安出入境管理部门申请。

（二）符合办理2～5年有效的外国人居留证件以及相同期限的多次返回Z字签证的外国籍人士，可在入境后由本人或中国有关单位向中国公安出入境管理部门申请办理。

持Z字签证入境的外国籍人士，可由本人或中国有关单位持一类被授权单位出具的公函以及外国专家证或外国人就业证等有关证明文件，向居住地公安出入境管理部门申请。

持L、F、X字签证入境的外国籍人士，可由本人或中国有关单位持一类被授权单位出具的公函以及外国专家证或外国人就业证等有关证明文件，外国投资者可持外商投资企业批准证书、营业执照等有关证明文件，向居住地公安出入境管理部门申请。

2007年，人事部等16部、委、局联合发布《关于建立海外高层次留学人才回国工作绿色通道的意见》，强调中国主管部门应积极为高层次留学人才提供入出境及居留便利。该《意见》第15、16条规定：

第15条：已加入外国籍回国工作的高层次留学人才及其随迁家属在我驻外使领馆办妥"Z"字签证来华后，需长期居留的，可申请办理2～5年的外国人居留许可证；需多次临时入境的，可申请办理2～5年长期多次"F"字签证。上述人员须提交人事部专业技术人员管理司、教育部国际合作与交流司或各省级政府人事部门等一类授权单位公函以及回国（来华）定居专家证等证明文件。上述人员的外国籍配偶及未满18周岁的子女可享受同等条件的入出境便利。

第16条：已加入外国籍回国工作的高层次留学人才，符合《外国人在中国永久居留审批管理办法》要求的，可凭人事部出具的推荐函或身份确认函以及回国（来华）定居专家证，按有关规定办理外国人永久居留证。上述人员的外国籍配偶及未满18周岁的子女可享受同等条件的入出境便利。

2008年，中央组织部、外交部等13部、委、银行、总署、总局联合印发《关于海外高层次引进人才享受特定生活待遇的若干规定》。该《若干规定》第2部分规定：对于愿意恢复中国国籍的，公安机关要根据《国籍法》的有关规定优先办理。

全国人大常委会法律化积极吸引外籍华人人才来华工作政策。2012年6月30日，全国人大常委会通过了《出境入境管理法》，该法第16条第3款规定："因工作、人才引进等非外交、公务事由入境的外国人，签发相应类别的普通签证。”在第 31 条第 2 款中规定：“符合国家规定的专门人才、投资者或者出于人道主义等原因确需由停留变更为居留的外国人，经设区的市级以上地方人民政府公安机关出入境管理机构批准可以办理外国人居留证件。”这些规定是非常必要和切实可行的，有利于引进资金，吸收外籍华人人才在国内安心创业和舒心发展。①

第三节　华人出入境政策的不足

一、未明确华人出入境政策的含义

虽然全国人大华侨委员会、国务委员等部门和领导人分别阐述过给予华人出入境和居留便利，但是还没有官方机构作出详细说明。由于出入境和居留含义的广泛性和模糊性，很难准确理解和把握“出入境和居留”和“便利”的内涵，这影响在出入境各环节中具体给予华人出入境和居留便利。在我国，字面上的“出入境和居留”指“出境”、“入境”和“居留”。法律规定的“出入境和居留”包括入境（签证）、通关（边检）、停留、居留（居留证）、永久居留（永久居留证），与居留有关的工作（工作许可）、学习（勤工助学）等生活方面事宜，以及法律责任和法律救济等。学理上的“出入境和居留”除法律规定的“出入境和居留”，还包括国籍、出入境中介。

二、境外外国人签证中介服务制度不规范

目前，中国驻外签证机关基本上都委托签证申请服务机构接受持普通护照的外国人赴中国大陆的签证申请，负责代驻外签证机关收取签证费并发证。2013 年《外国人入境出境管理条例》法律化了境外外国人签证中介服务制度。该《条例》第 37 条规定：“经外交部批准，驻外签证机关可以委托当地有关机构承办外国人签证申请的接件、录入、咨询等服务性事务。”虽然境外外国人签证中介服务制度减少了我国驻外签证机关的工作量，提高了驻外签证机构的工作效率，与其他国家的接受签证申请的做法一致，但是存在着外国人不能直接向驻外

① 毛起雄．中国涉侨出境入境管理法治建设的重大举措：2012 年《出境入境管理法》颁布有感．刘国福，刘宗坤．出入境管理法与国际移民．北京：法律出版社，2013. 10.

签证机关提交申请、多支付费用、收取费用不公开等问题。一些熟悉汉语和中国大陆情况的外籍华人对此有反对意见，他们对除缴纳签证申请费外还必须向外国人签证服务机构支付服务费和通过他们提交签证申请有异议，不愿意花费费用通过签证服务机构提交签证申请，甚至认为这是在“交大把银子买路办签证”、“榨取他们的买路钱”。

三、申请居留证件的材料与申请相应签证的材料存在着重合

申请工作类居留证件需要提交的证明材料与申请工作许可证件、Z 字签证和 R 字签证时已经提交的证明材料，存在着重合。外国人在申请工作许可证件时，提交“聘用单位注册登记证件副本和公函等材料”。《外国人入境出境管理条例》第 7 条规定：申请 Z 字签证，“按照规定提交工作许可等证明材料”；申请 R 字签证，“应当符合中国政府有关主管部门确定的外国高层次人才和急需紧缺专门人才的引进条件和要求，并按照规定提交相应的证明材料”。但是《外国人入境出境管理条例》第 16 条规定：外国人申请办理工作类居留证件“应当提交工作许可等证明材料；属于国家需要的外国高层次人才和急需紧缺专门人才的，应当按照规定提交有关证明材料”。这里的有关证明材料不应与外国人申请工作许可证件、Z 字签证、R 字签证提交的有关证明材料重合，否则属于重复提交证明材料，加重了申请人的负担和成本。

申请团聚类居留证件需要提交的证明材料与申请 Q 字签证时已经提交的证明材料，存在着重合。《外国人入境出境管理条例》第 7 条规定：申请 Q1 字签证，因家庭团聚申请入境居留的，应当提交居住在中国境内的中国公民、具有永久居留资格的外国人出具的邀请函件和家庭成员关系证明，因寄养等原因申请入境的，应当提交委托书等证明材料；申请 Q2 字签证，应当提交居住在中国境内的中国公民、具有永久居留资格的外国人出具的邀请函件等证明材料。但是《外国人入境出境管理条例》第 16 条规定：团聚类居留证件，因家庭团聚需要在中国境内居留的，应当提交家庭成员关系证明和与申请事由相关的证明材料；因寄养等原因需要在中国境内居留的，应当提交委托书等证明材料。申请团聚类居留证件需要提供的“家庭成员关系证明和与申请事由相关的证明材料”，与申请 Q 字签证需要提供的“邀请函件和家庭成员关系证明”，存在着重复提交，加重了申请人的负担和成本。

申请私人事务类居留证件需要提交的证明材料与申请 S 字签证时已经提交的证明材料，存在着重合。《外国人入境出境管理条例》第 7 条规定：申请 S1 字及 S2 字签证，应当按照要求提交因工作、学习等事由在中国境内停留居留的外国

人出具的邀请函件、家庭成员关系证明，或者入境处理私人事务所需的证明材料。但是《外国人入境出境管理条例》第 16 条规定：私人事务类居留证件，长期探亲的，应当按照要求提交亲属关系证明、被探望人的居留证件等证明材料；入境处理私人事务的，应当提交因处理私人事务需要在中国境内居留的相关证明材料。申请私人事务类居留证件需要提供的“因处理私人事务需要在中国境内居留的相关证明材料”，与申请 S 字签证需要提供的“入境处理私人事务所需的证明材料”，存在着重复提交，加重了申请人的负担和成本。

四、便利华人出入境和居留领域有待拓展

目前，我国向华人提供的出入境和居留便利集中在新设立了 Q 字签证、S 字签证、团聚类居留证件和私人事务类居留证件，以及完善了口岸签证和临时入境方面。

没有在以上签证和居留证之外的签证和居留证中凸显华人比其他外国人更有可能在中国境内有亲属的特点，使得实质上主要面向华人的签证仅限于探亲和入境处理私人事务。事实上，Q 字签证和 S 字签证形式上面向所有外国人实质上主要面向华人的逻辑，同样适用于在其他类别签证。例如，Z 字签证和 R 字签证，绝大多数华人在中国境内有亲属及其他人脉资源，容易获得国内用人单位的聘用邀请，而非华人外国人在中国境内几乎没有亲属及其他人脉资源，较难获得国内用人单位的聘用邀请。此逻辑推演得到了“千人计划”实践的印证。国务院侨办主任李海峰 2011 年 7 月 4 日接受中新社记者专访时谈到，据不完全统计，目前我国层次最高的海外人才引进计划“千人计划”所引进的 1 000 多名海外高层次人才中，98% 以上是海外侨胞专业人士，换句话说，海外高层次人才“千人计划”已经蜕变为海外华人高层次人才“千人计划”。

在签证和居留证件的申请费、申请材料、审批时限、签证和居留证期限方面，华人与其他外国人享受同等待遇。由于华人与中国密切联系和熟悉中国的特点，与其他外国人相比，对签证和居留证件的申请费、申请材料、审批时限、签证和居留证期限有着更为经济和快捷的需求，故可以在这些领域进一步便利华人出入境和申请居留。

第四节 华人出入境政策的完善

第一，充分认识给予华人出入境和居留便利的必要性。

有必要区别对待外籍华人和其他外国人的出入境管理，并优先考虑前者。外籍华人，即已加入外国国籍的原中国公民及其外国籍后裔，中国公民的外国籍后裔（2009年国务院侨办《关于界定华侨外籍华人归侨侨眷身份的规定》第2条）。外籍华人不仅人口众多，经济资源雄厚，人才资源丰富，而且是中西文化交流的和平使者和中外沟通的重要桥梁。世界上目前有4 000多万外籍华人，华商总资产接近5万亿美元，98%的国家“千人计划”入选者来自外籍华人。

外籍华人虽然是外国人的重要组成部分，但是与其他外国人相比，在血缘、文化、语言、感情等方面与中国有着更为紧密的联系，两者之间存在明显的差异，不宜适用完全一样的出入境管理法律规定。我们需要努力满足外籍华人在出入境和居留方面的合理需求。外籍华人与其他外国人在次数、期限、申请费、代办中介等出入境和居留方面需求存在一定差异。区别外籍华人与其他外国人，采取针对性措施，满足其中的合理需求，能够使外籍华人比其他外国人更为便捷地入境、居留和出境，有利于维系和巩固中国与外籍华人的紧密联系，促进外籍华人出入境，发挥外籍华人在我国经济社会发展中的作用。

第二，广义解释给予华人出入境和居留便利。

除了原则上阐述“给予华人出入境和居留便利”外，可以在有关侨务工作的官方文件中详细说明“出入境和居留”和“便利”，消除由于理解“出入境和居留”和“便利”的歧义而引起的实施华人出入境政策上的不利和不当。基于“关心、增进、鼓励和促进”华人政策，以及华人希望在入出境和在国内居住给予方便的愿望和要求的大背景，建议从广义角度说明“出入境和居留”，即除入境（签证）、通关（边检）、停留、居留（居留证）、永久居留（永久居留证）、与居留有关的工作（工作许可）、学习（勤工助学）等生活方面事宜，法律责任和法律救济等法律规定的“出入境和居留”含义外，还包括国籍、出入境中介。

第三，规范境外外国人签证中介服务。

要减少和消除华人对境外外国人签证中介服务制度的不理解甚至抵触，需要规范境外外国人签证中介服务。一方面，使他们认识到境外外国人签证中介服务制度是有益的，不仅能减少我国驻外签证机关的工作量，提高驻外签证机构的工作效率，而且便利华人提交申请，提高签证申请的规范性。另外，我国的境外外国人签证中介服务制度与其他国家驻外使领馆的境外外国人签证中介服务制度是一致的。另一方面，要进一步规范境外外国人签证中介服务制度，考虑一些熟悉汉语和中国大陆情况的外籍华人能够直接申请签证的情况，回应这些外籍华人不愿意支付签证费以外的签证申请服务费用的呼声。确立境外外国人签证中介服务机构的非营利公益机构性质，公开和透明其收支状况，使其接受签证申请人的监督。

第四，减免探亲签证申请费和探亲签证服务费。

除“外国人申请签证，应该按照规定缴纳申请费”的原则性规定外，可以作出减免探亲签证申请费和签证服务费的例外性规定。“签证申请费用”是签证申请必不可少的组成部分。许多国家，例如澳大利亚制定和实施了签证申请费方面的法律，专门对签证申请费作出规定。由于探亲签证主要面向华人，减免探亲签证申请费也就主要面向华人。华人对我国向他们收取签证申请费有不同看法。可以制定签证申请费方面的法律文件，对减免探亲签证申请费的条件和程序作出具体规定。对于减免探亲签证服务费，可以与境外签证服务中心协商，要求他们自身消化由于减免探亲签证服务费而增加的成本，或者给予他们相应补贴。与在中国游客人均消费相比，减免中国旅游签证申请费后，可以刺激华人来华旅游，增加外国人在华旅游收入。美国人在美国申请中国旅游签证的申请费是 140 美元。英国人在英国申请中国签证申请费是 30 英镑。北京市旅游委在 2012 年 4 月至 6 月入境旅游旺季，在首都国际机场和宾馆饭店对 4 800 名入境旅游者开展问卷调查，以了解外国游客在京旅游花费情况及特征。抽样调查显示，外国游客在北京人均消费 1 047 美元。

第五，拓展便利华人出入境和居留领域。

目前，我国向华人提供的出入境和居留便利集中在新设立了 Q 字签证、S 字签证、团聚类居留证件和私人事务类居留证件，以及完善了口岸签证和临时入境方面的制度。可以以优先审理和批准与中国有密切联系的外国人的签证申请的形式，拓展便利华人出入境和居留领域至所有签证和居留证。具体来说，缩短审理与中国有密切联系的外国人的签证和居留证申请的时限；减免对有良好签证和居留记录的外国人的签证和居留证申请的证明材料要求，例如华人反映强烈的邀请信；向有良好签证和居留记录的与中国有密切联系的外国人签发最长期限的签证和居留证。“优先审理和批准与中国有密切联系的外国人的签证申请”，而不是外籍华人的签证申请，避免了种族、血缘、文化等歧视之嫌，符合人权保障和国际移民法的发展大势。“优先审理和批准与中国有密切联系的外国人的签证申请”对凝聚侨心作了模糊处理，淡化了凝聚侨心的功利色彩，容易使其他外国人接受。“优先审理和批准与中国有密切联系的外国人的签证申请”符合目前世界各国管理人员国际流动时强调实质联系要素的趋势，无论是传统移民国家还是欧洲国家的移民法都设立了不同种类的亲属和用人单位提名/担保签证。通过界定紧密联系的范围，可以灵活地扩大和缩小需要积极引进的外籍华人的范围。

第六，简化申请工作类居留证件、团聚类居留证件、私人事务类居留证件所需材料。

公安机关出入境管理机构应该信赖中国驻外签证机关签发的 Z 字签证、R 字签证、Q 字签证和 S 字签证，不再要求持 Z 字签证、R 字签证、Q 字签证和 S 字签证入境外国人申请工作类居留证件、团聚类居留证件、私人事务类居留证件时，无须提交在申请 Z 字签证、R 字签证、Q 字签证和 S 字签证时已经提交过的材料，以避免重复提交证明材料，消除和减少申请人的负担和成本。

第五节　结　论

“关心、增进、鼓励和促进”的华人政策具体到出入境领域，就是给予华人出入境和居留便利的华人出入境政策。签证方面，我国制定并法律化了便利外籍华人来华的签证和居留证政策，设立了 Q 字签证、S 字签证，完善了口岸签证和临时入境制度，设立了团聚类居留证件和私人事务类居留证件。在工作方面，我国积极吸引外籍华人人才来华工作。华人出入境政策存在着便利华人出入境和居留的领域有待拓展、境外外国人签证中介服务制度不规范等不足。为了缩小我国在人员国际流动方面与发达国家和地区之间存在着的巨大差距，我国要充分认识给予华人出入境和居留便利的出入境政策的必要性，采取减免探亲签证申请费和探亲签证服务费，简化申请工作类居留证件、团聚类居留证件、私人事务类居留证件所需材料等措施，完善我国的华人出入境政策。

第十三章　华人在中国定居政策的完善[①]

引　言

华人在中国定居政策的主要内容是欢迎申请和严格审批。时任公安部出入境管理局副局长曲云海在中国侨务政策法规调研宣讲团 2012 年 10 月与加拿大多伦多各界华人代表会面时提出：考虑到外籍华人落叶归根的想法，公安部和外交部联合于 2004 年 8 月出台了《外国人在中国永久居留审批管理办法》，凡是符合条件的，都可以申请中国永久居留证，也就是中国绿卡。华人在中国定居政策存在着条件严格和制度不健全等不足。截至 2011 年年底，获得批准的人数仅为 4 752 人。这些不足对中国引进优秀华人和华人在中国定居产生了比较大的影响，值得我们进行认真的思考。

第一节　华人在中国定居政策的历史发展

随着中国经济的发展，外籍华人在中国定居的数量呈逐渐增长趋势，尤其是部分老年华人，眷恋故土，有着浓厚的在中国定居的意愿。[②] 华人在中国定居政策最初体现在 1985 年《外国人出境入境管理法》，形成制度于 2004 年《外国人在中国永久居留审批管理办法》。

第一，最初体现在 1985 年《外国人出境入境管理法》。

华人在中国定居政策最初体现在 1985 年《外国人出境入境管理法》（已于 2013 年 7 月 1 日被废止）。其第 9 条规定："来中国永久居留的外国人，应当持有永久居留签证。" 1986 年《外国人出境入境管理法实施细则》（已于 2013 年 9

① 本书中的定居和永久居留同义。语言习惯上，涉及华人时，通常使用华人在中国定居。涉及外国人时，通常使用外国人在中国永久居留。

② 任公安部出入境管理局副局长曲云海在中国侨务政策法规调研宣讲团 2012 年 10 月与加拿大多伦多各界华人代表会面时的讲话。

月 1 日被废止）细化了上述内容，规定 D 字签证发给来中国永久居留的人员。外国人到中国永久居留，需要向我国驻外使领馆或者外交部授权的其他驻外机构，或者委托其在中国的亲属向申请永久居留地的市、县公安局出入境管理部门申请领取永久居留身份确认表，提供申请人护照或者能够代替护照的证件和申请永久居留的书面材料，提供担保人的户籍证明和书面申请。我国在批准其永久居留后发给其永久居留身份确认表。该亲属将永久居留身份确认表寄给永久居留申请人。申请人凭永久居留身份确认表到中国驻永久居留申请人所在国的使领馆申请永久居留签证。在申请入境签证时，申请人还须交验所在国政府指定的卫生医疗部门签发的或者卫生医疗部门签发的并经过公证机关公证的健康证明书。持标有 D 字签证的外国人，必须自入境之日起 10 日内到居住地市、县公安局办理外国人居留证。上述居留证件的有效期即为准许持证人在中国居留的期限。上述规定存在着永久居留签证类别笼统，签证条件不明，要求材料不清，担保人资格模糊，程序烦琐等不足。

第二，形成制度于 2004 年《外国人在中国永久居留审批管理办法》。

时任公安部出入境管理局副局长曲云海在中国侨务政策法规调研宣讲团 2012 年 10 月与加拿大多伦多各界华人代表会面时提出：考虑到外籍华人落叶归根的想法，2004 年 8 月 15 日，公安部、外交部联合颁布《外国人在中国永久居留审批管理办法》，并于同日开始实施。① 2004 年《外国人在中国永久居留审批管理办法》规定了技术移民、投资移民和亲属团聚移民三类永久居留移民，以及每类移民的申请条件、提交材料、申请步骤、审批程序，以及主管机关的权力和丧失永久居留资格的情形。符合条件的外国人将获得外国人永久居留证，在中国居留的期限将不受限制。②

由于申请条件严苛，获批外国人永久居留证的外国人极少。时任公安部副部长杨焕宁 2012 年 4 月 25 日在第十一届全国人民代表大会常务委员会第二十六次会议上作《国务院关于外国人入出境及居留、就业管理工作情况的报告》。该《报告》指出：截至 2011 年年底，持有外国人永久居留证的外国人 4 752 人，其中外籍高层次人才及家属 1 735 人，占 36.51%，亲属团聚人员 3 017 人，占 63.49%。

对于“绿卡”申请困难意见最大的是外籍华人群体。时任公安部出入境管理局副局长曲云海在中国侨务政策法规调研宣讲团 2012 年 10 月与美国华盛顿各

---

① 时任公安部出入境管理局副局长曲云海在中国侨务政策法规调研宣讲团 2012 年 10 月与加拿大多伦多各界华人代表会面时的讲话。

② 2001 年底开始的中国有史以来最大的一次出入境管理改革，以简化出入境手续为特征，以按需申领护照为核心。见刘国福. 移民法：出入境权研究. 北京：中国经济出版社，2006. 265 ~ 284.

界华人代表会面时表示：广大外籍人员、外籍华人普遍希望降低“绿卡”申请门槛，扩大发放范围。外国学者也认为：必须坦承，外国人在中国永久居留制度仍然存在着不足之处，以至该办法没有完全实现其立法目的。①

第三，2012 年《出境入境管理法》为放宽华人在中国定居政策消除了法律障碍。

2012 年《出境入境管理法》对外国人申请在中国永久居留的条件作了原则性规定，同时授权公安部、外交部制定具体审批管理办法，为下一步放宽申请在中国永久居留的条件、降低审批门槛消除了法律障碍。② 该法第 47 条规定：“对中国经济社会发展作出突出贡献或者符合其他在中国境内永久居留条件的外国人，经本人申请和公安部批准，取得永久居留资格。外国人在中国境内永久居留的审批管理办法由公安部、外交部会同国务院有关部门规定。”第 48 条规定：“取得永久居留资格的外国人，凭永久居留证件在中国境内居留和工作，凭本人的护照和永久居留证件出境入境。”

公安部和外交部正在研究修订《外国人在中国永久居留审批管理办法》，“不久的将来这部办法呈现出来时，估计会让大家感到很大的变化”③。2012 年 8 月，国务院法制办召开《外国人在中国永久居留审批管理办法（修正稿）》（以下简称“2012 年《修正稿》”）座谈会，准备进一步完善外国人在中国永久居留制度，为华人在中国定居创造更好的法律环境。该《修正稿》增设了工作签证转永久居留、扩大了亲属团聚移民适用范围、放宽了投资移民条件。亲属团聚移民主要面向华人，技术类和投资类永久居留则与华人有密切关系。2013 年 11 月，在学术界及社会各界的呼吁和推动下，公安部起草了《中华人民共和国外国人永久居留管理条例（草案）》，向多个部委办局征求意见。拟允许有突出贡献的人员、高层次人才、投资人员、工作人员、家庭团聚者、人道主义或其他原因者等人员申请永久居留。我国的外国人永久居留管理制度有望取得重大突破。

---

① Jia Xu, A Reflection on the Chinese Green Card System, *Cornell Law School LL. M. Series*, 2006, p. 17.

② 时任公安部出入境管理局副局长曲云海在中国侨务政策法规调研宣讲团 2012 年 10 月与加拿大多伦多各界华人代表会面时的讲话。

③ 时任公安部出入境管理局副局长曲云海在中国侨务政策法规调研宣讲团 2012 年 10 月与加拿大多伦多各界华人代表会面时的讲话。

第二节　华人在中国定居政策总的思考

一、政策思路保守

历史证明，华人为我国的经济和社会发展作出了重要贡献。改革开放为华人来华提供了广阔舞台。时任国家副主席习近平 2011 年 6 月在会见出席中国侨商投资企业协会第二届会员代表大会全体代表时指出：海外侨胞、归侨侨眷和侨商投资企业为我国革命、建设、改革事业作出了不可替代、不可磨灭的历史贡献。特别是改革开放以来，广大海外侨胞纷纷到祖国内地投资兴业，侨商投资企业和广大侨胞积极捐赠、兴办公益事业和扶贫济困，惠及教育、医疗卫生、文化体育、社会福利等众多领域；在支持办好北京奥运会、上海世博会、广州亚运会，参与抗击四川汶川特大地震等严重自然灾害和灾后恢复重建等方面，作出了真情奉献。中国加快经济发展方式转变和经济结构战略性调整，实现在新的历史起点上以人为本、全面协调可持续的发展。为广大侨商投资企业进一步做大、做强创造了重要机遇、提供了广阔舞台。

中国是一个发展中国家，与发达国家有很大差距。所以，中国不宜对是否需要吸引华人特别是优秀华人犹豫不决，在具体操作上沿袭一般的行政管理思路，严格审批华人在中国定居申请。国际社会在处理与本国有密切联系群体的定居事宜时，常常给予较低标准和优先处理的倾斜性政策。就中国而言，与本国有密切联系群体主要指华人。华人是与中国有密切联系的外国人，也是国际移民的一部分。我国的华人在中国定居政策的制定要立足国情，树立竞争意识。只有建立比发达国家更灵活的定居制度，才可能吸引更多的和更优秀的华人在中国定居，否则优秀华人会流向其他国家和地区。

二、政策目的错位

华人在中国定居政策应与“关心、增进、鼓励和促进”的华人政策一致，有利于海外侨胞的长期生存和发展，有利于发展我国同海外侨胞住在国的友好合作关系，有利于推进我国现代化建设、维护和促进祖国统一。2004 年《外国人在中国永久居留审批管理办法》没有将这一可接受的立法目的展开和细化，而是规定“为规范外国人在中国永久居留审批管理工作，根据《中华人民共和国外国人入境出境管理法》及其实施细则的有关规定，制定本办法”。规范申请管理工作是外国人在中国永久居留制度形式上的目的，而不是实质上的目的；是外国人在中国永久居留制度的目的之一，而不是唯一目的。

三、移民保证制缺失

我国没有建立移民保证制。移民保证制是指移民保证人和移民接收国政府约定，当移民申请人不履行申请时承诺的义务，移民保证人按照约定履行义务或者承担责任的制度。如果永久居留申请有移民保证人保证，其申请将被优先考虑。移民保证制普遍适用于外国人定居制度，保证人在有些情况下只能是申请人的亲属，有些情况下可以是非亲属。由于华人比其他外国人更有可能在中国有亲属，所以我国的移民保证制实质上主要面向华人。移民保证制可以密切华人与中国的关系，更好地保护华人的亲属团聚权，增强中国对华人的吸引力，减轻华人在中国定居给中国造成的经济和社会负担。

四、移民配额制缺失

我国没有建立移民配额制。移民配额制是指为了保护本国发展不因外国人移入过多受损害，一国移民主管部门确定和调整一定时间内外国人移入数量的制度。考虑到本国对外国人的接收和消化能力，各国通常会限制外国人在一定时间内移入的数量。移民配额是一国移民政策的晴雨表。主管部门可以通过调整配额数目，展现移民政策的严格和宽松。调整配额在不同移民类别间的分配，折射移民政策的倾向性。调整配额制定程序，更好地将移民政策与经济社会发展相联系。检讨移民配额完成情况，更有效地审视移民政策的实施效果。任何永久居留申请，如果其所属类别的配额已经用完，即使申请被批准，申请人也不能获得签证。申请人等候获得签证的时间长短取决于该签证的年度配额多少，本年度移民配额用完后，需要等候下一年度的移民配额，以此类推。如果等候期太久，即使移民申请成功也有名无实。如果我国建立移民配额制，可以有效降低过多华人在中国定居的风险，调节华人在中国定居的节奏。

第三节　技能类外国人（华人）在中国永久居留制度的不足

一、排除了没有在中国工作经验的华人

2012 年《修正稿》第 6 条规定：申请在中国技术类永久居留的外国人应当“已连续任职满 4 年、4 年内在中国居留累计不少于 3 年且纳税记录良好”或者“在中国任职、就业并连续居留满十年、每年在中国居留不少于九个月，在中国有稳定生活保障和住所，且纳税记录良好的”，这一规定将永久居留申请者局限于有中国工作经验的外国人，也就是已经并正在持有工作签证的外国人。从技术移民法角度看，外国人要取得中国永久居留权，必须分两步走。第一步，获得工作签证，并以高级职位在中国连续任职满 4 年、4 年内在中国居留累计不少于 3 年，或者在中国任职、就业并连续居留满 10 年、每年在中国居留不少于 9 个月。第二步，申请永久居留。一方面，外国人才，不论是独立还是雇主担保，不能直接申请一步到位取得永久居留权。另一方面，即使分两步走，绝大部分在中国工作的外国人也不符合这些条件，因为他们很难满足高级职位的要求，或者在中国居留满十年。

分两步获得永久居留权、仅限以重点企事业单位高级职位工作、在中国居留满 10 年的外国人的模式不太适合中国，因为这种模式排除了只有外国工作经验、一般职位不满 10 年中国工作经验的外国人才申请在华永久居留的可能，严重缩小了申请在华永久居留的外国人才的范围，减少了中国永久居留制度的吸引力。发达国家和地区技术移民法的通常做法是，分两步和直接申请永久居留制度并行，分别适用于一般性和高层次（紧缺）外国人才。对工作经验没有高级职位和普通职位之别，只要是专业性工作经验即可。在直接申请永久居留制度中，鼓励而不是要求永久居留申请者具有本国工作经验、高级职位经验。如果有，优先审批其申请。“忽视独立技术移民，申请条件苛刻，严重缩小申请人范围”会将优秀华人推向永久居留条件更为宽松的其他国家和地区。

二、排除了没有职位的华人

根据 2012 年《修正稿》，政府主管部门审核永久居留申请，重点考虑申请人

职位（职称）。其第 6 条规定："申请在中国永久居留的外国人应该在中国担任副总经理、副厂长等职务以上或者具有副教授、副研究员等副高级职称以上以及享受同等待遇。"职位（职称）内涵空泛，在不同国家、行业、企事业单位，没有统一的标准和要求，不利于政府主管部门评估申请人的能力，也很难因调整职位清单，而使引进外国人才政策更好地适应国内对外国人才的需求。一个人的职业相对于其担任的职位，要稳定和持久。人才不一定都是担任领导职务者。

职位可以是评估申请人能力的辅助性要素，而不应是基础性要素。中国可以借鉴发达国家和地区的成功经验，以职业为基础确定评估申请人的能力。移民职业清单是一国移民、劳工主管部门或其委托机构根据本国劳动力市场情况编制的允许外国人工作或移民的职业清单。在对外国人工作或移民的职业没有特定要求的国家，移民职业清单会以行业清单的形式出现。移民职业清单可以帮助本国雇主和外国人清楚地了解本国对外国人才职业和所属行业的需求情况，避免本国雇主盲目引进和外国人轻率移入。职业内涵具体，在不同国家、行业、企事业单位有相对统一的标准，有利于政府主管部门评估申请人的能力，并根据国内劳动力市场，经常性调整所需外籍人才的职业清单。"以职位为基础评估申请人能力，内涵空泛"，会极大降低华人天才和专业技术型人才来中国定居的可能性。

三、排除了技工华人

2012 年《修正稿》没有明确"在中国任职、就业"是否包括外国技术工人，从外国人在中国就业和外国专家在中国工作的相关规定来看，不包括外国人技术工人的可能性大。北京市统计局的一项统计显示：在月薪超过 5 000 元的 10 大职位中，需要高级技术工人的就占 4 个。我国目前有技术工人约 7 000 万，其中初级工占 60%，中级工占 35%，高级工仅占 5%。发达国家技术工人中，初级工占 15%，中级工占 50%，高级工占 35%。由于技工技术低下所导致的产品质量问题，我国每年要造成约上千亿元的经济损失。① 要努力避免糟粕性的崇尚高学历文化在技能类外国人（华人）永久居留中蔓延。

拒绝高级技工永久居留的做法，在其他国家如加拿大曾经出现过，现已经得到了纠正。加拿大国会于 2007 年 6 月 6 日通过一项议案，完善以前的大学学历以上者才可以申请加拿大技术移民的政策，解决日益短缺技工的问题。2008 年世界金融危机以后，加拿大、澳大利亚等发达国家和地区紧缩技术移民政策，大幅度削减的可以技术移民的职业基本上是非技工类职业。培养一名高级技术工人

---

① 杨玉峰．"中国制造"急需高级技工．北京晨报，2005－03－12．

需要良好的教育机制，并花费大量时间和费用。通过吸收外国高级技术工人，可以直接弥补我国高级技术工人的缺口，发挥事半功倍的效用。“偏重白领人员，不允许技工申请永久居留”将华人技工排斥于定居之外。

四、没有境内人脉资源的华人很难申请成功

评估外国人才才能方法陈旧，基于政府部门和有关机构的主观评估，忽视了最佳的客观评估方法——积分评估。主观评估随意性大，容易导致评估结果不客观和有失公正。积分评估制是指一国根据外国人的职业、学历、工作经验、语言、年龄、工作邀请、收入等反映个人能力的因素计算所得分数，综合评估其签证或移民申请条件的制度。积分评估制被广泛运用于技术移民，充分反映了移入国对拟引进外国人才的希望和最低要求。积分评估制是一种成熟和先进的评估外国人才能力的制度，具有客观、准确和灵活的特点，为各国的普遍做法。

2012 年《修正稿》第 5 条规定：“审核外国人在中国永久居留申请的机关是各省、自治区、直辖市公安厅、局；审批外国人在中国永久居留申请的机关是公安部。”也就是说，我国没有量化申请人的各项因素，采用主观评估而不是客观评估审核和审批外国人的技术类永久居留申请，积分评估还未被吸收进 2012 年《修正稿》。“一般性审核申请，带有较强的主观倾向”使得华人人才申请在中国定居时不得不重视人际关系，甚至出现造假。截至目前，仅媒体披露的“千人计划”入选者造假已有 3 起：北京化工大学生命科学与技术学院教授陆骏盗用他人同名学术文章并伪造履历；中国地质大学（武汉）蒂姆·柯斯基涉嫌职称履历造假和学术腐败；哈尔滨医科大学王志国教授重点论文被撤销。这与评估方法主观性太强不无关系。

五、逆向引导华人人才分布于重点机构、高校和企事业单位

根据 2012 年《修正稿》，我国引导外国人才分布于国务院各部门或者省级政府所属机构、重点高等学校、其他国家重点或者鼓励的企事业单位，而不是同样而且更需要外国人才的一般性机构、高校和企事业单位。其第 8 条规定：“本办法第六条第一款第二项所指的外国人，其任职单位应当符合下列条件之一：（一）国务院各部门或者省级人民政府所属的机构；（二）重点高等学校；（三）执行国家重点工程项目或者重大科研项目的企业、事业单位；（四）高新技术企业、根据鼓励类外商投资项目核准设立的企业或者鼓励类外商投资企业、外商投资先进技术企业或者外商投资产品出口企业；（五）技术先进型服务企

业、外商投资性公司或者外商投资创业投资企业；（六）国家实验室、国家重点实验室、国家工程实验室、国家工程技术研究中心、国家认定企业技术中心、国家工程研究中心或者外商投资研发中心。”

上述重点机构、高校和企事业单位与民营等一般性机构、高校和企事业单位相比，有着人才、资金和地理等方面的优势，对外国人才有更大吸引力。发达国家和地区是给予所有机构、高校和企事业单位同等的引进外国人才地位，同时鼓励外国人才流向本国偏远地区，以均衡外国人才分布，协调各地区共同发展。我国本应该给予民营等一般性机构、高校和企事业单位的优惠政策，却给了重点机构、高校和企事业单位，是锦上添花，而不是雪中送炭。“逆向引导人才分布于重点机构、高校和企事业单位”可能造成不同机构、高校和企事业单位的发展差距越拉越大，抑制了华人人才到我国民营单位或偏远地区发展和作贡献的热情与决心。

第四节　投资类外国人（华人）在中国永久居留制度的不足

2004 年《外国人在中国永久居留审批管理办法》第 6 条第 1 款第 1 项规定：在中国直接投资、连续三年投资情况稳定且纳税记录良好的外国人，可以申请永久居留。以此为基础，中国建立了投资类外国人（华人）在中国永久居留制度。该制度主要存在排除了没有在中国投资经验的华人、仅限创业性投资、投资评估体系未涵盖动态因素、投资资金要求不科学等四方面不足。

一、排除了没有在中国投资经验的华人

2004 年《外国人在中国永久居留审批管理办法》第 6 条规定的“（在中国）连续三年投资情况稳定……可以申请永久居留”排除了没有在中国投资经验的华人申请永久居留的可能性，此规定不利于吸引华人在中国投资。根据国际移民法，除创业投资移民外，其他投资移民类别不要求申请人具有在本国的投资经验。改革开放之初，来中国投资的华人没有在华投资经验，但正是这些华人投资者开创了吸引外资的新局面。

二、排除了创业投资以外华人

2004 年《外国人在中国永久居留审批管理办法》只规定了创业性投资移民的一种方式。在市场经济条件下，投资方式灵活多样，投资者有着自己的思考和理解，政府不宜过多干涉。为了吸引华人在中国投资，需要放宽投资方式，引导华人按照我国需要的多元投资方式投资。

三、投资评估体系未涵盖动态因素

2012 年《修正稿》第 7 条规定："第六条第一款第一项所指的外国人，其在中国投资实际缴付的注册资本金应当符合下列条件之一：（一）在国家颁布的《外商投资产业指导目录》鼓励类产业投资合计 50 万美元以上；（二）在中国西部地区和国家扶贫开发工作重点县投资合计 50 万美元以上；（三）在中国中部地区投资合计 60 万美元以上；（四）在中国投资合计 100 万美元以上。"上述规定降低了 2004 年《外国人在中国永久居留审批管理办法》的投资合计额要求，中部地区投资合计由 100 万降至 60 万美元，在中国投资合计由 200 万降至 100 万美元。但是，仍然是以实际缴付的注册资本为评估投资者的标准。实际缴付的注册资本是一个相对静态要素，不适宜评估动态的投资可能带来的影响。根据国际移民法，除注册资本外，还可以考虑营业额、纳税额、总资产、净资产、全职雇员人数、缴付注册资本占总注册资本的比例等相对动态要素的全部或者一部分，综合评估申请人投资给中国带来的影响。在投资评估体系中加入营业额等动态因素，有利于减少和消除华人虚假投资情况。

四、投资资金要求不科学

虽然 2012 年《修正稿》规定的"申请人在中国投资期间纳税记录良好"可以证明申请人在中国投资期间遵守中国税法，但是不足以证明申请人所投资金是合法资金。根据国际移民法，为了证明所投资金是合法资金，投资者要提供投资人资金来源地的纳税记录。此外，其提供的纳税记录不仅要良好，更要完整和清晰。科学化纳税记录要求可以有效预防华人借投资洗钱。

第五节　亲属团聚类外国人（华人）在中国永久居留制度的不足

我国的亲属团聚类外国人（华人）在中国永久居留是指已婚夫妻和照顾父母类永久居留。该制度存在着父母移民缺失、在中国有稳定生活保障和住所条件要求苛刻、婚姻关系存续期要求过长等三方面的不足。

一、排除了父母移民

我国的亲属团聚类外国人（华人）在中国永久居留仅适用于已婚夫妻、未婚子女和需照顾父母，不适用于与子女团聚的外国人（华人）。2004 年《外国人在中国永久居留审批管理办法》第 6 条第 1 款第 5、6、7 项规定："中国公民或者在中国获得永久居留资格的外国人的配偶，婚姻关系存续满五年、已在中国连续居留满五年、每年在中国居留不少于九个月且有稳定生活保障和住所的；未满 18 周岁未婚子女投靠父母的；在境外无直系亲属，投靠境内直系亲属，且年满 60 周岁、已在中国连续居留满 5 年、每年在中国居留不少于 9 个月并有稳定生活保障和住所的。"

2012 年《修正稿》将"在境外无直系亲属，投靠境内直系亲属，且年满 60 周岁"修改为"来中国照顾年满 60 周岁、在国内无子女的中国籍父母"，只是明确了需照顾亲属为需要照顾父母，没有解决华人无法因与子女团聚而在中国永久居留的问题。世界各国移民法基本上都将与子女团聚纳入永久居留范畴。基于中国是人口最多的国家和非移民文化的国家，不宜使亲属团聚类外国人（华人）在中国永久居留适用群体过宽，但是依然有必要将与子女团聚的外国人（华人）纳入进来，因为他们是亲属的最重要组成部分，应该尊重和保障他们的亲属团聚权。父母移民实质上是面向华人，华人比其他外国人在中国更有可能有中国籍或者中国永久居民子女。增加父母移民，有助于解决华人无法因与子女团聚而在中国永久居留问题。

二、贫困华人少有机会在中国定居

在中国有稳定生活保障和住所是中国公民和永久居民的外籍配偶和拟照顾年满 60 周岁父母在中国永久居留和融入的重要保障，也是减轻我国经济和社会负担的基础。然而，并不是家庭团聚外国人申请人在中国都有稳定生活保障和住所，如果将其列为必要条件，申请人就会受阻于经济困难，这与其享有的家庭团聚权相悖。国际移民法对有稳定生活保障和住所作了灵活的处理，视其为必要条件，但是可以由申请人本人，也可以由接收国任一在过去两年内的收入达到当地平均收入的本国公民提供保证。

三、婚姻关系存续期短，华人很难与亲属团聚

2004 年《外国人在中国永久居留审批管理办法》指出，“婚姻关系存续满 5 年”才有资格提出配偶外国人申请的规定，虽然有助于审验婚姻关系的真实性和有效性，但是延缓了夫妻团聚的时间。国际移民法认为，申请人与本国公民或者永久居民具有婚姻关系或者未婚关系，即可以提出配偶外国人申请。为了防止利用配偶外国人进行欺诈，外国人接收国在确认婚姻关系真实性和有效性基础上，先给予 2 年期的配偶外国人临时签证。如果配偶外国人临时签证持有人的婚姻关系 2 年内没有发生变化，可以申请转换为配偶外国人永久居留签证。如果规定在中国的居留期限，可以规定为 2 年而不是 5 年。5 年通常是永久居民申请国籍的居住期限要求，2 年是申请配偶永久居留的居住期限要求。

第六节　华人在中国定居政策的完善

一、完善华人在中国定居政策的必要性

完善华人在中国定居政策，既是华人和中国需要，也符合建立外国人在中国永久居留制度的主要目的。颁布实施 2004 年《外国人在中国永久居留审批管理办法》的主要目的是满足一部分华人频繁往返中国与其国籍国，同时不放弃原国籍的需求。[①] 华人与其他外国人相比，与中国有更多联系，更易融入中国并为中国经济社会发展作出贡献。德国、法国、英国、日本等发达国家和地区在制定外国人永久居留政策时，莫不将本民族同质或者近质外国人作为重点对象。

① 周南京．华侨华人问题概论．香港：香港社会科学出版社有限公司，2003.

二、树立华人在中国定居政策的竞争性思路

由于华人的国际属性，华人在中国定居政策应该国际化。学习发达国家和地区永久居留的经验，引入移民保证、移民配额、记分考核等制度。否则，华人在中国定居政策很难与其他国家和地区移民法相竞争以吸引优秀华人在中国定居。

三、准确定位华人在中国定居政策的目的

基于“关心、增进、鼓励和促进”华人政策，可以将华人在中国定居政策主要目的确定为吸引优秀华人，保障亲属团聚。我国的主管机关并不否认该目的，2002 年 6 月，新华社发布消息，“中国将研究制定投资移民和技术移民法，以便吸引和聘用更多的海外高级人才前来工作”①。吸引优秀华人和保障亲属团聚分别表现为促进经济社会发展和保障夫妻、子女、父母等各类亲属团聚。华人在中国定居政策应该围绕该目标设计制度和完善措施。

四、建立移民保证制和移民配额制

鉴于华人比其他外国人更有可能在中国有亲属，我国的移民保证制实质上将主要面向华人。可以建立移民保证制，保护华人的亲属团聚权，增强中国对华人的吸引力，减轻华人在中国定居给中国造成的经济和社会负担。另外，为了避免过多华人在中国定居，超出中国的经济和社会承受能力，可以建立移民配额制，规定我国每年接收的在中国定居的外国人的数量上限，控制华人在中国定居的规模和节奏。

五、完善技能类华人定居制度

（一）鼓励优秀华人在中国定居

华人与其他外国人相比，与中国有更多联系，应鼓励优秀华人在中国定居。但是 2012 年《修正稿》对此没有作出任何规定。可以允许优秀华人因亲属关系免除工作邀请条件；优先审理有亲属关系的华人人才的工作签证转永久居留申

① 我国将推出投资移民和技术移民法吸引海外人才．新华社，2002－06－12.

请；缩短华人的居住期限要求。

（二）允许没有中国工作经验的华人申请永久居留

增加独立类外国人才永久居留类别，允许没有中国工作经验的华人在境内外申请永久居留。2012 年《修正稿》技能类永久居留只适用于有中国工作经验和用人单位工作邀请以及中国投资经验的外国人。这种模式排除了只有外国工作经验的华人申请在华永久居留的可能，严重缩小了申请在中国永久居留的华人人才的范围。是否允许优秀华人在中国定居不仅在于其是否已经在中国定居，而且在于将来能否为中国作出贡献。要认可华人的全球工作经验和巨大投资潜力，允许其没有来中国工作和投资前就可以获得永久居留签证。

（三）允许没有职位的华人和技工华人申请永久居留

建立移民职业清单，允许没有职位的华人和技工华人申请永久居留。2012 年《修正稿》没有规定职业清单方面的内容。2012 年《出境入境管理法》（于 2013 年 7 月 1 日实施）第 42 条规定："国务院人力资源社会保障主管部门、外国专家主管部门会同国务院有关部门根据经济社会发展需要和人力资源供求状况制定并定期调整外国人在中国境内工作指导目录。"可以以此为依据，尽快建立外国人在中国永久居留工作指导目录即我国的移民职业清单。另外，在建立移民职业清单时，不仅要涵盖管理型人才，更要涵盖此前忽略的专业型和技工型人才。

（四）给予没有境内人脉资源的华人更多永久居留机会，平衡分布华人人才

建立积分评估制度，给予没有境内人脉资源的华人更多永久居留机会，平衡分布华人人才。根据 2012 年《修正稿》，政府主管部门审核技术类永久居留申请，采用一般性审核。由于没有量化永久居留申请人的各项能力因素，负责官员评估外国人永久居留申请时，有着较强主观色彩。可以建立积分评估制度，根据申请人的职业、学历、工作经验、语言、年龄、工作邀请（担保）、收入、配偶能力、在中国亲属等反映个人能力的指标，综合评估申请人条件，计算所得分数。外国人申请技术类永久居留，不仅要证明自己的杰出才能，而且要证明自己的杰出才能将为中国带来巨大利益。评估申请人才能的标准通常是国际公认和领先，如果外国人的才能只是被某一个国家认可和在该国居于领先地位，不能被确认为高层次，除非该国家的水平即是国际水平。另外，建立积分评估制度时，要翻转逆向引导人才分布于重点机构、高校和企事业单位的情况，实现华人人才的全国均衡布局。

六、完善投资类华人定居制度

（一）允许没有中国投资经验的华人获得永久居留签证

目前，对中国有投资意向但没有中国投资经验的华人没有资格递交永久居留申请，这不利于吸引华人在中国投资。建议增加独立投资移民类别，吸引不具有在中国投资经商经验的成功华商。

（二）丰富投资移民方式

中国只规定了创业性投资一种方式。在市场经济条件下，投资方式灵活多样，投资者有着自己的思考和理解，不宜过多干涉。中国需要放宽投资方式，引导华人投资者按照我国需要的投资方式投资。

（三）在投资评估体系中增加动态因素

我国投资移民制度是以注册资本为评估投资类外国人申请人的标准。但是，实际缴付的注册资本是一个相对静态要素，不适宜于评估动态的投资可能带来的影响。除注册资本外，还可以考虑营业额、纳税额、总资产、净资产、全职雇员人数、缴付注册资本占总注册资本的比例等相对动态要素的全部或者一部分，综合评估申请人投资给中国带来的影响。

（四）完善对投资资金的监管

（1）增加对投资人资金来源地纳税记录的要求。虽然“投资类外国人申请人在中国投资期间纳税记录良好”可以证明申请人在中国投资期间遵守中国税法，但是不可以证明申请人所投资金是合法资金。为了证明所投资金是合法资金，投资者要提供投资人资金来源地的纳税记录。此外，其提供的纳税记录不仅要良好，更要完整和清晰。

（2）外国人投资移民资本来源必须清楚和合法。申请人应当提供合法积累投资资金的证明文件。商务主管部门应当对投资类华人的投资资本来源进行严格审查，并履行反洗钱义务，配合金融部门，采取预防、监控措施，建立健全申请人身份识别制度、申请人身份资料和资金汇入记录保存制度。我国投资类外国人制度没有投资资本来源的规范性规定，留下了用作洗钱工具的隐患。

（3）监督投资资本转移。我国永久居留制度对申请人汇入投资资本的方式没有要求，这不利于遏止洗钱。可以要求申请人必须提供根据其本国法律合法汇款的所有文件，而且汇出的款项必须是申请时提交材料证明的合法积累的准备用于投资的资产。不接受违反申请人所在国外汇管理法汇入的资本。

（五）将M字签证确定为与投资类永久居留相衔接的临时投资类外国人签证

2013年《外国人入境出境管理条例》第6条规定："M字签证，发给入境进行商业贸易活动的人员。可以将M字签证确定为临时投资类外国人签证，以检验投资类华人申请人投资意向的真实性和可行性。临时投资类外国人签证持有者通过实地考察和论证，认为拟订的投资计划不可行，可以不投资。未在规定期限内实施或者完全实施投资计划者，其签证将被取消。投资行为实施后，申请人满足了投资类外国人签证条件者，可以申请转换为投资类外国人签证。"该过渡性签证，既有助于申请人审慎投资，也有利于我国培养真正的投资类华人。

七、完善亲属团聚类华人定居制度

将亲属团聚外国人由配偶、子女和投靠扩展至父母，解决华人无法与在中国的子女团聚的问题。对"在中国有稳定生活保障和住所"作宽松解释，将只能由申请人本人扩展至也可以由我国任一在过去2年内的收入达到当地平均收入的境内居民提供有稳定生活保障和住所，使更多贫困华人有机会在中国定居，但又不给中国造成经济和社会负担。适当缩短婚姻关系存续期要求，有助于与中国公民或永久居民结为夫妻的华人尽快取得在中国定居身份，实现婚姻和家庭关系的稳定。要求申请团聚的亲属除品行良好、身体健康、家庭关系真实、经济能力外，还要具备一定的语言能力，以减少其融入中国的困难。

八、建立原中国公民永久居留制度

建立原中国公民永久居留制度，适用于本人或者其父母曾具有中国国籍的外国人，即第一代和第二代华人。很多中国公民为了在当地生活和工作，取得了所在国国籍，由于中国的单一国籍政策，他们随之放弃了中国国籍，他们和他们的子女成为第一代和第二代华人。华人通常已经在当地扎根，有着很强经济能力或者丰富智力成果。与其他华人相比，这些第一代、第二代华人较好地传承了中华文化，与中国有着更为紧密的联系。建立原中国公民永久居留制度，可以使更多的第一代和第二代华人有资格申请永久居留，将极大地鼓励第一代华人及其子女为中国发展作贡献。为了避免过多的第一代华人及其子女在中国永久居留给中国带来的压力，建立原中国公民永久居留制度时，可以要求他们应当在中国连续居留满5年、每年在中国居留不少于9个月且有稳定生活保障和住所。他们在申请时，提交本人的退籍证明或者父母的退籍证明，经公证的生活保障证明及住所证明等与申请事由相关的材料。“中国连续居留满5年、每年在中国居留不少于9个月”表明第一代和第二代华人申请人除中国国籍外，再次建立了与中国的密切联系，适应了中国的生活和工作环境。“有稳定生活保障和住所”表明第一代和第二代华人申请人有能力独立生活，不会给中国的经济社会发展造成压力。

第七节　结　论

华人在中国定居政策的主要内容是欢迎申请和严格审批，主要体现在2004年《外国人在中国永久居留审批管理办法》。总的来说，华人在中国定居政策存在着政策思路保守、政策目的错位、重要移民制度缺失等方面的不足。具体来说，技能类、投资类、亲属团聚类外国人（华人）在中国永久居留制度都存在着过分严格和未充分考虑华人特点等问题。要认识到完善华人在中国定居政策的必要性，树立华人在中国定居政策的竞争性思路，准确定位华人在中国定居政策的目的，完善外国人（华人）在中国永久居留的各项重要制度。

第十四章　华人在中国定居相关待遇政策的完善[①]

引　言

根据2004年《外国人在中国永久居留审批管理办法》和有关法律法规，外国人取得中国永久居留许可后，获得的权利主要表现为自由出入境，其他方面的待遇不明确。随着近年来我国海外高层次人才引进工作迅速发展，我国永久居留相关待遇不够明确问题日益突出，亟待研究解决。[②] 2012年12月12日，中共中央组织部、国务院侨务办公室等25部门联合下发并实施《外国人在中国永久居留享有相关待遇的办法》（以下简称“2012年《办法》”），这是我国外国人在中国永久居留享有相关待遇政策，也是华人在中国定居相关待遇政策的最重要法律渊源。[③] 2013年11月，在学术界及社会各界的呼吁和推动下，公安部起草了《中华人民共和国外国人永久居留管理条例（草案）》。该草案将外国人永久居留的资格待遇列为重要内容之一，体现了法律化2012年《办法》的思路。由于《中华人民共和国外国人永久居留管理条例（草案）》仍处在征求意见之中，故本书以2012年《办法》内容为主要研究对象，分析华人在中国定居相关待遇政策的完善。

---

① 本书中的定居和永久居留同义。语言习惯上，涉及华人时，通常使用华人在中国定居。涉及外国人时，通常使用外国人在中国永久居留。

② 中共中央组织部、国务院侨办等25部门《关于印发〈外国人在中国永久居留享有相关待遇的办法〉的通知》。

③ 标志着中国对外开放迈出第一大步也是关于外国人的法律，即1979年《中外合资经营企业法》。

第一节　外国人在中国永久居留相关待遇政策主要面向华人

如果说外国人在中国永久居留政策主要是面向华人①，那么外国人在中国永久居留相关待遇政策也不例外。关于外国人在中国永久居留相关待遇政策主要面向华人的理解可以从中共中央组织部、国务院侨务办公室等25部门关于实施外国人在中国永久居留享有相关待遇政策，制定外国人在中国永久居留享有相关待遇政策背景的阐释，以及外国人在中国永久居留享有相关待遇政策的内容中得到佐证。

第一，从实施看外国人在中国永久居留享有相关待遇政策主要面向华人。

中共中央组织部、国务院侨办等25部门在关于印发《外国人在中国永久居留享有相关待遇的办法》的通知中指出："《外国人在中国永久居留审批管理办法》颁布以来，一批外籍人才获得外国人永久居留证，为我国吸引海外人才和投资者更好参与国家建设发挥了重要作用。《国家中长期人才发展规划纲要(2010—2020年)》明确提出，要实施更加开放的人才政策，大力吸引海外高层次人才回国（来华）创新创业。""回国"显然是针对华人而言。

第二，从制定背景看外国人在中国永久居留享有相关待遇政策主要面向华人。

中共中央组织部、国务院侨务办公室等25部门在关于制定外国人在中国永久居留享有相关待遇政策背景的阐释中指出："当今世界综合国力的竞争，归根结底是对人才特别是高层次人才的竞争。近年来，随着我国经济社会持续转型发展，对高层次人才的需求日趋迫切，到我国创业发展的外籍高层次人才数量迅速增加。特别是2008年国际金融危机以后，以'千人计划'为龙头的海外高层次人才引进工作整体快速推进，中央层面引进了2 700余名海外高层次人才，三年多来引进的海外正教授数量，是前30年的几十倍，在海内外引起了强烈反响。

① 时任公安部出入境管理局副局长曲云海在中国侨务政策法规调研宣讲团2012年10月与加拿大多伦多各界华人代表会面时提出：考虑到外籍华人落叶归根的想法，公安部和外交部联合于2004年8月出台了《外国人在中国永久居留审批管理办法》，凡是符合条件的，都可以申请中国永久居留证，也就是中国绿卡。华侨华人学者周南京认为：颁布实施2004年《外国人在中国永久居留审批管理办法》的主要目的是满足一部分华人灵活往返中国与其国籍国，同时不放弃原国籍的需求。见周南京．华侨华人问题概论．香港：香港社会科学出版社有限公司，2003.

据统计，各省、区、市、地市以上城市自2009年以来引进了两万多名海外高层次人才。海外高层次人才已逐渐成为提高我国自主创新能力的领跑者和生力军，成为我国人才队伍的重要组成部分和现代化建设的特需人才资源。”2010年10月20日，时任国务院侨办主任李海峰在全国侨务工作会议上表示，“千人计划”引进的1 000多名海外高层次人才中，98%以上是海外侨胞专业人士。

中共中央组织部、国务院侨办等25部门在关于制定外国人在中国永久居留享有相关待遇政策背景的阐释中还指出：“永久居留（绿卡）制度是欧美发达国家在全球范围内开展人才竞争，吸引和留住高层次人才的一项重要制度。例如美国每年发放100多万张‘绿卡’，其中高层次人才职业移民‘绿卡’达14万张。我国‘绿卡’制度自2004年8月由公安部、外交部开始实施，目前已为近5 000名外国人办理了永久居留手续，其中有相当一部分是海外高层次人才及其家属，永久居留制度已成为我国吸引海外高层次人才的一项重要制度。随着近年来我国海外高层次人才引进工作迅速发展，我国永久居留门槛过高、程序复杂、适用范围小、相关待遇不够明确等问题日益突出，亟待研究解决。”时任公安部副部长杨焕宁于2012年4月25日在第十一届全国人民代表大会常务委员会第二十六次会议上作报告——《国务院关于外国人入出境及居留、就业管理工作情况的报告》。该《报告》指出：截至2011年年底，持有中国外国人永久居留证的外国人4 752人，其中外籍高层次人才及家属1 735人，占36.51%，亲属团聚人员3 017人，占63.49%。“亲属”、“亲属团聚人员”都是指华人。

中共中央组织部、国务院侨办等25部门在关于制定外国人在中国永久居留享有相关待遇政策背景的阐释中又指出：“2010年，我国印发《国家中长期人才发展规划纲要（2010—2020年）》，强调要实施更加开放的人才政策，大力吸引海外高层次人才和急需紧缺专门人才。为贯彻落实规划纲要，创新完善海外高层次人才服务政策，中央人才工作协调小组部署开展了完善我国‘绿卡’待遇工作。中组部、国务院侨办等25部门历时两年多，经过调研、讨论、起草等几个阶段，在听取多方面意见，反复修改完善的基础上，联合签发了《办法》，为进一步吸引外籍高层次人才来华工作，解决他们工作生活中的后顾之忧，充分发挥他们的作用，营造良好的政策环境。”“海外高层次人才”重点是指华人人才。1983年8月，中共中央、国务院联合印发的《关于引进国外智力以利四化建设的决定》（中发〔1983〕30号）开篇即提出：“在充分利用外资和引进国外先进技术的同时，积极地有计划地引进国外人才，特别是引进现在国外的华侨华裔人才，将大大有利于我国的社会主义现代化建设。”2003年，中共中央、国务院联合印发的《关于进一步加强人才工作的决定》明确：鼓励和吸引海外华侨华人专家为我国现代化建设服务。

第三，从内容看，外国人在中国永久居留享有相关待遇政策主要面向华人。

外国人在中国永久居留享有相关待遇政策的主要内容之一是持外国人永久居留证的外国人加入或恢复中国国籍，公安部门按照有关手续，加快办理。“恢复国籍”显然是针对华人而言。①

外国人在中国永久居留相关待遇政策是对外国人在中国永久居留政策的完善。根据2004年《外国人在中国永久居留审批管理办法》和有关法律法规，外国人取得中国永久居留许可后，获得的权利主要表现为自由出入境。2004年《外国人在中国永久居留审批管理办法》第4条规定：“获得在中国永久居留资格的外国人，凭有效护照和外国人永久居留证出入中国国境。”但是，法律法规没有明确其在就业、教育、医疗、养老、投资、福利、选举、担任公职等方面享有的权利。如果没有明确，就意味着在华永久居留外国人与在华临时居留外国人享有同等待遇，此做法与移民法关于永久居留外国人视同本国人而非临时居留外国人，享有准公民权的惯例做法相悖，同时，也没有明确规定持外国人永久居留证的外国人对中国应尽的义务是否应该与其他外国人有所不同，例如纳税义务。外国人在中国永久居留相关待遇政策的缺失不利于吸引优秀华人。

第二节　外国人在中国永久居留享有相关待遇政策的内容

外国人在中国永久居留享有相关待遇政策的核心是“除政治权利和法律法规规定不可享有的特定权利和义务外，原则上和中国公民享有相同权利，承担相同义务”②。外国人永久居留证是获得在中国永久居留资格的外国人在中国境内居留的合法身份证件，可以单独使用。凡持有中国外国人永久居留证的外籍人员可享受相关待遇。

一、待遇原则

一是坚持开放性。按照中共中央的部署和要求，完善我国“绿卡”制度工作要符合我国对外开放的总体格局和要求，符合我国发展现状和趋势，符合主要国家永久居留制度的通常做法，是实施更加开放的人才政策的具体体现。二是坚

① 《外国人在中国永久居留享有相关待遇的办法》第18条。

② 《外国人在中国永久居留享有相关待遇的办法》第1条。

持普惠性。中国永久居留待遇并非特惠待遇，而是基本的、普惠的、平等的待遇，旨在为长期在我国工作居住的外国人，特别是高层次人才提供相关基本国民待遇和生活工作便利，更有利于他们充分发挥作用。三是坚持整体性。整合了25个中央部门的职能，从工作和生活两方面对中国永久居留方方面面的待遇作出了一系列规定，形成了政策合力。四是坚持服务性。坚持以人为本、人才优先，对于外籍人才普遍关注的就业、职称评定、子女义务教育、家属子女参保、住房公积金、购房、办理金融业务、购物、旅行、驾照等问题，都从服务的角度提供了政策便利。五是坚持统一性。坚持权利义务统一原则，文件规定外国人在中国永久居留享有各项权利的同时，明确提出应与中国公民一样，承担相应义务。①

二、出入境

2012年《办法》第2条规定："在中国居留期限不受限制，可以凭有效护照和外国人永久居留证出入中国国境，无需另外办理签证等手续；其配偶及直系亲属，可按有关规定申请办理相应签证、居留证件或外国人永久居留证。"2012年《办法》第3条规定："进出境自用物品按照海关对定居旅客的有关规定办理手续。"按照《中华人民共和国海关对进出境旅客行李物品监管办法》（海关总署9号令），"定居旅客"是指取得中华人民共和国主管部门签发的进境或出境定居证明或批准文件，移居境内或境外的旅客。因此取得中国"绿卡"后定居国内的外国人应为"定居旅客"。与中国籍的"居民旅客"相比，"定居旅客"更便于将本人或家庭在境内居留期间需要的日常生活用品携运入境。

三、工作

2012年《办法》第4~7条明确持外国人永久居留证人员在华工作可享有的各项待遇。其中第4条明确"在中国就业，免办外国人就业证；符合条件的，可优先办理外国专家证、回国（来华）专家证以及各地人才居住证"；第5条规定，"可以合法获得的人民币在中国境内进行外商直接投资"，此举可减少投资的税收和兑换成本；第6条规定，"在中国投资项目、设立外商投资企业的，发展改革、商务、工商、外汇等部门按照外资管理有关规定简化核准及审批程序，提高效率"；第7条规定，"可按规定参加专业技术职务任职资格评审和专业技术人员资格考试"。

---

① 2012年12月，中共中央组织部、国务院侨办等25部门对制定外国人在中国永久居留享有相关待遇政策的待遇原则作出的阐释。

四、子女上学

2012 年《办法》第 8 条规定："随迁子女义务教育阶段入学，符合条件的，可享受相关政策，由其居住地教育行政部门按照就近入学的原则办理入、转学手续，不收取国家规定以外的费用。"首次在国家层面明确了持外国人永久居留证人员的子女可在居住地接受义务教育，享受本地居民待遇。鉴于我国高等教育阶段针对外国学生的入学要求更适用于外籍人才子女，故仍按现行政策执行。

五、参加社保

2012 年《办法》第 9 条规定："可以外国人永久居留证作为有效身份证件办理参加社会保险各项手续。在中国境内就业的，按照《中华人民共和国社会保险法》有关规定参加各项社会保险；在中国境内居住但未就业，且符合统筹地区规定的，可参照国内城镇居民参加城镇居民基本医疗保险和城镇居民社会养老保险，享受社会保险待遇。办理社会保险关系转移接续、终止等手续，社会保险经办机构按照有关规定简化流程、提供方便。"此条一是明确可以外国人永久居留证作为有效身份凭证办理参保手续；二是由于我国《社保法》及实施细则已将在境内就业的外国人纳入我国社保体系，故明确按照现行规定办理；三是体现"国民待遇"原则，明确在境内居住而未就业的外国人永久居留证的持有者，符合相关要求的，也可以参加我国城镇居民基本医疗和城镇居民社会养老保险，享受社会保险待遇；四是体现"优待"原则，明确为外国人永久居留证的持有人办理手续提供方便。

六、国内买房

2012 年《办法》第 10 条规定，"可按照《住房公积金管理条例》等规定，在工作地缴存和使用住房公积金，离开该地区时，可按规定办理住房公积金的提取或转移手续"，即持外国人永久居留证人员在住房公积金方面与中国公民享有同等待遇。《办法》第 11 条规定，"可不受《关于规范房地产市场外资准入和管理的意见》中关于境外个人在境内购买自用商品住房需在境内工作、学习超过一年的限制，按照其他有关规定在境内购买自用、自住商品住房"，明确持外国人永久居留证人员不受外国人在中国买房必须住满一年的限制，其他购买条件仍按有关部门或地方规定执行。

七、缴纳所得税

鉴于我国现行税收法律法规对外国人缴纳所得税方面已有明确规定，故《办法》第 12 条指出："在缴纳所得税方面，按照中国税收法律法规以及税收协定的有关规定，履行相应的纳税义务。"

八、金融、外汇、旅游、购物、交通等生活事宜

在国内办理银行、保险、证券和期货等金融方面业务，可以外国人永久居留证作为身份凭证，享有中国公民同等权利、义务和统计归属。① 在国内取得的收入，依法纳税并持有税务部门出具的对外支付税务证明后，可兑换外汇汇出境外。可以以外国人永久居留证作为身份凭证，按照相关外汇管理规定办理外汇业务。② 乘坐中国国内航班，可凭外国人永久居留证办理有关登机手续；在国内乘坐火车，可凭外国人永久居留证购买火车票；在国内旅馆住宿，可凭外国人永久居留证办理有关入住手续。③ 在申领机动车驾驶证和办理机动车登记方面，享受中国公民同等待遇。初次申领或持境外机动车驾驶证换领中华人民共和国机动车驾驶证，符合驾驶证申领或换领条件的，可凭外国人永久居留证、公安部门出具的住宿登记证明、身体条件证明，经考试合格后，由公安机关核发中华人民共和国机动车驾驶证。申请办理机动车登记，可以凭外国人永久居留证、公安部门出具的住宿登记证明及机动车相关证明、凭证，到公安部门办理机动车登记业务。④

九、国籍

持外国人永久居留证的外国人申请加入或恢复中国国籍，公安部门按照有关规定简化手续，加快办理。⑤

① 《外国人在中国永久居留享有相关待遇的办法》第 13 条。
② 《外国人在中国永久居留享有相关待遇的办法》第 14 条。
③ 《外国人在中国永久居留享有相关待遇的办法》第 16 条。
④ 《外国人在中国永久居留享有相关待遇的办法》第 17 条。
⑤ 《外国人在中国永久居留享有相关待遇的办法》第 18 条。

第三节　外国人在中国永久居留享有相关待遇政策的不足

外国人在中国永久居留享有相关待遇政策有非常积极的一面，但是也存在一些不足，需要积极正视，妥善采取措施，尽快予以完善。

一、有些内容在实践中无法操作

外国人在中国永久居留享有相关待遇政策的一些内容不够具体，在实践中无法操作。2012 年《办法》第 13 条规定："在国内办理银行、保险、证券和期货等金融方面业务，可以外国人永久居留证作为身份凭证，享有中国公民同等权利、义务和统计归属。"第 16 条规定："乘坐中国国内航班，可凭外国人永久居留证办理有关登机手续；在国内乘坐火车，可凭外国人永久居留证购买火车票；在国内旅馆住宿，可凭外国人永久居留证办理有关入住手续。"此外，2012 年《办法》还规定了大量有待具体实施的待遇。

二、有些待遇对高端华人意义不大

外国人在中国永久居留享有相关待遇政策的一些内容的价值有待提升，对高端华人意义不大。外国人在中国永久居留享有相关待遇政策坚持普惠性，持外国人永久居留证的外国人待遇并非特惠待遇，而是基本的、普惠的、平等的待遇。2012 年《办法》规定，持中国永久居留证的外国人可享受就业、签证、居留、投资、子女教育、社保、住房公积金等方面的国民待遇。由于我国综合生活环境和社会保障仍然处于发展中水平，应试型教育、高药价医疗、畸高房价、脏乱小区、环境污染严重，所以给予外国人永久居留证的外国人的国民待遇的价值有限，这削弱了该《办法》对外国人的重要性。绝大多数持中国永久居留证华人来自发达国家，笔者在与一些拥有在华永久居留证的外国人的交流中发现，他们常常是将子女送往国际学校，生病时前往国际医院治疗，住在富人区，与被中国公民诟病的综合生活环境以及社会保障关系不大。

三、政策功效低

符合外国人在中国永久居留享有相关待遇政策适用对象的外国人非常少，使外国人在中国永久居留享有相关待遇政策的制定和执行成本过高，以致政策功效低。能享受外国人在中国永久居留享有相关待遇政策的都是拿到中国外国人永久居留证的外国人，而外国人要拿中国的外国人永久居留证的门槛非常高，截至2011年年底，持有外国人永久居留证的外国人有4 752人，也就是说，只有不到五千人是该政策的适用对象。很难在中国乃至世界上找出一部适用对象人数如此少的政策。适用对象人数过少，大幅度提高了外国人在中国永久居留享有相关待遇政策的制定和执行成本。

四、有些内容过于模糊

外国人在中国永久居留享有相关待遇政策的一些内容过于模糊，用语有待严谨化，留下不应有的想象空间。

（1）第1条中的“政治权利和法律法规规定不可享有的特定权利和义务”。何为“政治权利”？选举权是指所有层级的选举权？

（2）第2条中的“原则上和中国公民享有相同权利，承担相同义务”。有原则，就有例外，何为“例外”？不解释何为“例外”，会不适当地出现超国民待遇和低国民待遇两种情况。

（3）第2条中的“其配偶及直系亲属”。何为“直系亲属”，仅指未成年子女，还是包括父母等？第2条中的“可按有关规定申请办理相应签证、居留证件或外国人永久居留证”，有关规定是什么，何时能够出台？“签证、居留证件或外国人永久居留证”是选择关系，每一项对应的标准是什么？

（4）第18条规定“加入或恢复中国国籍，公安部门按照有关手续，加快办理”，那么“有关手续”是什么？何时能够出台？“加快”是口语化用词，具体含义是什么？

第四节　外国人在中国永久居留享有相关待遇政策的完善

要实现2012年《关于印发〈外国人在中国永久居留享有相关待遇的办法〉的通知》中确立的“为大力吸引海外人才来华创新创业营造良好环境”的外国人在中国永久居留享有相关待遇的政策目的，需要采取措施，妥善解决以上论述的外国人在中国永久居留享有相关待遇政策的不足。

（1）使外国人在中国永久居留享有相关待遇政策落在实处，切实保障外籍人才在中国永久居留的合法权益和各项待遇。2012年《关于印发〈外国人在中国永久居留享有相关待遇的办法〉的通知》规定：“在中国永久居留的外国人享有相关待遇问题，涉及工作和生活的方方面面，是吸引海外人才来华工作的重要措施。各级组织、人力资源社会保障、公安、外交等相关部门要充分认识这项工作的重要意义，加强协调配合，抓紧出台实施细则和办法，积极落实各项措施。”有必要尽快出台实施细则以及更新数据库和信息系统，力求给出一个具体落实时间表。否则，2012年《办法》中规定的待遇只是流于纸面。

（2）疏通永久居民转公民的途径，使持中国外国人永久居留证的外国人有法律归宿。永久居民转公民是指外国人主要依据居留事实，根据一国法律规定，通过本人自愿申请，得到批准而取得该国国籍。由永久居民身份转向公民身份是人员国际流动的规律之一。1980年《国籍法》第7条规定，外国人或无国籍人，愿意遵守中国宪法和法律，定居在中国的，可以经申请批准加入中国国籍。但是没有明确取得中国永久居留证的外国人申请中国国籍的具体条件。2012年《办法》第18条规定，“加入或恢复中国国籍，公安部门按照有关手续，加快办理”，但是没有具体化有关手续和加快办理的内容。不疏通永久居民转公民的途径，已经获得中国永久居留证的外国人会对在中国的法律身份有不确定感，也就很难稳定和为中国长久所用。2012年8月，公安部科学技术信息研究所召开了“海内外高端人才及专家学者（《国籍法》修订及引进海外人才政策完善）座谈会”，随后还进行了外国国籍法调研。为了顺应持中国永久居留证的外国人取得中国国籍的人员国际流动规律，需要加快1980年《国籍法》的修订进程。

（3）建立移民融合制度，使中外居民和谐相处。随着外国人在中国永久居留享有相关待遇政策的实施，持中国外国人永久居留证的外国人人数可能会随之增加，如何处理这些外国人与中国公民和谐相处的问题会越来越显著地摆在相关政府部门的面前。建立和完善移民融合制度是被许多国家和地区证明行之有效的解决外国人与本国公民和谐相处的制度。移民融合制度是指一国为了减少移民与本国人的冲突，降低移民面临的跨文化适应的困扰，采取提高移民素质要求和为入境移民提供安居服务等措施，帮助其融入本国的制度。移民过程往往带来不确定性或者不安全感，移民会面临一系列跨文化适应的困扰和问题。移民融合的措施主要有两类：一是提高对移民申请人的语言、技能、资金或者与移民接收国联系等自身条件的要求，增强新移民入境后的生存能力；二是为移民特别是永久居留移民申请成功者入境后提供安居服务，理顺移民与当地的各种社会关系。赋予技术移民配偶工作权也是帮助技术移民融合的针对性措施之一。由于对外国移民的认识和理解、移民法研究、立法规划、法律技术等多方面原因，我国目前一些政策体现了外国移民融入的内容，但是没有提出外国移民融入的理念和思想，关于外国移民融入的政策性内容尚未上升为法律。针对这些问题，有必要以国际标准认识和理解、建立和健全移民融合制度，未雨绸缪地从制度上留住海外人才并解决外国人与本国公民和谐相处的问题。

（4）加快发展中国的经济、社会和文化，提高外国人在中国永久居留享有相关待遇政策赋予国民待遇对外国人的重要性。外国人在中国永久居留享有相关待遇政策是为“大力吸引海外人才来华创新创业营造良好环境”，如果政策目的得以实现，大量外国人因此而被吸引。学位紧张、看病排队、买不起房、社会保险水平低等不发达的综合生活环境，可能会引发持中国永久居留证的外国人与中国公民同样的生活和工作压力。只有加快发展中国的经济、社会和文化，才能提高外国人在中国永久居留享有相关待遇政策的国民待遇价值，降低享有国民待遇外国人的生活和工作压力。

（5）扩大外国人在中国永久居留享有相关待遇政策适用对象，提高外国人在中国永久居留享有相关待遇政策的功效。外国人在中国永久居留享有相关待遇政策的目的是大力吸引海外人才来华创新创业营造良好环境，是要“进一步吸引外籍高层次人才来华工作，解决他们工作生活中的后顾之忧”①，如果外国人在中国永久居留享有相关待遇政策只适用于不到五千的外国人，营造良好环境和解决后顾之忧的实际意义就不大。为了扩大外国人在中国永久居留享有相关待遇政策适用对象，需要降低外国人获得中国永久居留的条件，修订2004年《外国人在中国永久居留审批管理办法》。修订2004年《外国人在中国永久居留审批管理办法》是2012年《出境入境管理法》的要求，是中国大力培养和引进海外高层次人才，积极参与国际人才竞争的需要。2012年8月，国务院法制办召开《外

① 人社部.《外国人在中国永久居留享有相关待遇的办法》政策问答.人社部网站，2012-12-14.

国人在中国永久居留审批管理办法（修正稿）》座谈会。为了扩大外国人在中国永久居留享有相关待遇政策适用对象，完善外国人在中国永久居留制度，需要加快该管理办法的修订进程。

第五节　结　论

外国人在中国永久居留相关待遇政策主要面向华人。外国人在中国永久居留享有相关待遇政策的核心是凡持有中国的外国人永久居留证的外籍人员“除政治权利和法律法规规定不可享有的特定权利和义务外，原则上和中国公民享有相同权利，承担相同义务”。外国人在中国永久居留相关待遇政策存在着有些内容在实践中无法操作、有些待遇对高端华人意义不大、政策功效低等不足。要实现“为大力吸引海外人才来华创新创业营造良好环境”的外国人在中国永久居留享有相关待遇的政策目的，需要采取使外国人在中国永久居留享有相关待遇政策落在实处等措施，妥善解决外国人在中国永久居留享有相关待遇政策的不足。

第五编 国内侨情变化与归侨侨眷政策完善

我国法律明确规定要保障归侨侨眷的权益。随着国内侨情和归侨侨眷权益保护政策法律环境的变化，需要再度思考归侨侨眷权益保护政策的理论基础，调整和完善归侨侨眷的权益保障政策。

第十五章　归侨侨眷群体的变化

引　言

《归侨侨眷权益保护法执法检查报告要点回放》指出，截至2006年，我国有3 000多万归侨侨眷①，他们有着与其他国内居民明显不同的跨国性特点。随着人员国际流动规模不断扩大和日益频繁，归侨侨眷独有的跨国性特点发生了变化。

第一节　归侨占归侨侨眷比例非常低

归侨约占归侨侨眷的1%～3%。如果将港澳同胞眷属、归国留学人员和留学生眷属涵盖在内，侨眷约占归侨侨眷的65%，反之，侨眷则占到了97%～99%。根据侨务部门调查，20世纪90年代，国内（不含港澳台）归侨侨眷数量是30 016 423人，其中归侨1 135 065人，侨眷28 881 358人，归侨仅占归侨侨眷总数的3.78%。② 根据上海市2004年基本侨情调查，在沪归侨、侨眷、外籍华人眷属、港澳同胞眷属及留学生眷属约73万人，其中归侨占1.96%，侨眷占72.19%。③ 根据上海市2011年基本侨情调查，上海市共有归侨、侨眷、港澳居民眷属、归国留学人员和留学生眷属108万人，其中归侨占3.02%，侨眷占64.96%，港澳居民眷属占7.06%。④ 2009年8月，河北省政府侨务办公室答复笔者关于"河北省历年归侨、侨眷人数、构成等资料"时提出，"河北省共有归侨、侨眷、港澳同胞及眷属30多万人，其中归侨3 860人"，归侨仅占归侨侨眷总数的1%左右。根据安徽省政府侨办2010年12月对笔者"归侨侨眷人数"政府信息公开申请的正式答复，截至2009年12月，安徽省有归侨侨眷40万人，

① 高宁．归侨侨眷权益保护法执法检查报告要点回放．中国人大，2007（15）：21～23.

② 黄小坚．归国华侨的历史与现状．香港：香港社会科学出版社，2005.476～477.

③ 上海市侨办．上海市基本侨情调查报告．2004.23.

④ 曹琴飞．上海市2011年基本侨情调查结果公布．东方网，2012－08－02.

其中归侨约2 000人，占总数的0.5%。

无论是将港澳同胞眷属、归国留学人员和留学生眷属涵盖在内，侨眷约占归侨侨眷人数的65%，还是不涵盖在内，侨眷占归侨侨眷人数的97%~99%，都要求我国归侨侨眷政策的重点是侨眷，做好了侨眷工作，也就做好了归侨侨眷工作。但是，一些地方政府并不太重视侨眷，这从其不清楚侨眷情况上可见一斑。比如说，2009年8月，北京市政府侨务办公室书面答复笔者关于“北京市历年归侨、侨眷人数、构成等资料”时，没有提供任何有关侨眷的资料。

第二节　归侨侨眷特殊性减弱，归侨侨眷范围扩大

归侨侨眷的“海外关系”及相关特殊性正在逐步减弱。“出国难”、“入境难”正在逐渐成为历史，20世纪80年代以来，我国公民出国、回国呈现“大进大出”的形势。[①] 中国国际移民和归国华人呈现多元化的发展趋势。几乎没有华侨以难民身份大规模成批回国，但是有大量的华侨以留学人员、投资者和专业人才的身份回国发展，归侨侨眷一直以来处于弱势地位的情况逐渐得到改变，强势地位开始显现。[②] 中国侨联主席林军提出，人才荟萃、智力密集是广大归侨侨眷和海外侨胞的优势。[③] 随着改革开放国策的全面确立，“文革”极左路线对侨务工作的错误做法得以纠正，林彪、“四人帮”对归侨侨眷的荒谬理论得以肃清，归侨侨眷在人身、房屋、出入境、捐资、侨汇、农场和教育等方面的共性问题，逐步得到了妥善解决。随着海外新华侨华人、华裔新生代、留学人员、新归侨的不断增加，归侨侨眷的愿望和诉求更趋向多元化和个性化。

按需申领护照极大地促进了我国公民的出入境和海外华侨的回归，中国融入世界和国际化进程的步伐更加坚定了，2001年因此成为中国归侨侨眷情况发生重大变化的关键年份。2001年年底，中国加入世界贸易组织，并实施按需申领护照的政策。根据该政策，在大中城市居住的中国公民前往境外，持身份证和户籍簿到相关机构就可以申请护照。[④] 时任公安部部长的贾春旺说：“逐渐实现按

---

① 公安部．公安部举行新闻发布会介绍出入境管理工作成就．http：//www.mps.gov.cn/n16/n1237/n1432/n1522/96189.html，2006－02－10.

② 崔明华．新华侨华人工作思考．国务院侨务办公室政研司．上海华侨华人新视角：华侨华人研究上海论坛论文集．北京：中国华侨出版社，2008.151～153.

③ 林军．高举中国特色社会主义伟大旗帜　团结动员归侨侨眷和海外侨胞　为夺取全面建设小康社会新胜利而奋斗：在第八次全国归侨侨眷代表大会上的报告，2009－07－14.

④ 简化出入境手续：对中国至关重要的一步．人民日报，2001－11－23.

需发放护照是我们的目标。”[①] 截至 2011 年 4 月，我国已经有 295 个地级行政区划单位实行按需申领护照，占 332 个地级行政区划单位的 88. 86%。按需申领护照的关键是申请者不再需要递交工作单位的书面许可，与以前相比，在新的条件下，居民的出入境权和隐私权得到了更好的保护。公民出国、回国更加便捷、频繁，并呈现常态化。虽然受非典疫情的影响，2003 年全国出入境人员总数出现负增长，但是得益于出入境管理改革的推进[②]，我国内地居民出入境人数仍保持高速增长的势头，全年共 3 973. 31 万人次，同比增长 20. 74%。特别是内地居民因私出境人数大幅增长，达1 482. 54万人次，同比增长 47. 17%。而 2002 年同比只增长了 36. 84%。[③] 2012 年，中国内地居民出入境达到 1. 66 亿人次，与 1978 年相比，出入境人员数量增长了 87 培。

异地办理护照对便利公民出境、促进我国社会经济的发展具有重要意义。2012 年 9 月 1 日起，在北京、天津、上海、重庆、广州、深圳 6 个流动人口较多的城市，实施允许非本市户籍就业人员和高等院校的在读大学生异地提交出入境证件申请的政策。申请包括办理普通护照、往来港澳通行证及各类签证、往来台湾通行证及各类签注（包括首次申请、换补发证件、证件失效重新申请以及证件加注）等。常态化的公民出回国，使具有海外关系和因海外资源而对国内作出过重大贡献的群体由归侨侨眷扩展到了国内其他中国公民，而且增长势头迅猛。

归侨侨眷范围扩大。从全国范围来看，大部分地区仍然将归侨侨眷限定于 1990 年《归侨侨眷权益保护法》（2000 年修订）规定的归侨侨眷，如本书第二章所述，侨的本质特征是侨居，在国外居住。法律对归侨和侨眷的界定因时因势而变，如上海市在扩大归侨侨眷范围方面做了有益尝试。2004 年的基本侨情调查中，将归侨侨眷范围扩展至归侨、侨眷、外籍华人眷属、港澳同胞眷属及留学生眷属。2011 年的基本侨情调查中，归侨侨眷范围进一步扩展至归国留学人员。2004 年，留学生眷属占归侨、侨眷、外籍华人眷属、港澳同胞眷属及留学生眷属总数的 17. 16%；2011 年，留学生眷属占归侨、侨眷、港澳同胞眷属、归国留学人员和留学生眷属总数的 20. 13%。

扩大归侨侨眷范围势必扩大侨务工作对象范围，拓充归侨侨眷工作内容。2004 年，上海市政府侨办和上海市侨联联合进行基本侨情调查时，其对象不仅包括归侨、侨眷、港澳同胞眷属，还包括留学生眷属。主要是考虑到“留学生在

---

① 王灵．中国简化出入境规定．中国国际广播电台，2001.

② 为出入境人员往来提供便利的改革措施主要包括：放开个人赴港澳旅游，加快按需申领护照进程、不断增多境外旅游目的地，加强和改进出入境边防检查工作，努力创造方便快捷的口岸通关环境。

③ 王雷鸣．公安部：2003 年我国内地居民因私出境人数大增．http：//news. xinhuanet. com/zhengfu/2004 –01/12/content_ 1270508. htm.

海外的身份尚未定型，从发展趋势看有可能转变为华侨、华人，因而是侨务工作潜在的工作对象”。在2011年的基本侨情调查中，调查对象进一步扩展至归国留学人员。在2011年108万归侨、侨眷、港澳同胞眷属、归国留学人员和留学生眷属中，留学生眷属占20.13%，归国留学人员占4.84%。[①] 如果像上海市那样，将调查对象扩展至归侨、侨眷、港澳同胞眷属、归国留学人员和留学生眷属，那么，归侨侨眷工作对象将不仅是法律意义上的归侨、侨眷，还包括归国留学人员和留学生眷属、归国留学生及其眷属工作也因此成为归侨侨眷工作的内容之一。

第三节　老归侨锐减，新归侨猛增

老归侨锐减。根据侨务部门调查，20世纪90年代，国内（不含港澳台）归侨有1 135 065人。[②] 2003年，老归侨仅剩922 685人。[③] 以2009年中国人平均寿命73.05岁和20世纪90年代归侨均为老归侨为基准推算，目前，至少有36.2%的归侨已经过世，老归侨不超过70万。老归侨群体数量锐减在地方上也有体现。2009年8月，河北省政府侨务办公室答复笔者关于“河北省历年归侨、侨眷人数、构成等资料”时明确表示，“1984年全省共有归侨4 387人。近年来由于部分归侨出国与家人团聚或调外省工作，河北省归侨人数降至3 860人”。

与老归侨锐减相对应的是新归侨猛增。根据上海市2011年基本侨情调查结果显示，2011年上海市有归侨、侨眷、港澳居民眷属、归国留学人员和留学生眷属共108万人，比2004年侨情调查的73万增长了47.94%。其中归侨3.261 6万，比2004年归侨1.430 8万增长了152.48%。[④] 换言之，上海市2004年以后的归侨人数为1.830 8万，是2004年以前的归侨人数1.430 8万的1.28倍。基于同样的政策、法律和制度，上海市的新归侨数量远超出老归侨数量的情况在全国也应该同样存在。

老归侨群体绝对数量的锐减使得老归侨在归侨群体中逐渐淡出，新归侨在归侨群体中的地位日渐突出，新归侨问题的重要性超出了老归侨问题的重要性。我国的归侨侨眷政策应在处理好老归侨历史遗留问题的同时，将重点转向新归侨问题。

① 曹琴飞．上海市2011年基本侨情调查结果公布．东方网，2012－08－02.

② 卢海云，权好胜．归侨侨眷概述．北京：中国华侨出版社，2001.284～285.

③ 黄小坚．归国华侨的历史与现状．香港：香港社会科学出版社，2005.476～477.

④ 曹琴飞．上海市2011年基本侨情调查结果公布．东方网，2012－08－02.

第四节　归侨老龄化和侨眷留守无依现象突出

归侨老龄化现象比整体人口老龄化现象更突出。截至2009年年底，我国60岁以上的老年人达到1.671 4亿人，65岁以上的老年人达到1.130 9亿人，分别占全国总人口的12.5% 和8.5%。[①] 但是，根据20世纪90年代对360名归侨的抽样调查，50～60岁和60岁以上的老年人已经分别占29.7%和36.2%。[②] 二十年后，20世纪90年代占归侨总数的65.9%的归侨已经超过了70岁。根据1998年对北京印尼归侨群体的问卷调查，60岁以上的归侨占总数的68%。[③] 根据2004年上海市基本侨情调查报告，上海市归侨、侨眷、外籍华人眷属、港澳同胞眷属及留学生眷属中，老年人口数量较多，平均年龄高达59.87岁。2009年8月，北京市政府侨务办公室答复笔者关于“北京市历年归侨、侨眷人数、构成等资料”时明确表示，“现早期回国的华侨年龄大都在70岁以上”。

归侨老龄化问题比整体人口老龄化问题更严重，解决归侨老龄化问题在侨务工作中更显突出和紧迫。与我国老龄化快速发展阶段一同到来的是家庭的小型化、未富先老、社会保障制度滞后、单位福利体制解体、城乡和区域发展不平衡、老年人经济收入普遍偏低、家庭养老功能逐渐弱化、社会化养老供给明显不足、福利需求呈多样化、心理亚健康和情感孤独等问题。由于归侨老龄化现象比整体人口老龄化现象更突出，因而归侨老龄化问题比整体人口老龄化问题更加严重。根据2004年上海市基本侨情调查报告，10.64%的归侨、侨眷、外籍华人眷属、港澳同胞眷属及留学生眷属为独居，占60岁及60岁以上老年对象的17.46%。我们应坚持家庭、社区和机构的相互衔接与互动，形成以居家养老为基础、以社区照料为依托、以机构养老为补充的社会养老服务体系。通过政府侨务部门购买服务，使“三无”归侨、高龄归侨、低收入归侨等不同层次的对象都能得到相应的福利保障和服务。发挥归侨侨眷海外资源丰富特点，鼓励华侨、华人组建非营利组织、慈善机构，或者以个人力量积极参与老归侨侨眷社会福利建设，依靠正式的和非正式的社会福利制度，共同提供多元化的归侨侨眷养老服务。

另外，随着新华侨规模的不断扩大和跨国迁徙的常规化，许多华侨不能和子

---

① 中国统计年鉴（2009年）. 国家统计局网站，http：//stats. gov. cn.

② 卢海云，权好胜. 归侨侨眷概述. 北京：中国华侨出版社，2001. 284～285.

③ 黄静. 归侨在中国大陆的文化适应（1949—1998）：对北京印尼归侨群体的调查分析. 华侨华人历史研究，1999（1）：46.

女父母团聚，再加上一些华侨是独生子女，于是便出现了华侨在国内的子女和父母留守无依的情况。侨眷留守儿童和父母增多已经成为侨眷的一个新特点，他们渴望被关注和照顾。给予他们适当的关心和照顾，既是《归侨侨眷权益保护法》的规定，也是涵养侨务资源的要求。

第五节　经审批和领取归侨证件的归侨增长缓慢

2003 年 6 月，中国侨联系统曾统计全国共有新归侨 137 913 人。21 世纪以来，华侨回国定居人数有所增长。根据上海市 2004 年和 2011 年基本侨情调查报告，2004 年上海市的归侨有 1.43 万人，2011 年增长至 3.26 万人。依照浙江省公安厅以及有关学者的研究，浙江省 2003—2005 年，华侨回国定居分别只有 7 人、75 人和 239 人，而 2006—2008 年，华侨回国定居人数分别有 524 人、2 324 人和 2 631 人。

归侨数量少的主要原因是华侨回国定居条件严格和发达国家华侨不愿意因为回国定居而放弃取得的发达国家永久居留资格。需要说明的是：官方统计的归侨数量与事实上回国定居的华侨数量有着很大差距。华侨回国必须依据 1987 年的《国务院侨办关于回国定居的审批意见》进行审批，该意见对华侨回国定居限制较多。根据该意见，华侨回国定居，必须符合下列七种情况之一。

(8) 在国外受到迫害，失去谋生条件，使馆认为其必须回国并服从分配接受安置的。

(9) 夫妻一方在国外，生活确有困难，国内一方能自行解决对方回国定居的工作或住房等问题的。

(10) 国外无依无靠的孤寡老人，国内有亲人能解决住房、赡养等生活问题，不增加国家负担的。

(11) 在国外的老人用外汇已在国内购买住房，并有外汇积蓄或退休金、养老金可转回国内领取，国内有亲属（该亲属的户口不得由农转非或由小城镇迁入大城市）协助料理生活等问题的。

(12) 国内公民出国定居后短期内又要求回国定居的，须经其原所在单位同意复工复职或由原系统安排工作及解决住房，或者有单位聘请，有固定工作，并能自行解决住房的。

(13) 个别老人因水土不服、语言不通、生活不习惯等原因，坚决要求返回居住地，国内有亲属可解决住房、赡养等问题的。

（14）凡临时回国探亲、治病、旅游的华侨要求留国内定居的，一般不予受理。对个别情况比较特殊、有实际困难的，可允许他们向所在地市侨办提出申请报省侨办审批。

随着中国社会经济的发展，越来越多华侨要求回国定居，要适当放宽华侨回国定居的审批条件。上海市 1995 年和 1999 年两年内，审批华侨回国定居的分别只有 45 人和 130 人。2003 年上海市制定了《华侨回国来沪定居的规定》，在进一步规范华侨回国定居工作的前提下，根据形势和侨情的发展，适当放宽了华侨回国定居的审批条件。这缓解了华侨回国定居的矛盾，有利于维护华侨回国定居的权益。上海市 2004 年和 2005 年，审批华侨回国定居人数上升至 1 355 人和1 639 人。

第六节　回国定居华侨很多未经审批、没有领取归侨证件、以留学生移民和技术移民为主

只有 25% 左右回国定居的华侨领取了归侨证件。获得外国永久居留权的留学人员回国定居人数与领取归侨证件人数之间存在非常大的差距。2009 年 8 月，北京市政府侨务办公室答复笔者关于“北京市历年归侨、侨眷人数、构成等资料”问题时明确表示，“我市已办理归侨证 5 800 人”。北京市人力资源与社会保障局统计迄今 15 年的数据后认为，北京市的留学回国人员目前已超过 10 万人，并以年均 20% 的速度递增，远超全国 13% 的平均增速。北京市已成为留学人员回国创业的首选城市。[①] 以留学回国人员 20% 中有外国人永久居留权推算[②]，北京市的归侨至少应有 2 万人。据北京市侨联统计，北京市的归侨和侨眷有几十万人，其中大量是近些年移民国外而又回流的人才。[③]

大量回国定居华侨未经审批和没有领取归侨证件的推理在调研中得到了证实，2007—2012 年，笔者在北京市政府侨办、北京市朝阳区政府侨办、河南省周口市政府侨办、北京理工大学侨联等各层次的侨务机构调研中均发现，这些机构的管理和工作人员均基本认同这一推论。

出国留学在外人员约 20% 获得了外国永久居留权。2006 年 2 月，教育部国

---

① 尹力．北京已成为留学人员归国创业工作首选城市．中新网，2012－05－24.

② 郑勇．海归　高层、紧缺人才最受青睐．北京晚报，2006－02－23.

③ 王辉耀．海鸥模式：21 世纪海归的新方式．北京：中国发展出版社，2007.

际司司长助理张宁透露，从1978—2005年，出国留学在外人员达到93.34万人，其中有18.77万人获得了永久居留权，占总数的19.52%。另外，回国人员达到23.29万，正在以学术访问、研究生、本科生等方式留学的有51.28万人。①

留学回国人员数量逐年增长，2005年、2009年后呈现加速增长态势，2011年18.62万名留学人员回国，留学回国人员累计达到82.1万人（见表8-1）。从理论上来说，归侨人数应归与之一并加速增长。

表8-1　2002—2011年我国留学人员回国数量

年度	2002	2003	2004	2005	2006
数量	17 627	20 100	25 116	35 000	42 000
累计	156 184	176 284	201 400	236 400	278 400
年度	2007	2008	2009	2010	2011
数量	44 000	69 300	108 300	13.48万	18.62万
累计	322 400	391 700	500 000	63.48万	82.1万

数据来源：教育部2002—2011年各年度留学人员回国数据。

大量回国定居华侨未经审批和没有领取归侨证件的现状表明，目前的公民出国定居注销户籍制度、华侨回国定居制度、归侨证制度存在着不少问题，同时也造成了归侨数据失真，增大了归侨统计成本，削弱了国内侨务工作基础。出现此种现象的主要原因有：公民出国定居注销户籍有许多漏洞，申请回国定居程序烦琐，申请回国定居条件严格，归侨证件几乎不能带来实际利益，华侨不经审批也能实际回国定居。要切实保障华侨回国定居权益，疏通华侨回国定居的渠道，认真解决公民出国定居注销户籍制度、华侨回国定居制度、归侨证制度存在的问题。

新归侨群体主要以留学生移民和技术移民为主，存在着回国定居功利化、主要来自西方发达国家、年龄段比较低、学历层次较高、散居于大中城市和新侨乡、大多在外资和民营企业就业、多往返于中国与国外等特点。

① 郑勇．海归　高层、紧缺人才最受青睐．北京晚报，2006-02-23.

第七节　结　论

随着中国的社会经济发展和国际化程度加深，归侨侨眷群体发生了巨大变化，对归侨侨眷政策产生了深刻影响。归侨占归侨侨眷的比例非常低，只占归侨侨眷总数的1%～3%。归侨侨眷特殊性减弱，归侨侨眷范围扩大。老归侨人数锐减，新归侨人数猛增。归侨老龄化现象和问题相比整体人口老龄化现象，更为突出和严重。经审批和领取归侨证的回国定居华侨有所增长。大量回国定居华侨未经审批和没有领取归侨证件。以上变化要求我国归侨侨眷政策的重点是侨眷，做好了侨眷工作，也就做好了归侨侨眷工作。扩大归侨侨眷范围势必扩大侨务工作对象的范围，拓充归侨侨眷工作内容。新归侨问题的重要性超出了老归侨问题的重要性。我国的归侨侨眷政策应在处理好老归侨历史遗留问题的同时，将重点转向新归侨问题。归侨老龄化问题比整体人口老龄化问题更严重，解决归侨老龄化问题在侨务工作中更显突出和紧迫。随着中国经济社会发展，越来越多的华侨要求回国定居，要适当放宽华侨回国定居的审批条件。大量回国定居华侨未经审批和没有领取归侨证件的现象表明目前的公民出国定居注销户籍制度、华侨回国定居制度、归侨证制度存在着不少问题。应该认真解决公民出国定居注销户籍制度、华侨回国定居制度、归侨证制度存在的问题，疏通华侨回国定居的渠道，切实保障华侨回国定居的权益。

第十六章　归侨侨眷权益保护政策法律环境的变化

引　言

“一视同仁，不得歧视，根据特点，适当照顾”是制定归侨侨眷政策的基本依据和指导原则，在今后相当长的一段时期内，仍然要毫不动摇地坚持这一原则。但是，随着中国的政治、经济和社会环境的快速发展，国际化程度日渐加深，归侨侨眷群体、法律环境和国际实践等自身及外部环境发生了巨大变化。这一归侨侨眷政策权益保护的生存环境和实施效果遇到了前所未有的挑战。

1990年《归侨侨眷权益保护法》（2000年修订）及其《实施办法》规定了政治、经济、社会和文化方面的全方位适当照顾措施。[①] 但是，归侨侨眷群体自身及其外部环境发生了巨大变化，从一般法角度来看，在全体公民的层面上尊重和保障归侨侨眷权利的法制环境日渐成熟。国际上鲜有对归侨侨眷予以照顾的侨务政策。有海外关系、作出重大贡献、弱势、履行更多义务、民族国家、权利等理论基础不能完全合理地解释归侨侨眷新情况。“根据特点，适当照顾”归侨侨眷政策的适用对象越来越窄，照顾内容越来越少。给予归侨侨眷的适当照顾已经主要转向了贫困归侨和离退休归侨生活补贴等社会保障方面。“根据特点，适当照顾”的归侨侨眷政策的实施效果越来越不明显，对归侨侨眷的实际帮助日渐减少。这些巨大变化，对“一视同仁，不得歧视，根据特点，适当照顾”的归侨侨眷政策产生了深远影响。

---

① 国务院侨办侨务干部学校．侨务工作概论．北京：中国致公出版社，2006. 231～232.

第一节　归侨侨眷权益保护政策宏观法律环境的变化

2010年年底，有中国特色的社会主义法律体系已经形成。国家颁布实施了一系列保护公民各种权利的法律，从一般法的角度，在全体公民的层面上，尊重和保障归侨侨眷权利的法制环境日渐成熟。国际上，很少有对归侨侨眷予以照顾的侨务政策，我国给予归侨侨眷特殊保护的特色做法，需要更多的其他国家和地区的实践经验支持。

第一，社会主义法律体系已经建成，冲击了对归侨侨眷权益的特别保护。

1990年《归侨侨眷权益保护法》颁布实施之前，由于法制不完善，我国基本上没有对归侨侨眷权利予以具体保护的一般法。1990年《归侨侨眷权益保护法》（2004年修订）规定了华侨回国定居权（第5条），归侨参政权（第6条），归侨侨眷结社权［第7（1）条］，归侨侨眷成立的社会团体的财产权［第7（2）条］，国家安置归侨的农林场等企业的权益（第9条），归侨侨眷社会保障和社会救助权（第10条），归侨侨眷投资发展经济权（第11条），归侨侨眷兴办公益事业权［第12（1）条］，归侨侨眷私有房屋所有权（第13条），归侨侨眷侨汇收入受保护权（第15条），归侨侨眷受赠与权和继承权（第16条），归侨侨眷与国外亲友往来权和通讯权（第17条），归侨侨眷出境权、出境探亲权和出境定居权（第18、19和20条），归侨侨眷境外权益（第22条），归侨侨眷合法权益救济权（第23条）等20种权利。时任全国人大华侨委员会副主任委员何英1990年在《关于〈中华人民共和国保护归侨、侨眷权益法（草案）〉的说明》中，对当时不完善的法制环境要求制定权益特殊保护法作了解释，“要切实保护归侨、侨眷的合法权益，仅有宪法的原则规定和政策的有关规定是不够的”，“侨务工作要从过去主要依靠政策办事，逐步过渡到不仅依靠政策办事，还要健全侨务法律，做到依靠法律办事”。在法制环境不健全、公民权益得不到一般法保障的环境下，鉴于归侨侨眷群体的特殊性和重要性，出台一部保护其权益的特别法是可以理解和接受的。

2010年年底，有中国特色的社会主义法律体系已经形成，从一般法的角度，在全体公民的层面上，尊重和保障归侨侨眷权益的法制环境日渐成熟。我国已经形成了以1982年《宪法》（2004年修订）第50条“中华人民共和国保护华侨的正当的权利和利益，保护归侨和侨眷的合法的权利和利益”为基础，以1990年《归侨侨眷权益保护法》（2000年修订）为核心的侨务法律体系，总体上解决了侨务工作“有法可依”的问题。在这种情况下，许多华人归侨侨眷权利没有能够落到实处不是因为没有相关法律的保护，而是因为没有认真实施尊重和保障华人归侨侨眷权益的法律。另外，许多新制定和正在审议的法律淡化甚至无视华人归侨侨眷的特性，涉侨法律不关注侨务和不解决侨务问题的现象依然存在，甚至比较严重。例如，2013 年 11 月公安部起草的《中华人民共和国外国人永久居留管理条例（草案）》是一部非常重要的涉侨法律，理应对华人回国定居等问题作全面系统的规定，但是事实上几乎没有涉及。

1990 年《归侨侨眷权益保护法》（2000 年修订）拟保障的权利都可以列入人权范畴。1982 年《宪法》（2004 年修订）第 33（3）条款规定，“国家尊重和保障人权”。另外，保护这些权利的一般性法律纷纷颁布实施，包括 1985 年《继承法》、1989 年《行政诉讼法》、1998 年《社会团体登记条例》、1999 年《合同法》、1999 年《公益事业捐赠法》、1999 年《行政复议法》、2001 年《城市房屋拆迁管理条例》、2003 年《行政许可法》、1993 年《公司法》（2004 年修订）、1979 年《全国人民代表大会和地方各级人民代表大会选举法》（2004 年修订）、1999 年《刑法》（2007 年修订）、2007 年《个人外汇管理办法》、2007 年《物权法》、2008 年《就业促进法》、2009 年《侵权责任法》、2009 年《邮政法》、1994 年《国家赔偿法》（2010 年修订）、2010 年《社会保险法》、2012 年《出境入境管理法》等。在全体公民的层面上尊重和保障归侨侨眷权利的法制环境已经日渐成熟，这使“一视同仁，不得歧视”华侨侨眷权益保护政策，有可能在一般法制环境下得以实现。在实践中，解决归侨侨眷维权法律纠纷的依据也是一般法。[①] 在该环境下，不一视同仁、歧视归侨侨眷的主要原因是没有有效地贯彻实施保护归侨侨眷权利的一般法。

第二，很少有对侨民予以照顾的国际侨务政策。

国际上，很少有对侨民予以照顾的侨务政策和相应的侨务立法。根据丘立本教授的研究，随着国际人口迁移的日趋频繁，外国侨务部门自 20 世纪 80 年代，尤其是进入 21 世纪以来，世界上已有近 30 个国家从调研、机构、立法、联系、表彰、议员、引资引智、文教等 8 个方面积极开展侨务工作，以保护和开发利用“侨民—国家”的宝贵人力资源[②]。就侨民权益保障而言，各国主要是将国外侨民与国内公民平等对待，注重尊重和保护由于身居海外行使不便的重要权利，如参政权等。关于回国侨民的权益，各国着重为回国侨民提供创业和就业的各种便利。

① 国务院侨务干部学校．侨务工作案例选编（一）．2001.

② 丘立本．外国侨务工作新动向及其原因与启示．侨务工作研究，2005（2）；丘立本．各国纷纷开展侨务工作 为何越来越多国家重视侨务．人民日报（海外版），2006－01－13；高子平．印度侨务政策调整及对中国的启示．侨务工作研究，2008（2）．

第二节　归侨侨眷权益保护政策具体法律环境的变化

第一，归侨侨眷境外亲友捐赠。

归侨侨眷境外亲友捐赠由1990年《归侨侨眷权益保护法》（2000年修订）保护转向了一般法保护。“归侨侨眷境外亲友捐赠的物资用于国内公益事业的，依法减征或免征关税和进口环节的增值税。”［1990年《归侨侨眷权益保护法》（2000年修订）第13（2）条］1999年《公益事业捐赠法》第26条从一般境外捐赠意义上对该条内容作了规定：“境外向公益性社会团体和公益性非营利的事业单位捐赠的用于公益事业的物资，依照法律、行政法规的规定减征或者免征进口关税和进口环节的增值税。”

第二，归侨侨眷及其境外亲友在境内投资的企业捐赠的财产用于公益事业。

归侨侨眷及其境外亲友在境内投资的企业捐赠的财产用于公益事业，由1990年《归侨侨眷权益保护法》（2000年修订）保护转向了一般法保护。“归侨侨眷及其境外亲友在境内投资的企业捐赠的财产用于公益事业的，依法享受所得税优惠。”［1990年《归侨侨眷权益保护法》（2000年修订）第13（3）条］同样，1999年《公益事业捐赠法》第24条从一般境外捐赠意义上对该条内容作了规定：“公司和其他企业依照本法的规定捐赠财产用于公益事业，依照法律、行政法规的规定享受企业所得税方面的优惠。”2007年《企业所得税法》第9条规定：“企业发生的公益性捐赠支出，在年度利润总额12%以内的部分，准予在计算应纳税所得额时扣除。”虽然1999年《公益事业捐赠法》第15（1）条规定：“华侨向国内捐赠的，县级以上人民政府侨务部门可以协助办理有关入境手续，为捐赠人实施捐赠项目提供帮助。”但是，可以看出，总体上讲，国家已经将归侨侨眷境外亲友捐赠的用于国内公益事业的物资视为一般意义的境外捐赠，2004年《归侨侨眷权益保护法实施办法》的相关规定已经失去了对归侨侨眷捐赠照顾的作用。

第三，华侨子女回国就读实施义务教育的学校。

华侨子女回国就读实施义务教育的学校由1990年《归侨侨眷权益保护法》（2000年修订）保护转向了一般法保护。“华侨子女回国就读实施义务教育的学校，应当视同当地居民子女办理入学手续。”［1990年《归侨侨眷权益保护法》（2000年修订）第17条］只有当华侨子女是外国公民时，“视同当地居民子女办理入学手续”的规定才是对其的照顾。然而，本人是华侨，子女是所在国公民且回国就读义务教育的情况并不多见，因为华侨子女是所在国公民，按常理而言，只有接受所在国的义务教育，才能更好地在所在国生存和发展。如果华侨子女是中国公民，接受义务教育是应尽的义务，与当地居民子女一样办理入学手续是其权利，这些在1986年《义务教育法》（2006年修订）有明确规定，所以不能称之为照顾。该法第4条规定："凡具有中华人民共和国国籍的适龄儿童、少年，不分性别、民族、种族、家庭财产状况、宗教信仰等，依法享有平等接受义务教育的权利，并履行接受义务教育的义务。"该法第12（1）条规定："父母或者其他法定监护人在非户籍所在地工作或者居住的适龄儿童、少年，在其父母或者其他法定监护人工作或者居住地接受义务教育的，当地人民政府应当为其提供平等接受义务教育的条件。具体办法由省、自治区、直辖市规定。"

第四，归侨学生、归侨子女和华侨在国内的子女报考国家举办的非义务教育的学校。

"归侨学生、归侨子女和华侨在国内的子女报考国家举办的非义务教育的学校，教育等有关部门应当按照国家有关规定结合本地区实际情况给予照顾。"［1990年《归侨侨眷权益保护法》（2000年修订）第17条］遗憾的是，在1998年《高等教育法》和1996年《职业教育法》中没有相应的规定，这削弱了照顾性规定的法律权威。地方法规的相关规定又颇不严谨，致使该条法律在实际执行过程中很难被全面落实下去。① 河北省规定，四侨考生（含侨眷高知子女）照顾加分，可加10分。2003年，河北省某市却出台中考规定，自行将照顾加分降为8分。河北省侨办向河北省教育厅通报情况，并会同当地侨办责成市考试院，才纠正了这一错误做法。客观上讲，照顾性规定只对学习成绩接近高考录取分数线的归侨学生、归侨子女和华侨在国内的子女有益，学习成绩拔尖的学生用不着，学习成绩差的学生不够用。

第五，依法拆迁归侨、侨眷私有房屋。

"依法拆迁归侨、侨眷私有房屋的，拆迁人应当按照国家有关房屋拆迁管理的规定给予货币补偿或者实行房屋产权调换。按照政府规定的租金标准出租的归侨侨眷的私有房屋被拆迁的，补偿安置的办法由国务院建设主管部门会同有关部门规定。"［1990年《归侨侨眷权益保护法》（2000年修订）第16条］2001年《城市房屋拆迁管理条例》以及取代它的2011年《城市国有土地上房屋征收和补偿条例》都将归侨侨眷的房屋视为一般公民房屋，没有对拆迁归侨侨眷房屋作

① 1993年《贵州省实施〈中华人民共和国归侨侨眷权益保护法〉办法》第12（1）、（2）、（3）条规定，"归侨、归侨子女、华侨子女在本省报考普通高等学校时，凭省侨务工作机构出具的证明，给予考试总分加10分照顾。除前款规定之外的侨眷及其子女在本省报考省属高等学校，凭省侨务工作机构出具的证明，给予考试总分加10分照顾。归侨侨眷及其子女在本省报考其他各类中等学校时，凭市、州、地侨务工作机构出具的证明，给予适当照顾"。

出照顾性规定。

第六，归侨侨眷急需出境。

“归侨侨眷因境外直系亲属病危、死亡或者处理境外财产等特殊情况急需出境的，有关主管部门应当根据申请人提供的有效证明优先办理。”[1990 年《归侨侨眷权益保护法》(2000 年修订) 第21 (2) 条] 2002 年开始，公安机关在具备条件的地方试点实行“按需申领护照”，即除部分国家工作人员需要按照干部管理权限和行政隶属关系提交单位意见外，其他公民只要不具有法律规定的不准出境情形，凭本人户口簿、身份证即可向户籍所在地公安机关申领护照。截至 2006 年年底，全国已有 236 个大中城市实现了按需申领护照，极大地方便了人民群众，取得了良好的社会效应。[①] 关于办理护照方面的法律法规规定，一般公民，不限于归侨侨眷，因境外直系亲属病危、死亡或者处理境外财产等特殊情况急需出境，均可以申请加急办理。2006 年《护照法》第 6 (4) 条规定：“公民因合理紧急事由请求加急办理的，公安机关出入境管理机构应当及时办理。” 2007 年《普通护照和出入境通行证签发管理办法》第 4 条对加急办理护照作出了如下具体规定：

有下列情形之一的，公民可以向其户籍所在地县级以上地方人民政府公安机关出入境管理机构申请加急办理普通护照，并提交相应材料：

(一) 出国奔丧、探望危重病人的；

(二) 出国留学的开学日期临近的；

(三) 前往国入境许可或者签证有效期即将届满的；

(四) 省级地方人民政府公安机关出入境管理机构认可的其他紧急事由。

第七，归侨侨眷出境探亲。

对归侨侨眷出境探亲权保护的难以落实。1990 年《归侨侨眷权益保护法》(2000 年修订) 第 19 (1) 条规定：“国家保障归侨、侨眷出境探亲的权利。”该法及其《实施办法》没有对归侨侨眷出境探亲权的内容作出规定。虽然国务院侨办的部门规章对该权利予以了细化，但是仍然不具体。1983 年国务院侨务办公室、劳动人事部、财政部《关于归侨、侨眷职工因私事出境的假期、工资等问题的规定》第 2 条规定：“因私事短期出境的假期。在职职工因私事短期出境申请事假，其假期由所在单位根据实际需要予以批准。去港澳地区的，不得超过三

---

① 公安部．公安部出入境管理局积极办理“两会”建议、提案工作．http://www.mps.gov.cn/n16/n1237/n1342/136361.html，2007－03－06.

个月，必须按期返回。出国的，不超过半年，如因故确需续假，应在批准的假期内向所在单位办理续假手续。续假期限，一般不超过一个月。”在实践中，各单位的具体规定迥异。中国矿业大学（北京）允许出国进修人员的配偶出境探亲，国家检察官学院却不允许。2000 年《中国矿业大学（北京）出国人员人事管理暂行规定》（试行）第 3 条规定，校区公派出国人员，从离境之日起一年后，其配偶方可出境探亲。校区公派出国期内人员，其配偶出国探亲假一般为三个月，最多不得超过六个月。2007 年《国家检察官学院工作人员因私或非因公派遣出国（境）管理暂行规定》第 4（2）条规定：“公派出国进修人员、访问学者在国外的时间较短，他们在国内的配偶，不给予探亲假。”

大部分省、自治区和直辖市的归侨侨眷权益保护法实施办法规定，有关部门和单位不得限制或损害归侨侨眷出境探亲权。1994 年《北京市实施〈中华人民共和国归侨侨眷权益保护法〉办法》（2005 年修订）第 19（1）条规定：“本市有关部门和单位应当保障归侨侨眷享受国家规定的出境探亲权利，不得附加国家规定以外的任何条件，限制、损害归侨侨眷的合法权利。”然而，由于法律没有确定归侨侨眷出境探亲权的内容以及对其的救济，归侨侨眷是否能探亲主要取决于所在单位。如上所述，单位的规定迥异，以致国家和地方关于归侨侨眷出境探亲权的规定容易流于形式，不能成为归侨侨眷的实在权利。

遗憾的是，2012 年《出境入境管理法》（2013 年 7 月 1 日起施行）没有体现 1990 年《归侨侨眷权益保护法》（2000 年修订）第 21（2）条“归侨侨眷因境外直系亲属病危、死亡或者处理境外财产等特殊情况急需出境的，有关主管部门应当根据申请人提供的有效证明优先办理”，这就使得归侨侨眷在最有理由获得照顾的出入境方面，失去了必要的法律依据。另外，2012 年《出境入境管理法》也忽视了华侨华人作为与中国联系最紧密的国际移民群体的特点，没有对其在出境入境方面作出针对性的规定，这影响了该特殊群体在促进我国社会经济发展等方面作用的发挥。

第八，对归侨侨眷就业给予照顾。

由于就业政策的巨大变化，给予归侨侨眷就业照顾的外部环境几乎不再存在。1990 年《归侨侨眷权益保护法》（2000 年修订）第 14（1）条规定，各级人民政府应当对归侨侨眷就业给予照顾。由于就业机制市场化，就业环境不佳，目前，国家很难在就业上真正照顾归侨侨眷。1998 年 6 月，中国政府提出“劳动者自主择业、市场调节就业、政府促进就业”的新时期就业方针，建立市场导向的就业机制，彻底结束了中国计划经济体制下“统包统配”的传统劳动就业制度，从而将归侨侨眷就业推向了市场。由于缺少有效的就业优先监督制度，很多“用人单位在招考录用人员时，应当对归侨侨眷在同等条件下优先录用”方面的规定流于形式。目前的就业环境比较恶劣，例如公务员考试录用竞争非常激烈，也使得国家没有资源和空间照顾归侨侨眷就业。2010年度中央机关及其直属机构公务员录用考试录用比例为69∶1。[①] 正如人力资源和社会保障部部长尹蔚民2009年12月在第十一届全国人大常委会第十二次会议上所言，“稳定就业的基础尚不稳固，劳动力供大于求的压力进一步加剧，就业结构性矛盾更加突出，另外就业政策落实尚未完全到位，工作体制和工作手段亟须完善”[②]。

第九，给予归侨侨眷的计划生育照顾。

给予归侨侨眷的适当照顾也适用于其他群体，主要是指我国给予归侨侨眷的计划生育照顾也适用于出国留学人员。1983年《国务院侨办、国家计划生育委员会关于归侨侨眷计划生育工作的几点意见》第1、2、4条规定：

1. 新回国定居的华侨，在国外已生育两个以上子女的，不允许再生育。如入境时已怀孕的，不要动员打胎，可允许其生育。

2. 夫妻双方均系归侨，也应鼓励只生一胎，经说服仍要求生二胎，而他们回国时间不满6年者，可允许生育第二胎。

……

4. 归侨、侨眷所生子女已在国外定居，国内无子女的，可允许其再生育一胎。

基于中国严格的计划生育政策，上述规定无疑是对归侨侨眷的照顾。然而，计划生育照顾并不局限于归侨侨眷，也惠及出国留学人员。2002年《国家计生委关于印发〈出国留学人员生育问题规定〉的通知》第2、4条规定：

2. 夫妻双方在国外连续居住一年以上的留学人员，不符合国家有关计划生育法律、法规的规定，在国外生育或者怀孕后回中国内地生育第二个子女的，回中国内地后不予处理。

……

4. 留学人员在国外留学期间生育或者怀孕后回中国内地生育，不纳入中国内地各级各部门和有关单位人口与计划生育工作考核。

---

① 今年超百万人参加国考　七省市考生占大半．人民网，2009-12-03.

② 秦佩华，毛磊．尹蔚民向全国人大常委会报告：就业形势逐季好转，明年1 200万人待业．人民网，2009-12-25.

第三节 归侨侨眷权益保护政策实施效果方面的变化

根据福建省政府侨办、河北省政府侨办和上海市政府侨办2009—2010年对笔者“给予了归侨侨眷哪些适当照顾”政府信息公开申请的正式回复，以及河南省周口市政府外侨办接受笔者调研时提供的“给予了归侨侨眷哪些适当照顾”方面的资料，这些地区归侨侨眷权益保护政策的实施效果逐渐减弱，给予归侨侨眷的适当照顾已经主要在社会救助方面。鉴于福建省、河北省、河南省和上海市可以分别作为传统侨乡、非传统侨乡和新兴侨乡的代表地区，可以推断给予归侨侨眷的照顾主要集中在贫困归侨的社会保障的情况在全国应会普遍存在。

一、贫困离退休归侨生活补贴

一些地方政府出台了一些地方性法规规章政策，给予离退休归侨生活补贴。福建省财政厅和河北省侨办1996年出台了《关于归侨退休职工增发生活补贴的通知》及其补充通知，对1969年12月31日前回国定居并参加工作的归侨离退休职工由原工作单位发给每月60元生活补贴。2007年针对因破产、经营困难等原因无力发放补贴的问题，福建省财政厅和省侨办又发文明确表示这部分单位可以申请统计财政，给予专项补助。

河北省侨办与河北省劳动厅1998年3月联合下发了《关于妥善解决退休归侨职工养老医疗问题的意见》，基本上解决了拖欠老归侨养老金、医疗费的问题。对于工龄满30年的归侨退休职工，可以享受原工资100%退休费的照顾。

上海市政府侨办从1995年起，对已退休的早期归侨每月发放生活津贴50元。1998年针对产业结构调整中有相当一部分企业无力支付退休生活津贴的情况，将早期归侨退休生活津贴纳入了养老金社会统筹发放范围。2003年，又根据早期归侨绝大多数步入高龄、经济相对困难的情况，对早期归侨的退休生活津贴在原有基础上每月再增加50元。①

① 上海市政府侨务办公室．关于贯彻实施《中华人民共和国归侨侨眷权益保护法》情况的报告. 2006. 5～6.

二、贫困归侨社会救助

一些地方政府出台了一些地方性法规规章政策，给予贫困归侨生活补贴。福建省财政厅自1999年以来，每年都拨款130万元作为专项归侨社会补助经费，用于散居归侨的困难补助。1993年，福建省侨办、福建省民政厅制定《关于做好鳏寡孤独年老归侨生活困难照顾的通知》，要求“对鳏寡孤独老归侨五保户的救济标准应本着适当照顾的精神，略高于当地五保户”，对这部分归侨给予特殊照顾。

河北省侨办与河北省民政厅1996年6月联合下发了《关于做好贫困归侨救济工作的通知》，将城镇和农村的老弱病残、鳏寡孤独等归侨列为重点社会救济对象，要求精心安排对其的救助，救济标准略高于社会困难户，这充分体现了对归侨的适当照顾。1996年，河北省侨办与河北省扶贫开发办联合下发了《关于做好扶持贫困归侨工作的通知》，要求充分利用国家在贫困地区实行的成片扶贫开发的办法和优惠政策，把贫困归侨列为重点扶持对象，在项目、资金、信息、技术上给予大力支持，并在政策上给予倾斜。2003年，河北省侨办与河北省民政厅联合下发了《关于解决贫困归侨侨眷生活困难的通知》，将城镇和农场的困难归侨侨眷均列为低保对象，实行“应保尽保”政策。

河南省周口市外事侨务办公室侨务科在2009年“不辱服务工作使命，努力为侨搞好服务”的工作总结部分只谈到了慰问和救济贫困归侨事项，“（市外侨办）积极主动与市县区两级民政局、救灾办、扶贫办、慈善总会结合，通过多次做工作，最终使6户散居农村的贫困老归侨每月按当地最低生活保障线由原来的30元增加到50元的生活费，使他们的生活得到基本保障。同时将农村贫困归侨侨眷394户，2 832人全部纳入当地扶贫救灾开发规划，统筹安排，实施优先列入规划，优先安排扶贫救灾资金，优先实施扶贫救灾的三优先原则”。河南省周口市在侨务系统2009年共受理来信来访126宗，其中走访、慰问和救济58户/起，占总结案数的50%左右。[①]

上海市侨联在市慈善基金会的支持下，每年春节和敬老节为侨界开展送温暖活动，2000—2006年共出资150万余元，资助贫困归侨侨眷3 600人次。上海市各级侨务部门每年对全市500余户侨界困难家庭进行慰问活动。上海市1996年起对无业早期归侨发放生活困难补助，每月390元，比同期市民低保每月300元

① 河南省周口市外事侨务办公室侨务科2009年工作总结。

高。1995—2006 年，上海市政府用于扶侨帮困的资金总额达 2 500 余万元。[①]

第四节　结　论

随着有中国特色的社会主义法律体系的形成，从一般法的角度，在全体公民的层面上尊重和保障归侨侨眷权利的法制环境日渐成熟。归侨侨眷适当照顾的适用对象越来越窄，照顾内容越来越少，与 1990 年《归侨侨眷权益保护法》（2000 年修订）及其《实施办法》规定的适用于全体归侨侨眷和全方位适当照顾措施渐行渐远。在实践中，对归侨侨眷“根据特点，适当照顾”的实施效果越来越不明显，对归侨侨眷的实际帮助作用日渐减少。

① 上海市政府侨务办公室．关于贯彻实施《中华人民共和国归侨侨眷权益保护法》情况的报告．2006. 5 ~6.

第十七章　归侨侨眷权益保护政策理论基础的再思考

引　言

“有海外关系”、“作出重大贡献”、“弱势群体”、“履行更多义务”、民族国家和权利是业界经常引用，用以支撑“根据特点，适当照顾”归侨侨眷权益保护政策的理论基础。在归侨侨眷群体变化和归侨侨眷权益保护政策法律环境变化的背景下，有必要再思考这些理论基础的合适性，进而予以完善。

第一节　“海外关系”

近年来，归侨侨眷因具有海外关系而成为特殊群体的情况发生了变化。“根据特点，适当照顾”归侨侨眷政策的根据是归侨侨眷具有国内公民不具备的海外关系，以及归侨同时具有的改变定居地的特点，后者是前者的延伸。这是中国政府的普遍观点，学界也认同该观点。时任全国人大常委会副委员长叶飞在接受《人民日报》记者关于制定和实施1990年《归侨侨眷权益保护法》的采访时指出：

“归侨侨眷有其他中国公民所没有的‘海外关系’。根据他们同海外亲人正常联系的需要，国家给予保护是合情、合理、合法的，从法律上予以肯定也是十分必要的。现在全国人大常委会正在准备制定保护妇女、儿童合法权益的专门法律，类似归侨侨眷权益保护法，不存在所谓‘特殊公民’问题。”①

---

① 张安南．凝聚侨心的立法——访叶飞副委员长．人民日报，1990－09－16.

李鸿阶、廖萌在《华侨华人与住在国经济融合关系研究》中提出：在维护民族团结的前提下，应照顾华侨华人共同的民族感情，加强与祖（籍）国联系，不把他们等同于一般外国人，要保护其合法权益，对侵害华侨华人的行为，给予法律和人道主义上的支持。

时任全国人大华侨委员会研究室副主任毛起雄对将海外关系作为保护归侨侨眷权益的法律基础作了非常详细的阐述，他在《〈中华人民共和国归侨侨眷权益保护法〉立法和修改情况简介》中谈道：

“这部侨务部门的基本法是根据归侨侨眷的特点进行制定的。归侨侨眷同国内其他公民相比有许多不同的特点，其中最突出的是他们家庭中的一些成员或大部分成员居住在国外或境外，他们与境外、国外亲属之间存在着较为密切的经济、通讯和探亲往来等方面的联系。虽然归侨、侨眷在国外的许多亲属已加入或取得居住国国籍，成为居住国国民，但他们与归侨侨眷仍因为传统的血缘或拟定血缘关系而保持密切或较密切的联系……

与侨眷相比，归侨还有自身的特点。归侨原是定居在国外的华侨，后来回国定居，改变居住地是归侨区别于侨眷的最大特点。归侨回国定居后，在相当一段时间内，在许多方面还不能与国内其他公民处于同等的状态，如他们的中文程度就不如国内公民，因此，需要在一定程度上，根据其特点，给予适当的照顾。这种照顾是合情合理的、必要的，其目的是为了使归侨能更快地适应国内的环境。

归侨侨眷的这些特点所构成的行为是合法的行为，这也是他们的合法权益的组成部分，是宪法、法律有关中国公民权益规定内容在归侨侨眷中的具体化。因此，我们有必要把归侨、侨眷这部分有别于其他中国公民的合法权益用特殊法的形式给确认下来。”

江西省人大认为归侨侨眷是一个特殊群体。在全国人大华侨委2009年跟踪督察江西省贯彻实施《归侨侨眷权益保护法》执法检查整改意见时，以“关注特殊群体　切实维护侨益”为主标题，在其主办的刊物《时代主人》报道了跟踪督察情况。①

改革开放之初，归侨侨眷因海外关系而成为特殊群体。当时，我国急需打开国门，密切与国外的联系，归侨侨眷由于历史和血缘等原因，具有丰富的海外关系，而国内其他中国公民由于长期以来的封闭，与国外基本上没有接触。邓小平

---

① 舒然．关注特殊群体 切实维护侨益——全国人大华侨委2009年在赣调研《中华人民共和国归侨侨眷权益保护法》贯彻实施情况侧记．时代主人，2009（11）：26~27.

1977年在会见香港知名人士利铭泽夫妇时指出："说什么'海外关系'复杂不能信任，这种说法是反动的。我们现在不是关系太多，而是太少，这是个好东西，可以打开各方面的关系。"时任中共中央政治局委员、书记处书记的习仲勋同志1984年在省、自治区、直辖市侨办主任会议上指出，在实行开放政策，建立特区和进一步开放沿海港口城市的情况下，做好侨务工作更为重要。

"归侨侨眷同国外亲人有着千丝万缕的联系，如果各项侨务政策都在他们身上得到了较好的落实，就能够通过他们的切身感受，影响国外的亲人。只要我们侨务政策对头，就有可能把华侨华人的积极性调动起来，在我国四化建设中发挥重要作用。"

国内公民出国留学、工作、经商、旅游人数增长迅猛，有海外关系的群体越来越普遍和稳定。1952—1978年，中国公民出境人数总和26万人次，平均每年1万人次左右。[①] 2011年，内地居民出入境共计1.4亿人次，同比增长22.6%。[②] 出国留学人数由1978年的860人发展到2011年的33.97万人，2011年比2010年增长了19.32%。1978—2011年，各类出国留学人员总数达224.51万人。截至2011年底，以留学身份出国，在外的留学人员有142.67万人，其中110.88万人正在国外进行相关阶段的学习和研究。改革开放以来，留学回国人员总数达81.84万人，有72.02%的留学人员学成后选择回国发展。[③]

截至2007年，大约有375万中国人在境外合法工作，多数集中在日本、韩国和新加坡，所从事的行业已从建筑业扩展到农业、服务业和环境保护等行业。[④] 边境省份移民的数量大量增加，1989年以后，主要由于和缅甸、俄国和韩国等邻国边境贸易的增长，云南、黑龙江、吉林等边境省份的移民大量增加。2004年，大约20万中国商人、工人和农民在俄罗斯远东居住，主要从事建筑、农业和消费品制造。[⑤] 政府机构和企业派驻国外的官员和员工也日益增多。1978年驻外领事机构只有7个[⑥]，2009年，据外交部统计，我国与171个国家建立了外交关系，在全球设立了250多个外交机构，驻外人员约5 000人。

---

① 外交部领事司．您了解中国领事保护和服务吗?．http：//www.people.com.cn/GB/paper39/9412/871581.html，2009－12－26.

② 史竞男，邹伟．2011年内地居民出入境1.4亿人次　同比增长22.6%．新华社，2012－01－14.

③ 教育部．2011年度我国出国留学人员情况统计．教育部网站，2012－09－09.

④ 于青，詹德斌，牟梓，刘妍．海外中国劳工纠纷骤增．环球时报，2007－02－09.

⑤ Ronald Skeldon，China：From Exceptional Case to Global Trade. http：//www.migrationinformation.org/Profiles/display.cfm? ID＝219，2009－07－14.

⑥ 李洁．外交部领事司司长魏苇谈中外领事关系30年．瞭望，2008－12－30.

中国正式开展公民出境旅游始于1997年，当年出境人数为532万人次，2000年为1 047.26万人次。2003年，中国出境总人数达到2 020万人次，首次超过日本成为亚洲出境人数最多的国家。2011年达7 025万人次，比2010年增长了22.42%，出境游人数持续高速增长，10年增长了479%。[①] 据中国旅游研究院2011年4月12日发布的数据显示，我国公民自费出境旅游目的地达到140个国家和地区，正式实施开放的目的地达到110个。这远远超过“入世”之初的17个国家和地区。中国出境旅游人数的增长速度很快，公商务旅游人数占出境总人数的比例逐年降低，而自费旅游占绝对的比例。

留学生、旅游者、工作人员、商人和官员从国外回国后，虽然因其在国外的经历，很有可能成为具有海外关系的内地公民，但是不符合归侨规定，就不具备归侨的资格，其眷属亦不具备侨眷的资格，不能根据归侨侨眷权益保护的有关法律保护自己的权益。根据国务院侨办2005年《关于对华侨定义中“定居”的解释（试行）》第3条规定：“有下列情形之一者，不被视为定居：1. 出国留学生（包括公派和自费）在外学习期间；2. 因公出国人员（包括劳务人员）在外工作期间。”留学生、旅游者、工作人员、商人和官员回国后的海外关系主要表现为与海外人士具有师生、同学、同事和朋友关系而不是传统的血缘或拟定血缘关系。没有证据证明，以前者为主要内容的海外关系比以后者为主要内容的海外关系，在实现全面建设小康社会的宏伟目标、推动祖国和平统一进程、扩大中国人民与世界各国人民友好交往方面发挥的作用小。

在是否继续将海外关系作为“根据特点，适当照顾”归侨侨眷政策的基础这一问题上，主管部门似乎处于两难境地。如果将越来越多的有海外关系的人群纳入归侨侨眷，将会使政策的调整范围急剧扩大而且越来越大，该法有可能因此失去特别保护法的性质，“适当照顾”就会如当年的“国家包下来安置”一样成为国家不堪承受的负担。这种负担一方面来自经济压力，另一方面来自其他中国公民对给予归侨侨眷权益特殊保护是否公正、公平的质疑。如果不将越来越多的有海外关系的人群纳入归侨侨眷，该法就无法涵盖所有具有海外关系的特殊群体，在调动归侨侨眷及其海外亲友参加国内社会和经济建设积极性同时，有可能挫伤其他具有海外关系的内地中国公民及其海外亲友的积极性，最终很难有效实现拟通过特殊保护该群体所有成员权益，而调动有关人士积极性的立法初衷。

虽然上海市在扩大归侨侨眷范围方面作了有益尝试，但是其他省市鲜有跟进，国家也没有对是否扩大归侨侨眷范围这一问题予以明确表示。上海市在2004年基本侨情调查时，将归侨侨眷范围扩展至归侨、侨眷、外籍华人眷属、港澳同

---

① 2011年中国出境旅游人数7 025万　增长22.42%. 中国新闻网，2012-01-31.

胞眷属及留学生眷属，2011 年基本侨情调查时，将归侨侨眷范围进一步扩展至归国留学人员。2004 年，留学生眷属占归侨、侨眷、外籍华人眷属、港澳同胞眷属及留学生眷属总数的 17. 16%，2011 年，留学生占归侨、侨眷、港澳同胞眷属、归国留学人员和留学生眷属的 20. 13%。

第二节　“作出重大贡献”

持“作出重大贡献”观点者认为，归侨侨眷是曾经并将继续为中国的革命和建设事业作出重大贡献的群体，国家为了维系和鼓励其贡献的积极性，需要立法特别保护其权益。该观点与前面论述的海外关系论有相通之处，海外关系论强调的是原因，作出重大贡献论强调的是结果，两者均是基于归侨侨眷的特殊生活经历，共同围绕调动有关海外人士参加国内社会和经济建设的积极性。

时任全国人大华侨委员会主任委员甘子玉 2000 年在《关于〈中华人民共和国归侨侨眷权益保护法修正案（草案）的说明〉》的“修改的必要性”部分中指出：

“华侨和归侨侨眷历来有爱国爱乡的光荣传统，为我国革命和建设作出了巨大的贡献。尤其是在改革开放和社会主义现代化建设的今天，海外侨胞和国内归侨、侨眷正为国家富强、民族振兴、祖国和平统一发挥着越来越重要的作用。”

时任中国侨联副主席林淑娘 2007 年在《以科学发展观为指导，进一步做好新形势下维护侨益工作：中国侨联维权工作理论研讨暨纪念法顾委成立 25 周年会议上的工作报告》中指出：

“各级侨联从深化改革、促进发展、维护稳定、构建和谐、密切党和政府与侨界群众联系的高度，深刻认识到做好新时期维护侨益工作的重要性，把这项工作作为一项严肃的政治任务提上重要的工作日程。各级侨联在实践中坚持为侨服务宗旨，自觉地把侨联维权工作放在党和国家工作的大局中去思考，以凝聚侨心、汇集侨智、发挥侨力为目标。”

江苏省政府办公厅 2000 年在转发省侨办等部门《关于解决我省困难归侨生活问题的意见》的通知中指出：

“归侨为促进我国经济发展，为祖国和平统一大业作出了贡献。……由于他们是海外回来的，亲属和社会关系多在海外，做好归侨工作，切实解决他们生活困难，是争取侨心、凝聚侨心、发挥侨务优势的重要工作。”

将“作出重大贡献”作为“根据特点，适当照顾”归侨侨眷政策的理论基础，会产生以下三方面的问题：

第一，基于少数归侨侨眷重大贡献的特殊性，保护所有归侨侨眷权益，有悖于权利和义务相一致的原则适用于每一名归侨侨眷的逻辑。同时，很难解释国家运用公共权力对社会资源重新分配，在给予没有作出重大贡献的归侨侨眷适当照顾时，如何对其他中国公民群体做到公平公正。如果适当照顾是符合全体人民根本利益的公平公正的注释，也颇显牵强。不给予没有作出重大贡献的归侨侨眷适当照顾，就一定不符合全体人民的根本利益吗？这显然是否定的。

第二，如果认为有些归侨侨眷虽然没有作出重大贡献，但是与作出了重大贡献的归侨侨眷同属一个群体，是利益相关者，应给予其特别保护，也有需要商榷之处。因为如果利益是指归侨侨眷本人的利益，那么基于人身的利益相关者就应该是其亲属，而不是任何其他人。给予军属、烈属、侨眷等特殊群体的保护，分居夫妻、不在一起居住的父母子女的特别探亲假期、户口迁入权、配偶和未成年子女入境随行权等，均反映了基于人身的利益相关者必须具有亲属关系的特点。

第三，特殊保护归侨侨眷权益是凝聚侨心、汇集侨智、发挥侨力的有效方法，但不是唯一方法。如果特殊保护归侨侨眷权益没有得到基本的普遍的社会认同，所谓的特殊保护措施就容易引起社会矛盾。社会上时常有质疑特殊保护归侨侨眷权益的声音，时任国务院侨办主任廖晖 1986 年在全国统战工作会议上谈道：“现在一讲适当照顾，有的人就说，华侨要照顾，其他人怎么办？……现在有些干部还不理解，需要多做宣传解释工作。我们需要探讨更合适的保护归侨侨眷权益的方法。”

第三节　“弱势群体/特殊群体”

无论是海外关系论，还是作出重大贡献论，作为“根据特点，适当照顾”归侨侨眷政策的理论基础都有不严谨和不周延之处。于是，有关部门和学界发出了将归侨侨眷视为弱势群体/特殊群体而予以特殊保护的声音。中国政府首次使用“弱势群体”这一说法是在时任总理朱镕基 2002 年《政府工作报告》中。朱总理指出，“对弱势群体给予特殊的就业援助”。四川省侨办在 2002 年《关于做好城市居民中归侨侨眷最低生活保障工作的通知》中指出，省委省政府在几年召开的有关会议上，把关心社会弱势群体的生活问题作为重要的政治任务。我省同样存在生活十分困难的归侨侨眷，要做好城市居民中归侨侨眷最低生活保障的工作。杨海坤教授认为，“我国《宪法》对妇女、老人、儿童、残疾人以及少数民族、华侨、归侨、侨眷等弱势群体做了特别规定”①。

社会弱势群体是指由于社会条件和个人能力等方面存在障碍而无法实现其基本权利，需要国家帮助和社会支持以实现其基本权利的群体。② 有学者认为，用弱势群体指称某一群体，实际上是对这一群体的歧视，应替之以“特殊群体”或者“最少受惠者”。③ 根据弱势群体的社会地位、境遇以及与其他群体相对比，可以将其划分为生理性弱势群体和社会性弱势群体。

如果将归侨侨眷权益保护政策的基础定为归侨侨眷是弱势群体，那么归侨侨眷弱在什么地方呢？妇女、儿童、老年人和残疾人的“弱”是与其他群体相比，在生理上不强壮或不健全；少数民族的“弱”是其经济文化水平、所处自然环境比汉族的要差；消费者的“弱”是与厂家商家相比处于信息和专业知识不对称的被动地位。这样看来，归侨侨眷的人群整体性及其所处国家和地区的经济发展水平，决定了归侨侨眷的“弱”明显不同于以上三类。归侨侨眷中固然有生活困难者，但更有已经或逐渐成为政治上有影响、社会上有地位、经济上有实力、专业上有造诣者，不能将其一概视为弱势群体。我国数千万海外侨胞，居住在100多个国家和地区，他们拥有比较雄厚的经济实力，大多数是高层次人才。近年来，回国定居华侨，特别是青壮年为数进一步减少，且日益老龄化。国内归侨人数日益减少，侨眷则随着中国改革开放以后出国人数的增加而大量增加。④ 如果说，由于归侨侨眷在中国居住的时间短，他们“弱”在与中国的融合度不够，那么政府为他们免费提供融合性帮助，消除其融入主流社会的一切制度性障碍，消除社会各方面对他们或明或暗的歧视，要比提供法律上存在诸多漏洞的特殊保护更具有针对性和实用性。

我国最新的人权保护文件没有将归侨侨眷列为需要保护的特殊群体。2009年4月，国务院批准，授权国务院新闻办公室公布了《国家人权行动计划(2009—2010年)》。这是中国第一次制订以人权为主题的国家规划，是一份落实“国家尊重和保障人权”的宪法原则，推进中国人权事业发展的行动纲领性质的

---

① 杨海坤，曹达全．弱势群体的宪法地位研究．法律科学（西北政法学院学报），2007（4）：27～35.

② 钱大军，王哲．法学意义上的社会弱势群体概念．当代法学，2004（5）：46.

③ 刘晨静．特殊群体的权利保障——精神病人与正常人群权利秩序的和谐建构．法制与社会，2009（7）：332～135.

④ 国务院侨办侨务干部学校．侨务工作概论．北京：中国致公出版社，2006. 36.

政策文件，其中第三部分是关于“少数民族、妇女、儿童、老年人和残疾人的权利保障”问题的说明。这五个群体是我国公认的特殊群体。遗憾的是，该部分未包括归侨侨眷的权利保障。《国家人权行动计划（2009—2010 年）》是在中国政府各有关部门和社会各界广泛参与下制订的，为制订好本行动计划，中国政府专门设立了国家人权行动计划联席会议机制，参与的政府机构有外交部等 55 个部门，并广泛征求了各社会团体、非政府组织、高等院校、研究机构以及社会各界的意见，反复讨论和修订。[①] 因工作疏忽而在特殊群体权利保障部分遗漏归侨侨眷的可能性应该是不存在的，合理的解释是，我国没有视归侨侨眷为特殊群体，或者认为归侨侨眷作为特殊群体受特殊保护的重要性明显小于少数民族、妇女、儿童、老年人和残疾人受特殊保护的重要性。《国家人权行动计划（2012—2015 年）》延续了《国家人权行动计划（2009—2010 年）》中未将归侨侨眷列入我国公认的特殊群体的情况。

第四节　“履行更多义务”

归侨侨眷比其他社会群体履行了并将继续履行更多的义务，应该给予其适当照顾的观点与作出重大贡献观点的逻辑相近，因而，存在的漏洞也类似。

实践中，归侨在中国境内居留的时间比其他公民要短，与中国的联系度比其他公民要松散，导致其比在中国境内居留的公民对中国履行的义务可能会少一些。另外，侨眷的“眷”只是一种亲属关系，并不能证明其比其他公民履行了更多义务。虽然公民为国家尽多少义务，不是由其居留时间长短所决定的，并不是说居留时间长，作出的贡献就一定大，但是从逻辑上讲，作为某个群体，居留时间长比居留时间短为国家作贡献大的可能性要大。在缺少精确统计数据的情况下，法律赋予的权利显然应该基于被赋予者尽义务多的可能性，而不是少的可能性。中国侨联主席林军认为，改革开放 30 年来，海外侨胞和港澳同胞创办的企

① 国家人权行动计划联席会议机制的牵头单位为国务院新闻办公室和外交部，成员包括全国人大常委会法制工作委员会、全国政协社会和法制委员会、最高人民法院、最高人民检察院、国家发展和改革委员会、教育部、国家民族事务委员会、民政部、司法部、人力资源和社会保障部、卫生部、中国残疾人联合会、中国人权研究会等 53 家单位。同时，邀请了来自南开大学、上海社会科学院、山东大学、中国政法大学、中国社会科学院、北京大学、武汉大学、中国人民大学、中央党校等高校和研究机构的专家组成专家小组参与本计划的起草制订工作。在计划起草制订过程中，多次召开联席会议，与政府各有关部门进行反复研究；多次召开座谈会，邀请中国法学会、中华全国律师协会、中国法律援助基金会、中华环境保护基金会、中国教育学会、中国妇女发展基金会、中国扶贫基金会、中国残疾人福利基金会、中国人权发展基金会等 20 多个单位参加。

业约占我国三资企业总数的70%，投入的资金约占我国实际利用外资总额的60%，侨资和侨属企业已经成为我国国民经济的重要组成部分。[①] 这些数据可以从经济角度证明，归侨侨眷履行了更多的纳税义务。但是，我们也应该看到，上述两个百分比是包括了港澳同胞在内的，实际上港澳同胞创办的企业和投入的资金在其中占了绝大部分。归侨侨眷投资在三资企业和实际利用外资总额中的准确比例是有争议的。周南京教授一直认为，华侨华人在经济上对中国经济发展的实际贡献是有限的，他在2003年曾谈到，1979—1994年底，外商在中国直接投资中纯粹华侨华人资本很少，估计只有5%。[②] 另外，即使接受归侨侨眷履行了更多义务这一说法，但指的应该是赋予履行更多义务的归侨侨眷而不是所有的归侨侨眷更多权益。

第五节　民族国家理论

长期以来，国际移民一直是影响民族和国家的重要因素，在民族国家建设中有着举足轻重的作用。归侨是中国国际移民的重要组成部分，对中国民族国家建设的影响不容小觑。根据民族政治学理论，民族国家的民族认同和公民身份往往是通过一种排斥性程序来确定的，归属感是建立在可以区别谁不属于本共同体的基础之上的，其所有的政治安排和法律制度都是在具有排斥性的民族主义意识形态基础前提下建构的，没有为外来民族移民的政治权利留下空间。[③] 归侨侨眷是中华民族的国际移民，而不是外来民族移民，中国民族国家建设不应该对其有任何排斥性，而应该使其具有归属感。归侨的认同意识和归属感是建立在得到与国内其他国民拥有同样的权利基础之上的，一旦遭到歧视和排斥，他们会想方设法地保持自己的文化属性和群体特性，对国内主流社会产生不认同和抗拒心理，从而引起归侨侨眷的认同危机。如果在对国家或地方的认同建构上，归侨侨眷意识始终贯穿着归侨侨眷的集体记忆，他们将很难建立对国家和地方的全面认同和归属感，进而削弱国家对其的凝聚力和他们回国的向心力，造成归侨返回原居住国、优秀华侨不回国定居的后果。[④]

---

① 林军．与中国改革开放同发展，与民族伟大复兴同荣耀——在“华侨华人与中国改革开放30年”纪念大会上的演讲．2008-09-25.

② 周南京．华侨华人问题概论．香港：香港社会科学出版社有限公司，2003.46.

③ 王建娥．移民地位和权利：对现代民族国家及其政治制度的严峻挑战．民族研究，2002（5）.

④ Zweig，David，Chung，Siufung and Vanhonacker，Rewards of Technology：Explaining China's Reverse Migration，*Journal of International Migration and Integration*，2006，Vol.7，No.4，pp.449-471.

强化归侨侨眷与国内其他公民社会身份差异的做法，必然不利于其尽快地与国内其他公民融为一体，共谋发展，以及营建和谐宽容的社会环境和稳定团结的民族国家。[①] 根据民族国家理论，民族国家是民族和国家两个不同事物的结合体，是两种不同原则和结构的融合：一种是政治和领土的，另一种则是历史和文化的，两种原则之间出现矛盾和张力的情况不在少数。[②] 如何实现与国家边界相一致的民族建设是困扰这些国家的重要问题。提升国内各民族/群体对国家的一致认同是解决上述问题的有效方法。巩固和提升国家认同的最有效方式就是把国内各群体塑造为一个具有高度凝聚性的国家民族，这就需要一方面促进各群体之间的融合，另一方面打造各群体公民身份的同质性。[③] 归侨对自身差异性的认同无助于对国家认同感的提升，而且会成为国家认同感发展的阻碍性因素。通过政策确认归侨侨眷社会身份差异性，给予其照顾/与国内公民不同的待遇，有悖于民族国家对国家认同的要求，以及公民国家和法治国家建设所倚重的国家与公民良性互动机制功能的发挥。

国家法律和政策对归侨认同意识的形成发挥着重要作用。一些中国国际移民学者的研究发现，归侨本身不是单一而是多元的，他们之间的界限比较明显，从归侨群体与外部互动关系层面来讲，更具有复杂的多元性。归侨认同意识的形成，不仅有赖于其自身，而且取决于国家。[④] 依据“根据特点，适当照顾”政策，国家对归侨侨眷的保护不是规则的、制度性的，而是同样事情不同处理或者特事特办。这就使得解决具体纠纷时，裁判者对归侨侨眷与非归侨侨眷、不同归侨侨眷常常适用不同的规则。长此以往，复杂而多元的归侨侨眷群体很难统一，其国家认同意识也不易达成一致。

第六节　权利理论

权利理论是分析权益保护最重要的理论。以权利理论为基础分析“根据特点，适当照顾”归侨侨眷政策，难以得出合理解释。1982 年《宪法》（2004 年修订）第 33 条规定：“凡具有中华人民共和国国籍的人都是中华人民共和国公

① 翁里，江美艳．新出入境法应重视华侨的入出境权益．刘国福．移民法理论与实践．北京：法律出版社，2008. 219 ~ 220.

② ［英］戴维·米勒，韦农·波格丹诺编．布莱克维尔政治学百科全书．中国问题研究所等译．北京：中国政法大学出版社，1992. 490.

③ 周平．对民族国家的再认识．政治学研究，2009（4）：89 ~ 99.

④ ［日］奈仓良子．归侨认同意识的形成及其动态：以广东粤海湾华侨农场为例．华侨华人历史研究，2008（3）：23 ~ 33.

民。中华人民共和国公民在法律面前一律平等。国家尊重和保障人权。任何公民享有宪法和法律规定的权利，同时必须履行宪法和法律规定的义务。”第 34 条至第 49 条规定了公民享有的一系列权利。1990 年《归侨侨眷权益保护法》（2000 年修订）第 2 条规定：“归侨是指回国定居的华侨。华侨是定居在国外的中国公民。侨眷是指华侨、归侨在国内的眷属。”所以，归侨侨眷享有《宪法》规定的公民的所有权利。

国家尊重和保障归侨侨眷享有的权利，1990 年《归侨侨眷权益保护法》（2000 年修订）第 3（1）条“归侨、侨眷享有宪法和法律规定的公民的权利，并履行宪法和法律规定的公民的义务，任何组织和个人不得歧视”的规定证明了该观点。1982 年《宪法》（2004 年修订）第 50 条规定，“中华人民共和国保护华侨的正当权利和利益，保护归侨和侨眷的合法的权利和利益”，其中的“权利和利益”是否指 1982 年《宪法》（2004 年修订）第 34 条至第 49 条规定的公民权利以外的权利？如果不是，就没有必要在第 50 条中另行规定。仅仅因为强调“保护华侨的正当权利和利益”和“归侨和侨眷的合法的权利和利益”的重要性，就在惜墨如金的宪法上另行规定以重复阐明，这不是一个法律上的合理解释。因此，答案应该为“是”，1990 年《归侨侨眷权益保护法》（2000 年修订）第 3（2）条“国家根据实际情况和归侨侨眷的特点，给予适当照顾”的规定支持了归侨侨眷权益受特殊保护的观点。

第七节　结　论

我国对归侨侨眷予以特殊保护的理论基础，是“有海外关系”、“作出重大贡献”、“弱势群体”和“履行更多义务”，他们是区别于其他国内的国民的特殊群体。然而，随着中国社会经济的发展，公民权益保障方面的法律越来越健全，归侨侨眷群体的特殊性越来越不明显。越来越多的国内其他中国公民出国，具有海外关系的群体由华侨扩展到了国内其他中国公民，而且增长迅猛，归侨侨眷具有海外关系的独特性正在逐渐减弱。基于少数归侨侨眷的重大贡献，给予所有归侨侨眷特殊保护，有悖于权利义务相一致的理论。归侨侨眷中固然有生活困难者，但更有已经或逐渐成为政治上有影响、社会上有地位、经济上有实力、专业上有造诣者，不能将其一概视为弱势群体。归侨在中国境内居留的时间短于其他公民，与中国的联系度比其他公民松散，导致其对中国履行的义务比在中国境内居留的公民对中国履行的义务可能会少一些。实践中，基于归侨侨眷的特殊性赋予的特殊保护——“根据特点，适当照顾”的实施效果越来越不明显，对归侨侨眷的实际帮助意义日渐减少。近年来，国家颁布实施了一系列保护公民各种权利的法律，从一般法的角度，在全体公民的层面上尊重和保障这些权利的法制环境日渐成熟。这使“一视同仁，不得歧视”的归侨侨眷保护政策完全可以在一般法制环境下得以实现。由于归侨侨眷群体的变化，归侨侨眷权益保护政策法律环境的变化，归侨侨眷权益保护政策理论的基础不牢固，发展“一视同仁，不得歧视，根据特点，适当照顾”或许也是一种思路。例如，突出“一视同仁，不得歧视”，强调“平等对待”。调整“根据特点，适当照顾”，转向“融合发展”，重视如何根据这些变化帮助归侨侨眷相互融合和共同发展。

第十八章　归侨侨眷身份证件政策的完善

引　言

确认身份是保护权益的前提，不确定一个人是否具有归侨侨眷的身份，就无法明确其是否有资格享有相应权益。1982 年《宪法》（2004 年修订）第 50 条规定："中华人民共和国保护归侨和侨眷的合法的权利和利益。"任何确认归侨侨眷身份和向其颁发相应身份证明的政策法律法规，都应该符合该规定。由于地方政府确认归侨侨眷身份证明的行政规章的不规范和不严谨，我国在确认归侨侨眷身份和向其颁发相应身份证明方面存在着不少实体性和程序性的不足，这些不足造成了管理归侨侨眷身份的混乱和低效率等不良影响，构成了保护归侨侨眷权益的障碍。

第一节　归侨侨眷身份证件政策的现状

我国归侨侨眷身份证件政策是审核认定归侨侨眷身份，签发归侨侨眷类证件。审核认定归侨侨眷身份，签发归侨侨眷类证件是侨务管理部门的义务，也是回国定居华侨、华侨归侨在国内眷属的权利。

一、审核认定归侨侨眷身份

政府侨务部门有义务审核认定归侨侨眷身份。2004 年《归侨侨眷权益保护法实施办法》第 2 条规定："归侨、侨眷的身份，由其常住户口所在地的县级以上地方人民政府负责侨务工作的机构根据本人申请审核认定。与华侨、归侨有长期扶养关系的亲属申请认定侨眷身份的，应当提供由公证机构出具的扶养证明。"所以，常住户口所在地的县级以上地方人民政府负责侨务工作的机构有义务审核认定关于归侨侨眷身份的申请。国务院侨办在《〈中华人民共和国归侨侨眷保护法实施办法〉释义》中明确："审核认定归侨、侨眷的身份是地方人民政府侨务工作机构责无旁贷的工作。"①

确认归侨侨眷身份是保护归侨侨眷权益的前提，不能确定一个人是否具有归侨侨眷身份，也就无法明确其是否有资格享有归侨侨眷的权益。2004 年《归侨侨眷权益保护法实施办法》第 2 条即对归侨侨眷身份进行审核认定的机构和所需证明作出了规定。1992 年《国务院侨办关于确认归国华侨身份的复函》第 2 条规定："归侨审查确认程序可由省、自治区、直辖市侨务办公室作出规定。"一些地方政府以此为依据颁布实施了确认归侨侨眷身份证明的管理办法，如 1993 年《福建省归侨侨眷身份认定试行办法》、1993 年《河南省归侨侨眷身份确认办法》、1995 年《北京市侨办关于办理归侨、侨眷身份确认有关规定的通知》、2000 年《北京市侨办〈北京市归国华侨证〉发放使用办法》、2001 年《哈尔滨市外侨办关于印发〈归侨侨眷身份认定办法〉的通知》、2005 年《武汉市归侨、侨眷身份确认（含中高考优录）行政审批实施办法》等。有关审查确认归侨侨眷身份的规定，都应该以保护归侨侨眷权益为核心，体现合法、准确、及时和便利原则。

二、签发归侨侨眷类证件

归侨侨眷证是一个全国性的而不是地区性的特殊身份的证件。从性质上讲，归侨侨眷证和护照、居民身份证属于同一类，均是证明个人身份的证件。护照是证明中国公民在国外的国籍和身份的证件，居民身份证是证明居住在中国境内的公民的身份的证件，归侨侨眷证是证明回国定居华侨、华侨归侨在国内的眷属特定身份的证件。回国定居华侨、华侨归侨在国内眷属只要符合归侨和侨眷的法律定义，即归侨是指回国定居的华侨，侨眷是指华侨、归侨在国内的眷属，侨眷包括：华侨、归侨的配偶，父母，子女及其配偶，兄弟姐妹，祖父母，外祖父母，孙子女，外孙子女，以及同华侨、归侨有长期扶养关系的其他亲属，就具有归侨侨眷的特定身份。归侨侨眷的特定身份不因其常住户口所在地、性别、回国时年龄、何时回国、财产、文化程度的不同而发生变化。归侨侨眷身份证可以记载持证人的常住户口所在地、性别、回国时年龄等信息，但是这些信息不能也不应该影响其所持有的特定身份。

鉴于华侨与归侨侨眷在群体特点和权益保护方面有着许多共性，上述对确认

---

① 丘进，周中栋，李建．《中华人民共和国归侨侨眷保护法实施办法》释义．北京：光明日报出版社，2004. 20.

归侨侨眷身份的性质的分析，同样适用于确认华侨的身份。换句话说，地方人民政府侨务工作机构有义务审核认定归侨侨眷的身份，也就同样有义务审核认定华侨的身份。至于对华人身份确认的问题，由于华人不具有中国国籍，在宪法和法律层面没有基于华人身份而专门保护其权益的专门规定，还不能得出我国政府有审核认定华人身份的法律义务的结论。

第二节　归侨侨眷身份证件政策程序方面的不足

一、归侨侨眷证全国不一致

根据《侨务法规文件汇编（1999—2006年）》“各省、自治区、直辖市修订后的实施《归侨侨眷权益保护法》办法”部分收集的28部地方实施办法，各地方对归侨侨眷身份证的做法有如下几种：①发放归侨证，确认侨眷身份，但是不发放证件，例如，上海市。[①] ②发放归侨侨眷证，例如辽宁省、河南省。[②] ③发放归侨证和侨眷证明，例如浙江省。[③] ④审核认定归侨侨眷身份，不签发有关证件，包括重庆市、云南省、广东省、福建省、安徽省、吉林省、江苏省、湖北省、江西省、新疆维吾尔自治区、宁夏回族自治区、海南省、贵州省、北京市、四川省、广西壮族自治区、厦门市、深圳市等。另外，国务院侨务办公室《侨务法规文件汇编（1955—1999年）》和《侨务法规文件汇编（1999—2006年）》还收集了福建省、北京市、河南省、山东省、哈尔滨市和武汉市等7省市专门确认归侨侨眷身份的地方政府规章。根据这些地方政府规章，确认归侨侨眷身份的证明文件有5种：①归国华侨证（北京市）；②归侨侨眷身份证（山东省）；③归国华侨证，归侨、华侨（华人）眷属证（武汉市）；④归侨身份证明书、侨眷身份证明书（福建省）；⑤归侨侨眷身份证明信（河南省）。名称、形式甚至内容各异的归侨侨眷证提高了社会一致认可归侨侨眷身份的成本，阻碍了归侨侨眷身份在全国的通行，也不利于归侨侨眷在国内的流动。鉴于各省市负责审核华侨回国定居申请和落实适当照顾的政策，由各省市审发归侨侨眷证是可以接受的，但是这并不影响统一归侨侨眷身份证的名称、形式和内容。

---

① 1992年《上海市实施〈中华人民共和国归侨侨眷权益保护法〉办法》（1999年修订）第2条。

② 1993年《辽宁省实施〈中华人民共和国归侨侨眷权益保护法〉办法》（2001年修订）第5条、2005年《河南省实施〈中华人民共和国归侨侨眷权益保护法〉办法》第3条。

③ 1993年《浙江省实施〈中华人民共和国归侨侨眷权益保护法〉办法》（2001年修订）第24条。

二、审理归侨侨眷身份证申请的时限不明

福建省、北京市、河南省、山东省、哈尔滨市和武汉市等省市确认归侨侨眷身份的法规中，只有河南省、哈尔滨市、武汉市对审理归侨侨眷证申请的时限作出了规定，而且都不一致。1993 年《河南省归侨侨眷身份确认办法》第 4（1）条规定：“首先由本人提出申请，并向确认机关提交有效证明材料。确认机关在收到申请人申请和有效证明材料后，一般应在十日内作出确认决定，最多不超过三十天。”2001 年《哈尔滨市归侨侨眷身份认定办法》第 11（2）规定：“市人民政府侨务部门收到申请材料后，对申请人的申请材料进行验证。对审核合格的，应当在 5 日内予以认定，办理归侨、侨眷身份证。”2005 年《武汉市归侨、侨眷身份确认（含中高考优录）行政审批实施办法》第 4（1）条规定：“归侨、侨眷、港澳同胞眷属身份确认期限，自受理之日起 5 日内作出确认或不确认的决定。”没有规定审理时限，使审理归侨侨眷证申请处于非常规状态。笔者 2007 年在调研侨务法律制度时发现，实践中，北京市审理归侨侨眷证申请采取的是区县侨办受理审核，市侨办集中统一审发的做法，至于何时作出审发决定，视情况而定，可能是 3 个月、半年，也可能是 1 年审发一次。从 2012 年 7 月开始，北京市区县办理归侨证和侨眷证的期限改为 60 个工作日。没有审理时限的审核性行政管理法规是极为罕见的。只有在签发签证等行使国家主权性质的行政管理方面，才可能不规定审理时限。在科技发达的今天，换领身份证办理期限为 10 个工作日左右（北京城八区 10 个工作日、北京郊区县 12 个工作日），申请企业注册登记可以即时办理（北京市可以即时办理或者 4 个工作日）。但是，完成归侨证、侨眷证的办理需要 60 个工作日不能不令人惊奇。

三、侨眷证的有效期不清

福建省、北京市、河南省、山东省、哈尔滨市和武汉市等省市确认归侨侨眷身份的法规中，只有河南省明确了侨眷证的效力。1993 年《河南省归侨侨眷身份确认办法》第 5 条规定：“（归侨侨眷身份）证明信只使用一次有效，由归侨、侨眷将证明信交给有关部门或所在单位归档备查。”一次性有效的侨眷身份证明信降低了身份证明的使用效率，不便于和不利于侨眷以此经常性地维护自身权益。从法律逻辑上讲，法律不规定侨眷证的有效期，意味着侨眷证永远有效。侨眷身份一经获得不发生变化，违反了 2004 年《归侨侨眷权益保护法实施办法》第 3（2）条“依法与华侨、归侨及其子女解除婚姻关系，或者与华侨、归侨解

除扶养关系的，其原依法认定的侨眷身份丧失”的规定。

四、对确认归侨侨眷身份决定不服的救济不明

1990年《归侨侨眷权益保护法》（2000年修订）、2004年《归侨侨眷权益保护法实施办法》、各省市在其实施《归侨侨眷权益保护法》办法，以及有关省市确认归侨侨眷身份的专门性地方行政规章中，没有明确规定对确认归侨侨眷身份决定不服的救济。2004年《归侨侨眷权益保护法实施办法》第27条规定：“归侨、侨眷的合法权益受到侵害的，有权要求有关主管部门依法处理，或者向人民法院起诉。”1994年《北京市实施〈中华人民共和国归侨侨眷权益保护法〉办法》（2005年修订）第23条规定：“归侨侨眷合法权益受到侵犯时，有权要求有关主管部门依法处理，或者依法向人民法院提起诉讼。任何组织和个人不得压制或者阻挠。对归侨、侨眷提出的意见、建议、投诉请求，有关行政主管部门应当按照国家和本市的有关规定依法及时处理。”1993年《河南省归侨侨眷身份确认办法》第4（3）条规定：“申请人对确认不服的，可向上一级侨务行政部门申诉，上一级侨务行政部门审查后符合条件的，通知下一级侨务行政部门予以确认。”

根据以上规定和《归侨侨眷权益保护法》及其实施办法的整体内容，可以看出，没有明确规定对确认归侨侨眷身份决定不服的救济体现在两方面：第一，不清楚“合法权益”是否包括确认归侨侨眷身份权。这就影响到对确认归侨侨眷身份决定不服时，能否援引上述及类似规定进行救济。第二，不清楚“依法处理”的含义。一般民众不容易清楚以哪部法律处理和如何处理，也就很难遵循适当的渠道维护确认归侨侨眷身份权。确认归侨侨眷身份权的救济不明，使得对归侨侨眷权益的保障处于不完整状态。没有救济的归侨侨眷身份权是不全面的权利。

五、所在工作单位或街道办事处、乡镇政府、派出所先行审核

华侨回国定居后，其归侨证以及华侨归侨在国内眷属的侨眷证不是由侨务部门直接办理的，而是先由申请人所在工作单位组织本单位或街道办事处、乡镇政府、派出所组织本辖区归侨侨眷填写申请表，先行审核后，报侨务部门审发归侨侨眷的身份证明。1992年《国务院侨办关于确认归国华侨身份的复函》第2条规定：“确认归国华侨身份，必须由本人向工作单位提出书面申请，并经侨务部门审核确认，审查确认程序可由省、自治区、直辖市侨务办公室作出规定。”工

作单位是指按干部、职工管理权限，有权管理人事档案的部门，比如局级或者以上政府部门、企事业单位和社会团体。申请人是指回国定居华侨或者华侨归侨在国内的眷属。

北京市、福建省、哈尔滨市等大多数省市规定，所有归侨侨眷的身份申请都必须先由所在工作单位或街道办事处、乡镇政府、派出所审核/出具归国情况或亲属关系证明，然后才能向侨务部门提出申请。1995 年《北京市侨办关于办理归侨、侨眷身份确认有关规定的通知》第 1 条规定："需要确认归侨、侨眷身份的人员，先向所在单位提出书面申请。在市属和中央单位工作的，由申请人所在部、委、办、局、总公司、大专院校或中央司（局）级单位的侨务（统战）或人事、组织部门；在区、县属单位工作的，由其所在单位的上级主管单位的侨务（统战）或人事、组织部门，分别根据申请人档案和其他有效证明材料审查确认。之后，开具身份证明并填写侨情登记表一式三份（盖公章），一并报送申请人户籍所在地的区、县人民政府侨务工作机构。"1993 年《福建省归侨侨眷身份认定试行办法》第 3 条规定："归侨侨眷申请身份证明，必须由本人向所在单位或户籍所在地乡、镇政府、街道办事处提出书面申请，填写申请表，并提供有效证明材料，由申请人所在单位或乡镇政府、街道办事处审核后上报县（区）侨务办公室。"2001 年《哈尔滨市外侨办关于印发〈归侨侨眷身份认定办法〉的通知》第 7 条规定："申请归侨身份认定，应当提交归侨本人……所在工作单位或者公安部门、街道办事处、乡（镇）人民政府出具的归国情况证明。申请归侨侨眷身份认定，应当提交……所在工作单位或者公安部门、街道办事处、乡（镇）人民政府出具的亲属关系证明，或者扶养关系公证书。"

先行审核既是申请确认归侨侨眷身份必须履行的一项手续，也是所在工作单位或街道办事处、乡镇政府、派出所的权利和责任。从行为性质上讲，所在工作单位或街道办事处、乡镇政府、派出所先行审核，是对所属干部、职工、所辖居民归侨侨眷身份的预先认定。华侨是否回国应由边防检查记录直接证明，华侨归侨与内地居民是否有亲属关系应由出生证、结婚证和户籍记录直接证明。所在工作单位或街道办事处、乡镇政府、派出所根据档案材料或者申请人提供的上述材料证明华侨是否回国、与内地居民是否有眷属关系，事实上是人为地增加了一道程序。虽然，先行审核体现了工作单位对员工，街道办事处、乡镇政府、派出所对所辖居民的关心，便于侨务部门受理审批归侨侨眷的身份申请，但是，先行审核造成了办理归侨侨眷身份程序的烦琐，不适当地延缓了审批期限，确认归侨侨眷身份的效率随之降低，同时，又增加了确认归侨侨眷身份的官僚障碍，增加了侵害归侨侨眷权益的可能性。

许多确认归侨侨眷身份的法律法规规章，如 2004 年《归侨侨眷权益保护法实施办法》、1992 年《国务院侨办关于确认归国华侨身份的复函》、2000 年《北京市侨办〈北京市归国华侨证〉发放使用办法》没有规定，所在工作单位或街道办事处、乡镇政府、派出所受理审查出国定居者、华侨回国定居者、华侨归侨在国内眷属身份确认申请的程序和期限，以及不履行受理审查职责时对其的处罚和给予申请人的救济。这为所在工作单位或街道办事处、乡镇政府、派出所不适当、不勤勉地处理所属干部、职工、所辖居民的身份确认申请留下了太大的空间，如花费很长时间，甚至不为所属干部、职工、所辖居民出具意见，也不说明理由，无期限地拖下去，也不是没有可能的。

工作单位预先认定的做法是计划经济的产物，曾经存在于申请护照、结婚登记等公民行为中，已经因为与社会经济发展不相适应，严重影响公民个人的独立性，已经被废除。申请华侨归侨侨眷身份证是公民的个人行为，不应由申请人的工作单位预先认定。实践中，北京市、吉林省、深圳市等部分省市取消了或者部分取消了由所在工作单位或街道办事处、乡镇政府、派出所先行审核/出具归国情况或亲属关系证明，改由侨务部门直接审批。2000 年《北京市侨办〈北京市归国华侨证〉发放使用办法》第 2 条第 1 款第 3 项规定："本办法实行后的归侨，经市政府有关部门批准其在京定居后，由市政府侨办直接为其办理归侨证，并通知户籍所在地的区（县）政府侨务部门。"1992 年《吉林省实施〈中华人民共和国归侨侨眷权益保护法〉办法》（2002 年修订）第 3 条规定："归侨、侨眷的身份，由其户籍所在地县级以上人民政府侨务工作机构根据本人有效证件或者其工作单位、街道办事处以及乡、民族乡、镇人民政府出具的证明审核认定。"1995 年《深圳经济特区实施〈中华人民共和国归侨侨眷权益保护法〉办法》（2005 年修订）第 3 条规定："归侨侨眷需要确认身份的，应当持有所在单位、街道办事处或者户籍所在地公安派出所出具的证明，或者持有能证明其归侨、侨眷身份的其他有效证件，由市或者区侨务部门审核发证。"

第三节　归侨侨眷身份证件政策实体方面的不足

1990 年《归侨侨眷权益保护法》（2000 年修订）第 2 条规定，归侨是指回国定居的华侨，华侨是定居在国外的中国公民，侨眷是指华侨、归侨在国内的眷属。2004 年《归侨侨眷权益保护法实施细则》第 3 条规定："华侨、归侨去世后或者华侨身份改变后，其国内眷属原依法认定的侨眷身份不变。"2006 年《归侨侨眷身份认定暂行办法》（湖北省）、1995 年《北京市人民政府侨务办公室关于办理归侨、侨眷身份确认有关规定的通知》等地方法规均没有关于归侨和侨眷身份变动的内容。2009 年国务院侨办《关于界定华侨外籍华人归侨侨眷身份的规定》发展认定归侨侨眷的身份的规定，融入了动态管理因素。该《规定》第 3 条规定："归侨是指回国定居的华侨。（一）'回国定居'是指华侨放弃原住在国长期、永久或合法居留权并依法办理回国落户手续。（二）外籍华人经批准恢复或取得中国国籍并依法办理来中国落户手续的，视为归侨。"归侨侨眷身份证件政策大致存在以下三方面的不足。

第一，确认"放弃原住在国长期、永久或合法居留权"的时间和形式模糊不清。

确认"放弃原住在国长期、永久或合法居留权"的时间和形式模糊不清，严重影响该条例的实施。从时间角度看，"放弃"有在"依法办理回国落户手续"之前、之后和同时三种可能。从形式上看，有出具证明和事实上失去居留权两种选择。2009 年《规定》第 3（1）条使用了"并"连接"华侨放弃原住在国长期、永久或合法居留权"与"依法办理回国落户手续"，"并"有"一起、同时、和、且、连、同"之意。由此可以推知，立法者意在将"依法办理回国落户手续"和"放弃原住在国长期、永久或合法居留权"共同作为"回国定居"的条件。"放弃"和"办理"涉及两个国家的法律制度，程序并不简单，同时完成只能是一种理论假设。在实践中，"放弃"只能在"办理"之前或之后。

如果确定"华侨放弃原住在国长期、永久或合法居留权"在"依法办理回国落户手续""之前"，将有利于政府部门对回国定居华侨的管理，但是可能将华侨置于被动的处境。华侨在从放弃原住在国长期、永久或合法居留权到成功办理回国落户手续期间，可以想见，其身份会非常模糊和不稳定，直接引发生活、工作、学习上一系列的不便。两者之间间隔的时间越长，华侨的处境越艰难。最艰难的结果是，华侨放弃了原住在国长期、永久或合法居留权，却没有办理成功回国落户手续，并无法恢复原住在国长期、永久或合法居留权。如果确定"华侨放弃原住在国长期、永久或合法居留权"在"依法办理回国落户手续""之后"，将有利于华侨身份的明确和稳定，但是不利于政府对回国华侨的管理，为回国华侨保留国外的长期、永久或合法居留权留下了法律漏洞。假如不严格执行华侨回国定居必须"放弃原住在国长期、永久或合法居留权"的规定，听任法律漏洞的存在，就等同于默许归侨拥有原住在国长期、永久或合法居留权。①

在实践中，我国是按照"华侨放弃原住在国长期、永久或合法居留权"在"依法办理回国落户手续""之后"处理华侨回国定居申请的，并意图填补上述

① "虽然申请归华者原则上必须丧失原国籍，但是其原属国籍国政府不发给其丧失国籍证明时，将产生双重国籍证明。"见萧成洽．我国国籍法制与实施现况之研究．台湾铭传大学硕士学位论文，2005.

法律漏洞。2003 年《上海市华侨回国来沪定居的规定》第 5 条规定，华侨回国定居必须提供 9 项材料，其中不包括“华侨放弃原住在国长期、永久或合法居留权”的证明。立法者意识到了上述规定的法律漏洞，并采取了一定的补漏措施。其第 9 条规定：“……对已获准在本市定居并已办理常住户口的中国公民仍未放弃国外居留权的，由市政府侨办作出撤销回国定居的决定，公安部门予以注销本市常住户口。”但是，市政府侨办如何发现“仍未放弃国外居留权的”呢？坦率地说，如果没有配套制度支持，是很难洞悉各回国华侨享有的不同国家赋予的居留权的变化情况的。

第二，“华侨放弃原住在国长期、永久或合法居留权并依法办理回国落户手续”不能等同于在中国定居。

如上文所论，从移民法角度理解，“定居”是指同时具备在定居资格和定居事实两项条件，而不是两者之一，其强调的是定居资格持有者与定居地的紧密联系。华侨办理回国落户手续，就取得了回国定居的资格。但是，如果其不在中国实际居留，例如大部分时间在国外，就还不能认定其已经回国定居了。

第三，归侨侨眷身份终身制实际效果不佳。

由于定居身份的动态性，导致华侨身份是动态的，进而导致归侨和侨眷的身份也是动态的。根据《移民法》，取得一国定居权的外国人必须经常性在定居许可国居留满一定期间，才可以保持其定居身份，否则将丧失其定居身份。通常而言，定居签证/许可证有效期是 5 年，也就是说，定居身份的期限是 5 年，定居签证/许可证持有人在许可证期满后要延期，必须在延期申请前的 5 年内的每一年在定居许可国住满半年，或者申请前 5 年内累计住满 2 或者 3 年，同时在申请前 2 年内累计住满 1 年。中国参考了《移民法》的通常做法，放宽了在中国持有外国人永久居留证的外国人居留期限要求。①

基于定居身份的动态性，华侨回国后的一段时间，一般是 5 年，将丧失在外国的定居权，不再拥有外国的定居身份。丧失了“定居在国外”的身份，也就动摇了华侨身份得以被认定的基础。“华侨”身份不存在了，认定归侨和侨眷身份的基础也就不存在了。事实上，由于丧失外国定居权的“华侨”失去了在外国定居，甚至自由前往“定居国”的权利，其与“定居国”的联系势必降低，相反，与中国的联系会增强。鉴于丧失外国定居权的“华侨”在中国的居留时间越来越长，联系越来越紧密，适时调整其身份，不实施“归侨和侨眷身份终

① 2004 年《外国人在中国永久居留审批管理办法》第 20 条规定：“被批准在中国永久居留的外国人，每年在中国累计居留不得少于 3 个月。确因实际需要每年不能在中国累计居留满 3 个月的，需经长期居留地省、自治区、直辖市公安厅、局批准，但 5 年内在中国累计居留不得少于 1 年。”

身制”，将其视为普通的中国公民，有利于其获得公民待遇和融入国内主流社会，更为适宜。鉴于华侨和华人的历史和为国家所作贡献等特殊情况，可以考虑延缓取消其归侨和侨眷身份，例如在其丧失外国定居身份 5 年后再取消，而不是当时。

反对不实施“归侨和侨眷身份终身制”的可能理由是：不利于通过华侨归侨侨眷密切与其他国家和地区的联系。由于归侨丧失外国定居身份之后，不再具有在其他国家和地区的定居权以及与这些国家日益松散的联系，即使实施，也很难实现上述目的，不利于照顾他们的利益。照顾其利益的基础是归侨和侨眷身份，而归侨的基础是自己的华侨身份，侨眷的基础是亲属的归侨身份，当华侨和归侨身份动摇时，给予照顾的基础也就动摇了。[①] 没有充足的证据可以论证华侨归国的目的是为了享受对其利益的特殊照顾，不利于归国后融入当地。如果“融入”是指像普通中国公民一样享有权利和承担义务，那么归侨和侨眷身份终身制是阻碍而不是便利其融入。我国的退伍军人、下岗工人、库区移民等群体都可以因为其曾经拥有的身份而获得一些特殊待遇，然而这些待遇是临时性的，不是终身性的。当社会已经发展到从身份到契约阶段时，终身性地享有某种特殊待遇在法律上极为罕见，为了司法公正允许一些重要法官终身任职，为了科学文化发展向一些杰出人物授予终身学术职务或者发放终身津贴，归侨和侨眷显然不属于这两类特殊情况。

第四节　归侨侨眷身份证件政策的完善

第一，统一归侨侨眷证的名称、形式和内容，明确审理归侨侨眷证申请时限，规定归侨侨眷证的有效期。

从名称、形式和内容上统一各地的归侨侨眷证，做到一本归侨侨眷证通行全国，以促进社会各界对归侨侨眷的认可，便于归侨侨眷在国内的流动。明确审理归侨侨眷证申请时限，规范侨务部门依法行政，监督侨务部门工作，提高侨务部门工作效率，保护回国定居华侨、华侨归侨在国内眷属的身份认证权。确定侨眷证将因为华侨归侨在国内眷属解除婚姻或者扶养关系而失效，同时规定，侨眷有

① 1989 年国务院侨务办公室印发《关于华侨、归侨、华侨学生、归侨学生、侨眷、外籍华人身份的解释（试行）》的通知规定。“这个《身份解释》是为了确定上述几种人的身份，至于对其中某些人员的适当照顾，应根据有关规定和本地区实际情况确定。例如，在归侨、侨眷较多的地方，可优先照顾归侨或侨眷中的知识分子；在侨眷较多的地方，可优先照顾在国外有影响的代表人物的国内亲属及华侨在国内的直系亲属（配偶、父母、子女）。凡涉及处理有关历史遗留问题，应按有关规定执行。”

义务随时通知发证部门其婚姻关系、扶养关系的变化，以使侨眷证能够真实体现华侨归侨在国内眷属的真实身份。

第二，归侨侨眷身份申请人对确认身份申请决定不服时，赋予其行政复议权和行政诉讼权。

2006年《护照法》第6（2）条规定："公安机关出入境管理机构应当自收到申请材料之日起十五日内签发普通护照；对不符合规定不予签发的，应当说明理由，并告知申请人享有依法申请行政复议或者提起行政诉讼的权利。"护照是在国外证明国籍和身份的证件，归侨侨眷证是在国内证明特定身份的证件，两者属于同一类。由上述《护照法》的规定可以推知，归侨侨眷身份申请人对确认身份申请决定不服时，也应享有行政复议权和行政诉讼权。1999年《行政复议法》第6条和2000年《最高人民法院关于执行〈中华人民共和国行政诉讼法〉若干问题的解释》第1（1）条的规定佐证了上述观点。前者规定，认为符合法定条件，申请行政机关颁发许可证、执照、资质证、资格证等证书，或者申请行政机关审批、登记有关事项，行政机关没有依法办理的，公民、法人或者其他组织可以依照本法申请行政复议。后者规定："公民、法人或者其他组织对具有国家行政职权的机关和组织及其工作人员的行政行为不服，依法提起诉讼的，属于人民法院行政诉讼的受案范围。"

第三，取消由所在工作单位或街道办事处、乡镇政府、派出所先行审核/出具归国情况或亲属关系证明的规定，改为确认归侨侨眷身份申请均由侨务部门直接审批。

改为确认归侨侨眷身份申请由侨务部门直接审批，可以消除所在工作单位或街道办事处、乡镇政府、派出所现行审核可能带来的官僚障碍，减少审批环节，以及提高确认身份申请效率。在暂时不能取消先行审核规定的情况下，可以明确规定所在工作单位或街道办事处、乡镇政府、派出所先行审核/出具归国情况或亲属关系证明的程序和期限，以及不履行受理职责时对其的处罚和给予申请人的救济，以填补所在工作单位或街道办事处、乡镇政府、派出所不适当和不勤勉地处理所属干部、职工、所辖居民身份确认申请的漏洞。

第五节　结　论

确认身份是保护权益的前提，不确定一个人是否具有归侨侨眷身份，也就无法明确其是否有资格享有相应权益。2004年《归侨侨眷权益保护法实施办法》第2条规定，确认归侨侨眷身份和向其颁发相应身份证明是侨务管理部门的义务，也是回国定居华侨、华侨归侨在国内眷属的权利。

归侨侨眷身份证件政策在程序方面存在着归侨侨眷证全国不一致，审理归侨侨眷身份证申请时限不明，侨眷证有效期不清，对确认归侨侨眷身份决定不服的救济不明，所在工作单位或街道办事处、乡镇政府、派出所先行审核等五个不足。归侨侨眷身份证件政策在实体方面存在着确认“放弃原住在国长期、永久或合法居留权”的时间和形式模糊不清，华侨“放弃原住在国长期、永久或合法居留权并依法办理回国落户手续”不能等同于在中国定居，归侨侨眷身份终身制实际效果不佳等三个不足。

可以从以下三个方面完善归侨侨眷身份证件政策。统一归侨侨眷证的名称、形式和内容，明确审理归侨侨眷证申请时限，规定归侨侨眷证的有效期；归侨侨眷身份申请人对确认身份申请决定不服时，赋予其行政复议权和行政诉讼权；取消由所在工作单位或街道办事处、乡镇政府、派出所先行审核/出具归国情况或亲属关系证明的规定，改为确认归侨侨眷身份申请均由侨务部门直接审批。

关于归侨侨眷政策不足及完善的论述，只有在国家限制华侨回国，归侨侨眷身份负载一定权益时才有实际意义。从理论上来说，限制华侨回国定居还需要推敲。“特殊照顾”是否一定能更大程度地激发华侨华人和归侨侨眷的巨大作用，并促进社会资源公平分配和树立法律公正，也需要更多的实证性研究。如果随着民主法制健全和经济发展，我们放宽了对华侨回国定居的限制，不对归侨侨眷“适当照顾”，也可以激发他们的巨大作用和帮助他们融入国内主流社会。那么，“归侨和侨眷身份”将成为一种荣誉性或者纪念性的身份。存废归侨侨眷身份和是否继续实行终身制之争，就不会对社会和归侨侨眷群体产生大的冲击和影响，保留或者废止归侨侨眷身份也就不难决断。

第六编 难民（难侨）政策展望

中华人民共和国成立后至今，大规模涌入华人华侨50万左右。他们对中国的华侨华人政策产生了深远的影响。分析和展望难民（难侨）政策是分析和展望侨务政策不可或缺的组成部分。

第十九章　大规模涌入华侨华人政策展望

引　言

中华人民共和国自1949年10月1日成立以来，发生过数次华侨华人大规模涌入事件，形成了规模不等的难民（侨）潮。每有难民（侨）涌入，政府部门都尽力妥善安置。中国周边国家不稳定因素依然存在，华侨华人有可能再次大规模涌入。妥善处置大规模涌入华侨华人问题，会对我国外交和华侨华人战略产生深远影响。

第一节　华侨华人大规模涌入及其安置工作的开展

中华人民共和国成立后至今，大规模涌入华人华侨50万左右，政府进行了大量的卓有成效的安置工作。[①] 1960年代，约有13.6万印尼华侨华人和大量印度、缅甸华侨华人涌入中国。1978—1988年，约有28万越南华侨华人涌入中国。1983年，蒙古要求华侨华人从乌兰巴托迁往18个外省的牧区居住，遭到拒绝，于是要求其限期回国，3 000名蒙古华侨华人因此回国定居。[②] 2009年以来，缅甸果敢、克钦地区边民因战事数次涌入我国。华侨华人大规模涌入影响我国特别是边境地区的社会稳定，让中国陷入复杂的外交困境，并可能引发人道主义危机。

中国以积极和建设性姿态参与大规模涌入领域的国际合作，与联合国难民署密切合作，一直以实际行动认真履行自己的义务，在保护大规模涌入华侨华人的国际活动中发挥了重要作用。除众所周知的印支难民援助外，中国还出于安全考虑向暂时进入中国境内的缅甸边民提供了人道主义援助。2012年，由于缅甸政

① 广东省地方志办公室．广东省志·华侨志．广州：广东人民出版社，1996. 224.
② 黄小坚．归国华侨的历史与现状．香港：香港社会科学出版社有限公司，2005. 51～57.

府军同个别少数民族地方武装之间不时发生零星交火，一些缅甸边民出于安全考虑暂时进入中国境内，局势平息后立即返回缅甸。[①] 中方处理此事时始终秉持人道主义精神，投入大量人财物力，向入境的缅甸边民提供了人道主义援助和必要的生活便利[②]，援助组织给予了救助。[③] 1990 年，中国开始向联合国难民署捐助，2012 年，中国向联合国难民署捐助 474 630 美元。截至 2012 年 1 月，中国共有难民 301 018 人，寻求避难者 30 人。[④] 2012 年 12 月，时任中国驻日内瓦代表团何亚非大使在纪念《关于难民地位的公约》通过 60 周年部长级会议上承诺："继续为在华印支难民的发展提供良好条件，尽快最终解决在华印支难民问题"，并"继续支持难民署工作，在力所能及范围内以各种形式逐步增加对难民署捐款或支持"。[⑤] 2006 年，联合国难民署高级专员安东尼奥·古特雷斯访华，时任国务委员唐家璇、外交部部长李肇星等外交部、公安部、民政部和商务部负责难民问题的高级官员与其会晤。2010 年，古特雷斯再次访华，时任国务委员戴秉国等负责难民问题的高级官员与其会晤。

中央政府在安置大规模涌入华侨华人方面做了大量工作。1978 年以来，联合国难民署和中国政府在广东、广西、云南、海南和江西等六个省（自治区）196 个安置单位安置了超过 28 万的印支难民。至 2002 年，中国政府投入高达 7.46 亿美元。现在在中国的 28 万印支难民都与当地居民生活在一起，而不是被安置在难民营中，难民儿童也融入当地中国学校接受与中国学生同样的教育。[⑥] 1979 年，中国与联合国难民署签署关于在华印支难民项目方面的协议，接受了联合国难民署为印支难民在华安置提供的经济帮助。1994 年，联合国难民署停止对在华印支难民的无偿项目援助，改为执行周转金项目方式，并将无偿援助资金缩减至培训等方面。2005 年，联合国难民署停止在华印支难民的培训项目资金。[⑦] 2008 年 7 月，国务院接待安置印支难民领导小组办公室下发了《在华印支难民周转金项目管理办法》。2008 年，全国人大华侨委员会召开第四次全体会议，在听取公安部介绍涉侨出入境管理情况时提出建议：要重视研究因越南"排

---

① 外交部：中方向入境缅甸边民提供必要的生活便利. 中国网，2012－02－10.

② 陈一鸣，王盼盼. 人权组织称中国"强制遣返"缅甸边民　中方否认. 环球时报，2012－08－25.

③ 综合央视报道. 缅甸战火　数万难民涌入中国. 新快报，2012－02－09.

④ UNHCR，Statistical Snapshot China，http：//www. unhcr. org/cgi－bin/texis/vtx/page? page＝49e487cd6&submit＝GO，2013－03－24.

⑤ 何亚非大使在纪念《关于难民地位的公约》通过 60 周年部长级会议上的讲话. http：//www. fmprc. gov. cn/ce/cegv/chn/tpxw/t885655. htm，2011－12－08

⑥ 童锵. 联合国难民公约签署五十周年. 北京青年报，2001－07－28.

⑦ 国务院印支难民安置办赴广西调研归难侨安置工作. http：//www. chinaqw. com/zgqj/qjdt/200812/10/141613. shtml，2008－12－10.

华”而被迫涌入中国居住的难（侨）的户口和身份证问题，使他们与国内公民一样享有平等的权益等。公安部高度重视这些建议，积极推进涉侨工作取得新进展。全国人大华侨委员会联合民政部、外交部、国务院侨办等部门组成调研组赴云南调研，解决了20世纪70年代末被迫从越南涌入云南边境地区居住的4.1万多名难（侨）民的户口和身份证这一历史遗留问题。[①]

地方政府在保护和安置大规模涌入华侨华人方面作了积极探索。2004年，云南省根据《国家涉外突发事件应急预案》制定了《云南省涉外突发事件应急预案》。该《应急预案》明确规定：包括500人以上“难民”涌入中国时，即成为最高级别的“I级突发事件”，须启动最高等级的应急程序。这些应急程序包括：由云南省公共突发事件应急领导小组统一管理，省长亲自挂帅；必要时，涉及重大国家公共安全的事件，必须及时上报甚至越级上报，由国务院统一领导。2009年8月，缅甸果敢地区边民大量涌入云南后，云南省迅速启动了边境维稳机制，按照工作预案，开展了做好安置劝返等相关工作。2010年，云南省发布《关于解决印支难民生产生活困难的八条意见》，有效改善了难民的生活、医疗、就学条件。2011年，云南省发布《为部分印支（越南）难民发放居民户口簿工作实施方案》，在只做不说的原则下，云南省民政厅协调公安厅对云南省部分印支难民发放了身份证和户口簿，从根本上解决了印支难民的身份证和户口等身份问题，使这一历史遗留问题得到很好的解决，为难民在体制上融入地方、管理上融入社会、经济上融入市场创造了条件。[②]

我国建立和不断健全大规模涌入和难民安置部门，民政部、外交部和公安部协调配合，分工负责大规模涌入和难民事务。1979年8月，国务院接待安置印支难民领导小组成立，时任民政部部长程子华任组长，领导小组办公室设在民政部。广西、广东、福建、云南、海南、江西等六省（自治区）成立了接待安置印支难民办公室。1988年7月7日，在由时任总理的李鹏主持召开的国家机构编制委员会第二次会议上，审议并批准了民政部机构改革“三定”方案，确认民政部是国务院负责社会行政管理的职能部门。在新形势下，为充分发挥社会稳定机制作用，适应改革开放的需要，其职能需要加强，设立了国际合作司（民政部接待安置印支难民办公室）。[③] 2008年国务院机构改革后，民政部新增“参与拟

① 毛起雄．中国涉侨出境入境管理法治建设的重大举措：2012年《出境入境管理法》颁布有感．出入境管理法与国际移民．北京：法律出版社，2013.6～7.

② 云南省民政厅对外合作处2009年工作总结和2010年工作计划．http：//yunnan.mca.gov.cn/article/jhgh/201003/20100300060789.html，2013－03－25.

③ 民政部在难民方面事务的机构设置和职能新增，见民政部官方网站的历史沿革、主要职责、国际合作司等部分。

定在华国际难民管理办法，会同有关部门负责在华国际难民的临时安置和遣返事宜”的职能，该职能是民政部最新增加的职能。国际合作司负责会同有关方面承办在华国际难民的临时安置和遣返事宜，下设的综合（港澳台、难民安置）处具体办理在华国际难民的临时安置和遣返事宜。现任民政部国际合作司司长康鹏兼任国务院接待安置印支难民领导小组办公室主任。外交部从外交角度管理大规模涌入和难民事务。根据外交部官方网站，外交部 19 项职责的第 5 项是“负责处理联合国等多边领域中有关全球和地区安全以及政治、经济、人权、社会、难民等外交事务”[①]。该职责主要由国际司负责。根据国际司的官方网站，国际司的职责是“研究多边外交领域形势和发展趋势；办理多边领域政治、人权、社会、难民等外交事务；指导驻外外交机构有关业务”[②]。公安部从外国人管理角度管理大规模涌入和难民事务，由出入境管理局负责。根据公安部出入境管理局官方网站，其主要职责是“研究拟定出入境管理政策，组织、指导和监督外国人和中国公民出入境管理，查处违反出入境管理法律、法规的行为；负责出入境边防检查工作”。难民是不具有中国国籍的人，2012 年《出境入境管理法》第 89（3）条规定：“外国人，是指不具有中国国籍的人。”[③]

第二节 大规模涌入华侨华人安置工作中存在的不足

一、在华印支难民问题未得到最终解决

在华印支难民问题未得到最终解决，影响社会稳定。印支难民进入中国已经有 30 多年的时间，取得了举世瞩目的成就，但时至今日，此问题仍未从根本上得以解决，影响着社会稳定[④]，并逐渐成为社会的负担。[⑤] 根据联合国难民署统计，截至 2012 年 1 月，中国境内共有难民 301 018 人，寻求避难者 30 人[⑥]，其中

---

① 外交部的主要职责 . http：//www. fmprc. gov. cn/mfa_ chn/wjb_ 602314/zyzz_ 602316/.

② 外交部国际司的主要职责 . http：//www. fmprc. gov. cn/mfa_ chn/wjb_ 602314/zzjg_ 602420/gjs_ 603130/.

③ 公安部出入境管理局 . 中国公安出入境管理机构设置与职责分工 . http：//www. mps. gov. cn/n16/n84147/n84165/1291532. html.

④ 吴喜，梁晋云 . 难民问题是影响中国边境地区社会稳定的诱因：云南河口县难民问题调研报告 . 云南警官学院学报，2010（1）：99 ~ 104.

⑤ 肖震宇 . 云南印支难民问题的审视及思考 . 云南大学学报（法学版），2011（7）：151.

⑥ UNHCR. Statistical Snapshot China. http：//www. unhcr. org/cgi - bin/texis/vtx/page? page = 49e487cd6&submit = GO，2013 - 03 - 24.

的绝大多数是印支难民。尽管实施了一些印支难民方面的规范性文件[①]，解决了一些印支难民的身份问题[②]，很多印支难民已经融入当地社会。但是，由于没有全国统一的大规模涌入人员安置方面的政策和法律，使得一些印支难民的身份悬而未决，[③] 还有一些难民生活困难，失业率高[④]。以致时任中国驻日内瓦代表团何亚非大使2011年12月在纪念《关于难民地位的公约》通过60周年部长级会议上代表中国政府承诺："继续为在华印支难民的发展提供良好条件，尽快最终解决在华印支难民问题。"[⑤]

二、缅甸边民数次涌入我国

2009年以来的缅甸果敢、克钦地区边民因战事数次涌入我国，影响了我国边境地区的社会稳定，让中国陷入复杂的外交困境，并可能引发人道主义危机。果敢、克钦地区边民多为华人。2009年8月缅甸果敢地区先后发生武装对峙和武装冲突，造成果敢地区边民心理恐慌，共有3.7万名边民涌入我国境内，影响了边境的正常生产生活秩序。其中1.3万余人在我国境内接受了政府的安置救助；有些则投亲靠友；还有些在果敢地区经商或打工的中国边民已经返回自己家中。云南省、临沧市政府提前采取了各种措施，选择了7个安置点，提供了数千顶帐篷，云南省政府追加了1 000万元的救助金，确保了进入我境内的边民能够得到人道主义的妥善救助。[⑥] 2011年到2013年，另一缅甸自治邦克钦邦接连发生战事。与中国少数民族景颇族为同一民族的克钦族逃往边境地区。据民间统计，截至停战协议打破1年后的2012年6月，云南边界一线有至少66个难民营，人数可能超8万人。[⑦]

---

① 2011年云南省《为部分印支（越南）难民发放居民户口簿工作实施方案》，2008年国务院接待安置印支难民领导小组办公室《在华印支难民周转金项目管理办法》等。

② 云南省民政厅对外合作处2009年工作总结和2010年工作计划．http：//yunnan. mca. gov. cn/article/jhgh/201003/20100300060789. shtml，2013－03－25.

③ 丁补之，徐臻，梁嘉琳．一个已存在30年的沉默群体：30万难民在中国．南方周末，2009－10－15.

④ 广东省人民政府办公厅2001年7月4日《转发省外经贸厅等部门关于解决华侨农场归侨难民青年劳动就业问题意见的通知》指出，妥善解决好华侨农场归侨、难民青年就业问题，对于改善归侨、难民生活，加快其脱贫致富步伐，促进华侨农场的稳定和发展具有重要意义。

⑤ 何亚非大使在纪念《关于难民地位的公约》通过60周年部长级会议上的讲话．http：//www. fmprc. gov. cn/ce/cegv/chn/tpxw/t885655. html，2011－12－08.

⑥ 王研，杨跃萍，伍晓阳．缅甸三发炮弹射入中国境内 造成中方边民1死2伤．http：//china. huanqiu. com/roll/2009－08/561698. html，2009－08－30.

⑦ 边境异族．http：//news. jznews. com. cn/system/2013/01/14/010651161. html，2013－01－14.

三、大规模涌入华侨华人保护政策缺位

我国目前没有系统处理大规模涌入华侨华人的政策和法律，这不仅引起一些国际组织的担忧甚至指责，而且使自己与国际社会交流时处于一定程度的被动地位。

中央和有关地方政府处理印支难民事务主要根据2008年国务院接待安置印支难民领导小组办公室《在华印支难民周转金项目管理办法》、2011年云南省《为部分印支（越南）难民发放居民户口簿工作实施方案》、2001年《广东省外经贸厅等部门关于解决华侨农场归侨难民青年劳动就业问题意见》等国家和地方政策性文件。

中央和有关地方政府处理大规模涌入缅甸边民事务主要是按照2007年《突发事件应对法》、2006年《国家突发公共事件总体应急预案》、2006年《国家涉外突发事件应急预案》、2006年《军队处置突发事件总体应急预案》、2005年《云南省突发公共事件总体应急预案》和2005年《云南省涉外突发事件应急预案》等应急方面的政策性文件，启动边境维稳机制，采取相应措施。

在缅甸边民因战事入境的事情上，我国还按照国际法以及有关双边协定，收缴入境缅方武装人员枪械，给予入境者人道主义援助，妥善收容安置，适时遣返。在战事平息时，引导缅甸边民自愿返回缅甸。联合国难民署2012年9月7日提出，自8月中旬以来，5 000多名因冲突流落到中国境内的缅甸人被遣返回克钦邦的不安全地区，其中很多是未成年的儿童。难民署对此密切关注。总部位于美国纽约的人权组织“人权观察”2012年8月对外界宣称，其调查员发现，中国从本周开始“大规模强制遣返缅甸难民”，“已有4 000名缅甸难民被迫离开云南”。[①] 中国外交部新闻司2012年8月接受《环球时报》记者采访时驳斥了这一说法。一些缅甸边民已自愿返回缅甸，不存在“中方施压”问题。[②] 相邻国家边民大规模涌入我国并非个案，而且也不是突发事件应急预案性质的政策文件所能全面规范的，还需要从大规模涌入、不推回至绝境原则、合理安置、正当遣返等制度的角度思考，更加妥善地处理大规模涌入问题。

如果大规模涌入的华人中有人要申请难民地位，目前是由联合国难民署驻华地区代表处处理，这在一定程度上影响了我国行使主权，使我方难民工作处于被

---

① 联合国难民署对中国遣返缅甸避难者表示关注. http://www.china.com.cn/international/txt/2012-09/09/content_26473099.html，2012-09-09.

② 陈一鸣，王盼盼. 人权组织称中国“强制遣返”缅甸边民　中方否认. 环球时报，2012-08-25.

动，削弱了我国公安机关嗣后审查的意义。联合国难民署驻华地区代表处认定的难民并不一定都是我国认定的难民。联合国难民署驻华地区代表处提前介入甚至单方确认外国人的难民申请。外国人无论是非法还是合法入境和居留，都先以各种理由向难民署驻华地区代表处提出难民申请，而不是向我国主管部门提出申请。来华申请难民地位的外国人，在等待难民署驻华地区代表处确认难民身份过程中以及申请被拒绝后的法律地位模糊，没有足够的资金保障，可能诱发违法犯罪活动，不仅给社会增加了负担，而且给社会治安带来隐患。难民署驻华地区代表处为申请难民地位人员签发的证明文件法律效力不明确。一些申请难民地位的人员持有难民署证明文件而不及时按中国的法律规定办理签证或者居留证延期手续，造成非法居留现象，不利于维护我国出入境管理法的统一和尊严。我国大规模涌入和难民主管部门不明确，职责分工不清晰，管理行为没有法律依据，受理难民申请的条件、程序以及管理没有规范，在一定程度上给我国的国际声誉造成了不良影响。①

第三节　国际上解决大规模涌入人员问题的措施：临时救助

一、大规模涌入人员临时救助的界定

临时救助（Temporary Refugee）是指大规模涌入人员进入他国后获得的接受国的临时保护。临时救助是人道主义保护体系中的一种保护方案，具有独特的不可取代的法律地位。接收国在边境允许他国人员临时进入，不能被认为是自动和持久性地解决大规模涌入问题。接收国在接受大规模进入时，应明确声称，此种进入是临时性的，并向国际社会表明，接收国需要国际社会的援助。

为了解决大规模涌入人员及其接收国的困境，需要给予大规模涌入人员临时救助的法律地位，以便于大规模涌入人员离开本国和进入愿意接受大规模涌入人员的国家，寻找大规模人员的持久性解决方案。否则很少有国家愿意承担巨大的永久安置的压力来接受大规模涌入人员。

不推回绝境原则和国际合作原则是临时救助的法律基础。不推回绝境原则又称“难民不被推回绝境权”，是指难民享有的不被所居住地国以任何方式推回至

① 王元君．关于建立我国难民保护法律制度的几点思考．公安研究，2005（12）：47.

其生命或自由因为他的种族、宗教、国籍、参加其一社会团体或具有某种政治见解而受威胁的领土边界的权利。主权国家有权禁止外国人入境，并不意味着有权在外国人入境后驱逐或者遣返其回国。不推回绝境已经发展为国际惯例。每个人都有不被推回绝境的权利，该权利不得被任意剥夺。1984 年欧洲理事会部长委员会针对“对满足 1951 年《关于难民地位的公约》的标准但并未被正式认定为难民的个人的保护”的第 R 号建议中指出，“不推回原则已经作为适用于所有人的一般性原则而获得承认”。在国际层面，各国承认不推回绝境权不仅有广泛代表性，而且达到了基本普遍性。

国际团结合作原则与不推回绝境原则在大规模人员涌入中同等重要。接收国一国力量就能够保护单个申请难民地位者，但是保护大规模涌入人员，往往需要整个国际社会的合作。国际团结合作原则要求世界各国在大规模涌入人员的接纳、安置、援助、保护、开支分摊以及消除和减少大规模涌入的产生的根源方面，有责任加强团结与合作。大规模涌入人员是一群和本国失去联系的人，如果没有国际法将保护他们的权利作为法律义务确定下来的话，他们将十分悲惨。保护大规模涌入人员是国际社会的共同义务。国际团结合作原则不仅包括政府组织、非政府组织、区域性组织、各国政府对向接受国提供物质援助，而且包括一道努力解决大规模涌入问题。难民署执委会在 19 号结论中指出：“因为地理原因面对大规模涌入发生时，根据公平负担分摊原则应当得到国际社会的立即援助。”尽管联合国难民署等一再表示向作为接受国的发展中国家提供援助，但是过去大部分援助都面临物资短缺的困难。

二、大规模涌入人员临时救助方案

基于大规模涌入人员及其接收国面临的巨大困境以及国际社会解决大规模涌入人员问题的必要性，临时救助是解决大规模涌入人员问题的比较适宜的方案。它告知国际社会，临时救助仅仅是临时性的，要求国际社会应当关注一个持久性解决方案的产生。临时救助是“大规模涌入人员急需得到保护”和“持久性解决方案”之间的缓冲剂。在很多情况下，引起大规模涌入的原因如战争等不知道会持续多久，也无法预料最终会有多少大规模涌入人员，接受国和国际社会在提供大规模涌入人员临时救助期间，需要努力寻找最终适合的解决方案。

大规模涌入人员面临着巨大困境。在人员大规模涌入的情形下，庞大的处于困境的异国人员流动会给接受国带来巨大的困难和压力。当成千上万处于困境的异国人员涌入一国时，接受国会面临无法在短时间内提供充分的食物、衣物和住处，国内资源因此急剧紧张。自 2011 年 6 月缅甸政府军与克钦族反政府武装之间的冲突爆发以来，已有约7.5万人被迫流离失所，其中有数千人流落到中国境内。[①] 大部分融入人员有条件地暂时居住，不能得到充分融入当地社会中的机会，始终在接受国的门槛之外徘徊。如果引起大规模涌入的国内冲突等情形不能很快结束，这种极度不适的生活会继续持续下去，并可能导致人们无法忍受。因此，如果把这种临时救助作为持久性的解决大规模涌入问题的方案，从人道主义的角度来说，是不可取的。

接受大规模涌入人员的国家面临着巨大困境。一个国家很难接受将持久性解决方案作为接受大规模涌入人员的义务。当情势发展到大规模涌入已经威胁了国家安全甚至世界和平与安全的时候，作为接受国，往往会考虑其他解决方法，如尽早遣返、其他地安置等，以摆脱压力。自2012年8月中旬以来，5 000多名因冲突流落到中国境内的缅甸人被遣返回克钦邦，其中很多是未成年的儿童。联合国难民署指出，目前有超过3 400名被遣送回乡的缅甸人居住在内部流离失所者营地，由于他们的家园已在战火中毁坏殆尽，这些人迫切需要食物、药品、庇护所以及其他生活必需品。难民署敦促中国政府为因逃避战乱而前往中国的缅甸人提供临时救助，并尊重他们的人道主义需求，不要将其遣送回一个安全和生计都可能受到威胁的环境之中。[②] 接收国为了本国利益，可能在导致大规模涌入原因未消除、国际压力等情况下，采取措施拒绝人员继续大规模涌入，或是在维护国家安全或是保护当地居民的借口下，威胁甚至采取驱逐难民的行动。

相对于给予难民地位、就地安置和自愿遣返等最终解决大规模涌入问题的方案来说，临时救助是一个解决大规模涌入问题的折中方案。当最终解决大规模涌入问题对于接收国是不可能完成的任务时，临时救助不失为一种务实的方案。如果各国政府过分利用临时救助机制，就会使大规模涌入人员的地位更不稳定，因为临时救助使得接收国可以不承担最终解决大规模涌入问题的责任，这是国际社会要尽力避免的。与单个申请难民地位相比，大规模涌入的情况更为复杂和难以解决。与单个申请难民地位者最需要的是永久性保护不同，大规模涌入人员最需要的是尽快离开本国，进入另一国，得到一定程度的保护。

三、大规模涌入中被临时救助者的法律地位

鲜有国际文件明确具体针对临时救助中人员地位或者国家义务作出阐述和规定。1979年联合国难民署执委会在15号难民国际保护结论中指出：在大规模涌

① 联合国难民署对中国遣返缅甸避难者表示关注．中国日报，2012－09－09.
② 联合国难民署对中国遣返缅甸避难者表示关注．中国日报，2012－09－09.

入中，寻求庇护者应该至少得到临时救助，但是没有明确临时救助的内容，这给大规模涌入人员和接受国都带来了不便。1980 年，难民署执委会在 19 号结论中，专门阐述了临时救助的一些问题，例如不推回绝境原则、国家公平分摊原则等。

对大规模涌入中被临时救助者较为集中的阐述出现在 1981 年联合国难民署难民国际保护小组委员会通过的第 22 号结论“大规模涌入中的庇护寻求者的保护”。它规定了 16 条国家应给予庇护寻求者的最低待遇标准。这些标准适用于在持久性解决方案悬而未决之时。当一段时间内，大规模涌入问题无任何进展时，这些最低标准下的法律地位应当被转变为公约难民地位或其他与难民状况相适应的其他法律保护。但是由于难民署执委会的结论不具有拘束力，其与其他国际难民保护公约或文件之间的关系并不十分明确，第 22 号结论“大规模涌入中的庇护寻求者的保护”不具有法律约束力。

1951 年《关于难民地位的公约》及其 1967 年议定书不适用于大规模涌入人员。1951 年《关于难民地位的公约》及其 1967 年议定书是国际难民保护的基石，其基础性地位不容动摇。各国普遍适用的个案审查甄别难民的方法不适用于大规模涌入人员，公约难民对主观因素的考察排除了集体审查基础上给予难民临时救助保护的做法的合理性。

大规模涌入人员享有作为人的基本权利。1966 年《公民权利和政治权利国际公约》第 2 条规定：“本公约每一缔约国承担尊重和保证在其领域和受管辖的一切个人享有本公约所承认的权利，不分种族、肤色、性别、语言、宗教、政治或其见解，国籍或社会出身、财产、出生或其他身份等任何区别。”1966 年《公民权利和政治权利国际公约》所规定的国家需以宪法程序以及其他必要步骤保证实现的权利，应当是临时救助的难民保护体系中，难民在接受国所应当享有的权利，特别是公约第 4 条规定的“在社会紧急状态或威胁到国家的生命”时仍然不得克减的义务，更是临时救助保护的最低限度，应当得到避难国的尊重。这些权利是：生命权；人道主义待遇权；任何人不得使为奴隶，不得强迫劳动，不得仅仅因无力履行约定义务而被监禁；不受有追溯法律的约束权；法律前的人格权；思想、良心和宗教自由。

一些公约或宣言等形式的国际文件也部分规定了临时救助下大规模人员所应当享有的权利。如 1967 年《领土庇护宣言》第 3（3）条规定：“倘一国于任何案件中决定有理由对本条第一项所宣告之原则例外办理，该国应考虑能否于其所认为适当之条件下，以暂时庇护或其他方法予关系人以前往另一国之机会。”因此，临时救助难民在适当情况下，至少可以享有“前往另一国之机会”，尽管这是一个极具限制性的条款。1984 年《禁止酷刑和其他残忍、不人道或有辱人格的待遇或处罚公约》第 2 条规定，如果有充分理由相信回归者有遭受酷刑危险”，则不得推回。

第四节　大规模涌入华侨华人政策的展望

研究大规模涌入华侨华人的保护政策，有利于区分大规模涌入人员和难民；统一地和制度性地处理大规模涌入事件，有利于维护我国社会稳定，更有效地解决大规模涌入边民引发的人道主义问题。解决大规模涌入华侨华人问题，要参考国际社会的临时救助方案，考虑华侨华人的特点，坚持区别国籍界限的原则，分别实施不同的政策。

第一，允许符合条件的大规模涌入华人恢复中国国籍。

允许大规模涌入华人恢复中国国籍，给予他们中国身份，使中国政府摆脱当外国采取歧视、打压和迫害华人行动时所处的困境。为减轻华人恢复国籍给我国带来的经济和社会负担，可以从避免国际纷争、与中国密切联系、自立等角度设计恢复国籍的条件，如不再有原国籍；提交申请前50年内曾经有中国国籍；高中以上文化程度，懂汉语，有足以维持一年生活的资产等。大规模涌入华人申请恢复国籍时应提供不再有原国籍的证明。“不再有原国籍”是单一国籍原则的体现。“提交申请前50年内曾经有中国国籍”是确保申请人与中国有密切联系以及在有生之年提交申请。“高中以上文化程度，懂汉语，有足以维持一年生活的资产”是保证申请人自立，不会给国内带来经济和社会负担。

经常性办理华人恢复中国国籍。华人恢复中国国籍不是一项临时性工作，而是一项经常性工作。经常性办理华人恢复中国国籍，可以避免大规模涌入时过多华人集中申请恢复国籍，有助于将华人恢复国籍可能给国内和国际带来的压力分解到各个时段。其他国家在允许本国后裔恢复本国国籍时，都是采取经常性的办理方式。西德允许东德、苏联的德国人无条件恢复国籍，只要证明曾经是德国人、有德国血统。鼓励犹太人移民和融入是以色列的基本国策之一。1948年《以色列国家独立宣言》规定：以色列向世界上所有犹太人敞开大门。1950年《以色列国籍法》（1968年修订）第2条规定：凡按1950年《回归法》（1970年修订）移居的移民均有权取得以色列国籍。建国后移民以色列者，从其移居之日起取得以色列国籍。按1950年《回归法》（1970年修订）取得移民证者，从发证之日起取得以色列国籍。

第二，给予不愿意或者不符合复籍条件的大规模涌入华人临时性救助。

给予不能够或不愿意恢复中国国籍的大规模涌入华人临时性救助，包括愿意恢复但不能提供不再有原国籍证明的华人。同时，向国际社会表明，中国提供的庇护是临时性的，不是最终解决方案。中国尊重这些大规模涌入华人的人道主义需求，给予他们作为外国人的基本权利，如不推回绝境圈，他们很显然不享有中国公民的权利和基于难民地位的外国人的权利。引起大规模涌入的原因如政治事件、武装冲突或战争结束后，会将大规模涌入人员送回来源国或者愿意接受国。另外，中国积极与国际社会合作和接受国际社会的援助。以中国一国的力量很难保护大规模涌入人员，往往需要整个国际社会的支持。难民署执委会在19号结论中指出："因为地理原因面对大规模涌入发生时，根据公平负担分摊原则应当得到国际社会的立即援助。"

妥善临时救助大规模涌入华人。大规模涌入华人是一个特殊的团体，存在着自己是不幸者和弱势群体，应该受到国际社会和所在国的同情和理解的心理。从我国已经安置的大规模涌入华人看，他们自身存在着对中国法律不够适应、经济保障能力不足、融入中国社会意愿和能力不足等问题，对他们的管理应有别于其他外国人。我国要学习和了解国际社会对大规模涌入人员安置的政策法律和管理制度，并与时俱进，开拓创新，完善现有管理模式，探索出适应我国情况的新方法和新思路。例如，认真甄别身份，全面掌握情况；加强定期走访，强化动态管控；加强人文关怀，强化宣传告知；加强部门协作，强化信息沟通；加强能力提升，强化信息管理；加强调查研究，强化保障决策等。

第三，增加庇护类定居，允许受迫害华人在中国定居。

2004年修订的《外国人在中国永久居留审批管理办法》，增加了庇护类定居，允许受迫害华人在中国定居。我国历史上接受的绝大多数归难侨是受迫害华人。增加庇护类永久居留可以为允许受迫害华人在中国定居提供法律依据。这不影响中国在给予外国人受庇护权方面的主动，因为中国可以根据本国情况设定庇护类永久居留的条件和程序，进而控制庇护类永久居留的对象和规模，还可以更全面地实施《宪法》第32条第2款"中华人民共和国对于因为政治原因要求避难的外国人，可以给予受庇护的权利"规定，在难民方面获得更高的国际地位。

第四，优先办理大规模涌入华侨的回国定居申请。

在没有修订华侨身份证件方面的政策和法律解决华侨在境内证明自己身份困难的问题之前，对于符合2013年国务院侨办、公安部、外交部《华侨回国定居办理工作规定》并愿意申请回国定居的大规模涌入华侨，可以加快办理，尽快使其恢复户籍和取得身份证，使其能够和境内居民一样生活和工作。华侨可以自由出入中国国境，在中国境内居住且没有期限限制。由于没有户籍和身份证，在境内办理日常事务时会遇到很多不便和阻碍。尽管2012年《出境入境管理法》第46条规定"定居国外的中国公民在中国境内办理金融、教育、医疗、交通、电信、社会保险、财产登记等事务需要提供身份证明的，可以凭本人的护照证明其身份"，然而由于护照号码的变动及护照内容与居民身份证内容迥异，该规定没有取得解决华侨回国身份证明问题的预期效果。

第五，给予在中国境内的大规模涌入华侨相关的社会保障。

我国可以根据现有社会保障方面的规定，考虑大规模涌入华侨的个案情况，分别向他们提供相应的社会保障。大规模涌入华侨作为中国公民，享有社会保险和社会救助等社会保障权利。由于社会保险以缴费为前提，而大规模涌入华侨在国外定居，不太可能缴纳各种社会保险费用，所以大规模涌入华侨实际上可能只享有社会救助。为减轻大规模人员安置的压力和考虑公平性，华侨可以选择向大规模涌入华侨提供的社会保障或者向大规模涌入华人提供的临时性救助的两者之一，但不能同时享有两者。向大规模涌入华侨提供的社会保障是国民待遇，理论上优于向大规模涌入华人提供的临时救助。

第五节　结　论

中华人民共和国成立后至今，大规模涌入华侨华人的数量 50 万左右。虽然政府进行了大量的和卓有成效的安置工作，但是大规模涌入华侨华人的安置工作中存在着一些不足。如在华印支难民问题未得到最终解决、缅甸边民数次涌入我国、大规模涌入华侨华人保护政策缺位等。国际上解决大规模涌入人员问题主要是临时救助。临时救助是指大规模涌入人员进入他国后获得的接受国的临时保护。临时救助的法律基础是不推回绝境原则和国际合作原则。要解决大规模涌入华侨华人问题，就要参考国际社会的临时救助方案，考虑华侨华人的特点，坚持区别这些华侨华人中的外籍华人与华侨的国籍，分别实施不同的政策。

参考文献

一、中文参考文献

1. ［美］托马斯·戴伊. 理解公共政策（第十一版）. 孙彩虹译. 北京：北京大学出版社，2008.

2. ［日］药师寺泰藏. 公共政策. 张丹译. 北京：经济日报出版社，1991.

3. 2011年中国出境旅游人数7 025万增长22.42%. 中国新闻网，2012－01－31.

4. Craig Richardson. 外国人在华有可靠财产权“中国版”财产权保护. 管锥译. 美国《巴伦周刊》青年参考，2008－11－04.

5. 北京市人民政府侨务办公室. 侨务政策选编. 2004.

6. 北京外国语大学英语系汉英词典组. 汉英词典. 北京：外语教学与研究出版社，1997.

7. 曹琴飞. 上海市2011年基本侨情调查结果公布. 东方网，2012－08－02.

8. 车亮亮. 论公民自雇权益的法律保障. 太平洋学报，2011（7）.

9. 陈潭. 公共政策案例分析——基于理论与实证的视角. 长沙：湖南师范大学出版社，2003.

10. 陈潭. 公共政策学. 海口：海南出版社，2002.

11. 陈艳. 论大规模涌入中难民的国际保护. 华东政法学院硕士学位论文，2004.

12. 陈振明. 公共政策分析. 北京：中国人民大学出版社，2003.

13. 戴超武. 美国移民政策与亚洲移民（1849—1996）. 北京：中国社会科学出版社，1999.

14. 邓利华. 我国的外商直接投资来源构成特点及其改善. 经营与管理，2010（2）.

15. 丁强. 对1933年《关于难民国际地位的公约》的历史考察. 历史教学（高校版），2009（6）.

16. 东莞凤岗镇全面铺开侨情普查工作　掌握最新情况. 中新网，2010－

05－17.

17. 傅义强．欧盟移民政策与中国大陆新移民．广州：暨南大学出版社，2008.

18. 公安部教材编审委员会．边防与出入境管理法．北京：群众出版社，2001.

19. 广东、广西、湖南、河南辞源修订组，商务印书馆编辑部．辞源（修订本重排版）．北京：商务印书馆，2010.

20. 桂世勋．海外华侨华人及其对祖（籍）国的贡献．华侨华人研究报告（2011）．北京：社会科学文献出版社，2011.

21. 郭捷．劳动法与社会保障法．北京：法律出版社，2012.

22. 郭梁．东南亚华侨华人经济简史．北京：经济科学出版社，1998.

23. 郭巍青．现代公共政策分析．广州：中山大学出版社，2000.

24. 国际移民组织．国际迁徙法——迁徙词汇．国际移民组织，2008.

25. 国际移民组织．2002年国际移民报告．国际移民组织，2002.

26. 国际移民组织．2006年国际移民报告．国际移民组织，2006.

27. 国际移民组织移民卫生部．移民健康：2008—2009年行动报告．国际移民组织，2010.

28. 国务院侨办侨务干部学校．华侨华人概述．北京：九州出版社，2005.

29. 寒冬．海南华侨华人史．海口：海南出版社，2008.

30. 韩振燕，辛天霞．产权理论与我国农村土地产权制度的改革．经济体制改革，2006（4）．

31. 何春中．全国只有不到8%的地区未实现对外开放．中国青年报，2005－11－12.

32. 黄河清．近现代辞源．上海：上海辞书出版社，2011.

33. 黄润龙等．近十年我国大陆海外新移民．人口与经济，1998（1）．

34. 黄意华．“抛砖引玉”一家：记厦门印华地砖厂有限公司．福建侨报，1998－03－06.

35. 季元杰．科学发展观与公共政策理论和实践研讨会综述．理论探讨，2009（1）：157.

36. 暨南大学东南亚所，广州华侨研究会．战后东南亚国家的华侨华人政策．广州：暨南大学出版社，1989.

37. 焦仁和．迈向新世纪　侨务工作的创新与跃进．我国台湾地区1999年4月“侨务委员会”工作报告，提交给我国台湾地区“立法院第四届第一会期外交及侨务委员会”，1999－04.

38. 靳媛媛．论“问题界定”的公共性取向——基于中国公共政策语境下的考量．四川行政学院学报，2011（1）．

39．孔昭林．论公共政策在公共行政中的科学定位．北京联合大学学报，2001（2）．

40．兰秉洁．政策学．北京：中国统计出版社，1994.

41．李安山．非洲华侨华人史．北京：中国华侨出版社，2000.

42．李海峰．全国侨务工作会议三大成效．http．//www．chinanews．com/zgqj/2011/10－20/3403802. html，2012－03－03.

43．李明欢．欧洲华侨华人史．北京：中国华侨出版社，2003.

44．李明欢．欧盟国家移民政策与中国新移民．厦门大学学报，2001（4）．

45．李其容．国际移民与海外华人研究．武汉：湖北人民出版社，2005.

46．李学．公共政策中的政府利益分析．行政论坛，2002（1）．

47．李允杰，丘昌泰．政策执行与评估．北京：北京大学出版社，2008.

48．联合国难民署，各国会议联盟．国籍和无国籍：议员手册．2005.

49．联合国难民署，各国会议联盟．国际难民法指南．2004.

50．联合国日内瓦办事处人权中心．人权概况介绍：人权与难民．联合国日内瓦办事处人权中心，2003.

51．梁茂信．美国移民政策研究．长春：东北师范大学出版社，1996.

52．梁淑英．国际难民法．北京：知识产权出版社，2009.

53．梁仲明．论加入 WTO 对我国政府治理方式的影响．西北大学学报（哲社版），2002（1）．

54．廖小健．战后各国华侨华人政策．广州：暨南大学出版社，1995.

55．林小昭．温家宝重温南方谈话：不改革开放只能是死路一条．第一财经日报，2012－02－06.

56．林艺聪．行政驱逐出境理论与实务．北京：中国人民公安大学出版社，2011.

57．林永波，张世闲．公共政策．台北：五南图书出版公司，1982. 354.

58．刘东杰．政策公共性：社会和谐的必备元素．中共杭州市委党校学报，2007（2）．

59．刘国福．移民法．北京：中国经济出版社，2010.

60．刘国福．移民法理论与实践．北京：法律出版社，2008.

61．刘国福．技术移民法律制度研究：中国引进海外人才的法律透视，北京：中国经济出版社，2011.

62．刘国福．侨务法律制度研究．北京：法律出版社，2012.

63．刘华．华侨国籍问题与中国国籍立法．广州：广东人民出版社，2004.

64. 陆国俊．美洲华侨史话．北京：商务印书馆，1997.

65. 陆汉宝．国侨办在桂林征求未来五年侨务工作发展纲要意见．http. // news. cntv. cn/20101216/114310. html，2012 - 02 - 27.

66. 罗清旭．侨情侨务：侨务工作与政策法规．珠海：珠海出版社，2008.

67. 毛起雄，林晓东．中国侨务法律法规概述．北京：中国华侨出版社，1993.

68. 毛起雄，林晓东．中国侨务政策概述．北京：中国华侨出版社，1993.

69. 毛起雄．华侨华人百科全书·法律条例政策卷．北京：中国华侨出版社，2000.

70. 梅伟强，张国雄．五邑华侨华人史．广州：广东高等教育出版社，2001.

71. 莫勇波．公共政策执行中的政府执行力问题研究．北京：中国社会科学出版社，2007.

72. 南若然．各地纷纷开展基本侨情调查　助力新时期侨务工作．中新网，2011 - 08 - 29.

73. 欧阳吉惠．试论公共政策公共性提升之道．云南行政学院学报，2004（2）.

74. 钱再见．影响公共政策执行主体的深层机制探究．理论与改革，2001（5）.

75. 侨报综合报道．十二五侨务工作规划公布．侨报，2011 - 10 - 21.

76. 丘进．华侨华人研究报告（2011）．北京：社会科学文献出版社，2011.

77. 全国人大常委会法制工作委员会行政法室．《中华人民共和国出境入境管理法》释义及实用指南．北京：中国民主法制出版社，2012.

78. 全国人民代表大会华侨委员会研究室．《中华人民共和国归侨侨眷权益保护法》讲话．北京：中国华侨出版公司，1990.

79. 任贵祥，赵红英．华侨华人与国共关系．武汉：武汉出版社，1999.

80. 任贵祥．海外华侨华人与中国改革开放．北京：中共党史出版社，2009.

81. 日本法务省入国管理局．难民认定手续指南（第三版）．日本法务省入国管理局，2006.

82. 阮蓁蓁．公共政策终结理论研究综述．广东行政学院学报，2009（8）：34.

83. 上海侨务理论研究中心．上海侨务理论研究报告集．上海：上海人民出版社，2011.

84. 上海市政府侨务办公室．关于贯彻实施《中华人民共和国归侨侨眷权益保护法》情况的报告．2006－05－20.

85．史竞男，邹伟．2011年内地居民出入境1.4亿人次　同比增长22.6%．新华社，2012－01－14.

86．宋全成．欧洲移民研究：20世纪的欧洲移民进程与欧洲移民问题化．济南：山东大学出版社，2007.

87．宋世杰．台湾与新加坡移民政策制定因素之比较研究．台湾暨南国际大学硕士学位论文，2010.

88．汤唯等．华侨权益的法律保障机制．济南：山东人民出版社，2006.

89．唐钧．公共政策：哲学解读与制度分析——论公共政策的自负、惯性、私利及其改进．理论与改革，2001（5）：37.

90．陶学荣，王锋．公共政策终结的可行性因素分析．内蒙古社会科学（汉文版），2005（5）．

91．王赓武．移民地位的提升：既不是华侨，也不是华人．华侨华人历史研究，1995（3）．

92．王丽忠，刘振宇．中国公共政策制定的合理性路径探求．韶关学院学报，2009（4）．

93．王利民．物权法论．北京：中国政法大学出版社，1998.

94．王骚．公共政策学．天津：天津大学出版社，2010.

95．王望波．东南亚华商对华投资分析．当代亚太，2006（4）．

96．王望波．近20多年来东南亚华商在中国大陆的投资．东南亚研究，2002（4）．

97．王希怡．美国报告称赴日研修生像奴隶般被强制劳动．广州日报，2010－07－18.

98．王雅莉．行政管理与公共政策．东北财经大学学报，2000（1）．

99．王元君．关于难民保护法律制度的几点思考．公安研究，2005（12）．

100．吴义．乔治城大学语言与语言学圆桌会议三十届年会．当代语言学，1979（5）．

101．夏征农，陈至立．辞海（缩印版）．上海：上海辞书出版社，2010.

102．谢明．政策透视——政策分析的理论与实践．北京：中国人民大学出版社，2004.

103．谢振清．汉英英汉经贸大词典．北京：中国社会科学出版社，1993.

104．徐力群．中国公共政策研究评述：基于2004—2009年中国行政管理的研究．中国市场，2010（44）．

105．徐显明．国际人权法．北京：法律出版社，2004.

106. 杨芳．侨务政策评估的作用及其标准．福建省社会主义学院学报，2010（2）．

107. 杨芳．我国侨务政策评估的现状及其完善路径．上海市社会主义学院学报，2010（5）．

108. 杨好春．南京国民政府时期的侨务政策（1927—1937）．兰台世界，2011.

109. 杨亚非．1949—1978年中国公共政策的科学价值演变综述．科学大众，2005（7）．

110. 杨宇冠．联合国人权公约机构与经典要义．北京：中国人民公安大学出版社，2005.

111. 杨宇冠．人权法.《公民权利和政治权利国际公约》研究．北京：中国人民公安大学出版社，2003.

112. 尹力．北京已成为留学人员归国创业工作首选城市．中新网，2012－05－24.

113. 英汉大词典编辑部．英汉大词典．上海：上海译文出版社，1993.

114. 英汉法律词典编写组．英汉法律词典（修订本）．北京：法律出版社，1999.

115. 余书通，文嘉．新汉英法学词典．北京：法律出版社，1998.

116. 曾国华．德国难民安置管窥．八桂侨刊，2003（3）．

117. 张国庆．公共政策分析．上海：复旦大学出版社，2004.

118. 张秋立，宋喜存．我国公共政策实践前沿问题的综述．理论探讨，2006（6）．

119. 张锐昕．关于公共政策执行者的责任问题．广东行政学院学报，2001（4）．

120. 张赛群．中国侨务政策研究．北京：知识产权出版社，2010.

121. 张秀明．国际移民体系中的大陆移民——也谈新移民问题．华侨华人历史研究，2001（1）.

122. 郑成思．知识产权法教程．北京：法律出版社，1993.

123. 郑一省．多重网络的渗透与扩张——海外华侨华人与闽粤侨乡互动研究．上海：世界知识出版社，2006.

124. 郑勇．海归 高层、紧缺人才最受青睐．北京晚报，2006－02－23.

125. 中国科学技术信息研究所．汉英科学技术大词典．北京：人民邮电出版社，2001.

126. 中国侨联权益保障部．涉侨政策问答．2007.

127. 中国侨联权益保障部．办结涉侨案例选汇——中国侨联维护权益工作

座谈会参阅材料 . 2002 - 09.

128. 中国社会科学院语言研究所词典编辑部 . 现代汉语词典（汉英双语）. 北京：外语教学与研究出版社，2002.

129. 中国新闻社课题组 . 2009 年世界华商发展报告 . 中国新闻网 .

130. 钟裕民 . 公共政策滞后：概念综述与反思 . 理论导刊，2009（11）.

131. 周皓 . 国际移民模式 . 人口研究，1999（3）.

132. 周南京 . 华侨华人百科全书 · 法律条例政策卷 . 北京：中国华侨出版社，2000.

133. 周南京 . 世界华侨华人词典 . 北京：北京大学出版社，1993.

134. 周南京 . 华侨华人百科全书 · 历史卷 . 北京：中国华侨出版社，2002.

135. 周树志 . 公共行政、公共政策、公共管理 . 中国行政管理，2001（2）.

136. 朱东芹 . 东南亚华侨华人社团的历史与现状 . 见丘进 . 华侨华人研究报告 . 北京：社会科学文献出版社，2011.

137. 朱杰勤 . 东南亚华侨史 . 北京：中华书局，2008.

138. 朱丽娜 . 侨情综览（2010）. 广州：暨南大学出版社，2011.

139. 庄国土 . 华侨华人分布状况和发展趋势 . 侨务工作研究，2010（4）.

140. 庄国土 . 华侨华人与中国的关系 . 广州：广东高等教育出版社，2001.

141. 庄国土 . 对近 20 年来华人国际移民活动的几点思考 . 华侨华人历史研究，1997（2）.

二、英文参考文献

1. Anthony Fielding. 移民、机构和政治：欧洲移民政策的演变 . Belnaven Press，1993.

2. C. Y. Chang，Overseas Chinese in China's Policy，*The China Quarterly*，1980，No. 82.

3. Christine Adam 等 . 欧盟 27 成员国合法移民法律比较研究：包括对每个成员国对入境外国人的条件和程序的评估 . 国际移民组织，2008.

4. Douglas Massey. 流动的世界：在千禧年末理解国际移民 . Clarendon Press，1997.

5. Frank Pieke. 跨国华人：福建移民在欧洲 . Stanford University Press，2004.

6. G. J. Lensen，周雍年 . 地震预报与公共政策 . 国外地震工程，1981（2）.

7. Giacomo Luciani. 欧洲和美国的移民政策 . Kluwer Academic Publishers，1993.

8. Gregor Benton. 欧洲华侨华人 . St. Martin's Press，1998.

9. Karsten Giese. 前往德国的中国新移民：全球体制内历史一致性和变化新模式. 国际移民，2003 (3).

10. Kirkpatrick S. E., Lester J. P., Peterson M. R., The Policy Termination Process: A Conceptual Framework and Application to Revenue Sharing, *Policy Studies Review*, 1999.

11. Mobo Gao, Xi'an Liu. 从学生到公民：对在澳大利亚中国学生的调查. 国际移民，1998 (1).

12. Paul Procter, *Cambridge International Dictionary of English*, Cambridge, Melbourne: Cambridge University Press, 1995.

13. Stephen Castles. 移民时代：当代世界的国际人口流动. Guilford Press, 1998.

14. Deibridge Jrl Bernard, *The Macquarie Concise Dictionary*, The Macquarie Library Pty Ltd., 1998.

15. Division of International Protection Services, UNHCR, Rights of Refugees in the Context of Integration, *Legal Standards and Recommendations*, 2006.

16. Division of Programme Support and Management, UNHCR, 2011 in Review Trends at A Glance, UNHCR, 2012.

17. Europe Council on Refugees and Exiles (ECRE), Complementary Protection in Europe, ECRE, 2009.

18. George Groenewold, Millennium Development Indicators of Education, Employment and Gender Equality of Afghan Refugees in Pakistan, Netherlands Interdisciplinary Demographic Institute.

19. Henry Campbell, *Black Black's Law Dictionary*, West Publishing Co., 1979.

20. Immigration Bureau Ministry of Justice, Japan, A Guide to the Procedure for Recognition of Refugee Status, Immigration Bureau Ministry of Justice, Japan, 2006.

21. Internation Organization of Migration, *International Migration Law*, *Glossary on Migration*, International Organization of Migration, 2004.

22. Jacques Vernan, *The Refugee in the Post-War World*, London: George Allen & Unwin Ltd., 1953.

23. James C. Hathaway, *The Rights of Refugees under International Law*, Cambridge: Cambridge University Press, 2005.

24. Manfred Nowak, U. N. *Covenant on Civil and Political Rights CCPR Commentary*, UN, 1993.

25. Paul Procter. *Cambridge International Dictionary of English*. Cambridge:

Cambridge University Press, 1995.

26. Refugee Council, Understanding Resettlement to the UK: A Guide to the Gateway Protection Programme, The Refugee Council on Behalf of the Resettlement Inter-Agency Partnership, 2004.

27. UNHCR, UNHCR Global Appeal 2011 (Update), UNHCR, 2012.

28. UNHCR, UNHCR Global Appeal 2012 - 2013, UNHCR, 2012.

29. Department of Homeland Security, United States, Yearbook of Immigration Statistics 2010, Washington D. C. , US Department of Homeland Security, Office of Immigration Statistics, 2011.